汽车标准汇编

2013

下

中国汽车技术研究中心标准化研究所
中国标准出版社
编

中国标准出版社

北京

图书在版编目(CIP)数据

汽车标准汇编.2013.下/中国汽车技术研究中心标准化研究所,中国标准出版社编.—北京:中国标准出版社,2015.3

ISBN 978-7-5066-7794-3

Ⅰ.①汽… Ⅱ.①中… ②中… Ⅲ.①汽车-标准-汇编-中国-2013 Ⅳ.①U46-65

中国版本图书馆 CIP 数据核字(2014)第 290538 号

中国标准出版社出版发行
北京市朝阳区和平里西街甲 2 号(100029)
北京市西城区三里河北街 16 号(100045)

网址 www.spc.net.cn
总编室:(010)64275323 发行中心:(010)51780235
读者服务部:(010)68523946

中国标准出版社秦皇岛印刷厂印刷
各地新华书店经销

*

开本 880×1230 1/16 印张 39.25 字数 1 215 千字
2015 年 3 月第一版 2015 年 3 月第一次印刷

*

定价 200.00 元

前　言

近年，我国汽车产业继续迅猛发展，继2013年汽车产销量双双超过2 000万辆之后，2014年产销量将再创新高，已连续多年成为世界第一汽车产销大国。汽车产业已成为我国名副其实的国民经济支柱产业，为我国的经济建设做出了巨大贡献。在汽车产业高速发展的进程中，不断发展、日臻完善的汽车标准体系和日益科学先进的汽车标准法规对我国汽车产业的发展起到了显著的引导和促进作用，有力地推动了我国汽车产业的技术进步，提高了汽车产品的技术水平，增强了产品的竞争力。特别是近年来，在我国建设可持续发展文明社会和建设美丽中国、治理空气污染等重大国家行动中，汽车节能、环保、新能源汽车、再制造和汽车安全等一批新的技术标准对汽车工业的健康发展发挥了重要引领作用，为国家战略的实施起到了积极的促进和支撑作用。今后，随着汽车标准和技术法规的不断进步，必将进一步促进我国汽车产业科学、健康发展，为国家战略的实施发挥更大作用。

中国汽车技术研究中心标准化研究所(www.catarc.org.cn)是汽车标准化和技术法规的研究机构，承担全国汽车标准化技术委员会秘书处(SAC/TC 114)工作，组织汽车国家标准(GB和GB/T)及汽车行业标准(QC/T)的制修订工作，是中国汽车标准和技术法规的归口管理单位，并对归口标准的技术内容进行解释和宣贯。为方便各级汽车行业管理部门、科研单位、检测机构、生产企业及产品用户了解和使用汽车标准，中国汽车技术研究中心标准化研究所与中国标准出版社合作编辑出版了《汽车标准汇编2013》。本汇编收录了2013年发布并出版的国家标准17项，汽车行业标准113项，共计130项汽车标准。

本汇编收集的标准根据标准专业领域进行分类汇总，内容涉及整车、客车、专用汽车、电动车辆、燃气汽车、摩托车和汽车节能等整车技术领域，汽车发动机、汽车电器、汽车电子、车身、转向、火花塞、滤清器、车轮、仪表等零部件技术领域和汽车基础通用技术领域，并覆盖了新能源、节能、环保、再制造等国家政策重点支持和鼓励的技术领域。本汇编全书共三册。

今后，我们还将继续组织编辑出版汽车标准方面的专业出版物，更加及时和全面地反映汽车标准制修订情况，满足读者和用户的需求，为汽车标准的贯彻、实施起到积极的推动作用。

本汇编在编印过程中难免有不足之处，敬请广大读者指正。

编　者

2014年12月

目　　录

车身附件

车　　轮

基础通用

非金属制品

仪　表

燃 气 汽 车

电 动 车 辆

车 身 附 件

ICS 43.040.60
T 26

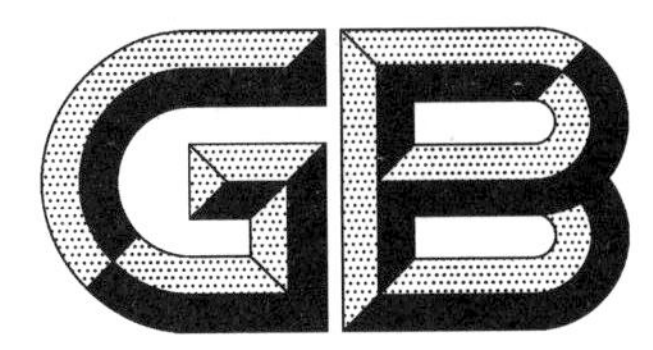

中华人民共和国国家标准

GB 15084—2013
代替 GB 15084—2006

机动车辆　间接视野装置
性能和安装要求

Motor vehicles—Devices for indirect vision—Requirements of performance and installation

2013-09-18 发布　　2014-07-01 实施

中华人民共和国国家质量监督检验检疫总局
中国国家标准化管理委员会　发布

前　言

本标准第4章、第5章、第6章为强制性的，其余为推荐性的。

本标准按照GB/T 1.1—2009给出的规则起草。

本标准代替GB 15084—2006《机动车辆后视镜的性能和安装要求》，与GB 15084—2006相比，主要技术变化如下：

——在适用范围中，增加了至少驾驶室被部分封闭的L类机动车辆的间接视野装置要求和安装。

——增加了“间接视野装置”、“用于间接视野的摄像机-监视器装置”、“摄像机”、“监视器”、“分辨率”、“临界物体”、“临界视觉”、“发现距离”“临界视野”、“观察基准点”、“可见光谱”、“其他间接视野装置”、“摄像机-监视器-记录装置”、“间接视野装置型式”、“平头式”名词定义(见3.1、3.17～3.22、3.24～3.31)。

——增加了“Ⅵ”类前视镜的技术要求、试验方法、安装要求，以及视野要求(本版的4.1.2.1.5、4.1.2.2.2.3d)、表2、6.3.7、6.5.7)；

——增加了“Ⅶ”类至少驾驶室被部分封闭的L类机动车辆的视镜技术要求、试验方法、安装要求，以及视野要求(见4.1.1.5、4.1.2.1.6、4.1.2.2.2.3e)、6.2.1.3、6.2.1.4、6.5.8、6.5.8.1、6.5.8.2、图10)；

——修改了Ⅱ类、Ⅳ类和Ⅴ类视镜的曲率半径[本版的4.1.2.2.2.3b)、4.1.2.2.2.3c)，见2006年版5.2.3.2、5.2.3.3]；

——增加了视镜之外的间接视野装置的要求(本版的4.2)；

——修改了视镜的安装数量和视野要求(本版的表2，见2006年版的表2)；

——修改了试验要求中内容，删除了“除补盲后视镜(Ⅴ类)外，所有后视镜均须经受6.2和6.3中所规定的试验。”增加了“从Ⅰ类到Ⅵ类的视镜还包括用于L类车型的Ⅶ类视镜(同Ⅲ类镜一样的安装模式)，应符合5.2中的试验描述，带支撑杆的Ⅶ类视镜应该符合5.3中的试验描述。”(见本版的5.1.1，2006年版6.1)。

本标准参照了ECE R46 /Rve.1/Add.45/Rev.3/2009《关于间接视野装置及安装间接视野装置车辆认证的统一规定》起草。

本标准与ECE-R46法规技术性差异及原因如下：

——修改了ECE R46法规的5.2.2.6.b).1)、6.2.2.6、6.3.6、6.3.7、6.6.4、6.6.6、表2中的“2 m”为“1 800 mm”，其原因是我国人体平均身高因素及单位的表述形式不同。

——删除了ECE R46法规中的第3章申请批准、第4章标识、第5章审批、第7章间接视野装置的改造和批准的推广、第8章生产一致性、第9章处罚非生产一致性、第10章停止生产、第11章负责进行测试的技术服务名称和地址及进行批准的行政机关、第13章报批、第14章批准、第15章要求、第16章批准的车型和范围、第17章生产一致性、第18章处罚非生产一致性、第19章停止生产、第20章负责进行测试的技术服务名称和地址及进行批准的行政机关、第21章过渡性条文，附录1关于间接视野装置型式认证的申报资料、附录2关于安装间接视野装置车辆型式认证的申报资料、附录3通知书、附录4通知书、附录8汽车乘坐位置“H”点以及实际靠背角的确定程序、附录8的附件1三维“H”点装置描述(3 DH装置)、附录8的附件2三维坐标参照系、附录8的附件3关于乘坐位置的基准数据，其原因是采用我国现行的相关标准及本标准不涉及有关认证的内容。

本标准与ECE R46法规相比在结构上有调整，附录A列出了本标准与ECE R46法规章条编号对照一览表。

考虑到我国国情，在采用 ECE R46 法规时，本标准做了下列编辑性修改：

——“本法规”改为“本标准”；

——本标准中涉及到的单位“m”均改为“mm”；

——增加资料性附录 A。

本标准由中华人民共和国工业和信息化部提出。

本标准由全国汽车标准化技术委员会(SAC/TC 114)归口。

本标准起草单位：中国质量认证中心武汉分中心、武汉理工大学、上海干巷汽车镜(集团)有限公司、鹰潭市科速达电子塑胶有限公司、桂林京达科技有限公司。

本标准主要起草人：李再华、孔军、干毛第、潘宾、赵红。

本标准所代替标准的历次版本发布情况为：

——GB 15084—1994、GB 15084—2006。

机动车辆　间接视野装置
性能和安装要求

1　范围

本标准规定 M 和 N 类以及少于四轮并至少驾驶室被部分封闭的 L 类机动车辆的间接视野装置。

本标准适用于 M 和 N 类及至少驾驶室被部分封闭的 L 类机动车辆的间接视野装置安装。

2　规范性引用文件

下列文件对于本文件的应用是必不可少的。凡是注日期的引用文件，仅注日期的版本适用于本文件。凡是不注日期的引用文件，其最新版本(包括所有的修改单)适用于本文件。

GB/T 15089　机动车辆及挂车的分类

ISO 15008:2003　道路车辆　交通信息和控制系统环境学　车内可视信号的一致性和技术要求(Road vehicles—Traffic information and control systems, environmental studies—Vehicle visual signal consistency and technical requirements)

EN 12368: 2006　交通控制设备信号(Traffic control device signal)

3　术语和定义

下列术语和定义适用于本文件。

3.1

间接视野装置　devices for indirect vision

用来观察直接视野无法观察到的车辆邻近交通区域的装置。可包括传统的光学视镜、摄像机-监视器或其他能够向驾驶员提供间接视野信息的装置。

3.2

视镜　view mirror

通过反射面在规定视野内看清车辆后方和侧面图像的间接视野装置，不包含潜望镜这类复杂光学系统。

3.3

内视镜　interior view mirror

装在车辆乘员舱内部的视镜。

3.4

外视镜　exterior view mirror

装在车辆外部的视镜。

3.5

监视镜　surveillance view mirror

不同于 3.2 中定义的，且能安装在车辆的内部或外部，以提供不同于 6.5 中规定范围之外的视野。

3.6

视镜的类别　class of view mirror

具有不同功能的视镜，可分为以下几类：

Ⅰ类：内视镜(interior view mirrors)，在6.5.2中规定了其视野。

Ⅱ、Ⅲ类：主外视镜(main exterior view mirror)，在6.5.3、6.5.4中规定了其视野。

Ⅳ类：广角外视镜(wide-angle exterior view mirror)，在6.5.5中规定了其视野。

Ⅴ类：补盲外视镜(close-proximity exterior view mirror)，在6.5.6中规定了其视野。

Ⅵ类：前视镜(front mirror)，在6.5.7中规定了其视野。

Ⅶ类：至少驾驶室被部分封闭的L类机动车辆的视镜。

3.7

视镜型式　view mirror type

以下主要特性没有差别的视镜：

——视镜反射面的尺寸和曲率半径；

——视镜的设计、形状及材料。

3.8

曲率半径　radius of curvature

r

用附录C规定的方法在反射面上测得的曲率半径平均值。

3.9

在反射面某一点的基本曲率半径　principal radii of curvature at one point obtained on the reflecting surface

r_i

用附录C规定的仪器，通过反射面中心，并平行于视镜b线段或垂直于该线段方向上测得的曲率半径。

3.10

在反射面某一点的曲率半径　radius of curvature at one point on the reflecting surface

r_p

基本曲率半径的算术平均值。见式(1)。

$$r_p = \frac{r_i + r'_i}{2} \qquad \cdots\cdots (1)$$

3.11

镜面中心　centre of the mirror

反射面可见区域的几何中心。

3.12

视镜组成部件的曲率半径　radius of curvature of the constituent parts of the view mirror

c

形状最接近视镜组成部件某一部位曲线形状的圆弧的半径。

3.13

与视镜相关的车辆型式　type of vehicle as regards view mirrors

在下列基本特征方面相同的机动车辆：

——导致减小视野范围的车身特征；

——驾驶员座椅的R点坐标；

——强制安装和选装间接视野装置视镜(若已安装)的安装位置和类别。

3.14

驾驶员眼点　driver's ocular points

通过汽车制造厂设计确定的驾驶员乘坐位置中心，作一平行于汽车纵向基准面的平面。从该平面内的驾驶员座椅 *R* 点向上 635 mm，作垂直于该平面的一条直线段。在直线段与该平面交点的两侧各 32.5 mm 处(总距离 65 mm)作两个点。这两个点分别是驾驶员的左眼和右眼的中心点。

3.15

双眼总视野　ambinocular vision

左、右眼视野重合而获得的总视野(见图 1)。

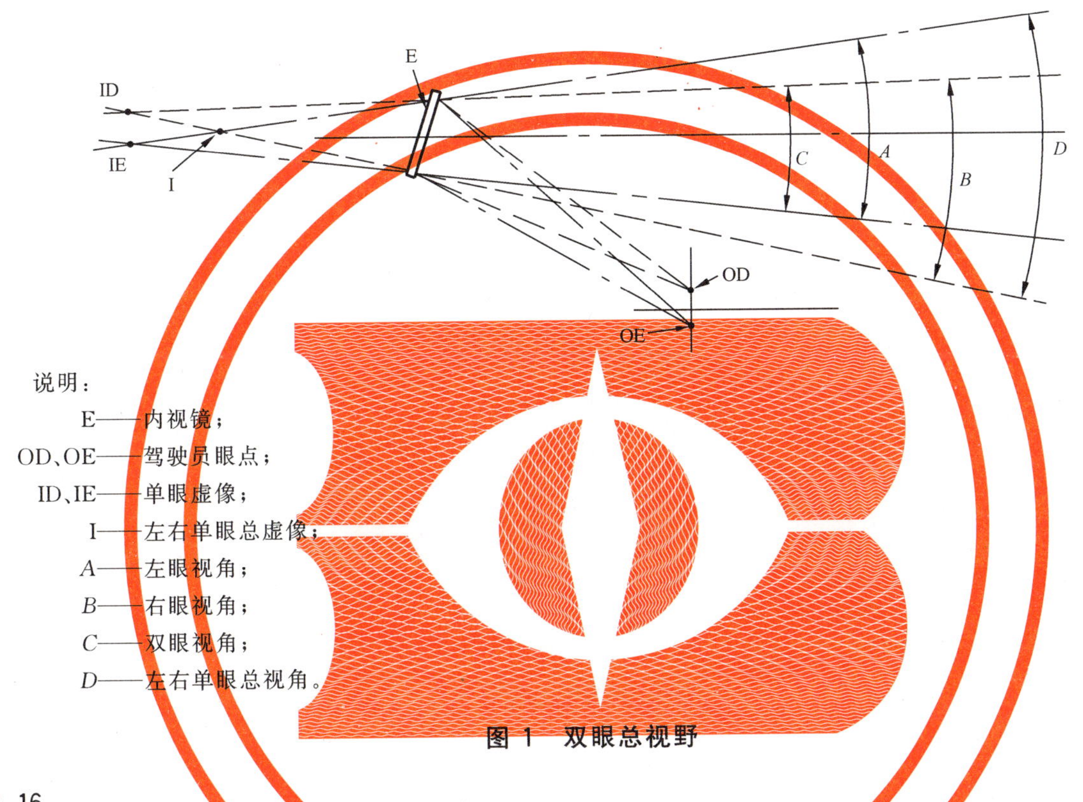

说明：

E——内视镜；

OD、OE——驾驶员眼点；

ID、IE——单眼虚像；

I——左右单眼总虚像；

A——左眼视角；

B——右眼视角；

C——双眼视角；

D——左右单眼总视角。

图 1　双眼总视野

3.16

空载质量　unladen kerb mass

车辆未载人员、货物，但包括驾驶员可行驶的质量，相当于汽车制造厂指定燃料箱容积 90%燃料质量和冷却液、润滑油、随车工具、备胎(若装备的话)的质量等。

3.17

用于间接视野的摄像机-监视器装置　camera-monitor device for indirect vision

通过摄像机与监视器组成的系统，在规定视野内看清车辆后方和侧面图像的间接视野装置。

3.18

摄像机　camera

通过摄像头和感光电子器件将外部世界的影像转变为视频信号的装置。

3.19

监视器　monitor

将一种信号转变为可见光光谱的影像的装置。

3.20

分辨率　resolution

通过成像系统能够辨清物体的最小细节，即所能辨清的整体上的最小部分。

注：人眼的分辨率称为“视觉灵敏度”。

3.21

临界物体　critical object

直径 D_0 为 800 mm 的圆形物体。

注：用间接视野系统来观测代表相关道路使用者的目标物。道路使用者的相关性由其所处的位置和(可能的)速度界定。道路使用者的尺寸会随着其速度的提高而加大。就观察而言，规定处于 40 000 mm 距离的摩托车手(D=800 mm)相当于处于 25 000 mm 远的行人(D=500 mm)。考虑到速度方面的原因，将摩托车手的尺寸确定为观察目标物尺寸的标准；基于这一原因，确定直径为 800 mm 的圆形物体为观察目标物的标准尺寸。

3.22

临界视觉　critical perception

人眼在各种条件下一般能达到的视觉水平。在交通条件下，临界视觉的限值为视角的 8 弧分。

3.23

视野　field of vision

借助间接视野装置，可以观察到三维空间的范围。它基于装置所提供的地面视图，并且可以在装置适用最大发现距离的基础上予以限定。

3.24

发现距离　detection distance

在地面上从观察基准点到刚好还能看到临界物体的最远点之间的测定距离(刚刚达到临界视觉的限值)。

3.25

临界视野　critical field of vision

通过间接视野装置能观察到临界物体的区域，其由一个角度与一个或多个以上发现距离予以界定。

3.26

观察基准点　viewing reference point

车辆上所规定视野相关的点。该点是通过驾驶员眼点垂面与平行于车辆纵向中心面(车外20 cm处)相交点于地面上的投射点。

3.27

可见光谱　visual spectrum

波长位于人眼视觉限值范围内的光，即波长，380 nm～780 nm。

3.28

其他间接视野装置　other devices for indirect vision

3.1 所界定的，不是通过镜面或摄像机-监视器等间接视野装置获得视野的装置。

3.29

监视摄像机-监视器-记录装置　surveillance camera-monitor-recording device

安装于车内或车外可用来提供 6.5 所规定视野范围以外的视野，或用来提供车内或车辆周边安全系统所用之摄影机、监视器及屏幕和记录装置，其有别于 3.17 中定义的摄像机-监视器装置。

3.30

间接视野装置型式　type of device for indirect vision

在以下主要特征上没有差别的装置：

——装置(如果相关，包括装置与车身的连接件)的设计；

——对于镜面而言，类型、形状、尺寸以及反射面的曲率半径；

——对于摄像机-监视器装置而言，发现距离和视野范围。

3.31

平头式　flat type

发动机全长的50%以上位于风窗玻璃基座前端最远点的驾驶室内，并且转向盘毂也位于车辆总长的前1/4内。

4　技术要求

4.1　视镜

4.1.1　一般要求

4.1.1.1　所有的视镜均能调节。

4.1.1.2　反射面的边缘应包于保护框架(如支架等)内，保护框周边上所有点的曲率半径 c 值在任何方向上都应大于或等于2.5 mm。如果反射面超出保护框架，则突出部分边缘上的曲率半径 c 不应小于2.5 mm，且突出部位在50 N的作用力下，能回到框架内，该力应近似平行汽车纵向基准面，且水平施加到反射面突出保持框架最高的点上。

4.1.1.3　视镜按5.2试验后，将视镜安放在水平面上，用直径为165 mm的球型触及内视镜可接触到的部位，用直径为100 mm的球型触及外视镜可接触到的部位，这些所有可接触部位，包括与支撑框架相连接零件的部位(不论其调节位置如何)，其曲率半径 c 均不应小于2.5 mm。

4.1.1.4　对于视镜上直径或最大对角线小于12 mm的固定孔或凹座的边缘，若已经过圆滑处理，则不必满足4.1.1.3曲率半径 c 的要求。

4.1.1.5　将视镜连接到车辆上的连接件应按下述方法设计，即以保证视镜顺着撞击方向偏移的转动轴或旋转中心，或两者之一为轴线，作一半径为70 mm的圆柱体(L类车辆为50 mm)，该圆柱体至少应切到连接件所连接的表面部分。

4.1.1.6　对外视镜来说，若4.1.1.2和4.1.1.3涉及的零件是用不大于邵尔硬度为A60的材料制成，则不必满足上述要求。

4.1.1.7　对内视镜来说，若视镜上的零件是用小于邵尔硬度A50的材料制成，并安装在刚性支持件上，则4.1.1.2和4.1.1.3的试验只适用于该支持件。

4.1.2　特殊要求

4.1.2.1　尺寸

4.1.2.1.1　内视镜(Ⅰ类)

能在其反射面上绘出一个矩形，该矩形的高度为40 mm，底边长为 a，a 尺寸的计算方法如式(2)：

$$a=\frac{150}{1+\frac{1\ 000}{r}}(\mathrm{mm}) \qquad \cdots\cdots(2)$$

4.1.2.1.2　主外视镜(Ⅱ和Ⅲ类)

反射面尺寸应满足以下要求：

——能在反射面上绘出以 a 为底边，高为40 mm的矩形；

——在反射面上还能绘出与矩形高平行的线段，其长度为 b；

表1中给出了 a 和 b 的最小值。

表 1 *a* 和 *b* 的最小值

单位为毫米

主外视镜类别	*a*	*b*
Ⅱ	$\frac{170}{1+\frac{1\ 000}{r}}$	200
Ⅲ	$\frac{130}{1+\frac{1\ 000}{r}}$	70

4.1.2.1.3 广角外视镜(Ⅳ类)

反射面的外廓应形状简单,其尺寸应满足 6.5.5 中所规定的视野要求。

4.1.2.1.4 补盲外视镜(Ⅴ类)

反射面的外廓应形状简单,其尺寸应满足 6.5.6 中所规定的视野要求。

4.1.2.1.5 前视镜(Ⅵ类)

反射面的轮廓应形状简单,其尺寸应满足 6.5.7 规定的视野要求。

4.1.2.1.6 至少驾驶室被部分封闭的 L 类机动车辆所适用的视镜(Ⅶ类)

反射面的最小尺寸应符合如下要求:

a) 面积应不小于 6 900 mm^2;

b) 当视镜为圆形时,其直径应不小于 94 mm;

c) 当视镜不为圆形时,其反射面内应能容纳一个直径为 78 mm 的圆。

反射面的最大尺寸应符合如下要求:

a) 任何圆形视镜的直径应不大于 150 mm;

b) 任何非圆形视镜的反射面应该在 120 mm×200 mm 的矩形内。

4.1.2.2 反射面和反射率

4.1.2.2.1 反射面要求

视镜的反射面应为平面或球状凸面。外视镜反射面可以附加与其非球面部分,只要主视镜能满足间接视野的要求。

按附录 B 规定的方法测定的标态反射面的反射率数值不应低于 40%。若视镜有两个工作位置(白天和夜间),则处于白天位置时应能正确辨认道路交通的彩色信号,处于夜间位置时的反射面的反射率数值不应低于 4%。

除视镜长期在极端恶劣的天气条件下,在正常使用过程中,其反射面应能满足以上规定的反射率数值。

4.1.2.2.2 曲率半径要求

4.1.2.2.2.1 曲率半径之差要求如下:

a) 曲率半径 r_i' 或 r_i 值与 r_p 值之差不得大于 0.15r;

b) 任一点的 r_p(r_{p1}、r_{p2} 和 r_{p3})值与 r 值之差不得大于 0.15r；

c) 当后视镜反射面的 r 值不小于 3 000 mm 时，a)和 b)中所述的 0.15r 可用 0.25r 替换。

4.1.2.2.2.2 反射面附加非球面部分的要求如下：

a) 附加的非球面部分面应具备充分的尺寸和适当的形状，以便于向驾驶员提供有用的信息。一般情况下，曲面的宽度至少应为 30 mm；

b) 附加非球面部分的曲率半径 r_i 不应小于 150 mm。

4.1.2.2.2.3 球面镜面 r 值不应小于下列要求：

a) Ⅰ类内视镜为 1 200 mm；

b) Ⅱ类和Ⅲ类主外视镜为 1 200 mm；

c) 广角外视镜(Ⅳ类)和补盲外视镜(Ⅴ类)为 300 mm；

d) 前视镜(Ⅵ类) 为 200 mm；

e) Ⅶ类视镜应不小于 1 000 mm，且不大于 1 500 mm。

4.2 除视镜之外的间接视野装置

4.2.1 一般要求

4.2.1.1 如果需要用户进行调节，那么应在不使用工具的条件下即可以调整间接视野装置。

4.2.1.2 如果某一间接视野装置只能通过对视野进行扫描的方式来观察所规定的整个视野，那么进行扫描、成像并返回至初始位置所需的总时间不得超过 2 s。

4.2.2 用于间接视野的摄像机-监视器装置

4.2.2.1 一般要求

4.2.2.1.1 当用于间接视野的摄像机-监视器装置安装在一个平面上，所有部件(不考虑装置的调整位置；对于监视器的情况，这些部件有可能同直径为 165 mm 的球体发生静态接触，对于摄像机的情况，可能同直径为 100 mm 的球体发生静态接触)的 c 值不得小于 2.5 mm。

4.2.2.1.2 如果固定孔或凹孔的直径或最长对角线小于 12 mm，那么固定孔或凹孔边缘不要求遵守 4.2.2.1.1 关于 c 值的要求，但应倒圆角。

4.2.2.1.3 如果摄像机和监视器部件制作材料的邵氏硬度 A 低于 60 并且安装在一个硬质托架上，那么 4.2.2.1.1 的要求仅适用于托架。

4.2.2.2 功能要求

4.2.2.2.1 摄像机在光照较弱条件下应正常发挥功能。在光照较弱条件下，对于图像部分之外的、采用光源重现的部分，摄像机应达到至少 1∶3 的亮度对比度(条件见 EN 12368:2006 中的 8.4 规定)。

摄像机光源的照度应为 40 000 lx。传感器平面法线与连接传感器中点和光源的线段之间的夹角应为 10°。

4.2.2.2.2 监视器应在各种光线条件下，达到国际标准 ISO 15008:2003 所规定的最低对比度要求。

4.2.2.2.3 应能够通过手动或自动方式按照环境条件调整监视器的平均明亮度。

4.2.2.2.4 亮度对比度的测量应按照 ISO 15008:2003 进行。

4.2.3 其他间接视野装置

其他间接视野装置应证明装置符合以下要求：

a) 该装置应能感测到可见光谱，并且在一般条件下不需要转换成可见光谱就可以成像。

b) 在该系统正常使用环境条件下,应能保证其正常发挥功能。根据实际使用的图像获得、展示技术,应全部或部分适用4.2.2.2的要求。对于其他情况,可通过等同于4.2.2.2的系统敏感性方式确定并证明其功能与所要求的大体相当,或超出要求,并且证明其功能发挥的保证效果等同于或优于对于后视镜或摄像机-监视器类间接视野装置的要求。

5 试验方法

5.1 试验要求

5.1.1 从Ⅰ类到Ⅵ类的视镜还包括用于L类车型的Ⅶ类视镜(同Ⅲ类镜一样的安装模式),应符合5.2中的试验描述,带支撑杆的Ⅶ类视镜应该符合5.3中的试验描述。

5.1.2 对M和N类所有外视镜,如果当车辆满载处于最大技术允许质量状态时,且视镜上所有零部件离地面高度均大于1 800 mm(不论其调节位置如何),则可免除5.2中所规定的试验。

若视镜的连接件(如连接板、支撑臂、旋转轴等)不超过车辆投影宽度,且离地面高度小于1 800 mm,则测量应在视镜连接件底边的垂直横截面上进行,如果后面超过车宽较多,则以向前方向横截面上的点为准。在这种情况下,应提供连接件在车辆上安装位置条件的说明。

对不进行撞击试验的视镜,应在支架臂上标明1 800 mm标识,在试验报告中还应注明该结果。

5.2 撞击试验

5.2.1 试验装置

5.2.1.1 撞击试验台由视镜固定架和可绕两个成直角的水平轴摆动的摆组成,其中之一在垂直释放轨迹的平面内。摆的末端是一直径为165 mm±1 mm的刚性球型,其表面包有一层邵尔硬度为A50、厚度为5 mm的橡胶。以及用来测定释放平面内支承臂所处最大角度的指示器。按5.2.2.6中规定的撞击要求,用于保持样品的支座应被牢固地固定在支撑摆的工作台上。图2给出了试验设备的尺寸和特殊设计要求。

单位为毫米

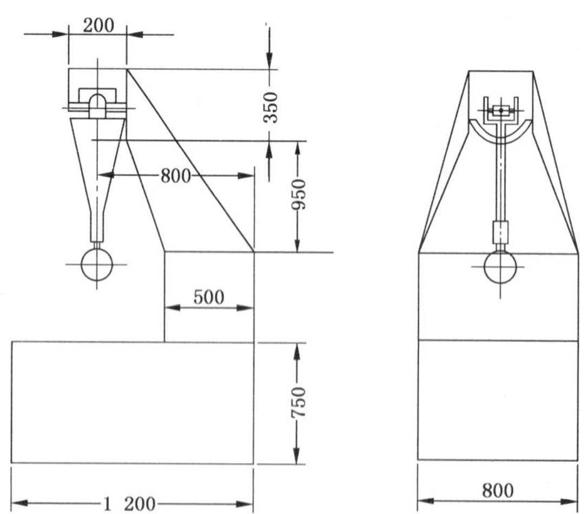

图2 撞击试验设备示例

5.2.1.2 摆的撞击中心与球型的中心重合。球头模型的中心距旋转轴线的距离为 I，I=1 000 mm±5 mm。摆换算到撞击中心的质量为 m_o，m_o=6.8 kg±0.05 kg，摆的质量中心到旋转轴轴线间的距离为 d，其关系如式(3)所示：

$$m_o = m\frac{d}{I} \qquad \cdots\cdots(3)$$

5.2.2 试验说明

5.2.2.1 夹紧视镜的装置由视镜制造厂或汽车制造厂提供。

5.2.2.2 视镜试验时的定位应满足以下要求：

a) 视镜应按视镜制造厂或汽车制造厂所推荐的方法固定在试验台上，其水平和垂直位置的轴线应与实际装车状态相同。

b) 若视镜能相对其基座可调，则它应位于视镜制造厂或汽车制造厂所规定的调节范围内，且撞击时对转动最不利的位置。

c) 若视镜能相对其基座可调，则应将调节装置调到使保持件离其基座最近的位置。

d) 若反射面能在保护壳体内调节，则应将离车身最远的上角调至突出保护壳体最大的位置。

5.2.2.3 除了视镜按 5.2.2.6a)的规定进行试验 2 外，当摆处于垂直位置时，球型中心的水平面和纵向铅垂平面应穿过 3.11 中定义的镜面中心，摆的纵向摆动方向应平行于汽车纵向基准面。

5.2.2.4 按 5.2.2.2a)和 5.2.2.2b) 的规定进行安装和调节时，若视镜的零件限制了球型的返回，则应将撞击点沿垂直于转轴或旋转中心方向调节，但应确定这种调节对完成试验是必要的，且要满足下列要求之一：

a) 球型的外廓线至少应保证与 4.1.1.5 中所述圆柱体表面相切；

b) 球型的接触点至少距反射面的边缘 10 mm。

5.2.2.5 试验时，使球型从相对于摆的铅垂线 60°的角度处自由下落，当摆到铅垂位置时，球型打击视镜。

5.2.2.6 视镜应在下列不同条件下经受撞击：

a) 内视镜：

1) 试验 1：撞击点应符合 5.2.2.3 的规定，球头模型应撞击在反射面上。

2) 试验 2：视镜反射面应与撞击点处球上该点原运动方向成 45°角，撞击方向应对着反射面，撞击点应过视镜反射面中心水平面的保护壳体边缘处。

b) 外视镜：

1) 试验 1：撞击点应符合 5.2.2.3 或 5.2.2.4 的规定。应使球型撞击视镜的反射面。

2) 试验 2：撞击点应符合 5.2.2.3 或 5.2.2.4 的规定。应使球型撞击到视镜反射面的背面。

3) 如果Ⅱ类或Ⅲ类视镜与Ⅳ类视镜安装在同一支架上，则试验仅对下方的视镜。如果上方的视镜距离地面小于 1 800 mm，负责试验的技术部门可以决定是否重复一次与上部的视镜一起进行试验。

5.3 安装在固定件上保护壳体的弯曲试验

5.3.1 保护壳体水平地置于试验台上，并夹紧调节件。在保护壳体的最大尺寸方向且离调节件固定点最近的一端，用 15 mm 宽的固定挡块覆盖在该壳体的整个宽度上，使之不能转动。

5.3.2 在另一端，也在该壳体上放置一块与上述作用相同的挡块，以便按规定在上面施加试验载荷(见图 3)。

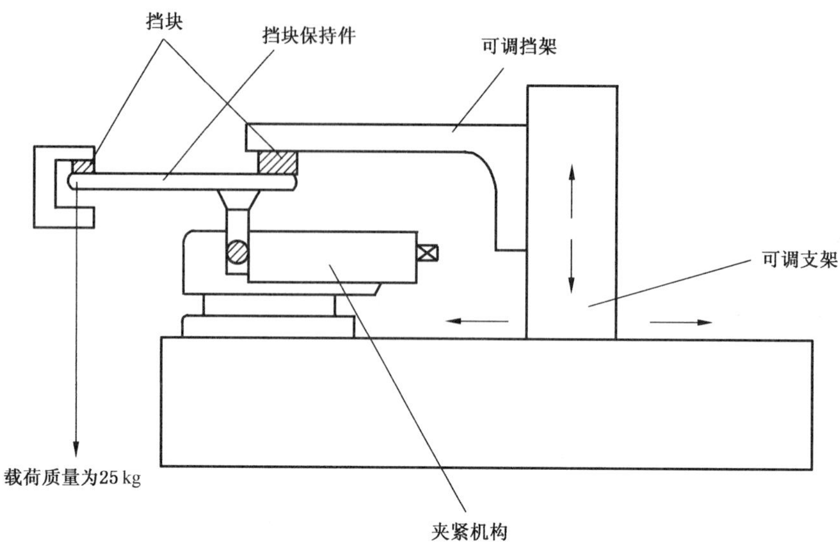

图 3 视镜保护壳体弯曲试验设备示例

5.3.3 可在施加载荷的另一端予以夹紧。

5.3.4 施加试验载荷的质量为 25 kg，保持时间为 1 min。

5.4 试验结果

5.4.1 当按 5.2 的规定进行撞击试验时，摆在撞击视镜后应能在摆臂的释放平面内继续摆动 20°以上。角度测量的准确度应为±1°。

本要求不适用于粘在风窗玻璃上的视镜，这类视镜在 5.4.2 中予以规定。

对所有Ⅱ类、Ⅳ类，以及Ⅲ类和Ⅳ类共同安装的视镜，所要求的角度可从 20°减少到 10°。

5.4.2 对于粘在风窗玻璃上的视镜，按照 5.2 的规定进行试验时，视镜的支撑件若损坏，则其突出底座的残余部分不应大于 10 mm，外形仍应满足 4.1.1.3 的要求。

5.4.3 当按 5.2 和 5.3 的规定试验时，视镜的反射面不应破碎，但下述两种情况可认为符合要求：

a) 玻璃碎片仍然粘在保护壳体上，或粘在与保护壳体牢固相连的物体上。允许玻璃局部脱离上述部位，但破裂处任何一个边的边长不应超过 2.5 mm。在撞击点上，允许有小碎片脱离上述部位。

b) 反射面用安全玻璃制成。

6 安装要求

6.1 一般要求

6.1.1 安装在车辆上的视镜应为已符合本标准的视镜。

6.1.2 视镜的固定方式应使它不致移动而明显改变其视野区域，或因振动而使驾驶员对图像产生错觉。

6.1.3 当车辆以不超过最高设计车速的 80%(但不超过 150 km/h)的车速行驶时，视镜应符合 6.1.2 的要求。

6.2 视镜的数量要求

6.2.1 强制安装视镜最少数量

6.2.1.1 视野在 6.5 中规定，能满足该视野必装视镜的最少数量如表 2 所示。如果有选装视镜，那么就不再强制要求安装其他间接视野装置。

表 2　视镜最少安装数量

车辆类型	内视镜	外视镜					
		主外视镜		广角外视镜	补盲外视镜	前视镜
	Ⅰ类	Ⅱ类(大)	Ⅲ类(小)	Ⅳ类	Ⅴ类	Ⅵ类
M_1	必装 除非车辆在6.5.2规定的视野范围内,安装了非玻璃材料的东西	选装	必装 驾驶员和乘员一侧各1个;也可安装Ⅱ类视镜作为替代	选装 驾驶员一侧1个和/或乘员一侧1个	选装 驾驶员一侧和乘员一侧各1个(两个视镜的安装位置至少应高于地面1 800 mm)	选装 (前视镜的安装位置至少应高于地面1 800 mm)
M_2	选装 (对于视野无要求)	必装 驾驶员一侧和乘员一侧各1个	不允许安装	选装 驾驶员一侧和乘员一侧各1个	选装 驾驶员一侧和乘员一侧各1个(两个视镜的安装位置至少应高于地面1 800 mm)	选装 (前视镜的安装位置至少应高于地面1 800 mm)
M_3	选装 (对于视野无要求)	必装 驾驶员一侧和乘员一侧各1个	不允许安装	选装 驾驶员一侧和/或乘员一侧各1个	选装 驾驶员一侧和乘员一侧各1个(两个视镜的安装位置至少应高于地面1 800 mm)	选装 (前视镜的安装位置至少应高于地面1 800 mm)
N_1	必装 除非机动车按6.2.1.2规定的视野范围内,安装了非玻璃材料之类的东西	选装	必装 驾驶员一侧和乘员一侧各1个;也可安装Ⅱ类视镜作为替代	选装 驾驶员一侧和/或乘员一侧各1个	选装 驾驶员一侧和乘员一侧各1个(两个视镜的安装位置至少均应高于地面1 800 mm)	选装 (前视镜的安装位置至少应高于地面1 800 mm)
$N_2 \leq$ 7 500 kg	选装 (对于视野无要求)	必装 驾驶员一侧和乘员一侧各1个	不允许安装	如果Ⅴ类补盲外视镜能够被安装,则两侧都须安装;如果Ⅴ类补盲外视镜不能被安装,则两侧可选装此类镜	必装: 乘员一侧1个[见6.3.7和6.5.6e)]。 选装: 驾驶员一侧1个。 (如安装,两边应离地面至少1 800 mm)。公差为+100 mm	选装 前视镜,1个(前视镜的安装位置至少应高于地面1 800 mm)
$N_2 >$ 7 500 kg	选装 (对于视野无要求)	必装 驾驶员一侧和乘员一侧各1个	不允许安装	必装 驾驶员一侧和乘员一侧各1个	必装: 见6.3.7和6.5.6e) 乘员一侧1个。 备选: 驾驶员一侧1个。(两个视镜的安装位置至少应高于地面1 800 mm)	必装 见6.3.7和6.5.6e) 前视镜(前视镜的安装位置至少应高于地面1 800 mm)
N_3	选装 (对于视野无要求)	必装 驾驶员一侧和乘员一侧各1个	不允许安装	必装 驾驶员一侧和乘员一侧各1个	必装: 见6.3.7和6.5.6e) 乘员一侧1个。 选装: 驾驶员一侧1个。 (两个视镜的安装位置至少应高于地面1 800 mm)	必装 见6.3.7和6.5.6e) 前视镜(前视镜的安装位置至少应高于地面1 800 mm)

6.2.1.2 按照 6.5.7 前视镜(Ⅵ类)所描述的车辆前视镜及/或 6.5.6 所描述补盲外视镜(Ⅴ类)视野能够被其他间接视野装置获得,如果符合 4.2 及第 6 章安装要求规定,则其他间接视野装置可用以替代相关的视镜和组合镜。

若使用摄影-监视装置,该装置应能完全独立地显示:

a) 当补盲外视镜被替代时,应显示 6.5.6 所规定的视野。

b) 当车辆以 10 km/h 以下速度向前行驶,车前视镜被替代时,应显示 6.5.7 所规定的视野,或

c) 当补盲外视镜及车辆前视镜被同时替代,应能同时显示 6.5.6 及 6.5.7 所规定的视野。当车辆以 10 km/h 以上速度向前或倒车行驶,6.5.6 所规定的视野为固定显示,监视装置可用做提供其他的信息。

6.2.1.3 带封闭式车体 L 类视镜的数量要求如表 3 所示。

表 3 带封闭式车体 L 类视镜的数量要求

单位为只

车辆的类别	视镜类别	
	内视镜(Ⅰ类) 安装数量	主外视镜(Ⅲ和Ⅶ类) 安装数量
安装有全封闭或部分封闭驾驶员的车体的 L 类车辆	1[a]	1(如果有一个内视镜) 2(如果没有内视镜)
[a] 参照 6.5.2 所描述的视野条件不能满足的话,内视镜的安装不作要求,但两侧外视镜应按规定安装。		

单个主外视镜应该安装在左侧。

6.2.1.4 为 L 类车辆选装视镜

按照 6.2.1.3 的规定,车辆一侧强制安装了一个外视镜,另一侧可以选装一个外视镜,但应符合本标准的要求。

6.2.2 监视镜安装要求

本条不适用于 3.5 定义的监视镜;如果安装该类装置后,在技术许可总重下该类装置至少距离地面 1 800 mm。

6.3 视镜的位置要求

6.3.1 视镜的位置应保证驾驶员在正常驾驶状态下,能看清汽车后方和两侧道路上的路况。

6.3.2 外视镜应能从车辆侧窗或前风窗玻璃刮水器刮刷到的区域中看到。但考虑到设计上的缘故,本条规定不适用于:

a) M_2、M_3 类机动车辆驾驶员一侧的选装视镜及外视镜在乘员一侧;

b) Ⅵ类前视镜。

6.3.3 对于二类底盘类型的车辆,在测定视野时,汽车制造商应提供车身最大和最小宽度尺寸。必要时可以采用模拟前箱板进行。在试验期间,被考虑到的所有车辆和视镜布置均应在试验报告中予以注明。

6.3.4 在确定车辆驾驶员一侧外视镜的位置时,应保证车辆垂直纵向中间平面与通过视镜中心和连接驾驶员两眼点 65 mm 线段中心的垂直平面之间的夹角不大于 55°。

6.3.5 视镜突出汽车车身外侧的程度不能超过满足 6.5 中关于视野要求所规定的程度。

6.3.6 当车辆处于最大设计满载质量状态下,且外视镜的最低边缘距地面高度小于 1 800 mm 时,其单侧视镜外伸尺寸比未装视镜时车辆的最大宽度不应超出 250 mm。

6.3.7 在将Ⅴ类补盲外视镜和Ⅵ类前视镜安装在车辆上时,应保证,当车辆处于最大设计满载质量条

件下，这些镜面或其托架(不论其调整位置如何)的任何部分距离地面的高度不应小于 1 800 mm。

但是，对于驾驶舱高度无法符合这一要求的车辆，不应安装这两类镜面。在这种情况下，不要求安装其他间接视野装置。

6.3.8 依据 6.3.5、6.3.6 和 6.3.7 的要求，视镜可以超出车辆最大允许宽度。

6.3.9 所有Ⅶ类视镜在车辆正常的驾驶条件下，能够处在稳定的位置。

6.4 视镜的调节要求

6.4.1 内视镜应能允许驾驶员在其驾驶位置上调节。

6.4.2 在驾驶员一侧的外视镜应能允许驾驶员在车门关闭，车窗开启时进行调节，而且能从车外锁紧位置。

6.4.3 上述 6.4.2 不适用于被撞击后无需调节又能恢复到原位置的视镜。

6.5 视镜的视野要求

6.5.1 后视野要求

按 3.15 中的定义确定驾驶员的眼点位置。下述后视野要求是在“双眼总视野”条件下的视野。当测定汽车后视野时，所试车辆为 3.16 规定的空载质量加一个前排乘客的质量(75 kg)。视野应透过车窗玻璃进行测定，其可见光的垂直总透过率至少为 70%。但当安装了两个外视镜时，后窗玻璃的透光率可小于 70%。

6.5.2 内视镜(Ⅰ类)

视野应满足：驾驶员借助内视镜应能在水平路面上看见一段宽度至少为 20 000 mm 的视野区域，其中心平面为汽车纵向基准面，并从驾驶员的眼点后 60 000 mm 处延伸至地平线(见图 4)。

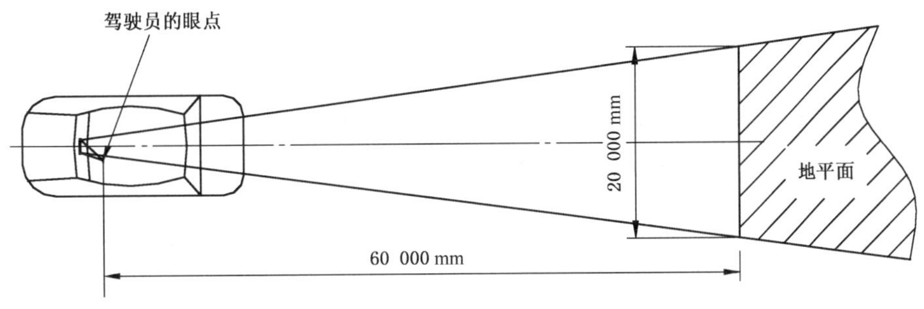

图 4 Ⅰ类内视镜视野

6.5.3 主外视镜(Ⅱ类)

6.5.3.1 驾驶员一侧的外视镜

视野应满足以下要求：驾驶员至少能看到 5 000 mm 宽、由平行于车辆垂直纵向中间平面并且通过驾驶员一侧车辆最远点的平面所界定，并延伸至驾驶员眼点后方 30 000 mm 的水平路面部分。同时，驾驶员应能够看到从通过驾驶员两眼点的垂面后方 4 000 mm 的点开始、宽 1 000 mm，由平行于车辆垂直纵向中间平面并通过车辆最远点的平面所限定的路面(见图 5)。

6.5.3.2 乘员一侧的外视镜

视野应满足以下要求：驾驶员至少能看到 5 000 mm 宽、由乘员一侧平行于车辆垂直纵向中间平面并且通过乘员一侧车辆最远点的平面所界定，并延伸至驾驶员眼点后方 30 000 mm 的水平路面部分。同时，驾驶员应能够看到从通过驾驶员两眼点的垂面后方 4 000 mm 的点开始、宽 1 000 mm、由平行于车辆垂直纵向中间平面并通过车辆最远点的平面所限定的路面(见图 5)。

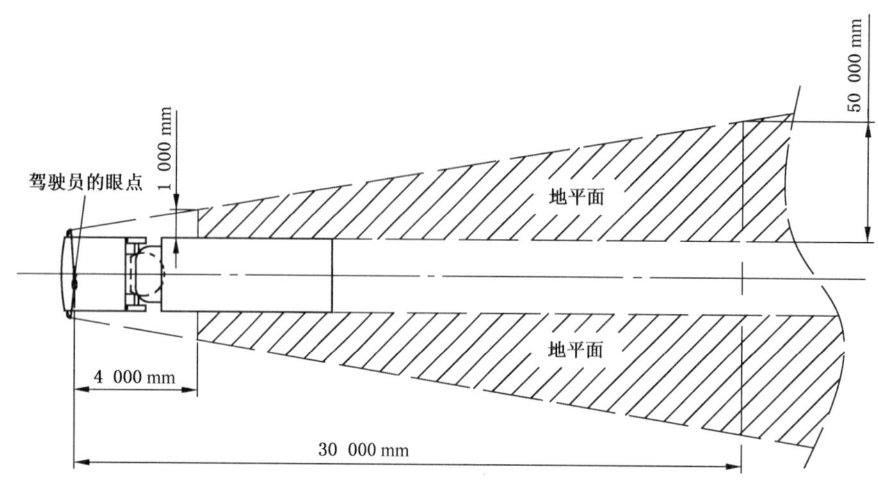

图 5 Ⅱ类主外视镜的视野

6.5.4 主外视镜（Ⅲ类）

6.5.4.1 驾驶员一侧的外视镜

视野应满足以下要求：驾驶员至少能看到 4 000 mm 宽、由平行于车辆垂直纵向中间平面并且通过驾驶员一侧车辆最远点的平面所界定，并延伸至驾驶员眼点后方 20 000 mm 的水平路面部分（见图 6）。同时，驾驶员应能够看到从通过驾驶员两眼点的垂面后方 4 000 mm 的点开始、宽 1 000 mm、由平行于车辆垂直纵向中间平面并通过车辆最远点的平面所限定的路面。

6.5.4.2 乘员一侧的外视镜

视野应满足以下要求：驾驶员至少能看到 4 000 mm 宽、由平行于车辆垂直纵向中间平面并且通过乘员一侧车辆最远点的平面所界定，并延伸至驾驶员眼点后方 20 000 mm 的水平路面部分（见图 6）。同时，驾驶员应能够看到从通过驾驶员两眼点的垂面后方 4 000 mm 的点开始、宽 1 000 mm、由平行于车辆垂直纵向中间平面并通过车辆最远点的平面所限定的路面。

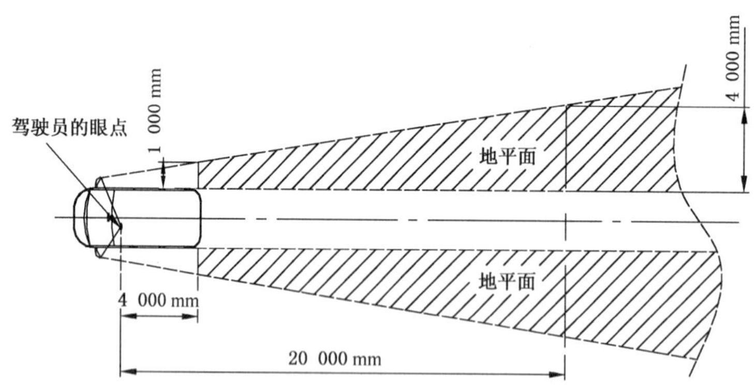

图 6 Ⅲ类主外视镜的视野

6.5.5 广角外视镜（Ⅳ类）

6.5.5.1 驾驶员一侧广角外视镜

视野应满足以下要求：驾驶员至少能看到 15 000 mm 宽、由平行于车辆垂直纵向中间平面并且通过驾驶员一侧车辆最远点的平面所界定，并延伸至驾驶员眼点后方至少 10 000 mm～25 000 mm 的水平路面部分。同时，驾驶员应能够看到从通过驾驶员两眼点的垂面后方 1 500 mm 的点开始、宽 4 500 mm、由平行于车辆垂直纵向中间平面并通过车辆最远点的平面所限定的路面（见图 7）。

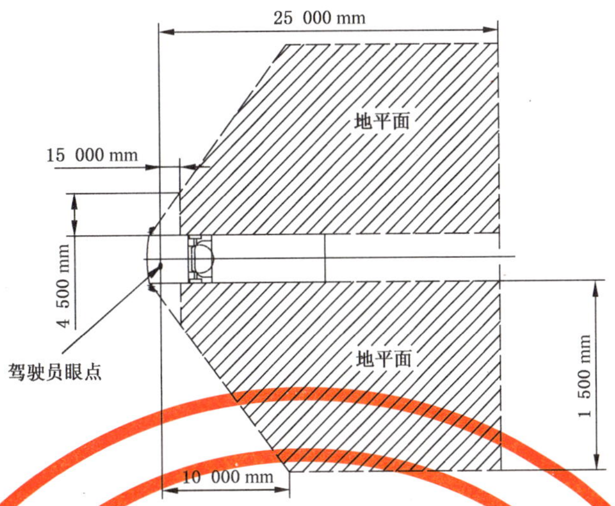

图 7 Ⅳ类广角外视镜的视野

6.5.5.2 乘员一侧广角外视镜(Ⅳ类)

视野应满足以下要求:驾驶员借助外视镜能在水平路面上看见一段宽至少为 15 000 mm 的区域,由平行于车辆垂直纵向中间平面并且通过乘员一侧车辆最远点的平面所界定,并延伸至驾驶员眼点后方至少 10 000 mm~25 000 mm 的水平路面部分。同时,驾驶员应能够看到从通过驾驶员两眼点的垂面后方 1 500 mm 的点开始,宽 4 500 mm,由平行于车辆垂直纵向中间平面并通过车辆最远点的平面所限定的路面(见图 7)。

6.5.6 补盲外视镜(Ⅴ类)

视野应达到以下要求:驾驶员借助补盲外视镜(Ⅴ类)能在水平路面上看到的路段,其界限由下列垂直平面来确定(见图 8):

a) 平行于车辆垂直纵向中间平面、通过乘客一侧驾驶室最外端的平面;
b) 横向,在 a)所述的平面横向外 2 000 mm 处的一个平面;
c) 向后,通过驾驶员两眼点的垂面后方 1 750 mm 处作一平行平面;
d) 向前,通过驾驶员两眼点的垂面前方 1 000 mm 处作一平行平面。如果车辆保险杠前端的横向垂面与驾驶员两眼点垂面之间的距离小于 1 000 mm,视野应限定到横向平面内;
e) 如果通过Ⅳ类广角外视镜以及Ⅵ类前视镜可以获得图 8a)和图 8b)所给出的视野,那么不强制要求安装Ⅴ类补盲外视镜。

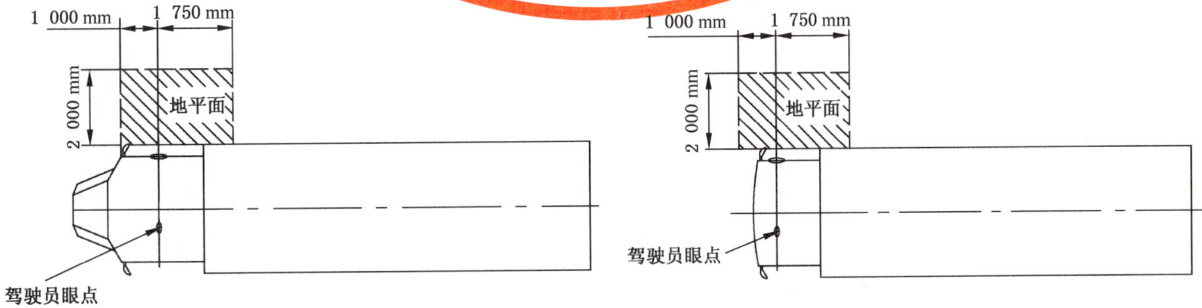

图 8 Ⅴ类补盲外视镜的视野

6.5.7 **前视镜(Ⅵ类)**

6.5.7.1 驾驶员的视野范围借助前视镜能在水平路面上看到的路段,其视野范围由以下限定:

a) 过车身前部最外端前点的横向垂直平面;

b) 上述 a)平面前 2 000 mm 的横向垂直平面;

c) 过驾驶员一侧驾驶室最外端点平行于车辆纵向垂直中心平面的纵向垂直平面;

d) 过副驾驶员一侧驾驶室最外端点平行于车辆纵向垂直中心平面的纵向垂直平面,再向外 2 000 mm 的纵向垂直平面;

e) 在车身前和离副驾驶员一侧驾驶室最外端点 2 000 mm 处的视野区域,允许半径 2 000 mm 的圆角过渡(见图 9);

f) 视野的定义区域见 6.5.8.2;

g) 此前视镜规定适用于平头式的车 N_2>7 500 kg 及 N_3 车;

h) 如果这两类车上不能使用前视镜或监视装置来满足上述要求,就必须另外使用其他视野支持系统,而这个视野支持系统所用的装置必须能够检测到在图 9 定义的视野区域内高 50 mm 直径 300 mm 的物体。

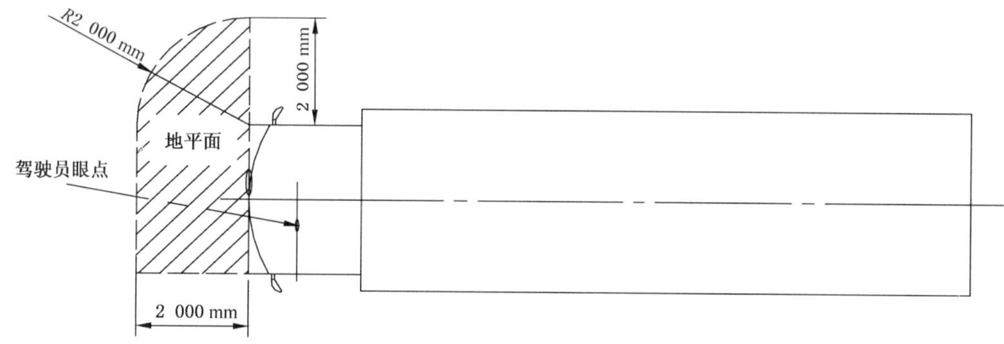

图 9 Ⅵ类前视镜的视野

6.5.7.2 但是,在将 A 柱的遮挡因素考虑在内的情况下,如果驾驶员能够看到车辆正前方 300 mm 长、1 200 mm 高,并由以下平面限定的视野范围,那么不强制要求安装Ⅵ类前视镜:平行于车辆垂直纵向中间平面并通过驾驶员一侧车辆最外端的垂直纵向平面,以及平行于车辆纵向垂直中间平面、距离乘客一侧车辆最外远端外部 900 mm 垂直纵向垂直平面。

6.5.7.3 为满足 6.5.7.1、6.5.7.2 的要求,确定车辆前部时,不考虑永久固定在车辆上,且位于驾驶员眼点前上面以及车辆前保险杠最前面的部件。

6.5.7.4 如果视镜同时有几个反射面,这些反射面的曲率半径互不相同或者反射面相互之间相互形成不同夹角,那么至少一个反射面应提供这类视镜应满足的视野并且满足其尺寸要求(见 4.1.2.1.2)。

6.5.8 **至少驾驶室被部分封闭的 L 类机动车辆的视镜(Ⅶ类)**

6.5.8.1 **驾驶员一侧的外视镜**

视野应满足以下要求:驾驶员至少能看到 2 500 mm 宽、由平行于车辆垂直纵向中间平面并且通过驾驶员一侧车辆最远点的平面所界定,并延伸至驾驶员眼点后方 10 000 mm 的水平路面部分。(见图 10)

6.5.8.2 **乘员一侧的外视镜**

视野应满足以下要求:驾驶员至少能看到 4 000 mm 宽、由乘员一侧平行于车辆垂直纵向中间平面并且通过乘员一侧车辆最远点的平面所界定,并延伸至驾驶员眼点后方 20 000 mm 的水平路面部分。

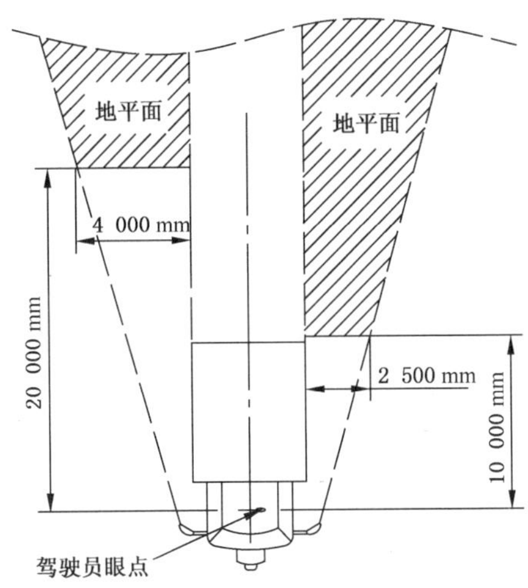

图 10 Ⅶ类视镜视野

6.5.9 障碍物

6.5.9.1 内视镜(Ⅰ类)

视野有可能因部件影响而降低,如遮阳板、后刮雨刷、除雾部件、S3 类制动灯,这些装置遮挡部分投影在与车辆纵向中心面垂直的铅垂面上时,其总和不大于所规定视野的 15%就可以。头枕、框架或车身结构,如后面的对开门立柱、后窗框应不计算在内,测量阻挡程度时应将遮阳板处于收回位置。

6.5.9.2 外视镜(Ⅱ类、Ⅲ类、Ⅳ类、Ⅴ类、Ⅵ类和Ⅶ类)

外视镜视野指定的视野区域内可能被像车体及其上的零件等障碍物遮挡,如其他驾驶室视镜、门把手、示廓标志灯、转向信号灯、前后保险杠以及反射面清洗部件等,如遮挡不超过 10%的规定视野,应该不必考虑;如果在设计和结构上是针对特殊目的的车辆,由于特殊特征,不可能达到 10%的要求,Ⅵ类前视镜视野内遮挡物由于特殊特征的原因允许大于 10%,但不要超过特殊功能之外的要求。

6.6 测定视野区域要求

测定视野区域时,应在驾驶员眼点处设置大功率光源,并检测在监视屏上的反射光束来确定。也可以采用其他等效方法。

6.7 视镜之外的间接视野装置

6.7.1 任何间接视野装置应达到以下性能要求:在临界视野条件下,能够在所述规定的视野内观测发现到临界物体。

6.7.2 应最大程度地降低间接视野装置安装对驾驶员直接视野造成的遮挡。

6.7.3 按附录 D 的方法确定摄像机-监视器类间接视野装置观察的距离。

6.7.4 监视器的安装要求

监视器的观察方向大致应同其中一个主视镜保持一致。

6.7.5 车辆可以加装其他间接视野装置。

6.7.6 本条不适用于 3.29 定义的监视摄像机-监视器-记录装置。外部摄像监视设备应该安装在车辆最大技术允许质量状态时,离地面至少 1 800 mm 处,或者,当其下边缘离地,也就是设备最底边离地会小于 1 800 mm 时,突出未装此装置时车辆总宽不超过 50 mm,且其圆角半径不小于 2.5 mm。

7 实施过渡期

本标准实施的过渡期要求：

a) 对于新定型的产品，自本标准实施之日起开始执行；

b) 对于已定型的产品，自本标准实施之日起第13个月开始执行。

附　录　A
（资料性附录）
本标准章条编号与 ECE R46 章条编号对照

表 A.1 给出了本标准章条编号与 ECE R46 章条编号对照一览表。

表 A.1　本标准章条编号与 ECE R46 章条编号对照

本标准章条编号	ECE R46 章条编号
1	1
2	—
3	2，12
4	6
5	6.13
6	15
—	附录 1～附录 5
附录 A	—
附录 B	附录 6
附录 C	附录 7
附录 D	附录 10
—	3～5
—	7～11
—	13～14
—	16～21
—	附录 8
—	附录 8 的附件 1
—	附录 8 的附件 2
—	附录 8 的附件 3
	附录 9

附　录　B
（规范性附录）
确定反射率的方法

B.1　定义解词

B.1.1　CIE 标准发光体 A[1)]（见表 B.1）：

表 B.1　CIE 标准发光体 A

λ/mm	$\bar{x}(\lambda)$
600	1.062 2
620	0.854 4
650	0.283 5

B.1.2　CIE 标准光源 A[1)]：在相关色温 T_{68}＝2 855.6 K 时的充气钨丝灯。
B.1.3　CIE(1931)标准色度观测仪[1)]：是一种辐射感应器，其色度特性相当于光谱三色激励值 $\bar{x}(\lambda)$、$\bar{y}(\lambda)$、$\bar{z}(\lambda)$（见表 B.2）。

表 B.2　CIE 标准色度观测仪的光谱三色激励值

λ/mm	$\bar{x}(\lambda)$	$\bar{y}(\lambda)$	$\bar{z}(\lambda)$	λ/mm	$\bar{x}(\lambda)$	$\bar{y}(\lambda)$	$\bar{z}(\lambda)$
380	0.001 4	0.000 0	0.006 5	590	1.026 3	0.757 0	0.001 1
390	0.004 2	0.000 1	0.020 1	600	1.062 2	0.631 0	0.000 8
400	0.014 3	0.000 4	0.067 9	610	1.002 6	0.503 0	0.000 3
410	0.043 5	0.001 2	0.067 9	620	0.854 4	0.381 0	0.000 2
420	0.134 4	0.004 0	0.645 6	630	0.642 4	0.265 0	0.000 0
430	0.283 9	0.011 6	1.385 6	640	0.447 9	0.175 0	0.000 0
440	0.348 3	0.023 0	1.747 1	650	0.283 5	0.107 0	0.000 0
450	0.336 2	0.038 0	1.772 1	660	0.164 9	0.061 0	0.000 0
460	0.290 8	0.060 0	1.669 2	670	0.087 4	0.032 0	0.000 0
470	0.195 4	0.091 0	1.287 6	680	0.046 8	0.017 0	0.000 0
480	0.095 6	0.139 0	0.813 0	690	0.022 7	0.008 2	0.000 0
490	0.032 0	0.208 0	0.465 2	700	0.011 4	0.004 1	0.000 0
500	0.004 9	0.323 0	0.272 0	710	0.005 8	0.002 1	0.000 0
510	0.009 3	0.503 0	0.158 2	720	0.002 9	0.001 0	0.000 0
520	0.063 3	0.710 0	0.078 2	730	0.001 4	0.000 5	0.000 0
530	0.165 5	0.862 0	0.042 2	740	0.000 7	0.000 2[a]	0.000 0
540	0.290 4	0.954 0	0.020 3	750	0.000 3	0.000 1	0.000 0
550	0.433 4	0.995 0	0.008 7	760	0.000 2	0.000 1	0.000 0
560	0.594 5	0.995 0	0.003 9	770	0.000 1	0.000 0	0.000 0
570	0.762 1	0.952 0	0.002 1	780	0.000 0	0.000 0	0.000 0
580	0.916 3	0.870 0	0.001 7				

[a] 1966 年修改时，将 3 改为 2。

1）定义摘自 CIE(国际照明委员会)出版物 50(45)、国际电子词汇、45 组：照明。

B.1.4 CIE光谱三色激励值[1)]：在CIE(x、y、z)系统中，等能量光谱分量的三色激励值。

B.1.5 明视觉[1)]：正常眼睛适应了每平方米至少几坎德拉亮度时的视觉。

B.2 仪器

B.2.1 概述

B.2.1.1 试验仪器由光源、试镜支架、带有光检测器和指示仪表的接收单元，以及能消除外来光影响的装置组成(见图B.1)。

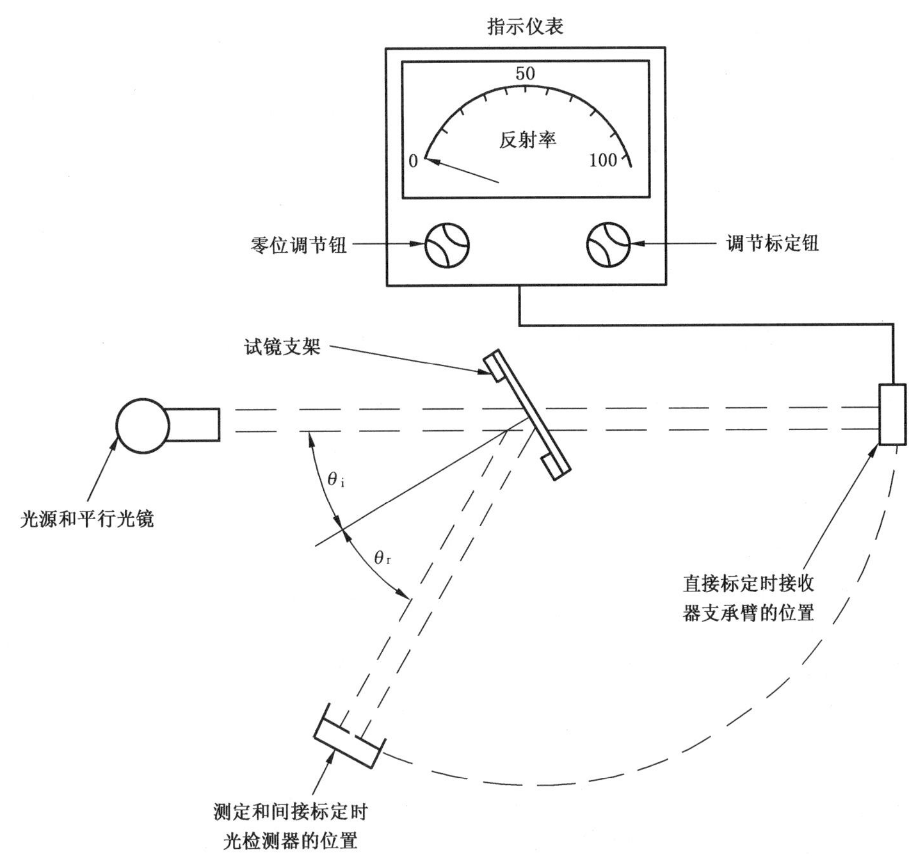

图B.1 两种标定方法所用反射率测定仪的几何关系

B.2.1.2 接收单元可以包括一个光积分球体，以便测量非平面镜(凸镜)(见图B.2)。

1) 定义接自CIE(国际照明委员会)出版物50(45)、国际电子词汇、45组：照明。

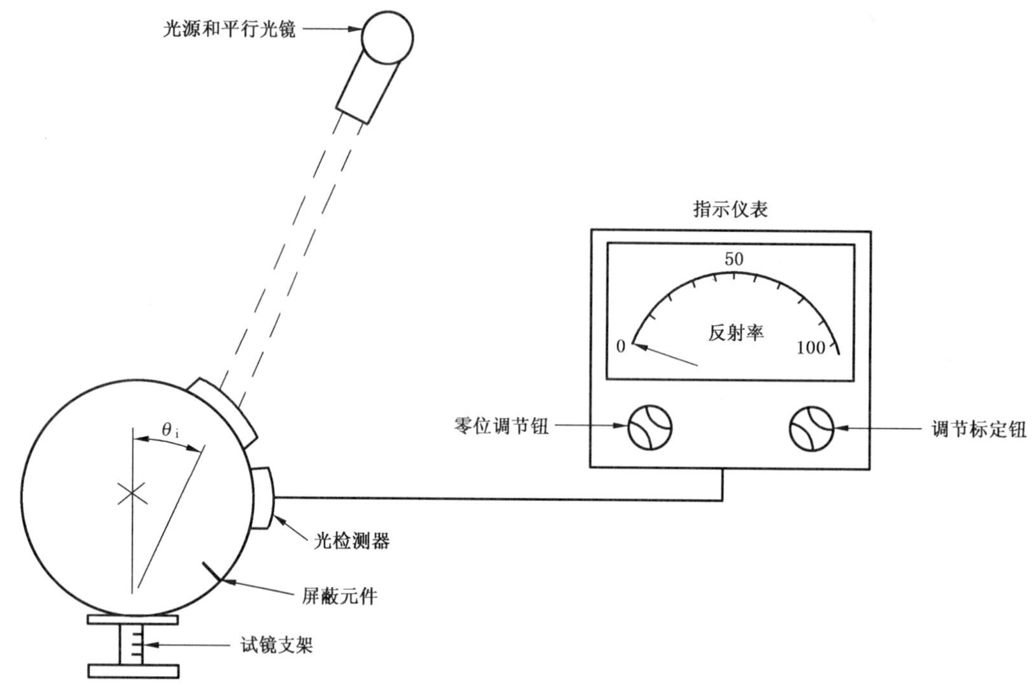

图 B.2 在接收单元中加装光积分球体的反射率测定仪

B.2.2 光源和光检测器的光谱特性

B.2.2.1 光源由 CIE 标准光源 A 和能使光源发出的光成为平行光束的镜片所组成。为使仪器工作时光源电压保持稳定，推荐使用稳压电源。

B.2.2.2 接收单元所带光检测器的光谱响应与 CIE(1931)标准色度观测仪的适光亮度函数成正比(见表 B.1)。也可以使用其他产生效果能完全等效于 CIE 标准发光体 A 和明视觉的发光体-滤光片-接收器的组合方式。在接收单元中使用光积分球体时，球体的内表面应涂上一层无光泽的(漫反射的)、对光谱无选择性的白色涂料。

B.2.3 几何条件

B.2.3.1 入射光束角(θ)最好是与垂直于试验表面的垂线成 0.44 弧度±0.09 弧度(25°±5°)，并不得超过角度上限(0.53 弧度或 30°)。接收器轴线与该垂线所成角度(θ)应等于入射光束角(见图 B.1)。入射光束在试验表面上的直径不得小于 19 mm，反射光束覆盖在光检测器上的面积应小于其感光面积，但不得小于该感光面积的 50%，并尽可能接近仪器标定时的覆盖面积。

B.2.3.2 当光积分球体用于接收单元时，球体直径不得小于 127 mm。在球体上，试镜和球壁入射光束的孔径应使入射光束和反射光束全部通过。光检测器应置于不受入射和反射光束直射的位置。

B.2.4 光检测器——指示仪表装置的电特性

在指示仪表上，光检测器输出的读数为感光区域上光亮度的线性函数。为了便于调零和标定，可采用光、电或光和电组合的方法，但该方法不得影响仪器线性度和光谱特性。接收器——指示系统的准确度应在全刻度的±2%范围内，或在读数值的±10%范围内，以较小者为准。

B.2.5 试镜支架

试镜支架应便于试镜定位，使光源支承臂与接收器的轴线在反射面上相交。反射面可能位于镜片的中间，或任何一面，视其为第一个面、第二个面，或是“转换”型棱镜而定。

B.3 方法

B.3.1 直接标定法

B.3.1.1 在直接标定法中，大气作为参考标准，该方法适用于其结构上允许将接收器调节到光源的光路上，进行100%测量标定的仪器(见图B.1)。

B.3.1.2 在某些情况下(如测定低反射率表面)，要求用该方法标定一个中间值(在刻度盘0%～100%之间)。这时，将一个已知透光率的中性密度滤光片插入光路中，然后调节标定钮，直至仪器读数为中性密度滤光片的透光百分率为止。在测定试镜反射率之前，必须拿掉滤光片。

B.3.2 间接标定法

间接标定法适用于光源和接收器的几何位置为固定的仪器。该方法需要有经过严格标定和保持其反射率不变的参考标样。该标样最好是与试镜反射率很接近的平面镜。

B.3.3 平面镜的测定

平面镜的反射率可以用直接或间接标定法测定。反射率的数值可直接从仪器的指示仪表上读出。

B.3.4 非平面镜(凸面镜)的测定

用带光积分球体的仪器测定非平面镜(凸面镜)的反射率(见图B.3)。当用反射率为E%的参考标样时，仪器的指示仪表指在n_E刻度上，因而，一个未知反射率镜子的刻度为n_X，则相应的反射率X%可用式(B.1)计算：

$$X = E\frac{n_X}{n_E} \qquad \text{(B.1)}$$

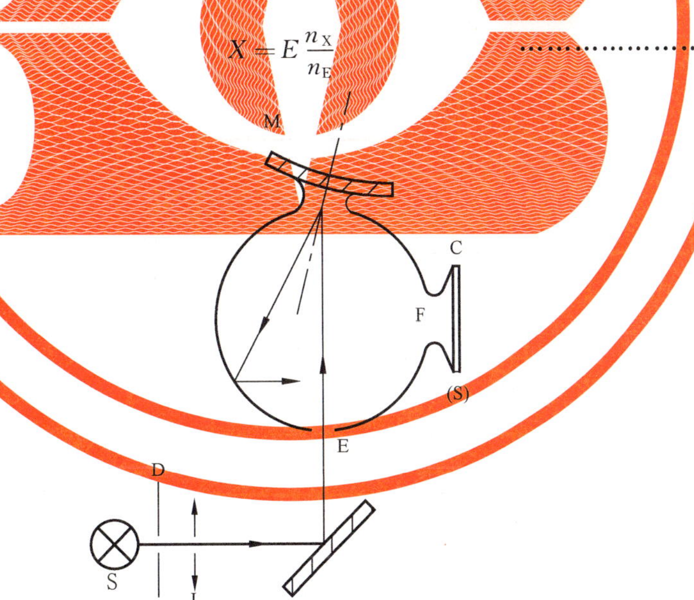

说明：

C ——接收器；
D ——光圈；
E ——入射窗口；
F ——测定窗口；
L ——镜头；
M ——试镜窗口；
S ——光源；
(S)——积分球体。

图 B.3 球面镜反射率测量装置

附 录 C
（规范性附录）
测定视镜反射面曲率半径 *r* 的程序

C.1 测量

C.1.1 设备

采用图 C.1 规定的球面计。

单位为毫米

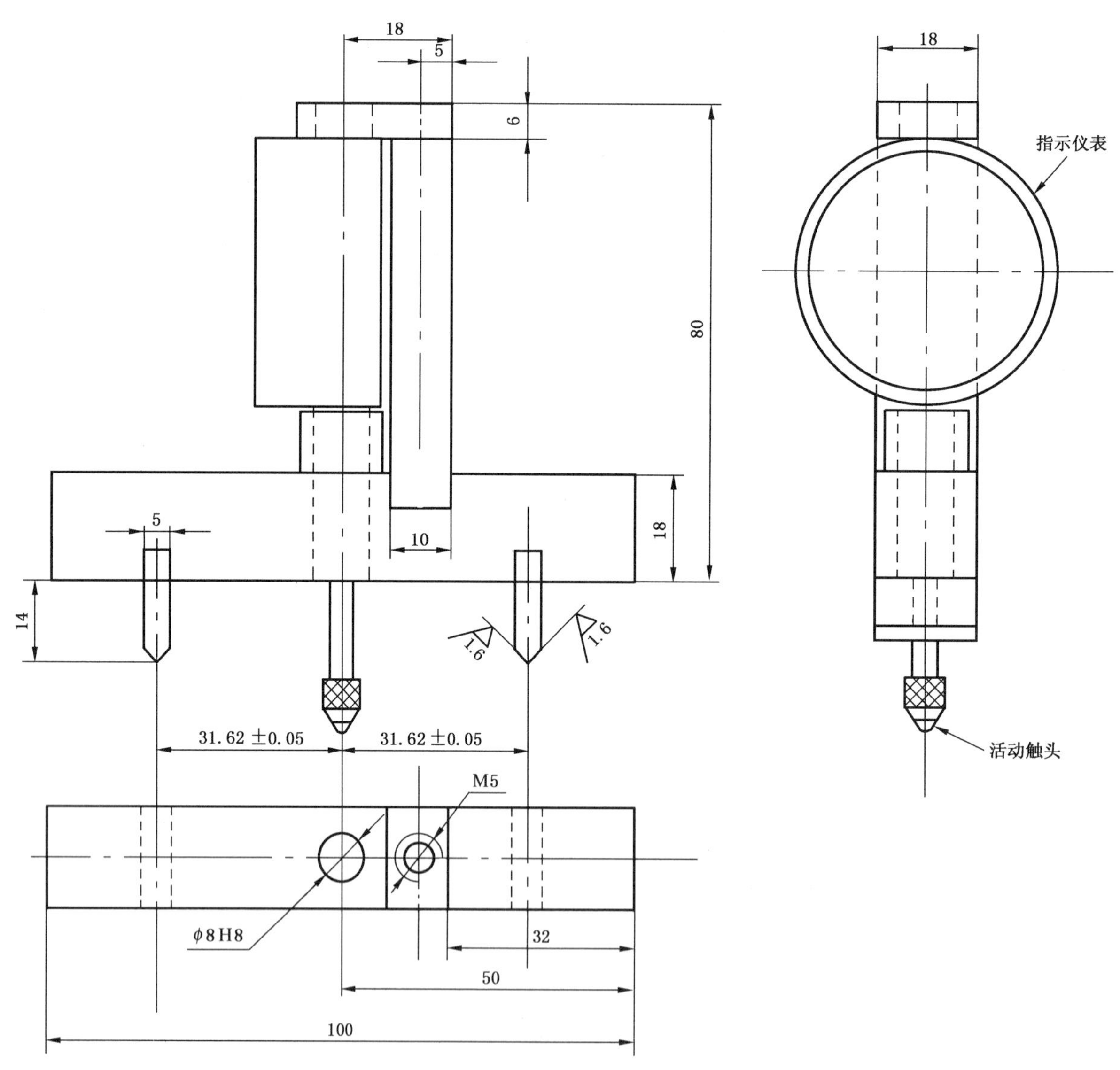

图 C.1 球面计示意图

C.1.2 测点

C.1.2.1 基本点的曲率半径应在三个点上测得，其位置位于过镜面中心，并与 b 线段平行的线段上，距离约为全长的 1/3、1/2 和 2/3 处。如果垂直镜子 b 线段方向上的尺寸为最长，则测点应位于垂直于 b 线段，且过镜子镜面中心的线段上。

C.1.2.2 若由于镜子尺寸的关系，不能按 C.1.2.1 规定的方法进行测量，则负责试验的技术人员可以在两个相互垂直的方向，并尽可能接近上述规定的点上进行测量。

C.2 曲率半径的计算

曲率半径 r 用 mm 表示，计算公式如式(C.1)：

$$r=\frac{r_{p1}+r_{p2}+r_{p3}}{3} \qquad \text{(C.1)}$$

式中：

r_{p1}——第一测点的曲率半径；

r_{p2}——第二测点的曲率半径；

r_{p3}——第三测点的曲率半径。

附　录　D
（规范性附录）
发现距离的计算

D.1　摄像机-监视器类间接视野装置

D.1.1　摄像机的分辨率阈值

摄像机的分辨率阈值由式(D.1)界定：

$$\omega_c = 60\,\frac{\beta_c}{2N_c} \qquad \cdots\cdots(D.1)$$

式中：

ω_c——摄像机的分辨率阈值(弧分)；

β_c——摄像机视角(°)；

N_c——摄像机的视频线路数量(＃)。

注：制造商应提供 β_c 和 N_c 的值。

D.1.2　监视器临界观察距离的确定

对于具备一定尺寸和特征的监视器，可以计算出至该监视器的距离，在计算中发现距离完全取决于摄像机的性能。其临界观察距离 $r_{m,c}$ 由式(D.2)界定：

$$r_{m,c} = \frac{H_m}{N_m \times 2\tan[\omega_{eye}/(2\times 60)]} \qquad \cdots\cdots(D.2)$$

式中：

$r_{m,c}$——临界观察距离，单位为米(m)；

H_m——监视器图像高度，单位为米(m)；

N_m——监视器视频线路数量(-)；

ω_{eye}——观察器分辨率阈值，单位为弧分(弧分)；$\omega_{eye}=1$；

60——用来将弧分换算为度。

注：制造商应提供 H_m 和 N_m 的值。

D.1.3　发现距离的确定

D.1.3.1　最大发现距离小于临界观察距离。在这种情况下，由于安装方面的原因，监视器的发现距离小于临界观察距离，可获得的最大发现距离由式(D.3)确定：

$$r_d = \frac{D_0}{\tan(f\times\omega_c/60)} = \frac{D_0}{\tan[f\times\beta_c/(2\times N_c)]} \qquad \cdots\cdots(D.3)$$

式中：

r_d——发现距离，单位为米(m)；

D_0——物体直径，单位为米(m)；

f——阈值增加系数；

ω_c、β_c 和 N_c 的值见 D.1.1；

$D_0=0.8$，单位为米(m)；

$f=8$。

D.1.3.2 发现距离大于临界观察距离。在这种情况下，由于安装方面的原因，监视器的发现距离大于临界观察距离，可获得的最大发现距离由式(D.4)确定：

$$r_d = \frac{D_0}{\tan \frac{f \times \beta_c}{2N_c} \times \frac{N_m}{0.152\,4 \times D_m} \times r_m \tan \frac{\omega_{eye}}{60}} \qquad \cdots\cdots\cdots\cdots\cdots\cdots (D.4)$$

式中：

r_m ——至监视器的观察距离，单位为米(m)；

D_m——监视器屏幕的对角线长度，单位为英寸；

N_m——监视器视频线路的数量(-)；

β_c 和 N_c 的值见 D.1.1；

N_m 和 ω_{eye}的值见 D.1.2。

D.2 辅助功能要求

根据实际的安装条件，应确定整个装置在安装后是否仍能达到 4.2.2 所列出的要求，尤其是监视器的炫光校正、最小及最大亮度等。同时，也应该确定解决炫光校正问题的度数、阳光照射到监视器的角度，并且将这些数值与系统测量所获得的对应结果进行对比。在执行过程中，既可以基于 CAD 生成的模型(当装置安装到相关车辆上之后，确定该装置的光线角度)，也可以按 4.2.2.2 的说明在相应车辆上进行相关的测量。

ICS 43.040.60
T 26

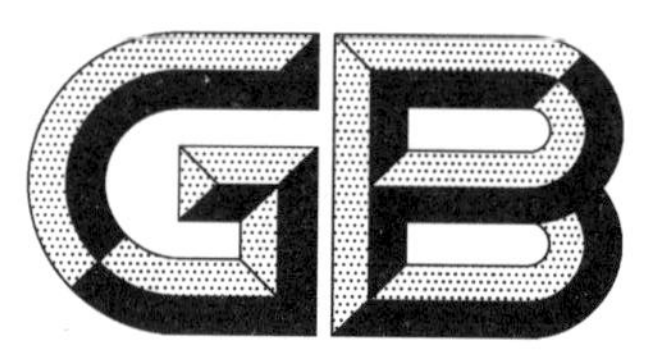

中华人民共和国国家标准

GB 15085—2013
代替 GB 15085—1994,GB 11565—1989

汽车风窗玻璃刮水器和洗涤器性能要求和试验方法

Motor vehicles-windscreen wiper and washer systems—Performance requirements and test methods

2013-09-18 发布 2015-01-01 实施

中华人民共和国国家质量监督检验检疫总局
中国国家标准化管理委员会 发布

前 言

本标准的第 4 章、第 5 章为强制性的，其余为推荐性的。

本标准按照 GB/T 1.1—2009 给出的规则起草。

本标准代替 GB 15085—1994《汽车风窗玻璃刮水器、洗涤器的性能要求及试验方法》和 GB 11565—1989《轿车风窗玻璃刮水器刮刷面积》。本标准以 GB 15085—1994 为主，整合了 GB 11565—1989 的内容，与 GB 15085—1994 和 GB 11565—1989 相比，除编辑性修改外主要技术变化如下：

本标准与 GB 15085—1994 的主要差异：

——增加了“驾驶员前方 180°视野范围”(见第 1 章)；

——增加了“风窗玻璃刮水器系统”、“刮刷循环”、“风窗玻璃透明区”、“风窗玻璃洗涤器系统”名词定义(见 3.6、3.7、3.8、3.13)；

——增加了“A 区域和 B 区域的确定”的内容(见 4.1.2)；

——增加了 4.1.9 的内容，对 4.1.3 进行了修改和补充；

——增加了资料性附录 A。

本标准与 GB 11565—1989 的主要差异：

——删除了“主要仪器设备”(见 GB 11565—1989 版 5.1)；

——修改了“实车测量方法”中的表述形式，将标准中重复前面的内容直接引用标准的条款号；修改了 5.4.4 的内容，将“……在风不能直接吹到的条件下，往风窗玻璃外表面上均匀地喷撒薄薄一层干的医用滑石粉”修改为“……在风窗玻璃外表面上均匀地涂上一层附录 B 规定的试验用混合液，等待干燥”[见 5.3.3a)、5.3.3.c)和 1989 年版的 5.4.1、5.4.2、5.4.4]。

本标准参照欧洲共同体 78/318/EEC 中的《关于统一各成员国有关机动车刮水器和洗涤器相关法律的指令》(2007 年)起草。

本标准与 78/318/EEC 指令技术性差异及原因如下：

——删除了 78/318/EEC 指令中附录一的第 3 章 EEC 型式认证的申请、第 4 章 EEC 型式认证的颁发、第 7 章标志、第 8 章型号的修改和认证的修改、第 9 章生产一致性和附件 6 技术文件(车辆)、附件 7 技术文件(独立技术单元)、附件 8 型式认证证书(整车)、附件 9 型式认证证书(独立技术单元)，其原因是本标准不涉及与认证有关的内容。

——删除了 78/318/EEC 指令中附录一中“三维坐标系”、“基本参照标记”、“实际人体角度”、“设计人体角度”、“纵向座椅调整范围”、“扩展座椅调整范围”的名词定义(见 78/318/EEC 中附录一中的 2.2、2.3、2.4、2.5、2.11、2.12)，其原因是本标准内容中不涉及。

——删除了 78/318/EEC 指令附录一中 6.2.1.1 表“关于人力驱动系统，施加力”的规定(见 78/318/EEC 指令中附录一中 6.2.1.1 表)，其原因是本标准涉及的是电驱动系统，不涉及人力驱动系统。

——删除了 78/318/EEC 指令中附录二确定 H 点和座椅靠背实际角度的方法、检验 R 点与 H 点之间的相对位置以及座椅靠背设计角度与座椅靠背实际角度之间的关系的方法、附录三确定车辆主要基准标记与三维坐标网格之间尺寸关系的方法、附录四相对于 V 点确定 M_1 类车辆风窗玻璃视区的方法、附录六第……号技术文件、附录七第……号技术文件、附录八样式、附录九样式，其原因是附录二、附录三、附录四是采用我国现行的相关标准，附录六至附录九与认证有关内容，本标准不涉及。

本标准与78/318/EEC指令相比在结构上有调整，附录A列出了本标准与78/318/EEC指令的章条编号对照一览表。

考虑到我国国情，在采用78/318/EEC指令时，本标准做了下列编辑性修改：

——“本指令”改为“本标准”；

——“定义”改为“术语和定义”；

——增加资料性附录A。

本标准由中华人民共和国工业和信息化部提出。

本标准由全国汽车标准化技术委员会(SAC/TC 114)归口。

本标准起草单位：中国质量认证中心、武汉汽车车身附件研究所、第一汽车集团公司技术中心。

本标准主要起草人：李再华、曲艳平、姚鹏、张雨。

本标准所代替标准的历次版本发布情况为：

——GB 15085—1994；

——GB 11565—1989。

汽车风窗玻璃刮水器和洗涤器性能要求和试验方法

1 范围

本标准规定了汽车风窗玻璃刮水器和洗涤器的术语和定义、性能要求和试验方法，包括风窗玻璃刮水器刮刷面积的测量方法。

本标准适用于 M_1 类车辆驾驶员前方 180°视野范围。

2 规范性引用文件

下列文件对于本文件的应用是必不可少的。凡是注日期的引用文件，仅注日期的版本适用于本文件。凡是不注日期的引用文件，其最新版本(包括所有的修改单)适用于本文件。

GB 11555—2009 汽车风窗玻璃除霜和除雾系统的性能和试验方法

3 术语和定义

下列术语和定义适用于本文件。

3.1

刮水器刮片 wiper blade

装有用以刮刷风窗玻璃外表面的刮水部件。

3.2

刮刷面积 sweep field

风窗玻璃外表面特定范围内，由刮水器刮片能刮到的区域。

3.3

实际刮刷面积 actual sweep field

刮水器刮片以最高的频率工作时，在风窗玻璃外表面上所刮到的区域。

3.4

设计刮刷面积 design sweep field

理论计算所得到的刮刷的区域。

3.5

增刷面积 accessorial sweep field

刮水器刮片在实际工作中，由于刮水器各部分运动惯性的原因，超出设计刮刷面积的部分。

3.6

风窗玻璃刮水器系统 windscreen-wiper system

刮刷风窗玻璃外表面的装置以及附件和必要的启动与停止控制系统。

3.7

刮刷循环 sweep cycle

刮水器在正常状态下，刮片从刮刷范围的一端运动到另一端后，再返回到初始位置的过程。

3.8

风窗玻璃透明区 transparent area of a windscreen

汽车风窗玻璃或表面透光率(当光线与表面成垂直角度测量时)不小于70%的区域。

3.9

喷嘴 nozzle

将洗涤液引向风窗玻璃外表面的装置。

3.10

喷射性 jet ability

在洗涤器系统正常工作情况下喷嘴喷射洗涤液至风窗玻璃目标区域上的能力。

3.11

洗涤液 wash fluid

硬度低于205 g/t 的水并加入适量添加剂的水溶液。

3.12

目标位置 target position

由汽车制造商规定的,洗涤液喷射到风窗玻璃外表面上的位置。

3.13

风窗玻璃洗涤器系统 windscreen-washer system

存储和把液体喷到风窗玻璃外表面上的装置以及必要的启动与停止控制系统。

4 性能要求

4.1 风窗玻璃刮水器系统性能要求

4.1.1 所有车辆都至少装备一套自动风窗玻璃刮水器系统。自动风窗玻璃刮水器系统指在车辆发动机运转时除了风窗玻璃刮水器启动和停止操作外不需要驾驶员的其他操作即能够工作的系统。

4.1.2 风窗玻璃刮水器的刮刷面积至少应覆盖按照GB 11555—2009中第4章的有关规定确定的A区域的98%,B区域的80%。

4.1.3 风窗玻璃刮水器至少应有两种刮刷频率:

a) 一种刮刷频率不低于45次/min;

b) 一种刮刷频率不低于10次/min,且不高于55次/min;

c) 最高的刮刷频率和其中一种低的刮刷频率之间的差不低于15次/min。

4.1.4 4.1.3所述的刮刷频率应在5.1.1~5.1.3和5.1.5规定的条件下获得。

4.1.5 只要有一种频率符合4.1.3中a)的要求,并且主频率停止后另一种频率不低于10次/min,则可通过风窗玻璃刮水器系统的间歇工作满足4.1.3的要求。

4.1.6 当通过风窗玻璃刮水器控制系统停止风窗玻璃刮水器系统的工作时,刮水器刮片应自动返回至其初始位置。

4.1.7 刮水器工作时应能够承受15 s的外力阻挡负荷,之后所有部件仍能工作。只要除了风窗玻璃刮水器控制系统外不需要其他控制操作即可复位,则允许使用自动保护电路。试验按照5.1.4规定的试验方法和条件进行。

4.1.8 在5.1.7规定的条件下以符合4.1.3中b)规定的刮刷频率试验时,风窗玻璃刮水器区域应符合4.1.2的最低要求。

4.1.9 当相对空气速度等于车辆最高速度的80%,但最高不超过160 km/h时,以最高频率工作时,风窗玻璃刮水器系统应能够在与5.1.7b)规定的相同条件下以相同效率刮刷4.1.2规定的A区域。

4.1.10 刮水器臂的安装应使刮水器臂能够从风窗玻璃上移开以便对风窗玻璃进行人工清洗。

注：本条要求不适用于刮臂停止时位于隐藏在车辆部件(发动机罩、仪表盘等)后面的部分。

4.1.11 在5.1.8规定的条件下和−18 ℃±3 ℃的温度下，风窗玻璃刮水器系统应能够在干燥的风窗玻璃上持续工作2 min。

4.2 风窗玻璃洗涤器系统性能要求

4.2.1 所有车辆都应装备一套风窗玻璃洗涤器系统，该系统应能够承受喷嘴堵塞时，按照5.2.1和5.2.2规定的方法启动时产生的负荷。在正常使用中风窗玻璃洗涤器系统应能把液体喷到风窗玻璃上的目标区域，且不会出现渗漏或洗涤器系统管道断开。

4.2.2 在经过5.2.3和5.2.4规定的温度循环试验后，风窗玻璃洗涤器系统仍能正常工作。

4.2.3 在5.2.5规定的条件下，风窗玻璃洗涤器系统应能够提供足够清洗A区域60%的洗涤液。

4.2.4 洗涤器储液罐的容量不得小于1 L。

5 试验方法

5.1 风窗玻璃刮水器系统

5.1.1 除非另有规定，否则应在以下条件进行所述试验：

a) 环境温度应在10 ℃～40 ℃之间；

b) 风窗玻璃持续保持湿润；

c) 蓄电池电压不得低于额定电压，且不能超过额定电压2 V；

d) 发动机以最大功率转速30%的速度运转；

e) 接通前照近光灯；

f) 暖风系统(或冷气系统)、通风系统和除霜和除雾系统(装备了这种系统时)以最大负荷状态工作。

5.1.2 无论发动机转速和负荷如何，由压缩空气或真空驱动的风窗玻璃刮水器系统都应能够持续地以规定的刮刷频率工作。

5.1.3 在湿润表面上预工作20 min后，风窗玻璃刮水器系统的刮刷频率应符合4.1.3的要求。

5.1.4 在风窗玻璃刮水器控制系统设置在最大刮刷频率的条件下，刮水器臂被阻止在垂直位置15 s后应满足4.1.7的要求。

5.1.5 用甲醇、酒精或等效去污剂彻底除去风窗玻璃外表面上的油渍和污染物。干燥后，用浓度为3%～10%的氨水在风窗玻璃外表面上清洗，待干燥后用干棉布擦净。

5.1.6 在风窗玻璃外表面上均匀地涂上一层附录B规定的试验用混合液，等待干燥。

5.1.7 为了测量4.1.2所述的风窗玻璃刮水器区域，应按照5.1.5和5.1.6所述的方法或者其他等效方法处理风窗玻璃外表面，测量步骤如下：

a) 绘出风窗玻璃刮水器区域并将其与4.1.2规定的视区对比，以确定是否满足要求。

b) 按5.1.5和5.1.6处理风窗玻璃外表面后，在所有试验中都可以使用风窗玻璃洗涤器。

5.1.8 车辆置于−18 ℃±3 ℃的环境温度下至少4 h后，风窗玻璃刮水器系统应满足4.1.11的要求。应把风窗玻璃刮水器系统设置在5.1.1 c)、d)、e)、f)规定的工作条件下和最大频率下工作。对刮刷面积没有要求。

5.2 风窗玻璃洗涤器系统

5.2.1 强度试验

5.2.1.1 在风窗玻璃洗涤器系统内加满水，然后在20 ℃±2 ℃的环境温度下放置至少4 h。堵上所有喷嘴，在 1 min 内启动风窗玻璃洗涤器 6 次，每次持续至少 3 s。

5.2.1.2 对于电动泵，试验电压不应低于额定电压，也不应高于额定电压 2 V 以上。

5.2.1.3 试验结束时风窗玻璃洗涤器系统的性能应符合 4.2.1 的要求。

5.2.2 冻结强度试验

在风窗玻璃洗涤器系统内加满水，然后在 −18℃ ±3 ℃的环境温度下放置至少 4 h，使洗涤器中的水全部结冰。在 1 min 内启动风窗玻璃洗涤器 6 次，每次持续至少 3 s。然后把风窗玻璃洗涤器系统放置在 20 ℃ ±2℃的环境温度下直到系统内的冰完全融化。按 5.2.1 所述的方法进行风窗玻璃洗涤器系统强度试验。

5.2.3 低温暴露试验

5.2.3.1 在风窗玻璃洗涤器系统内加满水，然后在 −18 ℃ ±3 ℃的环境温度下放置至少 4 h，使洗涤器系统内的水完全冻结。然后把风窗玻璃洗涤器系统放置在 20 ℃ ±2 ℃的环境温度下直到系统内的冰完全融化(但是不应超过 4 h)。重复上述冻/融循环 6 次。按 5.2.1 所述的方法进行风窗玻璃洗涤器系统强度试验。

5.2.3.2 在风窗玻璃洗涤器系统内加注混合液体(由甲醇或异丙醇在硬度不高于 205 g/t 的水中的 50%溶液组成的低温风窗玻璃洗涤液)，并最大限度注入液体，最大限度排除空气。把风窗玻璃洗涤器系统放置在 −18℃ ±3 ℃的环境温度下至少 4 h。按 5.2.1 所述的方法进行风窗玻璃洗涤器系统强度试验。

5.2.4 高温暴露试验

5.2.4.1 在风窗玻璃洗涤器系统内加满水，排净空气，在 80 ℃ ±3 ℃的环境温度下放置至少 8 h，然后将其放置在 20 ℃ ±2 ℃的环境温度下。待系统温度稳定后，按 5.2.1 所述的方法进行风窗玻璃洗涤器系统强度试验。

5.2.4.2 如果部分风窗玻璃洗涤器系统位于发动机室内，则应加满水，最大限度排除空气，然后在 80 ℃ ±3℃的环境温度下放置至少 8 h。按 5.2.1 所述的方法进行风窗玻璃洗涤器系统强度试验。

5.2.4.3 如果部分风窗玻璃洗涤器系统没有位于发动机室内，则应加满水，最大限度排除空气，然后在 60 ℃ ±3 ℃的环境温度下放置至少 8 h。按 5.2.1 所述的方法进行风窗玻璃洗涤器系统强度试验。

5.2.5 洗涤器系统的能力试验

5.2.5.1 在风窗玻璃洗涤器系统内加满水，在车辆静止并且没有明显风力作用的情况下，洗涤器喷嘴(如果可调)应对准风窗玻璃外表面上的目标位置。电动泵驱动系统应满足 5.1.1 c)、d)、e)、f)的要求。

5.2.5.2 按 5.1.5 和 5.1.6 所述方法处理风窗玻璃外表面。

5.2.5.3 按规定的方法启动风窗玻璃洗涤器和刮水器，使风窗玻璃刮水器系统以最大频率自动工作 10 个刮刷循环，然后测量刮刷区域占 A 区域的百分比。

注：在 5.2.1～5.2.4 中所述的所有风窗玻璃洗涤器试验都应使用同一套风窗玻璃洗涤器系统。

5.3 风窗玻璃刮水器刮刷面积的测量方法

5.3.1 绘图测量法

测量步骤如下：

a) 在风窗玻璃外表面上绘出设计刮刷面积和增刷面积(增刷面积可由试验或根据经验进行设定)；

b) 在汽车的俯视图中绘出风窗玻璃外表面、透明区和风窗玻璃外表面上的A区域和B区域；

c) 绘出风窗玻璃外表面和透明区的展开图，并设计刮刷面积和增刷面积、A区域和B区域的展开图按对应的关系绘入风窗玻璃外表面和透明区展开图；

d) 按以上合成展开图算出设计刮刷面积与增刷面积在A区域和B区域内所占面积的百分比。该百分比应符合4.1.2的规定。

5.3.2 台架测量法

测量步骤如下：

a) 试验电压不应低于额定电压，且不能超过额定电压2 V；

b) 启动安装在台架上的刮水器，同时喷水装置以820 cm^3/min水量均匀地喷洒到风窗玻璃外表面上，刮水器以最高频率工作，标出实际刮刷面积；

c) 将5.3.1中c)要求的绘制的设计刮刷面积和A区域及B区域展开绘制到同一大型透明塑料板上；

d) 将在台架上测得的实际面积展开后也绘入5.3.2中c)所述的大型透明塑料板上，然后计算出实际刮刷面积在A区域和B区域所占面积的百分比，该百分比应符合4.1.2的规定。

5.3.3 实车测量法

测量步骤如下：

a) 按5.1.1中a)、d)、e)、f)的规定；

b) 按4.1.2的规定，确定在风窗玻璃外表面上A区域和B区域；

c) 按5.1.5和5.1.6的规定，除去风窗玻璃外表面上的油渍和污染物；

d) 启动刮水器，以最高频率刮刷5个～10个工作循环，然后关掉刮水器。在风窗玻璃外表面上绘出实际刮刷面积轮廓图；

e) 计算出实际刮刷面积在A区域和B区域所占面积的百分比。该百分比应符合4.1.2的规定。

5.3.4 测量方法选择

在5.3.1、5.3.2、5.3.3规定的测量方法中制造商可以选择任一种方法进行风窗玻璃刮水器刮刷面积的测量。

附 录 A
（资料性附录）
本标准章条编号与78/318/EEC的章条编号对照

表A.1给出了本标准章条编号与78/318/EEC的章条编号对照一览表。

表A.1 本标准与78/318/EEC的章条编号对照情况

本标准章条编号	78/318/EEC章条编号	本标准章条编号	78/318/EEC章条编号	本标准章条编号	78/318/EEC章条编号
	附录一		附录一		附录一
1	1	4.1.7	5.1.7	5.2.3.1	6.2.3.1
2	—	4.1.8	5.1.8	5.2.3.2	6.2.3.2、6.2.3.2.1
3	2	4.1.9	5.1.9	5.2.4	6.2.4
—	2.1～2.9,2.11、2.12、2.16、2.17	4.1.10	5.1.10	5.2.4.1	6.2.4.1
3.1	—	4.1.11	5.1.11	5.2.4.2	6.2.4.2
3.2	2.14	4.2	6.2	5.2.4.3	6.2.4.3
3.3	—	4.2.1	5.2.1	5.2.5	6.2.5
3.4	—	4.2.2	5.2.2	5.2.5.1	6.2.5.1
3.5	—	4.2.3	5.2.3	5.2.5.2	6.2.5.2
3.6	2.13	4.2.4	5.2.4	5.2.5.3	6.2.5.3
3.7	—	5	6	5.2.6	6.3
3.8	2.10	5.1	6.1	5.3	—
3.9	2.18	5.1.1	6.1.1～6.1.4	5.3.1	—
3.10	—	5.1.2	6.1.5	5.3.2	—
3.11	—	5.1.3	6.1.6	5.3.3	—
3.12	—	5.1.4	6.1.7	5.3.4	—
3.13	2.15	5.1.5	6.1.8	—	7
—	3	5.1.6	6.1.9	—	7.1
—	4	5.1.7	6.1.10	—	7.2
4	5	5.1.8	6.1.11	—	7.3
4.1	5.1	5.2	6.2	—	7.4
4.1.1	5.1.1	5.2.1	6.2.1	—	8
4.1.2	5.1.2	5.2.1.1	6.2.1.1	—	8.1
4.1.3	5.1.3	5.2.1.2	6.2.1.2	—	9
4.1.4	5.1.4	5.2.1.3	6.2.1.3	—	9.1
4.1.5	5.1.5	5.2.2	6.2.2	—	附件1
4.1.6	5.1.6	5.2.3	6.2.3	附录A	—

表 A.1（续）

本标准章条编号	78/318/EEC 章条编号
—	附录二
—	附录三
—	附录四
附录 B	附录五
—	附录六
—	附录七
—	附录八
—	附录九

附 录 B
（规范性附录）
汽车风窗玻璃刮水器和洗涤器试验用混合液规格

试验用混合液应由下列物质组成(体积百分比):92.5%硬度不大于205g/t的水;5%饱和食盐水溶液(NaCl);按表B.1和表B.2配成的2.5%灰尘。

表 B.1 试验用灰尘成分

成　分	质量分配/%
SiO_2	67～69
Fe_2O_3	3～5
Al_2O_3	15～17
CaO	2～4
MgO	0.5～1.5
总碱量	3～5
烧失量	2～3
注1:"总碱量"的英文名称为"alkalis"。 注2:"烧失量"的英文名为"ignition loss"。	

表 B.2 灰尘颗粒尺寸的分配

颗粒度/μm	质量分配/%
0～5	12±2
5～10	12±3
10～20	14±3
20～40	23±3
40～80	30±3
80～200	9±3

ICS 43.040.60
T 26

中华人民共和国国家标准

GB 15086—2013
代替 GB 15086—2006

汽车门锁及车门保持件的性能要求和试验方法

Motor vehicles' door locks and retention components performance requirements and test methods

2013-09-18 发布　　2015-01-01 实施

中华人民共和国国家质量监督检验检疫总局
中国国家标准化管理委员会　发布

前　言

本标准的第3章、第4章为强制性的,其余为推荐性的。

本标准按照GB/T 1.1—2009给出的规则起草。

本标准代替GB 15086—2006《汽车门锁及车门保持件的性能要求和试验方法》,与GB 15086—2006相比,主要技术变化如下:

——增加了"车门系统"(见2.2)、"门铰链系统"(见2.6)、"儿童保护系统"(见2.11)、"前侧门"(见2.12)、"后侧门"(见2.13)、"卡板"(见2.14)、"车门关闭报警系统"(见2.15)、"门锁系统"(见2.16)、"主门锁"(见2.17)、"主门锁系统"(见2.18)、"辅助门锁"(见2.19)、"行李箱盖"(见2.20)、"后门"(见2.21)的定义;

——对GB 15086—2006中已列入的定义"车门"、"锁体"、"锁扣(或挡块)"做了修改(见2.1、2.7、2.8,2006年版2.1、2.5、2.6);

——将"纵向载荷"和"横向载荷"修改为"载荷1"和"载荷2"(见3.2.1.1、3.2.1.2);

——删除"车辆侧面铰接门的门铰链系统必须安装在车门沿汽车行驶方向的前缘。如果是对开车门,此要求适用于先开的那扇车门,另一扇应能闩住"的要求(见2006年版的3.1.5);

——增加了门锁的一般要求(见3.1)和门锁的锁止装置要求(见3.2.3);

——增加了对垂直方向开门的后门门锁和门铰链的要求[见3.2.1.3、3.2.1.4b)、3.2.1.5.1d)];

——增加了对单个铰链的试验要求(见3.2.1.5.2);

——增加了后向安装铰链的侧门要求(见3.2.1.5.3);

——增加了滑动门锁的载荷1、载荷2和惯性载荷要求(见3.2.2.1、3.2.2.2、3.2.2.3);

——增加了滑动门保持件的性能对车门内侧与门框的外边缘分离距离要求和任何一个施力装置的总位移要求(见3.2.2.4.2);

——增加了规范性附录"门锁载荷1、2和3试验"、"惯性试验规程"、"铰链试验规程"、"滑动门保持件的试验"(见附录B、附录C、附录D、附录E)。

本标准参考了"全球技术法规GTR No.1《关于门锁和车门保持件的全球技术法规》"。

本标准与全球技术法规GTR No.1技术差异及原因如下:

——修改了引用的符号,其原因是与我国现行采用的引用的符号方式不同;

——删除了GTR No.1中附件5《车辆类别定义》的内容,其原因是车辆定义与我国现行采用的车辆分类方式不同。

本标准与全球技术法规GTR No.1相比在结构上有调整,附录A列出了本标准与全球技术法规GTR No.1章条编号对照一览表。

考虑到我国国情,在采用GTR No.1时,本标准做了一些编辑性的修改:

——"本法规"改为"本标准";

——增加资料性附录A。

本标准由中华人民共和国工业和信息化部提出。

本标准由全国汽车标准化技术委员会(SAC/TC 114)归口。

本标准起草单位:东风汽车公司技术中心国家汽车质量监督检验中心(襄阳)、中国质量认证中心武汉分中心、上海恩坦华汽车门系统有限公司。

本标准主要起草人:侯翠华、黄小枚、李再华、孙行健。

本标准所代替标准的历次版本发布情况为:

——GB 15086—1994、GB 15086—2006。

引　言

我国是WTO的成员国，随着全球第一个法规GTR No.1《关于门锁和车门保持件的全球法规》的发布，该法规将成为第一项正式出台的全球统一的汽车技术法规项目，因此本次GB 15086修订采用全球技术法规GTR No.1《关于门锁和车门保持件的全球技术法规》(英文版)。

GTR No.1是在协调和融合了欧洲法规(主要是ECE R11和欧盟技术指令70/387/EEC)和北美法规(主要是美国联邦机动车辆安全标准FMVSS 206和加拿大机动车辆安全标准CMVSS 206)的"汽车门锁和车门保持件"方面的技术法规制定而成的，其技术内容与ECE R11.03系列一致。

GTR No.1适用于1-1类车辆(相当于ECE分类方式的M_1类车辆)和2类车辆(相当于ECE分类方式的N类车辆)，车辆的分类方式在GTR No.1附件5有规定，车辆类别定义与我国情况不同，而且GTR No.1附件中"5. DISCUSSION OF ISSUES TO BE ADDRESSED BY A GTR"部分描述，目前GTR正在对车辆分类和定义进行修订，是否适用于所有2类车辆还在讨论中。我国的车辆分类使用标准GB/T 15089—2001《机动车辆及挂车分类》，是按照欧洲ECE R.E.3系列的附件7修订而成，为保持GB 15086的持续性，沿用我国现行采用的车辆分类方式，因此本标准的适用范围为"M_1和N_1类车辆上用于乘员进出的汽车侧门(包括滑动门)或后门的门锁及车门保持件"。

汽车门锁及车门保持件的性能要求和试验方法

1 范围

本标准规定了汽车门锁及车门保持件,包括锁体、铰链和其他支撑方式的术语和定义、技术要求及试验方法。

本标准适用于 M_1 和 N_1 类车辆上用于乘员进出的汽车侧门(包括滑动门)或后门的门锁及车门保持件。

2 术语和定义

下列术语和定义适用于本文件。

2.1

车门 doors

用于汽车侧面或后面的能开闭、供乘员进出的铰接门和滑动门。不包括折叠门、上卷门和易于安装拆卸的简易门。

2.2

车门系统 door system

包括车门、锁体、锁扣(或挡块)、门铰链、导轨和滑门组件组合,以及位于车门上或位于车门框架周围的其他保持件。双门系统包括两个门。

2.3

门锁 door lock

锁止车门的机构,包括锁体、锁扣(或挡块)、内外操纵机构和内外锁止机构。

2.4

车门保持件 door retention components

将车门与车身固定连接的零部件,包括铰接门的门铰链及滑动门的导轨或其他支承部件。

2.5

门铰链 door hinges

与车门和车身相连接,能够绕同一轴线回转且相互结合部件的总成。

2.6

门铰链系统 door hinges system

用来支撑车门的一个或多个铰链。

2.7

锁体 latch

使车门相对于车身保持在关闭位置,并可以有意开启(或操作)的装置。

2.8

锁扣(或挡块) striker(or stop)

与锁体啮合,以保持车门处于半锁紧或全锁紧位置的部件。

2.9

全锁紧位置　fully latched position

车门完全关闭时，锁体与锁扣(或挡块)所处的啮合位置。

2.10

半锁紧位置　secondary latched position

车门不完全关闭时，锁体与锁扣(或挡块)所处的啮合位置。

2.11

儿童保护系统　child safety lock system

能够独立于其他锁紧装置单独锁止和解锁的锁止装置，当它锁止时，能使门内侧的把手或其他开启装置无法操作。该锁的锁止/解锁装置可以是手动的或电动的，而且可以安装在车辆的任何位置。

2.12

前侧门　side front door

从侧面看，当驾驶员座椅靠背调节到最直立和最靠后的位置时，车门≥50％的开启面是位于该座椅靠背最后点的前方。

2.13

后侧门　side rear door

从侧面看，当驾驶员座椅靠背调节到最直立和最靠后的位置时，车门≥50％的开启面是位于该座椅靠背最后点的后方。

2.14

卡板　fork-bolt

锁体部分，当位于锁紧位置时，它与锁扣(或挡块)保持啮合。

2.15

车门关闭报警系统　door closure warning system

安装在驾驶员能够清晰看到的位置，当车门锁系统没有处于全锁紧位置，而且车辆点火已被启动时，即触发视觉信号系统。

2.16

门锁系统　door latch system

至少包括一个锁体和一个锁扣(或挡块)。

2.17

主门锁　primary door latch

带有全锁紧位置和半锁紧位置的门锁。

2.18

主门锁系统　primary door latch system

至少包括一个主门锁和一个锁扣(或挡块)。

2.19

辅助门锁　auxiliary door latch

安装到已装有主门锁系统的车门或车门系统上，带有全锁紧位置的门锁。

2.20

行李箱盖　trunk lid

可活动的车身板件，作为从外面进入车辆中被永久安装的隔板或固定或向下折叠的座椅靠背完全与乘客舱隔开的空间的入口。

2.21

后门　back door

位于机动车辆后端的车门或车门系统，通过它乘员可以进入或离开车辆，货物可以往车辆上装卸。它不包括如下部件：

a)　行李箱盖；

b)　完全由玻璃材料组成的车门或车窗，其门锁和/或门铰链系统直接安装在玻璃材料上。

3　技术要求

3.1　一般要求

3.1.1　每个铰接式车门系统应装有至少一个主门锁系统。

3.1.2　每个滑动车门系统应至少装有下述滑动车门系统的要求之一。

滑动车门系统的要求：

a)　一个主门锁系统；

b)　一个带有全锁紧位置和车门关闭报警系统的车门锁系统。

3.2　性能要求

3.2.1　铰接式车门门锁及门铰链

3.2.1.1　载荷1

每个主门锁系统的锁体和锁扣(或挡块)总成在半锁紧位置时，以与锁体面垂直的方向施加4 500 N的载荷，不应脱开；每个主门锁系统和辅助门锁系统的锁体和锁扣(或挡块)总成在全锁紧位置时，在相同方向施加11 000 N的载荷，不应脱开。

3.2.1.2　载荷2

每个主门锁系统的锁体和锁扣(或挡块)总成在半锁紧位置时，以与锁体面平行且在卡板开启方向施加4 500 N的载荷，不应脱开；每个主门锁系统和辅助门锁系统的锁体和锁扣(或挡块)总成在全锁紧位置时，在相同方向施加9 000 N的载荷，不应脱开。

3.2.1.3　载荷3(仅适用于垂直方向开门的后门门锁)

对于垂直方向开门的后门门锁，至少有一个主门锁系统除满足3.2.1.1和3.2.1.2要求外，当与载荷1和载荷2施力方向相正交的方向施加9 000 N的载荷时，门锁不应从全锁紧位置脱开。

3.2.1.4　惯性载荷

每个主门锁系统和辅助门锁系统应满足下述惯性载荷要求中a)和/或b)的动态要求，或者满足c)的计算要求。

惯性载荷要求：

a)　对车门门锁系统，在锁止装置未锁止的情况下以与车辆纵向轴及车辆横向轴平行方向分别施加30 g 的惯性载荷，不应从全锁紧位置脱开；

b)　对后门门锁系统，在锁止装置未锁止的情况下以与车辆垂直轴平行方向施加30 g 的惯性载荷，不应从全锁紧位置脱开；

c)　每个部件和子系统可以通过计算求出在特定方向上的最小耐惯性载荷。阻止开锁的组合耐惯性载荷，应保证门锁系统在正确安装到车门上，承受上述a)和/或b)规定的惯性载荷时，保持在锁紧位置。

3.2.1.5 门铰链

3.2.1.5.1 每个门铰链系统应能承受下述门铰链系统的性能要求：

a) 支撑车门；

b) 在 11 000 N 的纵向载荷下不应脱开；

c) 在 9 000 N 的横向载荷下不应脱开；

d) 垂直方向开门的后门铰链在 9 000 N 的垂直载荷下不应脱开。

3.2.1.5.2 如果不是对整个门铰链系统进行试验，而只对门铰链系统中的单个铰链进行试验，该铰链应按照门铰链系统中铰链的总数比例承受载荷。

3.2.1.5.3 对于带有后向安装铰链并可以独立于其他车门进行操作的侧门，需同时满足下述后向安装铰链侧门的要求：

a) 当车辆的速度大于或等于 4 km/h 时，内侧门把手应无法操作；

b) 对这类车门应装有车门关闭报警系统。

3.2.2 滑动式车门门锁及保持件

3.2.2.1 载荷 1

至少有一个门锁系统在全锁紧位置时，门锁系统的锁体和锁扣（或挡块）总成以与锁体面垂直的方向施加 11 000 N 的载荷，不应脱开；对于主门锁系统的锁体和锁扣（或挡块）总成在半锁紧位置时，在相同方向施加 4 500 N 的载荷，不应脱开。

3.2.2.2 载荷 2

至少有一个门锁系统在全锁紧位置时，门锁系统的锁体和锁扣（或挡块）总成以与锁体面平行且在卡板开启方向施加 9 000 N 的载荷，不应脱开；对于主门锁系统的锁体和锁扣（或挡块）总成在半锁紧位置时，在相同方向施加 4 500 N 的载荷，不应脱开。

3.2.2.3 惯性载荷

滑动式车门的门锁除满足 3.2.2.1 和 3.2.2.2 要求外，还应满足下述惯性载荷要求中 a）的动态要求，或者满足 b）的计算要求。

惯性载荷要求：

a) 对滑动式车门门锁系统，在锁止装置未锁止的情况下以与车辆纵向轴及车辆横向轴平行方向分别施加 30 g 的惯性载荷，门锁系统不应从全锁紧位置脱开；

b) 每个部件和子系统可以通过计算求出最小耐惯性载荷。阻止开锁的组合耐惯性载荷，应保证滑动式车门门锁系统在正确安装到车门上，承受上述 a）规定的惯性载荷时，保持在锁紧位置。

3.2.2.4 滑动门保持件

3.2.2.4.1 滑动门的导轨和滑门组件组合或其他的支撑方式，处于全锁紧关闭位置时，在车门的相对边上各施加 9 000 N 的横向向外的作用力（总计 18 000 N），滑动门导轨和滑门组件或其他支承部件均不应与车门框脱开。

3.2.2.4.2 进行 3.2.2.4.1 试验时，如果发生下述任何一种情况，则滑动门保持件不满足要求：

a) 当保持所要求的力时，车门内侧与门框的外边缘分离距离能允许直径 100 mm 球体通过；

b) 任何一个施力装置的总位移达到 300 mm。

3.2.3 门锁的锁止装置

3.2.3.1 门锁的锁止装置的装备要求如下：

a) 每个车门应至少装备一个锁止装置，当其锁止时应能防止外侧门把手和其他外侧锁开启控制件的操作，该锁止装置在车内应装有操作装置，该操作装置应能够实现锁止装置的锁止和解锁；

b) 每个后侧门应至少装备一个锁止装置，当其锁止时应能防止内侧门把手和其他内侧锁开启控制件的操作，并且以独立的动作打开车门及操作内侧门把手和其他内侧锁开启控制件；

c) 该锁止装置可以是下列系统之一：

1) 儿童保护系统；

2) 安装在车辆内，驾驶员或前排靠近车门的乘员容易操作的门锁锁止和解锁系统。

上述1)和2)的任一系统应被允许作为其他的锁止功能使用。

3.2.3.2 装有内侧门把手或其他内侧锁开启控制件的后门应至少在车内装备一个锁止装置，当其锁止时应能防止内侧门把手和其他内侧锁开启控制件的操作，并且以独立的动作打开车门及操作内侧门把手和其他内侧锁开启控制件。

4 试验方法

4.1 铰接式车门门锁及门铰链

4.1.1 门锁

4.1.1.1 载荷1、2和3试验

3.2.1.1、3.2.1.2、3.2.1.3的试验方法见附录B。

4.1.1.2 惯性载荷试验

3.2.1.4的试验方法见附录C。

4.1.2 门铰链

3.2.1.5的试验方法见附录D。

4.2 滑动式车门门锁及保持件

4.2.1 门锁

4.2.1.1 载荷1和2试验

3.2.2.1、3.2.2.2的试验方法见附录B。

4.2.1.2 惯性载荷试验

3.2.2.3的试验方法见附录C。

4.2.2 滑动门保持件

3.2.2.4的试验方法见附录E。

5 实施过渡期

关于本标准涉及的后背门门锁和后背门门铰链的要求，以及滑动式车门门锁及保持件的3.2.2.3、3.2.2.4.2 实施的过渡期要求：

a) 对于新定型的产品，自本标准实施之日起开始执行；

b) 对于已定型的产品，自本标准实施之日起第 13 个月开始执行。

附　录　A
（资料性附录）
本标准章条编号与对应的 GTR No.1 章条编号对照

表 A.1 给出了本标准章条编号与 GTR No.1 章条编号对照一览表。

表 A.1　本标准章条编号与 GTR No.1 对照一览表

本标准章节编号	GTR No.1 章节编号
1	1、2
2	3
3.1	4
3.2	5
—	6
4	7
5	—
附录 A	—
附录 B	附录 1
附录 C	附录 2
附录 D	附录 3
附录 E	附录 4
—	附录 5

附 录 B
（规范性附录）
门锁载荷1、2和3试验

B.1 概述

评价车辆门锁系统承受与锁体面垂直方向、及与锁体面平行且在卡板开启方向载荷的最低性能要求和试验规程，对于垂直方向开门的后门，还评价门锁系统承受与前面两个方向相正交的方向上载荷的最低性能要求和试验规程 。主门锁系统在全锁紧位置和半锁紧位置都应具备承受一定载荷的能力；辅助门锁系统和其他仅带有全锁紧位置的门锁系统应在与锁体面垂直方向、及与锁体面平行且在卡板开启方向具备承受一定载荷的能力，该载荷力针对全锁紧位置。

B.2 试验规程

B.2.1 载荷1试验

B.2.1.1 全锁紧位置

B.2.1.1.1 典型的静态拉力试验夹具见图B.1。将处于全锁紧位置的锁体和锁扣（或挡块）安装到试验夹具上，使锁的锁紧方向与夹具的联结相平行，使试验装置与锁体和锁扣（或挡块）的安装规定相适应。

B.2.1.1.2 安放一重块以施加900 N的载荷，用来沿车门开启方向分开锁体和锁扣（或挡块）。

B.2.1.1.3 按照3.2.1.1或3.2.2.1和图B.4规定的方向，以不超过5 mm/min的速度施加试验载荷，直到达到所要求的载荷，记录下所达到的最大载荷。

B.2.1.2 半锁紧位置

B.2.1.2.1 典型的静态拉力试验夹具见图B.1。将处于半锁紧位置的锁体和锁扣（或挡块）安装到试验夹具上，使锁的锁紧方向与夹具的联结相平行，使试验装置与锁体和锁扣（或挡块）的安装规定相适应。

B.2.1.2.2 安放一重块以施加900 N的载荷，用来沿车门开启方向分开锁体和锁扣（或挡块）。

B.2.1.2.3 按照3.2.1.1或3.2.2.1和图B.4规定的方向，以不超过5 mm/min的速度施加试验载荷，直到达到所要求的载荷，记录下所达到的最大载荷。

B.2.1.3 试验板

门锁夹具所安装的试验板应有锁扣（或挡块）缺口的结构，以模拟车门门锁安装在实际车辆上的环境。

B.2.2 载荷2试验

B.2.2.1 全锁紧位置

B.2.2.1.1 典型的静态拉力试验夹具见图B.2。将处于全锁紧位置的锁体和锁扣（或挡块）安装到试验夹具上，使试验装置与锁体和锁扣（或挡块）的安装规定相适应。

B.2.2.1.2 按照3.2.1.2或3.2.2.2和图B.4规定的方向，以不超过5 mm/min的速度施加试验载荷，直到达到所要求的载荷，记录下所达到的最大载荷。

B.2.2.2 半锁紧位置

B.2.2.2.1 典型的静态拉力试验夹具见图B.2。将处于半锁紧位置的锁体和锁扣(或挡块)安装到试验夹具上，使试验装置与锁体和锁扣(或挡块)的安装规定相适应。

B.2.2.2.2 按照3.2.1.2或3.2.2.2和图B.4规定的方向，以不超过5 mm/min的速度施加试验载荷，直到达到所要求的载荷，记录下所达到的最大载荷。

B.2.3 载荷3试验(仅适用于垂直方向开门的后门门锁)

B.2.3.1 典型的静态拉力试验夹具见图B.3。将处于全锁紧位置的锁体和锁扣(或挡块)安装到试验夹具上，使试验装置与锁体和锁扣(或挡块)的安装规定相适应。

B.2.3.2 按照3.2.1.3和图B.4规定的方向，以不超过5 mm/min的速度施加试验载荷，直到达到所要求的载荷，记录下所达到的最大载荷。

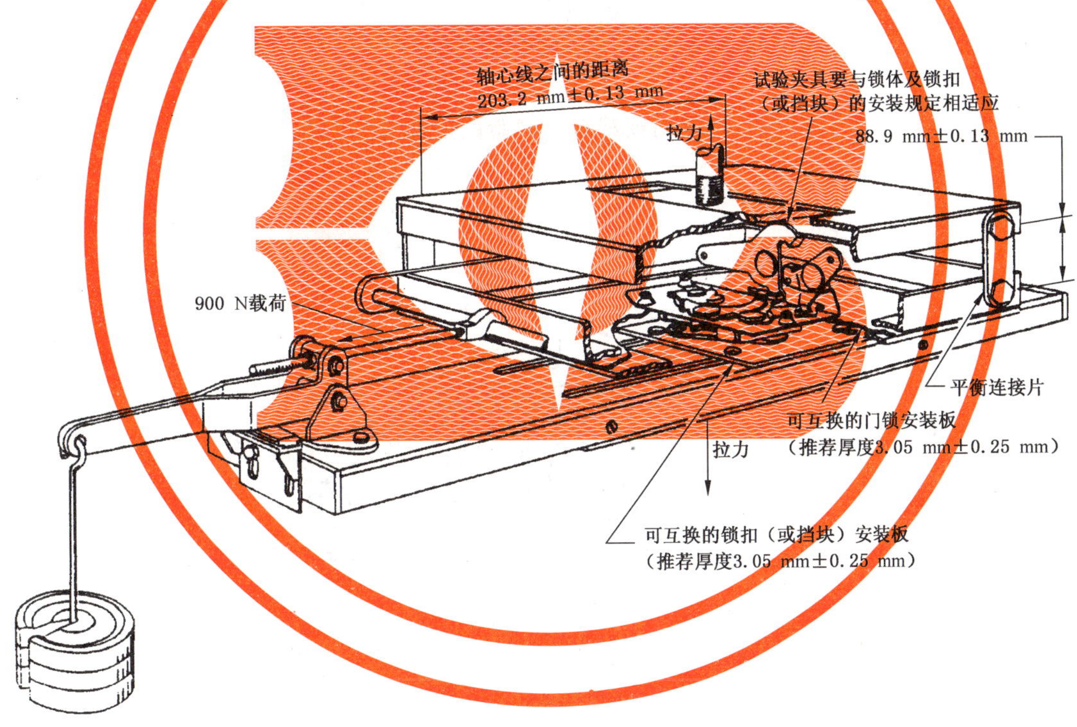

图B.1 门锁载荷1试验的拉力试验夹具

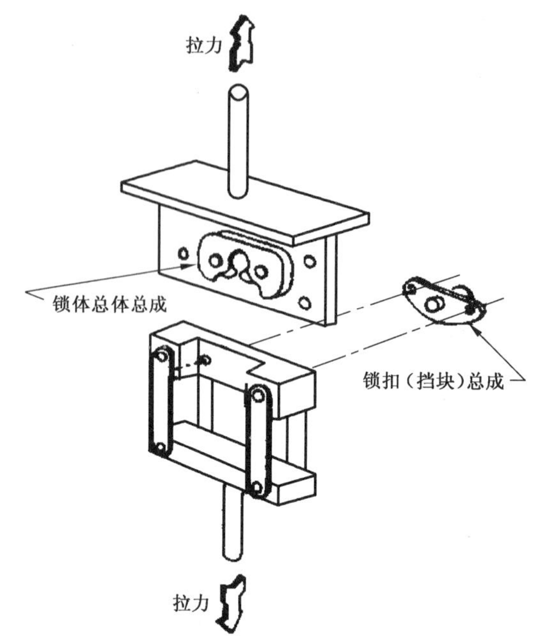

图 B.2　门锁载荷 2 试验的拉力试验夹具

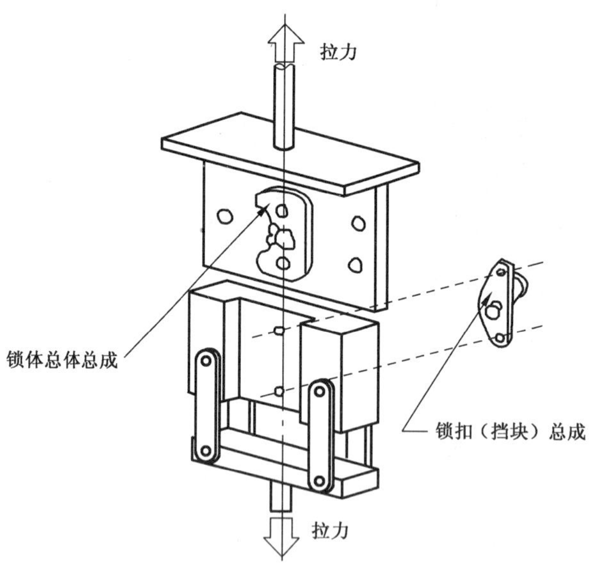

图 B.3　门锁载荷 3 试验的拉力试验夹具

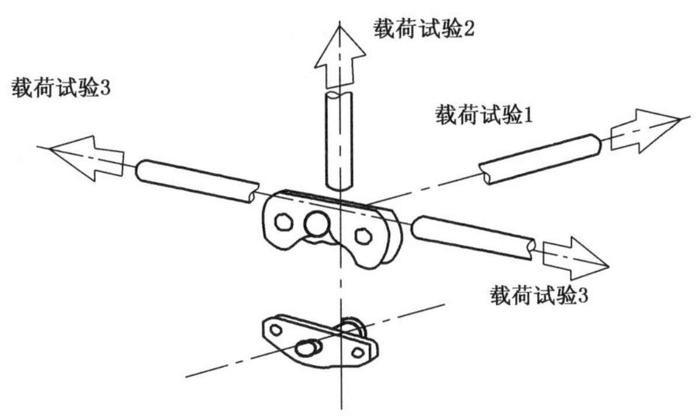

图 B.4 门锁静态载荷试验方向

附 录 C
（规范性附录）
惯性试验规程

C.1 概述

通过对在真实车辆关系中的零部件的计算分析或动态试验，评价车门锁系统承受惯性载荷的能力。

C.2 试验规程

C.2.1 选择1——计算

C.2.1.1 提供了分析计算方法确定门锁系统承受惯性载荷的能力。计算时弹簧力采用门锁处于安装位置时的最小值和释放位置时的最小值的平均值，磨擦阻力及所作的功均忽略不计，各构件的自重力如果可能限制锁的开启，也可忽略不计。这些因素在计算中均忽略不计是允许的，因为它们提供了额外的安全因素。

C.2.1.2 对每个零部件或子系统都可计算其在某个特定方向上的最小耐惯性载荷。阻止开锁的组合耐惯性载荷，应保证门锁系统（正确安装到车门上）在任何方向承受 30 g 的惯性载荷时，保持在锁紧位置，如示例。

示例：

已知：

锁体结构如图 C.1，门锁系统受 294.2 m/s^2（30g）的减速度的作用；

按钮弹簧的平均弹力，$P=4.5$ N；

棘爪弹簧的输出扭矩，$T=0.45$ N·m；

减速度：$a=30g=30\times9.806\ 55=294.2$ m/s^2

质量(kg)：$m_1=0.016\ 3$　　$m_2=0.022\ 7$　　$m_3=0.012\ 2$　　$m_4=0.042\ 2$

距离(mm)：$d_1=31.50$　　$d_2=10.67$　　$d_3=4.83$

$d_4=31.50$　　$d_5=37.60$　　$d_6=1.91$

计算：

$F_1=m_1a-P=(0.016\ 3\times294.2)-4.5=0.30$ N

$F_2=m_2a=0.022\ 7\times294.2=6.68$ N

$F_3=m_3a/2=(0.012\ 2\times294.2)/2=1.80$ N

$\sum M_0=F_1d_1+F_2d_2-F_3d_3=0.3\times31.50+6.68\times10.67-1.80\times4.83=72.04$ N·m

$F_5=\sum M_0/d_4=72.04/31.50=2.29$ N

$F_6=m_4a=0.042\ 2\times294.2=12.42$ N

$\sum M_p=T-(F_5d_5+F_6d_6)/1\ 000=0.45-(2.29\times37.60+12.42\times1.91)/1\ 000=0.34$ N·m>0

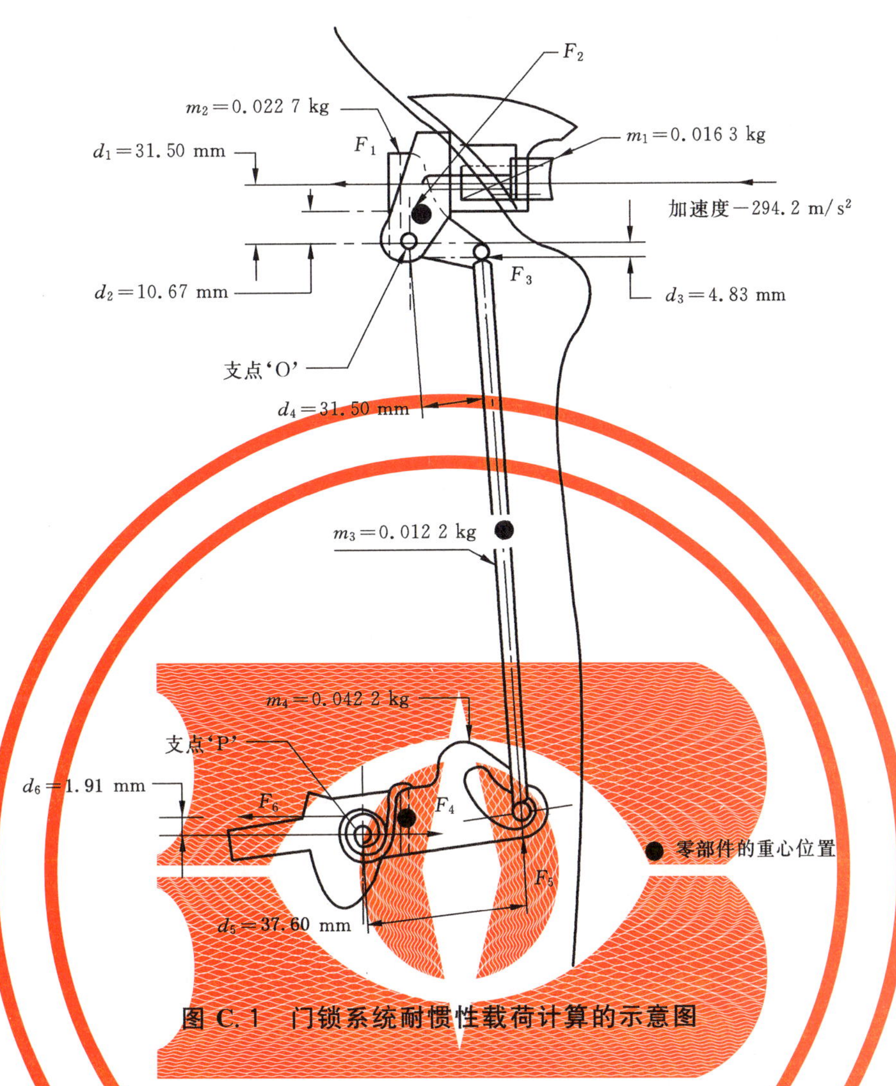

图 C.1　门锁系统耐惯性载荷计算的示意图

C.2.2　选择 2——车辆动态试验

C.2.2.1　试验装置

C.2.2.1.1　加速度装置或减速度装置。

C.2.2.1.2　试验车辆应满足下述要求之一：

——至少包括车门、门锁、带有机械锁操作的外侧门把手、内侧车门开启杆、锁止装置、内饰和车门密封件的完整车辆；

——白车身(即：车架、车门和其他车门保持件)，至少包括车门、门锁、带有机械锁操作的外侧门把手、内侧车门开启杆和锁止装置。

C.2.2.1.3　记录车门开启的装置或方式(该装置的目的是保证如果在试验过程中发生车门开启后又关闭的情况能被记录下来)。

C.2.2.1.4　测量和记录加速度的装置。

C.2.2.2　试验准备

C.2.2.2.1　将完整车辆或白车身牢固地固定在试验装置上，此装置应满足当两者一起加速时，保证碰撞脉冲曲线上的所有点都位于表 C.1 和图 C.2 规定的通道内。

C.2.2.2.2　车门应系住以避免损坏用来记录车门开启的装置。

C.2.2.2.3　安装用来记录车门开启的装置。

C.2.2.2.4　关闭车门并保证车门锁处于全锁紧位置，锁止装置处于解锁状态，车窗玻璃(如有)关闭。

C.2.2.3　试验方向(见图 C.3)

C.2.2.3.1　纵向设置1:将车辆或白车身定位,使其纵轴与加速装置的轴线对正,模拟正面碰撞。

C.2.2.3.2　纵向设置2:将车辆或白车身定位,使其纵轴与加速装置的轴线对正,模拟后面碰撞。

C.2.2.3.3　横向设置1:将车辆或白车身定位,使其横轴与加速装置的轴线对正,模拟驾驶员侧的侧面碰撞。

C.2.2.3.4　横向设置2(仅适用于两侧车门布置不同的车辆):将车辆或白车身定位,使其横轴与加速装置的轴线对正,模拟与C.2.2.3.3所述方向相反的侧面碰撞。

C.2.3　选择3——车门动态试验

C.2.3.1　试验装置

C.2.3.1.1　车门组件

车门组件应至少包括门锁、带有机械锁操作的外侧门把手、内侧车门开启杆、锁止装置。

C.2.3.1.2　安装车门的试验夹具。

C.2.3.1.3　加速度装置或减速度装置。

C.2.3.1.4　系带。

C.2.3.1.5　记录车门开启的装置或方式。

C.2.3.1.6　测量和记录加速度的装置。

C.2.3.2　试验准备

C.2.3.2.1　车门组件单独安装或与试验装置组合在一起安装。每个车门和锁扣(或挡块)的安装都应与它们在车辆上的安装一致,并对应于惯性载荷试验所要求的方向(C.2.3.3)。

C.2.3.2.2　将试验装置安装到加速装置上。

C.2.3.2.3　安装用来记录车门开启的装置。

注:该装置的目的是保证如果在试验过程中发生车门开启后又关闭的情况能被记录下来。

C.2.3.2.4　保证车门锁处于全锁紧位置,车门被系住并且锁止装置解锁,车窗玻璃(如有)关闭。

C.2.3.3　试验方向(见图 C.3)

C.2.3.3.1　纵向设置1:将车门组件以前碰撞方向在加速装置上定位。

C.2.3.3.2　纵向设置2:将车门组件以后碰撞方向在加速装置上定位。

C.2.3.3.3　横向设置1:将车门组件以驾驶员侧的侧面碰撞方向在加速装置上定位。

C.2.3.3.4　横向设置2(仅适用于两侧车门布置不同的车辆):将车门组件以C.2.3.3.3方向相反的侧面碰撞方向在加速装置上定位。

C.2.3.3.5　垂直方向设置1(仅适用于垂直方向开门的后门门锁):将车门组件在加速装置上定位,使其垂直轴与加速装置的轴线对正,模拟倾翻碰撞时自车门的顶部向底部方向施加的力。

C.2.3.3.6　垂直方向设置2(仅适用于垂直方向开门的后门门锁):将车门组件在加速装置上定位,使其垂直轴与加速装置的轴线对正,模拟倾翻碰撞时与C.2.3.3.5相反方向施加的力。

C.2.4　对选择2和选择3试验的选择

C.2.4.1　在表C.1和图C.2规定的脉冲通道内保持加速,最少30g的加速度水平应至少保持30 ms。

C.2.4.2 按下列方向对试验装置进行加速：

——对于选择2试验：按C.2.2.3.1、C.2.2.3.2、C.2.2.3.3或C.2.2.3.4规定的方向分别试验；

——对于选择3试验：按C.2.3.3.1、C.2.3.3.2、C.2.3.3.3、C.2.3.3.4、C.2.3.3.5或C.2.3.3.6规定的方向分别试验。

C.2.4.3 如果在任何时间点脉冲超过36g，而样件满足了试验要求，且试验过程中车门无开关动作，试验应被认为有效。

表C.1 加速脉冲通道

上限			下限		
点	时间/ms	加速度/g	点	时间/ms	加速度/g
A	0	6	E	5	0
B	20	36	F	25	30
C	60	36	G	55	30
D	100	0	H	70	0

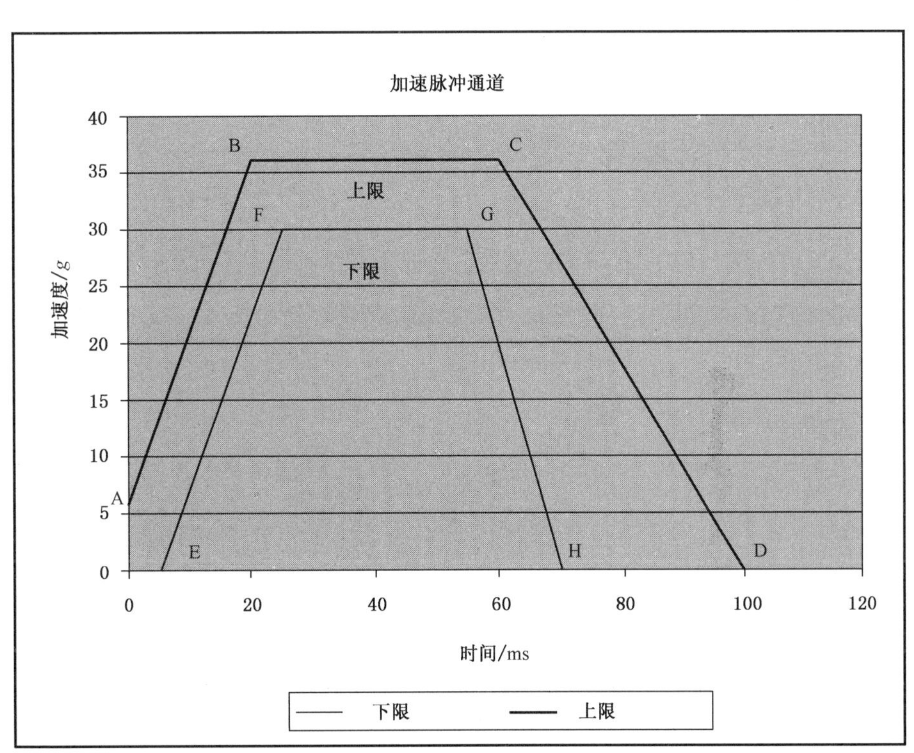

图C.2 加速脉冲

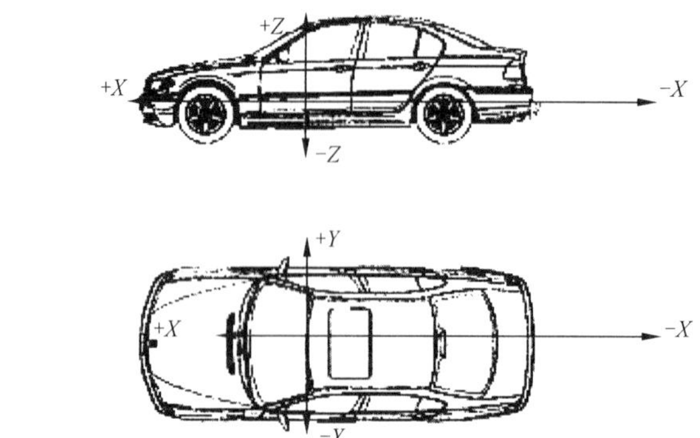

X——纵向；Y——横向；Z——垂直方向。

图 C.3 惯性试验的车辆基准坐标系

附 录 D
(规范性附录)
铰链试验规程

D.1 概述

评价车辆的门铰链系统承受纵向、横向，以及垂直方向(仅适用于垂直方向开门的后门铰链)载荷的能力。

D.2 试验规程

D.2.1 多铰链系统

D.2.1.1 纵向载荷试验

D.2.1.1.1 典型的试验夹具见图 D.1。将门铰链系统安装到试验夹具上，铰链的安装姿态应以铰链的中心线为准模拟车辆车门完全关闭时，试验夹具中一个铰链与另一个铰链的外端之间的距离设定为 406 mm±4 mm。载荷应在铰链销接合部分的线性中心之间的等距离位置施加，如图 D.2，并且以车辆纵向方向通过铰链销的中心线。

D.2.1.1.2 以不超过 5 mm/min 的速度施加试验载荷，直到达到所要求的载荷。如果有任何一个铰链分离，试验即失败，记录所达到的最大载荷。

D.2.1.2 横向载荷试验

D.2.1.2.1 典型的试验夹具见图 D.1。将门铰链系统安装到试验夹具上，铰链的安装姿态应以铰链的中心线为准模拟车辆车门完全关闭时，试验夹具中一个铰链与另一个铰链的外端之间的距离设定为 406 mm±4 mm。载荷应在铰链销接合部分的线性中心之间的等距离位置施加，如图 D.2，并且以车辆横向方向通过铰链销的中心线。

D.2.1.2.2 以不超过 5 mm/min 的速度施加试验载荷，直到达到所要求的载荷。如果有任何一个铰链分离，试验即失败，记录所达到的最大载荷。

D.2.1.3 垂直载荷试验(仅适用于垂直方向开门的后门铰链)

D.2.1.3.1 典型的试验夹具见图 D.1。将门铰链系统安装到试验夹具上，铰链的安装姿态应以铰链的中心线为准模拟车辆车门完全关闭时，试验夹具中一个铰链与另一个铰链的外端之间的距离设定为 406 mm±4 mm。载荷应以与纵向载荷和横向载荷正交的方向通过铰链销的中心线施加，如图 D.2。

D.2.1.3.2 以不超过 5 mm/min 的速度施加试验载荷，直到达到所要求的载荷。如果有任何一个铰链分离，试验即失败，记录所达到的最大载荷。

D.2.2 单个铰链

D.2.2.1 试验评价

在某些情况下，需要对门铰链系统中的单个铰链进行试验，单个铰链的试验结果应证明 3.2.1.5.1 中的门铰链系统要求得到满足(例如：双铰链系统中的单个铰链应能承受总系统 50%的载荷要求)。

D.2.2.2 试验步骤

D.2.2.2.1 纵向载荷

将单个铰链安装到试验夹具上，铰链的安装姿态应以铰链的中心线为准模拟车辆车门完全关闭时。载荷应在铰链销接合部分的线性中心之间的等距离位置施加，并且以车辆纵向方向通过铰链销的中心线，以不超过 5 mm/min 的速度施加试验载荷，直到达到所要求的载荷。如果有铰链分离，试验即失败，记录下所达到的最大载荷。

D.2.2.2.2 横向载荷

将单个铰链安装到试验夹具上，铰链的安装姿态应以铰链的中心线为准模拟车辆车门完全关闭时。载荷应在铰链销接合部分的线性中心之间的等距离位置施加，并且以车辆横向方向通过铰链销的中心线，以不超过 5 mm/min 的速度施加试验载荷，直到达到所要求的载荷。如果有铰链分离，试验即失败，记录所达到的最大载荷。

D.2.2.2.3 垂直方向载荷(仅适用于垂直方向开门的后门铰链)

将单个铰链安装到试验夹具上，铰链的安装姿态应以铰链的中心线为准模拟车辆车门完全关闭时。载荷应以与纵向载荷和横向载荷正交的方向通过铰链销的中心线施加，并且以不超过 5 mm/min 的速度施加试验载荷，直到达到所要求的载荷。如果有铰链分离，试验即失败，记录所达到的最大载荷。

D.2.3 琴式铰链

对于琴式铰链(piano-type hinge，钢琴铰链)，铰链的间隔要求不适用，对试验夹具进行改变，使得试验力作用于整个铰链。

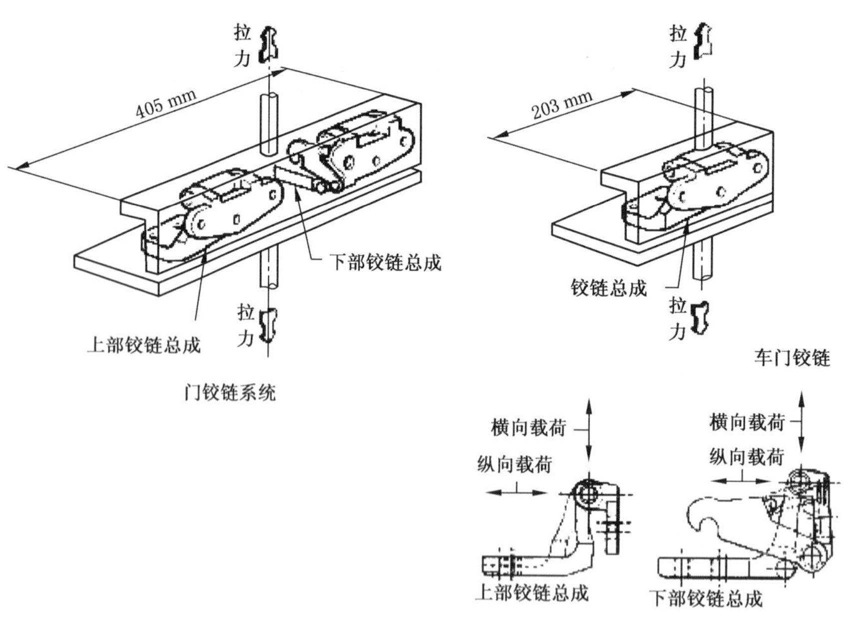

图 D.1 门铰链静态试验夹具

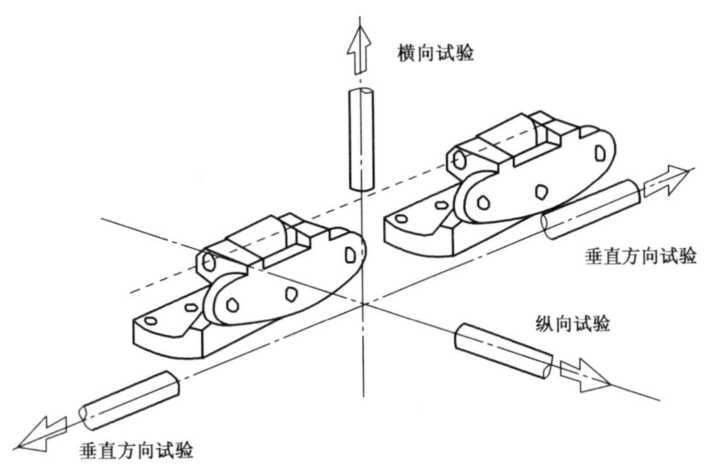

注：垂直方向的试验在两个方向中的任一方向进行。

图 D.2 后门铰链静态载荷试验方向

附 录 E
（规范性附录）
滑动门保持件的试验

E.1 概述

评价安装在车门和车门框上的滑动门保持件的最低性能要求和试验规程。

E.2 一般规定

E.2.1 试验应使用带有滑动门及其保持件的完整车辆或白车身。

E.2.2 试验装置如图 E.1 所示。试验应使用能够施加 3.2.2.4 规定的外侧横向力的两个施力装置：

——两个施力板；

——两个能够施加最小位移为 300 mm 的外侧横向载荷的施力装置；

——足以测量所施加载荷的两个载荷传感器；

——两个测量试验过程中施力装置位移的线性位移测量装置；

——在满足所有安全要求的情况下，测量车门内侧和车门框外边缘分离至少 100 mm 的装置。

E.3 试验准备

E.3.1 去除滑动门组件上所有的内饰和装饰部件。

E.3.2 去除所有座椅和可能妨碍试验装置安装和操作的车内部件、立柱装饰，以及覆盖在门上并且影响施力板移动的非结构性部件。

E.3.3 将施力装置和相应的支撑构件安装到试验车辆的一个水平面上被刚性地固定。

E.3.4 确定滑动门的前后边缘或者其邻近的车辆结构包括锁体/锁扣（或挡块）的情况。

E.3.5 关闭滑动门，确保所有的车门保持件完全锁紧。

E.3.6 车门边缘包括一个锁体/锁扣（或挡块）时使用下列的准备程序：

——施力板长 150 mm、宽 50 mm，并至少厚 15 mm，施力板边缘要求为 $R6$ mm±1 mm 的倒圆；

——将施力装置和施力板顶住车门放置，使得所施加的力与车辆的纵向中心线水平正交，而且垂直地位于锁体/锁扣（或挡块）在车门安装部分的中心；

——施力板的长边尽可能平行地靠近车门边缘放置。

E.3.7 车门边缘包括一个以上锁体/锁扣（或挡块）时使用下列的准备程序：

——施力板长 300 mm、宽 50 mm，并至少厚 15 mm，施力板边缘要求为 $R6$ mm±1 mm 的倒圆；

——将施力装置和施力板顶住车门放置，使得所施加的力与车辆的纵向中心线水平正交，而且垂直地位于所有锁体/锁扣（或挡块）最前后外边缘之间的中间位置上；

——施力板的长边尽可能平行地靠近车门边缘放置。

E.3.8 车门的边缘不包含锁体/锁扣（或挡块）时使用下列的准备程序：

——施力板长 300 mm、宽 50 mm，并至少厚 15 mm；

——将施力装置和施力板顶住车门放置，使得所施加的力与车辆的纵向中心线水平正交，而且垂直地位于沿车门整个边缘长度的中间点上，加载装置不应与车窗玻璃接触；

——施力板的长边尽可能平行地靠近车门边缘放置。

E.3.9 车门处于解锁状态时不应有其他的夹具或部件焊接或附加到滑动门或其任何部件上。

E.3.10 安装用来确定试验过程中车门分离的测量装置。

E.3.11 安装载荷施加构件，使施力板与滑动门的内侧接触。

E.4 试验规程

E.4.1 按照制造厂的规定以 20 mm/min～90 mm/min 的速度移动施力装置，直到每个施力装置上达到 9 000 N 的力或达到 300 mm 的总位移量。

E.4.2 如果一个施力装置比另一个施力装置先达到 9 000 N 的目标力值，则让先达到的施力装置继续保持 9 000 N 的力值，直到另一个施力装置也达到 9 000 N 的目标力值。

E.4.3 如果两个施力装置都达到了 9 000 N 的目标力值，保持该目标力值至少 10 s。

E.4.4 施力装置保持 E.4.3 规定载荷，沿车门周边测量车门内侧和车门框外边缘之间的分离距离。

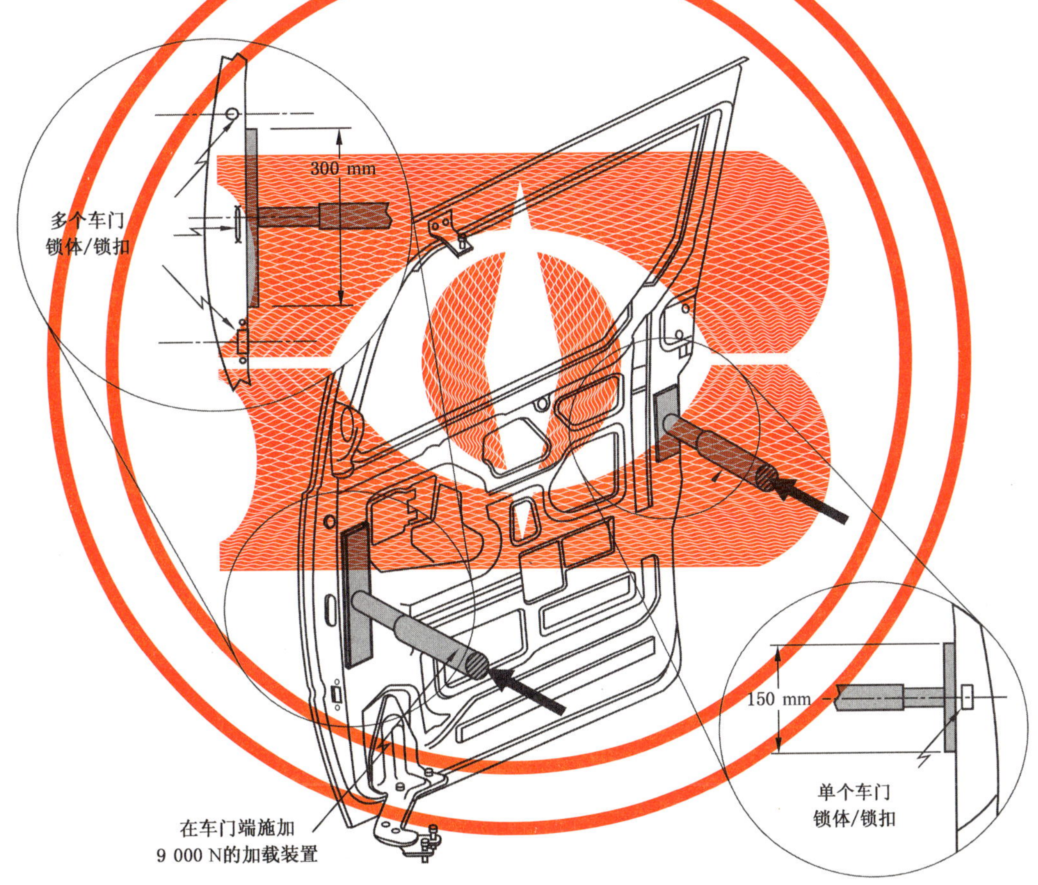

图 E.1 滑动门试验装置(滑动门独立于车辆单独显示)

ICS 43.040.60
T 26

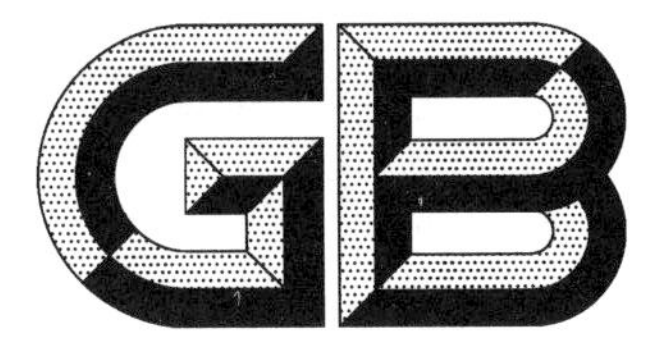

中华人民共和国国家标准

GB/T 30037—2013

汽车电动天窗总成

The assembly of electrical operation sunroof about motor vehicle

2013-11-27 发布

2014-07-01 实施

中华人民共和国国家质量监督检验检疫总局
中国国家标准化管理委员会 发布

前　言

本标准按照GB/T 1.1—2009给出的规则起草。

本标准由国家发展和改革委员会提出。

本标准由全国汽车标准化技术委员会(SAC/TC 114)归口。

本标准主要起草单位:中国航空工业集团公司太原航空仪表有限公司、芜湖莫森泰克汽车科技有限公司、中国航空综合技术研究所、中国质量认证中心武汉分中心。

本标准主要起草人:冯苏华、武梅、孙肇花、付宇林、祝锡亮、王大庆、杜中发、张天锷、李再华。

汽车电动天窗总成

1 范围

本标准规定了汽车电动天窗总成的技术要求、试验方法、检验规则及标志、包装、运输、储存等。

本标准适用于标称电压12V、24V汽车用电动天窗总成,以下简称"天窗"。汽车固定天窗也可参照使用。

2 规范性引用文件

下列文件对于本文件的应用是必不可少的。凡是注日期的引用文件,仅注日期的版本适用于本文件。凡是不注日期的引用文件,其最新版本(包括所有的修改单)适用于本文件。

GB/T 250 纺织品 色牢度试验 评定变色用灰色样卡

GB/T 6461 金属基体上金属和其他无机覆盖层 经腐蚀试验后的试样和试件的评级

GB 8410 汽车内饰材料的燃烧特性

GB 9656 汽车安全玻璃

GB/T 10125 人造气氛腐蚀试验 盐雾试验

GB 11552 乘用车内部凸出物

QC/T 15 汽车塑料制品通用试验方法

QC/T 17 汽车零部件耐候性试验一般规则

QC/T 484 汽车油漆涂层

QC/T 625 汽车用涂镀层和化学处理层

QC/T 639 汽车用橡胶密封条

3 术语和定义

下列术语和定义适用于本文件。

3.1

汽车电动天窗总成 the assembly of electrical operation sunroof about motor vehicle

由天窗玻璃组件、滑道总成组成,安装在汽车顶盖。天窗玻璃组件可活动,靠车辆电源来打开、关闭,可作滑动和/或角度开启。打开天窗玻璃组件之后可改善车内空气流通及采光功能的一种电动装置总成。不包括敞篷顶盖系统。

3.2

滑道总成 the assembly of slideway

主要由运动机构、框架组件、电机、控制器、拉索、驱动管、天窗遮阳板组件等组成。

3.3

运动机构 slider subassembly

在电机的带动下按控制器指令完成天窗有关规定动作的机构组合。

3.4

框架组件 frame assembly

由含有排水槽的导轨、含有排水口的组件等组成。

3.5

天窗玻璃组件　glass panel assembly for sunroof

由天窗玻璃及玻璃框架、玻璃密封胶条等组成，与顶盖开口形状及车顶弧形相匹配，并与顶盖开口形成良好密封的组件。

3.6

天窗遮阳板组件　sunshade assembly for sunroof

由天窗遮阳板（由内饰布及单一材料或复合材料组成的型板）及滑动部件等组成，用于遮挡由天窗玻璃透入车内光线的组件。

3.7

玻璃密封胶条　rubber weather strip for glass

天窗玻璃组件的一部分，在天窗玻璃、玻璃框架与顶盖之间起密封作用的胶条。

3.8

排水系统　drainage system

由框架组件中的排水槽（轨道槽）、排水口组成，用于排除由天窗玻璃组件与顶盖之间的缝隙流入天窗排水槽内的水。

3.9

1个工作循环　one cycle

天窗按控制程序完成一次所有规定动作。

3.10

装饰罩　decoration cover

安装在天窗玻璃、玻璃框架下面，用以遮挡固定螺栓或玻璃框架的装饰件。

3.11

汽车固定天窗　stationary roof panel about motor vehicle

由不可活动的天窗玻璃组件安装在汽车顶盖。可改善车内采光功能的一种天窗总成。

4　技术要求

4.1　总则

4.1.1　天窗应符合本标准的要求，并应按照经规定程序批准的图样及设计文件制造。

4.1.2　在电机或者电器系统发生故障的情况下，天窗应可以通过人工的方式在车内打开或关闭。

4.1.3　针对天窗的任何操作均不应当对其他电器带来损害。不应因为对其他电器部件进行操作而导致其运行故障。

4.1.4　天窗在凸出物方面的要求应符合 GB 11552 的相关规定。

4.2　一般要求

4.2.1　外观

4.2.1.1　天窗外形及安装尺寸应符合供需双方技术协议的要求。

4.2.1.2　天窗外观整洁、无锈蚀、无机械损伤、漆面完整，塑料件外观无变形及裂纹出现。玻璃密封胶条不应有裂纹、裂缝、气孔等缺陷。

4.2.1.3　天窗玻璃不应出现裂纹、划伤、结石、节瘤、线道等缺陷。

4.2.1.4　天窗遮阳板组件关闭时与车顶衬或车顶衬装饰条周边间隙间隙均匀，且不应大于 3 mm。

4.2.2 基本要求

4.2.2.1 天窗玻璃的安全性应符合 GB 9656 的有关规定,玻璃的边长公差应符合供需双方技术协议的要求。

4.2.2.2 天窗遮阳板的燃烧特性应符合 GB 8410 的相关规定。

4.2.2.3 天窗的电操作性应符合 GB 11552 的相关规定。

4.2.2.4 玻璃密封胶条应符合 QC/T 639 的相关规定。

4.2.2.5 零件的油漆涂层应符合 QC/T 484 的相关规定。

4.2.2.6 零件的涂镀层和化学处理层应符合 QC/T 625 的相关规定。

4.2.2.7 塑料零件应符合 QC/T 15 的相关规定。

4.3 性能要求

4.3.1 基本性能

4.3.1.1 按 5.3.1.1 进行测试,标称电压为 12 V 的天窗,在 DC 9 V～16 V 内应能正常运行;标称电压为 24 V 的天窗,在 DC 18 V～32 V 内应能正常运行。

4.3.1.2 按 5.3.1.2 进行测试,天窗应运行平稳、顺滑且没有明显的颤抖和异常机械噪声,天窗遮阳板组件滑动无异响。

4.3.1.3 按 5.3.1.3 进行测试,天窗的运行时间应符合供需双方技术协议的要求。

4.3.1.4 天窗遮阳板组件滑动力:天窗玻璃组件处于完全闭合位置时,按 5.3.1.4 的方法进行测试,天窗遮阳板组件滑动力应符合供需双方技术协议的要求。

4.3.1.5 天窗遮阳板组件摩擦阻力:按 5.3.1.5 进行测试,摩擦阻力应符合供需双方技术协议的要求。

4.3.2 噪声

4.3.2.1 电机噪声

按 5.3.2.1 方法进行检测,要求电机噪声应小于或等于 57 dB(A)。

4.3.2.2 天窗噪声

天窗噪声要求如下:

a) 按 5.3.2.2 方法进行检测,天窗运行时噪声应小于或等于 70 dB(A);
b) 在天窗的工作循环操作中应当平稳而无异响。

4.3.3 耐久性

4.3.3.1 天窗耐久性

按 5.3.3.1 进行检测,天窗耐久性应符合下列要求:

a) 天窗完成 10 000 个工作循环之后,其功能相对于 4.3.1 的性能降低应小于 20%;
b) 完成 15 000 个工作循环后,天窗能够被开启与关闭;
c) 仅对天窗遮阳板组件开、关操作 5 000 次后,各个部件不应当有操作不舒适、表面破损等故障。

4.3.3.2 电机耐久性

按 5.3.3.2 方法进行检测,电机应能承受 20 000 次电机工作循环的耐久性试验,试验后电机的性能参数应符合设计要求(性能测试前电机应保持冷状态)。

4.3.4 防水性

4.3.4.1 排水系统的排水性能

按5.3.4.1方法检测，要求排水顺畅，除排水口外，其他部分无漏水现象。

4.3.4.2 排水系统的积水量

按5.3.4.2方法检测，积水不能溢出，积水量应小于40 mL。

4.3.4.3 防雨密封性

按5.3.4.3的方法检测，排水正常，除排水口及玻璃密封胶条与顶盖之间的缝隙处外，其他部分无漏水现象。玻璃密封胶条与顶盖之间缝隙处的漏水量应小于100 mL/min，漏水处无水流成线。

4.3.5 耐高温、低温、温度交变

按5.3.5的试验方法进行试验，满足下列要求：

a) 零部件无变色、裂纹、变形、污渍和破损等现象；
b) 天窗无漏油现象；
c) 天窗遮阳板组件无松动、扭曲、材料脱落，内饰布无污渍及外观颜色变化，天窗遮阳板组件的运行不应当有故障；
d) 天窗相对于4.2.1、4.2.2、4.2.3的性能降低应小于20%。

4.3.6 耐盐雾

按5.3.6的试验方法进行检测，按GB/T 6461的评级标准评级，满足下列要求：

a) A类、C类：试样应无基体金属腐蚀，缺陷部位如尖端、棱边和焊缝等腐蚀面积要求小于试样总缺陷面积的10%；
b) B类：不应有任何腐蚀。

4.3.7 抗振性

按5.3.7进行抗振性测试后，天窗无损坏，应符合下列要求：

a) 应符合4.3.1.3的要求；
b) 天窗玻璃组件表面无变化；
c) 玻璃密封胶条无破裂、脱落、起皱等现象及尺寸、颜色等变化；
d) 天窗遮阳板组件无松动、扭曲、材料脱落等现象及外观颜色变化；
e) 塑料件无扭曲现象及尺寸、颜色等变化；
f) 运动机构无功能缺陷等现象；
g) 金属件和紧固件无颜色、外观等变化，紧固件应无松脱现象。

4.3.8 强度

4.3.8.1 按5.3.8的试验方法进行测试后，不应发生以下功能失效：

a) 组件破裂；
b) 由错位和故障引起的永久性变形；
c) 天窗遮阳板组件散开。

4.3.8.2 按表5序号7进行测试后，天窗玻璃组件不应错位且功能正常，零件无损坏。

4.3.9 耐候性

按5.3.9的试验方法进行测试后,应符合下列要求:

a) 零部件的形状与尺寸应符合设计要求;

b) 内饰布表面的褪色应当按GB/T 250评定,色牢度级别应大于或等于4级;

c) 其余应符合QC/T 17相关评定等级A级要求。

4.3.10 风载试验

按5.3.10的试验方法进行风载测试后,天窗无损坏,应符合4.3.1的要求。

4.3.11 自动回缩性

有自动回缩性能的天窗按5.3.11进行测试后,应符合GB 11552的相关要求。

5 试验方法

5.1 试验样品与试验条件

5.1.1 试验样品

试验样品要求如下:

a) 试验样品应当经过充分的检查和调整,摩擦件应当按照图纸要求涂以油脂,试验之前要确保所有的固定螺栓和螺母都达到了要求的最小扭矩;

b) 下列试验样品应当安装到真实的汽车上或者分割的车体上或模拟实车的夹具上:

1) 滑道总成;

2) 滑道总成(不包括天窗遮阳板组件);

3) 天窗;

4) 电机;

5) 框架组件。

5.1.2 试验条件

通常按下列条件进行试验(除非特别说明):

a) 电源电压:12 V电系为DC 13 V±0.2 V;24 V电系为DC 27 V±0.2 V;

b) 温度:23 ℃±5 ℃;

c) 湿度:65%±5%。

5.2 一般要求检验

5.2.1 外观检验

5.2.1.1 在日光或正常照明下,用量具测量外形及安装尺寸。

5.2.1.2 在正常照明下,目测检查天窗玻璃外观质量。

5.2.1.3 用量具测量天窗遮阳板组件关闭时与车顶衬或车顶衬装饰条周边的间隙。

5.2.2 基本要求检验

5.2.2.1 天窗玻璃安全性按照GB 9656规定的方法进行试验。

5.2.2.2 天窗遮阳板燃烧特性按照GB 8410规定的方法进行试验。

5.2.2.3 天窗的电操作性按照GB 11552规定的方法进行试验。

5.2.2.4 玻璃密封胶条按照QC/T 639规定的方法进行试验。

5.2.2.5 零件的油漆涂层按照QC/T 484规定的方法进行试验。

5.2.2.6 零件的涂镀层和化学处理层按照QC/T 625规定的方法进行试验。

5.2.2.7 塑料零件按照QC/T 15规定的方法进行试验。

5.3 性能试验

5.3.1 基本性能试验

5.3.1.1 天窗运行电压的测定

5.3.1.1.1 试验样品按5.1.1b)中3)。

5.3.1.1.2 试验条件按5.1.2。

5.3.1.1.3 试验方法:标称电压为12 V的天窗,分别在DC 9 V±0.2 V和DC 16 V±0.2 V电压下运行两个工作循环,检查工作是否正常;标称电压为24 V的天窗,分别在DC 18 V±0.2 V和32 V±0.2 V电压下运行两个工作循环,检查工作是否正常。

5.3.1.2 天窗运行平稳性的测定

5.3.1.2.1 试验样品按5.1.1b)中3)。

5.3.1.2.2 试验条件按5.1.2。

5.3.1.2.3 试验方法:接通直流电源,进行天窗玻璃组件和天窗遮阳板组件的完全关闭和开启滑动操作,观察5个工作循环。

5.3.1.3 天窗运行时间的测定

5.3.1.3.1 试验样品按5.1.1b)中3)。

5.3.1.3.2 试验条件按5.1.2。

5.3.1.3.3 试验方法如下:

a) 用秒表检测天窗从完全关闭位置到完全打开位置的时间,并记录;
b) 用秒表检测天窗从完全打开位置到完全关闭位置的时间,并记录;
c) 用秒表检测天窗从完全关闭位置到上掀到位位置的时间,并记录;
d) 用秒表检测天窗从上掀到位位置到完全关闭位置的时间,并记录。

5.3.1.3.4 按5.3.1.3.3方法试验为一个试验周期,三个试验周期完成之后,其时间的平均值作为运行时间测试值。

5.3.1.4 天窗遮阳板组件滑动力

5.3.1.4.1 试验样品按5.1.1b)中1)。

5.3.1.4.2 试验条件按5.1.2。

5.3.1.4.3 试验方法如下:

a) 天窗玻璃组件处于完全闭合位置时,打开与关闭天窗遮阳板组件10次,使天窗遮阳板处于稳定状态;
b) 用测力计平稳推拉天窗遮阳板组件,力作用在天窗遮阳板的把手上,分别记录开启与关闭的最大力值;
c) 要求使用50 N±1 N的测力计,力作用在天窗遮阳板组件的把手上,作用力的方向与滑动力方向一致。

5.3.1.4.4 按照5.3.1.5.3试验完成为一个试验周期，共测量三个样件，每个样件测量一次。

5.3.1.5 天窗遮阳板组件摩擦阻力

5.3.1.5.1 试验样品按5.1.1b)中1)。

5.3.1.5.2 试验条件按5.1.2。

5.3.1.5.3 试验方法如下：

a) 天窗遮阳板组件打开约50%的位置，用测力计来测定；

b) 在天窗遮阳板组件从静止位置开始移动的瞬间测定最大阻力负荷；

c) 应在打开和关闭的方向分别测定。

5.3.1.5.4 5.3.1.5.3a)、b)、c)为一个试验周期，完成三个试验周期之后，其平均值作为摩擦阻力测试值。

5.3.2 噪声检测

5.3.2.1 电机噪声

5.3.2.1.1 试验样品按5.1.1b)中4)。

5.3.2.1.2 试验条件按5.1.2。

5.3.2.1.3 试验方法：将电机放置于背景噪声小于30 dB(A)的噪声测试室中接通电源，在电机运行时，将声级计放在距离电机齿轮正下方300 mm处测试，记录测试结果。

5.3.2.2 天窗噪声

5.3.2.2.1 试验样品按5.1.1b)中3)。

5.3.2.2.2 试验条件按5.1.2。

5.3.2.2.3 试验方法如下：

a) 天窗放置于背景噪声小于40 dB(A)的噪声测试室，或放置于背景噪声至少应比被测天窗噪声低10 dB(A)的环境中。且不含有任何易产生振动的物体，并在天窗与台架接触处使用橡胶垫隔离。

b) 接通电源，在天窗运行时，将声级计放置于电机齿轮下方300 mm处测试。

5.3.2.2.4 从全开到全关位置、以及从全关到全开位置为一个试验周期测定最大值，噪声值应是三次试验周期后的平均值。

5.3.3 耐久性试验

5.3.3.1 天窗耐久性试验

5.3.3.1.1 试验样品按5.1.1b)中3)。

5.3.3.1.2 试验条件按5.1.2。

5.3.3.1.3 试验方法如下：

a) 环境条件和运行频率按照表1进行(在进行表1温度条件的周期性试验时，如果有必要对电机进行冷却，可以进行强冷)。

b) 天窗具体操作过程：

   1) 室温和低温条件的试验周期：完全打开，停留3 s～30 s；关闭到位，停留3 s～10 s；上掀到位，停留3 s～10 s；完全关闭，停留3s～30s；

   2) 高温条件的试验周期：完全打开，停留5 s～60 s；关闭到位，停留5 s～10 s；上掀到位，停留5 s～10 s；完全关闭，停留5 s～60 s。

表1 耐久性试验环境条件和工作循环

序号	温度	湿度	天窗工作循环/个
1	23 ℃±5 ℃	65%±5%	6 000
2	−20 ℃±2 ℃	—	1 000
3	23 ℃±5 ℃	65%±5%	1 000
4	80 ℃±2 ℃	70%±5%	1 000
5	23 ℃±5 ℃	65%±5%	1 000
6	25 ℃±5 ℃	65%±5%	5 000
合　计			15 000

5.3.3.1.4　在每完成表1的一项试验后，均需确定其性能，即按正常程序操作5个工作循环，保证天窗处于稳定状态之后进行检测，并按照4.2.1和4.3.1进行检测。

5.3.3.2　电机耐久性试验

5.3.3.2.1　试验样品按5.1.1b)中4)。

5.3.3.2.2　试验条件按5.1.2。

5.3.3.2.3　试验方法：将电机安装在专用试验设备上，环境条件和运行频率按照表2进行。

5.3.3.2.4　耐久性试验后，电机的特性值与4.3.3.2中的标准特性值要求允许偏差不大于25%。

表2 环境条件和运行频率表

温度	电机工作循环/个
23 ℃±5 ℃	17 000
80 ℃±2 ℃	2 000
−20 ℃±2 ℃	1 000
注：一次电机工作循环包括：顺时针通电3.0 s(要求额定负载)，堵转0.75 s(max)，断电12 s；逆时针通电3.0 s(要求额定负载)，堵转0.75 s(max)，断电12 s。	

5.3.4　防水试验

5.3.4.1　排水系统的排水性能

5.3.4.1.1　试验样品按5.1.1b)中2)或5.1.1b)中5)。

5.3.4.1.2　试验条件按5.1.2。

5.3.4.1.3　试验方法：用1.5 L/min流速的水柱将水加到天窗的排水系统中，试验样品在前、后、左、右四个方向上各倾斜11°，确定每小时通过排水口排出的水量。

5.3.4.2　排水系统的积水量

5.3.4.2.1　试验样品按5.1.1b)中2)或5.1.1b)中5)。

5.3.4.2.2　试验条件按5.1.2。

5.3.4.2.3 试验方法：在排水系统的两侧等量倒水，确定通过排水口排出的水量。积水量＝倒入水量－排出水量。

5.3.4.3 防雨密封性试验

5.3.4.3.1 试验样品按 5.1.1b)中 3)。

5.3.4.3.2 试验条件按 5.1.2。

5.3.4.3.3 试验方法如下：

a) 定期检验：淋雨量在 25 L/min/m^2，喷淋 3 h，观察漏水情况及排水情况；

b) 出厂检验：水压 0.3 MPa，流量 15 mm/min～19 mm/min，淋雨 5 min，观察漏水情况及排水情况。

5.3.5 耐高温、低温、温度交变试验

5.3.5.1 耐高温试验

5.3.5.1.1 试验样品按 5.1.1b)中 3)。

5.3.5.1.2 试验条件为试验时以 1℃/min 速度升温或降温。

5.3.5.1.3 试验方法：按图 1 所示，做一个周期。

5.3.5.1.4 试验后接通电源，按正常程序操作 5 个循环，保证天窗处于稳定状态之后进行检测。

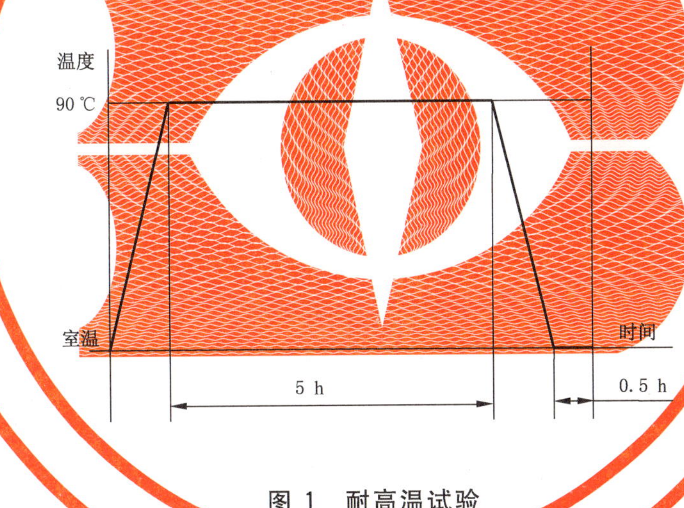

图 1 耐高温试验

5.3.5.2 耐低温试验

5.3.5.2.1 试验样品按 5.1.1b)中 3)。

5.3.5.2.2 试验条件为试验时以 1 ℃/min 速度升温或降温。

5.3.5.2.3 试验方法：按图 2 所示，做两个周期。

5.3.5.2.4 试验后接通电源，按正常程序操作 5 个循环，保证天窗处于稳定状态之后进行检测。

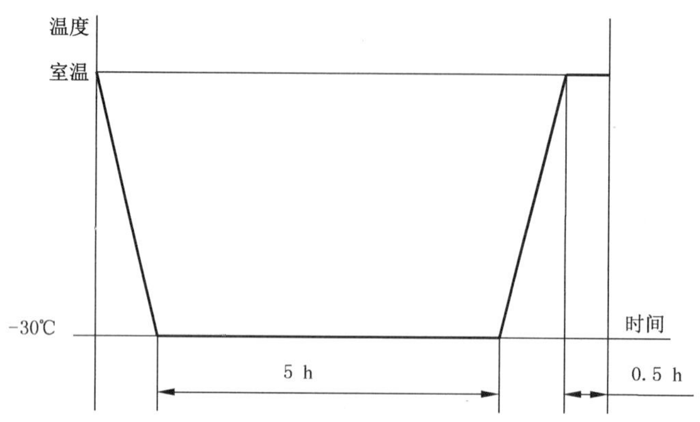

图2 耐低温试验

5.3.5.3 耐温度交变试验

5.3.5.3.1 试验样品按5.1.1b)中3)。

5.3.5.3.2 试验条件为试验时以1 ℃/min速度升温或降温。

5.3.5.3.3 试验方法:按图3所示,做一个周期。

5.3.5.3.4 试验后接通电源,按正常程序操作5个循环,保证天窗处于稳定状态之后进行检测。

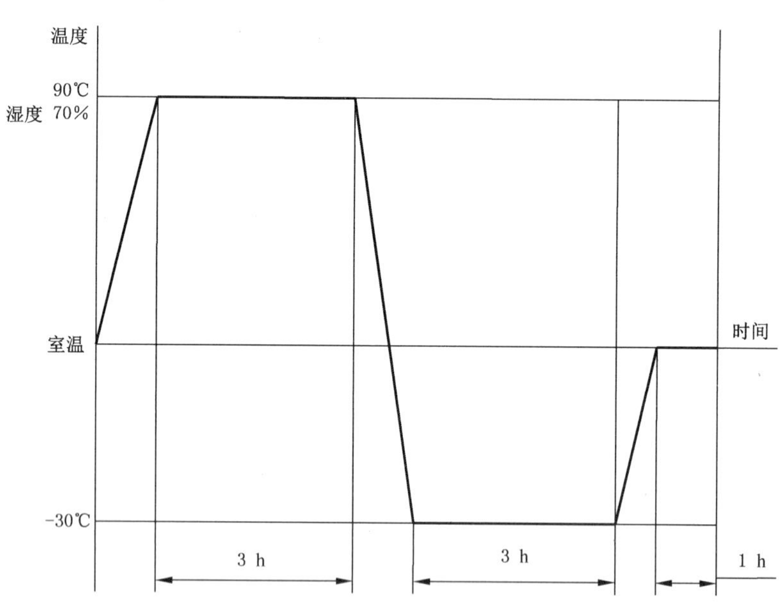

图3 耐温度交变试验

5.3.6 盐雾试验

5.3.6.1 试验样品按表3,样品按实车状态摆放。

5.3.6.2 试验条件如下:

a) 浓度:1 000 g溶液中50 g NaCl;

b) pH值:6.5~7.2;

c) 温度:35 ℃±2 ℃。

5.3.6.3 试验方法:按照 GB/T 10125 规定的方法进行盐雾试验,试验时间按表 3。

表 3 盐雾试验时间及样品分类

试验样品	试验时间 h	适用部件
A	96	驱动管
B	144	紧固件和标准件
C	240	除 A、B 类外的样品

5.3.7 振动试验

5.3.7.1 试验样品按 5.1.1b)中 3)。

5.3.7.2 试验条件按 5.1.2。

5.3.7.3 试验方法:模拟实车装配状态,将天窗固定在振动试验台上,在 X、Y、Z 三个方向上进行扫频振动试验,试验严酷等级按表 4 的要求。

表 4 扫频振动试验严酷等级

<table>
<tr><th>频率
Hz</th><th>振幅
mm</th><th>加速度
m/s^2</th><th>扫频频率
oct/min</th><th>每个方向上的试验时间
h</th></tr>
<tr><td>10～25</td><td>1.2</td><td></td><td rowspan="2">1</td><td rowspan="2">8</td></tr>
<tr><td>25～500</td><td></td><td>30</td></tr>
<tr><td colspan="5">注 1:振幅和加速度适用于 Z 方向,对于 X 和 Y 方向其振幅和加速度值可以除以 2。
注 2:振动试验时的 Z 方向规定为与汽车的垂直方向平行的方向。</td></tr>
</table>

5.3.7.4 试验完成后对天窗通电重复关闭和开启 5 个循环,保证零件处于稳定状态之后进行观察和检测。

5.3.8 强度试验

5.3.8.1 试验样品按 5.1.1b)中 3)。

5.3.8.2 试验条件按 5.1.2。

5.3.8.3 试验方法:静态条件下,将载荷加到没有应力的直径为 50 mm 的面上,各个载荷分别加载,方向如图 4、图 5 所示。

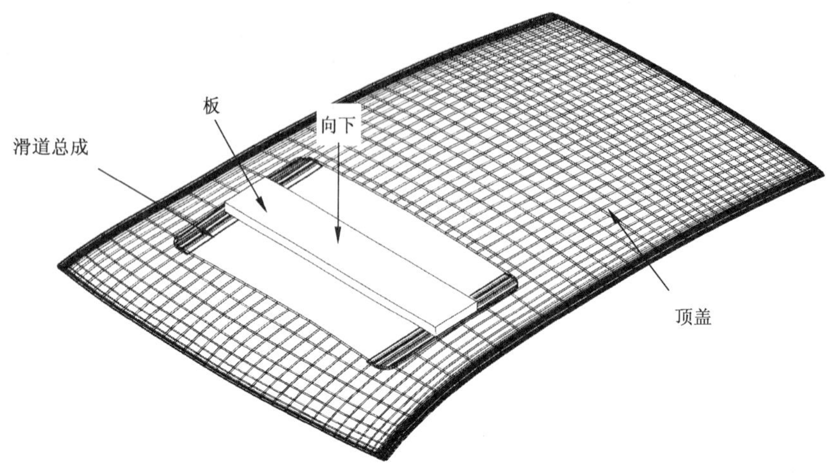

图 4 加载位置示意图

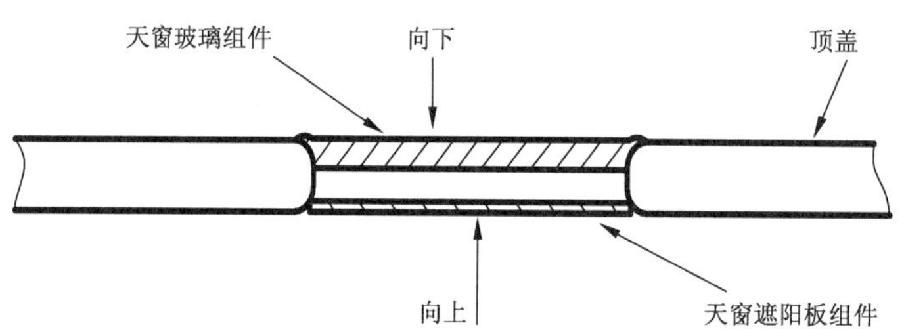

图 5 加载方向示意图

5.3.8.4 试验内容

5.3.8.4.1 强度试验内容见表 5。

表 5 强度试验内容

序号	负荷位置	天窗玻璃组件状态	天窗遮阳板组件状态	负荷及方向
1	滑道总成打开区域的侧壁中心	全开	全开	向下 440 N
2	天窗玻璃组件的中心	全关	全开	向上、向下 540 N
3	天窗玻璃组件的中心	1/3 打开	全开	向上、向下 540 N
4	天窗玻璃组件的中心	1/2 打开	全开	向上、向下 540 N
5	天窗玻璃组件前端 1/3 处	2/3 打开	全开	向上、向下 540 N
6	天窗玻璃组件的中心	倾斜	全开	向上、向下 540 N
7	天窗玻璃组件前端的中心	1/2 打开	全开	向后 490 N
8	天窗玻璃组件的中心	全开	全开	向下 490 N
9	天窗遮阳板组件的中心	全开	全开	向上、向下 78 N
10	天窗遮阳板组件的中心	全开	1/3 打开	向上、向下 78 N
11	天窗遮阳板组件的中心	全开	1/2 打开	向上、向下 78 N

表 5（续）

序号	负荷位置	天窗玻璃组件状态	天窗遮阳板组件状态	负荷及方向
12	距天窗遮阳板组件前端 1/3 处	全开	2/3 打开	向上、向下 78 N
13	天窗遮阳板组件的中心	全开	全开	向下 78 N
序号 8～13 的试验应从车体上拆下来进行，序号 9～13 的试验应拆下天窗玻璃组件进行。				

5.3.8.4.2　过载试验内容见表 6。

表 6　过载强度试验内容

序号	负荷位置	组件状态	负荷及方向
1	天窗玻璃组件中心	天窗玻璃组件全关	向下 735N
2	天窗遮阳板组件手柄	所有位置	向前、向后 196N
3	天窗遮阳板组件中心	天窗遮阳板组件全关	向上、向下 98N

5.3.9　耐候性试验

5.3.9.1　试验样品为天窗遮阳板组件、玻璃密封胶条、装饰罩。

5.3.9.2　试验方法按 QC/T 17 相关试验方法。

5.3.10　风载试验

5.3.10.1　试验样品按 5.1.1b)中 1)。

5.3.10.2　试验条件按 5.1.2。

5.3.10.3　试验方法如下：

a)　天窗固定在模拟实车的台架上且处于关闭状态，对天窗玻璃组件施加力；

b)　力的作用点：天窗玻璃组件的中心。要求使用半径为 100 mm 的圆形吸盘(吸盘半径可以根据需要选用)；

c)　力的方向：理论车身外部 Z 正方向；

d)　力的大小：$F=400$ N；

e)　在施加载荷的情况下完成 400 个风载荷试验循环(一个风载荷试验循环包括：1 次起翘/落下和 1 次大约 1/3 距离的开启/关闭)；

f)　重复关闭和开启 5 个循环，保证零件处于稳定状态之后进行检测。

5.3.11　自动回缩性能试验

5.3.11.1　试验样品按 5.1.1b)中 1)。

5.3.11.2　试验条件按 5.1.2。

5.3.11.3　试验方法按 GB 11552 相关试验方法进行测试。

6　检验规则

6.1　出厂检验

出厂检验按表 7 规定进行。

表 7 检验项目

序号	检验项目	要求章条	试验方法章条	出厂检验	型式试验
1	外观	4.2.1	5.2.1	√	√
2	天窗玻璃安全性	4.2.2.1	5.2.2.1	—	√
3	天窗遮阳板燃烧特性	4.2.2.2	5.2.2.2	—	√
4	天窗的电操作性	4.2.2.3	5.2.2.3	—	√
5	天窗运行电压	4.3.1.1	5.3.1.1	√	√
6	天窗运行平稳性	4.3.1.2	5.3.1.2	√	√
7	天窗运行时间	4.3.1.3	5.3.1.3	√	√
8	天窗遮阳板组件滑动力	4.3.1.4	5.3.1.4	√	√
9	天窗遮阳板组件摩擦阻力	4.3.1.5	5.3.1.5	√	√
10	噪声	4.3.2	5.3.2	√	√
11	耐久性	4.3.3	5.3.3	—	√
12	防水试验	4.3.4	5.3.4	√	√
13	耐高温、低温、温度交变试验	4.3.5	5.3.5	—	√
14	耐盐雾	4.3.6	5.3.6	—	√
15	抗振性	4.3.7	5.3.7	—	√
16	强度	4.3.8	5.3.8	—	√
17	耐候性	4.3.9	5.3.9	—	√
18	风载试验	4.3.10	5.3.10	—	√
19	自动回缩性	4.3.11	5.3.11	—	√
注：标有“√”的为必检项目；标有“—”的为非检项目。					

6.2 型式试验

有下列情况之一，应进行型式试验：

a) 新产品定型时；

b) 设计、工艺或材料有重大改变，可能影响产品性能时；

c) 停产一年以上，恢复生产时；生产场所发生变更或生产条件发生较大变化时；

d) 成批或大量生产时，定期或积累一定数量后，应周期性进行一次检验；

e) 出厂试验结果与上次型式试验有较大区别时；

f) 国家质量监督机构提出型式试验要求时。

6.3 检验项目

检验项目按表 7 的规定进行。

7 标志、包装、运输和储存

7.1 产品应有名称、规格、型号等标志。

7.2 产品应有需要的包装，应有产品合格证。其信息应有：产品名称、规格、型号、产品数量、出厂日期、制造商名称和生产地址。

7.3 产品运输中应有防尘防雨等防护措施。

7.4 产品应储存在通风、干燥的环境中，应避免与腐蚀性物质接触。

7.5 对标志、包装、运输和储存有特殊要求时，可由供需双方协商确定。

ICS 43.040.60
T 26

中华人民共和国汽车行业标准

QC/T 627—2013
代替 QC/T 627—1999

汽车电动门锁装置

Electronic locks system for motor vehicles

2013-10-17 发布　　　　2014-03-01 实施

中华人民共和国工业和信息化部　发布

前　言

本标准按照 GB/T 1.1—2009 给出的规则起草。

本标准与 QC/T 627—1999 相比，主要技术内容变化如下：

——增加了术语和定义（见 3.6，3.8，3.9）；

——增加了“（装在无玻璃升降器的车门上的除外）”（见 4.3.10）；

——增加了“用于行李箱的电动门锁装置的控制器和闭锁器应能经受 3×10^4 次开闭循环试验”（见 4.3.12）；

——增加了“维持时间：200 ms～500 ms”［见 5.1c）］；

——增加了闭锁器［见 5.1f）］；

——增加了（用于行李箱的电动门锁装置的控制器和闭锁器应能经受 1×10^4 次开闭循环试验）（见 5.13）；

——修改了电压值的范围（本版的 4.3.1，5.2，1999 版的 5.4）；

——修改了功能要求［本版的 4.3.1a），1999 版的 5.4a）］；

——修改了控制器的负载电流及维持时间的测量要求的描述［本版的 4.3.1b），1999 版的 5.4b）］；

——修改了整体式电动门锁在标称电压下的行程时间、堵转电流及分体式闭锁器的工作行程、输出力、行程时间、堵转电流的测量要求的描述［本版的 4.3.1c），1999 版的 5.4c）］；

——修改了承受（有效值）（见 4.3.8）；

——修改了电动门锁装置的控制器和闭锁器的开闭循环次数，将行李箱的电动门锁装置的控制器和闭锁器的开闭循环次数单列（本版的 4.3.12，5.13，1999 版的 4.4.12，5.15）；

——修改了耐低温度数（本版的 4.3.3，5.4，1999 版的 4.4.3，5.6）；

——修改了 4.3～4.4.12 各标题号（相应依次修改为 4.2～4.3.12）；

——修改了 5.4～5.13 各标题号（相应依次修改为 5.2～5.13）；

——修改了过载强度试验中工作状态（本版的 5.6，1999 版的 5.8）；

——修改了耐过电压试验的试验电压和时间（本版的 5.7，1999 版的 5.9）；

——修改了耐振性试验的试验条件（本版的 5.8，1999 版的 5.10）；

——删除了原 5.2，5.3；

——删除了抗干扰性试验中的“标称电压 12V 时按 ISO 7637-1 规定脉冲信号 1、2、3a、3b 进行试验，标称电压 24V 时”（本版的 5.10，1999 版的 5.12）；

——删除了原 6.2（1999 版的 6.2）；

——删除了原 7.2（1999 版的 7.2）。

本标准自生效之日起，代替 QC/T 627—1999《汽车电动门锁装置》。

请注意本文的某些内容可能涉及专利。本文件的发布机构不承担识别这些专利的责任。

本标准由全国汽车标准化技术委员会（SAC/TC 114）提出并归口。

本标准主要起草单位：上海恩坦华汽车门系统有限公司、中国质量认证中心武汉分中心。

本标准主要起草人：孙行健、范四辈、李再华。

本标准由全国汽车标准化技术委员会（SAC/TC 114）负责解释。

本标准 1999 首次发布，本版为第一次修订。

汽车电动门锁装置

1 范围

本标准规定了汽车电动门锁装置的技术要求、试验方法、检验规则、标志、包装、运输及储存等。

本标准适用沿铰链轴做旋转运动的汽车车门电动门锁装置，其他型式的电动门锁装置也可参照执行。

2 规范性引用文件

下列文件对于本文件的应用是必不可少的。凡是注日期的引用文件，仅注日期的版本适用于本文件。凡是不注日期的引用文件，其最新版本(包括所有的修改单)适用于本文件。

GB/T 2423.4—2008 电工电子产品环境试验 第2部分：试验方法 试验Db：交变湿热(12 h+12 h)

GB/T 4942.2—1993 低压电器外壳防护等级

QC/T 323—2007 汽车门锁和车门保持件

QC/T 413—2002 汽车电气设备基本技术条件

ISO 7637-1：2004 道路车辆 传导和耦合造成的电气干扰 第1部分：定义和一般描述

ISO 7637-2：2004 道路车辆 传导和耦合造成的电气干扰 第2部分：沿电源线的电瞬态传导

3 术语和定义

下列术语和定义适用于本文件。

3.1

电动门锁装置 electronic locks system

门锁内锁止机构的锁止和解锁可由电动机构控制的装置，它的组成包括控制器、闭锁器、门锁或其他门锁机构。

3.2

控制器 controller

控制闭锁器工作的电子模块。

3.3

闭锁器 actuator

控制门锁内锁止机构的电动机构。

3.4

电动门锁 electronic locks

门锁和闭锁器的总称，按两者的联接型式可分为整体式和分体式。

3.5

维持时间 impulse time

控制器在接受到输入信号后输出的脉冲宽度。

3.6

行程时间 travel time

闭锁器在接受电信号后，锁体锁止机构从解锁(锁止)到达锁止(解锁)动作的时间。

3.7

开闭循环　cycle

电动门锁装置在正常工作状态下，闭锁器传动杆从行程范围的一端运行到另一端后再返回到初始位置的过程。

3.8

电动门锁的开锁　actuator unlocking

电动门锁的闭锁器驱动门锁锁止机构到达解锁状态。

3.9

电动门锁的闭锁　actuator locking

电动门锁的闭锁器驱动门锁锁止机构到达锁止状态。

4　技术要求

4.1　一般要求

电动门锁装置应符合本标准的要求，并按经规定程序批准的产品图样及设计文件制造。

4.2　外观

4.2.1　电动门锁装置金属件必须经防腐蚀处理，或使用具有耐腐蚀性的材料制造。

4.2.2　电动门锁装置塑料件表面应平整，无气泡，无影响使用的变形。

4.2.3　金属零件的涂镀层和化学处理层应均匀，不得有明显缺陷。

4.3　性能要求

4.3.1　基本性能：

a)　电动门锁装置的标称电压规定为两种：12 V 和 24 V，在电压范围分别对应为 9 V～16 V、18 V～32 V 时，两种电动门锁(装置)应能可靠地锁止和解锁，各功能无异常现象。

b)　控制器的负载电流及维持时间应按产品设计文件的规定要求，满足闭锁器正常工作。

c)　整体式电动门锁在标称电压下的行程时间、堵转电流及分体式闭锁器的工作行程、输出力、行程时间、堵转电流等均应满足产品的设计要求。

4.3.2　门锁部分应符合 QC/T 323 中第 4 章的要求。

4.3.3　耐低温工作性

电动门锁装置应能经受－40 ℃的环境温度，恢复室温后应符合本标准 4.3.1 的规定。

4.3.4　耐温度变化性

电动门锁装置在不工作情况下，应能经受－40 ℃低温和 75 ℃高温的温度变化试验，恢复室温后应符合本标准 4.3.1 的规定。

4.3.5　抗过载强度

闭锁器在高温和高电压的条件下应具有抗过载能力，试验后应符合本标准 4.3.1 的规定。

4.3.6　耐过电压

电动门锁装置中的控制器和闭锁器应具有耐过电压能力，试验后应符合本标准 4.3.1 的规定。

4.3.7　耐振性

电动门锁装置应能经受扫频振动试验，试验后应符合本标准 4.3.1 的规定。

4.3.8　绝缘介电强度

控制器和闭锁器内各互不连接的导体零部件对壳体之间应能承受(有效值)正弦波形的耐高压试验，绝缘不被击穿。

4.3.9 干扰性

电动门锁装置应具有抗干扰性能，应达到 ISO 7637-1 和 ISO 7637-2 附录 A 中规定的功能等级 B 级要求，即当干扰时所有的功能都能达到设计要求，但允许有一项或几项超出规定值，当干扰取消后所有功能应恢复到正常范围内。

4.3.10 防水性

控制器(不装在车门内的除外)和闭锁器的外壳(装在无玻璃升降器的车门上的除外)防水性能等级为 IPX3，试验后应符合本标准 4.3.1 的规定。

4.3.11 耐湿热性

控制器(不装在车门内的除外)和闭锁器在不工作情况下应能承受 48 h 的交变湿热试验，试验后应符合本标准 4.3.1 的规定。

4.3.12 耐久性

电动门锁装置的控制器和闭锁器应能经受 5×10^4 次开闭循环，用于行李箱的电动门锁装置的控制器和闭锁器应能经受 3×10^4 次开闭循环试验。试验结束后应符合本标准 4.3.1 的规定。

5 试验方法

5.1 如无特殊规定，电动门锁装置一般在下列条件下进行试验：

a) 试验电源采用足够容量的直流稳压电源，其波纹电压(峰-峰)值不大于 100 mV，电压表准确度不低于 0.5 级，电流表准确度不低于 1 级，测量长度器具最小读数值不应大于 0.02 mm；

b) 试验电压：标称电压 12 V 时为 12±0.3 V，标称电压 24 V 时为 24±0.6 V；

c) 维持时间：200 ms～500 ms；

d) 环境温度：23 ℃±5 ℃；

e) 相对湿度：45%～75%；

f) 电动门锁装置的试验可以是在实车状态下进行，也可以是在模拟状态下进行，对于分体式电动门锁的闭锁器试验，可不包括门锁部分；

g) 开闭循环的频率为 4 次/min。

5.2 基本性能试验：

a) 电动门锁装置分别接入 9 V、16 V(标称电压为 12 V 时)，18 V、32 V(标称电压为 24 V 时)，控制器的维持时间：200 ms～500 ms，各运行 2 次。

b) 用示波器或专用仪器在标称电压下测量电动门锁的负载电流及行程时间。

c) 用专用试验台或其他工具检测电动门锁的功能。

5.3 门锁部分按 QC/T 323 中的第 5 章进行试验。

5.4 耐低温工作性试验。

电动门锁装置在−40 ℃±4 ℃的低温箱内，电压为 11 V(标称电压为 12 V)、电压为 22 V(标称电压为 24 V)时工作 100 个开闭循环，结束后在室温下放置 1 h 后测试基本性能。

5.5 耐温度变化性试验。

电动门锁装置在低温箱和高温箱内交替试验，先在−40 ℃±3 ℃的低温箱内放置 2 h，然后在 75 ℃±2 ℃高温箱内放置 2 h(中间允许 2 min 的过渡时间)为 1 个循环，共进行 5 个循环，结束后在室温下放置 1 h 后测试基本性能。

5.6 过载强度试验。

将门锁内锁止机构卡住，或将闭锁器传动杆锁闭，放在 70 ℃±2 ℃高温箱内 1 h，再将闭锁器接入 15 V 电压(标称电压 24 V 时为 30 V)连续工作 10 min，然后在室温下放置 1 h 后测试基本性能。

5.7 耐过电压试验。

在规定的负载下，对电动门锁施加电压 25 V±0.3 V(标称电压力 12 V)、50.5 V±0.6 V(标称电压为 24 V)，持续工作 1 s，停止通电 1 min，再反向通电 1 s，2 min 后测试基本性能。

5.8 耐振性试验。

将电动门锁装置按实车安装状态固定在振动试验台上，按 QC/T 413 中 3.12 的要求，在不工作状态下进行试验，扫频范围为 10 Hz～25 Hz，振幅为 1.2 mm，扫频范围 25 Hz～500 Hz，加速度为 30 m/s^2。结束后测试基本性能。

5.9 绝缘介电强度试验。

用交流高压箱输出 550 V 电压对各互不连接的导体零部件与壳体之间进行耐压试验，历时 1 min，批量生产时，允许用 660 V，历时 1 s 的试验代替，对于装有半导体器件的应在装配器件前进行试验。

5.10 抗干扰性试验。

用专用试验设备对电动门锁进行抗干扰试验，按 ISO 7637-2 规定脉冲信号 1、2a、3a、3b 进行试验，试验等级为Ⅳ级，试验中和试验后均测试基本性能。

5.11 防水性试验。

将闭锁器安装在 GB/T 4942.2 图 4 所示的专用试验台上，在工作状态下，按 GB/T 4942.2 中表 4 给出的 IPX3 级试验方法进行，时间为 10 min，试验结束后，擦干表面，测试基本性能，然后打开外壳，内部不应有水进入。

5.12 耐湿热性试验。

按 GB/T 2423.4 规定的试验方法进行，然后测试基本性能。

5.13 耐久性试验。

将控制器与闭锁器安装在车门上或模拟专用试验台上进行耐久性试验：

其中：室温，2×10^4 次(用于行李箱的电动门锁装置的控制器和闭锁器应能经受 1×10^4 次开闭循环试验)；

−40 ℃，5 000 次；

70 ℃，5 000 次；

室温，2×10^4 次(用于行李箱的电动门锁装置的控制器和闭锁器应能经受 1×10^4 次开闭循环试验)。试验后测试基本性能。

6 检验规则

6.1 每套电动门锁装置需经制造商检验合格后方能出厂，并附有产品质量合格文件。

6.2 电动门锁装置的检验分出厂检验和型式检验。

6.2.1 出厂检验项目按 4.2 和 4.3.1 的要求进行。

6.2.2 型式检验。

6.2.2.1 在下列情况之一时，制造厂应进行型式检验：

a) 新产品定型时。

b) 产品设计、工艺、材料作较大修改时。

c) 产品停产 1 年再恢复生产时。

d) 成批或大量生产的产品，每 2 年不少于 1 次。

e) 国家质量监督检验机构提出进行型式检验要求时。

6.2.2.2 做型式检验的电动门锁装置从出厂检验合格的同一批产品中抽取，数量不少于 6 套，首先复验出厂检验项目，复验合格后，再将产品按表 1 进行检验。

表 1　检验项目

序号	检验项目	技术要求	试验方法	第 1 套	第 2 套	第 3 套	第 4 套	第 5 套	第 6 套
1	耐低温工作性	4.3.3	5.4	√	—	—	—	—	—
2	耐温度变化性	4.3.4	5.5	—	—	√	—	—	—
3	过载强度	4.3.5	5.6	—	√	—	—	—	—
4	耐过电压	4.3.6	5.7	—	—	—	√	—	—
5	耐振性	4.3.7	5.8	—	—	—	√	—	—
6	绝缘介电强度	4.3.8	5.9	√	—	—	—	—	—
7	抗干扰性	4.3.9	5.10	√	—	—	—	—	—
8	防水性	4.3.10	5.11	—	√	—	—	—	—
9	耐湿热性	4.3.11	5.12	—	—	√	—	—	—
10	耐久性	4.3.12	5.13	—	—	—	—	√	√
注：“√”为检验项目；“—”为非检验项目。									

6.2.2.3　电动门锁装置的型式检验必须符合规定的要求，如有个别项目不合格时应重新抽取加倍数量的产品，就不合格项目进行检查。若仍有不合格项目时，则该批电动门锁装置判为不合格。但对耐久性试验不得重新加倍抽取。

7　标志、包装、运输和储存

7.1　电动门锁装置应在显著位置注明：

a）　生产企业名称或商标。

b）　电动门锁装置规格、型号。

7.2　电动门锁装置包装箱内应附有以下文件：

a）　产品合格证。

b）　装箱单。

c）　备件、附件清单。

7.3　电动门锁装置包装箱外应标明：

a）　名称、标准编号、型号及出厂日期。

b）　生产企业名称、商标、详细地址及收货单位名称、地址。

c）　装箱数量、总质量及外型尺寸。

d）　收发货标志、包装储运图示标志及其他标志。

7.4　电动门锁装置应存放在通风、干燥、无有害气体的仓库内，不应与化学药品、酸碱物质等一同存放。

7.5　电动门锁装置的标志、包装、运输及储存也可由供需双方协商确定。

ICS 43.040.60
T 28

中华人民共和国汽车行业标准

QC/T 905—2013

2013-04-25 发布 2013-09-01 实施

中华人民共和国工业和信息化部 发布

前　　言

本标准按照 GB/T 1.1—2009 给出的规则起草。

本标准的技术内容是在综合分析同类产品的国际标准、国外先进标准的基础上，并根据我国实际情况制定的。

本标准由全国汽车标准化技术委员会(SAC/TC 114)提出和归口。

本标准负责起草单位：广东东箭汽车用品制造有限公司、佛山市顺德区质量技术监督标准与编码所。

本标准起草人：唐杰、李军生、杨朝兵、王荣发、夏炎华、王英杰。

汽 车 防 护 杠

1 范围

本标准规定了汽车防护杠的术语和定义、类别、要求、试验方法、检验规则及标志、包装、运输和储存。

本标准适用于汽车防护用的前、后、侧杠(以下简称“防护杠”)。

2 规范性引用性文件

下列文件对于本文件的应用是必不可少的。凡是注日期的引用文件,仅注日期的版本适用于本文件。凡是不注日期的引用文件,其最新版本(包括所有的修改单)适用于本文件。

GB/T 700 碳素结构钢

GB/T 1040.2—2006 塑料 拉伸性能的测定 第2部分:模塑和挤塑塑料的试验条件(ISO 527-2:1993,IDT)

GB/T 1633—2000 热塑性塑料维卡软化温度(VST)的测定(ISO 306:1994,IDT)

GB/T 1766 色漆和清漆 涂层老化评级方法

GB/T 1865 色漆和清漆 人工气候老化和人工辐射暴露(滤过的氙弧辐射)(GB/T 1865—1997,ISO 11341:1994,EQV)

GB/T 2411 塑料邵氏硬度试验方法(GB/T 2411—2008,ISO 868:2003,IDT)

GB/T 2918 塑料试样状态调节和试验的标准环境(GB/T 2918—1998,ISO 291:1997,IDT)

GB/T 3190 变形铝及铝合金化学成分(GB/T 3190—2008,ISO 209:2007,MOD)

GB/T 6031 硫化橡胶或热塑性橡胶硬度的测定(10～100 IRHD)(GB/T 6031—1998,ISO 48:1994,IDT)

GB/T 6461—2002 金属基体上金属和其他无机覆盖层腐蚀试验后的试样和试件的评级(ISO 10289:1999,IDT)

GB/T 6739 涂膜硬度铅笔测定法(GB/T 6739—2006,ISO 15184:1998,IDT)

GB/T 9286—1998 色漆和清漆 漆膜的划格试验(ISO 2409:1992,EQV)

GB/T 9341 塑料弯曲性能试验方法(GB/T 9341—2008,ISO 178:2001,IDT)

GB/T 10009 丙烯腈-丁二烯-苯乙烯(ABS)塑料挤出板材(GB/T 10009—1988,ISO 186,REF)

GB/T 10125—1997 人造气氛腐蚀试验 盐雾试验(ISO 9227:1990,EQV)

GB 11566—2009 乘用车外部凸出物

GB 17354—1998 汽车前、后端保护装置(ECE R42,EQV)

GB 20182—2006 商用车驾驶室外凸出物

GB/T 20878 不锈钢和耐热钢 牌号及化学成分

GB/T 24149.1 塑料 汽车用聚丙烯(PP)专用料 第1部分:保险杠

3 术语和定义

下列术语和定义适用于本文件。

3.1

防护杠 bumper protectors for automaile

一种作为车身装饰或能承受质量或冲击载荷的杠状防护装置，其类别见第4章。

3.1.1

装饰用防护杠 bumper protector accessories

用于装饰车身，不作承载用途的具有一定防护能力的防护杠。

3.1.2

承载性防护杠 load bearing bumper protectors for automobile

具有一定刚度和强度，能承受质量或冲击载荷的防护杠。

4 类别

4.1 按防护杠安装在车身的位置可分为前防护杠、后防护杠和侧防护杠。

4.2 按杠体材料可分为金属防护杠（如不锈钢、碳素钢、铝合金等）、非金属防护杠（如塑料、聚酯、树脂等）及组合型材料防护杠。

4.3 按杠体表面覆盖层可分为粉末涂层防护杠、镀铬层防护杠等。

4.4 按是否承重可分为承重防护杠和非承重防护杠。

4.5 按功能可分为装饰性防护杠和承载性防护杠。

5 要求

5.1 材料要求

5.1.1 总则

当客户对材料有要求时，按客户要求执行或由供需双方协商确定。

5.1.2 金属防护杠杠体材料

应采用以下金属材料：

a) 符合GB/T 20878要求的不锈钢（建议采用的牌号为06Cr19Ni10、10Cr17、1Cr17Mn6Ni5N）；

b) 符合GB/T 700要求的碳素钢（建议采用的牌号为Q235）；

c) 符合GB/T 3190要求的铝合金（建议采用的牌号为6061、6063、5052）。

5.1.3 非金属防护杠杠体材料

应采用符合GB/T 10009要求的ABS塑料或采用符合GB/T 24149.1要求的PP塑料。

5.1.4 安装板

采用符合5.1.2a)要求的不锈钢或采用符合5.1.2b)要求的碳素钢。

5.1.5 塑料、橡胶装饰件

防护杠上的塑料、橡胶装饰件的主要性能应符合表1的要求。

表 1　塑料、橡胶装饰件主要性能指标

序号	项目	单位	指标	
			塑料装饰件	橡胶装饰件
1	邵氏硬度	—	50～80(邵氏硬度 D)	50～80(邵氏硬度 A)
2	弯曲模量	MPa	≥1 250	—
3	维卡软化点	℃	70～100	—
4	拉伸强度	MPa	≥20	≥10
5	断裂伸长率	%	≥10	≥250
6	耐温度性能	—	试样经过耐温度试验后，其外形和尺寸应无明显变化，应无明显褪色及无龟裂、破裂、溶胀、表面粘附等现象	

5.2　一般要求

5.2.1　总则

5.2.1.1　防护杠应符合本标准的要求，并按规定程序批准产品图样。

5.2.1.2　为了确保合适的安装尺寸，应根据配套车型确定或供需双方协商确定。

5.2.2　结构设计通用要求

5.2.2.1　承载性防护杠应向车身表面弯曲，杠体与车身的最小距离应不小于 25 mm，连接部件与排气管的最小空间距离应不小于 30 mm。当客户有特殊要求时，按双方协议执行。

5.2.2.2　杠体上所有朝外的刚性表面的圆角半径应不小于 5 mm。

5.2.2.3　防护杠安装后，具体要求如下：

a)　增加后的车身长度、宽度应仍能符合相关强制性标准、法律法规的要求；

b)　不能造成发动机下护板与车体相互干涉；

c)　应避免遮挡牌照、倒车雷达、进风口(如安装需要而无法避免时，可将车牌、倒车雷达移出安装)；

d)　应不影响汽车灯具的使用；

e)　应不影响罩盖及车门的开、关；

f)　不应明显增加整车的空气阻力；

g)　对整车接近角和离去角的影响应符合相关强制性标准、法律法规的要求。

5.2.2.4　对商用车辆使用的防护杠还应符合 GB 20182—2006 中 5.5 的要求，对乘用车使用的防护杠还应符合 GB 11566—2009 中 5.5 的要求。

5.2.3　外观质量

5.2.3.1　金属防护杠的外观质量要求如下：

a)　杠体表面不应有明显的碰伤、毛刺、锋棱、锈迹、麻点、斑点、划痕、色泽不均等现象，其镀层或涂层不应有龟裂、起泡、剥落等现象，花纹涂层的花纹应均匀、清晰；

b)　不应有虚焊、缺焊、焊接不均、焊缝不平整等现象。

5.2.3.2　非金属防护杠的表面应无明显的划痕、色泽不均、龟裂等现象。

5.2.3.3　安装板不应有明显的锈迹、毛刺等现象。

5.2.3.4　塑料、橡胶装饰件表面不应有明显的划伤、变形、色泽不均等现象。

5.3 性能要求

5.3.1 覆盖层要求

防护杠表面需进行覆盖防腐处理时，覆盖层应符合表2的要求。

表2 覆盖层要求

序号	项目	粉末涂层	镀层	
			镀锌	镀铬
1	厚度	≥60 μm	≥8 μm	≥15 μm
2	附着力	应不低于GB/T 9286—1998中规定的1级	两条线之间的镀层不应有任何脱离	
3	耐冷热性能	不起泡、不剥离、不失光、不变色、无龟裂	不应有起泡、开裂、脱落等现象	
4	硬度	≥2H	—	
5	耐腐蚀性能	应达到GB/T 6461—2002中规定的9级以上(含9级)		
6	耐气候老化性能(800 h)	变色应不低于1级，失光应不低于2级，无粉化、无开裂、无剥落、无起泡	—	

5.3.2 碰撞性能

承载性防护杠经过碰撞试验后，应不出现脱落、断裂，且应符合GB 17354—1998中第3章的要求，由于整车原因导致的防护杠脱落、断裂等缺陷除外。

5.3.3 承重能力

承重防护杠应具有一定的承重能力，在经过承重试验后，防护杠应不出现断裂、明显松动，防护杠的不卸载变形量应不大于6 mm，卸载变形量应不大于3 mm。

5.3.4 耐振动性能

防护杠经过振动试验后，安装支架、安装加强板及防护杠应不出现断裂、脱焊和明显松动。

6 试验方法

6.1 材料检验

6.1.1 金属防护杠杠体材料检验

不锈钢材料检验按GB/T 20878的规定进行，碳素钢材料检验按GB/T 700的规定进行，铝合金材料检验按GB/T 3190的规定进行，试验结果应符合5.1.2的要求。

6.1.2 非金属防护杠材料检验

ABS塑料检验按GB/T 10009的规定进行，PP塑料检验按GB/T 24149.1的规定进行，试验结果应符合5.1.3的要求。

6.1.3 安装板检验

不锈钢材料检验按GB/T 20878的规定进行，碳素钢材料检验按GB/T 700的规定进行，试验结果应符合 5.1.4 的要求。

6.1.4 塑料、橡胶装饰件试验

6.1.4.1 硬度测定。塑料装饰件硬度按 GB/T 2411 的规定进行测定,橡胶装饰件的硬度按 GB/T 6031 的规定进行测定,测量结果应符合表 1 中检验项目邵氏硬度的要求。

6.1.4.2 弯曲模量测定。按 GB/T 9341 的规定进行测定,测量结果应符合表 1 中检验项目弯曲模量的要求。

6.1.4.3 维卡软化点测定。按 GB/T 1633—2000 中 A120 的方法进行测定,测量结果应符合表 1 中维卡软化点试验项目的要求。

6.1.4.4 拉伸强度、断裂伸长率测定。按 GB/T 1040.2—2006 中 1A/50 的方法进行测定,测量结果应分别符合表 1 中试验项目拉伸强度和断裂伸长率的要求。

6.1.4.5 耐温度性能试验

a) 耐温度性能试验分类。耐温度性能试验分为常规耐热试验、耐寒试验和冷热交变试验。
b) 标准环境。试验的标准环境应符合 GB/T 2918 的相关规定。
c) 试样。试样应从制造后至少放置 24 h 的制品中随机抽取,每次试验的试样应不少于 3 个,其中 2 个作为试验用,另 1 个为比较样品。试验前,试样在试验环境中放置的时间应不少于 4 h。
d) 常规耐热性试验。调节恒温箱的温度达到 70 ℃±2 ℃时,将试样放置在恒温箱中保持 4 h 后取出,并立即进行目测。试验结果应符合表 1 中试验项目耐温度性能的要求。
e) 耐寒试验。调节低温箱的温度达到−40 ℃±2 ℃时,将试样放置在低温箱中保持 4 h 后取出,并立即进行目测。试验结果应符合表 1 中试验项目耐温度性能的要求。
f) 冷热交变试验。冷热交变试验温度和一个循环的试验时间按表 3 的规定,高温试验方法按 d)、低温试验按 e)的规定进行,高、低温试验后都应将试样从高、低温试验箱中取出,在室温环境中进行处理,共进行 2 个循环。试验后对试样进行目测,试验结果应符合表 1 中试验项目耐温度性能。

表 3 冷热交变试验温度

试验温度/℃		一个循环的试验时间/h			
高温	低温	高温	室温	低温	室温
70±2	−40±2	3	0.5	2	0.5

6.2 一般要求检查

6.2.1 结构检查

尺寸、角度的测量采用专用量具进行,其他要求检查应将防护杠安装在配套的车辆上,在车辆行驶过程中进行观察,检查结果应符合 5.2.2 的要求。

6.2.2 外观质量检查

以目测、手感或在比色箱中对照样板进行,检查结果应符合 5.2.3 的要求。

6.3 性能要求试验

6.3.1 覆盖层检验

6.3.1.1 厚度测量。以防护杠或取一段合适的基体,按相同工艺进行涂层或镀层处理后的产品作为试

样。测试时，在试样上任选 5 个测试点，用精度不低于 0.1 μm 的厚度测量仪器测试每个测试点的覆盖层厚度，以 5 个测试点的厚度测量值的算术平均值作为测量结果，并保留一位小数。测量结果应符合表 2 中试验项目厚度的要求。

6.3.1.2 附着力试验

a) 粉末涂层附着力试验。按 GB/T 9286 的规定进行，试验结果应符合表 2 中序号 2 的相应要求。

b) 镀层附着力试验。采用磨为 30°锐刃的硬质钢划刀，相距约 2 mm 划两根长为 20 mm 的平行线。在划两根平行线时，应当以足够的压力一次刻线即穿过覆盖层切割到基体金属。如果各线之间的任一部分的覆盖层从基体金属上剥落，则认为覆盖层未通过此试验，即试验结果不符合表 2 中试验项目附着力要求。

6.3.1.3 耐冷热性能试验

6.3.1.3.1 粉末涂层耐冷热性能试验

a) 恒温箱、低温箱。恒温箱、低温箱应能满足试验中的高、低温度要求。

b) 试样。从已粉末涂层的防护杠上取一段合适的试样，或是取一段合适的基体，按相同工艺进行涂层处理的产品作为试样，共取 3 个试样，其中 2 个作为试验用，另一个作为比较用样品。试样外观应符合 5.2.3 的要求。

c) 试验步骤。试验前，试样在室温试验环境下放置时间应不少于 8 h。试验时，将试样放置在温度为 70 ℃的恒温箱内保持 8 h 后将试样取出，在室温试验环境中保持 4 h，然后将试样放置在 —40 ℃的低温箱中保持 8 h，再取出试样放在室温试验环境中保持 4 h，此为一个试验循环，如此重复进行 4 个试验循环。

d) 试验结果。在每个试验循环结束时，将试验试样与比较试样进行比较，目测试样外观是否符合表 2 中试验项目耐冷热性能的要求，如果不符合，则可终止试验，并判试样试验不合格。

6.3.1.3.2 镀层冷热性能试验

a) 试验箱。试验箱应能满足试验中的高温要求。

b) 试样。从已镀层的防护杠上取一段合适的试样，或是取一段合适的基体，按相同工艺进行镀层处理的产品作为试样，共取 3 个试样，2 个作为试验用，另一个作为比较用样品。试样外观应符合 5.2.3 的要求。

c) 试验步骤。将试样放置在温度为 100 ℃的烘箱内保持 1 h，然后迅速将试样取出并浸没在冰水中进行完全冷却，此为一个试验循环，如此重复进行 10 个试验循环。

d) 试验结果。每次试验循环结束时，将试验试样与比较试样进行比较，目测试样外观是否符合表 2 中试验项目耐冷热性能的要求，如果不符合，则可终止试验，并判试样试验不合格。

6.3.1.4 粉末涂层硬度测量

从已粉末涂层的防护杠上取一段合适的试样，或是取一段合适的基体，按相同工艺进行粉末涂层处理的产品作为试样。按 GB/T 6739 的规定进行硬度测量，测量结果应符合表 2 中试验项目硬度的要求。

6.3.1.5 耐腐蚀性能试验

从已粉末涂层或镀层的防护杠上取一段合适的试样，或是取一段合适的基体，按相同工艺进行涂层或镀层处理的产品作为试样，共取 3 个，其中 2 个作为试验用，另一个作为比较用样品。试样外观应符合 5.2.3 的要求。

粉末涂层、镀蓝锌层、镀黑锌层、镀军绿层的耐腐蚀性能试验按 GB/T 10125—1997 中的中性盐雾试验方法(NSS)的规定进行，镀铬层的耐腐蚀性能试验按 GB/T 10125—1997 中的铜加速盐雾试验方法(CASS)的规定进行，试验时间见表 4。试验后，将试验试样与比较试样进行比较，并按 GB/T 6461 的规定进行评级。试验结果应符合表 2 中试验项目耐腐蚀性能的要求。

表4 耐腐蚀性能试验时间

覆盖层类型	试验时间/h
粉末涂层	500
镀蓝锌层	48
镀黑锌层、镀军绿层	120
镀铬层	24

6.3.1.6 粉末涂层耐气候老化性能试验

从已粉末涂层的防护杠上取一段合适的试样，或是取一段合适的基体，按相同工艺进行粉末涂层处理的产品作为试样，共取3个，其中2个作为试验用，另一个作为比较用。试样外观应符合5.2.3的要求。按GB/T 1865的规定进行试验，试验时间为800 h。试验后，将试验试样与比较试样进行比较，并按GB/T 1766的规定进行评价。试验结果应符合表2中试验项目耐气候老化性能的要求。

6.3.2 碰撞性能试验

按GB 17354的规定进行，试验结果应符合5.3.2的要求。

6.3.3 承重能力试验

将防护杠安装在配套的车辆上，或按安装支架和防护杠在车辆中的实际安装状态及方式的要求，将防护杠安装在专用试验台上，用最小刻度为1 mm的长度测量仪器测量防护杠承重点对基准点的垂直距离h，再在防护杠最不利承重部位上放置100 kg的实心金属物体，保持10 min，分别测量不卸载时承重点对基准点的垂直距离h_1和卸载时承重点对基准点的垂直距离h_2，$(h-h_1)$和$(h-h_2)$分别为不卸载变形量和卸载变形量，变形量以Δh表示，见图1和图2，计算值保留一位小数。同时，在试验过程中应观察防护杠及其安装支架状态。试验结果应符合5.3.3的要求。

注：对悬臂梁式防护杠，最不利承重部位为非安装端部，对两端安装式防护杠，最不利承重部位为最近两个安装支承点的中间部位。

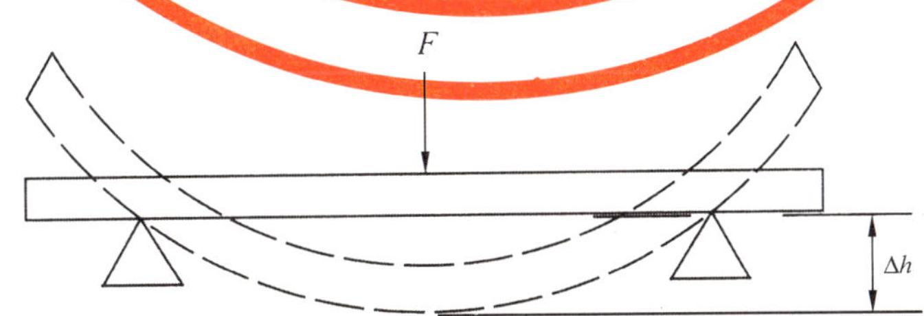

F ——100 kg重物力；

Δh ——变形量。

图1 双端安装式防护杠承重能力试验示意图

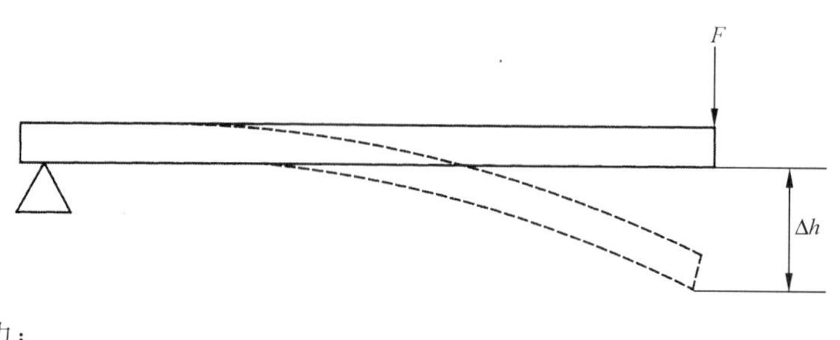

F ——100 kg 重物力；

Δh ——变形量。

图 2 双臂梁式防护杠承重能力试验示意图

6.3.4 振动试验

按安装支架和防护杠在车辆中的实际安装状态及方式的要求，将安装支架牢固地安装在振动试验台上，将防护杠固定在安装支架上，按表 5 规定的试验参数进行振动试验。试验结果应符合 5.3.4 的要求。

表 5 振动试验参数

项目	单位	参数
加速度	m/s^2	67
频率	Hz	33
试验方向/时间	h	上下方向：4 左右方向：2 前后方向：2

7 检验规则

7.1 检验形式

防护杠的检验分为出厂检验和型式检验。

7.2 出厂检验

7.2.1 每套防护杠应经制造商检验合格后方能出厂，并附有产品质量合格文件。

7.2.2 出厂检验项目为外观。

7.2.3 当外观检验不合格时，则判该套防护杠不合格。对可修复的外观项目，允许在修复后重新提交检验。

7.3 型式检验

7.3.1 有下列情况之一，应进行型式检验：

a) 新产品试制定型鉴定时；

b) 正常生产时，如材料、工艺有较大改变，可能影响产品性能时；

c) 正式生产时，每年进行 1 次；

d) 停止生产半年后，恢复生产时；

e) 国家质量监督机构提出要求时。

7.3.2 型式检验项目见表6,其中材料项目检验,如材料供应商提供了相关合格证明,可不重复进行。

表6 型式检验

检验项目		要求	试验方法
材料要求		5.1	6.1
外观质量		5.2.3	6.2.2
覆盖层要求	厚度	5.3.1	6.3.1.1
	附着力		6.3.1.2
	耐冷热性能		6.3.1.3
	硬度		6.3.1.4
	耐腐蚀性能		6.3.1.5
	耐气候老化性能		6.3.1.6
碰撞性能		5.3.2	6.3.2
承重能力		5.3.3	6.3.3
耐振动试验		5.3.4	6.3.4

7.3.3 型式检验的样品应从出厂检验合格的同一批产品中随机抽取。抽取的样品数应能保证型式试验的需要,但最少应为两套。

7.3.4 型式检验过程中,若有不合格的项目,可允许加倍抽样对不合格的项目进行复检,复检后仍有不合格项出现,则判该次型式检验不合格。

8 标志、包装、运输和储存

8.1 标志

8.1.1 产品标志

产品上应有产品名称、商标等标志。

8.1.2 包装箱标志

包装箱表面应有如下标识:

a) 产品名称;
b) 规格、型号;
c) 产品数量;
d) 出厂日期;
e) 制造厂名称;
f) 制造厂地址;
g) 执行标准编号。

8.2 包装

包装应牢固、可靠。包装箱内每套产品应附有合格证。

8.3 运输

产品运输中应防止烈日曝晒、雨雪淋袭。装卸时禁止摔扔、挤压等不良作业。

8.4 储存

产品应储存在通风、干燥的环境中，应避免与腐蚀性物质接触。

8.5 特殊要求

对标志、包装、运输和储存有特殊要求时，可由供需双方协商确定。

ICS 43.040.60
T 26

中华人民共和国汽车行业标准

QC/T 906—2013

汽车内饰件用麻纤维复合板的技术要求和试验方法

Technical requirements and test methods of hemp fiber board for automobile interior trim

2013-04-25 发布　　2013-09-01 实施

中华人民共和国工业和信息化部　发布

前　言

本标准按照 GB/T 1.1—2009 给出的规则起草。

本标准附录 A 为规范性附录。

本标准由全国汽车标准化技术委员会(SAC/TC 114)提出并归口。

本标准起草单位:江阴延利汽车饰件有限公司、铜陵华源汽车内饰材料有限公司。

本标准主要起草人:庄鸣、刘亚平、董务好、左春生。

汽车内饰件用麻纤维复合板的技术要求和试验方法

1 范围

本标准规定了汽车内饰件用麻纤维复合板的技术要求、试验方法、检验规则、标志、包装、运输和储存。

本标准适用于汽车内饰件用麻纤维复合板。

2 规范性引用文件

下列文件对于本文件的应用是必不可少的。凡是注日期的引用文件，仅注日期的版本适用于本文件。凡是不注日期的引用文件，其最新版本(包括所有的修改单)适用于本文件。

GB 8410—2006 汽车内饰材料的燃烧特性

GB/T 1447—2005 纤维增强塑料拉伸性能试验方法

GB/T 1449—2005 纤维增强塑料弯曲性能试验方法

GB/T 17657—1999 人造板及饰面人造板理化性能试验方法

3 术语和定义

下列术语和定义适用于本文件。

麻纤维复合板 hemp fiber board

一定形态的麻纤维和低熔点化学纤维热压后形成的麻纤维复合物。

4 技术要求

4.1 一般要求

麻纤维复合板应按照规定程序批准的产品图样与有关技术文件制造。

产品外观质量和尺寸要求：产品外观质量要求见表1。尺寸要求应符合制造商的技术文件或供需双方确定的技术协议的规定。

表1 外观质量要求

序号	项目	指标
1	麻纤维复合板正面	表面平整，无污渍、无杂质、无分层
2	麻纤维复合板背面	无破损、无污渍
3	麻纤维复合板切边	切边整齐、无毛刺

4.2 物理机械性能

物理机械性能见表2。

表 2　物理机械性能

序号	项目	1 000 g/m²＜ρ≤ 1 250 g/m²	1 250 g/m²＜ρ≤ 1 550 g/m²	1 550 g/m²＜ρ≤ 2 000 g/m²	＞2 000 g/m²
		厚度(3.0±0.5)mm	厚度(4.0±0.5)mm	厚度(5.0±0.5)mm	厚度(6.0±0.5)mm
1	弯曲强度	≥2.5 MPa	≥3.0 MPa	≥4.0 MPa	≥5.5 MPa
2	拉伸强度	≥2.5 MPa	≥2.5 MPa	≥3.0 MPa	≥5.0 MPa
3	断裂伸长率	≥10.0%	≥9.0%	≥7.5%	≥7.0%
4	含水率	≤10%			
注：ρ(面密度)按主机厂要求的规格，可以有 8%的上下偏差。					

4.3　环保安全的要求

4.3.1　气味性的要求

麻纤维复合板经气味性试验后，气味评价等级≤3 级。

4.3.2　燃烧特性的要求

麻纤维复合板的燃烧特性的要求应符合 GB 8410—2006 中的要求。

4.4　高低温性能

4.4.1　产品经过规定的 5 个温度交变循环试验后，不应出现变形、弯曲、下垂、分层和其他影响外观的变化。

4.4.2　经过 4.4.1 试验后，两个方向的尺寸稳定性都应≤0.5%。

5　试验方法

5.1　产品外观质量检查和尺寸测量

5.1.1　产品外观质量检查按表 1 的要求，采用目视的方法。

5.1.2　产品外型尺寸的检查和测量方法，按生产厂技术文件的要求进行。

5.2　物理机械性能要求试验

5.2.1　试验取样要求

对于试验样品在取样时，距产品边缘 L＝100 mm，按图 1 的要求进行取样。

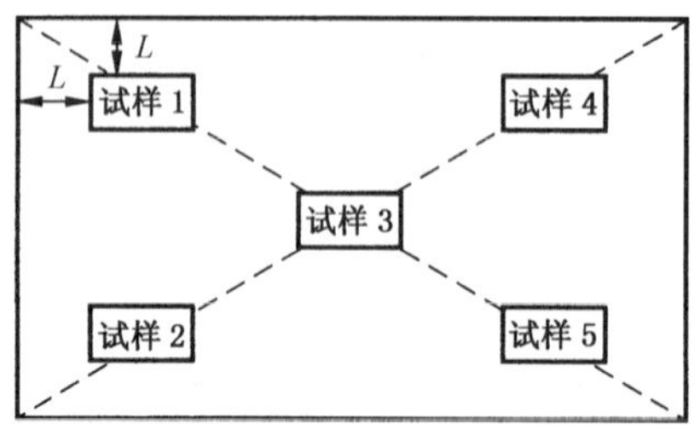

图 1　试验取样图示

在实际取样时，如产品的尺寸小于取样图示要求的尺寸，则试验样品可直接以产品实际尺寸进行取样，或在生产时在实际产品相同条件下制作不小于 1 000 mm×1 000 mm 的产品，按图 1 进行取样。

5.2.2 面密度

在产品上截取尺寸为 250 mm×250 mm 的试样 5 件，存放在 23 ℃±2 ℃，相对湿度 65%±5%条件下 24 h 后，使用天秤逐个称量试样的质量 a_1、a_2、a_3、a_4、a_5。取 5 件试样质量的平均值按式(1)计算产品的面密度(取样方法按 5.2.1 的要求，如产品面积小于 5.2.1 要求的面积，则直接以产品的质量除以产品的面积计算)。

$$\rho=\frac{a_1+a_2+a_3+a_4+a_5}{5S} \qquad \cdots\cdots(1)$$

式中：

ρ ——面密度，g/m²；

a_1、a_2、a_3、a_4、a_5——样品的质量，g；

S ——试样的面积，m²。

5.2.3 产品厚度

取产品 5 件，在常温条件下，用游标卡尺测量样件四个角的厚度，分别为 x_1、x_2、x_3、x_4，其中最大值减最小值小于 1 mm，按式(2)取算术平均值 a_1，依次测出余下 4 个样件的厚度 a_2、a_3、a_4、a_5，最终取 a_1…a_5，按式(3)计算算术平均值 d。

$$a_1=\frac{x_1+x_2+x_3+x_4}{4} \qquad \cdots\cdots(2)$$

$$d=\frac{a_1+a_2+a_3+a_4+a_5}{5} \qquad \cdots\cdots(3)$$

式中：

d ——产品厚度，mm；

a_1、a_2、a_3、a_4、a_5——样件的平均厚度，mm；

x_1、x_2、x_3、x_4 ——四个角厚度，mm。

5.2.4 弯曲强度

按 5.2.1 的要求在产品上截取尺寸为 50 mm×120 mm 的试样 5 件，试验方法按 GB/T 1449—2005 进行。

5.2.5 拉伸强度、断裂伸长率

按 5.2.1 的要求在产品上截取尺寸为 50 mm×180 mm 的试样 5 件，试验方法按 GB/T 1447—2005 进行。

5.2.6 含水率

按 GB/T 17657—1999 要求进行。

5.2.7 气味性

按附录 A 中要求进行。

5.2.8 燃烧特性

按 GB 8410—2006 要求进行。

5.2.9 高低温交变试验

5.2.9.1 试验设备

a) 高低温交变试验箱,其温度变化速率不应小于 5 ℃/min。

b) 高温试验箱+低温试验箱。在这两个试验箱交替使用时,转移放置试样应迅速。

c) 线性尺寸的测量仪器或设备。

5.2.9.2 试样要求

试验用的试样为成品或用机械的方法在成品上截取,截取尺寸不小于 120 mm×120 mm,保证试样平整、无裂纹。每种试样 3 个。如成品小于 120 mm×120 mm 时,可以按成品工艺制作大于 120 mm×120 mm 试样,并按要求进行取样。

5.2.9.3 试验条件

试样应水平置于 5.2.9.1 a)或 b)要求的试验箱内的金属网或多孔板上,试样间隔至少 25 mm,鼓风以保持空气循环。试样不能受加热元件的直接辐射。在高温 110 ℃±2 ℃下保持 6 h→在 40 ℃±2 ℃、相对湿度 90%±5%下保持 4 h→在低温−40 ℃±2 ℃下保持 4 h→在 23 ℃±2 ℃温度下保持 2 h,此为 1 个循环,共进行 5 个循环试验。

5.2.9.4 尺寸稳定性

试样放入试验箱前应按图 2 的要求分别在产品的长度方向和宽度方向距边缘 20 mm 处,取三等分线:X_1、X_2、X_3 和 Y_1、Y_2、Y_3。试验后,从试验箱中取出试样,在温度为 23 ℃±2 ℃、相对湿度 45%~55%的环境下水平放置 1 h 后,再测量每个试样不同位置的长度(X_1、X_2、X_3 和 Y_1、Y_2、Y_3),得出新的数值为 X_{11}、X_{22}、X_{33}和 Y_{11}、Y_{22}、Y_{33},按式(4)分别算出试验后的尺寸变化值 ΔX_1、ΔX_2、ΔX_3 和 ΔY_1、ΔY_2、ΔY_3,按式(5)、式(6)分别计算宽度和长度方向的尺寸变化率。

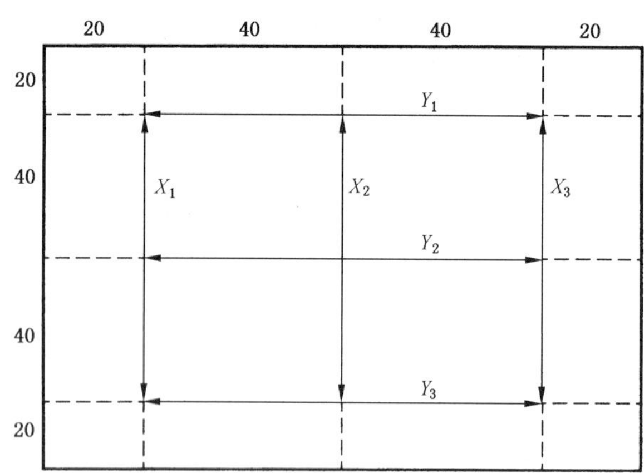

图 2 取线图示

$$\Delta X_1 = \frac{X_1 - X_{11}}{X_1} \times 100\% \qquad \cdots\cdots(4)$$

$$\sigma_x = \frac{\Delta X_1 + \Delta X_2 + \Delta X_3}{3} \qquad \cdots\cdots(5)$$

$$\sigma_y = \frac{\Delta Y_1 + \Delta Y_2 + \Delta Y_3}{3} \qquad \cdots\cdots(6)$$

式中：

σ_x ——宽度方向尺寸变化率(%)；

σ_y ——长度方向尺寸变化率(%)；

X_1、X_2、X_3、Y_1、Y_2、Y_3 ——试验前等分线长度，mm；

X_{11}、X_{22}、X_{33}、Y_{11}、Y_{22}、Y_{33} ——试验后等分线长度，mm。

6 检验规则

6.1 麻纤维复合板经检验合格后方能出厂，并附有产品质量合格文件。

6.2 麻纤维复合板的检验分出厂检验和型式检验。

6.2.1 出厂检验项目。

出厂检验项目：麻纤维复合板外观质量检查。

每批麻纤维复合板应按 GB 8410—2006 的要求进行燃烧特性检验。

6.2.2 型式检验。

6.2.2.1 在下列情况之一时，制造商应进行型式检验：

a) 新产品定型时；

b) 产品设计、工艺、材料作较大修改时；

c) 产品停产一年再恢复生产时，生产场所发生变更或生产条件发生较大变化时；

d) 成批或大量生产的产品每一年不少于一次；

e) 国家质量监督检验机构提出进行型式检验要求时。

6.2.2.2 进行型式检验的麻纤维复合板应从出厂检验合格的同一批产品中抽取。同种类、同型号抽取数量按表 4 的要求进行。首先复验出厂检验项目，复验合格后，再进行型式检验。型式检验项目见 4.2、4.3、4.4。

6.2.2.3 型式检验的判定。

型式检验所有项目符合标准要求时，判为合格。检验项目中的技术指标中有不合格项，允许在同批次中加倍抽样复检，以复检结果为准，复检合格的，则判该批产品合格，否则判该批产品为不合格。

6.2.2.4 抽样方案。

a) 麻纤维复合板的抽样方案见表 3。

表 3 麻纤维复合板的抽样方案

麻纤维复合板抽样基数/张	初检抽样数/张	复检抽样数/张
1 000 以下	1	2
1 000～2 000	2	4
2 001～3 000	3	6
3 001 以上	4	8
注：如果抽样的产品不能满足 5.2.9.2 试样要求，可以按实际试验需要的数量及尺寸进行抽样。		

b) 抽样方法可以按供需双方经协商或规定程序批准的文件进行。

7 标志、包装、运输及储存

7.1 标志、包装、运输和储存应符合制造商技术文件的规定，也可由供需双方协商确定。

7.2 标志的信息需要反映制造商名称和地址，产品名称和规格型号及生产日期或生产批号等。

7.3 产品运输应防潮，保证在正常运输中不被受潮。

7.4 产品应存放在通风、干燥、无有害气体的仓库或指定区域，不应与化学药品、酸碱物质等一同存放。储存时间不超过 2 年。

附 录 A
（规范性附录）
气 味 性

A.1 试验的目的

评估和比较汽车内饰件用麻纤维复合板的气味特性。

A.2 试样和预处理

A.2.1 麻纤维复合板厚度小于 5 mm，按面积取试样，为 20 cm^2；厚度大于 5 mm，按体积取试样，为 50 cm^3。

A.2.2 试验前，试样应在温度为 23 ℃±2 ℃、相对湿度为 50%±10%的条件下放置 24 h。

A.3 试验设备

A.3.1 1 L 能密封的容量玻璃器皿，包括容器、密封盖和支架，它们应不释放和吸收任何挥发性气味。

A.3.2 恒温恒湿试验箱或高温试验箱。

A.4 试验方法

A.4.1 容器里放一支架，将试样放置在支架上，不应与容器底部接触，拧紧密封盖。容器和盖是平面接触密封，不应用油脂和密封圈的方式密封。然后将此玻璃器皿放置在 80 ℃±2 ℃的恒温恒箱或高温试验箱中存放 2 h。

A.4.2 从试验箱取出后，放置到测量温度为 60 ℃±2 ℃时再进行评定。

A.4.3 试验评定人员需选择，并应保持尽可能的稳定。对于有较大烟瘾的人，过度使用化妆品的人，习惯嚼口香糖和烟草的人或有鼻炎的人均不适合作试验评定人员。

A.4.4 试验评定人员由 5 人组成。每一个评定人员在稍许拧开容器盖子，闻一下气味后，迅速拧紧盖子，并将器皿给下一个检验人员，并对照表 A.1 气味评价等级，作出评判。

A.4.5 如果试验评定人员的评定等级差超过 3 级，需要请另外组别的 5 人再次评定。

A.4.6 在每一次试验前应清洗玻璃器皿，使之没有任何气味。

A.5 计算和判定

A.5.1 试验结果取评判等级的算术平均值，应精确到 0.1。如果评定的分数介于二者之间，要作平均值取整分级。

A.5.2 试验结果不大于 3 级判定为合格，见表 A.1。

表 A.1 气味评价等级

等级	等级评价
1	无气味
2	轻微的,不是明显感到的气味
3	有明显气味,但无刺激性气味
4	有刺激性气味
5	有强烈刺激性气味
6	有不能忍受的气味

ICS 43.040.60
T 26

中华人民共和国汽车行业标准

QC/T 945—2013

乘用车空调系统

Passenger vehicle air-conditioning unit

2013-10-17 发布　　　　2014-03-01 实施

中华人民共和国工业和信息化部　发布

前　言

本标准按照 GB/T 1.1—2009 给出的规则起草。

本标准参考 GB/T 21361—2008《汽车空调器》制定而成。针对乘用车空调的特点，明确了乘用车空调系统的各项性能要求。

部分试验方法采用或参考了国家或行业标准，如除霜和除雾性能采用了 GB 11555《汽车风窗玻璃除霜和除雾系统的性能要求及试验方法》，整车降温性能采用了 QC/T 658《汽车空调整车降温性能试验方法》。

本标准由全国汽车标准化技术委员会(SAC/TC 114)提出并归口。

本标准主要起草单位：上海加冷松芝汽车空调股份有限公司、中国质量认证中心武汉分中心。

本标准主要起草人：刘维华、刘志坤、汪燕松、李再华、曾军武。

乘用车空调系统

1 范围

本标准规定了制冷剂为 HFC-134a 的乘用车空调系统的要求、试验方法、检验规则及标志、包装、运输和储存的要求。

本标准适用于乘用车空调系统的生产、试验和检测。

2 规范性引用文件

下列文件对于本文件的应用是必不可少的。凡是注日期的引用文件，仅注日期的版本适用于本文件。凡是不注日期的引用文件，其最新版本(包括所有的修改单)适用于本文件。

GB/T 191—2008 包装储运图示标志

GB 4706.32 家用和类似用途电器的安全 热泵、空调机和除湿机的特殊要求(IEC 60335-2-40：1995,IDT)

GB 5226.1 工业机械电气设备 第一部分：通用技术要求(IEC 60204-1：2000,IDT)

GB 8410 汽车内饰材料的燃烧特性

GB/T 10125 人造气氛腐蚀试验 盐雾试验

GB 11555 汽车风窗玻璃除霜和除雾系统的性能要求及试验方法

GB/T 12782—2007 汽车采暖性能要求和试验方法

GB/T 21361—2008 汽车用空调器

QC/T 657 汽车空调制冷装置试验方法

QC/T 658 汽车空调制冷系统性能道路试验方法

QC/T 664 汽车空调(HFC-134a)用软管及软管组合件

3 术语和定义

GB/T 21361—2008 界定的以及下列术语和定义适用于本文件。

3.1

空调箱总成 heating, ventilation and air conditioning assembly

由鼓风机、蒸发器、暖风芯体及风门控制机构组成，对送入车内空气的温度进行调节并对进、送风模式和风量进行控制的部件。

3.2

空气焓差法 air enthalpy difference

一种测定空调系统换热能力的方法。通过测量空调系统进风参数、出风参数及送风风量，用进风、出风的比焓差与风量的乘积确定空调系统的换热量。

4 要求

4.1 一般要求

4.1.1 制造

空调系统应符合本标准规定，并按经规定程序批准的图样和技术文件制造。

4.1.2 外观及安装尺寸

产品的外观应平整、光滑，无凹陷、无划痕。安装尺寸应符合图纸要求。

4.1.3 零、部件及材料要求

空调系统中所有零、部件和材料应符合有关标准的规定，满足使用性能要求并保证安全，且内饰材料的燃烧特性应满足 GB 8410 的要求，电器元件选择及安装应符合 GB 4706.32 和 GB 5226.1 的要求。

4.1.4 制冷剂加注

制冷剂加注应在汽车厂流水线上按设计要求定量进行，加注时系统必须抽真空到绝对压力小于 500 Pa。加注用定量装置应通过计量检定，装置的准确度应不低于±15 g。

4.2 热力性能

4.2.1 制冷性能

空调系统的制冷量及风量应符合设计要求。能效比应大于 2.1 W/W。

4.2.2 制热性能

空调系统的制热量及风量应符合设计要求。

4.3 环境模拟试验

空调系统按设计要求装配在整车上进行环境模拟试验，其升、降温性能试验结果应满足设计要求。

4.4 除霜和除雾性能

除霜和除雾性能应符合标准 GB 11555 的要求。

4.5 空调箱总成

4.5.1 通电运转性能

4.5.1.1 无调速装置的空调箱总成，鼓风机总成的最小启动电压应符合设计要求，总成通电后应运转平稳、无刮擦现象、无异音。

4.5.1.2 有调速装置的空调箱总成，鼓风机总成通电后应档位明晰，每档风速都应运转平稳、无刮擦现象、无异音。

4.5.1.3 鼓风机总成在额定电压状态时应能正常运行，且电流应符合设计要求。

4.5.1.4 风门驱动电机总成在端电压为额定电压的70%时，应运转平稳。风门无抖动，无刮擦声、咯吱声等类似声音，且能平稳到达指定位置；调节时间应符合设计要求。

4.5.2 热敏电阻的阻抗

装配在空调箱总成上的热敏电阻，在环境温度≥0 ℃的条件下其阻抗应符合设计要求。

4.5.3 壳体的隔热性能

总成按要求进行完第一阶段试验后，总成表面不应有任何水滴形成。总成按要求进行完第二阶段试验后，总成表面不应有任何水滴流下。

4.5.4 壳体密封性能

壳体在规定的内部压力下总漏气量应符合设计要求。

4.5.5 操作力矩

风门操作力矩应符合设计要求；在测试过程中，风门及风门控制机构应能平滑移动，无刮擦、受阻、卡滞等现象，无异音。

4.5.6 噪声

空调箱总成的噪声应不超过 68 dB(A)。

4.5.7 气密性能

4.5.7.1 带膨胀阀的蒸发器芯体总成在 0.7 MPa 下 HFC-134a 的泄漏量应不大于 2 g/a。

4.5.7.2 暖风芯体的内腔在充入 210 kPa±20 kPa 空气的条件下，其泄漏量不应超过 5 mL/min。

4.5.8 热冲击性能

经过 6 次热冲击试验循环后：所有的零部件无损坏，空调箱总成通电应能正常运转，风门能正常动作，总成气密性能应满足本标准 4.5.7 的要求。

4.5.9 耐腐蚀性能

总成按标准 GB/T 10125 进行 144 h 中性盐雾试验后，金属件外表面应无鼓泡及表面点蚀现象。

4.5.10 耐振动性能

耐振动性测试完毕后，空调箱总成通电应能正常运转，风门能正常动作，总成无变形、无损坏且满足本标准 4.5.7 的要求。

4.5.11 含水量

蒸发器芯体内总含水量应不大于 30 mg。

4.5.12 残余杂质含量

蒸发器芯体内残余杂质总重量应不大于 20 mg，最大颗粒直径不大于 0.2 mm。

4.5.13 爆破压力

蒸发器芯体的液压爆破压力最小为 2.8 MPa(表压)，且压力达到 1.4 MPa(表压)时不应发生永久变形。

4.6 冷凝器总成

4.6.1 气密性能

冷凝器芯体总成在 0.7 MPa 下 HFC-134a 的泄漏量应不大于 2 g/a。

4.6.2 耐振动性能

产品按要求进行完耐振动试验后，应符合本标准 4.6.1 的要求。

4.6.3 耐腐蚀性能

总成按标准 GB/T 10125 进行 168 h 中性盐雾试验后，金属件外表面应无鼓泡、油漆剥落及表面点蚀现象，其气密性仍应满足本标准 4.6.1 的要求。

4.6.4 含水量

冷凝器芯体内腔残余含水量应不大于 30 mg。

4.6.5 残余杂质含量

冷凝器芯体内腔残余杂质含量应不大于 20 mg，最大颗粒直径不大于 0.2 mm。

4.6.6 爆破压力

冷凝器芯体的液压爆破压力最小应能达到 9 MPa(表压)。

4.7 管路总成

4.7.1 残余杂质含量

管路总成内部杂质含量不应大于 250 mg/m^2，且最大颗粒直径不应大于 0.2 mm。

4.7.2 气密性能

管路总成应能承受 3.53 MPa(表压)气压，在水中保持 3 min 无泄漏。

4.7.3 爆破压力

管路的最小爆破压力为 12 MPa。

4.7.4 抗脉冲压力循环性能

管路内施加压力为 0 MPa～3.53 MPa，经过 150 000 次循环试验后，管路应能满足本标准 4.7.2 要求。

4.7.5 耐腐蚀性能

耐腐蚀性能试验完毕后，管路应能满足本标准 4.7.2 要求。

4.7.6 耐振动性能

耐振动性能试验完毕后，管路应无任何异常变形或断裂现象，且满足本标准 4.7.2 要求。

4.7.7 软管总成

软管总成的其他性能应符合 QC/T 664 的要求。

5 试验方法

5.1 外观、安装尺寸与材料

5.1.1 外观及安装尺寸

外观目测，安装尺寸采用通用量具进行测量，结果应满足本标准 4.1.2 要求。

5.1.2 材料性能

根据相应的检验规程进行，结果应满足本标准 4.1.3 的要求。允许采用确认材料厂商出厂材质报告的方式进行。

5.2 热力性能试验

5.2.1 试验装置及其准确度

采用焓差法汽车空调专用性能试验装置进行试验，试验装置应符合 QC/T 657 的要求。

5.2.2 试验条件

5.2.2.1 制冷性能试验通常应在下列条件下进行：

a) 空调箱总成进风干球温度：27 ℃±1 ℃；

b) 空调箱总成进风湿球温度：19.5 ℃±0.5 ℃；

c) 冷凝器进风干球温度：35 ℃±1 ℃；

d) 冷凝器出口过冷度：5 ℃±0.5 ℃；

e) 冷凝器进风风速：4.5 m/s（带风机的冷凝器总成无此项）；

f) 风机端电压：整车额定电压；

g) 压缩机转速：1 800 r/min；

h) 空调箱总成风门状态：全冷、内循环、吹面部。

5.2.2.2 制热性能试验通常应在下列条件下进行：

a) 进风干球温度：20 ℃±1 ℃；

b) 试验介质：乙二醇：水=50：50；

c) 暖风芯体进口介质温度：85 ℃±1 ℃；

d) 介质流量：8 L/min；

e) 鼓风机端电压：整车额定电压；

f) 空调箱总成风门状态：全热、外循环、吹脚部。

5.2.3 试验

空调系统安装于焓差法汽车空调专用性能试验装置上，调整试验台参数，按 QC/T 657 的要求进行测量，结果应满足本标准 4.2 的要求。

5.3 环境模拟试验

升温按 GB/T 12782—2007 的规定进行，降温按 QC/T 658 的规定进行。结果应满足本标准 4.3 的要求。

5.4 除霜和除雾性能

按 GB 11555 的规定进行，试验结果应满足本标准 4.4 的要求。

5.5 空调箱总成

5.5.1 通电运转性能

将空调箱总成与测试装置相连接。

所有线路都连接好后，先给插脚提供设计要求的最小启动电压，然后再提供额定电压。鼓风机叶轮应能在最小启动电压时开始转动，总成应能在额定电压时正常运行，感觉各档位风量是否有明显变化，并仔细查听运行中有无异响，同时用秒表记录调节时间，试验结果应满足本标准 4.5.1 的要求。

5.5.2 热敏电阻的阻抗

空调箱总成装配完成后，环境温度 $t \geqslant 0$ ℃时，在当前温度下用万用表进行阻抗检查。结果应满足本标准 4.5.2 的要求。

5.5.3 壳体的隔热性能

5.5.3.1 试验阶段一：按实车安装状态将空调箱总成固定在焓差法试验台上，在下列条件下进行试验 1 h，目测总成表面是否有任何水滴：

a） 鼓风机入口侧空气干球温度：27 ℃±1 ℃，湿球温度 19.5 ℃±0.5 ℃；

b） 蒸发器出口压力：0.179 MPa（表压）±0.01 MPa；

c） 膨胀阀进口压力：1.636 MPa（表压）±0.02 MPa；

d） 制冷剂：HFC-134a；过冷度：5 ℃；

e） 鼓风机端电压：整车额定电压；

f） 风门状态：内循环、全冷、吹面部。

5.5.3.2 试验阶段二：继续将风量调至设计要求的最小档，运行 1 h 后，目测总成表面是否有水滴流下。结果应满足本标准 4.5.3 的要求。

5.5.4 壳体密封性能

按车内安装方式将空调箱总成固定在测试架上。将鼓风机的进风口接到试验装置上。风门位置：内循环、吹面部、全冷；使所有的风口（脚部、面部和除霜）密封完好。使壳体内保持规定的压力并记录仪表显示的渗出壳体的空气量。结果应满足本标准 4.5.4 的要求。

5.5.5 操纵力矩

5.5.5.1 按车内安装方式将空调系统固定在测试架上。保持拉索上的牵引力最小，即：使拉索长度最短且不扭曲。

5.5.5.2 给鼓风机马达提供额定电压，将送风口的阻力调节成与实际车内送风栅或实际的风道及喷口的阻力一样大小。调节风门，使空调工况按要求进行变化。

5.5.5.3 用准确度为±0.01 N·cm 的力矩测量仪测量风门转动时操纵力矩的大小。将上述过程重复两次，计算平均值。

5.5.5.4 在测量操纵力矩的同时，聆听风门运转中是否有异响。结果应满足本标准 4.5.5 的要求。

5.5.6 噪声

按 QC/T 657 规定对空调箱总成的噪声进行测量。结果应满足本标准 4.5.6 的要求。

5.5.7 气密性能

5.5.7.1 可选用下列任意一种方法进行蒸发器气密性能试验：

a） 氦检：采用专用氦检漏装置进行检验。氦检漏装置的检漏准确度应高于 0.7 MPa 下 HFC-134a 的泄漏量±0.2 g/a。

b） 水检：将带膨胀阀的蒸发器进、出口管端的一端堵死，另一端通入氮气，保持压力为 1.77 MPa（表压），将产品置于水中并保持 3 min，不应有气泡产生。

5.5.7.2 将暖风芯体进口与干式检漏仪连接上，出口用堵头密封进行试验，结果应满足本标准 4.5.7.2 的要求。

5.5.8 热冲击性能

将空调箱总成放入冷热冲击试验箱中，按图1流程进行冷热冲击试验。试验后检查总成及零部件的功能是否完好。结果应满足本标准4.5.8的要求。

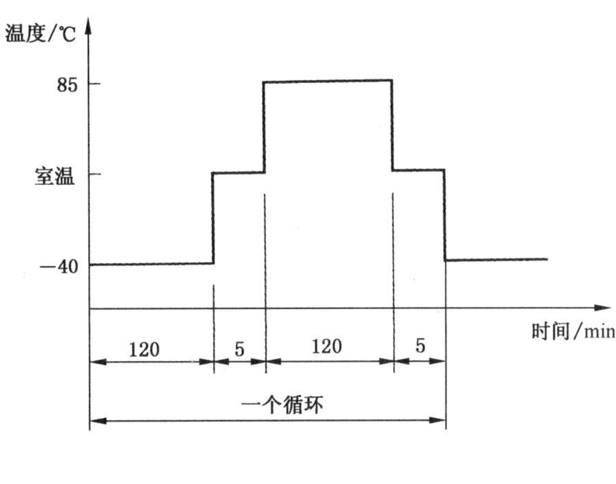

图1

5.5.9 耐腐蚀性能

将总成放入盐雾箱，按标准GB/T 10125进行144 h中性盐雾试验后，将总成取出，用35 ℃左右的清水进行清洗，并立即烘干，观察金属件外表面是否有鼓泡及表面点蚀。结果应满足本标准4.5.9的要求。

5.5.10 耐振动性能

总成按实际安装状态，通过振动试验工装固定在振动台上，振动测点应在被试产品和试验台交界处附近，按下列试验条件进行上下、前后、左右方向的振动试验：

a) 产品状态：蒸发器内腔注入50%容积的HFC-134a或CFC-113；

b) 风门状态：内循环、全冷、吹面部；

c) 鼓风机电压：额定电压；

b) 试验加速度：29.4 m/s^2；

e) 试验频率：33.3 Hz；

f) 试验时间：8 h，其中上下振动4 h，前后、左右各振动2 h；

g) 试验温度：常温。

试验后，用目测法检查产品有无松动、损坏，并进行性能测试。结果应满足本标准4.5.10的要求。

5.5.11 含水量

将蒸发器芯体置于烘箱内，烘箱温度为120 ℃±2 ℃，芯体进出口用三通连接，接入测量系统，系统末端接真空泵，水分测试装置冷凝管置于−60 ℃的酒精和干冰中，试验前称重冷凝管质量为g_1，抽真空到9.81×10^{-2} Pa以下并持续2 h，之后再称重冷凝管质量为g_2，其差值(g_2-g_1)即为蒸发器芯体内部含水量。结果应满足本标准4.5.11的要求。

5.5.12 残余杂质含量

在蒸发器芯体内灌入为其内容积60%的异辛烷或CFC-113，然后放在振荡台上，以275次/min的频率振动 3 min,倒出内容物并过滤干燥后,称其重量即为内部杂质含量。结果应满足本标准 4.5.12 的要求。

5.5.13 爆破压力

将蒸发器进、出口管中的一端堵死,另一端以 241 kPa/min 的速率通入水压,直到压力为 1.4 MPa(表压)时,观察蒸发器有无变形,继续加压直至产品产生严重变形或泄漏,记录此时压力,应满足本标准 4.5.13 的要求。

5.6 冷凝器总成

5.6.1 气密性能

可选用下列任意一种方法进行冷凝器气密性能试验。

5.6.1.1 氦检:采用专用氦检漏装置进行检验。氦检漏装置的检漏准确度应高于 0.7 MPa 下 HFC-134a 的泄漏量±0.2 g/a。

5.6.1.2 水检:将冷凝器进、出口管端的一端堵死,另一端通入氮气,保持压力为 3.53 MPa(表压),将产品置于水中并保持 3 min,不应有气泡产生。

5.6.2 耐振动性能

总成按实际安装状态,通过振动试验工装固定在振动台上,振动测点应在被试产品和试验台交界处附近,按下列试验条件进行上下、前后、左右全方向的振动试验:

a) 产品状态:内腔注入 50%容积的 HFC-134a 或 CFC-113;

b) 试验加速度:43.1 m/s^2;

c) 试验频率:33.3 Hz;

d) 试验时间:8 h,其中上下振动 4 h,前后、左右振动各 2 h;

e) 试验温度:常温。

在振动试验后,用目测法检查产品有无松动、损坏,并按本标准 5.6.1 进行气密性能试验。结果应满足本标准 4.6.2 的要求。

5.6.3 耐腐蚀性能

总成按标准 GB/T 10125 进行 168 h 中性盐雾试验;试验后用 35 ℃左右的清水进行清洗,并立即烘干,目测检查金属件表面有无鼓泡、油漆剥落及表面点蚀。结果应满足本标准 4.6.3 的要求。

5.6.4 含水量

将冷凝器芯体置于烘箱内,烘箱温度为 120 ℃±2 ℃,芯体进出口用三通连接,接入测量系统,系统末端接真空泵,水分测试装置冷凝管置于−60 ℃的酒精和干冰中,试验前称重冷凝管质量为 g_1,抽真空到 9.81×10^{-2} Pa 以下并持续 2 h,之后再称重冷凝管质量为 g_2,其差值(g_2-g_1)即为冷凝器芯体内部含水量。结果应满足本标准 4.6.4 的要求。

5.6.5 残余杂质含量

在冷凝器芯体内灌入为其内容积 60%的异辛烷或 CFC-113,然后放在振荡台上,以 275 次/min 的频率振动 3 min,倒出内容物并过滤干燥后,称其重量即为内部杂质含量。结果应满足本标准 4.6.5 的要求。

5.6.6 爆破压力

芯体进、出口管端一端堵死,另一端充入水压或油压,然后以 1 MPa/min 的速度增压至 9 MPa(表压)，保持 1 min。结果应满足本标准 4.6.6 的要求。

5.7 管路总成

5.7.1 残余杂质含量

在管路内灌入为其内容积 60%的异辛烷或 CFC-113，然后放在振荡台上，以 275 次/min 的频率振动 3 min，倒出内容物并过滤干燥后，称其质量即为内部杂质含量。结果应满足本标准 4.7.1 的要求。

5.7.2 气密性能

将管路进、出口管端的一端堵死，另一端通入空气或氮气，并置于水中保持 3 min，观察是否有气泡产生。结果应满足本标准 4.7.2 的要求。

5.7.3 爆破压力

将管路内注入水或油后，以 1 MPa/min 的升压速度直线升压到试验品爆破或泄漏为止，记录此时的压力值。结果应满足本标准 4.7.3 的规定。

5.7.4 抗脉冲压力循环

将管路内注入液压油，以 1/3 Hz 的频率向管路内交替施加(0～3.53)MPa 的压力，进行 150 000 次的压力循环。结果应满足本标准 4.7.4 的要求。

5.7.5 耐腐蚀性能

总成按标准 GB/T 10125 进行 168 h 中性盐雾试验；试验后用 35 ℃左右的清水进行清洗，并立即烘干，目测检查金属件表面有无鼓泡、油漆剥落及表面点蚀。结果应满足本标准 4.7.5 的要求。

5.7.6 耐振动性能

将管路按实车装配状态安装在振动台上，并在下列条件下进行试验：

a) 管路内部压力：液体硬管和排气硬管为 3.53 MPa，吸气硬管为 1.08 MPa；
b) 振动加速度：29.4 m/s^2；
c) 振动方向：上、下；
d) 振动频率：33.3 Hz；
e) 振动时间：100 h；
f) 环境温度：常温。

试验完毕后重复 5.7.2 试验，观察管路是否有泄漏、断裂及其他损坏。结果应满足本标准 4.7.6 的要求。

5.7.7 软管总成

软管总成的试验按标准 QC/T 664 的规定执行。结果应满足本标准 4.7.7 的要求。

6 检验分类、检验规则及检验项目

6.1 检验分类

本标准规定的检验分为：

a) 出厂检验；

b） 型式检验。

6.1.1 出厂检验

出厂检验项目见表1，允许同一台产品参加不影响考核目的的多项试验。

6.1.2 型式检验

型式检验在下列情况下进行：

a） 产品的设计、工艺、材料等方面有重大改变时；

b） 产品连续生产每满1年时；

c） 间隔半年以上再生产时；

d） 质量检验部门或客户对产品质量有疑问时。

型式检验必须在出厂检验合格的产品中抽取，型式检验的项目见表1，其中：环境模拟试验及除霜和除雾性能试验仅在开发阶段产品认可时进行。

型式检验的样本量为2台，允许同一台产品参加不影响考核目的的多项试验。

6.2 检验规则

6.2.1 出厂检验的抽样方式、抽样量及合格判定由供需双方商定。

6.2.2 型式检验中，如果检验结果不符合本标准的规定，应在同一批中加倍数量抽取产品，对不合格项目进行复检；若仍不合格，应判该型式试验不合格，并暂停产品生产，直到找出原因、排除故障并确认其合格后方能恢复生产。

6.3 检验项目

检验项目按表1的规定进行。

表1

序号	检验项目名称		出厂检验	型式试验	技术要求章条号	试验方法章条号
1	外观及安装尺寸		▲	▲	4.1.2	5.1.1
2	材料性能		—	▲	4.1.3	5.1.2
3	热力性能		—	▲	4.2	5.2
4	环境模拟试验		—	—	4.3	5.3
5	除霜和除雾性能		—	—	4.4	5.4
6	空调箱总成	通电运转性能	▲	▲	4.5.1	5.5.1
7		热敏电阻阻抗	▲	▲	4.5.2	5.5.2
8		壳体隔热性能	—	▲	4.5.3	5.5.3
9		壳体密封性能	—	▲	4.5.4	5.5.4
10		操纵力矩	—	▲	4.5.5	5.5.5
11		噪声	—	▲	4.5.6	5.5.6
12		气密性能	▲	▲	4.5.7	5.5.7
13		热冲击性能	—	▲	4.5.8	5.5.8
14		耐腐蚀性能	—	▲	4.5.9	5.5.9

表 1（续）

序号	检验项目名称		出厂检验	型式试验	技术要求章条号	试验方法章条号
15	空调箱总成	耐振动性能	—	▲	4.5.10	5.5.10
16		含水量	—	▲	4.5.11	5.5.11
17		残余杂质含量	—	▲	4.5.12	5.5.12
18		爆破压力	—	▲	4.5.13	5.5.13
19	冷凝器性能	气密性能	▲	▲	4.6.1	5.6.1
20		耐振动性能	—	▲	4.6.2	5.6.2
21		耐腐蚀性能	—	▲	4.6.3	5.6.3
22		含水量	—	▲	4.6.4	5.6.4
23		残余杂质含量	—	▲	4.6.5	5.6.5
24		爆破压力	—	▲	4.6.6	5.6.6
25	管路总成性能		—	▲	4.7	5.7
注：符号“—”为非检验项目；符号“▲”为必须检验项目。						

7 标志、包装、运输和储存

7.1 产品应具有永久性标识。产品的标识应是一个字迹清晰、易于识别且永久使用的标记、标牌或标签。“永久使用”是指在产品使用寿命时间内不允许自然脱落且可识别。

7.2 产品包装的标志应符合标准 GB/T 191—2008 和设计要求，并置于明显的位置上。

7.3 产品的包装应能防潮，牢固可靠，有明显、正确、不易脱落的标志。

7.4 产品的包装应能满足水路运输、铁路运输和公路运输的需要。

ICS 43.040.60
T 26

中华人民共和国汽车行业标准

QC/T 946—2013

汽车安全带织带性能要求和试验方法

Strength requirement and test of automobile safe belt strap

2013-10-17 发布 2014-03-01 实施

中华人民共和国工业和信息化部 发布

前　　言

本标准依照 GB/T 1.1—2009 给出的规则起草。

本标准制定过程中，综合分析了国内外同类产品先进的国家标准和企业标准，并考虑我国目前行业情况以及国内主要汽车安全带和织带生产企业的建议。

本标准的附录 A 为规范性附录。

本标准由全国汽车标准化技术委员会(SAC/TC 114)提出并归口。

本标准起草单位：中国第一汽车股份有限公司技术中心、河北博格凤凰织带有限公司、中国质量认证中心武汉分中心、太仓维欧爱申达特种纺织品有限公司、无锡飞马工业织品有限公司。

本标准主要起草人：李强、温日学、李再华、王忠校、丁晓东、杨爱斌、钱仁才、朱贵英、王进忠。

汽车安全带织带性能要求和试验方法

1 范围

本标准规定了汽车安全带织带的术语和定义、要求与试验方法。

本标准适用于GB 14166中定义的汽车安全带所使用的织带。

2 规范性引用文件

下列文件对于本文件的应用是必不可少的。凡是注日期的引用文件，仅注日期的版本适用于本文件。凡是不注日期的引用文件，其最新版本(包括所有的修改单)适用于本文件。

GB 251 评定沾色用灰色样卡

GB 8410 汽车内饰材料的燃烧特性

GB 14166 机动车成年乘员用安全带和约束系统

ISO 105-B02 织物色牢度试验 氙灯光照色牢度试验

JIS G4303 不锈钢棒

3 术语和定义

下列术语和定义适用于本文件。

3.1

织带 strap

用于约束乘员身体并将所受到的力传到安全带固定点的柔性部件。

3.2

肩带 diagonal belt

用于从臀部斜跨前胸至另一侧肩部的织带。

3.3

腰带 lap belt

用于横跨佩戴者骨盆部位前方的织带。

3.4

连续带 continuous belt

肩带和腰带是由一根整体构成的织带。

4 要求

4.1 一般要求

4.1.1 汽车安全带织带应符合本标准的要求，并按规定程序批准产品图样。

4.1.2 织带厚度应按照客户的规格，但一般要求，应大于1.15 mm。

4.1.3 织带按5.2的规定试验时，织带的宽度不应小于46 mm。

4.2 性能要求

4.2.1 抗拉强度

织带按5.1.2的规定试验时，两件试样的抗拉强度值不应低于表1的要求。两件样品拉断载荷值的差别不得超过所测得的抗拉载荷较大值的10%。

表1 抗拉强度要求

类别	抗拉强度/N	类别	抗拉强度/N	类别	抗拉强度/N
腰带	26 700	肩带	17 700	连续带	22 300

4.2.2 伸长率

织带按5.4的规定试验时，其伸长率值不应大于表2的要求。

表2 伸长率要求

类别	伸长率/%	类别	伸长率/%	类别	伸长率/%
腰带	≤15	肩带	≤30	连续带	≤20

4.2.3 耐光性

织带按5.5.3的规定进行光照射试验后，其抗拉强度值不应低于试验前实际抗拉强度值的75%，且不得低于17 700 N(肩带不得低于14 700 N)。

4.2.4 耐低温性

织带按5.6.2的规定进行低温试验后，其抗拉强度值不得低于试验前实际抗拉强度值的75%，且不得低于17 700 N(肩带不得低于14 700 N)。

4.2.5 耐高温性

织带按5.7.2的规定进行高温试验后，其抗拉强度值不应低于试验前实际抗拉强度值的75%，且不得低于17 700 N(肩带不得低于14 700 N)。

4.2.6 耐湿性

织带按5.8.2的规定进行浸水试验后，其抗拉强度值不应低于试验前实际抗拉强度的80%，且不得低于17 700 N(肩带不得低于14 700 N)。

4.2.7 耐磨性

当织带按5.9.2的规定进行试验后，织带磨损后的抗拉强度值不应低于试验前实际抗拉强度值的75%，且不得低于17 700 N(肩带不得低于14 700 N)。两件样品的断裂强度值之间的差别不可超过所测强度最高值的20%。

4.2.8 耐色牢度

4.2.8.1 织带按附录A中A.1的规定进行耐干摩擦牢度试验后，其耐干摩擦沾色牢度应至少达到3级。

4.2.8.2 织带按附录A中A.2的规定进行耐湿摩擦牢度试验后，其耐湿摩擦沾色牢度应至少达到3级。

4.2.8.3 织带按附录 A 中 A.3 的规定进行耐汗渍牢度试验后，其耐汗渍沾色牢度应至少达到 4 级。

4.2.9 燃烧特性

燃烧特性的要求和试验方法按 GB 8410 中的相关规定。

5 试验方法

5.1 抗拉强度试验

5.1.1 试验条件

织带应在温度为 20 ℃±5 ℃、相对湿度为 65%±5%的环境中至少保存 24 h，抗拉载荷应在织带从处理环境中取出后 5 min 内测量。

5.1.2 试验过程及步骤

a) 每次应采用两条长度足够且按照 5.1.1 的规定处理过的新织带进行试验。

b) 每条织带应夹在拉力试验机夹具之间，加载速度大约为 100 mm/min，试验开始时，夹具间试样的自由长度应为 200 mm～240 mm。

c) 当载荷达到 9 800 N 时，应在不停机情况下测量织带宽度。

d) 当载荷达到 11 100 N 时，测量织带伸长率。

e) 继续增加载荷值，直至织带拉断，记录拉断载荷值。

5.2 宽度试验

当按 5.1.2 的规定进行织带抗拉强度试验时，在试验机不停止拉伸的状态下，测定拉伸载荷为 9 800 N时试样中间部位的宽度值。

5.3 厚度试验

当按 5.1.2 的规定进行织带抗拉强度试验时，在拉伸载荷达到 196 N 状态下，使用数显式千分尺测量织带的厚度。

5.4 伸长率试验

当按 5.1.2 的规定进行织带抗拉强度试验时，在拉伸载荷达到 196 N 状态下，在试样中间部位向两端各 100 mm 处标明初始点(可用试验机的标示机构)，测定拉伸载荷为 11 100 N 时两初始点间的距离。织带伸长率按式(1)计算：

$$伸长率(\%)=\frac{L-200}{200}\times 100 \qquad \cdots\cdots(1)$$

式中：

L——11 100 N 拉伸载荷时两个初始点之间的距离，mm。

5.5 耐光照试验

5.5.1 试验设备及仪器

a) 推荐的设备。

b) 电子拉力试验机。

5.5.2 试验条件

织带应在温度为 20 ℃±5 ℃、相对湿度为 65%±5%的环境中至少保存 24 h。

5.5.3 试验过程及步骤

a) 每次应采用按照5.5.2的规定处理过的织带进行试验。

b) 将两件试样在无水喷淋状态下进行300 h的光照射。氙灯气候老化箱温度，应由检测机构按ISO 105-B02中6.1要求确定。为使试样表面光照均匀，每隔20 h应调换试样的位置，300 h后取出试样。

c) 光照处理后，织带应在温度为20 ℃±5 ℃、相对湿度为65%±5%的环境中至少保存24 h，并应在从处理环境中取出后5 min内测量。

d) 每条织带应夹在拉力试验机夹具之间，加载速度大约为100 mm/min，加载至织带拉断，记录拉断载荷值。

5.6 耐低温试验

5.6.1 试验条件

织带应在温度为20 ℃±5 ℃、相对湿度为65%±5%的环境中至少保存24 h。

5.6.2 试验过程及步骤

a) 每次应采用按照5.6.1的规定处理过的织带进行试验。

b) 织带应在温度为−30 ℃±5 ℃的低温箱内的平面上至少存放1.5 h。

c) 然后，将织带对折，并在对折处压上预先冷却到−30 ℃±5 ℃的2 kg重块，在同一低温箱内放置30 min。除去重块，抗拉载荷应在织带从低温箱中取出后5 min内测量。

d) 每条织带应夹在拉力试验机夹具之间，加载速度大约为100 mm/min，加载至织带拉断，记录拉断载荷值。

5.7 耐高温试验

5.7.1 试验条件

织带应在温度为20 ℃±5 ℃、相对湿度为65%±5%的环境中至少保存24 h。

5.7.2 试验过程及步骤

a) 每次应采用按照5.7.1的规定处理过的织带进行试验。

b) 织带应在温度为80 ℃±5 ℃、相对湿度为65%±5%的高温箱中保存3 h。

c) 抗拉载荷应在织带从高温箱中取出后5 min内测量。每条织带应夹在拉力试验机夹具之间，加载速度大约为100 mm/min，加载至织带拉断，记录拉断载荷值。

5.8 耐湿性

5.8.1 试验条件

织带应在温度为20 ℃±5 ℃、相对湿度为65%±5%的环境中至少保存24 h。

5.8.2 试验过程及步骤

a) 每次应采用按照5.8.1的规定处理过的织带进行试验。

b) 织带应完全浸泡在温度20 ℃±5 ℃且已加入少量湿润剂的蒸馏水中保存3 h（试验用水由1 dm^3水添加1 g增湿剂配制而成）。可采用任何适用于织带纤维的湿润剂（推荐使用二甘醇）。

c) 抗拉载荷应在织带从蒸馏水中取出后10 min内测量。每条织带应夹在拉力试验机夹具之间，加载速度大约为100 mm/min，加载至织带拉断，记录拉断载荷值。

5.9 耐磨试验

5.9.1 试验条件

织带应在温度为 20 ℃±5 ℃、相对湿度为 65%±5%的环境中至少保存 24 h。

5.9.2 试验过程及步骤

a) 每次应采用按照 5.9.1 的规定处理过的织带进行试验。

b) 试验装置的结构特征尺寸应符合图 1 和图 2 的要求。图 2 中六角棒的表面硬度为 97～101 HRB，材料为不锈钢，棱边圆角半径为 0.5 mm±0.1 mm，两面间距为 6.35 mm±0.03 mm；表面为冷拉状态。配重的质量为 2.3 kg±0.05 kg。

注：材料应符合 JIS G4303《不锈钢棒》中的 SUS 416 和 SAE 51416 的要求。

c) 两件试样按图 1 所示安装，织带的一端加配重，另一端绕过六角棒与摆轮连接。摆轮以 30±1 次/min 的频率往复摆动，使织带在六角棒的两上棱边上往复摩擦 2 500 次，摩擦行程为 330 mm±30 mm。已使用过的六角棒棱边不得再次使用。

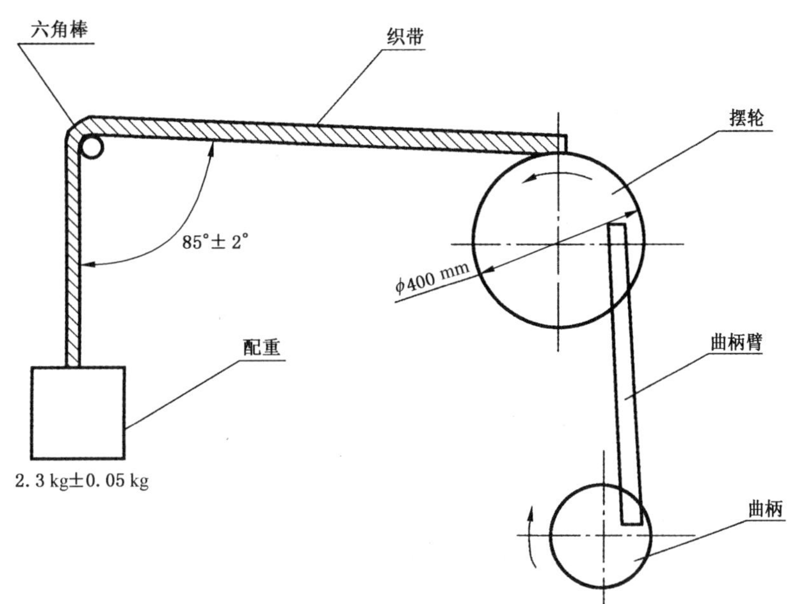

图 1 耐磨试验装置示意图

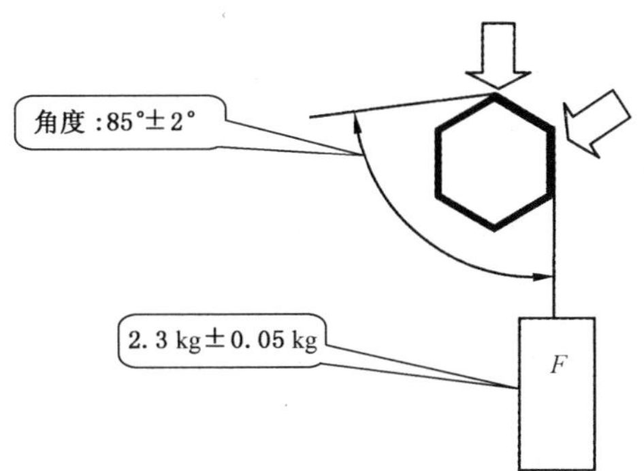

图 2 耐磨试验装置的结构特征尺寸

d) 将经摩擦试验后的织带,以磨损部位作为夹紧间距,并按 5.1.2 的规定进行抗拉强度试验。

e) 六角棒尽可能使用一次,若 ab,cd,ef 处使用过,试验应更换一个新六角棒。

在六角棒上织带的试验位置:ab—cd—ef。a,b,c,d,e,f 位置是棒的棱点。

5.10 色牢度试验

5.10.1 耐干摩擦牢度

5.10.1.1 试验条件

织带应在温度为 20 ℃±5 ℃、相对湿度为 65%±5%的环境中至少保存 24 h。

5.10.1.2 试验过程及步骤

见附录 A。

5.10.2 耐湿摩擦牢度

5.10.2.1 试验条件

织带应在温度为 20 ℃±5 ℃、相对湿度为 65%±5%的环境中至少保存 24 h。

5.10.2.2 试验过程及步骤

见附录 A。

5.10.3 耐汗渍牢度

5.10.3.1 试验设备及仪器

摩擦用的白棉布、玻璃板、高低温箱。

5.10.3.2 试验条件

织带应在温度为 20 ℃±50 ℃、相对湿度为 65%±5%的环境中至少保存 24 h。

5.10.3.3 试验过程及步骤

见附录 A。

6 检验规则

6.1 汽车安全带织带经制造商检验合格后方能出厂,并附有产品质量合格文件。

6.2 检验分为出厂检验和型式检验。

6.3 在下列情况之一,制造商应对产品进行型式检验:

a) 新产品投产前;

b) 因结构、材料、工艺有较大改变时;

c) 正常生产时,每年进行 1 次;

d) 产品停产 1 年以上,恢复生产时,生产场所发生变更或生产条件发生较大变化时;

e) 国家质量监督机构提出周期检查要求时。

6.4 型式检验的样品应从出厂检验合格的同一批产品中随机抽取。

6.5 型式检验过程中,若有不合格的项目,可允许加倍抽样对不合格的项目进行复检,复检后仍有不合格项出现，则判该次型式检验不合格。

6.6 检验分组按表3进行。

表3 型式检验

序号	检验项目	要求	试验方法
1	宽度	4.1.3	5.2
2	厚度	4.1.2	5.3
3	抗拉强度	4.2.1	5.1
4	伸长率	4.2.2	5.4
5	耐光性	4.2.3	5.5
6	耐低温性	4.2.4	5.6
7	耐高温性	4.2.5	5.7
8	耐湿性	4.2.6	5.8
9	耐磨性	4.2.7	5.9
10	耐色牢度	4.2.8	5.10
注：除序号1、2和4外，每项试验采用两条长度足够的新织带。			

7 标志、包装、储存和运输

7.1 产品应有名称、规格型号等标志。

7.2 产品应有需要的包装，应有产品合格证。其信息应有：产品名称、规格、型号、产品数量、出厂日期、制造商名称和生产地址。

7.3 产品运输中应有防尘防雨等防护措施。

7.4 产品应储存在通风、干燥的环境中，应避免与腐蚀性物质接触。

7.5 对标志、包装、运输和储存有特殊要求时，可由供需双方协商确定。

附　录　A
（规范性附录）
色牢度试验

A.1　耐干摩擦牢度

A.1.1　试验设备

采用图 A.1 规定的Ⅱ型摩擦试验仪。

单位：cm

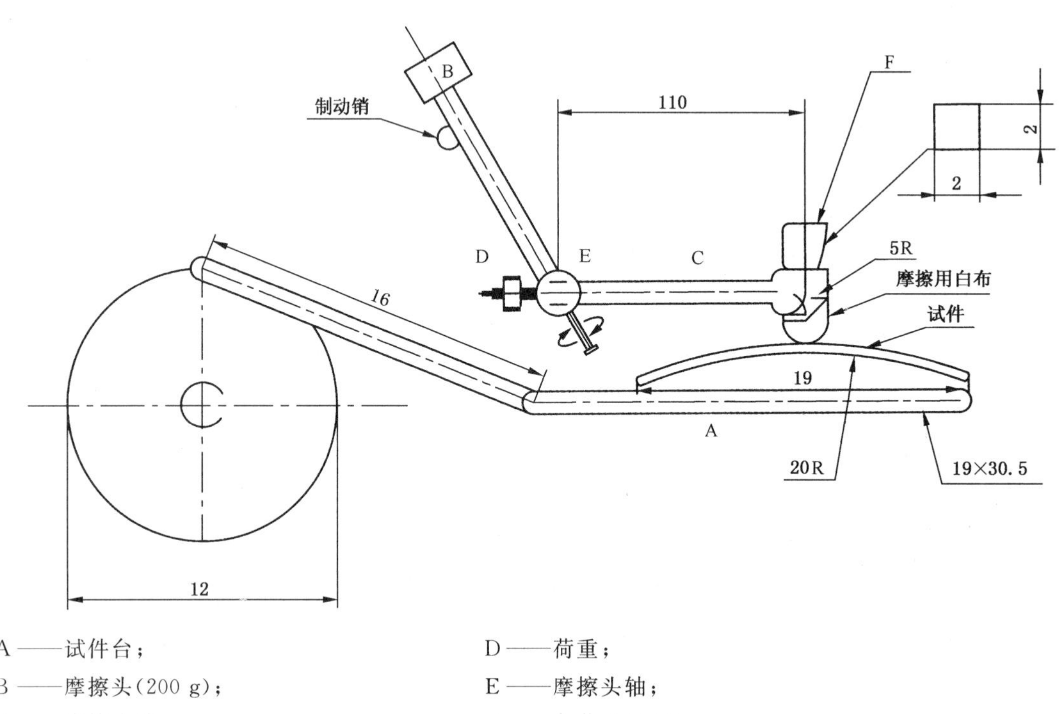

A——试件台；
B——摩擦头(200 g)；
C——摩擦头臂；
D——荷重；
E——摩擦头轴；
F——负荷重量(100 g)。

图 A.1　摩擦试验仪示意图

A.1.2　摩擦用的白棉布要求

见表 A.1。

表 A.1　摩擦用白棉布要求

纤维种类	公称编号	织物结构	所用纱线			密度(纱线数/cm)		附注
			种类	经纱	纬纱	经纱	纬纱	
棉	3	平纹组织	棉纱	30 支	36 支	141±2	135±2	3 号本色细平布

采用纬纱方向 50 mm 和经纱方向 175 mm 的白棉布；或采用摩擦用白色泡沫乙烯基皮革。

A.1.3 试验条件

试验室内温度 15 ℃～30 ℃，湿度 40%～80%。

A.1.4 试验程序

负荷应为 2 N，以 30 次/min 的摩擦频率、100 mm 摩擦距离往复摩擦 1 000 次。试验后，从摩擦头上取下试件和白布，用沾色用灰色样卡鉴定。

A.2 耐湿摩擦牢度

A.2.1 试验设备及试件

同 A.1.1、A.1.2 规定。

A.2.2 试验条件

试验室内温度 15 ℃～30 ℃，湿度 40%～80%。

A.2.3 试验程序

将摩擦用的白棉布(或白色泡沫乙烯基皮革)浸入人工汗水中。用过滤纸轻轻吸附棉布中心人工汗水，然后将棉布放置到摩擦头上，将试件放到试验仪上。施加负荷 100 g，摩擦频率 30 次/min，摩擦距离为 100 mm，往复摩擦 1 000 次。试验后，从试验仪中取出试件和白布，在室温下风干。用沾色用灰色样卡鉴定。

A.3 耐汗渍牢度

A.3.1 试验设备

如图 A.2 所示，4 块玻璃板，60 mm×70 mm(2 块用于肩部安全带，2 块用于腰部安全带)；4 块摩擦用的白棉布，50 mm×70 mm(2 块用于肩部安全带，2 块用于腰部安全带)；3 kg 重物；人工汗水。

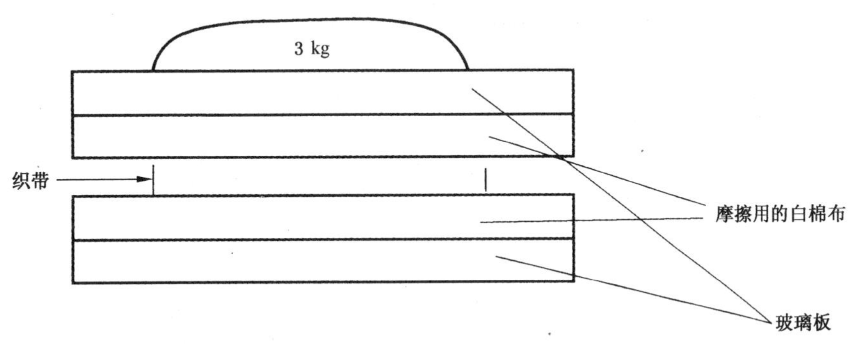

图 A.2 试验设备

A.3.2 试样

采用取自肩部安全带和腰部安全带，长 500 mm 的试样。对于腰肩连续带，带长超过 500 mm 的织带只需在任意部位取长 500 mm 的试样即可。

A.3.3 试验条件

试验室内温度 15 ℃～30 ℃，湿度 40～80%，设置恒温箱温度为 37 ℃±2 ℃。

A.3.4 试验程序

A.3.4.1 配液

试液用蒸馏水配制，现配现用。

碱液每升含：

L-组氨酸盐酸盐一水合物($C_6H_9O_2N_3 \cdot HCl \cdot H_2O$)	0.5 g
氯化钠(NaCl)	5 g
磷酸氢二钠十二水合物($Na_2HPO_4 \cdot 12H_2O$)	5 g 或
磷酸氢二钠二水合物($Na_2HPO_4 \cdot 2H_2O$)	2.5 g

酸液每升含：

L-组氨酸盐酸盐一水合物($C_6H_9O_2N_3 \cdot HCl \cdot H_2O$)	0.5 g
氯化钠(NaCl)	5 g
磷酸二氢钠二水合物($NaH_2PO_4 \cdot 2H_2O$)	2.2 g

A.3.4.2 操作程序

将织带和白棉布的组合试件浸入配比为 50∶1 的人工汗水里，使其完全润湿，放在室温下 30 min，稍加拨动使其均匀渗透，取出试样后放在一块玻璃板上，用另一块玻璃板刮去多余的试液，将图 A.2 所示的试件(织带)放在两块白棉布的正面对着试件。再把多组样件逐块平放于夹板上，叠起放好弹簧夹板，放上 3 kg 重物时放松支头螺丝，使试样受 3 kg 的压强，然后拧紧支头螺丝后移去重快后放入 37 ℃±2 ℃的恒温箱保持 4h 后，取出，在常温下，保持 2 h。

A.3.4.3 充分干燥和冷却后，将试样变色和贴衬织物沾色与沾色用灰色样卡进行比较。

A.4 评定标准

按 GB 251 规定的沾色用灰色样卡确定等级。

ICS 43.040.60
T 26

中华人民共和国汽车行业标准

QC/T 947—2013

汽车自动防眩目后视镜技术条件

Technology standards of auto-dimming rearview mirror for motor vehicle

2013-10-17 发布　　2014-03-01 实施

中华人民共和国工业和信息化部　发布

前　　言

本标准按照 GB/T 1.1—2009 给出的规则起草。

本标准的技术内容是在综合分析同类国际标准和国外先进的技术标准的基础上，结合国内汽车厂对自动防眩目后视镜的要求制定的。

本标准由全国汽车标准化技术委员会(SAC/TC 114)提出并归口。

本标准起草单位：宁波市金榜汽车电子有限公司、中国质量认证中心武汉分中心、上海麟刚汽车后视镜有限公司、上海干巷汽车镜(集团)有限公司。

本标准主要起草人：孙强、吴黎辉、李再华、朱亚群、张剑、干毛弟。

汽车自动防眩目后视镜技术条件

1 范围

本标准规定了汽车自动防眩目后视镜的术语、定义、要求、试验方法、检验规则、标志、包装、运输和储存。

本标准适用于安装在M类和N类汽车上的自动防眩目后视镜。

2 规范性引用文件

下列文件对于本文件的应用是必不可少的。凡是注日期的引用文件,仅注日期的版本适用于本文件。凡是不注日期的引用文件,其最新版本(包括所有的修改单)适用于本文件。

GB 15084 机动车辆后视镜的性能和安装要求

GB/T 19951—2005 道路车辆 静电放电产生的电骚扰试验方法(ISO 10605:2008)

GB/T 21437.1—2008 道路车辆 由传导和耦合引起的电骚扰 第1部分:定义和一般描述(ISO 7637-1:2002)

GB/T 21437.2—2008 道路车辆 由传导和耦合引起的电骚扰 第2部分:沿电源线的电瞬态传导(ISO 7637-2:2004)

QC/T 484—1999 汽车油漆涂层

QC/T 531 汽车后视镜

QC/T 625—1999 汽车用涂镀层和化学处理层

ISO 7637-3:2007 道路车辆 由传导和耦合产生的电骚扰 第3部分:沿电源线以外的其他线缆的电瞬态传导(Road vehicles—Electrical disturbances from conduction and coupling—Part 3:Electrical transient transmission by capacitive and inductive coupling vialines other than supply lines)

3 术语和定义

下列术语和定义适用于本文件。

3.1

后视镜 rear-view mirror

一种供满足规定视野内看清车辆后方和侧面图像的装置,不包含潜望镜这类复杂光学系统。一般包括镜片、保持件、方向调节件、支架等。

3.2

内后视镜 interior rear-view mirror

一种供满足规定的视野要求,装在车辆乘员舱内部的装置。

3.3

外后视镜 exterior rear-view mirror

一种供满足规定的视野要求,装在车辆外部的装置。

3.4

环境光强 ambient light

车辆行驶方向前方的光强。

3.5

眩目光强　glare light

车辆行驶方向后方车辆照射的光强。

3.6

自动防眩目后视镜　auto-dimming rear-view mirror

车辆在眩目光强和环境光强发生变化时,能够自动调节后视镜反射率,以提供给驾驶人员最佳反射率的装置。

3.7

电磁兼容性　electromagnetic compatibility(EMC)

设备、分系统、系统在共同的电磁环境中能一起执行各自功能的共存状态。即:该设备、分系统、系统不会由于受到处于同一电磁环境中其他设备的电磁发射导致或遭受不允许的性能降低;也不会使同一电磁环境中其他设备、分系统、系统因受其电磁发射而导致或遭受不允许的性能降低。

4　要求

4.1　一般要求

4.1.1　自动防眩目后视镜应具备根据环境光强和眩目光强的变化自动改变反射率的功能。防眩目功能关闭时,反射率为最大值。防眩目功能开启时,智能控制单元根据环境光强和眩目光强的变化能自动调整反射率。

4.1.2　其他要求应符合 GB 15084 和 GB/T 531 中一般要求的规定。

4.2　外观要求

4.2.1　后视镜在 500 lx 的照度条件下,距肉眼 500 mm 处,从 45°方向观察镜面时,镜面上不得有变形、模糊、条纹、气泡、伤痕、裂纹、夹杂等缺陷。

4.2.2　橡胶件不应有破损、裂缝等缺陷。

4.2.3　塑料件不应有明显褪色、裂纹、伤痕、变形等缺陷。

4.2.4　镜脚不能有裂纹、变形、伤痕、镀层脱落等缺陷。

4.3　性能要求

4.3.1　工作条件

自动防眩目后视镜在下列条件下应能够正常工作:

——工作环境温度:−40 ℃～+85 ℃;

——工作电压:对于 12 V 系统汽车:DC9 V～DC15 V;对于 24 V 系统汽车:DC20 V～DC28 V。

4.3.2　尺寸

后视镜的尺寸应满足 GB 15084 中尺寸的相关要求。

4.3.3　曲率半径

后视镜的曲率半径应满足 GB 15084 中反射面和反射率的相关规定。

4.3.4　反射率

按照 5.1 的方法测量后视镜的反射率,在自动防眩目后视镜未处于防眩目状态时,内后视镜反射率不低于 60%，外后视镜反射率不低于 45%；镜片反射率应能够连续调节；在镜片反射率最低时，要求反射率范围在 4%～15%之间。

4.3.5 反射率变化时间

自动防眩目后视镜反射率变化时间按照本技术条件 5.2 的规定进行检测时，应满足以下要求：

a) 自动防眩目内后视镜：

变化条件	−10 ℃变化时间/s	23 ℃变化时间/s	+50 ℃变化时间/s
最高反射率降低到 15%	≤8	≤8	≤10
最低反射率升高到 50%	≤20	≤10	≤10
50%反射率降到 30%	≤3	≤3	≤4

b) 自动防眩目外后视镜：

变化条件	−10 ℃变化时间/s	23 ℃变化时间/s	+50 ℃变化时间/s
最高反射率降低到 15%	≤12	≤12	≤15
最低反射率升高到 40%	≤25	≤12	≤12
40%反射率降到 20%	≤7	≤7	≤7

4.3.6 断电恢复功能

环境温度 25 ℃时，后视镜在防眩目状态下突然断电，其反射率应能在 20 s 之内恢复到 35%以上。

4.3.7 倒车禁止防眩功能

对配备有倒车禁止功能的自动防眩目后视镜，当车辆倒车信号闭合时，自动防眩目功能自动关闭。

4.3.8 过电压特性

后视镜在经受以下过电压测试后各项功能应正常：

a) 对于 12 V 系统汽车：
   1) 长时间过电压特性：DC17 V≥1 h；
   2) 短时间过电压特性：DC26 V≥1 min。

b) 对于 24 V 系统汽车，过电压特性由供需双方协商确定。

4.3.9 电流消耗

4.3.9.1 内后视镜的电流消耗

在配备一片自动防眩目内后视镜的条件下，控制电路的电流消耗要满足以下条件：

a) 不防眩时维持电流：≤30 mA；

b) 维持防眩目状态时电流消耗：≤200 mA；

c) 后视镜进入防眩目状态时最大工作电流：≤300 mA。

4.3.9.2 内、外后视镜的电流消耗

在配备一片自动防眩目内后视镜和两片自动防眩目外后视镜的条件下，控制电路的电流消耗要满足以下条件：

a) 不防眩时维持电流:≤50 mA;

b) 维持防眩目状态时电流消耗:≤500 mA;

c) 后视镜变色时最大工作电流:≤1 500 mA。

4.3.9.3 附加其他电子装置时的电流消耗

如果在后视镜内配备其他电子装置,则电流消耗由客户和生产商共同确定。

4.3.10 反向电流特性

在后视镜控制单元的电源两端加上 DC30 V(12 V 系统汽车)或者 DC60V(24 V 系统汽车)反向电压,要求电路消耗电流不大于 15 mA。

4.3.11 电磁兼容性

4.3.11.1 传导抗扰度

按照 GB/T 21437.1—2008、GB/T 21437.2—2008 和 ISO 7637-3:2007 进行传导抗扰度测试。

对于沿电源线的电瞬态传导骚扰,测试脉冲严酷等级分类见 GB/T 21437.2—2008 附录 A;对于除电源线外的导线通过容性和感性耦合的电瞬态发射骚扰,测试脉冲严酷等级分类见 ISO 7637-3:2007 中附录 B。试验脉冲的严酷等级由供需双方协商确定。

功能状态分类见 GB/T 21437.2—2008 附录 A,按照本技术条件 5.3.1 的规定进行测试,要求设备能够满足 B 类功能状态的要求。

4.3.11.2 静电放电

按照 GB/T 19951—2005 进行静电放电测试,试验脉冲的严酷等级由供需双方协商确定。功能状态分类见 GB/T 19951—2005 中附录 B,按照本技术条件 5.3.2 的规定进行测试,要求设备能够满足 B 类功能状态的要求。

4.3.12 耐振性

后视镜按本技术条件 5.4 的规定检测时,各零部件不得产生变形、损伤、脱落等影响其功能的现象,镜面方向应保持原正常使用位置。试验后电器部分应工作正常。

4.3.13 撞击缓冲性

按照本技术条件 5.5 条规定进行试验,应满足 GB 15084 中试验结果的相关规定。

4.3.14 耐弯曲性

按照本技术条件 5.6 条规定进行试验,应满足 GB 15084 中试验结果的相关规定。

4.3.15 耐湿性

后视镜的耐湿性按本技术条件 5.7 的规定检测时,零部件应无异常。试验后,镜面反射率应为试验前镜面反射率的 85%以上,电器部分工作正常。本条不适用于内后视镜。

4.3.16 耐高低温性

后视镜的耐高低温度性按照本技术条件 5.8 进行试验,试验后各零部件不得产生变形、损伤、脱落等影响其功能的现象,电器部分应工作正常。

4.3.17 耐候性

后视镜的耐候性按本技术条件5.9的规定检测时，不得产生镜面模糊、老化，其他零部件不得产生明显褪色、裂纹、变形等缺陷，试验后电器部分应工作正常。

4.3.18 耐腐蚀性能

4.3.18.1 对涂镀件的有效面，按本技术条件5.10.1的规定进行试验后，应符合QC/T 625的相应规定。

4.3.18.2 对喷涂件的有效面，按本技术条件5.10.2的规定进行试验后，应符合QC/T 484的相应规定。

4.3.18.3 按本技术条件5.10.3规定的试验方法试验后，镜面上不得产生模糊、斑点、保护层软化、脱落等现象。

4.3.18.4 含有其他电子部件的自动防眩目后视镜(包括含有反射面电动可调、后视镜可折叠、倒车雷达、电子罗盘、蓝牙等电子部件的后视镜等)可由供需双方根据图样、文件等的相关要求执行。

4.3.19 反射率变化耐久性

按照本技术条件5.11规定的试验方法进行试验后，自动防眩目后视镜应满足以下指标：

a) 最高、最低反射率：测试完后，与初始值相比允许反射率的变化率≤15%；
b) 反射率变化时间：测试完成后，与初始值相比允许变化时间的变化率≤20%；
c) 最高反射率不能低于40%；
d) 自动防眩目镜片不能有任何功能丧失和不可恢复的外观缺陷。

4.3.20 操作耐久性

按照本技术条件5.12规定的试验方法进行试验后，要求后视镜的操作力矩偏差在要求值的±20%之内。

5 试验方法

5.1 反射率测量

后视镜的反射率按GB 15084中附录A规定的方法进行测量。测试最高反射率时要求环境光强为500 lx，眩目光强为0 lx；测试最低反射率时要求环境光强为0 lx，眩目光强为500 lx。

5.2 反射率变化响应时间测试

5.2.1 测试要求

a) 环境温度：23 ℃±5 ℃。
b) 测试电压：对于12 V系统汽车，测试电压12 V±0.2 V；对于24 V系统汽车，测试电压24 V±0.2 V。
c) 测试设备：设备由反射率测试仪、两个可调亮度的光源(分别模拟环境光强和眩目光强)、反射率采集与计时装置组成。
d) 每次测试之前需要对反射率测试仪进行校准。

5.2.2 反射率降低变化时间测试

将试件放置于测试设备之中，眩目光强为0 lx，环境光强为500 lx，后视镜达到最高反射率。此时将眩目光强变为500 lx、环境光强变至0 lx，同时反射率测试仪开始采集并记录后视镜的反射率，计时装置开始计时。

对于内后视镜，分别记录反射率从最高降低到15%时的变化时间和从50%降低到30%的变化时间；对于外后视镜，分别记录反射率从最高降低到15%时的变化时间和从40%降低到20%的变化时间。

5.2.3 反射率升高变化时间测试

将试件放置于测试设备之中，眩目光强为500 lx，环境光强为0 lx，后视镜达到最低反射率。此时将眩目光变为0 lx，环境光强变至500 lx，同时反射率测试仪开始采集并记录后视镜的反射率，计时装置开始计时。对于内后视镜，记录反射率从最低升高到50%时的变化时间；对于外后视镜，记录反射率从最低升高到40%时的变化时间。

5.3 电磁兼容性试验

5.3.1 传导抗扰度试验

5.3.1.1 对于沿电源线的电瞬态传导骚扰，按照GB/T 21437.2—2008中的要求准备试验设备，根据汽车制造厂和供应商共同确定的试验波形和试验脉冲的严酷等级，在GB/T 21437.2—2008附录A中选取相应的波形进行测试。

5.3.1.2 对于除电源线外的导线通过容性和感性耦合的电瞬态发射骚扰，按照GB/T 21437.1—2008和ISO 7637-3:2007准备相应的测试设备，根据汽车制造厂和供应商共同确定的试验方法和试验脉冲的严酷等级，在ISO 7637-3:2007附录B中选取相应的试验波形进行试验。

5.3.2 设备静电放电试验

按照GB/T 19951—2005的要求进行相应的试验准备，根据汽车生产厂和供应商共同确定的试验严酷等级，在GB/T 19951—2005中第5章和第7章中选取相应的电压进行测试。

5.4 耐振性试验

将后视镜按实车状态安装在振动试验台架上，上下、左右、前后三个方向进行测试，其安装固定点区域的参数应符合表1给出的参数。

5.5 撞击缓冲性试验

按照GB 15084中撞击试验的方法进行后视镜的撞击缓冲性试验。

表1 振动试验参数

频率/Hz	振幅/mm	加速度/(m/s²)	扫描频率/(oct/min)	每一方向试验时间/h
15～25	1.2		1	8
25～500		30		
注：频率、振幅、加速度也可以按供需双方的协定。				

5.6 耐弯曲性试验

按照GB 15084中安装在固定件上保护壳体的弯曲试验方法进行后视镜的耐弯曲性试验。

5.7 耐湿性试验

将后视镜按实车状态安装在试样架上，按表2给出的参数进行耐湿性试验。

表 2 耐湿试验参数

水蒸汽温度/℃	相对湿度/%	试验时间/h
65±2	95±5	24

5.8 耐高低温性试验

将后视镜按实车状态安装在试样架上，放入试验装置内。内后视镜在 85 ℃、外后视镜在 70 ℃的高温中放置 1 h，在室温中放置 30 min，然后在－40 ℃的低温中放置 1 h，在室温中放置 30 min，试验至此为一个冷热循环，连续进行 10 个循环。

5.9 耐候性试验

将后视镜按实车状态安装在表 3 中规定的耐候试验装置内，进行 300 h 的耐候试验。试验时，镜片可拆下单独安装。

表 3 对耐气候试验机的一般要求

项目		要求
		氙灯型耐气候试验机
氙灯功率/kW		6
灯管数量/个		1
在黑板式温度计测得的温度范围/℃		40～85
相对湿度/%		70～95
氙灯中心线至试样表面的距离/mm		330～350
试样框架转速/(r/min)		1～2
喷水要求	压力/MPa	0.078～0.12
	水量/(L/min)	2～2.2
	每小时喷水时间/min	12
	水质	pH 值为 6.0～8.0 的脱离子水

5.10 耐腐蚀性

5.10.1 对涂镀件的有效面，按 QC/T 625 第 4 章铜＋镍＋铬、镍＋铬中使用条件 3 和第 5 章镀锌层中 Fe/Ep Fe/Ep·Zn12 级别中相关内容的规定进行试验。

5.10.2 对喷涂件的有效面，按 QC/T 484 中涂层代码 TQ2、等级乙级的规定进行试验。

5.10.3 镜子的反射涂层和保护层在 90 ℃的热水中浸泡 1 h，然后在大气中放置 10 min。

5.11 反射率变化耐久性

自动防眩目后视镜通电工作，通过控制软件或改变环境光强和眩目光强使自动防眩目循环工作，30 s 暗、30 s 亮为一个循环，在－20 ℃下循环 2 万次，在常温下循环 6 万次，在＋50 ℃、95%相对湿度下循环 2 万次，每 1 万次循环间隔 24 h，共计循环工作 10 万次。

5.12 操作耐久性

在常温下，以最大角度范围转动后视镜，每分钟 10 个循环，操作 500 个循环之后测试后视镜的转动力矩。

6 检验规则

6.1 每只后视镜需经制造商检验合格后方能出厂，并附有产品质量合格文件。
6.2 后视镜的检验分出厂检验和型式检验。
6.2.1 出厂检验。

4.1.1、4.2、4.3.4、4.3.5 和 4.3.7 为出厂检验项目，其他根据产品型号的不同具体规定。
6.2.2 型式检验。
6.2.2.1 在下列情况之一时，制造商应进行型式检验：

a) 新产品定型时；

b) 产品设计、工艺、材料有较大修改时；

c) 产品停产 1 年再恢复生产时，生产场所发生变更或生产条件发生较大变化时；

d) 成批或大量生产的产品每 1 年不少于 1 次；

e) 国家质量监督检验机构提出进行型式检验要求时。

6.2.2.2 进行型式检验的后视镜应从出厂检验合格的同一批产品中抽取。同种类、同型号抽取数量不少于 10 件。首先复验出厂检验项目，复验合格后，再按表 4 进行型式检验。

表 4 型式检验项目及要求

序号	项目名称	要求	试样编号									
			1 号	2 号	3 号	4 号	5 号	6 号	7 号	8 号	9 号	10 号
1	尺寸	4.3.2	√	√	√	√	√	√	√	√	√	√
2	曲率半径	4.3.3	√	√	√	√	√	√	√	√	√	√
3	断电恢复	4.3.6	√	√	√	√	√	√	√	√	√	√
4	过电压特性	4.3.8	√	√	√	√	√	√	√	√	√	√
5	电流消耗	4.3.9	√	√	√	√	√	√	√	√	√	√
6	反向电流	4.3.10	√	√	√	√	√	√	√	√	√	√
7	电磁兼容性	4.3.11	√	√	—	—	—	—	—	—	—	—
8	耐振性	4.3.12	—	—	√	√	—	—	—	—	—	—
9	撞击缓冲性	4.3.13	√	√	—	—	—	—	—	—	—	—
10	耐弯曲	4.3.14	—	—	—	—	√	√	—	—	—	—
11	耐湿性	4.3.15	—	—	—	—	—	—	√	√	—	—
12	耐高低温性	4.3.16	—	—	—	—	—	—	—	—	√	√
13	耐候性	4.3.17	—	—	√	√	—	—	—	—	—	—
14	耐腐蚀性	4.3.18	—	—	—	—	√	√	—	—	—	—
15	反射率变化耐久性	4.3.19	—	—	—	—	—	—	√	√	—	—
16	操作耐久性	4.3.20	—	—	—	—	—	—	—	—	√	√
注："√"为检验项目；"—"为非检验项目。												

6.2.2.3 后视镜的型式检验应符合本标准的规定，如出现表 4 中序号第 1、2、9 项目不合格时，则判为型式检验不合格。当出现其他项目不合格时，应重新抽取加倍数量的后视镜，就不合格项目进行检验。若

仍有不合格项目时,则判为不合格。

6.3 抽样方法按经规定程序批准的文件要求。

7 标志、包装、运输和储存

7.1 后视镜应在显著位置,以不易摩擦掉的方式注明:

a) 制造商名称或注册商标;

b) 规格或型号。

7.2 每件后视镜应用防潮材料包装,再装入包装箱内,附件包装后应随同装入。包装箱应牢固,保证在正常运输中不被损坏。

7.3 包装箱内应附有以下文件:

a) 产品合格证;

b) 产品安装、使用说明书;

c) 装箱单;

d) 备件清单。

7.4 包装箱外应标明:

a) 产品名称、产品型号、标准编号和出厂日期;

b) 制造商名称、注册商标、地址等;

c) 装箱数量、总质量及外形尺寸;

d) 收发货标志、包装储运图示标志等。

7.5 后视镜应存放在通风、干燥、无有害气体的仓库内,不应与化学品、酸碱物质等一同存放。

7.6 后视镜的标志、包装、运输及储存也可由供需双方协商确定。

ICS 43.040.60
T 28

中华人民共和国汽车行业标准

QC/T 948—2013

汽车顶部装载装置

Roof load carriers for road vehicles

(ISO/TPAS 11154:2006(E),Road vehicles—Roof load carrier,MOD)

2013-10-17 发布 2014-03-01 实施

中华人民共和国工业和信息化部 发布

前　言

本标准按照 GB/T 1.1—2009 给出的规则起草。

本标准是修改采用了 ISO/PAS 11154:2006(英文版)。

本标准与 ISO/PAS 11154:2006(英文版)的技术差异和编辑性差异及其原因如下：

——根据我国标准“前言”编制的要求，取代了该国际标准的前言内容。

——取消了该国际标准中有关标准版本和出版信息说明的“引言”；

——根据我国标准“范围”编制的要求，及 GB/T 15089《机动车辆及挂车分类》中道路车辆的分类规定，修改了该国际标准的“范围”，见第 1 章；

——关于“规范性引用文件”，本标准做了具有技术性差异的调整，以适应我国的技术条件，调整情况集中反映在第 2 章“规范性引用文件”中，具体调整如下：

- 用等同采用国际标准的 GB/T 1043.1 代替 ISO 179[见 6.2.2、6.2.4b)和 6.2.4d)]；
- 用等同采用国际标准的 GB/T 1040 代替 ISO 5279(见 6.2.2)；
- 用等同采用国际标准的 GB/T 7762 代替 ISO 1431-1[见 6.2.3 b)]；
- 用等同采用国际标准的 GB/T 16422.2 代替 ISO 4892-2[见 6.2.2 和 6.2.4a)]；
- 用等效采用国际标准的 GB/T 10125 代替 ISO 9227(见 6.3.1.3.2)；
- 直接引用 ISO 4130 中的车辆三维坐标图，故不再引用该标准(见 3.21 中的图 4)；

——在“术语和定义”一章中，删除了该国际标准中 3.2、3.3、3.4、3.11、3.17、3.18、3.20、3.21、3.35、3.36、3.37、3.38 的术语和定义，因这些术语都为通俗易懂的通用术语，无定义的必要；

——删除了该国际标准中 5.1 和 5.3.2.1b)的要求，因这些要求在本标准相关条款中都有描述；

——删除了该国际标准中关于要求概况的资料性附录 B，因不适合我国标准编制要求；

——在“一般要求”中增加了外观等要求，以适合我国技术要求(见 5.1.1、5.1.2 和 5.1.4)；

——在“主要材料要求”中增加了不锈钢、碳素钢、铝合金的要求及其试验方法，且橡胶件增加了“耐高低温性能”、“氙灯耐气候老化性能”、“耐热水性能”和“硬度”要求及其试验方法(见 5.2.1、5.2.3、6.2.1 和 6.2.3)；

——在“试验方法”中增加了“试验总要求”，在“抗振动能力试验”中增加了扫频振动试验方法，以适合我国的试验要求[见 6.1.1 和 6.3.1.2a)]；

——增加了检验规则、包装标志、说明书的“通则”中的 8.2.1.1 和“通用说明”及包装、运输、储存的要求，以适用我国技术要求(见 8.1.2、8.2.1.1、8.2.2、8.3、8.4、8.5 和 8.6)，并删除了该国际标准中 6.1 的使用说明要求，因其不符合我国实际情况；

——本标准依据 GB/T 1.1—2009 的规定进行编制，在结构上有较多的调整，附录 M 列出了本标准与 ISO/PAS 11154:2006(E)的章条编号对照一览表。

本标准附录 A、附录 B、附录 C、附录 D、附录 E、附录 F、附录 G、附录 J、附录 K、附录 L 是规范性附录，附录 H、附录 I 和附录 M 是资料性附录。

本标准由全国汽车标准化技术委员会(SAC/TC 114)提出和归口。

本标准主要起草单位：广东东箭汽车用品制造有限公司、江苏科达车业有限公司、佛山市顺德区质量技术监督标准与编码所。

本标准起草人：唐杰、张洪贵、李军生、封铭、柏惟栋、王荣发、麦均荣、朱全。

汽车顶部装载装置

1 范围

本标准规定了汽车顶部装载装置的术语和定义、类别代号、要求、试验方法、检验规则、标志、说明书、包装、运输和储存。

本标准适用于在MI类和G类道路车辆外顶部安装的装载装置,以下简称“车顶装载装置”。

2 规范性引用文件

下列文件对于本文件的应用是必不可少的。凡是注日期的引用文件,仅注日期的版本适用于本文件。凡是不注日期的引用文件,其最新版本(包括所有的修改单)适用于本文件。

GB/T 191 包装储运图示标志(GB/T 191—2008,ISO 780:1997,MOD)

GB/T 700 碳素结构钢

GB/T 1040(全部) 塑料 拉伸性能的测定 第2部分:模塑和挤塑塑料的试验条件[ISO 527(全部),IDT]

GB/T 1043.1—2008 塑料 简支梁冲击性能的测定 第1部分:非仪器化冲击试验(ISO 179-1:2000,IDT)

GB 1589 道路车辆外廓尺寸、轴荷及质量限值

GB/T 1766 色漆和清漆 涂层老化评级方法

GB/T 1865 色漆和清漆 人工气候老化和人工辐射暴露(滤过的氙弧辐射)(GB/T 1865—1997,ISO 11341:1994,EQV)

GB/T 3190 变形铝及铝合金化学成分(GB/T 3190—2008,ISO 209:2007,MOD)

GB/T 6461—2002 金属基体上金属和其他无机覆盖层腐蚀试验后的试样和试件的评级(ISO 10289:1999,IDT)

GB/T 7762 硫化橡胶或热塑性橡胶 耐臭氧龟裂 静态拉伸试验(GB/T 7762—2003,ISO 1431-1:1989,MOD)

GB/T 10125—1997 人造气氛腐蚀试验 盐雾试验(ISO 9227:1990,EQV)

GB 11566 乘用车外部凸出物(ECE R26—2007,MOD)

GB/T 16422.2 塑料实验室光源暴露试验方法 第2部分:氙弧灯(GB/T 16422.2—1999,ISO 4892-2:1994,IDT)

GB/T 20878 不锈钢和耐热钢 牌号及化学成分

ISO 6487 道路车辆 冲击试验测量技术 仪器设备(Road vehicles—Measurement techniques in impact test—instrumentation)

3 术语和定义

下列术语和定义适用于本文件。

3.1

车顶装载装置 roof load carrier

在汽车外顶部上装载物体的装置。

3.2

车顶架　roof rack

通过自身与车身固定，并在车顶上用来装载物体的特定用途的支架。

3.3

车顶杆　roof bar

带有连接装置，并能使车辆顶部装载物体的支撑杆。

3.4

自行车架　bicycle carrier

在车顶杆上用来装载自行车的装置。

3.5

自行车车轮架　bicycle-wheel carrier

在车顶杆、车顶框或车顶架上装载自行车车轮的装置。

3.6

滑雪板和/或雪橇架　ski and/or snow-board carrier

在车顶杆、车顶框或车顶架上装载滑雪板、雪橇和/或滑雪杆的装置。

3.7

帆板和/或冲浪板架　sailboard and/or surfboard carrier

在车顶杆、车顶框或车顶架上装载帆板和/或冲浪板的装置。

3.8

帆板桅杆架　sailboard mast carrier

在车顶杆、车顶框或车顶架上装载帆板桅杆的装置。

3.9

车顶箱　roof container

在车顶杆、车顶框或车顶架上装载物体（如行李箱、包、滑雪板等）的容器，示例见图1。

3.10

独木舟和/或皮划艇架　canoe and/or kayak carrier

在车顶杆、车顶框或车顶架上装载独木舟和/或皮划艇的装置。

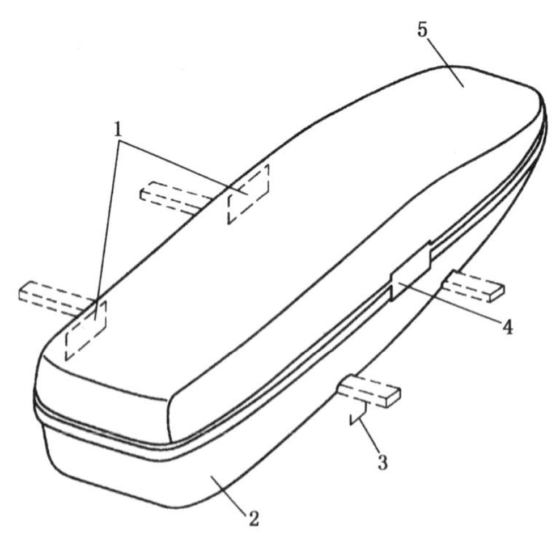

1——铰链；
2——底部；
3——连接装置；
4——开启装置；
5——顶部。

图1　车顶箱

3.11

车顶框　roof deck(basket)

用于装载行李箱、包、滑雪板和/或车顶箱等物体的框式装置或平台,示例见图2。

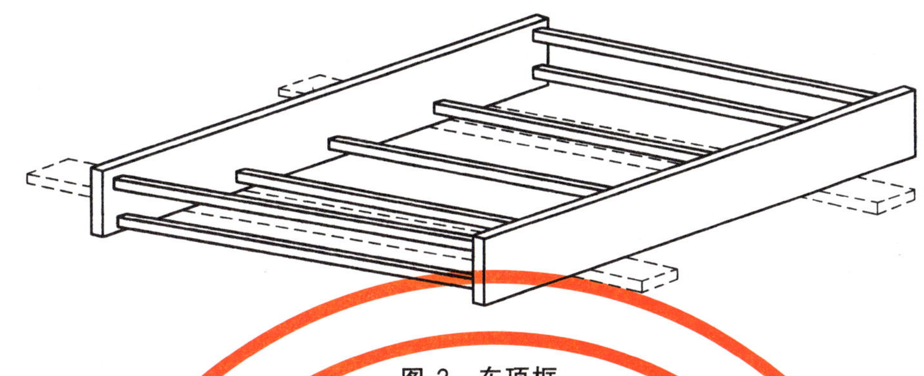

图2　车顶框

3.12

梯子架　ladder holder

通过自身与车身固定,并在车顶上用来装载梯子的特定用途的车顶装置。

3.13

固定物体装置　load fixing device

用来在车顶杆和/或车顶框和/或车顶架上固定物体的装置,如纺织带、金属带、合成材料带、挂钩等,示例见图3。

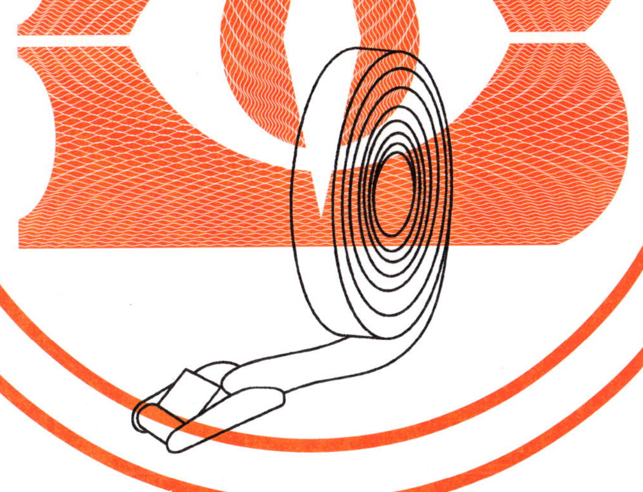

图3　固定物体装置

3.14

车辆顶部最大承载量　maximum vehicle roof load

最大承载质量,车辆制造商规定的在车辆顶部上的承载限量,代号为m_d,单位为kg。

3.15

车顶装载装置最大装载量　maximum roof carrier load

最大装载质量或装载数量,装置制造商规定的在装置上的装载限量,代号为m_b,单位为kg或数量单位。

3.16

特定车顶装载装置质量　mass of the specific roof device set

设计成装载特定物体或通过自身与车辆进行固定的车顶装载装置中所有组件的质量之和,代号为$m_{e\ mdev}$,单位为kg。

3.17

车顶装载装置质量　mass of set of roof load carrier device

整套车顶装载装置的总质量,代号为 m_e,单位为 kg。

3.18

理论最大装载量　theoretical maximum load

为车辆顶部最大承载量 m_d 减去车顶装载装置质量 m_e 或减去特定车顶装载装置质量 $m_{e\ mdev}$ 的差值,代号为 m_n,单位为 kg。

3.19

实际最大装载量　actual maximum load

为理论最大装载量 m_n 或车顶装载装置最大装载量 m_b 中的最小者,代号为 m_x,单位为 kg。

3.20

升力　lifting force

在测试中,用来模拟风力作用的垂直分量和/或由载物作用产生的垂直力,代号为 F_a,单位为 N。

3.21

向前纵向力　forward longitudinal force

在测试中,用来模拟由载物引起的在 X 平面(见图 4)的水平向前力 F_l 或水平向后力 $-F_l$,代号为 F_l,单位为 N。

3.22

水平力　horizontal force

在测试中,用来模拟在转弯、刹车过程中由载物作用产生的 20°水平方向上的力,代号为 F_{lq},单位为 N。

3.23

横向力　lateral force

在测试中,用来模拟由载物引起的在平行于 Y 平面(见图 4)的水平分量的力,代号为 F_{lat},单位为 N。

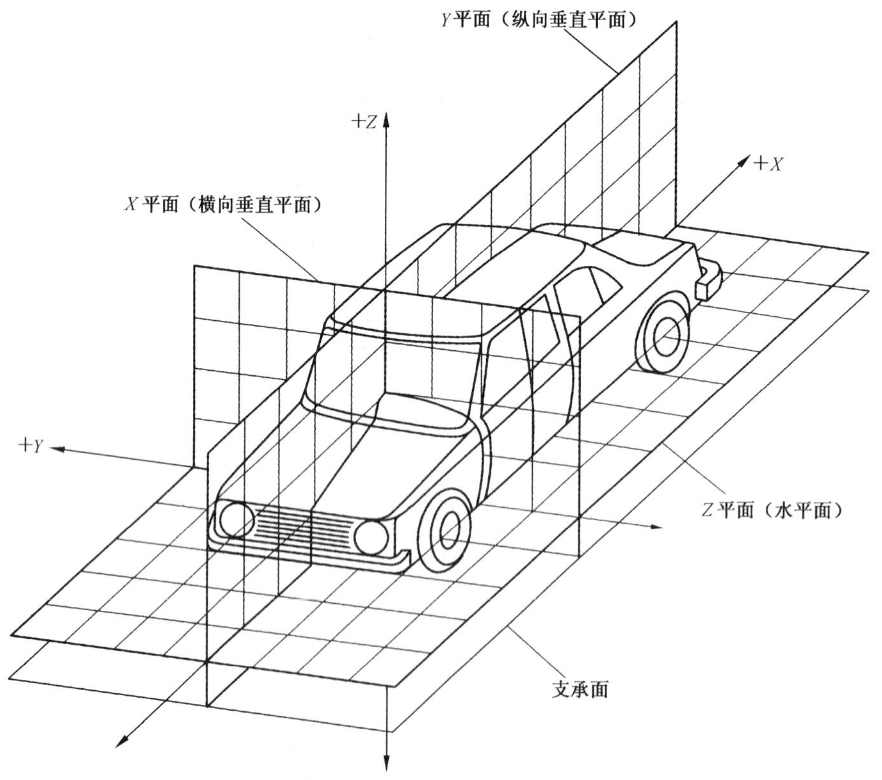

图 4　汽车三维坐标系

3.24

梯子升力　ladder lifting force

在梯子末端测试过程中，用来模拟梯子斜度作用而产生的交互力，代号为 $F_{a\ lad}$，单位为 N。

3.25

装置的角位置　angular position of the device

车顶装载装置与垂直平面间的角度，代号为 α，见图 5。

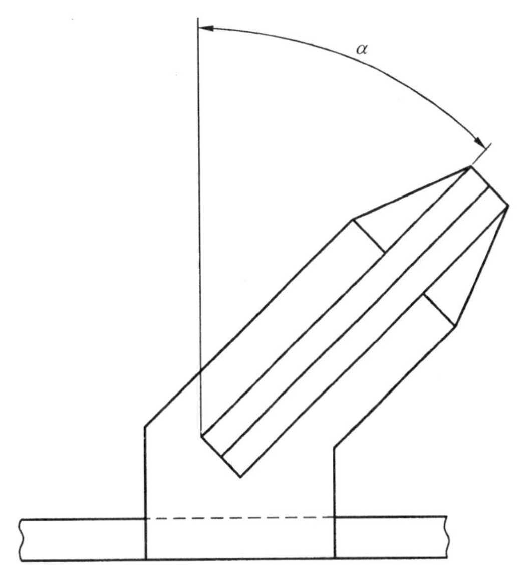

图 5　装置的角位置

3.26

挠度　deflection

车顶装载装置在安装到车顶后，在测试条件下的永久变形量和滑动位移量之和，代号为 d，单位为 mm。

4　类别代号

车顶装载装置的类别代号见表 1。

表 1　车顶装载装置类别代号

类型	对应定义条款号	代号
车顶杆	3.3	A
磁性车顶架	—	B
磁性滑雪板、雪橇架		C
磁性安装式出租车和广告标识		D
车顶架	3.2	E
梯子架	3.12	F
带连接装置的车顶箱	—	G
自行车架	3.4	H

表 1（续）

类型	对应定义条款号	代号
自行车车轮架	3.5	I
滑雪板和/或雪橇架	3.6	J
帆板和/或冲浪板架	3.7	K
帆板桅杆架	3.8	L
车顶箱	3.9	M
机械安装式出租车和广告标识	—	0
独木舟和/或皮划艇架	3.10	P
车顶框	3.11	Q
固定物体装置	3.13	R

5 要求

5.1 一般要求

5.1.1 车顶装载装置应符合本标准的要求，并按规定程序批准产品图样制造。

5.1.2 车顶装载装置设计时应确保安装尺寸的合适性、与安装车辆的匹配性，安装后不应影响车辆的正常驾驶，并应确保符合相关机动车辆法律法规和强制性标准的要求。

5.1.3 凸出物和外形应符合下列要求：

a) 车顶装载装置的宽度限制在车顶面板的宽度内，安装后的总体尺寸应符合 GB 1589 的要求；

b) 安装在 M1 类汽车上的所有连接部分的外径及相关要求应符合 GB 11566 的规定。

5.1.4 紧固件应具有足够的防腐能力。

5.2 主要材料要求

5.2.1 所使用的不锈钢应符合 GB/T 20878 的要求，碳素钢应符合 GB/T 700 的要求，铝合金应符合 GB/T 3190 的要求。

5.2.2 塑料结构件在经过氙弧灯光源暴露试验后，其冲击强度和/或拉伸强度的变化率应不超过 10%。

注：选择冲击强度还是拉伸强度试验应根据在使用中部件的实际受力情况来确定。

5.2.3 橡胶件应符合相关国家标准和行业标准要求。对没有相关要求的橡胶件，其主要性能应符合表 2 的要求。

表 2 橡胶件主要性能

项目	性能要求
氙灯耐候性能	变色应不低于 1 级，失光应不低于 1 级，无粉化、无开裂、无剥落、无起泡
耐臭氧能力	拉伸强度变化率应不超过 10%，且应无由于试验而产生的破裂
耐高低温性能	应不起泡、不剥离、不失光、不变色、无龟裂
耐热水性能	表面应无泛白、龟裂、破损、起泡等老化现象
硬度	75±5（邵氏 A）

5.2.4 车顶箱(G 类和 M 类)的外壳材料在经过耐气候性试验后，应满足下列相应类型材料的要求：

a) 符合下述要求的为 A 类材料：

1) 试验后的冲击强度不低于试验前的 75%；

2) 暴露试验后的冲击强度可低于 30 kJ/m²。

b) 符合下述要求的为 B 类材料：

1) 试验后的冲击强度低于试验前的 75%；

2) 暴露试验后的冲击强度不低于 30 kJ/m²。

c) 下述材料不适用于制造车顶箱外壳：

1) 试验后的冲击强度低于试验前的 75%；

2) 暴露试验后冲击强度低于 30 kJ/m²。

5.3 车顶装载装置性能

5.3.1 通用性能

5.3.1.1 抗碰撞性能

按 6.3.1.1 的规定进行试验后，车顶装载装置应符合下列要求：

a) 载物应与车顶装载装置继续保持固定；

b) 载物和车顶装载装置应保留在车顶上；

c) 车顶装载装置上质量大于 10 g 的任一部件都应继续固定在车顶装载装置上。

5.3.1.2 抗振动性能

按 6.3.1.2 的规定进行试验后，车顶装载装置应符合下列要求：

a) 结构部件在连接点的位移应不超过 2 mm；

b) 载物应继续固定在车顶装载装置上；

c) 载物和车顶装载装置应继续固定在车辆和车顶上；

d) 部件应无变形；

e) 紧固件的旋转度应不超过 10°。

5.3.1.3 耐腐蚀性能

除不锈钢外，车顶装载装置的其他金属件均应进行表面防腐处理。在经过耐腐蚀性能试验后，车顶装载装置应能达到 GB/T 6461—2002 中规定的 9 级以上(含 9 级)，且在拆卸过程中车顶装载装置的任何部件都不应出现断裂。

5.3.1.4 耐高低温性能

在经过耐高低温试验后，喷、涂层车顶装载装置表面不应有起泡、剥离、失光、变色、龟裂等现象，镀层车顶装载装置不应有起泡、开裂、脱落等现象。

5.3.1.5 氙灯耐气候老化性能

喷、涂层和化学转化膜层车顶装载装置经过氙灯耐气候老化试验后，变色、失光应不低于 1 级，且应无粉化、开裂、剥落、起泡等现象。

5.3.2 特定性能

5.3.2.1 车顶箱的特定性能

a) 车顶箱的功能可靠性。

在－40 ℃和＋70 ℃下的功能可靠性试验后应无明显的变形，且变形应不影响车顶箱的正常工作，按使用说明要求应能安全地开、关车顶箱。

b) 车顶箱的耐低温性(G类和M类)。

按6.3.2.1b)规定进行低温跌落试验后，车顶箱各组成部分应无分离和不出现穿孔。

5.3.2.2 车顶杆(A类)和车顶架(E类)特定性能

按6.3.2.2的规定进行试验后，车顶装载装置应符合下列要求：

a) 在 F_a 情况下：
   1) 车顶装载装置应继续固定在车顶上；
   2) 任何部件应无损坏发生；
   3) 如果前后连接装置不同，则试验后，后部车顶杆在 $0.5F_a$ 下应继续固定在车顶上。

b) 在 F_l 情况下：
   1) 载物应继续固定在车顶装载装置上；
   2) 任何部件应无损坏发生；
   3) 在 $0.5F_l$ 下的瞬间挠度应不超过10 mm。

   注：最大挠度 d 应不超过50 mm。

c) 在 $-0.5F_l$ 情况下：
   1) 载物应继续固定在车顶装载装置上；
   2) 任何部件应无损坏发生；
   3) 最大挠度 d 应不超过50 mm。

d) 在 F_{lq} 情况下：
   1) 载物应继续固定在装载装置上；
   2) 任何部件应无损坏发生；
   3) 在 $0.5F_{lq}$ 下的瞬间挠度应不超过10 mm；
   4) 最大挠度 d 应不超过50 mm。

5.3.2.3 H类～P类和Q类附加件机械安装特定性能

a) 与车顶杆的匹配性。配件与车顶杆间的固定和装载的匹配性，应通过配件本身和/或连接件来确保。

b) 配件定位。配件的定位应与配件和车顶杆制造商的使用说明书保持一致。

c) 抗静载能力。按6.3.2.3的规定进行试验后，配件的抗静载能力应符合表3的要求。

表3 配件要求

<table>
<tr><th rowspan="2">类型</th><th rowspan="2">在Fa情况下</th><th colspan="2">在 F_l 和 $-F_l$ 情况下</th><th colspan="2">在 $\pm F_{lat}$ 情况下</th></tr>
<tr><th>外观要求</th><th>最大挠度</th><th>外观要求</th><th>最大挠度</th></tr>
<tr><td>H类，自行车架</td><td rowspan="9">a) 载物应仍固定在配件中；
b) 载物和配件应仍固定在车顶行李杆上；
c) 任何部件应不出现断裂</td><td rowspan="9">a) 载物应仍固定在配件中；
b) 载物和配件应仍固定在车顶行李杆上；
c) 任何部件应不出现断裂</td><td>≤50 mm</td><td rowspan="9">a) 载物应仍固定在配件中；
b) 载物和配件应仍固定在车顶行李杆上；
c) 任何部件应不出现断裂</td><td>≤10 mm和10°</td></tr>
<tr><td>I类，自行车车轮架</td><td>≤15°</td><td>≤10 mm和10°</td></tr>
<tr><td>J类，雪橇和/或滑雪板架</td><td>不适用</td><td>≤10 mm</td></tr>
<tr><td>K类，帆板和/或冲浪板架</td><td>≤50 mm</td><td>≤10 mm</td></tr>
<tr><td>L类，帆板桅杆架</td><td>≤50 mm</td><td>≤10 mm</td></tr>
<tr><td>M类，车顶箱</td><td>≤50 mm</td><td>≤10 mm</td></tr>
<tr><td>O类，出租车和广告标识</td><td>不适用</td><td>不适用</td></tr>
<tr><td>P类，独木舟和/或皮划艇架</td><td>≤50 mm</td><td>≤10 mm</td></tr>
<tr><td>Q类，车顶框</td><td>≤50 mm</td><td>≤10 mm</td></tr>
</table>

d） 特定车顶箱的性能。

1） 冲击试验。按附录 G 的规定进行试验后，车顶箱应不出现断裂、损坏和变形。

2） 铰链试验。按附录 G 的规定进行试验后，车顶箱的固定件、铰链及上下层零部件间应不出现断裂、损坏和变形。试验应 23 ℃±5 ℃下进行。

3） 车顶箱的功能可靠性。在－40 ℃和＋70 ℃下的功能可靠性试验后应无明显的变形，且变形应不影响车顶箱的正常工作，按使用说明要求应能安全地开、关车顶箱。

5.3.2.4 磁性车顶架（B 类）和磁性安装式出租车和广告标识（D 类）的特定性能

按 6.3.2.4 的规定进行试验后，磁性装置应符合下列要求：

a） 在 F_a 情况下：

1） 磁性装置应仍固定在车顶上；

2） 任何部件应不出现断裂；

3） 如果前后连接装置不同，在试验结束后，后部装置中的磁性装置在 $0.5F_a$ 下应仍固定在车顶上。

b） 在 F_1 情况下：

1） 载物应仍固定在磁性车顶架上；

2） 任何部件应不出现断裂；

3） 在 $0.5F_1$ 下，稳态挠度应不超过 10 mm；

4） 最大挠度 d 应不超过 50 mm。

c） 在 $-0.5F_1$ 情况下：

1） 载物应仍固定在磁性车顶架上；

2） 任何部件应不出现断裂；

3） 最大挠度 d 应不超过 50 mm。

d） 在 F_{lq} 情况下：

1） 载物应仍固定在磁性车顶架上；

2） 任何部件应不出现断裂；

3） 在 $0.5\ F_{lq}$ 下，稳态挠度应不超过 10 mm；

4） 最大挠度 d 应不超过 50 mm。

5.3.2.5 磁性雪橇/滑雪板架（C 类）特定性能

按 6.3.2.5 的规定进行试验后，磁性雪橇/滑雪板架应符合下列要求：

a） 在 F_a 情况下：

1） 磁性雪橇/滑雪板支架应仍固定在车顶上；

2） 任何部件应不出现断裂；

3） 如果前后连接装置不同，试验结束后，后部装置中的磁性装置在 $0.5\ F_a$ 力下应仍固定在车顶上。

b） 在 F_1 情况下：

1） 载物应仍固定在磁性雪橇/滑雪板架上；

2） 任何部件应不出现断裂；

3） 在 $0.5\ F_1$ 下，稳态挠度应不超过 10 mm；

注：最大挠度 d 应不超过 50 mm。

c） 在 $-0.5\ F_1$ 情况下：

1） 载物应仍固定在磁性雪橇/滑雪板架上；

2） 任何部件应不出现断裂；

3） 最大挠度 d 应不超过 50 mm。

d） 在 F_{lq} 情况下：

1） 载物应仍固定在磁性雪橇/滑雪板架上；

2） 任何部件应不出现断裂；

3） 在 0.5 F_{lq} 下，稳态挠度应不超过 10 mm；

4） 最大挠度 d 应不超过 50 mm。

e） 在 F_{lat} 情况下：

1） 载物应仍固定在磁性雪橇/滑雪板支架上；

2） 任何部件应不出现断裂；

3） 最大挠度 d 应不超过 50 mm。

5.3.2.6 梯子架（F类）的特定性能

按 6.3.2.6 的规定进行试验后，梯子架应符合下列要求：

a） 在 F_a 情况下：

1） 梯子架应仍固定在车顶上；

2） 任何部件应不出现断裂。

b） 在 F_l 情况下：

1） 载物应仍固定在梯子架上；

2） 任何部件应不出现断裂；

3） 最大挠度 d 应不超过 50 mm。

c） 在 $-0.5F_l$ 情况下：

1） 载物应仍固定在梯子架上；

2） 任何部件应不出现断裂；

3） 最大挠度 d 应不超过 50 mm。

d） 在 F_{lq} 情况下：

1） 载物应仍固定在梯子架上；

2） 任何部件应不出现断裂；

3） 最大挠度 d 应不超过 50 mm。

e） 在 F_{ladd} 情况下：

1） 载物应仍固定在梯子架上；

2） 载物和梯子架应仍固定在车顶上；

3） 任何部件应不出现断裂。

5.3.2.7 带连接装置车顶箱（G类）特定性能

按 6.3.2.7 的规定进行试验后，带连接装置车顶箱应符合下列要求：

a） 在 F_a 情况下：

1） 带连接装置车顶箱应仍固定在车顶上；

2） 任何部件应不出现断裂；

3） 如果前后连接装置不同，一旦试验结束，后部连接装置在 $0.5F_a$ 下应仍固定在车顶上。

b） 在 F_l 情况下：

1） 载物应仍固定在带连接装置车顶箱上；

2） 任何部件应不出现断裂；

3） 在 $0.5F_l$ 下，稳态挠度应不超过 10 mm；

4） 最大挠度 d 应不超过 50 mm。

c） 在 $-0.5F_1$ 情况下：

1） 载物应仍固定在带连接装置车顶箱上；

2） 任何部件应不出现断裂；

3） 最大挠度 d 应不超过 50mm。

d） 在 F_{1q} 情况下：

1） 载物应仍固定在车顶箱上；

2） 任何部件应不出现断裂；

3） 在 $0.5F_{1q}$ 下，稳态挠度应不超过 10 mm；

4） 最大挠度 d 应不超过 50 mm。

e） 冲击试验。

按附录 G 的规定进行试验后，带连接装置车顶箱应不出现断裂、损坏和变形。

f） 铰链试验。

按附录 G 的规定进行试验后，带连接装置车顶箱的紧固件、铰链及上下层零部件间应不出现断裂、损坏和变形。

5.3.2.8 固定物体装置（R 类）的要求

当按 6.3.2.8 的规定进行试验后，固定物体装置（纺织带、皮带、钢带等）应无破裂出现。

5.4 外观

车顶装载装置的外观应符合如下要求：

a） 金属件表面不应有明显的碰伤、毛刺、锋棱、锈迹、麻点、斑点、划痕、色泽不均等现象，其镀层或涂层不应有龟裂、起泡、剥落等现象，花纹涂层的花纹应均匀、清晰；

b） 金属件焊接处不应有虚焊、缺焊、焊接不均、焊缝不平整等现象；

c） 塑料、橡胶装饰件表面不应有明显的划伤、变形、色泽不均、龟裂等现象。

6 试验方法

6.1 总则

6.1.1 试验总要求

除非另有规定，否则试验应在 6.1 的规定下进行。

6.1.2 试验样品

新样品可用于每个试验，包括每阶段的试验。耐腐蚀性试验和材料试验可用已进行过试验的样品进行。

6.1.3 试验装置

6.1.3.1 在试验过程中，用来承载特定用途的车顶装载装置和/或附件的试验装置，及用来承载的车顶杆、车顶架和车顶框的试验箱，应符合附录 B 的要求。

6.1.3.2 试验装置的质量应符合表 4 的要求。

表 4　试验装置质量

试验装置	质量/kg
试验箱	按制造商的规定
车顶架、车顶框	按制造商的规定
自行车(每辆)	17
自行车车轮(每个)	2
车顶箱	按制造商的规定
滑雪橇(每对)	7
滑雪板(每块)	7
帆板、皮划艇、独木舟	25
桅杆	3
出租车和广告标识	按制造商的规定
梯子	按制造商的规定

6.1.4　试验装置的固定

6.1.4.1　试验箱应按图 6、图 7 和图 8 的要求牢固地固定在车顶杆、车顶架或车顶框上，以防止车顶装载装置与试验箱之间出现任何移动。

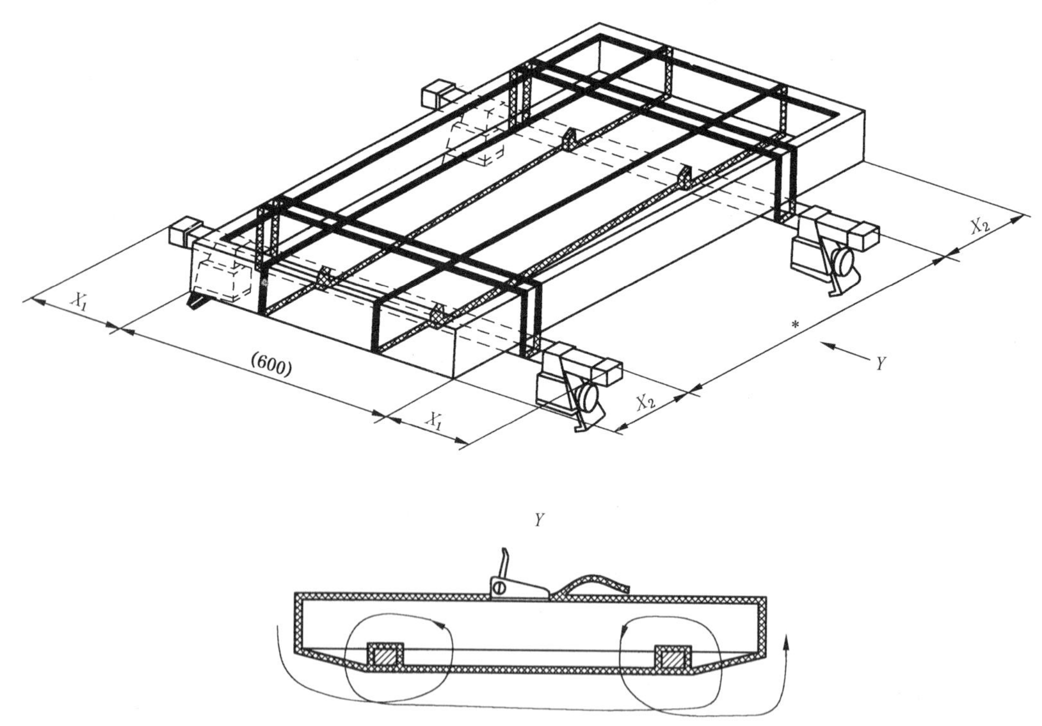

注：* 按安装使用说明书的规定或默认为 700 mm。

图 6　试验箱安装和固定

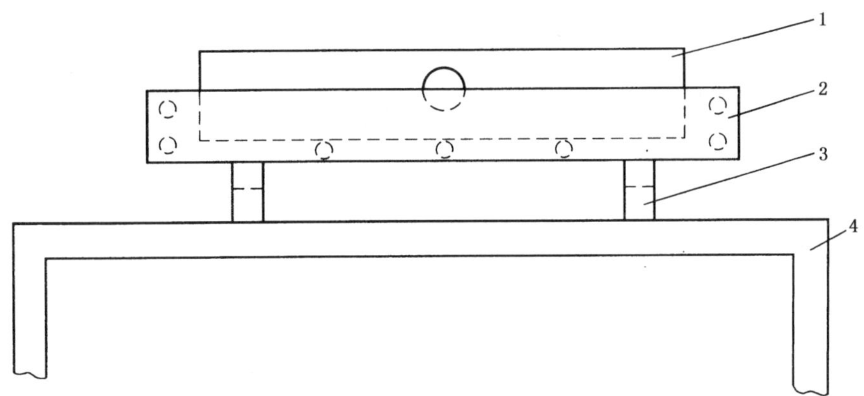

1——试验载荷；
2——车顶框；
3——车顶杆；
4——试验台。

图 7 试验箱固定

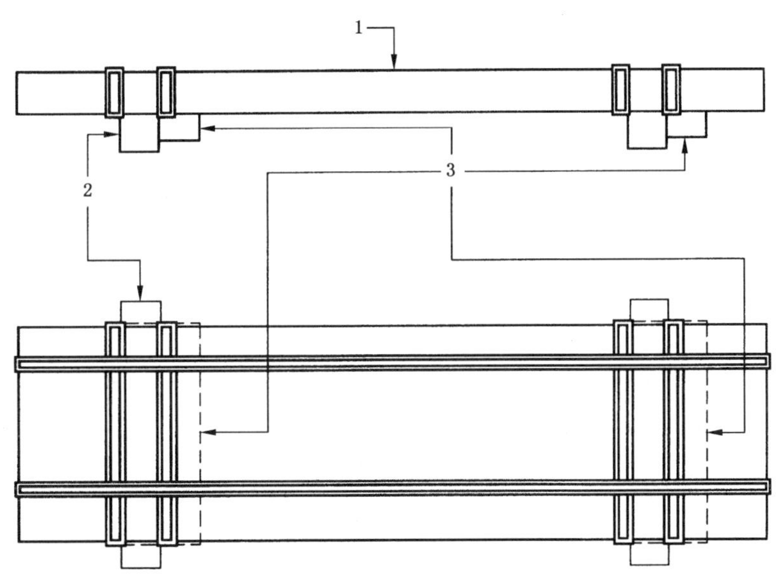

1——试验箱；
2——车顶杆；
3——支撑管。

注：载物重心即为试验箱重心。

图 8 试验载物固定

6.1.4.2 对具有特定形状和对使用进行了警示说明的承重杆，试验箱应进行刚性安装。载物应安装在宽度为 700 mm 的硬质支撑板上。每个杆用安装块进行两端安装，在 Y 方向上的安装距离为 600 mm，载物和支撑板对称安装在杆上。载物重心离车顶杆表面的垂直距离为 50 mm～80 mm。车顶杆应按图 7 的规定在支撑杆上固定载物进行试验。

6.1.4.3 对C、F、H、L、P类车顶装载装置，规定的试验载物（试验用自行车、试验用雪橇等）应根据车顶装载装置使用说明书的规定进行安装。

6.1.4.4 在将附件安装到装置时，如果未使用由车顶杆或车顶架制造商指定的所有安装点，或是为了安装附件而对这些装置进行了改动，则都应对车顶与车顶装载装置的安装情况进行确认试验。

6.1.4.5 杆与试验台间的距离应符合车顶装载装置的安装说明书的要求。如果制造商说明书中未进行明确，试验台与车顶杆间的距离应为700 mm。当车顶杆有特殊要求时，车顶杆应永久地连接到试验台上。附件应安装在试验台中部。

6.1.4.6 对可调的车顶装载装置应在安装说明书中规定的最不利安装状态下进行试验。

6.1.4.7 对超过两个杆的装载装置，试验箱应依次进行连接：

a) 从第一个到第二个，再其他；

b) 从第二个到第三个，依次进行。

6.1.5 车顶装载装置的装载

6.1.5.1 在试验过程中，用于装载的试验装置应在每个试验方法中进行明确。

6.1.5.2 实际最大装载量 m_x（见3.19）应调试到准确度为±1 kg。

6.1.5.3 在每次试验前，应根据制造商说明书的规定，对装置进行固定、松开、再紧固的操作。

6.1.5.4 所使用的力矩或力应符合制造商说明书的要求，在没有对所使用的力矩或力进行说明时，应按附录C的规定。

6.1.6 静载试验力值

6.1.6.1 施加时间

试验力应在5 s～10 s（偏差为0～5%）达到最大值。

6.1.6.2 升力 F_a

升力 F_a（见3.20）是安装在车辆顶部物体前部水平X面上所引起的作用力。表5给出了每类车顶装载装置静载试验时的 F_a 值。

表5 各类车顶装载装置试验升力

车顶装载装置类型	代号	F_a/N
车顶杆	A	如果根据制造商规定，两块冲浪板能并排安装，为3 000 如果能安装一个冲浪板，或一些冲浪板可安装在其他上面，为2 500 如果固定不相同，在后杆上为1 500
磁性车顶架	B	如果根据制造商规定，两块冲浪板能并排安装时，为3 000 如果能安装一个冲浪板，或一些冲浪板可安装在其他上面，为2 500 在后部安装点上，为1 500
磁性滑雪板、雪橇架	C	240×雪橇数量（并排） 120×在后部固定点上的雪橇数量 720×滑雪板数量（并排） 360×在后部固定点上的滑雪板数量
磁性安装式出租车和广告标识	D	不适用
车顶架	E	3 000 如果固定不相同，在后杆上为1 500

表 5（续）

车顶装载装置类型	代号	F_a/N
梯子架	F	1 000×梯子数量(并排)
固定在车顶的车顶箱	C	2 000 如果固定不相同，在后杆上为 1 000
自行车架	H	600 或单个车顶杆上有多个自行车架时为 600×自行车数量
自行车车轮架	I	不适用
滑雪板和/或雪橇架	J	240×雪橇数量(并排) 720×滑雪板数量(并排)
帆板和/或冲浪板架	K	1 500
帆板桅杆架	L	不适用
车顶箱	M	2 000
机械安装式出租车和广告标识	O	不适用
独木舟和/或皮划艇架	P	1 500
车顶框	Q	2 500
固定物体装置	R	不适用

6.1.6.3 **纵向力，F_l**

a) 前纵向力 F_l(见 3.21)和后纵向力 $-F_l$ 是由车顶装载物体重量引起的。表 6 给出了与车顶装载装置最大装载量 m_b(见 3.15)相对应的 F_l 和 $-F_l$ 值，并在静载试验中应用。

注：当车顶载物是以数量表示时，则所要考虑的质量应是试验装置质量与载物数量的乘积。

表 6 前后纵向力(A、C、E、M、P、Q 类车顶装载装置)

车顶装载装置最大装载量 m_b/kg	纵向力的一半($0.5F_l$ 或 $-0.5F_l$)/N	纵向力 F_l/N
1	20	40
30	600	1 200
40	800	1 600
50	1 000	2 000
60	1 200	2 400
70	1 400	2 800
80	1 600	3 200
90	1 800	3 600
100	2 000	4 000
300	6 000	12 000
注：未包括在表内的任何力值可通过线性内推法导出。		

b) 对广告和出租车标识，后纵向力是装载装置面积的垂直分量。表 7 给出了与装载装置面积 S 相对应的 $-F_l$ 值，并在静载试验中应用。

表 7　后纵向力 F_l(D 和 O 类车顶装载装置)

广告或出租车标识面积 S/m^2	后纵向力的一半($-0.5F_l$)/N	后纵向力($-F_l$)/N
0	0	0
0.1	240	480
0.2	480	960
0.3	720	1 440
0.4	960	1 920
0.5	1 200	2 400
注：未包括在表内的任何力值可通过线性内推法导出。		

6.1.6.4　水平力

a)　20°方向上的水平力 F_{lq}(见 3.22)是由车辆顶部承载重量所产生的。表 8 给出了与车顶装载装置最大装置量 m_b(见 3.15)相对应的 F_{lq}值,并在静载试验中应用。

注：当车顶载物是以数量表示时,则所要考虑的质量是试验装置质量与载物数量的乘积。

b)　20°水平力试验不适用 N 和 O 类车顶装载装置。

表 8　A、M、P 和 Q 类车顶装载装置的 20°水平力

车顶装载装置最大装载量 m_b/kg	纵向力的一半($0.5F_{lq}$)/N	纵向力(F_{lq})/N
1	20	40
30	600	1 200
40	800	1 600
50	1 000	2 000
60	1 200	2 400
70	1 400	2 800
80	1 600	3 200
90	1 800	3 600
100	2 000	4 000
300	6 000	12 000
注：未包括在表内的任何力值可通过线性内推法导出。		

6.1.6.5　横向力 F_{lat}

横向力 F_{lat}(见 3.23)是由车辆顶部承载重量所产生的。表 9 给出了与车顶装载装置最大装载量 m_b(见 3.15)相对应的 F_{lat}值,并在静载试验中应用。

注：当车顶载物是以数量表示时,则所要考虑的质量是试验装置质量与载物数量的乘积。

表 9　与车顶装载装置最大装载量 m_b 相对应的 F_{lat} 值

装载装置类型	代号	横向力 F_{lat}/N
磁性滑雪板、雪橇架	C	240×雪橇数量(并排) 720×滑雪板数量(并排)
磁性安装式出租车和广告标识	D	不适用
自行车架	H	600
自行车车轮架	I	不适用
滑雪板和/或雪橇架	J	240×雪橇数量 720×滑雪板数量
帆板和/或冲浪板架	K	375×冲浪板数量
帆板桅杆架	L	不适用
车顶箱	M	20×(载物+车顶箱质量)
机械安装式出租车和广告标识	O	不适用
独木舟和/或皮划艇架	P	375×独木舟数量
车顶框	Q	20×(载物+车顶行李框质量)
固定物体装置	R	不适用

6.2　主要材料性能试验

6.2.1　所使用的不锈钢按 GB/T 20878 的规定进行检验，碳素钢按 GB/T 700 的规定进行检验，铝合金按 GB/T 3190 的规定进行检验。

6.2.2　结构塑料件的氙弧灯光源暴露试验按 GB/T 16422.2 的规定进行，试验时间为 250 h，试验应在样品中进行。试验前后试样的拉伸强度按 GB/T 1040 的规定进行测定，冲击强度按 GB/T 1043.1 的规定进行测定，并计算试验前后试样拉伸强度和/或冲击强度的变化率。

注：选择冲击强度还是拉伸强度试验应根据在使用中部件的实际受力情况确定。

6.2.3　橡胶件主要性能试验应取三个试样，其中两个作为试验用，另一个作为试验结果比对用，试验方法按下列规定进行：

a)　氙灯耐候性能按 GB/T 1865 的规定进行试验，试验时间为 500 h。试验后，将试验试样与比对试样进行比较，并按 GB/T 1766 的规定进行评价；

b)　耐臭氧性能试验应在臭氧浓度为 50 pphm±5 pphm 下进行，试验时间为 48 h。臭氧试验后，在延伸率为 20 %±2 %下按 GB/T 7762 的规定在试样上进行拉伸强度测试，且试样应无破裂；

c)　耐高低温性能试验前，试样在室温试验环境下放置时间应不少于 8 h。试验时，将试样放置在温度为 70 ℃的恒温箱内保持 24 h 后，将试样放置在－40 ℃的低温箱中保持 24 h，再取出试样放在 23 ℃的室温试验环境中保持 2 h，此为一个试验循环，共进行 7 个循环的试验；

d)　耐热水性能试验为在 60 ℃的水中保持 96 h；

e)　硬度测试时，在试样上任选 3 个测试点，用邵氏硬度计测量每个测试点的硬度值，以最小值作为试验结果。

6.2.4　车顶箱(G 类和 M 类)外壳材料的耐气候性试验按下列规定进行：

a)　车顶箱外壳材料的耐气候性试验应按 GB/T 16422.2 的规定进行。在稳态下的试验持续时间为 250 h，辐照强度为 0.47 W/m²±0.02 W/m²(在 340 nm 时)，黑板标准温度为 65 ℃±3 ℃，一个试验周期为喷洒时间 18 min±0.5 min 和其后的干燥时间 102 min±0.5 min。在干燥阶段的相对空气湿度为 65 %±5 %；

b) 按 GB/T 1043.1 的规定进行冲击强度试验后，应根据 GB/T 1043.1—2008/1FU 的规定对试验前和试验后的试样进行冲击强度试验；

c) 冲击强度试验应在进行试验前的试样上进行。试验后冲击强度减少量应由按制造工艺确定的具有同向性的样品来决定；

d) 按照下列要求(评价和分类见表 10)对试验结果进行评估，以测定试验前样品和试验后样品的冲击强度试验值。为得到冲击强度试验结果的真值(或实际值)或是按 GB/T 1043.1 得到平均值，10 个进行过试验的样品中应要有 7 个出现裂痕。如果试验前样品在进行冲击强度测定时出现的裂痕为 0 %(即无裂痕出现、样品只是弯曲和/或拉伸，可能会出现应力泛白)，应采用在试验设备上显示的在拉伸、无裂痕状态(状态 4 和状态 5)下的冲击强度试验值。

表 10 冲击强度

状态	起始值，试验前	在臭氧进行 250 h 试验后	分类
1	——无裂痕	——无裂痕	A
2	——裂痕； ——冲击强度 X(kJ/m²)	——裂痕； ——剩余冲击强度 Y(kJ/m²)≥75%X	A
3	——裂痕； ——冲击强度 X(kJ/m²)	——裂痕； ——剩余冲击强度 Y(kJ/m²)<75%X ——Y≥30(kJ/m²)	B
4	——无裂痕； ——表面冲击强度 X(kJ/m²)	——裂痕； ——剩余冲击强度 Y(kJ/m²)≥75%X	A
5	——无裂痕； ——表面冲击强度 X(kJ/m²)	——裂痕； ——剩余冲击强度 Y(kJ/m²)<75%X ——Y≥30(kJ/m²)	B
6	——裂痕； ——冲击强度 X(kJ/m²)	——裂痕； ——剩余冲击强度 Y(kJ/m²)<75%X ——Y<30(kJ/m²)	不适用制造车顶箱材料

6.3 车顶装载装置性能试验

6.3.1 通用性能试验

6.3.1.1 抗碰撞能力试验

按附录 D 的规定进行。

6.3.1.2 抗振动能力试验

可采用以下模拟架振动试验方法或整车试验方法进行：

a) 在进行模拟架振动试验时，模拟车顶装载装置实际安装要求，将样品安装在振动试验台上，在 X、Y、Z 三个方向上进行扫频振动试验，试验严酷等级按表 11 的要求。

表 11 扫频振动试验严酷等级

频率/Hz	振幅/mm	加速度/(m/s²)	扫频频率/(oct/min)	每个方向上的试验时间/h
10～25	1.2	—	1	8
25～500	—	30		

b) 随整车进行的耐振动性试验按附录 E 规定的动态试验方法进行。

6.3.1.3 耐腐蚀性能试验

a) 试验要求。

车顶装载装置耐腐蚀性能的试验要求如下：

1) 试验可以车顶装载装置为试样进行，也可从车顶装载装置上取样进行，且都应在模拟实际安装状态下进行；

2) 试样安装时，应按车顶装载装置制造商规定的平均力矩进行固定，如制造商没有规定时，应按附录 C 的规定进行；

3) 在车顶装载装置上取样时，应从已进行表面处理的车顶装载装置上取一段合适的试样，共取 3 个，其中 2 个作为试验用，另 1 个作为比对用。试样外观应符合 5.4 的要求。

b) 试验方法。

化学转化膜层、镀铬层车顶装载装置的耐腐蚀性能试验按 GB/T 10125—1997 中规定的铜加速盐雾试验方法进行，试验时间为 8 h；其他覆盖层车顶装载装置耐腐蚀性能试验按 GB/T 10125—1997 中规定的中性盐雾试验方法进行，试验时间为 480 h。试验后，将试验试样与比对试样进行比较，并按 GB/T 6461 的规定进行评级。

6.3.1.4 耐高低温性能试验

a) 试验要求。按 6.3.1.3 a)的规定。

b) 电镀层车顶装载装置耐高低温性能试验。试验前，试样在室温试验环境下放置时间应不少于 8 h。试验时，将试样放置在温度为 70 ℃的恒温箱内保持 1.5 h 后，将试样放置在－40 ℃的低温箱中保持 1.5 h，再取出试样放在 23 ℃的室温试验环境中保持 1 h。再按以上规定重复进行一次后，将试样放入－40 ℃的低温箱中保持 16 h。

c) 其他覆盖层车顶装载装置耐高低温性能试验。试验前，试样在室温试验环境下放置时间应不少于 8 h。试验时，将试样放置在温度为 70 ℃的恒温箱内保持 24 h 后，将试样放置在－40 ℃的低温箱中保持 24 h，再取出试样放在 23 ℃的室温试验环境中保持 2 h，此为一个试验循环，共进行 7 个循环的试验。

6.3.1.5 氙灯耐气候老化性能试验

试验要求按 6.3.1.3.1 的规定。氙灯耐气候老化试验按 GB/T 1865 的规定进行，其中化学转化膜车顶装载装置的试验时间为 300 h，喷、涂层车顶装载装置的试验时间为 800 h。试验后，将试验试样与比较试样进行比较，并按 GB/T 1766 的规定进行评价。

6.3.2 特定性能试验

6.3.2.1 车顶箱的特定性能试验

a) 车顶箱的功能可靠性试验。

按下列规定进行：

1) 功能试验应在 1.5 倍的允许载重量下进行；

2) 车顶箱应安装在间距为 700 mm 的承载梁上的使用位置上；

3) 试验应在部件为－40 ℃和 70 ℃下进行，温度应具有均匀性。－40 ℃试验，应在－40 ℃低温箱持续 1 h 后立即进行，70 ℃试验，应在 70 ℃高温箱中持续 6 h 后立即进行。

b) 车顶箱耐低温性(G 类和 M 类)试验。

车顶箱的耐低温性试验在－40 ℃下以跌落试验进行(见图 9)，用质量为 2.5 kg 的重物撞击悬吊的前端(前端不应与地面接触),车顶箱在指定端自由下落,跌落高度为1 m(半成品为A类材料时)或1.25 m(半成品为B类材料时)。

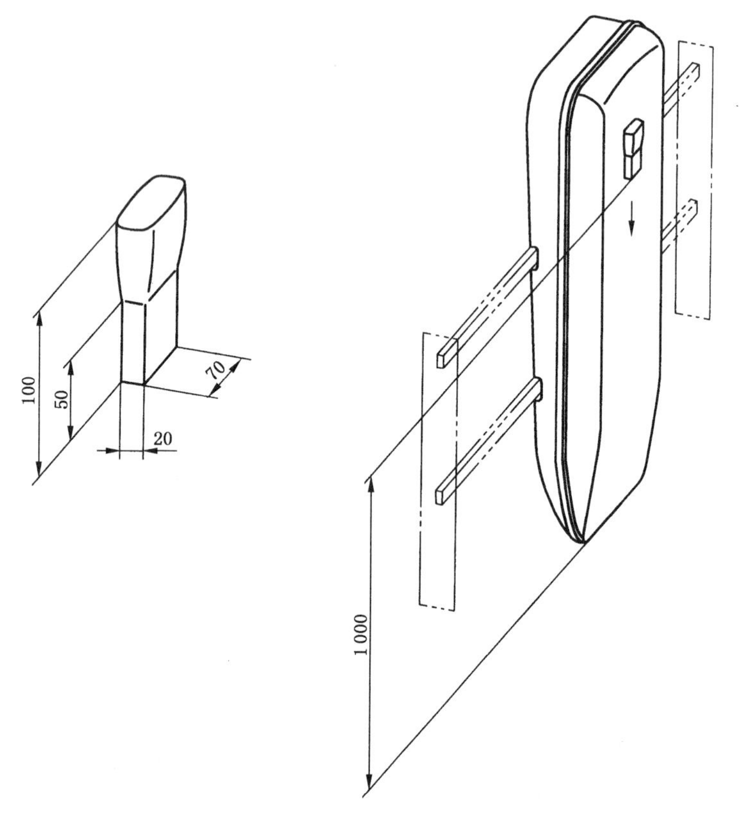

图9 跌落试验

6.3.2.2 **车顶杆(A类)和车顶架(E类)特定性能试验**

力的额定值见6.1.6。试验按附录F的规定进行。

6.3.2.3 **H类~P类和Q类附加件机械安装特定性能试验**

按下列规定进行试验:

a) 力的额定值见6.1.6。
b) 车顶箱的功能可靠性试验:
    1) 应在允许载物重量的1.5倍下进行;
    2) 车顶箱应固定在两根架杠上的使用位置上(水平方向),两根架杠间的距离为700 mm;
    3) 试验在−40 ℃和70 ℃的环境温度下进行。−40 ℃试验应在−40 ℃的低温箱中保持1 h后立即进行,70 ℃试验应在70 ℃的恒温箱中保持6 h后立即进行。
c) 其他试验方法按附录F和附录G的规定。

6.3.2.4 **磁性车顶架(B类)和磁性安装式出租车和广告标识(D类)特定性能试验**

力的额定值见6.1.6。试验按附录F的规定进行。

6.3.2.5 **磁性雪橇/滑雪板架(C类)特定性能试验**

力的额定值见6.1.6。试验按附录F的规定进行。

6.3.2.6 梯子架(F 类)特定性能试验

力的额定值见 6.1.6。试验按附录 F 的规定进行。

6.3.2.7 带连接装置车顶箱(G 类)的特定性能试验

力的额定值见 6.1.6。试验按附录 F 和附录 G 的规定进行。

6.3.2.8 固定物体装置(R 类)特定性能试验

在牵引速度为 50 mm/min～110 mm/min 下施加试验力。

a) 齿扣(纺织品、钢等)特定性能试验。
   按下列规定进行试验：
   1) 对齿扣(简单齿扣)施加一个 250 N 的预紧力；
   2) 向齿扣(简单齿扣)施加一个 2 000 N 的牵引力，如果车顶装载装置制造商规定的牵引力大于2 000N，则使用制造商规定的牵引力；
   3) 在 2 000 N 下测试齿扣(简单齿扣)的瞬时位移量，如果车顶装载装置制造商规定的牵引力大于 2 000 N，则使用制造商规定的牵引力；
   4) 逐步增加牵引力，直到齿扣(简单齿扣)破裂；
   5) 以破裂时的牵引力值作为试验结果。
b) 车辆配置紧固件的特定性能试验。
   按下列规定进行试验：
   1) 向车辆配置的紧固件施加一个 2 000 N 的牵引力，如果车顶装载装置制造商规定的牵引力大于 2 000 N，则使用制造商规定的牵引力；
   2) 逐步增加牵引力，直至破裂；
   3) 以破裂时的牵引力值作为试验结果。

6.4 外观检查

以目测、手感进行。

7 检验规则

7.1 出厂检验

7.1.1 每套车顶装载装置应经制造商检验合格，并附有产品质量合格文件后方能出厂。

7.1.2 出厂检验项目为外观。

7.1.3 当外观检验不合格时，则判该套车顶装载装置不合格。

7.2 型式检验

7.2.1 有下列情况之一，应进行型式检验：

a) 新产品试制定型鉴定时；
b) 正常生产时，如材料、工艺有较大改变，可能影响产品性能时；
c) 正式生产时，每年进行 1 次；
d) 停止生产半年后，恢复生产时；
e) 国家质量监督机构提出要求时。

7.2.2 型式检验项目见表 12，其中材料项目检验，如材料供应商提供了相关合格证明或其他有效证明，可不重复进行。

表 12 型式检验项目

<table>
<tr><th colspan="2">项　目</th><th>要求条款号</th><th>试验方法条款号</th></tr>
<tr><td colspan="2">主要材料要求</td><td>5.2</td><td>6.2</td></tr>
<tr><td rowspan="5">车顶装载装置通用性能</td><td>抗碰撞性能</td><td>5.3.1.1</td><td>6.3.1.1</td></tr>
<tr><td>抗振动性能</td><td>5.3.1.2</td><td>6.3.1.2</td></tr>
<tr><td>耐腐蚀性能</td><td>5.3.1.3</td><td>6.3.1.3</td></tr>
<tr><td>耐高低温性能</td><td>5.3.1.4</td><td>6.3.1.4</td></tr>
<tr><td>氙灯耐气候老化性能</td><td>5.3.1.5</td><td>6.3.1.5</td></tr>
<tr><td rowspan="8">车顶装载装置特定性能</td><td>车顶箱的特定性能</td><td>5.3.2.1</td><td>6.3.2.1</td></tr>
<tr><td>车顶杆(A 类)和车顶架(E 类)的特定性能</td><td>5.3.2.2</td><td>6.3.2.2</td></tr>
<tr><td>H 类、P 类和 Q 类附加件机械安装的特定性能</td><td>5.3.2.3</td><td>6.3.2.3</td></tr>
<tr><td>磁性车顶架(B 类)和磁性安装式出租车和广告标识(D 类)的特定性能</td><td>5.3.2.4</td><td>6.3.2.4</td></tr>
<tr><td>磁性雪橇/滑雪板架(C 类)的特定性能</td><td>5.3.2.5</td><td>6.3.2.5</td></tr>
<tr><td>梯子架(F 类)的特定性能</td><td>5.3.2.6</td><td>6.3.2.6</td></tr>
<tr><td>带连接装置车顶箱(G 类)的特定性能</td><td>5.3.2.7</td><td>6.3.2.7</td></tr>
<tr><td>固定物体装置</td><td>5.3.2.8</td><td>6.3.2.8</td></tr>
<tr><td colspan="2">外观</td><td>5.4</td><td>6.4</td></tr>
<tr><td colspan="2">标志、说明书、包装</td><td>8.1、8.2、8.3</td><td>—</td></tr>
</table>

7.2.3 型式检验的样品应从出厂检验合格的同一批产品中随机抽取，抽取的样品数量应保证检验的要求，一般不少于 5 个样品。其中“外观”项目为所有样品检验项目，其他项目检验均以单独试样进行。

7.2.4 型式检验过程中，若有不合格的项目，可允许加倍抽样对不合格项目进行复检，复检后若仍出现不合格项，则判该次型式检验不合格。

8 标志、说明书、包装、运输和储存

8.1 标志

8.1.1 产品标志

车顶装载装置上应标识以下内容：

a) 制造厂名称或商标；
b) 产品名称、类型和型号；
c) 最大载重量和载物类型；
d) 可追溯性标识；
e) 产品代码；
f) 如果必要，在车辆上的安装位置。

8.1.2 包装箱标志

包装箱表面上应有如下标识：

a) 产品名称；

b) 规格、型号；
c) 产品数量；
d) 出厂日期；
e) 制造厂名称；
f) 制造厂地址；
g) 执行标准编号；
h) 符合 GB/T 191 要求的包装储运图示标志。

8.2 说明书

8.2.1 通则

8.2.1.1 车顶装载装置的说明书应包括通用说明、安装说明和使用说明，对磁性安装装置的使用说明还应符合 8.2.5 的要求，使用说明中的安全说明的编写范例见附录 H。

8.2.1.2 使用说明书应使用销售地的语言编写。

8.2.2 通用说明

通用说明主要包括以下内容：

a) 制造厂名称、商标、地址和联系电话；
b) 产品名称、类型和型号；
c) 产品结构、主要组成部件和功能说明；
d) 主要参数；
e) 执行标准编号；
f) 售后服务。

8.2.3 安装说明

车顶装载装置制造商应提供包括以下内容的安装说明：

a) 应用数字或图解对安装和产品进行详细说明和描述，相似部件应清晰地描述出来；
b) 为了确保将车顶装载装置牢固地安装在车辆上，应对应用在紧固件上的具体力矩值或力值进行说明；
c) 安装点：
   应提供包括外包装说明的应用表单，其内容应包括：
   1) 车顶杆/车顶架/磁性固定装置中固定点的距离约为 700 mm，或是由车辆或装置制造商指定距离(见图 6)；
   2) 安装点应考虑与安装车顶杆、车顶架或磁性安装装置的车辆类型的匹配性；
   3) 安装点应考虑与车顶杆、车顶架或车顶框配件类型的匹配性；
   4) 除制造商规定外，对不能用于车辆或车顶杆、车顶框、车顶架上的车顶装载装置应进行警告性说明；
   5) 应对适合安装配件的车顶杆的类型进行详细说明。

8.2.4 使用说明

车顶装载装置制造商应提供至少包括以下内容的使用说明：

a) 应对车顶装载装置的最大装载质量或载物数量进行说明，或两者都进行说明，并警示不应超过车辆制造商规定的最大装载量和相关规定，附录 I 给出了计算示例；
b) 要求和建议：
   1) 载物应均匀地分配到车顶装载装置的载物区域内，载物的重心应尽可能地低，超出装载装置边缘的载物必须遵守相关法律法规或强制性标准的要求，并确保具有足够的安全性；

2） 应使用合适的条带或类似固定和锁紧装置使载物保持足够的安全性。在载物后及整个行程中，都应检查载物和车顶装载装置的安全性。不应使用弹性条带进行载物固定。应警示用户必须按工作情况保持和使用条带。

3） 建议对那些能产生巨大升力的载物（如帆板、冲浪板等），应使用升力最小的方法，或其他能缩减升力的方法进行装载。不应使用弹性条带进行载物固定。

4） 可使用特种附件进行装载或确保载物的安全性，如自行车架，就应使用特种附件来进行。

5） 当车顶装载装置安装后，特别是在车顶装载装置装载后，车辆的操纵性能（特别是侧风敏感性、弯道操纵性和制动性能）会有变化，驾驶技术应随着这些变化而变化，降低车速，特别是在弯道行驶时，以及加大制动距离。

6） 为减少汽油消耗，在使用后应将车顶装载装置拆除。

c） 警告：

1） 正确按照说明书进行安装和使用的重要性；

2） 固定装置被正确紧固和在行驶中经常检查的必须性；

3） 在8.2.4a）和8.2.4b）限制范围内装载的必要性；

4） 正确安全装载和保持安全性的必要性；

5） 维护设备以保持好的运行状态的重要性；

6） 根据装置制造商的说明去检查整个磁性表面充分接触的必需性；

7） 按说明书使用的重要性。

8.2.5 磁性安装装置使用说明

对磁性安装装置，还应向顾客提供以下内容的说明：

a） 检查车顶材料的磁性；

b） 使用磁性安装装置制造商提供的试验工具检查接触面的磁性；

c） 磁性安装装置在储存时应远离电器或电子设备；

d） 储存时，不要使磁性安装装置相互直接接触；

e） 检查磁体和车顶表面是否干净和无损坏；

f） 除钢件外，不要将磁性安装装置完全或部分放置在车顶的其他部件上；

g） 当磁性装置安装在钢性天窗上时，应保持天窗处于关闭状态，且不应进行操作；

h） 不得在通过上锡、石膏层或上漆等相同方式进行修理过的车项上使用磁性装置；

i） 应意识到在意外损害后（如装置跌落），装置的磁性可能会受到的影响；

j） 为安全起见，应确保雪橇按自身的顺序放置，并朝向车辆背面；

k） 在磁性安装装置与车顶间，不应有任何类型的物体介入。

8.3 包装

包装应牢固、可靠。包装箱内每套产品应附有合格证和说明书及相关附件。

8.4 运输

产品运输中应防止烈日曝晒、雨雪淋袭。装卸时禁止摔扔、挤压等不良作业。

8.5 储存

产品应储存在通风、干燥的环境中，避免与腐蚀性物质接触。

8.6 特殊要求

对标志、说明书、包装、运输和储存有特殊要求时，可由供需双方协商确定。

附 录 A
（规范性附录）
试 验 台

A.1 静载试验台

A.1.1 关于特定车顶杆和/或特定连接件和静载试验台间配件的互换性，应由试验台本身来确保。

A.1.2 静载试验台应符合下列要求：

a） 可调节；

b） 为刚性；

c） 适应性强；

d） 无变形。

A.1.3 试验台尺寸。

见图 A.1、图 A.2 和图 A.3。

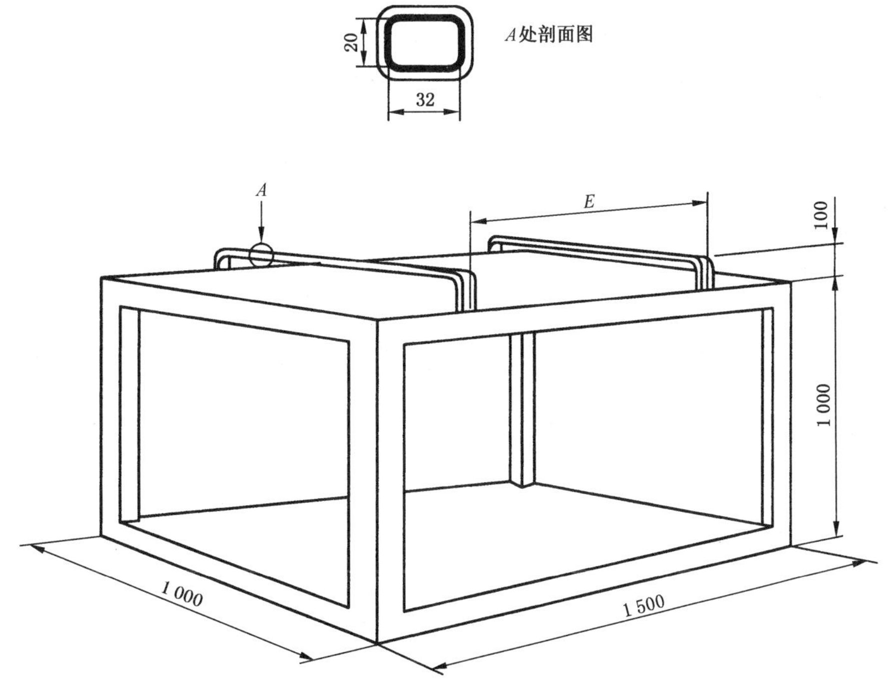

图 A.1 典型试验台样式

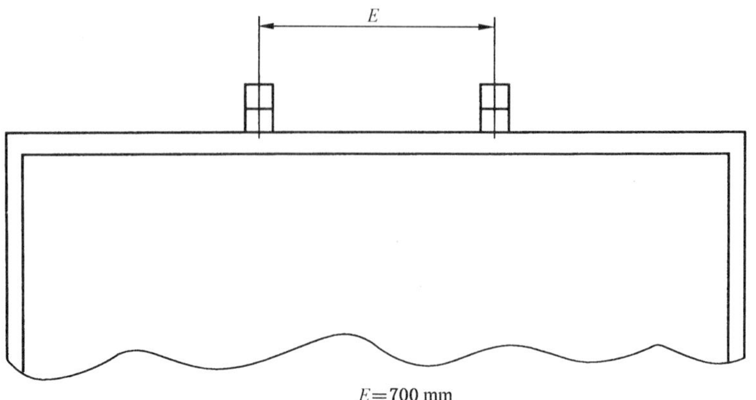

图 A.2 杠间距离

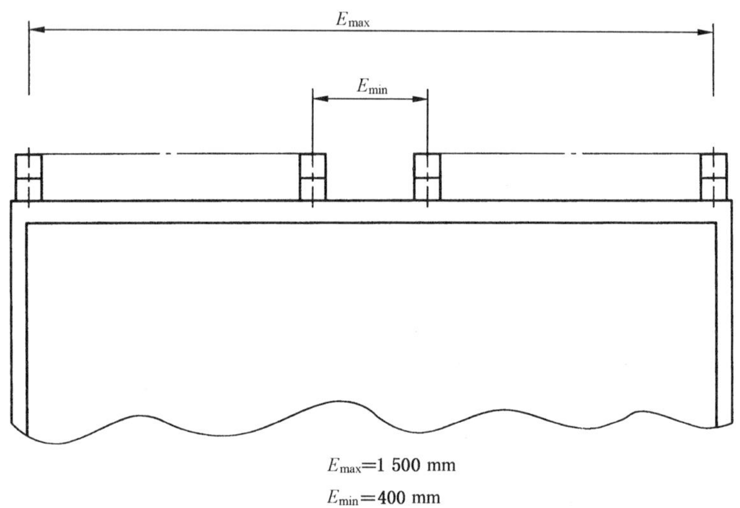

图 A.3 调节杠

附 录 B
(规范性附录)
试验装置和试验箱

B.1 试验箱

B.1.1 试验箱应符合图 B.1 的要求,且在承载后应无变形。

B.1.2 试验箱质量应符合 6.1.3 中表 4 的要求。

B.1.3 用于调节质量的物体应在试验箱中均匀分配。

B.1.4 物体重心应在车顶杆、车顶架或车顶框垂直上方 50 mm~80 mm 处。

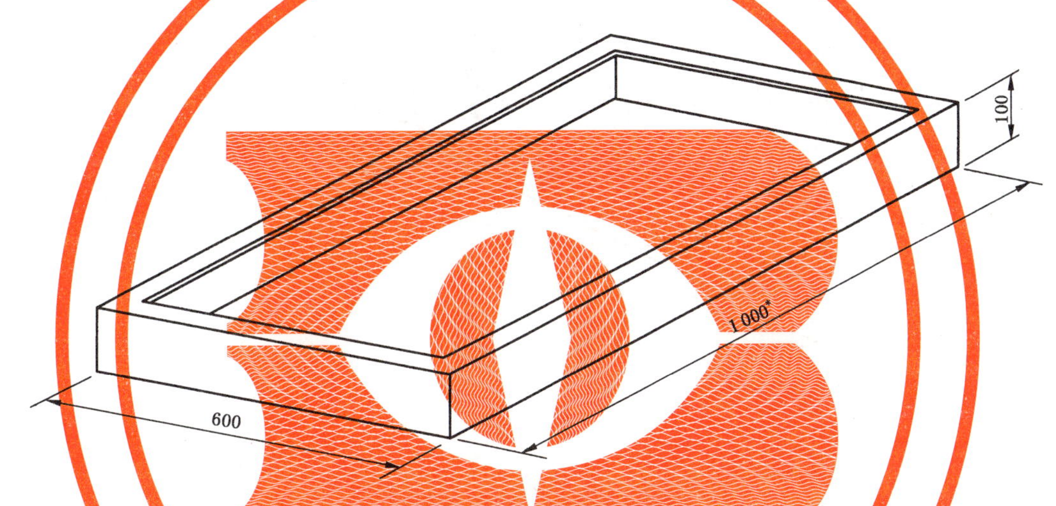

* 如果外部车顶行李杆间的距离大于 900 mm,则试验箱长应为这个距离再加 100 mm。

图 B.1 试验箱

B.2 试验用自选车

B.2.1 试验用自行车应符合图 B.2 的要求。

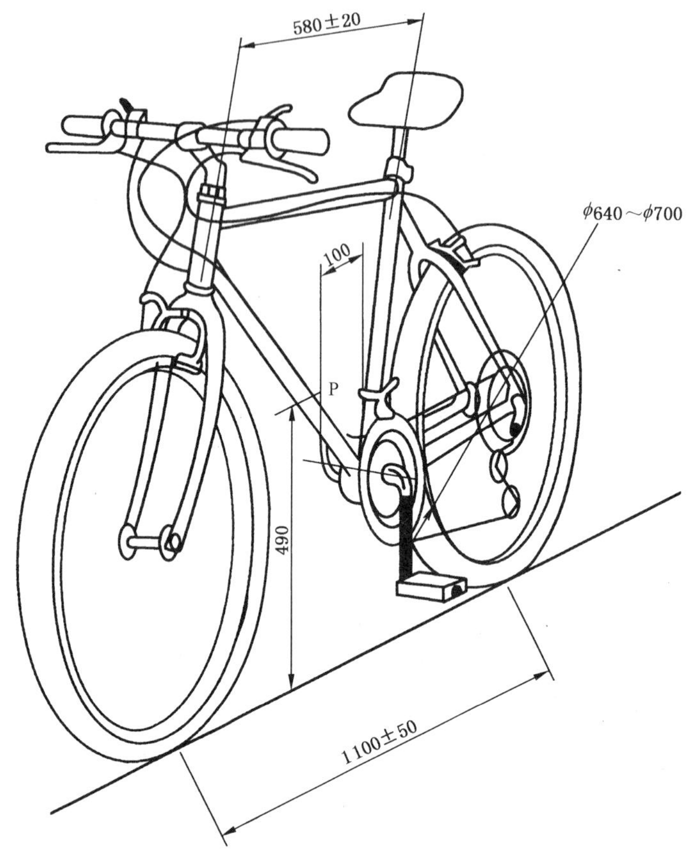

图 B.2 试验用自行车

B.2.2 试验用自行车质量应符合 6.1.3 中表 4 的要求。

B.3 试验用车轮

B.3.1 试验用车轮外径应为 711.2 mm(28 in)。

B.3.2 试验用车轮质量应符合 6.1.3 表 4 的要求。

B.4 试验用雪橇

B.4.1 试验用雪橇质量应符合 6.1.3 表 4 的要求。

B.4.2 图 B.3 给出各种雪橇的安装方式。

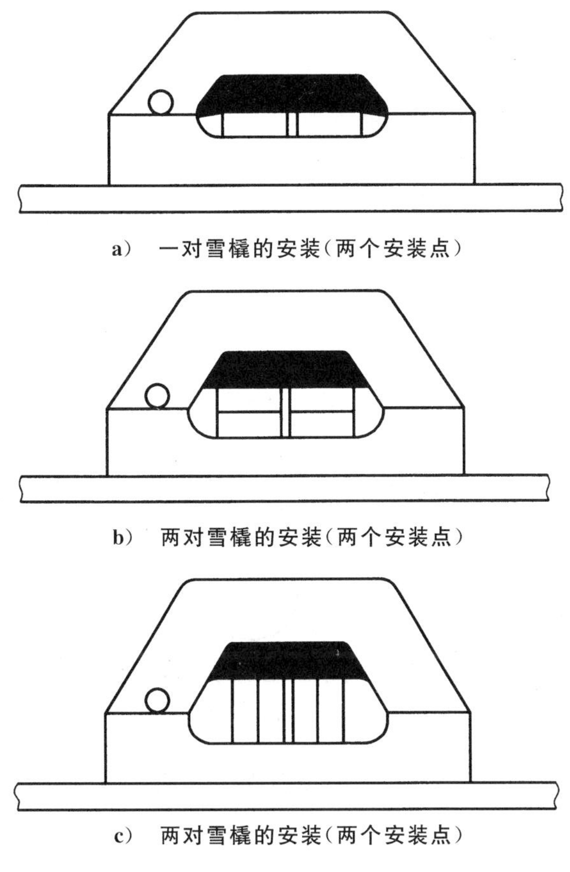
a） 一对雪橇的安装（两个安装点）

b） 两对雪橇的安装（两个安装点）

c） 两对雪橇的安装（两个安装点）

图 B.3 试验用雪橇的安装

B.5 试验用滑雪板

试验用滑雪板的质量应符合 6.1.3 中表 4 的要求。

B.6 试验用冲浪板

B.6.1 试验用冲浪板的质量应符合 6.1.3 中表 4 的要求。

B.6.2 试验用冲浪板应符合图 B.4 的要求。

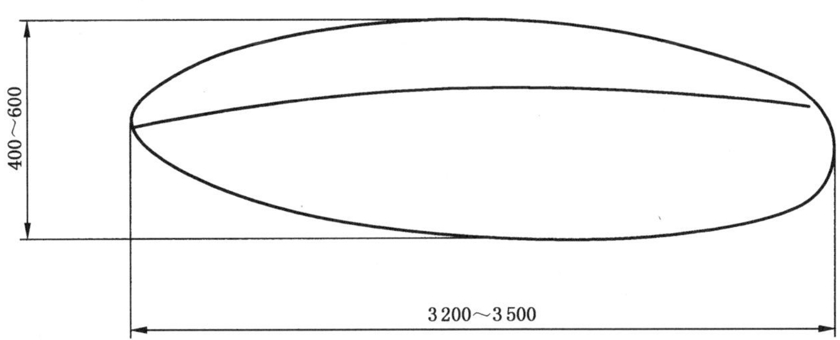

图 B.4 试验用冲浪板

B.7 试验用桅杆

试验用桅杆的质量应符合6.1.3中表4的要求。

B.8 试验用独木舟

B.8.1 试验用独木舟的质量应符合6.1.3中表4的要求。

B.8.2 试验用独木舟应符合图B.5的要求。

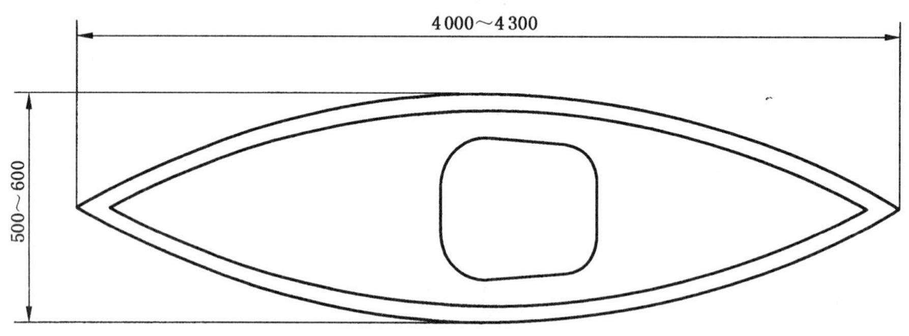

图B.5 试验用独木舟

B.9 试验用梯子

B.9.1 试验用梯子的长度应为4 m。

B.9.2 试验用梯子的质量应符合6.1.3中表4的要求。

B.10 试验用车顶箱

B.10.1 试验用车顶箱为车顶箱本身。

B.10.2 加载量应符合6.1.3中表4的要求。

附 录 C
（规范性附录）
车顶装载装置的紧固扭矩

表 C.1 给出了用于车顶装载装置紧固的各类紧固件的紧固扭矩。

表 C.1 紧固扭矩

紧固类型	扭矩/(N·m)
手动螺母/螺杆直径 ϕ<35 mm	2
手动螺母/螺杆直径 ϕ35 mm～ϕ45 mm	3
手动螺母/螺杆直径 ϕ45 mm～ϕ55 mm	4
手动螺母/螺杆直径 ϕ55 mm～ϕ65 mm	5
十字螺钉 M6	3
十字螺钉 M8	4
M6 螺钉	5
M8 螺钉	6
六角形螺母 M6	5
六角形螺母 M8	6
蝶形螺母 M6	2
蝶形螺母 M8	3

附 录 D
（规范性附录）
抗碰撞性能试验

D.1 诱因强度

D.1.1 对安装在车顶上的装载装置应施加诱因，使减速和加速符合图 D.1 的要求。

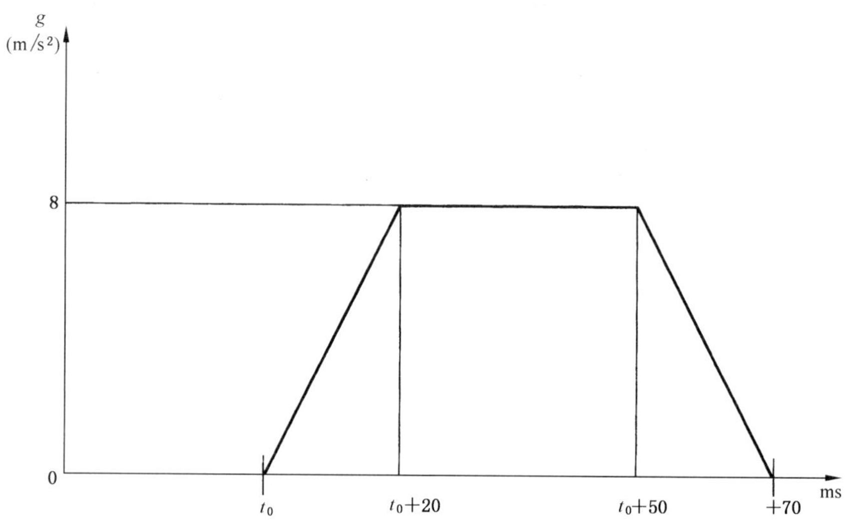

图 D.1 诱因强度

D.1.2 入口速度应为 16+20 km/h。

D.1.3 为检查试验过程中记录曲线的有效性，允许记录曲线有可接受的平移，图 D.2 给出了一个示例。

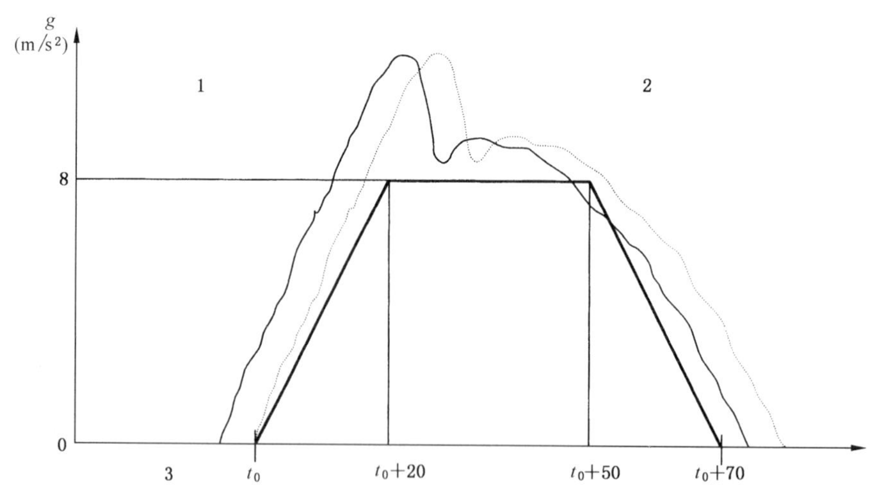

1——试验过程中记录的试验曲线；

2——可接受的平移试验曲线：示例中显示的曲线是有效的；

3——初始速度为 16+20 km/h；示例中为 16.2 km/h 是允许的。

图 D.2 可接受的平移

D.2 试验方法

D.2.1 试验台

对附件,应使用截面为 22 mm×32 mm 车顶杆制成的标准试验台,除非制造商推荐使用特定车顶杆或 C 型车顶架。

D.2.2 测量设备和试验条件

D.2.2.1 加速信号的过滤应为符合 ISO 6487 要求的 CFC 60。

D.2.2.2 车上加速用的传感器和测量电路的位置应符合 ISO 6487 的要求。

D.2.2.3 试验宜在不低于 10 ℃的环境中进行。

D.2.3 试验程序

D.2.3.1 按说明书和车辆制造商或供应商的建议在安装点上安装车顶装载装置。

a) 对有特定外形和在使用说明书中对装载有警示的杆,试验箱应刚性固定。载物应固定在宽度为 700 mm 的硬质支撑板上,每个杆的两端安装在固定块上,杆在 Y 方向上的安装距离为 600 mm,载物和支撑板应与杆对称地固定。载物重心应在车顶杆表面垂直距离为 50 mm~80 mm 处。车顶杆应按图 D.3 的规定在支撑杆上固定载物后进行试验。

b) 按车顶装载装置说明书的规定安装指定的试验物(试验用自行车、试验用雪橇等)。

D.2.3.2 装载车顶装载装置到最大容量。

D.2.3.3 在试验车上安装结构系统(车顶装载装置、车顶杆)或任何对等配置。

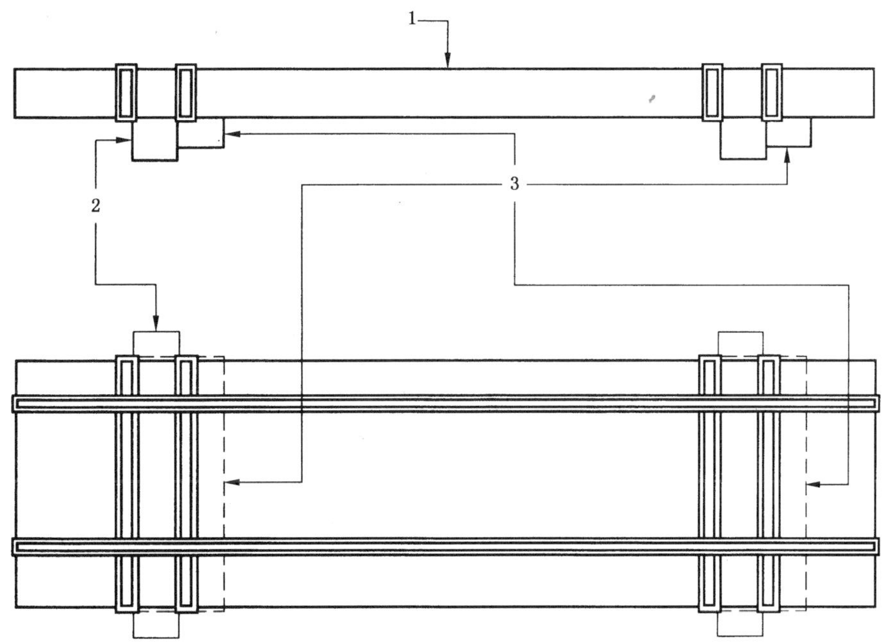

1——试验箱;

2——车顶杆;

3——支撑管。

注:主体重心即为试验箱重心。

图 D.3 载物安装

D.3 试验报告

试验报告应包括：

a） 杠或装置型号；

b） 日期；

c） 初始速度；

d） 加速或减速曲线；

e） 试验过程中的环境温度；

f） 试验结论。

附 录 E
（规范性附录）
动 态 试 验

E.1 试验车辆

E.1.1 对特定车顶装载装置，试验车辆应是装载装置需要安装的车辆；

E.1.2 对非特定车顶装载装置，试验车辆应具有以下特性：

a) 从生产线上来的车辆（全新的、二手的等）；

b) 轮距为 2 450 mm～2 750 mm；

c) 无气控和电控悬架；

d) 杠的高度为 1 400 mm～1 650 mm。

E.1.3 试验车辆装载：驾驶员、测量设备（需要时）和副驾驶员。

E.2 装载条件

车顶装载装置应装载到车顶装载装置制造商规定的最大装载量的 1.5 倍。

E.3 试验车道

附录 J 给出了“比利时石块”试验车道的结构要求，试验车道的长度至少应为 100 m。

E.4 试验程序

本试验应按照下列程序进行：

a) 按安装和使用说明书的规定，在车辆或在试验台上安装装载装置；

b) 按安装和使用说明书的规定，安装和锁紧试验装置；

c) 在比利时石块试验车道上，以 15 km/h 的速度驾驶试验车辆匀速行驶 2 000 m；

d) 在比利时石块试验车道上，以 25 km/h 的速度驾驶试验车辆匀速行驶 2 000 m；

e) 在比利时石块试验车道上，以 35 km/h 的速度驾驶试验车辆匀速行驶 2 000 m；

f) 测量和记录挠度 d。

附　录　F
（规范性附录）
静 载 试 验

F.1　机械安装式车顶装载装置的试验程序

F.1.1　抗升力 F_a 能力试验程序

应按照下列程序进行试验：

a)　根据安装和使用说明书的规定，在车辆或试验台上安装装载装置；

b)　根据安装和使用说明书的规定，安装和锁紧装置；

c)　逐步连续施加升力 F_a（见附录 K），直到规定的额定值；

d)　保持力 10 min；

e)　释放力。

当前后端连接件不同时，按以上程序以提升力额定值的一半（$F_a/2$）在后端连接件上进行试验。

F.1.2　抗纵向力 F_l 能力试验程序

应按下列程序进行试验：

a)　按安装和使用说明书的规定，在车辆或试验台上安装装载装置；

b)　按安装和使用说明书的规定，安装和锁紧装置；

c)　按附录 L 的规定安装测量装置；

d)　逐步连续施加一个向前的纵向力 F_l（见附录 K），直到规定的额定值，然后立即释放该力；

e)　按附录 L 的规定测量和记录挠度 d；

f)　逐步连续施加一个向后的纵向力 $-F_l/2$（见附录 K），直到规定的额定值，然后立即释放该力；

g)　按附录 L 的规定测量和记录挠度 d。

F.1.3　抗 20°水平力 F_{lq} 能力的试验程序

按下列程序进行试验：

a)　按安装和使用说明书的规定，在车辆或试验台上安装装载装置；

b)　按安装和使用说明书的规定，安装和锁紧装置；

c)　按附录 L 的规定安装测量装置；

d)　逐步连续施加一个 20°水平力 F_{lq}（见附录 K），直到规定的额定值，然后立即释放该力；

e)　按附录 L 的规定测量和记录挠度 d。

F.1.4　抗横向力 F_{lat} 能力的试验程序

按下列程序进行试验：

a)　按安装和使用说明书的规定，在车辆或试验台上安装装置；

b)　按安装和使用说明书的规定，安装和锁紧装置；

c)　按附录 L 的规定安装测量装置；

d)　逐步连续施加一个横向力 F_{lat}（见附录 K），直到规定的额定值，以便该力能在装置中平均分布；

e)　保持施加该力 10 min，然后立即释放该力；

f)　按附录 L 的规定测量和记录挠度 d；

g) 在附录K所地的位置方向上逐步连续施加一个横向力 F_{lat}，直到规定的额定值，以便该力能在装置中平均分布；
h) 保持施加该力10 min，然后立即释放该力；
i) 按附录L的规定测量和记录挠度 d。

F.1.5 抗梯子升力 F_{alad} 能力的试验程序

应按下列规定进行试验：
a) 按安装和使用说明书的规定，在车辆或试验台上安装装置；
b) 按安装和使用说明书的规定，安装和锁紧装置；
c) 按附录L的规定安装测量装置；
d) 逐步连续施加一个向上的梯子举起力 F_{alad}（见附录K），直到规定的额定值；
e) 逐步连续施加一个向下的梯子举起力 F_{alad}（见附录K），直到规定的额定值。

F.2 磁性安装车顶行李架装置的试验程序

应按G.1的规定进行每个试验，并酌情使用以下配置进行：
a) 在湿的车顶上；
b) 如果8.2.5 b)中规定的试验工具是装置制造商提供的，应在车顶上放上厚度为0.025 mm的薄膜(即塑料保护膜)；
c) 如果8.2.5 b)中规定的试验工具不是装置制造商提供的，应在车顶上放上厚度为0.25 mm的薄膜(即塑料保护膜)。

附　录　G
（规范性附录）
特定车顶箱试验

G.1　冲击试验

G.1.1　冲击试验装置应为金属，见图 G.1，质量为 2.5 kg。

G.1.2　冲击试验应按下列规定进行：

a）在垂直位置上安装试验装置，见图 G.1；

b）在车顶箱上安装冲击试验装置，见图 G.2；

c）跌落冲击装置。

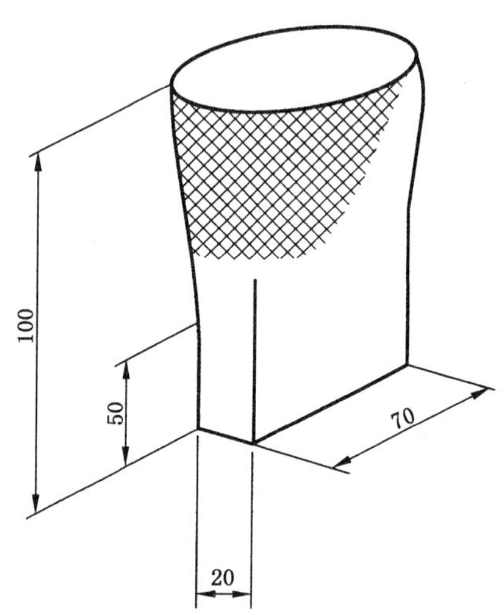

图 G.1　冲击试验装置

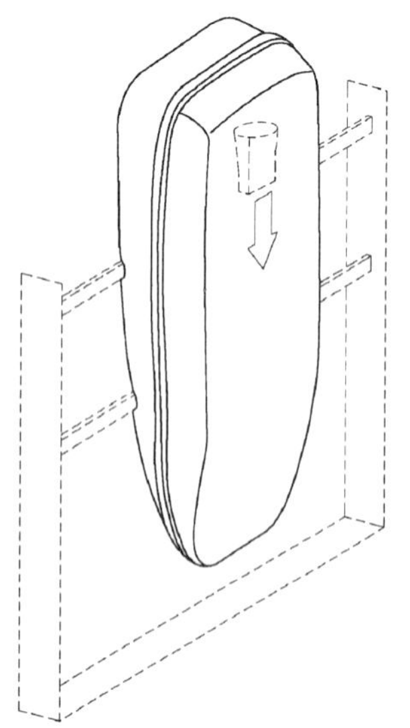

图 G.2　冲击试验构成

G.2 铰链试验

G.2.1 作用力的额定值：750 N。

G.2.2 应按下列规定进行试验：

a) 在图 G.3 所示的水平位置的反方向上安装试验装置；

b) 在试验装置上装载沙子到规定值，载重应均匀地分布在试验装置上；

c) 按图 G.3 的规定逐步提升试验装置；

d) 在该位置上保持 10 min。

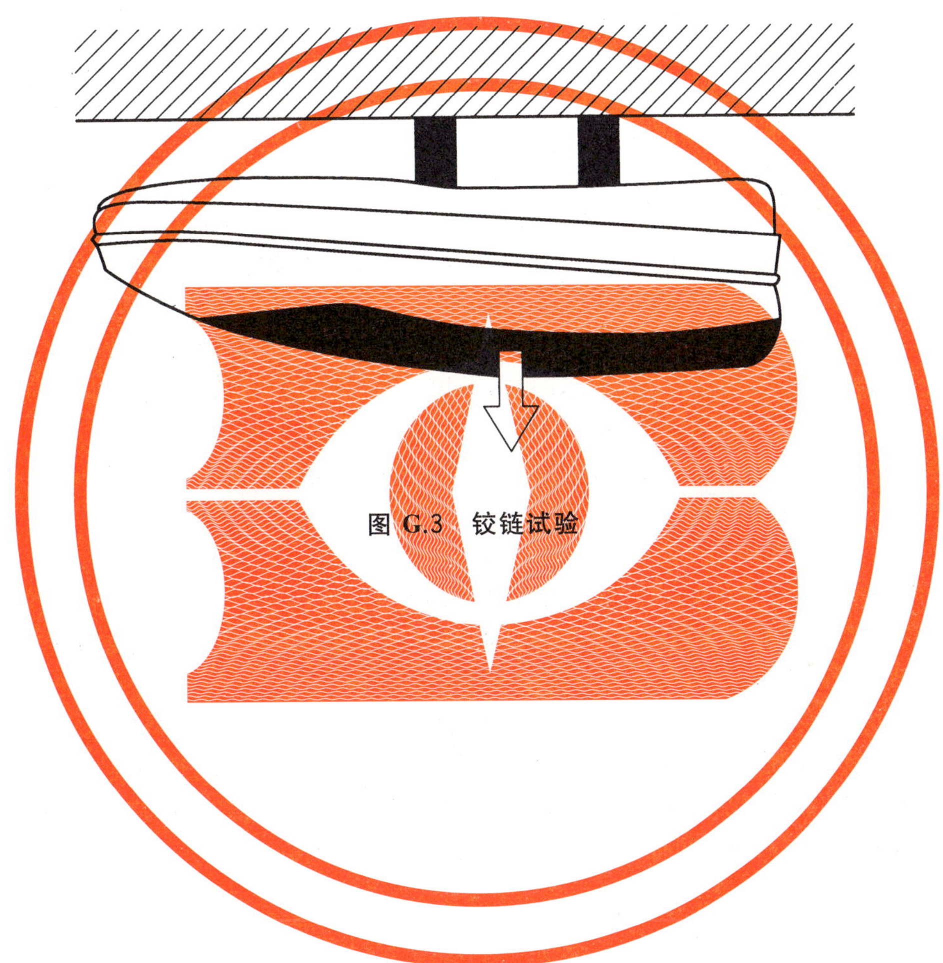

图 G.3 铰链试验

附 录 H
（资料性附录）
使用说明书中的安装说明范例

本附录给出了车顶装载装置的使用说明书中安全说明的编写范例，具体如下：

a） 应完全遵守在车顶装载装置装配和安装使用说明书中规定的特殊操作和措施要求，以及规定的首次或多次重复安装和装载的安全指示；

b） 在安装、装载和使用车顶装载装置时，应对车辆不产生损坏；

c） 应不超过允许的装载质量（规定值），单位为 kg（可参照附录 I 给出的装载质量的计算方法）；

d） 装配和安装应按照使用说明书的规定进行；

e） 在每次使用前，应检查所有螺钉的连接及车顶装载装置与所有支撑件间的连接是否固定牢固，如果需要的话应进行重新固定；

f） 安装了车顶装载装置的车辆，在每次旅行中断后，都应对车顶装载装置和载物的固定情况进行检查，检查固定是否牢固、功能是否正常及是否有外部因素造成的损坏；

g） 每当车顶装载装置在车顶上进行了重新安装和在车顶装载装置上进行了新装载时，在驾驶 50 km 或 30 min 后，应对车顶装载装置和载物进行首次检查，检查固定是否牢固及其功能是否正常，必要时应重新进行固定。特别是在长途旅行，应在规定的间隔内（最短为 500 km），检查车顶装载装置与车顶间是否配合良好和安装牢固，必要时必须重新进行紧固。在地形恶劣情况下，应在 2h 的驾驶间隔中重复检查连接情况；

h） 载物应分布均匀，重心应尽量低，用合适的条带（不应使用弹性条带或无钩子的条带）防止载物的滑动，以确保其安全性；

i） 应注意在驾驶中车辆的性能会因为载物而有所改变；

j） 应尽可能地避免突然刹车、突然起动和在弯道处快速行驶；

k） 在车顶有载物时，应根据道路表面、侧风和交通状况等外部因素来调整驾驶速度，宜在装载后的推荐速度下行驶；

l） 使用车顶装载装置时，应遵守相关法律法规的规定；

m） 考虑到油费和行驶的安全性，在不使用车顶装载装置载物时，应将车顶装载装置从车辆上拆除；

n） 在安装车顶装载装置后，在车库、封闭式停车场、桥下、地道或隧道中都应考虑到明显增加的高度所带来的影响，否则将可能会对财产或人员造成重大损伤。

附 录 I
（资料性附录）
装载质量限值的确定

I.1 车顶架最大装载量受限因素

车顶架的最大装载量受下列因素限制；

a） 车顶上的最大允许装载质量；

b） 车顶架的最大允许装载质量；

c） 车辆的载重量。

I.2 载重计算和载重计算示例

见表 I.1

表 I.1 载重计算和载重计算示例

kg

参考号	考虑因素	示例 1	示例 2	示例 3
a	车辆制造商规定的车顶最大允许载重量	60	75	100
b	车辆制造商规定的载重量	350	500	650
c	车顶架的最大装载量	75	50	100
d	设计载重（75 kg/人＋行李重量）	300	380	450
e	装载装置自重	10	5	20
f	球形连接器上的垂直载重	0	50	75
g	车顶架的最大载重量——下列计算的为最低值： $g=a-e$ $g=c$ $g=b-(d+e+f)$	 50 75 40	 70 50 65	 80 100 105
	允许载重量	40	50	80

附 录 J
（规范性附录）
“比利时石块”试验车道的结构要求

本附录给出了 M.I.R.A（汽车工业调查委员会）的公告Ⅲ/49 规定的“比利时石块”试验车道结构的要求。

J.1 道路宽度

道路宽度应不小于 3.70 m。

J.2 表面

J.2.1 考虑到与恶劣条件下铺面道路的一致性，试验道路表面应为凹凸不平。

J.2.2 在道路的纵向上，在 600 mm 和 1 500 mm 间的间隔上设置了相对深度为 75 mm 的凸面和凹面。压痕应为平底锅形和椭圆轮廓，纵向为与行驶方向平行的方向。

J.2.3 每个石块的高度应尽可能不同和具有随机性，并为（平均高度±25）mm。

J.3 硬度

道路表面在代表质量差的路面的同时，其结构应坚固，以不致在使用时变差。

J.4 石块尺寸

J.4.1 宽度为 130 mm±10 mm。

J.4.2 长度为 150 mm～230 mm。

J.4.3 高度为 100 mm～150 mm。

J.5 材料

石块应由花岗石制成。

J.6 路基

路基应用混泥土铺设，并形成符合 J.2 要求的凹凸不平路面。

J.7 路面

石块应由干水泥和沙子混合而成的沙浆制成。石块应放在沙浆中，以便随机性地形成凸起和凹陷，且应考虑到石块类型应能适合形成坚硬的路面，以使形成的路面与通常的路面有所不同。石块应与其起初铺设的方向基本保持一致。

J.8 石块间的距离

石块间的空间距离应为 24 mm±5 mm，在这空间里，应对混合了石屑的湿石浆进行整理，直到比最深石块的上边缘约低 10 mm 时为止，并用黏土填充这 10 mm 的空间，以使湿路面更加光滑。

J.9 边缘和出口

道路每条边都应为坚硬的泥浆边界，在道路的各终点应有下降斜率为 1/20 的出入坡道。

J.10 道路弧面

因为道路路面为凹凸不平，故对其弧面不作规定。

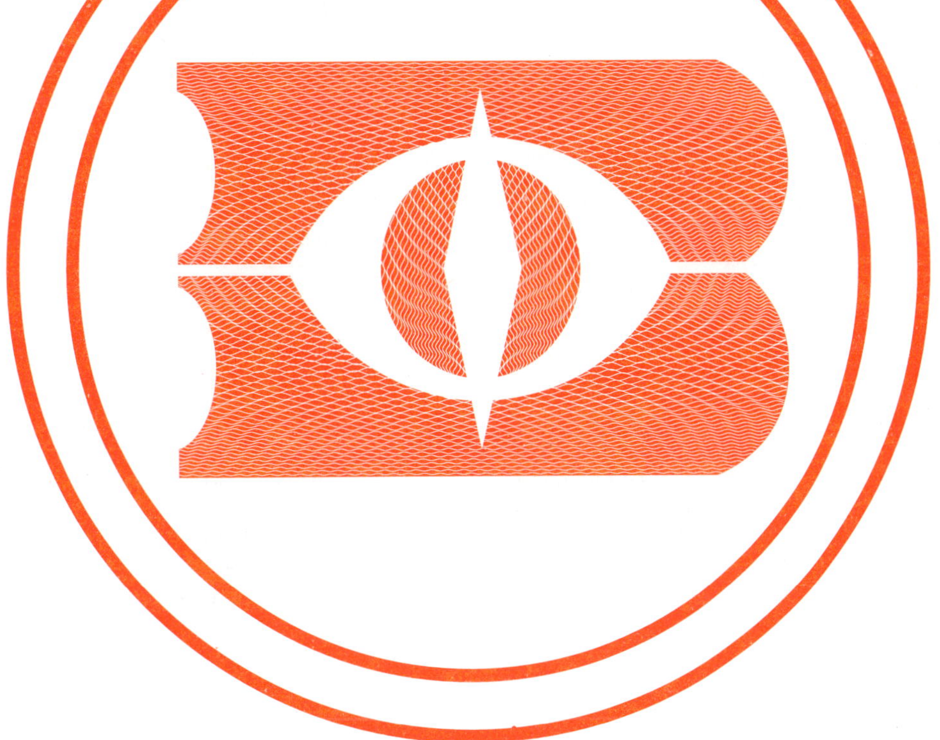

附 录 K
（规范性附录）
力 的 应 用

K.1 力作用点位置

静态力作用点的位置应符合表 K.1 和图 K.1～图 K.8 的要求。

表 K.1 静态力作用点的位置

类型	力作用点与载物表面的距离(±5 mm)/mm	力的应用
试验箱	见图 K.1	见图 K.1
车顶架	见图 K.1	见图 K.1,在试验箱前端结构重心的上方
行李架	50 mm	在前护栏宽度的上方； 在无载下均匀应用； 对无护栏车顶架见图 K.1
雪橇/滑雪板架	见图 K.7	在试验雪橇或滑雪板的重心上,见图 K.7
帆板架	在板的重心上	在帆板或等同的替代装置的垂直上面
自行车架	在自行车重心上面,见图 K.4	在自行车或替代装置的垂直上面
车轮架	见图 K.5	见图 K.5
独木舟架	在被装载船的重心上	在通过船前缘或等同替代装置的重心上
车顶箱	在容器的重心上	在通过整个容器或等同替代装置的重心上
车顶框	100 mm±20 mm	在前护栏宽度上的垂直上方； 无载下均匀地应用； 对无护栏车顶行李架见图 K.1

K.2 试验箱的力作用点位置

见图 K.1。

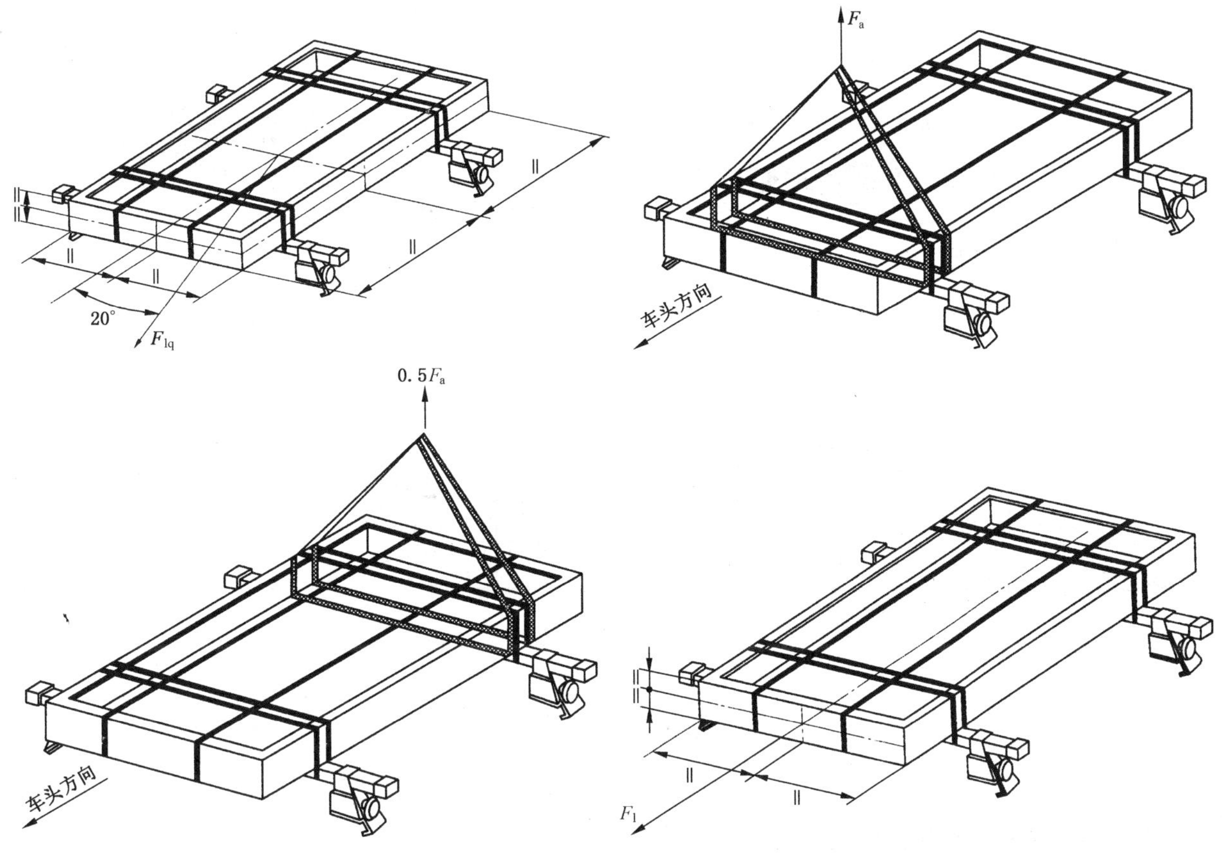

图 K.1 试验箱

K.3 车顶架的力作用点位置

见图 K.2。

K.4 梯子架的力作用点位置

见图 K.2。

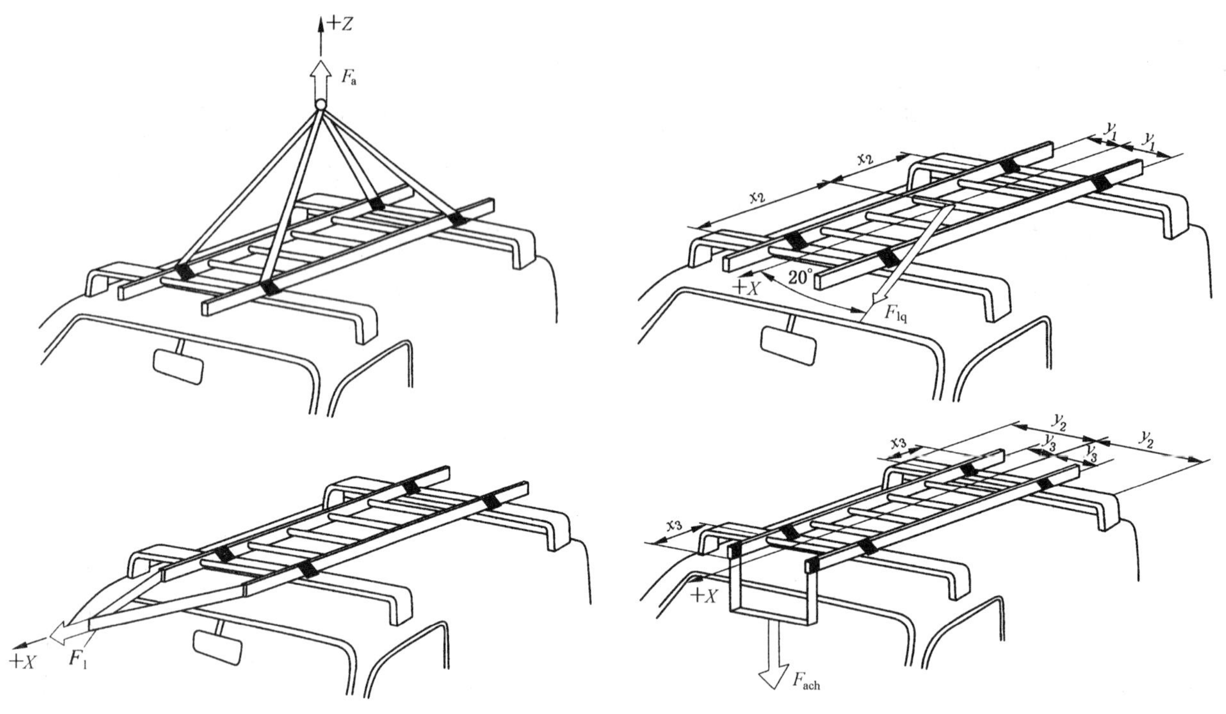

图 K.2 梯子架

K.5 帆板桅杆架的力作用点位置

见图 K.3。

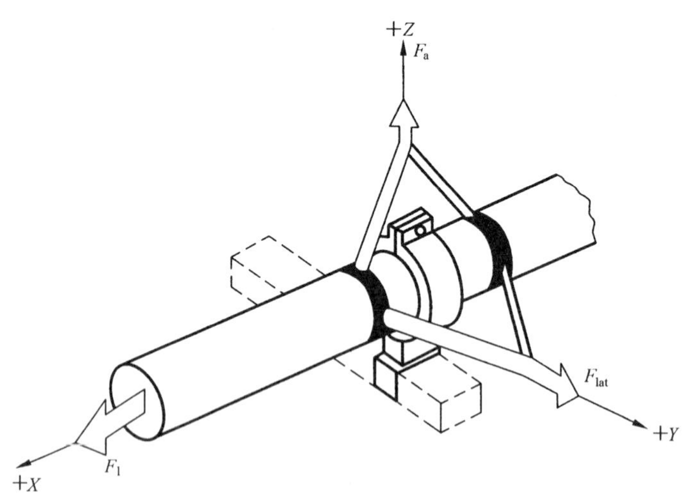

图 K.3 帆板桅杆

K.6 自行车架的力作用点位置

见图 K.4。

+Z
F_a
−X
$-F_1$
−Y
$-F_{lat}$
P
+Y
$+F_1$
$+F_{at}$
+X
F_{lat1}
$-F_{lat1}$
−Y
+Y
−Y
+Y
F_{lat2}
$-F_{lat2}$
−Y
+Y
−Y
+Y
F_{lat3}
$-F_{lat3}$
−Y
+Y
−Y
+Y

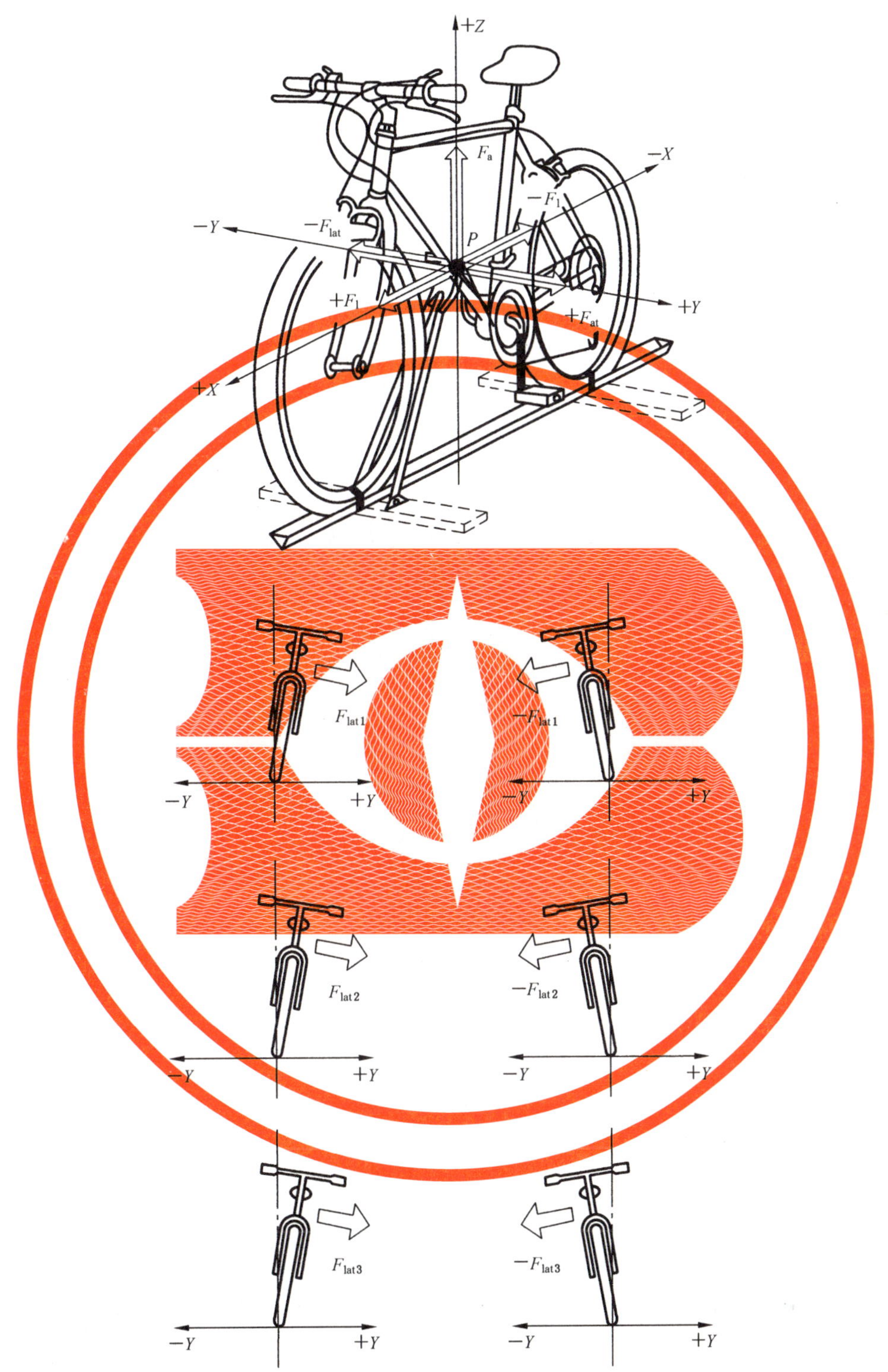

图 K.4 自行车架

K.7 车轮架的力作用点位置

见图 K.5。

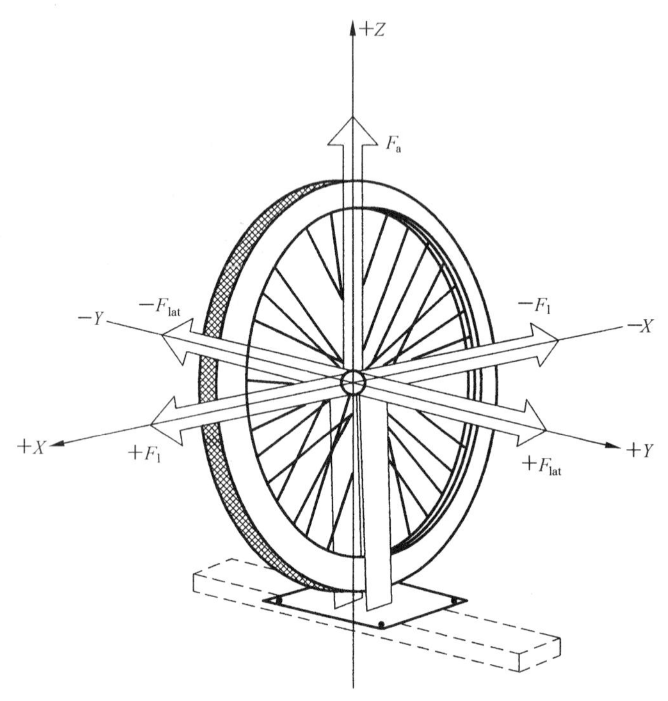

图 K.5 车轮架

K.8 帆板和冲浪板架的力作用点位置

见图 K.6。

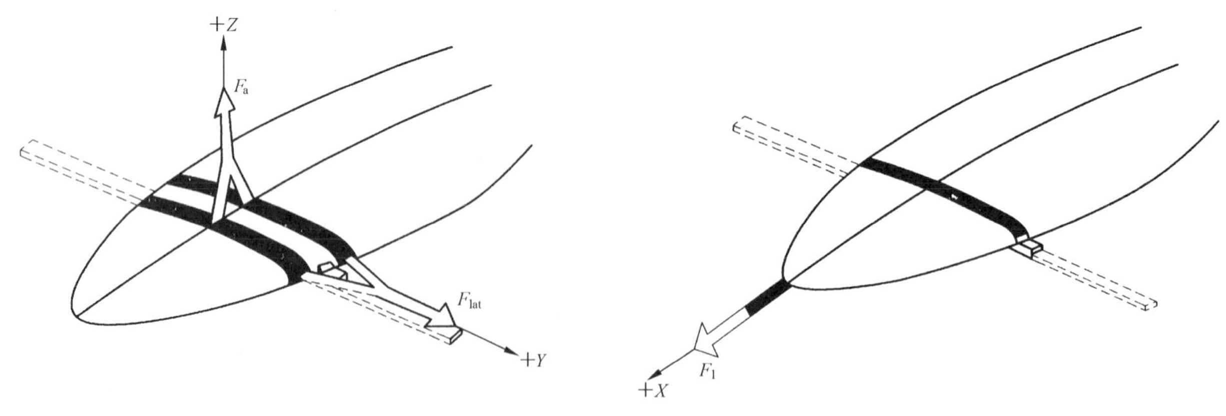

图 K.6 帆板和冲浪板架

K.9　雪橇和滑雪板架的力作用点位置

见图 K.7。

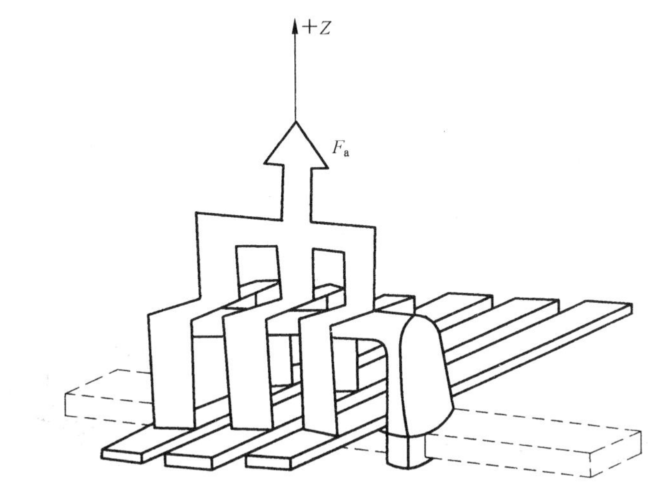

a）　升力 $\boldsymbol{F}_a$

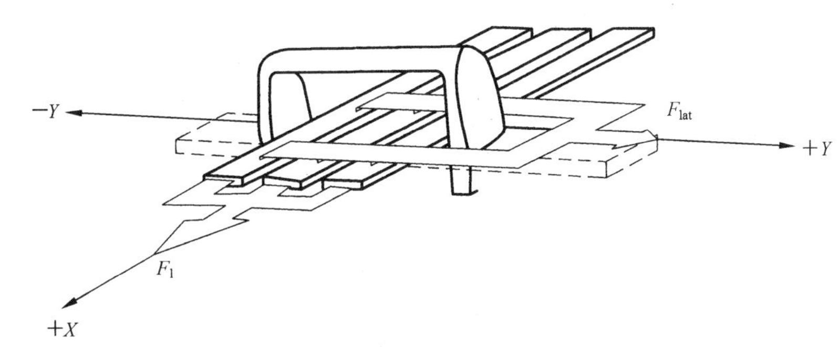

b）　前纵向力 $\boldsymbol{F}_l$ 和轴向力升力 $\boldsymbol{F}_{lat}$

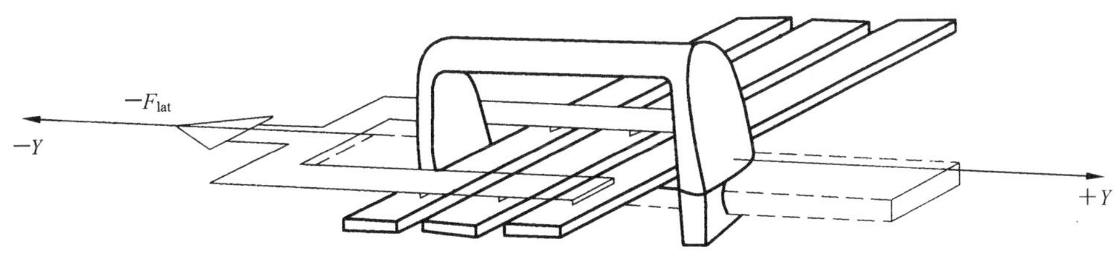

c）　轴向力升力 $\boldsymbol{F}_{lat}$

图 K.7　雪橇和滑雪板架

附 录 L
（规范性附录）
挠度的测定

L.1 车顶杆挠度测定

车顶杆挠度(d)应按图 L.1 的规定进行测定。

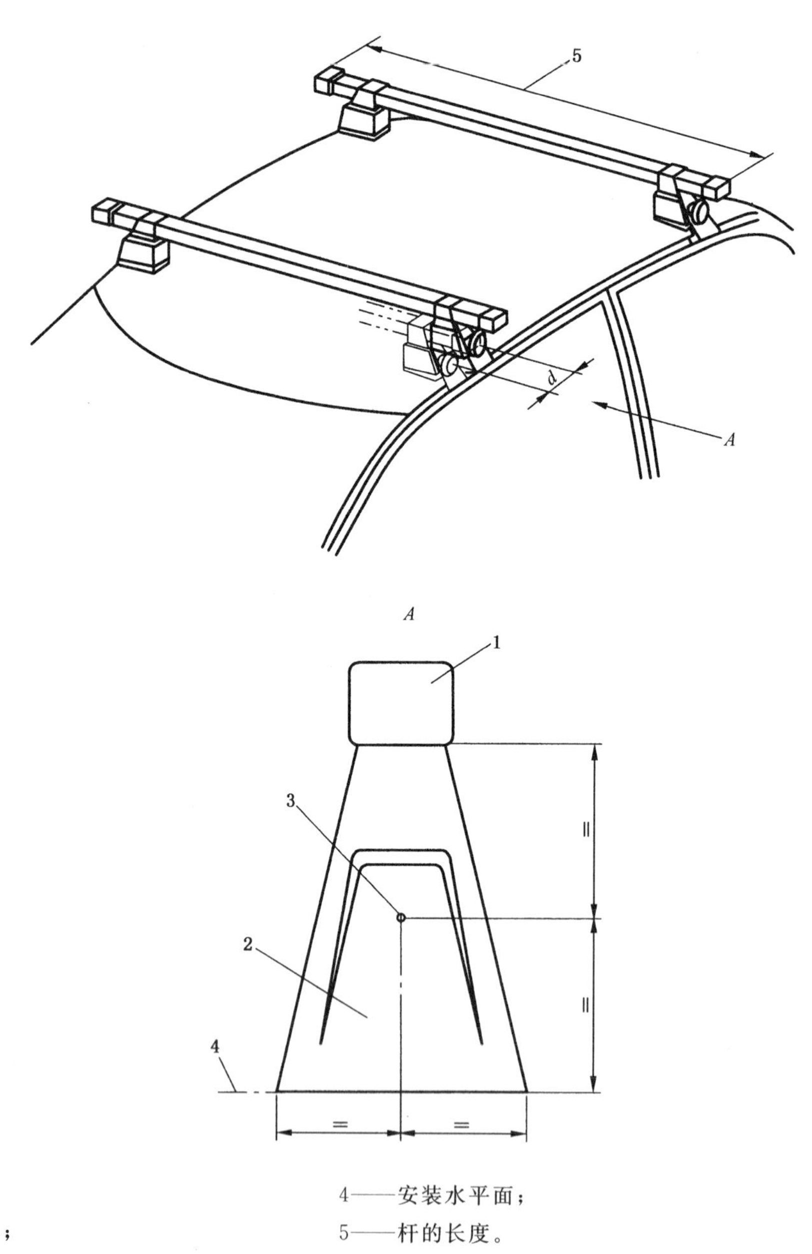

1——杆；
2——固定夹具；
3——测量点；
4——安装水平面；
5——杆的长度。

图 L.1 车顶杆

L.2 磁性车顶架挠度测定

磁性车顶架的挠度(d)应按图 L.1 和图 L.7 的规定进行测定。

L.3 车顶框挠度测定

车顶框的挠度(d)应按图 L.2 的规定进行测定。

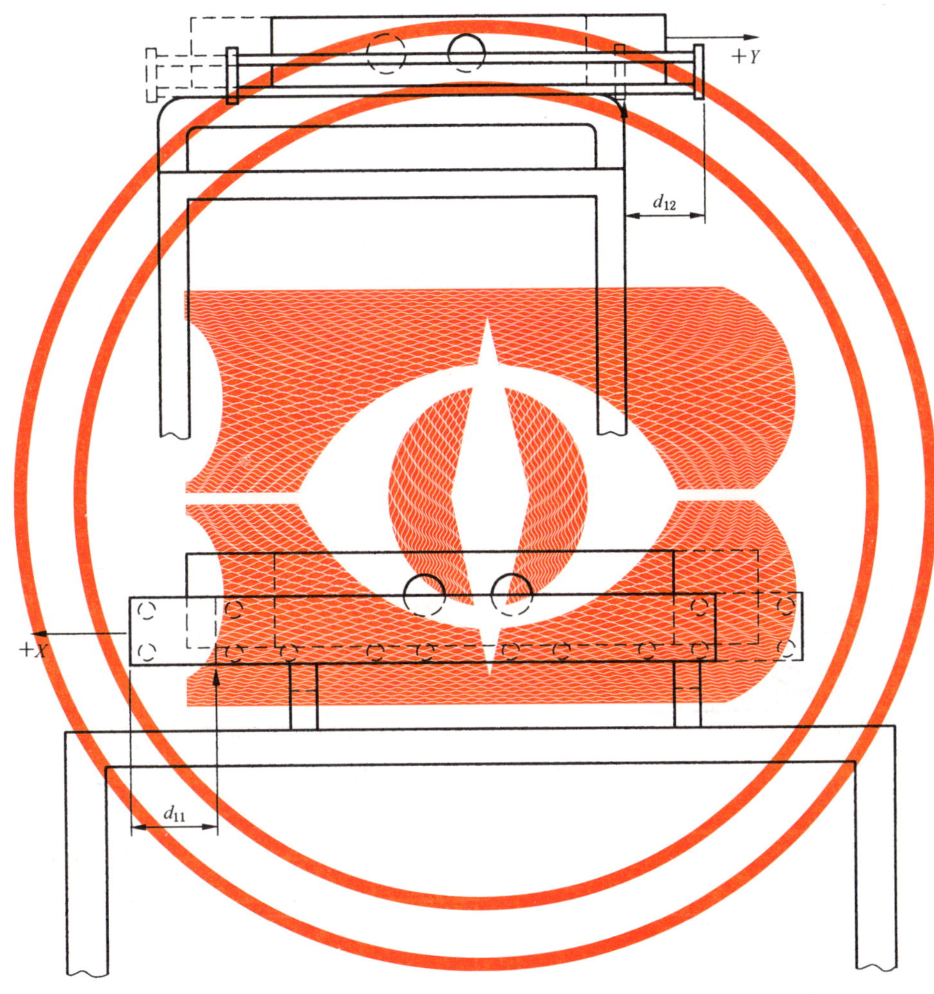

图 L.2 车顶框

L.4 车顶箱挠度测定

车顶箱的挠度(d)应按图 L.3 的规定,在车顶箱安装点到车顶杆间进行测定。

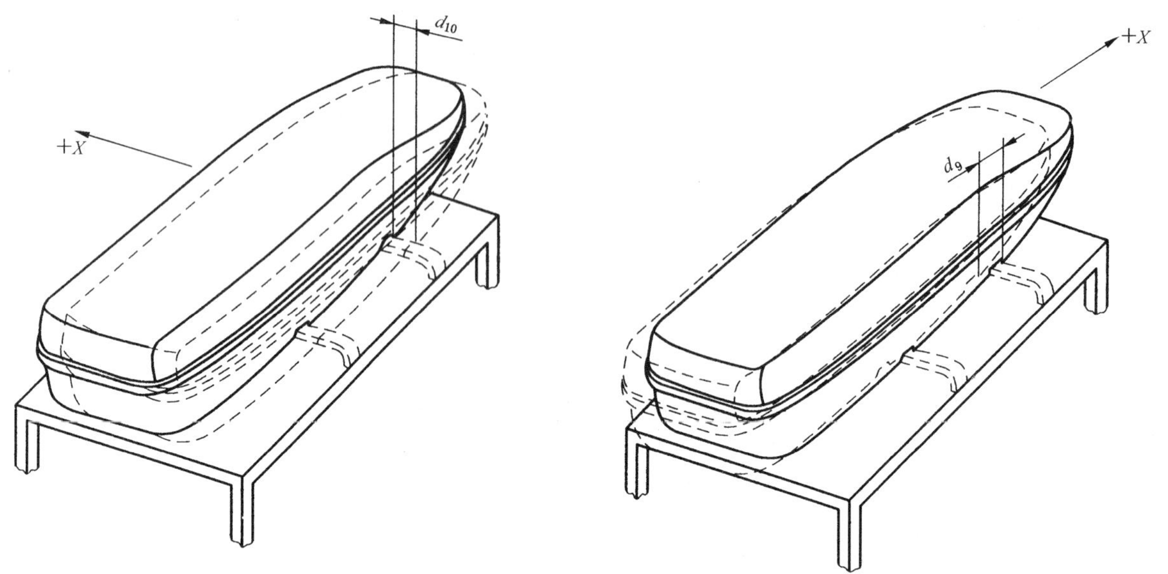

图 L.3 车顶箱

L.5 帆板桅杆架挠度测定

帆板桅杆架的挠度(d)应按图 L.4 的规定进行测定。

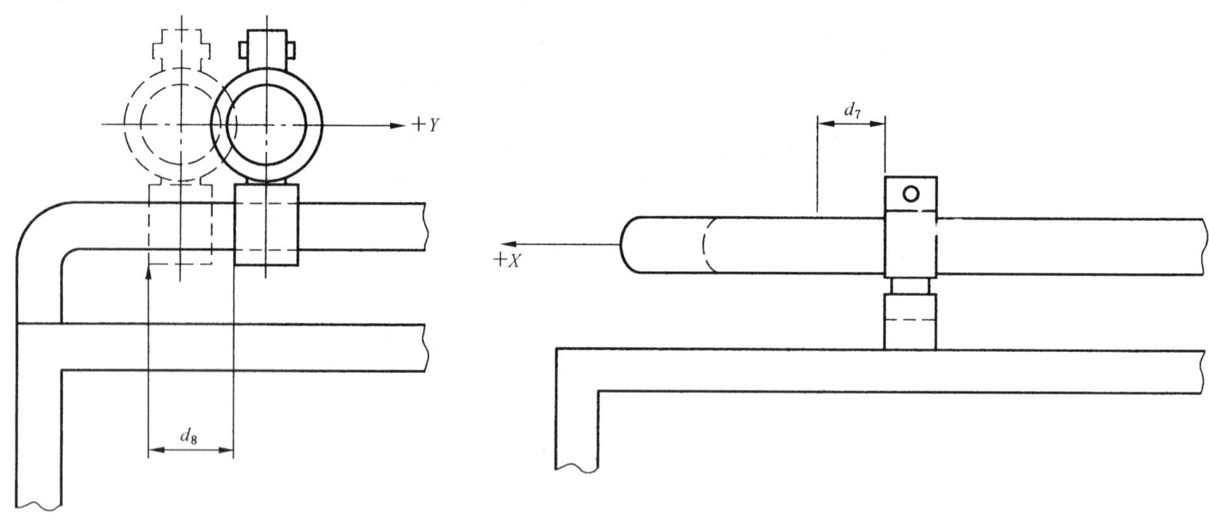

图 L.4 帆板桅杆

L.6 冲浪板架挠度测定

冲浪板架的挠度(d)应按图 L.5 的规定进行测定。

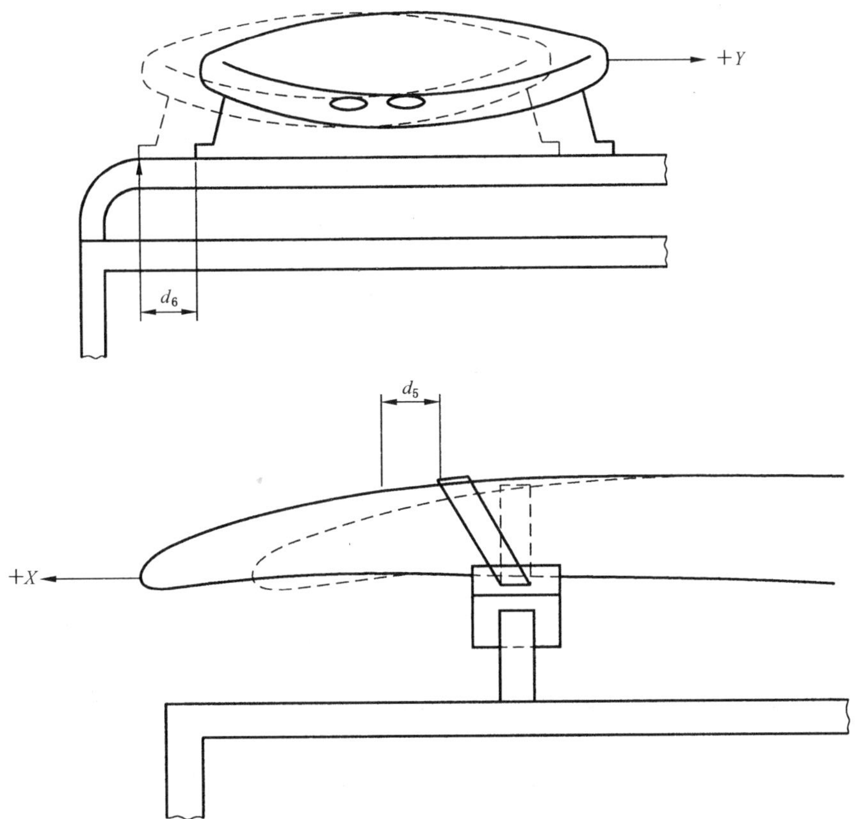

图 L.5 冲浪板

L.7 车轮架挠度测定

车轮架的挠度(d)应按图 L.6 的规定进行测量。

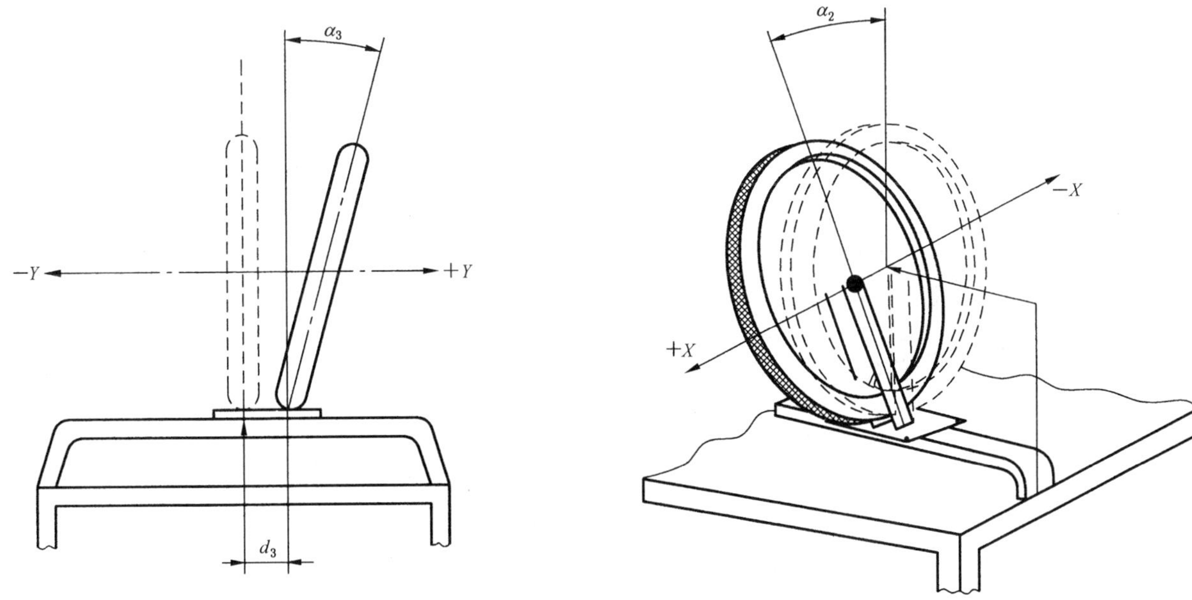

图 L.6 车轮架

L.8 雪橇或冲浪板架挠度测定

雪橇或冲浪板架的挠度(d)应按图 L.7 的规定进行测定。

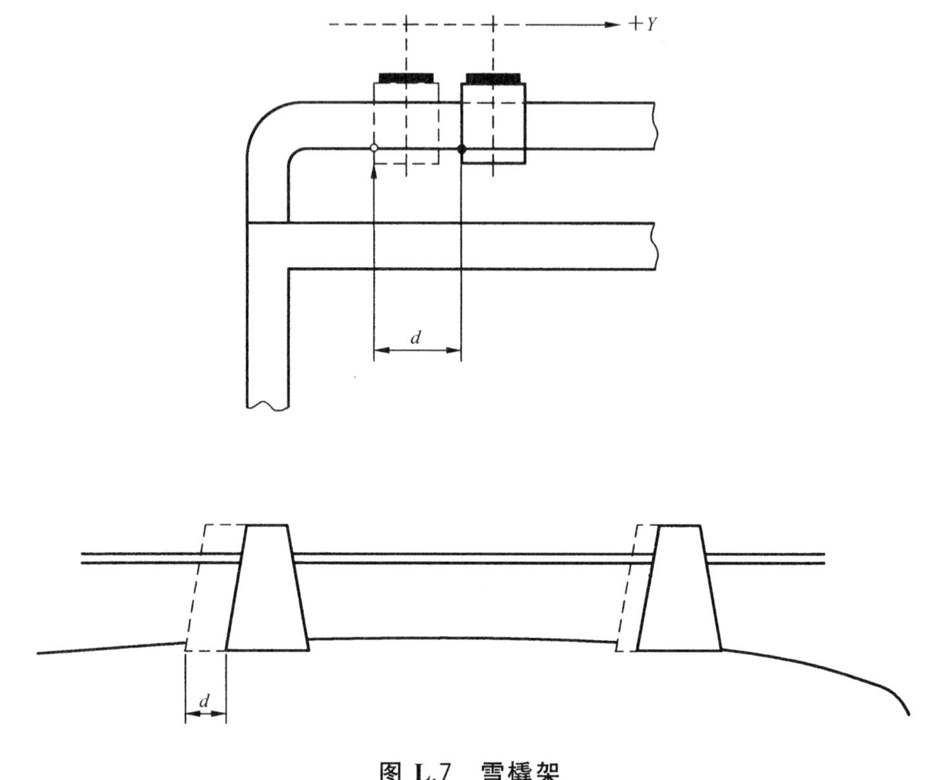

图 L.7 雪橇架

L.9 梯子架挠度测定

梯子架的挠度(d)应按图 L.8 的规定进行测定。

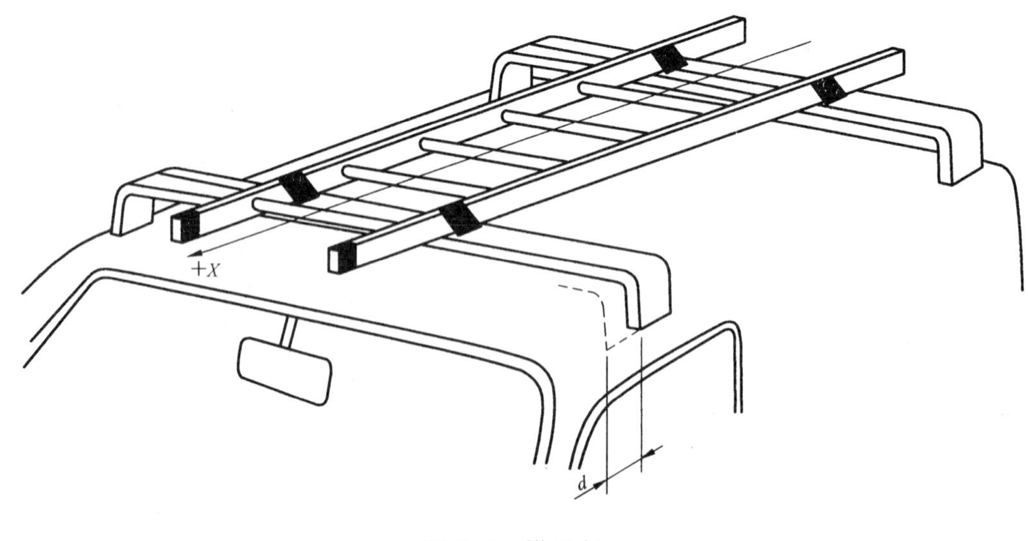

图 L.8 梯子架

附 录 M
（资料性附录）
本标准与 ISO/PAS 11154:2006 的章条编号对照情况

本标准与 ISO/PAS 11154:2006 的章条编号对照情况见表 M.1。

表 M.1 本标准与 ISO/PAS 11154:2006 的章条编号对照一览表

<table>
<tr><th>本标准章条编号</th><th>对应 ISO/PAS 11154:2006 章条编号</th></tr>
<tr><td>3.1</td><td>3.39</td></tr>
<tr><td>3.2</td><td>3.15</td></tr>
<tr><td>3.3</td><td>3.1</td></tr>
<tr><td rowspan="3">—</td><td>3.2</td></tr>
<tr><td>3.3</td></tr>
<tr><td>3.4</td></tr>
<tr><td>3.4</td><td>3.5</td></tr>
<tr><td>3.5</td><td>3.6</td></tr>
<tr><td>3.6</td><td>3.7</td></tr>
<tr><td>3.7</td><td>3.8</td></tr>
<tr><td>3.8</td><td>3.9</td></tr>
<tr><td>3.9</td><td>3.10</td></tr>
<tr><td>—</td><td>3.11</td></tr>
<tr><td>3.10</td><td>3.12</td></tr>
<tr><td>3.11</td><td>3.13</td></tr>
<tr><td>—</td><td>3.14</td></tr>
<tr><td>3.12</td><td>3.16</td></tr>
<tr><td rowspan="2">—</td><td>3.17</td></tr>
<tr><td>3.18</td></tr>
<tr><td>3.13</td><td>3.19</td></tr>
<tr><td rowspan="2">—</td><td>3.20</td></tr>
<tr><td>3.21</td></tr>
<tr><td>3.14</td><td>3.22</td></tr>
<tr><td>3.15</td><td>3.23</td></tr>
<tr><td>3.16</td><td>3.24</td></tr>
<tr><td>3.17</td><td>3.25</td></tr>
<tr><td>3.18</td><td>3.26</td></tr>
<tr><td>3.19</td><td>3.27</td></tr>
<tr><td>3.20</td><td>3.28</td></tr>
</table>

表 M.1（续）

本标准章条编号	对应 ISO/PAS 11154:2006 章条编号
3.21	3.29
3.22	3.30
3.23	3.31
3.24	3.32
3.25	3.33
3.26	3.34
—	3.35
	3.36
	3.37
	3.38
4	4(部分)
—	5.1
5.1.1	—
5.1.2	
5.1.3	5.3.3
5.1.4	—
5.2.1	
5.2.2	5.3.2.1a)
5.2.3 中“耐臭氧能力”	5.3.2.1c)
5.2.3 中“氙灯耐气候性能”、“耐高低温性能”、“耐热水性能”和“硬度”	—
—	5.3.2.1b)
5.2.4	5.3.2.2.3.1
5.3.1.1	5.3.4.1
5.3.1.2	5.3.5.1
5.3.1.3	5.3.1.1
5.3.1.4	—
5.3.1.5	
5.3.2.1.1	5.3.2.2.1
5.3.2.1.2	5.3.2.2.2
5.3.2.2	5.4.1.1
5.3.2.3	5.4.2.1
5.3.2.4	5.4.3.1
5.3.2.5	5.4.4.1
5.3.2.6	5.4.5.1

表 M.1（续）

本标准章条编号	对应 ISO/PAS 11154:2006 章条编号
5.3.2.7	6.4.6.1
5.3.2.8	5.4.7.1
5.4	—
6.1.1	—
6.1.2	5.2.1
6.1.3	5.2.2
6.1.4	5.2.3
6.1.5	5.2.4
6.1.6	5.2.5
6.2.1	—
6.2.2	5.3.2.1a)
6.2.3b)	5.3.2.1c)
6.2.3a)、c)、d)、e)	—
6.2.4	5.3.2.2.3.2
6.3.1.1	5.3.4.2
6.3.1.2a)	—
6.3.1.2b)	5.3.5.2
6.3.1.3	5.3.1.2
6.3.1.4	—
6.3.1.5	
6.3.2.1.1	5.3.2.2.1
6.3.2.1.2	5.3.2.2.2
6.3.2.2	5.4.1.2
6.3.2.3	5.4.2.2
6.3.2.4	5.4.3.2
6.3.2.5	5.4.4.2
6.3.2.6	5.4.5.2
6.3.2.7	5.4.6.2
6.3.2.8	5.4.7.2
6.4	—
7	—
8.1.1	7
8.1.2	—
8.2.1.1	

表 M.1（续）

<table>
<tr><th>本标准章条编号</th><th>对应 ISO/PAS 11154:2006 章条编号</th></tr>
<tr><td>8.2.1.2</td><td>6.2</td></tr>
<tr><td>—</td><td>6.1</td></tr>
<tr><td>8.2.2</td><td>—</td></tr>
<tr><td>8.2.3</td><td>6.3</td></tr>
<tr><td>8.2.4</td><td>6.4</td></tr>
<tr><td>8.2.5</td><td>6.5</td></tr>
<tr><td>8.3</td><td rowspan="4">—</td></tr>
<tr><td>8.4</td></tr>
<tr><td>8.5</td></tr>
<tr><td>8.6</td></tr>
<tr><td>附录 A</td><td>附录 A</td></tr>
<tr><td>—</td><td>附录 B</td></tr>
<tr><td>附录 B</td><td>附录 C</td></tr>
<tr><td>附录 C</td><td>附录 D</td></tr>
<tr><td>附录 D</td><td>附录 E</td></tr>
<tr><td>附录 E</td><td>附录 F</td></tr>
<tr><td>附录 F</td><td>附录 G</td></tr>
<tr><td>附录 G</td><td>附录 H</td></tr>
<tr><td>附录 H</td><td>附录 I</td></tr>
<tr><td>附录 I</td><td>附录 J</td></tr>
<tr><td>附录 J</td><td>附录 K</td></tr>
<tr><td>附录 K</td><td>附录 L</td></tr>
<tr><td>附录 L</td><td>附录 M</td></tr>
</table>

ICS 43.040.60
T 26

中华人民共和国汽车行业标准

QC/T 950—2013

汽车座椅加热垫技术要求和试验方法

Performance requirement and test of heating car cushion

2013-10-17 发布　　2014-03-01 实施

中华人民共和国工业和信息化部　发布

前　　言

本标准依照 GB/T 1.1—2009 给出的规则起草。

本标准制定过程中参考了国内外相关的国家标准和企业标准。

考虑到我国目前行业情况，在制定本标准过程中对上述标准的限值和检验项目进行了修改及删减。

本标准由全国汽车标准化技术委员会(SAC/TC 114)提出并归口。

本标准起草单位：中国第一汽车股份有限公司技术中心、沈阳保丽洁座垫科技电子制作中心、中国质量认证中心武汉分中心、中汽认证中心。

本标准主要起草人：李强、宋金昌、李再华、牛海军、唐林、王忠校、丁晓东。

汽车座椅加热垫技术要求和试验方法

1 范围

本标准规定了汽车座椅加热垫的术语、技术要求、检验规则、标志、包装运输、储存的要求。

本标准适用于12 V或24 V电系的汽车座椅用加热垫。

2 规范性引用文件

下列文件对于本文件的应用是必不可少的。凡是注日期的引用文件，仅注日期的版本适用于本文件。凡是不注日期的引用文件，其最新版本(包括所有的修改单)适用于本文件。

GB 8410—2006 汽车内饰材料的燃烧特性

GB/T 2828.1—2003 基数抽样检验程序 第1部分：按接收质量限(AQL)检索的逐批检验抽样计划

QC/T 413—2002 汽车电气设备基本技术条件

QC/T 740—2005 乘用车座椅总成

QC/T 29106—2004 汽车用低压电线束技术条件

3 术语和定义

下列术语和定义适用于本文件。

3.1

座椅加热垫 seat heater unit

一种用于座椅上通电后能产生热量的座垫，该垫含座垫和靠垫，其加热材料可用碳纤维、复合纤维或电阻丝等制作。

3.2

碳纤维 carboform

一种高含碳量材料制成的导电纤维。

3.3

复合纤维 composite conductive fiber

由两种或两种以上电热材料制成的多股捻线。

3.4

热保护器 thermal protection

用于感应温度，当温度达到设定上限值时内部触点断开，当温度回复到设定下限值时内部触点接通的电控元件。

4 技术要求

4.1 产品应符合本标准及QC/T 413的相关规定，并应按照经规定程序批准的产品图样及技术文件制造。

4.2 加热垫的工作环境温度：−40 ℃～65 ℃。

4.3 热电性能

4.3.1 标称电压：12 V 或 24 V。

4.3.2 产品图样中技术条件需规定标称功率。

4.3.3 加热垫电阻：应满足产品图样技术要求的规定值，电阻值偏差不应超过限值的−10%～+20%。

4.3.4 热保护器：维持加热垫被保护状态与停止加热垫被保护状态之间温差大于 10 ℃。

4.4 加热垫电线束

应符合图纸及 QC/T 29106—2004 的规定。

4.5 外观

4.5.1 加热垫表面应平整、无褶皱、脏点，五分层、无明显局部凸起。

4.5.2 加热垫边缘应平滑，无明显毛边。

4.5.3 加热垫的外形尺寸偏差不应超过产品图样尺寸的±1.0%。

4.6 阻燃性能

燃烧速度≤100 mm/min。

4.7 高温性能

按本标准 5.4 进行试验后，检查热电性能应满足 4.3 的要求，表面外观应满足 4.5 的要求。

4.8 低温性能

按本标准 5.5 进行试验后，检查热电性能应满足 4.3 的要求，表面外观应满足 4.5 的要求。

4.9 湿热性能

按本标准 5.6 进行试验后，检查热电性能应满足 4.3 的要求，表面外观应满足 4.5 的要求。

4.10 热保护器性能

按本标准 5.7 进行试验后，热保护器仍可满足 4.3.4 的要求。

4.11 升温速度

在 13.5 V 或 27 V 工作条件下，3 min 后座椅表面中心点升温 5 ℃以上，5 min 后座椅表面中心点升温 8 ℃以上。

4.12 短路保护性能

将热保护器短路在 13.5 V 或 27 V 工作条件下，连续工作的 2 h 期间加热垫表面任意点温度不应超过 85 ℃。

4.13 耐液性能

按本标准 5.11 进行试验后，加热垫应工作正常，不得出现短路、断路、异常发热、焦痕和其他各种失效。

4.14 弯曲性能

按本标准 5.12 进行试验后，加热垫应无断线、异常发热的现象。

4.15 耐久性能

在 13.5 V 或 27 V 工作条件下，座椅加热垫连续加热 300 h 后，加热垫主要工作参数在正常范围内。

4.16 抗振性能

在 13.5 V 或 27 V 工作条件下(试验中持续通电)，频率：3 Hz；前座 300 000 次；后座 150 000 次。试验后机能正常、表面外观无异常。

4.17 巅簸和蠕动性能

按本标准 5.15 进行试验后，加热垫应无断线、短路、焦痕、异常发热的现象。

4.18 绝缘介电强度

按本标准5.16进行试验时，加热垫绝缘不允许被击穿。

5 试验方法

5.1 试验条件

5.1.1 试验环境除非特别规定，产品均应按本标准4.2规定的常态工作条件进行。

5.1.2 试验电压：12 V电系为13.5 V，24 V电系为27 V。

5.1.3 加热垫加载测试电压1 h后，便可认为达到测试的稳定条件。

5.1.4 仪器、仪表要求。

a) 型式试验用的电气测量仪器，其标准度不低于0.5级。

b) 型式试验用的温度测量仪器，其分辨率不大于1 ℃。

c) 型式试验用的拉力测量仪器，其误差应不高于±1%。

d) 型式试验用的长度测量仪器，其分辨率不应大于0.5 mm。

5.2 常规检查

5.2.1 外观检查。加热垫外观用目视法评价。

5.2.2 基本参数试验。

a) 用直尺测量加热垫尺寸。

b) 用标准量具测量电源线截面积。

c) 用数字万用表测量加热垫电阻值。

5.3 阻燃性能试验

按GB 8410—2006和程序进行试验。

5.4 高温性能试验

将加热垫总成(不加载荷)，接上13.5 V或27 V电源，悬挂于90 ℃的环境中，经过72 h后取出，置于常温0.5 h后，接上13.5 V或27 V电源，按本标准4.3检查性能。

5.5 低温性能试验

将加热垫总成(不加载荷)，用塑料薄膜密封后悬挂于－40 ℃环境中24 h后取出，接上13.5 V或27 V电源，按本标准4.3检查性能。

5.6 湿热性能试验

将加热垫总成(不加载荷)，在恒定湿热环境下持续放置96 h(温度：40 ℃±5 ℃，湿度：90%～95%)，然后空气中放置24 h(20 ℃±5 ℃)后，接上13.5 V或27 V电源，按本标准4.3检查性能。

5.7 热保护器性能试验

在工作负载13.5 V/2 A或27 V/1 A的条件下，加热垫热保护器开启和关闭共30 000个周期(以开启关闭各一次为一个周期，开启与关闭的温度差应大于10 ℃)。

5.8 线束接点拉脱力试验

按照 QC/T 29106 中 5.5 的试验方法进行。

5.9 升温速度试验

常温下将加热垫安装于座椅内，座椅上放置 75 kg 三维 H 点测量装置。三维 H 点测量装置与座椅之间用 10 mm 厚海绵层隔开。试验在环境舱中进行，分别在环境舱温度为 −20 ℃±0.5 ℃和 0 ℃±0.5 ℃两种状态下进行测试。接上 13.5 V 或 27 V 电源后，开始测量加热垫表面温度，每 1 min 记录一次。

5.10 短路保护性能

常温下将加热垫热保护器短路后安装于座椅内，座椅上放置 75 kg 三维 H 点测量装置。接上13.5 V 或 27 V 电源后，每 10 min 测量记录一次加热垫表面温度，连续工作 2 h。

5.11 耐液性能

5.11.1 将加热垫总成平铺在测验车型合棉上(不加载荷)，将合棉平放在测试台上，在加热垫中间位置以 2.0 L/min 速度倒上 1.0 L 净水，然后接通 13.5 V 或 27 V 电压工作 48 h，检查加热垫外观和加热效果。

5.11.2 将加热垫总成平铺在测验车型合棉上(不加载荷)，上盖与加热垫同尺寸椅套(布面与泡沫)，将合棉平放在测试台上，在加热垫中间位置，以 1.0 L/min 速度分别倒上 200 cc 5%的盐水、尿素、牛奶、可乐、清洁剂，然后加载 13.5 V 或 27 V 电压工作 24 h，重复 5 次后检查加热垫外观和加热效果。

5.12 弯曲性能试验

在座椅加热垫两端施加 2.2 N 的拉力、弯曲半径为 $R5$、角度为左右对折 180°、弯曲速度为 30 次/min(一个往复为一次)的条件下，将加热垫弯曲 3 000 次。

5.13 耐久性能试验

将加热垫安装于座椅内，座椅上放置室温 75 kg 三维 H 点测量装置。接上 13.5 V 或 27 V 电源后，置于室温环境中连续加热 300 h 后评价。

5.14 抗振性能试验

将装配有加热垫的座椅总成安装在振动试验台的台面上，电压 13.5 V 或 27 V(试验中持续供电)，以频率 3 Hz、振幅 10 mm 的振动条件，进行前座 300 000 次、后座 150 000 次试验，并用温度记录器监控振动过程中相关温度变化情况。

5.15 巅簸和蠕动试验

按 QC/T 740—2005 附录 A 中 A.1.3 的规定进行。试验中应持续供电，每隔 2 h 观测并记录加热垫的温度和电流。

5.16 绝缘介电强度试验

各互不连接的导电零部件之间及导电零部件对外表面之间，应能耐 50 Hz、实际正弦波为 550 V 电压历时 1 min 的试验，且绝缘应不被击穿。在大批连续生产时，允许用电压 660 V 历时 10 s 的试验代替。

6 检验规则

产品需经过生产企业质检部门检验并开具合格证后方可出厂。

6.1 出厂检验

6.1.1 试验项目如表1中出厂检验所示，按本标准规定的试验方法进行试验。

6.1.2 抽样规定。

6.1.2.1 出厂检验中主要性能试验抽样进行。

6.1.2.2 以每批产品中随机抽取两件为主要性能试验的试验室样品。

6.1.2.3 主要性能以单片加热垫为单位进行检验，外观质量在生产现场按要求逐片目测检验评价。

6.1.3 评价方法。

6.1.3.1 主要性能和外观质量均符合技术要求的产品为合格品。

6.1.3.2 主要性能试验中，若其中一项不合格，允许在该批产品中加倍取样对该项目进行复测，复测不合格，判该产品为不合格。

6.2 型式试验每年进行1次，如有下列情况之一时，也应进行型式检验：

a) 新产品定型时；

b) 产品设计、工艺、材料做较大修改时；

c) 产品停产1年再恢复生产时；

d) 成批或大量生产的产品，每2年不少于1次；

e) 国家质量监督检验机构提出进行型式试验要求时。

6.3 型式试验项目如表1所示型式试验项目。型式试验随机抽取9件样品，7件试验，2件备件，有一项不合格，可加倍取样，对不合格项进行复验，再出现一项不合格，则型式试验不合格。

表1 检验项目表

序号	检验项目	型式试验	出厂检验	技术要求	试验方法
1	热电性能	●	●	4.3	5.2
2	线束	●	○	4.4	5.2、5.8
3	外观	●	●	4.5	5.2
4	阻燃性能	●	—	4.6	5.3
5	高温性能	●	—	4.7	5.4
6	低温性能	●	—	4.8	5.5
7	温湿性能	●	—	4.9	5.6
8	热保护器性能	●	●	4.10	5.7
9	升温速度	●	—	4.11	5.9
10	短路保护性能	●	○	4.12	5.10
11	耐液性能	●	—	4.13	5.11
12	弯曲性能	●	—	4.14	5.12
13	耐久性能	●	—	4.15	5.13
14	抗振性能	●	—	4.16	5.14
15	巅簸和蠕动性能	●	—	4.17	5.15
16	绝缘介电强度试验	●	—	4.18	5.16
注：●必检项目；○订购方与承制方协商检验项目；—不检项目。					

7 标志、包装、运输、储存

7.1 产品标识

每套产品上应有型号规格或零件号、生产企业名称或标识、商标。

7.2 包装

7.2.1 采用塑料袋内包装，纸箱外包装。

7.2.2 产品包装箱上应有产品合格证，合格证应符合以下基本要求：

a） 检验结论。

b） 产品的检验日期、检验员签名或盖章(可用检验员代码表示)。

7.2.3 包装箱应按规定程序批准的图纸和技术文件制造。

7.2.4 包装箱外表上的标志应符合以下基本要求：

a） 包装箱各部分标志需符合相应国家或行业标准规定。

b） 产品名称、规格型号、产品数量、出厂日期、制造商名称和生产地址。

c） 箱体尺寸(长×宽×高)。

7.3 运输

运输中应防止雨淋、防止挤压。

7.4 储存

产品应储存在通风、干燥的环境中，避免与腐蚀性物质接触。

7.5 对标志、包装、运输和储存有特殊要求时，可由供需双方协商确定。

车　轮

ICS 43.040.50
T 22

中华人民共和国汽车行业标准

QC/T 199—2013
代替 QC/T 199—1995

汽车车轮 平衡块

Vehicle wheels-balance weight

2013-10-17 发布　　　　2014-03-01 实施

中华人民共和国工业和信息化部 发布

前　言

本标准按照GB/T 1.1—2009给出的规则起草。

本标准代替QC/T 199—1995《汽车车轮　平衡块》。

本标准参照采用了ISO 13988(E):2008《乘用车车轮　夹片式平衡块和轮辋轮缘术语、试验程序和性能要求》;

本标准与QC/T 199—1995相比,主要技术差异如下:

——修订了主题内容与适用范围,明确了车轮在不装轮胎的情况下平衡块的性能要求及试验方法(见1995版第1章;本版第1章);

——修订了原标准的引用标准,改为规范性引用文件(见本版第2章);

——修订了术语及相关内容,增加了夹片、配重块等名词术语(见1995版第3章,本版第3章);

——修订了原标准的结构型式,将平衡块划分为夹片式和粘贴式(见1995版第4章,本版第4章);

——修订了平衡块的质量和公差,统一了相同质量平衡块的公差(见1995版第5章,本版第5章);

——删除了平衡块尺寸(见1995版第6章);

——修订了平衡块性能要求(见1995版第7章,本版第6章),删除安装性、拆卸力及外观的内容(见1995版7.1、7.2、7.4),增加了夹片式平衡块和粘贴式平衡块的切向保持力(见本版6.1、6.2、6.3),修改了腐蚀试验时间及评判标准(见1995版7.3,本版6.4),修改了平衡块材料,明确了配重块材料不推荐使用铅合金材料(见1995版7.5,本版6.5);

——修订了平衡块试验方法,删除了安装性和拆卸力试验,增加了夹片式和粘贴式平衡块试验方法(见1995版8.1、8.2,本版7.1、7.2),修改了盐雾腐蚀试验标准,试验标准由GB 2864改为GB/T 1771(见1995版8.3,本版7.3);

——删除了检验规则(见1995版第9章);

——修订了平衡块标志,将刻印标识由适用车型改为配重块材料(见1995版第10章,本版第8章)。

本标准由全国汽车标准化技术委员会(SAC/TC 114)提出并归口。

本标准由长春一汽富维汽车零部件股份有限公司负责起草。

本标准主要起草人:邱枫、张世江、邵云凯。

汽车车轮　平衡块

1　范围

本标准规定了平衡块的结构、质量及公差、标志及汽车车轮在不装轮胎的情况下，平衡块的性能要求和试验方法。

本标准规定的平衡块适用于汽车用钢制车轮和轻合金车轮。

2　规范性引用文件

下列文件对于本文件的应用是必不可少的。凡是注日期的引用文件，仅注日期的版本适用于本文件。凡是不注日期的引用文件，其最新版本(包括所有的修改单)适用于本文件。

GB/T 2933　充气轮胎用车轮和轮辋的术语、规格代号和标志

GB/T 3487　汽车轮辋规格系列

GB/T 1771　色漆和清漆　耐中性盐雾性能的测定

3　术语和定义

GB/T 2933 和 GB/T 3487 确立的术语和定义适用于本文件。

3.1

平衡块　balance weight assembly

安装在轮辋轮缘上的配重块和夹片的组合体或粘贴在轮辋上的配重块和双面粘贴胶带的组合体。

3.2

夹片　clip

固定到配重块上具有特别形状的金属，用来将配重块安装到轮辋轮缘上。

3.3

配重块　weight

具有一定质量的重块。

3.4

整体式平衡块　integral balance weight

夹片与配重块永久连接的平衡块。

3.5

分体式平衡块　detachable balance weight

可以拆卸为夹片、配重块两个部件的平衡块。

3.6

粘贴式平衡块　stick-on balance weight

配重块与双面粘贴胶带粘贴在一起的平衡块。

3.7

平衡块涂层　balance weight assembly coating

用于防止平衡块表面被腐蚀的材料。

3.8

平衡块的保持力 balance weight retention force

将平衡块从轮辋上移动所需的最小静力，单位为 N。

4 结构

4.1 平衡块结构可分为夹片式平衡块和粘贴式平衡块。

4.2 夹片式平衡块结构可分为分体式和整体式，结构见图 1。

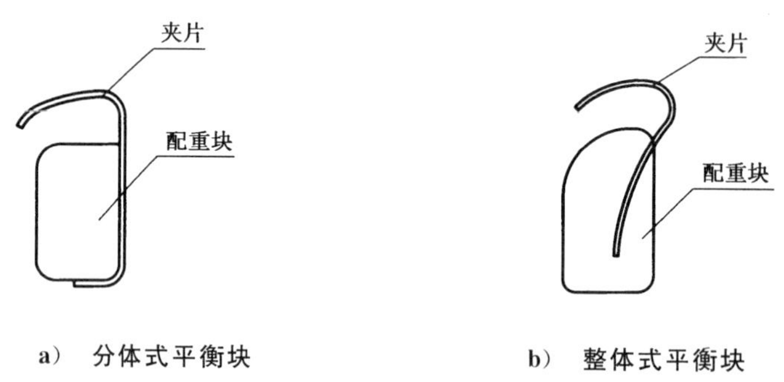

a） 分体式平衡块　　b） 整体式平衡块

图 1 夹片式平衡块结构示意图

4.3 粘贴式平衡块结构见图 2。

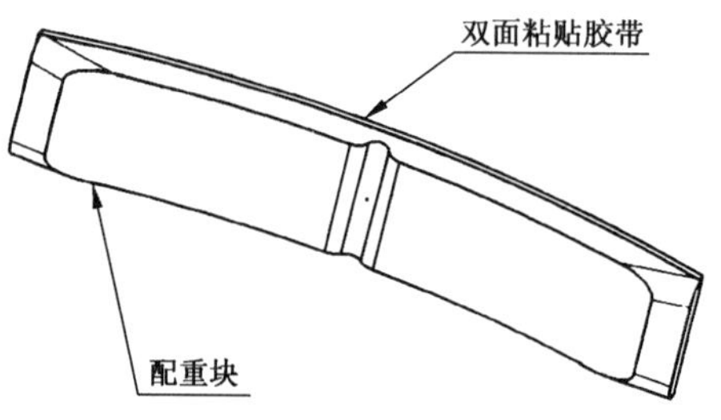

图 2 粘贴式平衡块结构示意图

5 质量及公差

平衡块的质量及公差见表 1。

表 1 平衡块的质量及公差

g

<table>
<tr><td>平衡块质量</td><td>5</td><td>10</td><td>15</td><td>20</td><td>25</td><td>30</td><td>35</td><td>40</td><td>45</td><td>50</td><td>55</td><td>60</td><td>65</td><td>70</td><td>75</td><td>80</td><td>90</td><td>100</td><td>110</td><td>120</td><td>150</td><td>200</td><td>250</td><td>300</td></tr>
<tr><td>质量公差</td><td colspan="3">±1.0</td><td colspan="3">±1.5</td><td colspan="6">±2.0</td><td colspan="4">±2.5</td><td colspan="3">±3.0</td><td colspan="5">±4.0</td></tr>
</table>

注：当粘贴式平衡块迭加使用时，应保证迭加后质量的公差要求。

6 性能要求

6.1 夹片式平衡块的切向保持力

按本标准 7.1.4 进行切向保持力试验时，夹片式平衡块切向保持力应符合表 2 的规定。

表 2　切向保持力

质量/g	5	≥10
切向保持力/N	≥60	≥100

6.2　夹片式平衡块的轴向保持力

按本标准 7.1.5 进行轴向保持力试验时，夹片式平衡块轴向保持力应符合表 3 的规定。

表 3　轴向保持力

质量/g	5	10	15	20	25	30	35	40	45	50	55	60
轴向保持力/N	≥50	≥100		≥150				≥200				
质量/g	65	70	75	80	90	100	110	120	150	200	250	300
轴向保持力/N	≥200				≥300							

6.3　粘贴式平衡块的剪切保持力

按本标准 7.2.4 进行剪切保持力试验时，按平衡块粘贴面积计算的最小剪切保持力应为 20 N/cm^2。

6.4　耐腐蚀性

按本标准 7.3 进行盐雾腐蚀试验时，平衡块涂层的耐腐蚀性应大于 240 h，试样表面不允许起泡，不允许生锈。

6.5　材料

平衡块材料不推荐使用铅合金材料。

7　平衡块试验方法

7.1　夹片式平衡块试验方法

7.1.1　试验用平衡块的准备

试验用平衡块应是经完整工序加工而成的、可供车辆装用的具有代表性的新平衡块。每个平衡块只能用于 1 次试验。每次试验准备 6 个平衡块，其中 3 个用于安装到车轮外轮缘，另外 3 个用于安装到车轮内轮缘，并对每个平衡块进行编号。

7.1.2　车轮的准备

7.1.2.1　清洁。车轮外轮缘和内轮缘应没有灰尘和油渍。

7.1.2.2　标记。在车轮内轮缘和外轮缘圆周上做标记，等间距分布，标出每一个平衡块的安装点。每个安装点的轮缘表面应没有刮痕、凹坑和焊渣。轮辋焊接区域除外。

7.1.3　平衡块的安装

操作人员应站在敲击位置的正前方进行敲击。

按照下列方式敲击平衡块：敲击应顺着轮辋轮缘轮廓，每个平衡块最多敲击 3 次。需要注意的是，夹片和车轮之间要留有适当间隙，以保证夹片与平衡块的贴合(见图3)。

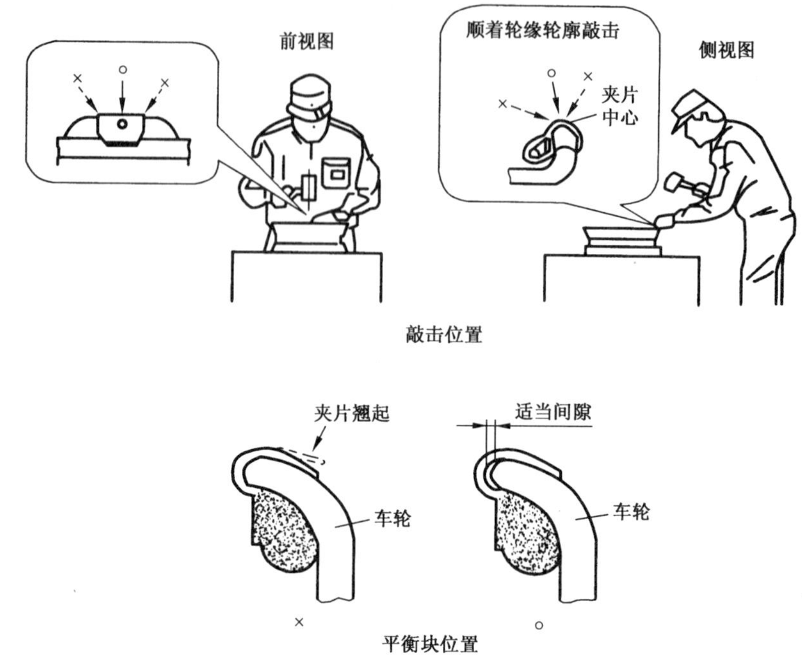

注：×——表示不可行；○——表示可行。

图3　平衡块的安装

7.1.4　切向保持力试验

7.1.4.1　试验设备。试验设备应能够将平衡块从轮缘上移动，并且可以测量和读取初始运动所需的切向力(见图4)。

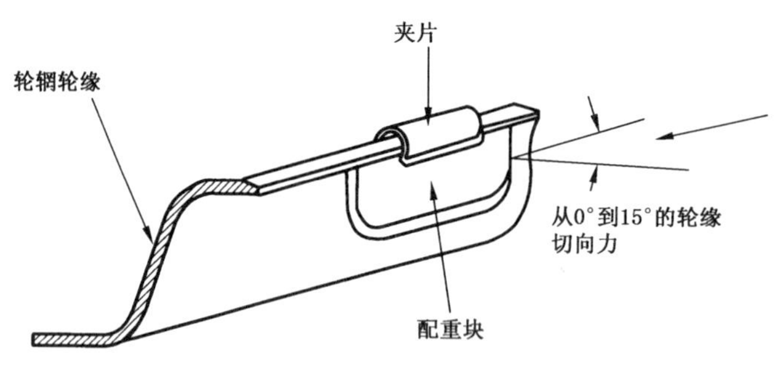

图4　切向力试验

7.1.4.2　试验方法。

a)　按7.1.3描述的方法，使用非金属锤将平衡块安装到车轮外轮缘和内轮缘；

b)　设置试验设备上的测力指示器(测力计)到0；

c)　逐渐增加切向力并记录平衡块开始移动时的切向力；

d)　重复7.1.4.2a)和7.1.4.2c)，对其他5个平衡块进行切向保持力试验。

7.1.5　轴向保持力试验

7.1.5.1　试验设备。试验设备应能够将平衡块从轮辋轮缘上移动，并且可以测量和读取初始运动所需的作用力(见图5)。

7.1.5.2　试验方法。

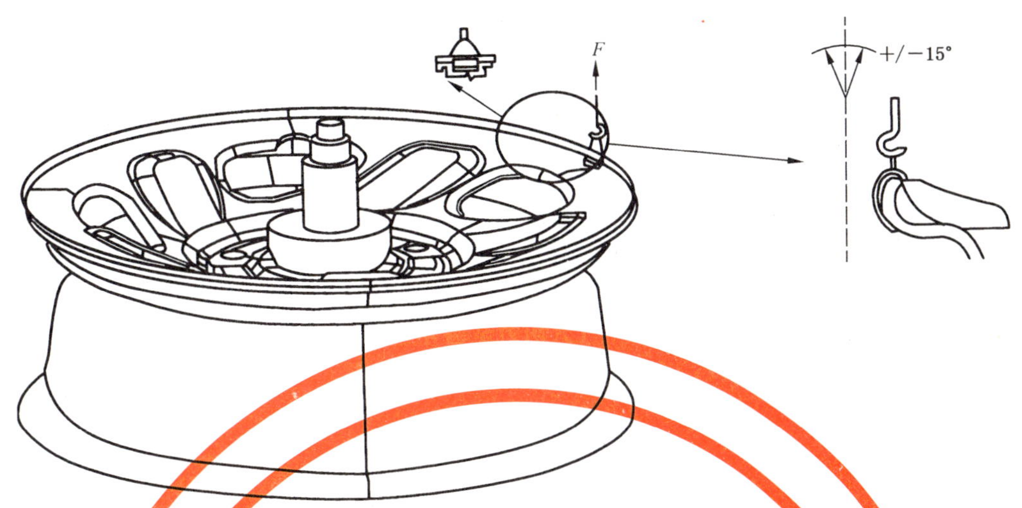

图 5 平衡块保持力试验示意图

a) 按 7.1.3 描述的方法,使用非金属锤将带有钢丝圈的平衡块安装到车轮外轮缘和内轮缘;

b) 设置试验设备上的测力指示器(测力计)到 0;

c) 逐渐增加保持力并记录平衡块开始移动时的保持力;

d) 重复 7.1.5.2a)和 7.1.5.2c),对其他 5 个平衡块进行轴向保持力试验。

7.2 粘贴式平衡块试验方法

7.2.1 试验用平衡块的准备

试验用平衡块应是经完整工序加工而成的、可供车辆装用的具有代表性的新平衡块。每个平衡块只能用于 1 次试验。每次试验准备 6 个平衡块,其中 3 个用于粘贴到车轮外轮缘或图纸指定的位置,另3 个用于粘贴到车轮内轮缘或图纸指定的位置,并对每个平衡块进行编号。

7.2.2 车轮的准备

7.2.2.1 清洁。使用干净抹布去除车轮粘贴面灰尘和油渍。

7.2.2.2 标记。在粘贴平衡块所在位置的车轮圆周上做标记,等间距分布,标出每一个平衡块的安装点。每个安装点的车轮表面应没有刮痕、凹坑。

7.2.3 平衡块的安装

按要求将平衡块按压在车轮的指定位置,按压平衡块的压力应大于 10 N/mm²,此时车轮及平衡块本身的温度不得低于 10 ℃,粘上平衡块的车轮保存 24 h,以保证双面粘贴胶带与车轮的有效粘合。

7.2.4 剪切力试验

在平衡块上施加 1 个剪切力,剪切力方向如图 6 所示,记录平衡块开始移动时的剪切力大小。

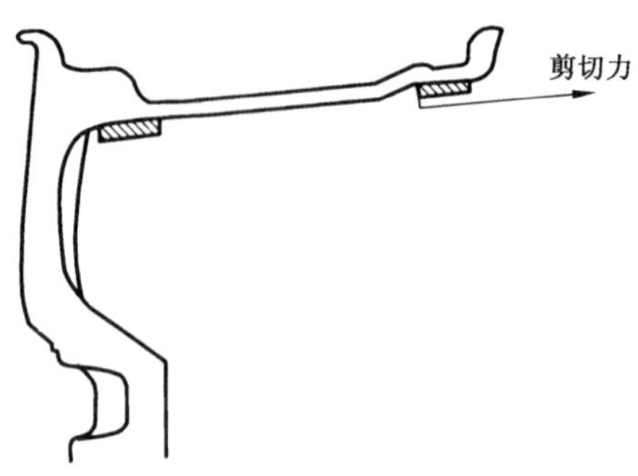

图 6　剪切力试验示意图

7.3　盐雾腐蚀试验

盐雾腐蚀试验按 GB/T 1771 规定的试验方法进行。

8　标志

平衡块安装到车轮上后，应在其容易看到的位置上，用铸造或刻印的方法做出如下标记：

a)　制造厂商标；

b)　质量：用克数表示；

c)　材料：配重块材料。

ICS 43.040.50
T 22

中华人民共和国汽车行业标准

QC/T 258—2013
代替 QC/T 258—1998

汽车车轮　螺母座强度试验

Vehicle wheels—Nut seat strength tests

(ISO 15172:2005(E),Road vehicles—Wheels—
Nut seat strength tests,MOD)

2013-10-17 发布　　2014-03-01 实施

中华人民共和国工业和信息化部　发布

前 言

本标准依照 GB/T 1.1—2009 给出的规则起草。

本标准修改采用 ISO 15172(E):2005《道路车辆 车轮 螺母座强度试验》。为了便于使用,本标准做了下列编辑性修改:

——用“本标准”代替“本国际标准”;

——删除国际标准的前言;

——用小数点“.”代替作为小数点“,”;

——增加了本标准前言。

本标准代替 QC/T 258—1998《轿车钢制车轮螺母座刚度要求及试验方法》。

本标准与 QC/T 258—1998 相比,主要技术差异如下:

——改变了标准名称,由《轿车钢制车轮螺母座刚度要求及试验方法》改为《汽车车轮 螺母座强度试验》;

——扩大了适用范围,本标准适用于螺母座呈凸起形状的汽车车轮;

——删除了原标准中 2“引用标准”;

——删除了原标准中 3“螺母座刚度试验要求”;

——增加了 2.3“试验设备”;

——删除了原标准中 5“试验方法”,增加了 2.4“强度试验程序”;

——删除了原标准中 6“试验条件”;

——删除了原标准中 7“重复试验”;

——增加了资料性附录 A。

本标准与 ISO 15172:2005(E)的主要差异如下:

——改变了标准名称,由《道路车辆 车轮 螺母座强度试验》改为《汽车车轮 螺母座强度试验》;

——重新划分了 2.4.1“变形试验的标准结构”,将 2.4.1 划分为 2.4.1.“变形试验程序”、2.4.1.2“性能要求”和 2.4.1.3“推荐的变形试验载荷”;

——增加了 2.4.1.3“推荐的变形试验载荷”;

——重新划分了 2.4.2“屈服强度试验的标准结构”,将 2.4.2 划分为 2.4.2.1“屈服强度试验程序”与 2.4.2.2 “性能要求”;

——增加 2.4.2.2“性能要求”。

本标准附录 A 为资料性附录。

本标准由全国汽车标准化技术委员会(SAC/TC 114)提出并归口。

本标准起草单位:长春一汽富维汽车零部件股份有限公司。

本标准主要起草人:张世江、莫斌清。

汽车车轮　螺母座强度试验

1　范围

本标准规定了汽车车轮螺母座强度的试验方法和性能要求。

本标准适用于螺母座呈凸起形状的汽车车轮。

2　试验程序

2.1　概述

本试验的原理是施加一个轴向载荷到螺母座上，并确定螺母座的永久变形。此外，还规定了一种测试屈服强度的试验。

2.2　试验用车轮

只能使用经过完整加工工序(包括所有涂层工序)并还未经过使用的新车轮。

2.3　试验设备

试验设备应具有一个与车辆轮毂尺寸相同(见图1)的刚性平面，该平面能够支承整个车轮的安装区。该设备应提供一个坚硬的(HRC最小值为45)压头，或设计形状与螺母座外形相匹配的加载装置，且其接触面积不小于车轮规定的螺母座接触面积。压头或加载装置应提供一个经过测量的，非旋转的轴向力 F。该轴向力 F 垂直于支撑平面。F 应取决于将车轮安装到轮毂上时所使用的紧固件的类型。一次只能对一个车轮螺母座进行加载。除加载设备外，还要求有测量螺母座变形或压头行程的装置。

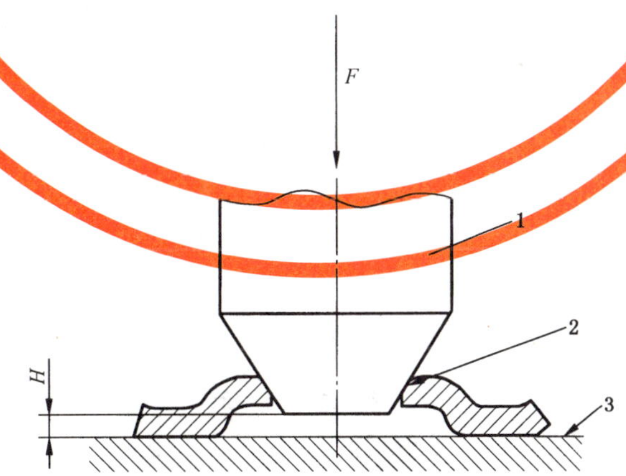

F——试验载荷；
H——螺母座测量高度；
1——压头；
2——螺母座；
3——支撑面。

图1　加载装置示意图

2.4 强度试验程序

2.4.1 变形试验

2.4.1.1 变形试验程序：

a) 将试验车轮放在加载设备上，使压头轴线与螺母座轴线重合；

b) 将螺母座施加载荷 F_0(0.6×F)，并测出螺母座的测量高度 H_0；

c) 施加一个载荷 F 并保持 15 s；

d) 降低载荷至 F_0，测出螺母座的测量高度 H_1；

e) 重复步骤 c)和 d)5 次，测出每次在载荷为 F_0 时螺母座的测量高度 H_n；

f) 对车轮的每个螺母座重复进行步骤 a)到 e)。

2.4.1.2 性能要求：

a) 螺母座不应出现新的裂纹；

b) 高度差(H_1-H_0)不应超过 0.6 mm；

c) 高度差(H_5-H_0)不应超过 0.8 mm。

2.4.1.3 推荐的变形试验载荷：

推荐的变形试验载荷见表 1。

表 1 推荐的变形试验载荷

紧固件尺寸	F_0/kN	F/kN
M10×1.25	9.8	16.4
M12×1.25 M12×1.5 1/2-20	18.7	31.1
M14×1.5 9/16-18	18.7	31.1

2.4.2 屈服强度试验

2.4.2.1 屈服强度试验程序：将一个新的试验车轮放在加载设备上，使加载设备的轴线与螺母座轴线重合。施加载荷到单个螺母座上，直到螺母座破坏或开裂。记录破坏或开裂前的最大载荷。对每个螺母座进行试验，但是不要在每两个相邻的螺母座上进行试验。因此，需要 2 个或更多的车轮才能完成对车轮的评估。

2.4.2.2 性能要求：破坏或开裂前的最大载荷不应小于表 2 的规定值。

表 2 屈服载荷

紧固件尺寸	屈服载荷/kN
M12×1.25 M12×1.5 1/2-20	35
M14×1.5 9/16-18	44

附　录　A
（资料性附录）
对于承压面的建议

当下列要求被满足或超过时，屈服强度试验和变形试验的可重复性最好。建议使用外加作用力来预测由最大切应力(Tresca)标准给出的临界值下的屈服。在临界值状态下，双头螺栓张力和螺母扭矩所产生的外加作用力的总和等于螺母座材料的屈服点。外加作用力是主应力的一个保守估计值。需要重点注意的是双头螺栓张力会在螺母座上产生一种压应力。螺母座平均半径和承压面积的术语见图 A.1。

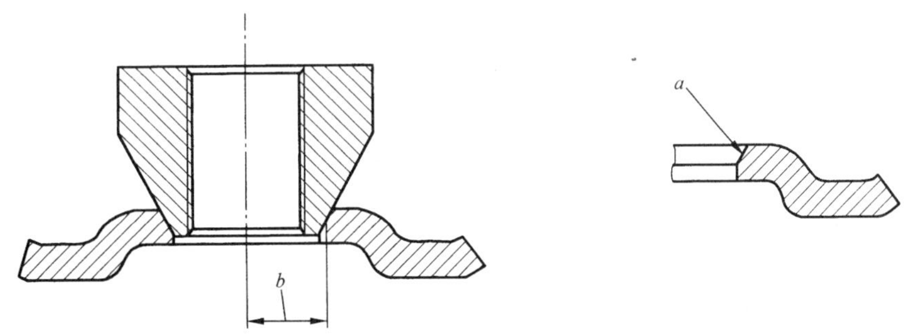

a——承压面；
b——螺母座平均半径。

图 A.1　平均半径和承压面积的术语

表 A.1 和表 A.2 给出了典型假定特性的 B_s 值。利用下列公式计算用其他特性材料产生的车轮承压面面积：

$$B_s = [T_s + (T_q/R)]/Y$$

式中：

B_s——承压面面积；
T_s——双头螺栓张力；
T_q——施加的扭矩；
R——螺母座的平均半径；
Y——材料的抗屈强度。

表 A.1　利用应力差计算的钢轮最小承压面面积　　mm

双头螺栓张力/N	施加的扭矩/(N・m)							
	90	100	110	120	130	140	150	160
12 000	92.7	97.5	102.3	107.0	111.8	116.6	121.3	126.1
16 000	109.3	114.1	118.9	123.6	128.4	133.2	137.9	142.7
20 000	125.9	130.7	135.5	140.2	145.0	149.8	154.5	159.3
24 000	142.5	147.3	152.0	156.8	161.6	166.4	171.1	175.9
28 000	159.1	163.9	168.6	173.4	178.2	183.0	187.7	192.5

该计算假设一个典型的低碳钢车轮材料最小屈服为 241 MPa，螺母座平均直径是 17.4 mm。

表 A.2 利用应力差计算的铝轮最小承压面面积

mm²

双头螺栓张力/N	施加的扭矩/(N·m)							
	90	100	110	120	130	140	150	160
12 000	185.0	194.1	203.2	212.3	221.4	230.5	239.6	248.7
16 000	219.3	228.4	237.5	246.6	255.7	264.8	273.9	283.1
20 000	253.6	262.7	271.9	281.0	290.1	299.2	308.3	317.4
24 000	288.0	297.1	306.2	315.3	324.4	333.5	342.6	351.7
28 000	322.3	331.4	340.5	349.6	358.7	367.8	377.0	386.1

该计算假设一个典型铝车轮材料最小屈服为 116.5 MPa,螺母座平均直径是 18.85 mm。

ICS 43.040.50
T 22

中华人民共和国汽车行业标准

QC/T 952—2013

乘用车辐板式车轮在轮毂上的安装尺寸

Disc wheels for passenger car—Dimensional of attachment on hub

2013-10-17 发布　　2014-03-01 实施

中华人民共和国工业和信息化部 发布

前　言

本标准按照 GB/T 1.1—2009 给出的规则起草。

本标准由全国汽车标准化技术委员会(SAC/TC 114)提出并归口。

本标准起草单位:浙江万丰奥威汽轮股份有限公司。

本标准主要起草人:童胜坤、毛秋仙。

乘用车辐板式车轮在轮毂上的安装尺寸

1 范围

本标准规定了乘用车辐板式车轮在轮毂上安装所要求的相关尺寸。

本标准规定的安装方式是以螺栓孔球面或锥面定位的安装方式，中心孔定位的平面安装方式不在本标准范围内。

本标准适用于乘用车辐板式车轮。

2 规范性引用文件

下列文件对于本文件的应用是必不可少的。凡是注日期的引用文件，仅注日期的版本适用于本文件。凡是不注日期的引用文件，其最新版本(包括所有的修改单)适用于本文件。

GB/T 2933 充气轮胎用车轮和轮辋的术语、规格代号和标志

3 术语和定义

GB/T 2933 确立的术语和定义适用于本文件。

3.1

轮毂 wheel hub

车轮与车轴之间的连接部件。

4 技术要求

以螺栓孔球面或锥面定位的车轮安装尺寸见图 1 和表 1 的规定。螺栓孔直径、球面直径由整车厂设计确定，本标准不作规定。

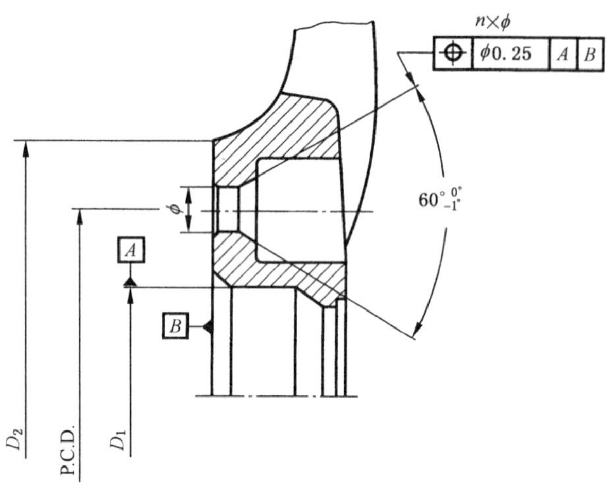

a) 铝合金车轮锥面定位

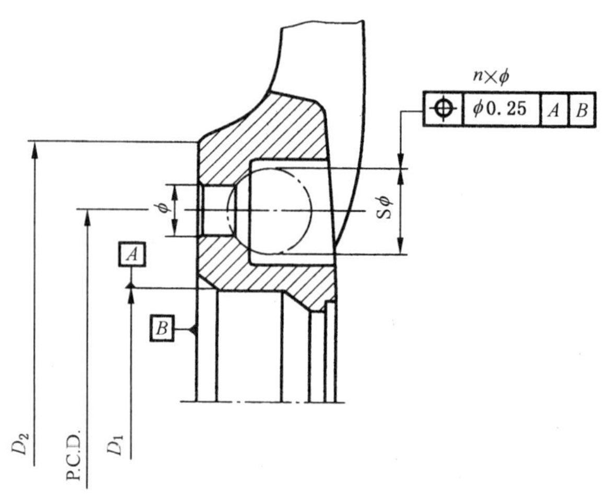

b) 铝合金车轮锥面定位

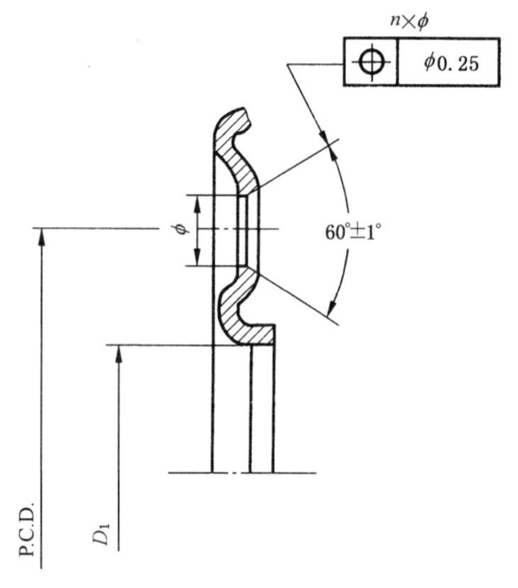

c) 钢车轮锥面定位

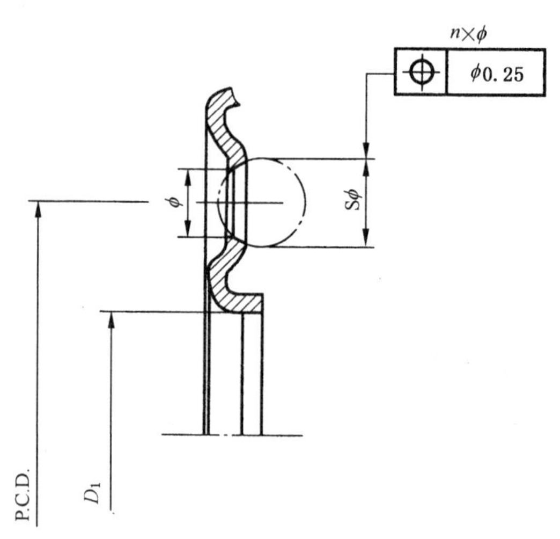

d) 钢车轮球面定位

注：D_2 尺寸由整车厂设计确定，本标准不作规定。

图 1 车轮的安装尺寸

表 1　尺寸规格

mm

螺栓孔数 n	螺栓孔分布圆直径 (P.C.D)	中心孔直径 D_1^{a}
4	ϕ100	ϕ52.1
		ϕ54.1
		ϕ56.1
		ϕ56.6
		ϕ57.1
		ϕ60.1
4	ϕ108	ϕ57.1
		ϕ63.4
		ϕ65.1
4	ϕ110	ϕ60.1
4	ϕ114.3	ϕ56.6
		ϕ59.6
		ϕ60.1
		ϕ64.1
		ϕ65.1
		ϕ66.1
		ϕ67.1
		ϕ69.1
5	ϕ100	ϕ54.1
		ϕ57.1
5	ϕ105	ϕ56.6
5	ϕ108	ϕ60.1
		ϕ63.4
		ϕ65.1
5	ϕ110	ϕ65.1
5	ϕ112	ϕ57.1
		ϕ63.4
		ϕ66.6
5	ϕ114.3	ϕ59.6
		ϕ60.1

螺栓孔数 n	螺栓孔分布圆直径 (P.C.D)	中心孔直径 D_1^{a}
5	ϕ114.3	ϕ64.1
		ϕ66.1
		ϕ66.6
		ϕ67.1
		ϕ70.1
5	ϕ115	ϕ70.3
5	ϕ120	ϕ60.1
		ϕ64.1
		ϕ65.1
		ϕ67.1
		ϕ68.9
		ϕ69.1
		ϕ72.6
5	ϕ127	ϕ71.5
5	ϕ130	ϕ71.5
		ϕ89
5	ϕ139.7	ϕ105
		ϕ108
5	ϕ150	ϕ110
5	ϕ160	ϕ65
5	ϕ165.1	ϕ114.3
6	ϕ114.3	ϕ66.1
6	ϕ115	ϕ70.3
6	ϕ132	ϕ74.5
6	ϕ139.7	ϕ77.8
		100
		ϕ108
		ϕ110
8	ϕ165.1	ϕ130.2

[a] 铝车轮的中心孔直径公差为 $^{+0.20}_{0}$，钢车轮的中心孔直径公差为 $^{+0.50}_{0}$。

ICS 43.040.50
T 22

中华人民共和国汽车行业标准

QC/T 953—2013

商用车　平面安装车轮固定螺母

Commercial road vehicles—Flat attachment wheel fixing nuts

2013-10-17 发布　　2014-03-01 实施

中华人民共和国工业和信息化部　发布

前　言

本标准依照 GB/T 1.1—2009 给出的规则起草。

本标准修改采用 ISO 7575:1993《商用车　平面安装车轮固定螺母》。

本标准与 ISO 7575:1993 的技术性差异及其原因:将 ISO 7575:1993 表 1 中螺纹规格为 M22×1.5 的对边宽度 33 mm 用 34 mm 代替,因为目前国内大多数采用的是 34 mm 的规格,且在国家标准 GB 3104—1982《紧固件　六角产品的对边宽度》中规定为 34 mm,结合国情并考虑到标准的适用性,将对边宽度改为 34 mm。

本标准由全国汽车标准化技术委员会(SAC/TC 114)提出并归口。

本标准起草单位:正兴车轮集团有限公司。

本标准主要起草人:林资源、张国和、陈燕青。

商用车　平面安装车轮固定螺母

1　范围

本标准规定了与 M18×1.5、M20×1.5、M22×1.5 螺柱配合带平垫圈的六角螺母的基本尺寸。

本标准适用于以中心孔定位的平面安装的车轮固定螺母。

2　规范性引用文件

下列文件对于本文件的应用是必不可少的。凡是注日期的引用文件，仅注日期的版本适用于本文件。凡是不注日期的引用文件，其最新版本(包括所有的修改单)适用于本文件。

GB 3104—1982　紧固件　六角产品的对边宽度

GB/T 4095—2005　商用汽车辐板式车轮在轮毂上的安装尺寸(ISO 4107:1979 IDT)

3　尺寸

3.1　车轮在轮毂上的安装尺寸应符合 GB/T 4095—2005 的规定。

3.2　尺寸和公差应符合图 1 和表 1 要求。

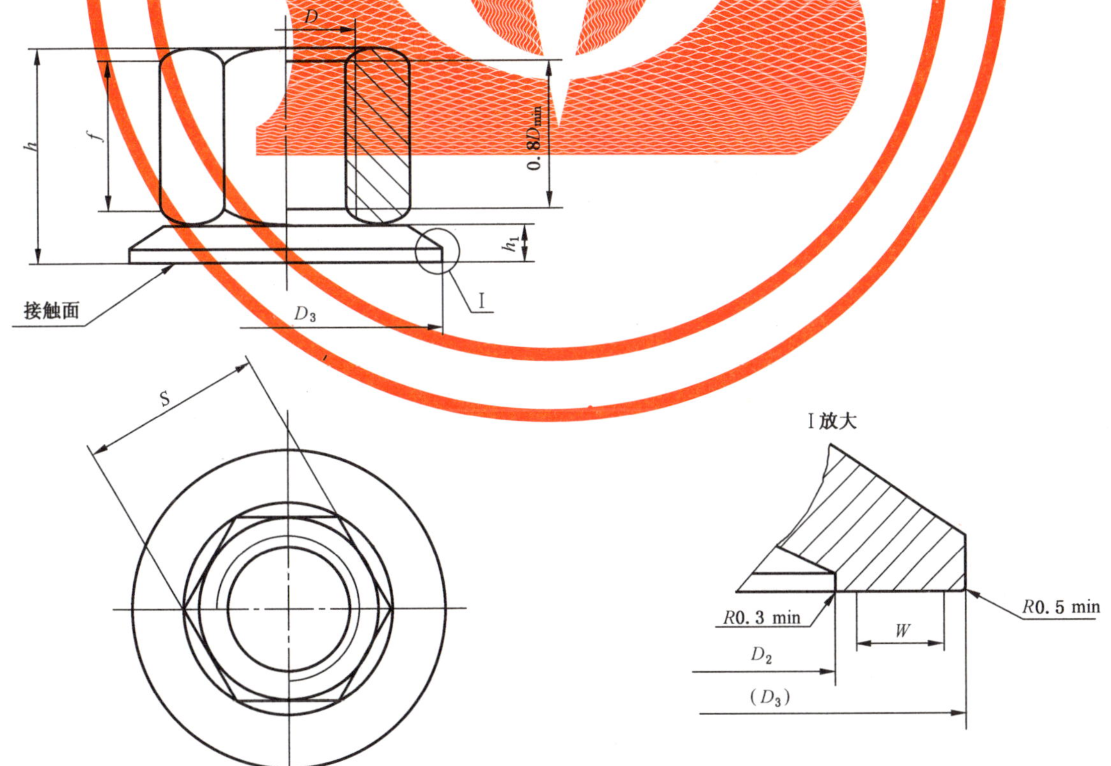

图 1　平面安装螺母尺寸

表 1

mm

螺纹规格[a] $D \times P$	对边宽度 S h13	垫圈内径 D_2 min	垫圈外径 D_3 max	接触面平面的径向宽度 W min	螺母与垫圈的总高[b] h max	垫圈高度 h_1 min	六角板顶高度 f min
M18×1.5	27	23	40	5	27	4.5	10.5
M20×1.5	30	26	45	5.5	29	4.5	11
M22×1.5	34	28	49	6	34	4.5	12.5

[a] 螺纹有效长度应不小于 $0.8D$(见图 1)。

[b] 车辆的总宽可能要求显著降低 h 值。

3.3 规定了保证互换要求的尺寸。该螺母的制造工艺尤其是与垫圈相关的螺母设计,由制造商自行决定。

ICS 43.040.50
T 22

中华人民共和国汽车行业标准

QC/T 954—2013

商用车　平面安装固定螺母试验方法

Commercial vehicles—Flat attachment fixing nuts—Test methods

（ISO 10597:2004,Road vehicles—Flat attachment fixing nuts for commercial vehicles—Test methods,IDT）

2013-10-17 发布　　　　2014-03-01 实施

中华人民共和国工业和信息化部　发布

前　言

本标准依照GB/T 1.1—2009给出的规则起草。

本标准等同采用ISO 10597:2004《道路车辆　商用车平面安装固定螺母试验方法》。

本标准与ISO 10597相比，做了下列编辑性修改。

——“本国际标准”一词改为“本标准”；

——用小数点“.”代替作为小数点的“,”；

——删除国际标准的前言；

——用等同采用国际标准的GB/T 5779.2—2000《紧固件　表面缺陷　第2部分:螺母》代替原标准引用的ISO 6157-2:1995；

——将原文中所称“螺纹夹具”、“试验夹具”统一按照所示图例改称为“螺纹芯棒”；

——将原标准3.1条分列的6段，分别列为3.1.1～3.1.5；

——将原标准3.2条分列的3段，分别列为3.2.1～3.2.3；

——将原标准4.1.4条分列的4段，分别列为4.1.4.1～4.1.4.4；

——将图1名称“两件式法兰螺母拉伸试验示意图”改为“拉伸试验”；

——将图2名称“两件式法兰螺母压缩试验示意图”改为“压缩试验”；

——删除参考文献目录。

本标准由全国汽车标准化技术委员会(SAC/TC 114)提出并归口。

本标准起草单位：正兴车轮集团有限公司。

本标准主要起草人：林资源、张国和、陈燕青。

商用车　平面安装固定螺母 试验方法

1　范围

本标准规定了与 M18×1.5、M20×1.5、M22×1.5 螺柱配合带平垫圈的六角螺母的试验方法和性能要求。

本标准适用于商用车用 M18、M20、M22 螺母。

2　规范性引用文件

下列文件对于本文件的应用是必不可少的。凡是注日期的引用文件，仅注日期的版本适用于本文件。凡是不注日期的引用文件，其最新版本(包括所有的修改单)适用于本文件。

GB/T 5779.2—2000　紧固件　表面缺陷　第 2 部分：螺母(ISO 6157-2:1995 IDT)

3　组合螺母体试验方法

3.1　保证载荷试验

3.1.1　试验用螺母必须是经过完整加工工序及充分防腐处理的螺母。

3.1.2　试验前，测量螺母的初始高度 H。

3.1.3　将螺母安装在如图 1 或图 2 所示的螺栓或螺纹芯棒上。沿螺母轴线方向施加保证载荷，载荷为 $0.6F$ (F 值见表 1)，加载 3 次。

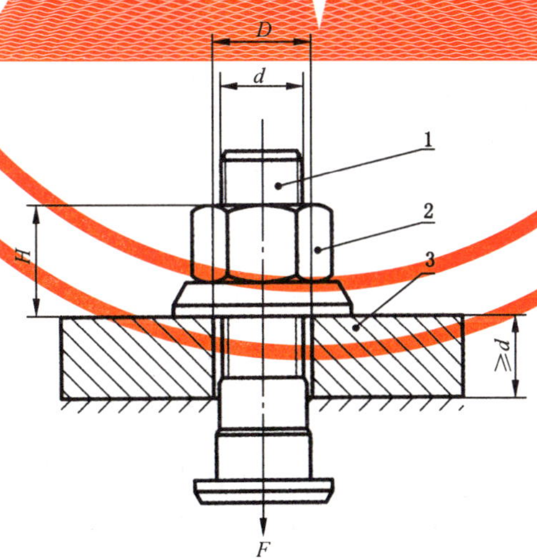

注：$D=d_{+0.25}^{+0.40}$

D ——间隙孔；

d ——螺纹公称直径；

1 ——螺栓或螺纹芯棒；

2 ——螺母；

3 ——固定板。

图 1　拉伸试验

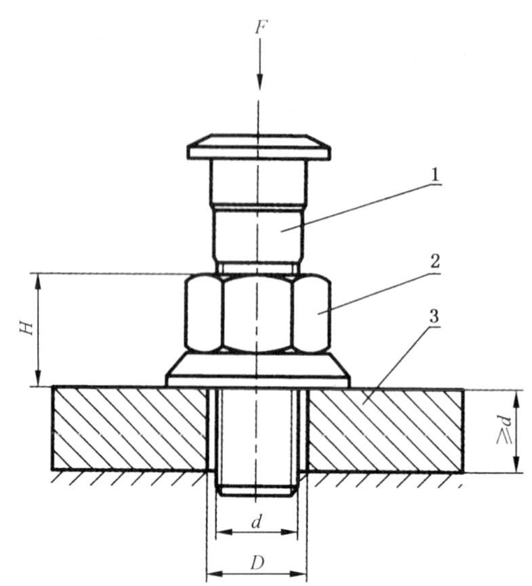

注：$D=d_{+0.25}^{+0.40}$

D ——间隙孔；

d ——螺纹公称直径；

1 ——螺栓或螺纹芯棒；

2 ——螺母；

3 ——固定板。

图 2 压缩试验

表 1 保证载荷

螺纹规格	保证载荷值 F/kN
M18×1.5	232.2
M20×1.5	293.8
M22×1.5	359.6

3.1.4 加载 3 次后，第 4 次施加 1F 的载荷，并持续 15 s。

3.1.5 螺母应能承受载荷没有因脱扣或断裂而失效，并且卸载后应能用手将螺母旋出。或借助扳手松开螺母，但不得超过半扣。在试验中，如果螺纹芯棒损坏，则试验作废。所使用的螺纹芯棒或螺栓（性能等级建议用 10.9 级或更高的）的公差等级应与生产中使用的零件的公差等级相同。

3.2 不合格判定

3.2.1 表面缺陷见 GB/T 5779.2。

3.2.2 卸载后螺母高度 H 产生的永久变形量不得超过 0.13 mm。

3.2.3 应使用螺纹通止规来检查螺纹的变形。

4　螺母装配试验方法

4.1　扭矩/拉力-夹紧力

4.1.1　目的

本试验的目的是确保防腐蚀处理达到要求的螺母能提供适当的锁紧力。为了使组件符合验收标准，必要时可使用润滑油，并在试验结果中说明。润滑油的规格、表面润滑的细节及其频率也应在试验结果中予以说明。摩擦系数应与生产零件相同。车轮或者车辆制造商可以确定实际应用过程中必需的摩擦等级。

4.1.2　取样

只能使用应用于车辆上，经过充分防腐蚀处理的螺母。每次试验应采用全新并单独的螺母、螺柱或螺栓。

4.1.3　试验程序

4.1.3.1　在可以显示所有必要数据的螺栓试验台上对螺母进行测试。记录所有的紧固扭矩和螺栓拉力；端面摩擦扭矩或螺纹摩擦扭矩可有选择地记录。

4.1.3.2　使用一个转速为 2 r/min～10 r/min 的拧紧装置施加锁紧力。装置上垫圈的受力面应确保紧贴着旋转。试验螺栓应与生产中使用的典型产品相同。加扭矩至表 2 给定的初始扭矩值，测量螺栓的拉力，然后根据表 2 继续加扭矩至最终扭矩值，再次测量螺栓拉力。

表 2　试验扭矩和拉力

螺纹/mm	初始扭矩/(N·m)	初始拉力(min)/kN	最终扭矩/(N·m)	最终拉力(max)/kN
M18×1.5	250	80	420	225
M20×1.5	339	100	610	295
M22×1.5	500	133	700	310

4.1.4　不合格判定

4.1.4.1　如有下列情况出现，该产品将视为不合格：

a) 在初始扭矩下未能达到初始拉力值；

b) 在最终扭矩下超过最终拉力值；

c) 螺母螺纹破裂；

d) 不能承受最终扭矩；

e) 有新的可见裂纹穿透一个截面(可以使用市场上能得到的裂纹检查设备和技术作为目视检查的补充)。

4.1.4.2　试验期间，如果螺栓螺纹芯棒上的螺纹损坏，应放弃试验。

4.1.4.3　试验前和试验后应对螺母的裂纹进行评估。

4.1.4.4　上述 a)至 e)项中，如果有一种情况被记录，则有必要在螺纹芯棒上重新进行扭矩拉力试验，以确定是哪个部分(螺母或螺栓)导致试验失败，螺纹芯棒的硬度应不小于 45 HRC，且螺纹与生产中使用的典型螺栓相同。

4.2 扭矩/拉力-重复扭矩

4.2.1 目的

本试验的目的是保证扭矩/拉力曲线的重复性。

4.2.2 取样

只使用应用于车辆上且经过充分防腐蚀处理的螺母。每次试验应采用全新并单独的螺母、螺柱或螺栓。

4.2.3 试验程序

按 4.1.3 程序,在试验设备上重新对螺母加扭矩 5 次至表 2 所示的最终扭矩。

4.2.4 不合格判定

不合格判定应和 4.1.4 给出的条款相同,第 5 次与第 1 次拉力比较下降 30%也会导致试验失效。

基 础 通 用

ICS 43.160
T 50

中华人民共和国汽车行业标准

QC/T 326—2013
代替 QC/T 326—1999

汽车标准件产品编号规则

Coding rules for automotive standardized parts

2013-10-17 发布　　2014-03-01 实施

中华人民共和国工业和信息化部　发布

前　言

本标准按照 GB/T 1.1—2009 给出的规则起草。

本标准代替 QC/T 326—1999《汽车标准件产品编号规则》,与 QC/T 326—1999 相比,主要技术变化如下:

——取消了编号组成中的“分隔点”和“总成隶属件代号”(见 1999 版的第 3 章);

——调整了品种代号的表示方法(见本版的 4.2);

——删除了变更代号的部分表示含义(见 1999 版的 4.3);

——调整了机械性能、材料和表面处理可选择种类及相应代号(见本版的表 2 和表 3);

——细化了分型代号的组成及使用(见本版的 4.7)。

本标准附录 A 为规范性标准,附录 B 为资料性附录。

本标准由全国汽车标准化技术委员会(SAC/TC 114)提出并归口。

本标准起草单位:中国第一汽车股份有限公司技术中心、中国汽车技术研究中心、广州汽车集团股份有限公司汽车工程研究院。

本标准主要起草人:郭抚顺、徐枭、赵品、杨朝阳。

本标准所代替标准的历次版本发布情况为:

——ZB T 30001—1987;

——QC/T 326—1999。

引　言

我国汽车工业50余年的实践经验表明，对种类繁多、规格不一且数量巨大的汽车标准件产品来说，采用一种科学的产品编号方法对于各企业的技术管理和产品开发，都是必须和行之有效的。同时，也积极指导并促进了汽车和标准件技术的协调发展。本标准通过两次修订和完善，适应了技术的进步和行业发展的需要，标准的适用性逐步扩大至面向整个汽车和零部件行业，在我国汽车工业的发展和进步过程中，发挥了积极的指导作用。

为了使标准件产品编号规则更具有广泛性和适用性，尽可能减少错误的理解和使用，需要进一步明确本标准的修订原则，具体如下：

科学性：以产品本质属性或特征作为编号的基础和依据，按照规范、合理和简明的原则进行编号，保持各产品编号具有一定的系统性。

扩展性：编号系统能与已有的产品相兼容，并具有一定的扩展性，保证在新增产品或技术内容时，可以依照原有体系进行扩展。

唯一性：每一个完整编号都能对应唯一的品种、规格、型式和技术状态。

汽车标准件产品编号规则

1 范围

本标准规定了汽车用标准件产品的编号规则。

本标准适用于汽车、摩托车及零部件企业产品的开发、设计、生产、采购、流通等领域。

2 规范性引用文件

下列文件对于本文件的应用是必不可少的。凡是注日期的引用文件,仅注日期的版本适用于本文件。凡是不注日期的引用文件,其最新版本(包括所有的修改单)适用于本文件。

GB/T 97.1 平垫圈 A级(GB/T 97.1—2002,eqv ISO 7089:2000)

GB/T 97.4 平垫圈 用于螺钉和垫圈组合件(GB/T 97.4—2002,eqv ISO 10673:1998)

GB/T 699 优质碳素结构钢

GB/T 848 小垫圈 A级(GB/T 848—2002,eqv ISO 7092:2000)

GB/T 3098.1 紧固件机械性能 螺栓、螺钉和螺柱(GB/T 3098.1—2010,ISO 898-1:2009,MOD)

GB/T 3098.2 紧固件机械性能 螺母 粗牙螺纹(GB/T 3098.2—2000,idt ISO 898-2:1992)

GB/T 3098.3 紧固件机械性能 紧定螺钉(GB/T 3098.3—2000,idt ISO 898-5:1998)

GB/T 3098.4 紧固件机械性能 细牙螺母(GB/T 3098.4—2000,idt ISO 898-6:1994)

GB/T 3098.6 紧固件机械性能 不锈钢螺栓、螺钉和螺柱(GB/T 3098.6—2000,idt ISO 3506-1:1997)

GB/T 3098.9 紧固件机械性能 有效力矩型钢锁紧螺母(GB/T 3098.9—2010,ISO 2320:2008,IDT)

GB/T 3098.15 紧固件机械性能 不锈钢螺母(GB/T 3098.15—2000,idt ISO 3506-2:1997)

GB/T 3098.19 紧固件机械性能 抽芯铆钉

GB/T 3195 铆钉用铝及铝合金线材

GB/T 5231 加工铜及铜合金化学成分和产品形状

GB/T 6478 冷镦和冷挤压用钢(GB/T 6478—2001,neq ISO 4954:1993)

GB/T 8815 电线电缆用软聚氯乙烯塑料

HG/T 2196 汽车用橡胶材料分类系统

QC/T 625 汽车用涂镀层和化学处理层

3 编号的组成

汽车标准件编号由7个部分组成,依次是:

——第1部分:汽车标准件特征代号;

——第2部分:品种代号;

——第3部分:变更代号;

——第4部分:尺寸规格代号;

——第 5 部分：机械性能或材料代号；

——第 6 部分：表面处理代号；

——第 7 部分：分型代号。

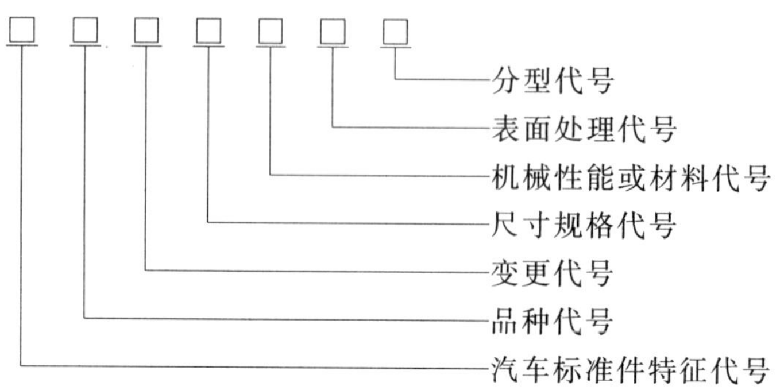

4 编号的表示及含义

汽车标准件产品编号由一组连续的、位数不固定的阿拉伯数字和大写罗马字母组成，不使用罗马字母“I”和“O”。在确保编号指代产品品种、规格、技术条件和型式唯一性的前提下，允许省略部分组成代号。

4.1 汽车标准件特征代号

以汽车“汽”字的汉语拼音首位大写字母“Q”表示。

4.2 品种代号

品种代号由三位数字表示，或由数字与字母组合表示。

代号的首位为汽车标准件产品类别，由数字表示；第二位为该产品类别的品种分组号，由数字或字母表示，仅当该类别的品种组数大于 10 时，才可使用字母，并从“A”（不使用字母“Q”）开始顺序使用；末位为品种的组内序号，由数字或字母表示，仅当组内产品序号数大于 10 时，才可使用字母，并从“A”（不使用字母“Q”）开始顺序使用。结构或功能相近的品种尽可能同组。以螺纹为主要功能特征的同一产品的粗牙和细牙螺纹系列视为不同品种，通常情况下粗牙螺纹产品序号为偶数，细牙为奇数。

淘汰产品的品种代号 10 年内不允许分配给其他产品。

汽车行业已采用的汽车标准件产品类别代号和分组代号如表 1 所示，汽车标准件产品品种代号及变更代号参见附录 B。

表 1 类别代号和分组代号

<table>
<tr><td colspan="2" rowspan="3">品种</td><td colspan="9">类别代号</td></tr>
<tr><td>1</td><td>2</td><td>3</td><td>4</td><td>5</td><td>6</td><td>7</td><td>8</td><td>9</td></tr>
<tr><td>螺柱/螺栓</td><td>螺钉</td><td>螺母</td><td>垫圈/挡圈/铆钉</td><td>销/键</td><td>螺塞/箍/管接件/夹/卡扣</td><td>润滑件/密封件/连接件</td><td>管接件</td><td>通气塞/保险阀/铅封</td></tr>
<tr><td rowspan="11">分组代号</td><td>0</td><td></td><td>自钻自攻螺钉</td><td></td><td>平垫圈</td><td></td><td></td><td>滑脂嘴</td><td>管接件</td><td>通气塞/保险阀</td></tr>
<tr><td>1</td><td>焊接螺柱</td><td>普通螺钉</td><td></td><td>锁紧垫圈/弹性垫圈</td><td></td><td>螺塞</td><td></td><td>管接件</td><td>铅封</td></tr>
<tr><td>2</td><td>双头螺柱</td><td>螺钉组合件</td><td>法兰面螺母/锁紧螺母</td><td>组合件用垫圈</td><td>销</td><td>螺塞</td><td>密封件</td><td></td><td></td></tr>
<tr><td>3</td><td></td><td>螺钉组合件</td><td>锁紧螺母</td><td>挡圈</td><td></td><td></td><td></td><td></td><td></td></tr>
<tr><td>4</td><td>螺栓组合件</td><td>螺钉组合件</td><td>普通螺母</td><td>抽芯铆钉</td><td>钉</td><td>管夹</td><td>连接件</td><td></td><td></td></tr>
<tr><td>5</td><td>六角头螺栓</td><td>普通螺钉</td><td>普通螺母</td><td>铆钉</td><td>键</td><td>管接件</td><td></td><td></td><td></td></tr>
<tr><td>6</td><td></td><td>自挤螺钉</td><td>普通螺母/焊接螺母</td><td>铆钉</td><td></td><td>管接件</td><td></td><td></td><td></td></tr>
<tr><td>7</td><td>六角头螺栓</td><td>自攻螺钉</td><td>焊接螺母/塑料螺母</td><td>铆钉</td><td>环箍</td><td></td><td></td><td></td><td></td></tr>
<tr><td>8</td><td>法兰面螺栓</td><td>紧定螺钉</td><td>开槽螺母</td><td></td><td></td><td>夹片</td><td></td><td></td><td></td></tr>
<tr><td>9</td><td>异型螺栓/焊接螺栓</td><td>木螺钉</td><td>异形螺母/盖形螺母</td><td></td><td></td><td>卡扣</td><td></td><td></td><td></td></tr>
<tr><td>A</td><td></td><td>塑料用螺钉</td><td></td><td></td><td></td><td></td><td></td><td></td><td></td></tr>
<tr><td colspan="11">注：空白部分为未明确分组的品种或无品种。</td></tr>
</table>

4.3 变更代号

变更代号由一位字母表示。

由于产品标准修订，产品尺寸、精度、性能或材料等内容发生变更，以致影响产品的互换性时，应给出变更代号。变更代号由字母“B”（不使用字母“Q”）开始顺序使用。产品首次纳入或从未发生影响互换的变更时，变更代号默认省略。

当标准内容不影响产品的互换性，但涉及制造和/或验收的依据存在差异时，在标准实施的过渡期内，由制造商同用户协商过渡性编号区分方式。

4.4 尺寸规格代号

尺寸规格代号由位数不固定的数字表示。

代号应以产品的主要尺寸参数表示，不适宜直接表示的以主要尺寸参数折算的相应整数表示，仍不宜表示的以该品种内规格系列的顺序号表示。应以最少的尺寸参数表示产品规格，且应能与规格一一对应。

当产品主要参数含有带小数规格时，以该小数规格 10 倍的整数表示，若与其余整数规格混淆时，则以该参数全部规格 10 倍的整数表示。

4.4.1 由一个主要尺寸参数表示的尺寸规格代号。

由一个主要尺寸参数即可表示产品规格代号时,直接以该参数值的两位或三位数字表示。当参数仅一位数时,应以两位数字表示,于参数左边加“0”以补足两位;当参数以英寸为单位时,以两位数字表示,其首位为整英寸数,末尾为1/8英寸的整倍数,若参数小于1英寸,于整倍数的左边加“0”以补足两位。

4.4.2 由两个或两个以上主要尺寸参数表示的尺寸规格代号。

需由两个或两个以上主要尺寸(一般为公称直径和杆部公称长度)参数表示产品规格代号时,应按主次及习惯顺序直接以参数表示。其中第一参数值仅一位数的,于参数左边加“0”以补足两位,其余参数直接表示,不补位。

4.5 机械性能或材料代号

机械性能或材料代号由字母或字母与数字的组合进行表示。

一个品种仅有一种代号时,默认省略该代号;若有两个或两个以上的代号,则省略推荐采用的基本代号,其他代号应在编号中注明。汽车行业已采用的机械性能代号、材料代号、采用标准及适用品种见表2。

表2 机械性能或材料代号

代号	机械性能或材料牌号	采用标准	适用品种
T	钢10.9	GB/T 3098.1	螺柱、螺栓、螺钉
T1	钢8.8	GB/T 3098.1	螺柱、螺栓、螺钉
T2	钢8	GB/T 3098.2、GB/T 3098.4、GB/T 3098.9	螺母
T3	钢9	GB/T 3098.2、GB/T 3098.9	螺母
T4	黄铜H62	GB/T 5231	铆钉、管接头、垫圈
T5	纯铜T3	GB/T 5231	铆钉、垫圈
T6	2A01	GB/T 3195	铆钉
T7	1035	GB/T 3195	铆钉
T9	钢22H	GB/T 3098.3	紧定螺钉
T10	钢33H	GB/T 3098.3	紧定螺钉
T11	钢5	GB/T 3098.2、GB/T 3098.9	螺母
T12	钢6	GB/T 3098.2、GB/T 3098.4、GB/T 3098.9	螺母
T13	钢10	GB/T 3098.2、GB/T 3098.4、GB/T 3098.9	螺母
T14	钢12	GB/T 3098.2、GB/T 3098.4、GB/T 3098.9	螺母
T15	钢05	GB/T 3098.2、GB/T 3098.4	螺母
T16	钢200 HV	GB/T 97.1、GB/T 97.4、GB/T 848	平垫圈
T17	钢10、15、ML10Al、ML15Al	GB/T 699、GB/T 6478	铆钉
T18	11	GB/T 3098.19	抽芯铆钉
T19	30	GB/T 3098.19	抽芯铆钉
T21	钢5.6	GB/T 3098.1	螺柱、螺栓、螺钉
T22	钢5.8	GB/T 3098.1	螺柱、螺栓、螺钉

表 2（续）

代号	机械性能或材料牌号	采 用 标 准	适 用 品 种
T23	钢 4.8，含碳量≤0.25％	GB/T 3098.1	焊接螺柱、焊接螺栓、焊接螺钉
T24	钢 5.8，含碳量≤0.25％	GB/T 3098.1	焊接螺柱、焊接螺栓、焊接螺钉
T25	钢 8.8，含碳量≤0.25％	GB/T 3098.1	焊接螺柱、焊接螺栓、焊接螺钉
T26	钢 04	GB/T 3098.2、GB/T 3098.4	薄螺母
T28	钢 300 HV	GB/T 97.1、GB/T 97.4、GB/T 848	平垫圈
T29	10	GB/T 3098.19	抽芯铆钉
T30	不锈钢 A2-70	GB/T 3098.6、GB/T 3098.15	螺母、螺栓、螺柱、螺钉[a]
T31	不锈钢 A2-50	GB/T 3098.6、GB/T 3098.15	螺母、螺栓、螺柱、螺钉[a]
T32	钢 12.9	GB/T 3098.1	螺柱、螺栓、螺钉
T33	钢 45H	GB/T 3098.3	紧定螺钉
T60	软聚氯乙烯	GB/T 8815	卡扣
T61	硫化橡胶	HG/T 2196	卡扣、管夹
[a] 用于自攻螺钉时，机械性能要求由供需双方协商。			

4.6 表面处理代号

表面处理代号由字母或字母与数字的组合进行表示。

一个品种仅有一种代号时，默认省略该代号；若有两个或两个以上的代号，则省略推荐采用的基本代号，其他代号应在编号中注明。汽车行业已采用的表面处理代号、表面处理种类、适用产品类型及参考标准见表 3。

表 3 表面处理代号

代号	表 面 处 理	适用产品类型	参考标准
F	不处理，钢质件涂油防锈	全部	—
F10	镀锡	非螺纹件	QC/T 625
F13	镀铬	车轮螺母、非螺纹件	
F19	镀铜	全部	
F2	防蚀磷化	钢质件	
F3	镀锌 彩虹色钝化		
F30	镀锌 橄榄绿色钝化		
F31	镀锌 黑色钝化		
F32	镀锌 漂白钝化		
F33	镀锌 高耐蚀性钝化		
F35	镀锌 非光亮钝化（锌原色）		
F36	镀锌 彩虹色钝化（三价铬钝化）		

表 3（续）

代号	表面处理	适用产品类型	参考标准
F37	镀锌　橄榄绿色钝化（三价铬钝化）	钢质件	QC/T 625
F38	镀锌　黑色钝化（三价铬钝化）		
F39	镀锌　漂白钝化（三价铬钝化）		
F4	涂塑	非螺纹件	见产品标准
P40	涂硫化橡胶		
F5	防护氧化	铝质件	QC/T 625
F6	锌铝铬涂层　银灰色	钢质件	
F60	锌铝铬涂层　黑色		
F61	锌铝涂层　银灰色		
F62	锌铝涂层　黑色		
F70	锌-镍合金电镀层　无色		
F71	锌-镍合金电镀层　黑色		
F75	锌-铁合金电镀层		
F9	氧化		
注：电镀层和化学转化膜按 QC/T 625。			

4.7 分型代号

分型代号由字母表示，根据具体产品需要可由一个或多个分型代号组成。

以一种产品结构型式为基础，通过改变局部结构型式、尺寸或增加新的技术内容所派生出的具有新增或不同功能的产品，包括基本型在内的所有分型均应给出型式代号，而品种代号应与基本品种一致。型式代号由字母“A”（不使用字母“F”和“T”）开始，在该品种范围内顺序使用，也可采用产品标准中已规定的型式代号或采用具有指定含义的代号。同类产品的同类分型尽可能采用同一字母作为型式代号，不同类产品的分型在不致混淆的条件下，允许采用相同的字母作为型式代号。产品基本型式的分型代号应默认省略。

允许制成全螺纹的品种，视为一种分型，分型代号为“Q”。

采用预涂胶的产品，其涂胶分类代号可作为分型代号。如：S 级锁固胶分型代号为“S”，M 级密封胶分型代号为“M”。

左旋螺纹产品，视为一种分型，分型代号为“Z”。

需要控制螺纹摩擦系数的产品，视为一种分型，分型代号为“K”。

若一个编号中同时出现两种或两种以上分型代号，则按分型与产品的相关程度依次注明。例如：若同时出现型式代号、全螺纹代号、预涂胶代号（螺纹摩擦系数代号）和左旋螺纹代号，则分型代号组成的顺序依次为：型式代号、全螺纹代号、预涂胶代号（螺纹摩擦系数代号）和左旋螺纹代号。

5 编号示例

编号示例见附录 A。

附　录　A
（规范性附录）
汽车标准件产品编号示例

A.1　仅有一个主要尺寸参数的产品

例 1：六角法兰面螺母、主要尺寸参数（螺纹规格）为 M6、性能等级为 8 级、表面处理为镀锌彩虹色钝化的产品编号为：

Q32006

Q 为汽车标准件特征代号。320 为分配给该品种的品种代号。06 为螺纹规格代号，产品规格参数仅一位，于左边加“0”补足两位。8 级和镀锌彩虹色钝化为推荐该品种的基本要求，已省略。

例 2：品种、性能等级、表面处理同例 1，螺纹规格为 M12 的产品编号为：

Q32012

例 3：品种、规格同例 2，性能等级为 10 级、表面处理为非电解锌片涂层（银灰色）的产品编号为：

Q32012T13F61

T13 是机械性能等级为 10 级的代号。F61 为非电解锌片涂层（银灰色）表面处理的代号。

例 4：孔用弹性挡圈、主要尺寸参数（适用孔径）为 12 mm、表面处理为氧化的产品编号为：

Q43012

430 为分配给该品种的品种代号。材料及热处理仅一种要求，无需编号。氧化处理为推荐该品种的基本要求，已省略。

例 5：品种、表面处理同例 4，适用孔径为 100 mm 的产品编号为：

Q430100

例 6：开口挡圈、直径规格为 1.2 mm、表面处理为氧化的产品编号为：

Q43612

例 7：品种、表面处理同例 6，直径规格为 6 mm 和 12 mm 的产品编号分别为：

Q43660 Q436120

例 8：扩口式弯通接头体、主要尺寸参数（适用管子外径）为 6 mm 的产品编号为：

Q653B06

例 9：扩口式直通接头体、适用管子外径为 6 mm 的产品编号为：

Q655C06

655 为分配给该品种的品种代号，此后产品标准曾进行修订，发生两次影响互换性的变更，品种代号由 655 变更为 655B，又变更为目前的 655C。

例 10：方头锥形螺塞、主要尺寸参数（螺纹规格）为 NPT 1/4、表面处理为镀锌彩虹色钝化的产品编号为：

Q614B02

02 为螺纹规格代号，规格代号按 1/4 英寸折合为 1/8 英寸的 2 倍，于左边加“0”补足两位。

例 11：品种、表面处理同例 10、螺纹规格为 NPT1½的产品编号为：

Q614B14

14 为螺纹规格代号，首位为螺纹规格中的整英寸数，末尾为螺纹规格中不足 1 英寸部分，折合为1/8 英寸的 4 倍。

A.2　有两个主要尺寸参数的产品

例 1：六角头螺栓、螺纹规格为 M6、杆长为 50 mm、性能等级为 8.8 级、表面处理为镀锌彩虹色钝化的产品编号为：

Q150B0650

150 为分配给该品种的品种代号。B 为该品种一次有影响互换性的变更。8.8 级和镀锌彩虹色钝化为该品种的基本要求，已省略。

例 2：品种、性能等级、表面处理同例 1，螺纹规格为 M4，杆长为 8 mm 的产品编号为：

Q150B048

例 3：品种、螺纹规格、杆长同例 1，性能等级为 10.9 级、表面处理为非电解锌片涂层（银灰色）的产品编号为：

Q150B0650TF61

T 是机械性能为 10.9 级的代号。F61 为非电解锌片涂层（银灰色）表面处理的代号。

例 4：品种、规格、性能等级、表面处理同例 3，指定杆部制成全螺纹的产品编号为：

Q150B0650TF61Q

Q 为该产品派生的全螺纹分型代号。

例 5：品种、规格、性能等级、表面处理同例 1，在螺纹杆部预涂“S”级锁固胶的产品编号为：

Q150B0650S

S 为该产品派生的“S”级锁固胶分型代号。

例 6：十字槽盘头自攻螺钉、螺纹规格为 ST3.5、杆长为 10 mm、C 型末端的产品编号为：

Q2713510

例 7：品种、螺纹规格、末端型式同例 6，杆长为 25 mm 的产品编号为：

Q2713525

例 8：塑料用内六角花形盘头自攻螺钉、螺纹规格为 NST3.5、杆长为 10 mm、C 型末端的产品编号为：

Q2A23510

2A2 为分配给该品种的品种代号，A 为汽车标准件产品螺钉大类中塑料用螺钉的分组。

例 9：内六角花形盘头自攻螺钉、螺纹规格为 ST3.5、杆长为 10 mm、C 型末端的产品编号为：

Q27A3510

27A 为分配给该品种的品种代号，A 为汽车标准件产品螺钉大类的自攻螺钉分组中该品种的序号。

A.3 有三个主要尺寸参数和不宜以主要尺寸参数直接表示产品规格的产品

例 1：A 型簧片螺母、适用于自攻螺钉螺纹规格为 ST4.8、螺母卡入宽度规格为 20 mm、适用板厚为 0.8 mm～1.5 mm 的产品编号为：

Q39748201

48、20 分别表示螺纹规格及其卡入宽度。适用板厚不便直接表示，给定序号为“1”。

例 2：销轴、公称直径为 8 mm、杆长为 30 mm、孔距为 26 mm 的产品编号为：

Q510083026

直径和杆长确定后，可在一定范围内根据使用要求自由选择孔距。

A.4 多个主要尺寸参数在规格代号中的排序

例 1：轴肩式双头螺柱、旋入螺母端螺纹规格为 M6、杆长为 20 mm，旋入机体端螺纹规格为 M8、杆长为 50 mm，机械性能等级为 8.8 级、镀锌彩虹色钝化的产品编号为：

Q1300620850

螺母端尺寸是产品选用时主要考虑的参数，其次是机体端。

附　录　B
（资料性附录）
汽车标准件产品体系

表 B.1 给出了目前汽车标准件产品品种代号及变更代号等产品体系的相关信息。

表 B.1　汽车标准件产品体系表

序号	代号[a]	采用标准	产品名称	备　注
1	Q110	QC/T 857—2011	焊接螺柱	
2	Q114	QC/T 869—2011	短周期弧焊焊接螺柱	
3	Q118	QC/T 881—2011	塑料用焊接螺柱	
4	Q120	QC/T 870—2011	双头螺柱　$b_m=1.25d$	两端粗牙普通螺纹
5	Q121			一端粗牙一端细牙普通螺纹
6	Q121B			一端粗牙一端较细牙普通螺纹
7	Q123			一端过渡配合一端细牙普通螺纹
8	Q123B			一端过渡配合一端较细牙普通螺纹
9	Q124			两端粗牙普通螺纹，细杆型
10	Q125			两端细牙普通螺纹，细杆型
11	Q126	GB/T 899—1988	双头螺柱　$b_m=1.5d$	两端粗牙普通螺纹
12	Q127			一端粗牙一端细牙普通螺纹
13	Q127B			一端粗牙一端较细牙普通螺纹
14	Q128	GB/T 953—1988	等长双头螺柱	
15	Q129	QC/T 871—2011	双头螺柱　$b_m=2d$	一端过渡配合一端细牙普通螺纹
16	Q129B			一端过渡配合一端较细牙普通螺纹
17	Q130	QC/T 854—2011	轴肩式双头螺柱	
18	Q140B	GB/T 9074.1—2002	六角头螺栓和平垫圈组合件	
19	Q141	QC/T 600—1999	六角头螺栓和锥形弹性垫圈组合件	
20	Q142	GB/T 9074.15—1988	六角头螺栓和弹簧垫圈组合件	
21	Q144	GB/T 9074.16—1988	六角头螺栓和外锯齿锁紧垫圈组合件	
22	Q146B	GB/T 9074.17—1988	六角头螺栓、弹簧垫圈和平垫圈组合件	
23	Q150B	GB/T 5782—2000 GB/T 5783—2000	六角头螺栓	粗牙普通螺纹
24	Q151B	GB/T 5785—2000 GB/T 5786—2000		细牙普通螺纹
25	Q151C			较细牙普通螺纹
26	Q170B	GB/T 32.1—1988	六角头头部带孔螺栓	粗牙普通
27	Q171B	GB/T 32.3—1988		螺纹细牙普通螺纹
28	Q171C			较细牙普通螺纹

表 B.1（续）

序号	代号[a]	采用标准	产品名称	备注
29	Q173B	GB/T 31.3—1988	六角头螺杆带孔螺栓　细牙	细牙普通螺纹
30	Q173C			较细牙普通螺纹
31	Q174B	GB/T 29.2—1988	十字槽凹穴六角头螺栓	
32	Q178	QC/T 853—2011	六角法兰面自排屑螺栓	
33	Q180	QC/T 340—1999	六角法兰面承面带齿螺栓	粗牙普通螺纹
34	Q181			细牙普通螺纹
35	Q182	GB/T 16674.1—2004	六角法兰面螺栓	粗牙普通螺纹
36	Q183	GB/T 16674.2—2004		细牙普通螺纹
37	Q184	GB/T 16674.1—2004		粗牙普通螺纹
38	Q185	GB/T 16674.2—2004		细牙普通螺纹
39	Q186	GB/T 5789—1986	六角法兰面螺栓—加大系列	粗杆
40	Q188	GB/T 5790—1986		细杆
41	Q190	GB/T 798—1988	活节螺栓	粗牙普通螺纹
42	Q191			细牙普通螺纹
43	Q191B			较细牙普通螺纹
44	Q192B	GB/T 14—1998	大半圆头方颈螺栓	
45	Q194B	GB/T 35—1988	小方头螺栓	
46	Q196	QC/T 880—2011	防拆卸螺栓	
47	Q198	QC/T 598—1999	承面凸焊螺栓	A 型
48	Q198B			B 型
49	Q198C			C 型
50	Q199	QC/T 599—2013	端面凸焊螺栓	A 型
51	Q199B			B 型
52	Q200	GB/T 15856.4—2002	六角法兰面自钻自攻螺钉	
53	Q202	QC/T 875—2011	内六角花形盘头自钻自攻螺钉	
54	Q203	QC/T 874—2011	内六角花形沉头自钻自攻螺钉	
55	Q204	QC/T 873—2011	内六角花形半沉头自钻自攻螺钉	
56	Q209	GB/T 15856.5—2002	六角凸缘自钻自攻螺钉	
57	Q210B	GB/T 2671.2—2004	内六角花形圆柱头螺钉	
58	Q212	GB/T 2671.1—2004	内六角花形低圆柱头螺钉	
59	Q214	GB/T 818—2000	十字槽盘头螺钉	
60	Q215B	QC/T 855—2011	内六角花形盘头螺钉	
61	Q218B	GB/T 70.1—2008	内六角圆柱头螺钉	
62	Q220B	GB/T 9074.18—2002	十字槽盘头自攻螺钉和平垫圈组合件	C 型
63	Q221B			F 型

表 B.1（续）

序号	代号[a]	采用标准	产品名称	备注
64	Q230B	GB/T 9074.1—2002	十字槽盘头螺钉和平垫圈组合件	
65	Q232	GB/T 9074.3—1988	十字槽盘头螺钉和弹簧垫圈组合件	
66	Q234	GB/T 9074.2—1988	十字槽盘头螺钉和外锯齿锁紧垫圈组合件	
67	Q236B	GB/T 9074.4—1988	十字槽盘头螺钉、弹簧垫圈和平垫圈组合件	
68	Q240	GB/T 9074.9—1988	十字槽沉头螺钉和锥形锁紧垫圈组合件	
69	Q242	GB/T 9074.10—1988	十字槽半沉头螺钉和锥形锁紧垫圈组合件	
70	Q250	GB/T 70.3—2008	内六角沉头螺钉	
71	Q254	GB/T 819.1—2000 GB/T 819.2—1997	十字槽沉头螺钉	
72	Q256	GB/T 820—2000	十字槽半沉头螺钉	
73	Q257B	QC/T 866—2011	内六角花形半沉头螺钉	
74	Q258	QC/T 856—2011	内六角花形沉头螺钉	
75	Q260	GB/T 6564—1986	内六角花形圆柱头自攻锁紧螺钉	
76	Q261	GB/T 6563—1986	六角头自攻锁紧螺钉	
77	Q262	GB/T 6560—1986	十字槽盘头自攻锁紧螺钉	
78	Q263	GB/T 6561—1986	十字槽沉头自攻锁紧螺钉	
79	Q264	GB/T 6562—1986	十字槽半沉头自攻锁紧螺钉	
80	Q270	GB/T 16824.2—1997	六角法兰面自攻螺钉	C型
				F型
81	Q271	GB/T 845—1985	十字槽盘头自攻螺钉	C型
82	Q272			F型
83	Q273	QC/T 602—1999	十字槽大半圆头自攻螺钉	C型
				F型
84	Q274	GB/T 846—1985	十字槽沉头自攻螺钉	C型
85	Q275	GB/T 9456—1988	十字槽凹穴六角头自攻螺钉	C型
				F型
86	Q276	GB/T 847—1985	十字槽半沉头自攻螺钉	C型
87	Q277			F型
88	Q278	GB/T 846—1985	十字槽沉头自攻螺钉	F型
89	Q279	GB/T 16824.1—1997	六角凸缘自攻螺钉	C型
				F型
90	Q27A	GB/T 2670.1—2004	内六角花形盘头自攻螺钉	C型
				F型
91	Q27B	GB/T 2670.2—2004	内六角花形沉头自攻螺钉	C型
				F型

表 B.1（续）

序号	代号[a]	采用标准	产品名称	备注
92	Q27C	GB/T 2670.3—2004	内六角花形半沉头自攻螺钉	C 型
				F 型
93	Q280	GB/T 71—1985	开槽锥端紧定螺钉	
94	Q282	GB/T 73—1985	开槽平端紧定螺钉	
95	Q283	GB/T 80—2007	内六角凹端紧定螺钉	
96	Q284B	GB/T 77—2007	内六角平端紧定螺钉	
97	Q285	GB/T 79—2007	内六角圆柱端紧定螺钉	
98	Q286	GB/T 85—1988	方头长圆柱端紧定螺钉	
99	Q288B	GB/T 78—2007	内六角锥端紧定螺钉	
100	Q292	GB/T 950—1986	十字槽圆头木螺钉	
101	Q294	GB/T 952—1986	十字槽半沉头木螺钉	
102	Q296	GB/T 951--1986	十字槽沉头木螺钉	
103	Q2A0	QC/T 877—2011	塑料用六角法兰面自攻螺钉	C 型
				F 型
104	Q2A2	QC/T 878—2011	塑料用内六角花形盘头自攻螺钉	C 型
				F 型
105	Q2A8	QC/T 891—2011	塑料用焊接螺钉	
106	Q2A9	QC/T 876—2011	塑料用六角凸缘自攻螺钉	C 型
				F 型
107	Q310B	GB/T 39—1988	方螺母	
108	Q312	QC/T 608—2011	B 型板簧螺母	普通型
		QC/T 885—2011		有效力矩型
109	Q314	GB/T 24425.1—2009	普通型钢丝螺套	通孔型粗牙普通螺纹
		GB/T 24425.2—2009		盲孔型粗牙普通螺纹
110	Q315	GB/T 24425.1—2009		通孔型细牙普通螺纹
111	Q316	QC/T 859—2011	方螺母座	A 型
		QC/T 862—2011		B 型
112	Q320	GB/T 6177.1—2000	六角法兰面螺母	粗牙普通螺纹
113	Q321	QC/T 613—1999	六角法兰面自排屑螺母	
114	Q322	QC/T 607—1999	六角螺母和锥形弹性垫圈组合件	
115	Q323	GB/T 6177.2—2000	六角法兰面螺母	细牙普通螺纹
116	Q324	QC/T 864—2011	六角法兰面承面带齿螺母	
117	Q326	GB/T 6182—2010	2 型非金属嵌件六角锁紧螺母	
118	Q328	GB/T 889.1—2000	1 型非金属嵌件六角锁紧螺母	粗牙普通螺纹
119	Q329	GB/T 889.2—2000		细牙普通螺纹

表 B.1（续）

序号	代号[a]	采用标准	产品名称	备注
120	Q330	GB/T 6187.1—2000	全金属六角法兰面锁紧螺母	粗牙普通螺纹
121	Q331	GB/T 6187.2—2000		细牙普通螺纹
122	Q332	GB/T 6185.1—2000	2 型全金属六角锁紧螺母	粗牙普通螺纹
123	Q333	GB/T 6185.2—2000		细牙普通螺纹
124	Q334	GB/T 6184—2000	1 型全金属六角锁紧螺母	
125	Q338	GB/T 6183.1—2000	非金属嵌件六角法兰面锁紧螺母	粗牙普通螺纹
126	Q339	GB/T 6183.2—2000		细牙普通螺纹
127	Q340B	GB/T 6170—2000	1 型六角螺母	粗牙普通螺纹
128	Q341B	GB/T 6171—2000		细牙普通螺纹
129	Q341C			较细牙普通螺纹
130	Q348	QC/T 868—2011	塑料六角螺母	
131	Q350B	GB/T 6172.1—2000	六角薄螺母	粗牙普通螺纹
132	Q351B	GB/T 6173—2000		细牙普通螺纹
133	Q351C			较细牙普通螺纹
134	Q360B	GB/T 6175—2000	2 型六角螺母	粗牙普通螺纹
135	Q361B	GB/T 6176—2000		细牙普通螺纹
136	Q361C			较细牙普通螺纹
137	Q363B	QC/T 858—2011	六角厚螺母	细牙普通螺纹
138	Q363C			较细牙普通螺纹
139	Q364	QC/T 872—2011	焊接六角凸缘螺母	
140	Q366	QC/T 888—2011	焊接六角凸缘锁紧螺母	
141	Q368	QC/T 867—2011	焊接圆螺母	
142	Q369	QC/T 712—2011	汽车安全带用焊接螺母	A 型
				B 型
143	Q370D	QC/T 860—2011	焊接六角螺母	
144	Q371B	QC/T 863—2011	焊接方螺母	
145	Q372	GB/T 17880.1—1999	平头铆螺母	
146	Q373	QC/T 611—1999	冲压螺母	
147	Q374	GB/T 17880.2—1999	沉头铆螺母	
148	Q375	QC/T 609—1999	板式焊接螺母	
149	Q376B	QC/T 615—2011	B 型通孔式嵌装塑料螺母	
150	Q377B	QC/T 616—2011	C 型通孔式嵌装塑料螺母	
151	Q378	QC/T 890—2011	D 型通孔式嵌装塑料螺母	
152	Q379	QC/T 879—2011	E 型通孔式嵌装塑料螺母	
153	Q37A	QC/T 861—2011	盲孔平头六角铆螺母	

表 B.1（续）

序号	代号[a]	采用标准	产品名称	备注
154	Q381B	GB/T 9457—1988	1 型六角开槽螺母	细牙普通螺纹
155	Q381C			较细牙普通螺纹
156	Q383	GB/T 9458—1988	2 型六角开槽螺母	细牙普通螺纹
157	Q383B			较细牙普通螺纹
158	Q387B	GB/T 9459—1988	六角开槽薄螺母	细牙普通螺纹
159	Q387C			较细牙普通螺纹
160	Q390B	GB/T 62.1—2004	蝶形螺母	
161	Q391	GB/T 812—1988	圆螺母	
162	Q393	QC/T 610—1999	C 型板簧螺母	
163	Q394B	GB/T 802.1—2008	组合式盖形螺母	粗牙普通螺纹
164	Q395B			细牙普通螺纹
165	Q395C			较细牙普通螺纹
166	Q397	QC/T 330—1999	A 型簧片螺母	
167	Q398B	QC/T 614—1999	A 型通孔式嵌装塑料螺母	
168	Q399B	QC/T 617—1999	端封式嵌装塑料螺母	
169	Q39A	GB/T 923—2009	六角盖形螺母	粗牙普通螺纹
170	Q39B			细牙普通螺纹
171	Q400B	GB/T 848—2002	小垫圈	
172	Q401B	GB/T 97.1—2002	平垫圈	
173	Q402B	GB/T 96.1—2002	大垫圈	
174	Q403	GB/T 93—1987	弹簧垫圈	
175	Q404	GB/T 859—1987	轻型弹簧垫圈	
176	Q405	GB/T 7244—1987	重型弹簧垫圈	
177	Q406	GB/T 9074.26—988	组合件用弹簧垫圈	
178	Q407B	GB/T 97.4—2002	平垫圈　用于螺钉和垫圈组合件	N 型
				L 型
179	Q408	GB/T 858—1988	圆螺母用止动垫圈	
180	Q410	GB/T 861.2—1987	内锯齿锁紧垫圈	
181	Q411	QC/T 333—1999	内外锯齿锁紧垫圈	
182	Q412	GB/T 862.2—1987	外锯齿锁紧垫圈	
183	Q413	GB/T 9074.27—1988	组合件用外锯齿锁紧垫圈	
184	Q414	GB/T 956.2—1987	锥形锯齿锁紧垫圈	
185	Q415	GB/T 9074.28—1988	组合件用锥形锁紧垫圈	
186	Q416	QC/T 363—1999	盆形圆锥垫圈	
187	Q417	GB/T 860—1987	鞍形弹性垫圈	

表 B.1（续）

序号	代号[a]	采用标准	产品名称	备注
188	Q418	GB/T 955—1987	波形弹性垫圈	
189	Q419	QC/T 601—1999	锥形弹性垫圈	
190	Q420	QC/T 600—1999	组合件用锥形弹性垫圈	
191	Q421B	GB/T 97.5—2002	平垫圈　用于自攻螺钉和垫圈组合件	N 型
192	Q422B			L 型
193	Q430	GB/T 893.1—1986	孔用弹性挡圈	
194	Q431	GB/T 894.1—1986	轴用弹性挡圈	
195	Q433	QC/T 345—1999	轴用压扁钢丝挡圈	
196	Q434	QC/T 344—1999	孔用压扁钢丝挡圈	
197	Q436	GB/T 896—1986	开口挡圈	
198	Q437	GB/T 895.2—1986	轴用钢丝挡圈	
199	Q438	GB/T 895.1—1986	孔用钢丝挡圈	
200	Q439	QC/T 889—2011	A 型轴用挡圈	
201	Q440B	GB/T 12618.1—2006 GB/T 12618.2—2006	开口型平圆头抽芯铆钉	
202	Q441B	GB/T 12617.1—2006 GB/T 12617.2—2006	开口型沉头抽芯铆钉	
203	Q442B	GB/T 12615.1—2004 GB/T 12615.3—2004	封闭型平圆头抽芯铆钉	
204	Q443B	GB/T 12616.1—2004	封闭型沉头抽芯铆钉	
205	Q449	QC/T 892—2011	塑料件用开口型平圆头抽芯铆钉	
206	Q450	GB/T 867—1986	半圆头铆钉	
207	Q453	GB/T 871—1986	扁圆头铆钉	
208	Q454	GB/T 873—1986	扁圆头半空心铆钉	
209	Q460	GB/T 869—1986	沉头铆钉	
210	Q464	GB/T 874—1986	120°沉头半空心铆钉	
211	Q465	GB/T 876—1986	空心铆钉	
212	Q470	GB/T 109—1986	平头铆钉	
213	Q472	GB/T 868—1986	平锥头铆钉	
214	Q476	GB/T 875—1986	扁平头半空心铆钉	
215	Q500	GB/T 91—2000	开口销	
216	Q501	QC/T 623—1999	锁销	
217	Q510B	GB/T 882—2008	销轴	
218	Q521	GB/T 119.1—2000	圆柱销	d 公差为 m6
219	Q522			d 公差为 h8

表 B.1（续）

序号	代号[a]	采用标准	产品名称	备注
220	Q524	QC/T 364—1999	滚花圆柱销	
221	Q525	GB/T 117—2000	圆锥销	
222	Q527B	GB/T 879.3—2000	弹性圆柱销　卷制	H 型
		GB/T 879.4—2000		S 型
		GB/T 879.5—2000		L 型
223	Q528	GB/T 879.1—2000	弹性圆柱销　直槽	H 型
		GB/T 879.2—2000		L 型
224	Q529	QC/T 886—2011	电弧焊销	
225	Q541	GB/T 827—1986	标牌铆钉	
226	Q542	QC/T 865—2011	螺旋铆钉	
227	Q550	GB/T 1099.1—2003	普通半圆键	
228	Q551	GB/T 1096—2003	普通平键	A 型
				B 型
				C 型
229	Q614B	QC/T 379—2013	方头锥形螺塞	
230	Q615	QC/T 377—1999	开槽柱形螺塞	普通细牙螺纹
231	Q616			普通粗牙螺纹
232	Q617B	QC/T 376—1999	六角头螺塞	
233	Q618B	QC/T 381—2013	六角头锥形螺塞	
234	Q619	QC/T 378—2013	内六角锥形螺塞	
235	Q620	QC/T 386—1999	磁芯	
236	Q622	QC/T 383—2013	六角头锥形磁性螺塞	规格<NPT1
				规格≥NPT1
237	Q623	QC/T 385—1999	六角头磁性螺塞	
238	Q624	QC/T 884—2011	内六角锥形磁性螺塞	
239	Q640	QC/T 930—2013	波纹管用夹箍	
240	Q641	QC/T 929—2013	一端固定式塑料管线夹	单管
241	Q642			双管
242	Q643	QC/T 928—2013	中间固定式塑料管线夹	单管
243	Q644			双管
244	Q651C	QC/T 403—2013	扩口式锥螺纹直通管接头体	
245	Q652C	GB/T 5648—2008	扩口式管接头用 B 型螺母	
246	Q653B	GB/T 5630—2008	扩口式弯通接头体	
247	Q654B	QC/T 404—2013	扩口式锥螺纹直角管接头体	
248	Q655C	GB/T 5628—2008	扩口式直通接头体	

表 B.1（续）

序号	代号[a]	采用标准	产品名称	备注
249	Q656B	QC/T 405—2013	扩口式锥螺纹三通管接头体	
250	Q657B	GB/T 5639—2008	扩口式三通接头体	
251	Q658B	GB/T 5641—2008	扩口式四通接头体	
252	Q660B	GB/T 5650—2008	扩口式管接头用空心螺栓	
253	Q661B	GB/T 5645—2008	扩口式压力表接头体	
254	Q670	QC/T 927—2013	法兰连接器	
255	Q673C	QC/T 621.1—2013 QC/T 621.2—2013 QC/T 621.3—2013	钢带式弹性软管夹箍	A 型 B 型
256	Q674	QC/T 349—1999	塑料紧箍带	
257	Q675	QC/T 620—1999	A 型蜗杆传动式软管环箍	
258	Q676	QC/T 619—1999	B 型和 C 型蜗杆传动式软管环箍	B 型
259	Q676B			C 型
260	Q677	QC/T 931—2013	强力软管夹箍	
261	Q678	QC/T 372—1999	焊接式单头夹片	
262	Q679	QC/T 371—1999	对称双管夹片	
263	Q680	QC/T 882—2011	开口夹	
264	Q681	QC/T 375—1999	一端固定式单管夹片	$d=6.5$
265	Q682			$d=8.5$
266	Q683	QC/T 374—1999	中间固定式双管夹片	$d=6.5$
267	Q684			$d=8.5$
268	Q685	QC/T 373—1999	一端固定式双管夹片	$d=6.5$
269	Q686	QC/T 370—2013	单管夹片	
270	Q687	QC/T 369—2013	多管夹片	
271	Q688	QC/T 373—1999	一端固定式双管夹片	$d=8.5$
272	Q689	QC/T 368—1999	弹性夹片	
273	Q691	QC/T 603—1999	A 型卡扣	
274	Q692	QC/T 350—1999	塑料开尾销钉	
275	Q693	QC/T 604—1999	B 型卡扣	
276	Q694	QC/T 605—1999	C 型卡扣	
277	Q695	QC/T 606—1999	H 型卡扣	
278	Q700B	QC/T 407—1999	直通式滑脂嘴	
279	Q701B	QC/T 408—1999	弯颈式滑脂嘴	
280	Q721	QC/T 387—1999	塞片	
281	Q722	QC/T 388—1999	碗形塞片	

表 B.1（续）

序号	代号[a]	采用标准	产品名称	备注
282	Q723	QC/T 638—2000	密封垫圈	
283	Q725	QC/T 346—1999	塑料堵塞	A 型
284	Q725B			B 型
285	Q726	QC/T 343—1999	螺母保护帽	
286	Q727	QC/T 624—2013	橡胶堵塞	A 型—圆孔
				B 型—矩形孔
287	Q728	QC/T 883—2011	密封塞	
288	Q740	QC/T 336—1999	螺纹叉	普通粗牙螺纹
289	Q741			普通细牙螺纹
290	Q742	QC/T 337—1999	焊接叉	
291	Q743	QC/T 329—1999	汽车用球销球座	右旋螺纹
292	Q744			左旋螺纹
293	Q745	QC/T 328—1999	汽车用螺杆式球销	
294	Q746	QC/T 327—1999	汽车用球头接头	右旋螺纹
295	Q747			左旋螺纹
296	Q800B	GB/T 3764—2008	卡套	
297	Q801B	GB/T 3759—2008	卡套式管接头用连接螺母	
298	Q802B	GB/T 3763—2008	管接头用六角薄螺母	
299	Q803B	GB/T 3737—2008	卡套式直通接头体	
300	Q804B	GB/T 3733—2008	卡套式端直通接头体	
301	Q805B	QC/T 399—2013	卡套式锥螺纹直通接头体	
302	Q806B	GB/T 3740—2008	卡套式弯通接头体	
303	Q808B	QC/T 401—2013	卡套式锥螺纹直角接头体	
304	Q809B	GB/T 3745—2008	卡套式三通接头体	
305	Q810B	QC/T 402—2013	卡套式锥螺纹三通接头体	
306	Q811B	QC/T 400—2013	卡套式锥螺纹直角三通接头体	
307	Q812B	GB/T 3746—2008	卡套式四通接头体	
308	Q813B	GB/T 3748—2008	卡套式过板直通接头体	
309	Q814B	GB/T 3749—2008	卡套式过板弯通接头体	
310	Q815B	GB/T 3752—2008	卡套式组合弯通接头体	
311	Q816B	GB/T 3753—2008	卡套式组合三通接头体	
312	Q817B	GB/T 3750—2008	卡套式铰接接头体	
313	Q818B	GB/T 3750—2008	卡套式铰接六角螺栓	
314	Q820B	GB/T 3751—2008	卡套式压力表接头体	

表 B.1（续）

序号	代号[a]	采用标准	产品名称	备注
315	Q900B	QC/T 410—1999	常闭式通气塞	
316	Q901	QC/T 410—1999	常开式通气塞	
317	Q902B	QC/T 411—1999	保险阀	
318	Q903	QC/T 412—1999	钢球式通气塞	
319	Q904	QC/T 410—1999	常闭式通气塞—加长型	
320	Q905	QC/T 887—2011	通气管	
321	Q910	QC/T 338—1999	铅封	

[a] 由汽车标准件特征代号、品种代号和变更代号(若有)共同组成。

ICS 43.040
T 33

中华人民共和国汽车行业标准

QC/T 369—2013
代替 QC/T 369—1999

多 管 夹 片

Pipe clips—Fasten multipipe

2013-04-25 发布 2013-09-01 实施

中华人民共和国工业和信息化部 发布

前　言

本标准按照 GB/T 1.1—2009 给出的规则起草。

本标准代替 QC/T 369—1999《多管夹片》。本标准与 QC/T 369—1999 相比，主要技术变化如下：

——增加了硫化橡胶涂层及其厚度参数（见表 2）；

——增加了尺寸 L_1（见图 1 和表 1）；

——调整了管夹片的厚度尺寸（见表 1）；

——将一个安装孔由圆孔改为长孔（见图 1 和表 1）；

——修改了技术条件（见表 2）。

本标准由全国汽车标准化技术委员会（SAC/TC 114）提出并归口。

本标准起草单位：广州汽车集团股份有限公司汽车工程研究院、长安福特马自达汽车有限公司南京公司。

本标准主要起草人：赵喆、段连祥、卢丽娟、邹蕾。

本标准所代替标准的历次版本发布情况为：

——QC/T 369—1999。

多 管 夹 片

1 范围

本标准规定了多管夹片的型式与尺寸、技术条件。

本标准适用于夹持管径 D 为 6 mm～18 mm、夹持管子根数为 2 个～6 个的多管夹片。

2 规范性引用文件

下列文件对于本文件的应用是必不可少的。凡是注日期的引用文件，仅注日期的版本适用于本文件。凡是不注日期的引用文件，其最新版本(包括所有的修改单)适用于本文件。

GB/T 90.1 紧固件 验收检查(GB/T 90.1—2002,idt ISO 3269:2000)

GB/T 90.2 紧固件 标志与包装

GB/T 700 碳素结构钢(GB/T 700—2006,ISO 630:1995,NEQ)

QC/T 268 汽车冷冲压加工零件未注公差尺寸的极限偏差

QC/T 326 汽车标准件产品编号规则

QC/T 625 汽车用涂镀层和化学处理层

3 型式与尺寸

多管夹片的型式与尺寸按图1和表1。

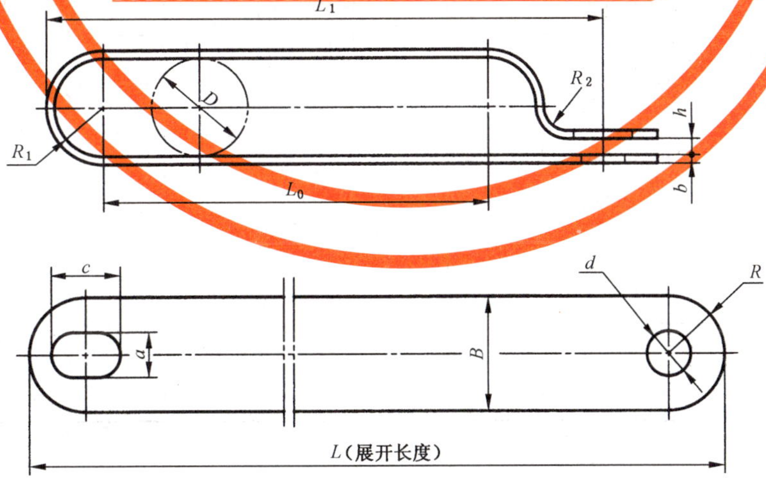

注：其余未规定的细节由制造商确定。

图1 多管夹片的型式与尺寸

表1 尺寸

mm

<table>
<tr><th>D</th><th>管子根数</th><th>L</th><th>L_0</th><th>L_1</th><th>R</th><th>R_1</th><th>B</th><th>a</th><th>b</th><th>c</th><th>d</th><th>h</th></tr>
<tr><td rowspan="5">6.0</td><td>2</td><td>59.0</td><td>6.0</td><td>20.0</td><td rowspan="10">6.0</td><td rowspan="5">3.0</td><td rowspan="10">12.0</td><td rowspan="10">4.5</td><td rowspan="2">0.5</td><td rowspan="10">8.0</td><td rowspan="10">4.5</td><td rowspan="20">2.0</td></tr>
<tr><td>3</td><td>71.0</td><td>12.0</td><td>26.0</td></tr>
<tr><td>4</td><td>83.0</td><td>18.0</td><td>32.0</td><td rowspan="3">1.0</td></tr>
<tr><td>5</td><td>95.0</td><td>24.0</td><td>38.0</td></tr>
<tr><td>6</td><td>107.0</td><td>30.0</td><td>44.0</td></tr>
<tr><td rowspan="5">8.0</td><td>2</td><td>67.0</td><td>8.0</td><td>24.0</td><td rowspan="5">4.0</td><td rowspan="2">0.5</td></tr>
<tr><td>3</td><td>83.0</td><td>16.0</td><td>32.0</td></tr>
<tr><td>4</td><td>99.0</td><td>24.0</td><td>40.0</td><td rowspan="3">1.0</td></tr>
<tr><td>5</td><td>115.0</td><td>32.0</td><td>48.0</td></tr>
<tr><td>6</td><td>131.0</td><td>40.0</td><td>56.0</td></tr>
<tr><td rowspan="5">10.0</td><td>2</td><td>82.0</td><td>10.0</td><td>29.0</td><td rowspan="10">7.0</td><td rowspan="5">5.0</td><td rowspan="10">14.0</td><td rowspan="10">5.5</td><td rowspan="2">0.5</td><td rowspan="10">9.0</td><td rowspan="10">5.5</td></tr>
<tr><td>3</td><td>102.0</td><td>20.0</td><td>39.0</td></tr>
<tr><td>4</td><td>122.0</td><td>30.0</td><td>49.0</td><td rowspan="3">1.0</td></tr>
<tr><td>5</td><td>142.0</td><td>40.0</td><td>59.0</td></tr>
<tr><td>6</td><td>162.0</td><td>50.0</td><td>69.0</td></tr>
<tr><td rowspan="5">12.0</td><td>2</td><td>93.0</td><td>12.0</td><td>34.0</td><td rowspan="5">6.0</td><td>0.5</td></tr>
<tr><td>3</td><td>117.0</td><td>24.0</td><td>46.0</td><td rowspan="4">1.0</td></tr>
<tr><td>4</td><td>141.0</td><td>36.0</td><td>58.0</td></tr>
<tr><td>5</td><td>165.0</td><td>48.0</td><td>70.0</td></tr>
<tr><td>6</td><td>189.0</td><td>60.0</td><td>82.0</td></tr>
<tr><td rowspan="5">14.0</td><td>2</td><td>100.0</td><td>14.0</td><td>38.0</td><td rowspan="8">7.5</td><td rowspan="5">7.0</td><td rowspan="8">15.0</td><td rowspan="8">6.5</td><td>0.5</td><td rowspan="8">10.0</td><td rowspan="8">6.5</td><td rowspan="8">2.5</td></tr>
<tr><td>3</td><td>128.0</td><td>28.0</td><td>52.0</td><td rowspan="4">1.0</td></tr>
<tr><td>4</td><td>156.0</td><td>42.0</td><td>66.0</td></tr>
<tr><td>5</td><td>184.0</td><td>56.0</td><td>80.0</td></tr>
<tr><td>6</td><td>212.0</td><td>70.0</td><td>94.0</td></tr>
<tr><td rowspan="3">18.0</td><td>2</td><td>119.0</td><td>18.0</td><td>46.0</td><td rowspan="3">9.0</td><td>0.5</td></tr>
<tr><td>3</td><td>155.0</td><td>36.0</td><td>64.0</td><td rowspan="2">1.0</td></tr>
<tr><td>4</td><td>191.0</td><td>54.0</td><td>82.0</td></tr>
</table>

4 技术条件

多管夹片的技术条件按表2。

表 2 技术条件

材料	Q235F，按 GB/T 700
未注公差	QC/T 268
表面处理	金属夹片：镀锌钝化，Fe/Zn8c2C，按 QC/T 625
表面涂覆	可根据功能要求，在经镀锌钝化处理的金属夹片的夹管部位增加聚乙烯、硫化橡胶涂层或硫化橡胶套，硫化橡胶应加入黑碳及稳定剂，颜色为黑色，厚度为 1.0 mm～1.5 mm
缺陷	不允许有变色、变形及变质； 聚乙烯涂层或硫化橡胶涂层不允许有裂纹、毛刺、划伤、凹陷、气泡、波纹、杂质以及表面粗糙不平； 聚乙烯涂层或硫化橡胶涂层厚度应均匀一致
验收检查	按 GB/T 90.1，其中 AQL=4.0
标志与包装	GB/T 90.2

5 产品编号

多管夹片的产品编号按 QC/T 326 的规定。

ICS 43.040
T 33

中华人民共和国汽车行业标准

QC/T 370—2013
代替 QC/T 370—1999

2013-04-25 发布 2013-09-01 实施

中华人民共和国工业和信息化部 发布

前　言

本标准按照 GB/T 1.1—2009 给出的规则起草。

本标准代替了 QC/T 370—1999《单管夹片》。本标准与 QC/T 370—1999 相比，主要技术变化如下：

——增加了硫化橡胶涂层及其厚度参数(见表 2)；

——将尺寸 L 改为展开长度(见图 1 和表 1)；

——增加了尺寸 l(见图 1 和表 1)；

——调整了管夹片的厚度尺寸(见图 1)；

——将一个安装孔由圆孔改为长孔(见图 1)；

——修改了技术条件(见表 2)。

本标准由全国汽车标准化技术委员会(SAC/TC 114)提出并归口。

本标准起草单位：广州汽车集团股份有限公司汽车工程研究院、长安福特马自达汽车有限公司南京公司。

本标准主要起草人：赵喆、段连祥、卢丽娟、梁冰。

本标准所代替标准的历次版本发布情况为：

——QC/T 370—1999。

单 管 夹 片

1 范围

本标准规定了单管夹片的型式与尺寸、技术条件。

本标准适用于夹持管径 D 为 5 mm～25 mm 的单管夹片。

2 规范性引用文件

下列文件对于本文件的应用是必不可少的。凡是注日期的引用文件，仅注日期的版本适用于本文件。凡是不注日期的引用文件，其最新版本(包括所有的修改单)适用于本文件。

GB/T 90.1 紧固件 验收检查(GB/T 90.1—2002,idt ISO 3269:2000)

GB/T 90.2 紧固件 标志与包装

GB/T 700 碳素结构钢(GB/T 700—2006,ISO 630:1995,NEQ)

QC/T 268 汽车冷冲压加工零件未注公差尺寸的极限偏差

QC/T 326 汽车标准件产品编号规则

QC/T 625 汽车用涂镀层和化学处理层

3 型式与尺寸

单管夹片的型式与尺寸按图1和表1。

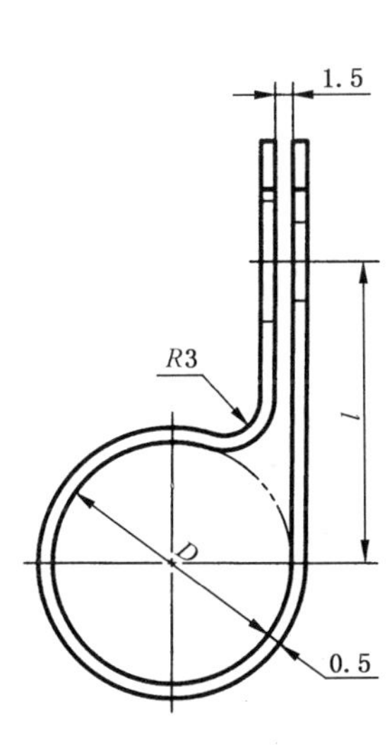

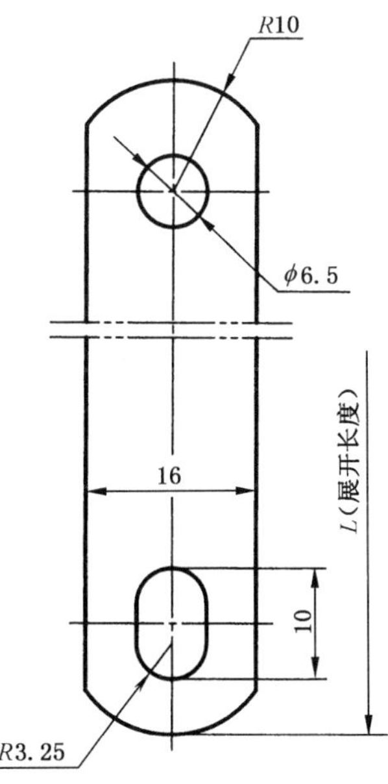

注：其余未规定的细节由制造商确定。

图1 单管夹片的型式与尺寸

表 1 尺寸

mm

<table>
<tr><th>D</th><th>l</th><th>L ≈</th></tr>
<tr><td>5.0</td><td rowspan="3">15.0</td><td>61.0</td></tr>
<tr><td>6.0</td><td>63.0</td></tr>
<tr><td>8.0</td><td>68.0</td></tr>
<tr><td>10.0</td><td rowspan="3">20.0</td><td>86.0</td></tr>
<tr><td>12.0</td><td>90.0</td></tr>
<tr><td>14.0</td><td>96.0</td></tr>
<tr><td>16.0</td><td rowspan="3">25.0</td><td>100.0</td></tr>
<tr><td>18.0</td><td>113.0</td></tr>
<tr><td>20.0</td><td>116.0</td></tr>
<tr><td>25.0</td><td>30.0</td><td>142.0</td></tr>
</table>

4 技术条件

单管夹片的技术条件按表 2。

表 2 技术条件

材料	Q235F,按 GB/T 700
未注公差	QC/T 268
表面处理	金属夹片:镀锌钝化,Fe/Zn8c2C,按 QC/T 625
表面涂覆	可根据功能要求,在经镀锌钝化处理的金属夹片的夹管部位增加聚乙烯、硫化橡胶涂层或硫化橡胶套,硫化橡胶应加入黑碳及稳定剂,颜色为黑色,厚度为 1.0 mm~1.5 mm
缺陷	不允许有变色、变形及变质; 聚乙烯涂层或硫化橡胶涂层不允许有裂纹、毛刺、划伤、凹陷、气泡、波纹、杂质以及表面粗糙不平; 聚乙烯涂层或硫化橡胶涂层厚度应均匀一致
验收检查	按 GB/T 90.1,其中 AQL=4.0
标志与包装	GB/T 90.2

5 产品编号

单管夹片的产品编号按 QC/T 326 的规定。

ICS 43.040
T 32

中华人民共和国汽车行业标准

QC/T 378—2013
代替 QC/T 378—1999

内六角锥形螺塞

Hexagon countersunk headless cone plugs

2013-04-25 发布　　2013-09-01 实施

中华人民共和国工业和信息化部　发布

前　言

本标准按照 GB/T 1.1—2009 给出的规则起草。

本标准代替 QC/T 378—1999《内六角锥形螺塞》。本标准与 QC/T 378—1999 相比，主要技术变化如下：

——修改了螺纹的引用标准和螺纹代号（见第 3 章和表 2）；

——修改了表面处理的引用标准（见表 2）；

——修改了 s 尺寸和 e 尺寸的标注位置及参数（见图 1）；

——删除了螺纹基面直径尺寸和基面距离尺寸（1999 版第 3 章）。

本标准由全国汽车标准化技术委员会（SAC/TC 114）提出并归口。

本标准起草单位：东风汽车有限公司东风商用车技术中心。

本标准主要起草人：黄强辉、范丽霞、李卫国、王红洲。

本标准所代替标准的历次版本发布情况为：

——QC/T 378—1999。

内六角锥形螺塞

1 范围

本标准规定了内六角锥形螺塞的型式与尺寸、技术条件。

本标准适用于螺纹规格为NPT1/8～NPT1¼的汽车用内六角锥形螺塞。

2 规范性引用文件

下列文件对于本文件的应用是必不可少的。凡是注日期的引用文件，仅注日期的版本适用于本文件。凡是不注日期的引用文件，其最新版本(包括所有的修改单)适用于本文件。

GB/T 90.1 紧固件 验收检查(GB/T 90.1—2002，idt ISO 3269:2000)

GB/T 90.2 紧固件 标志与包装

GB/T 12716 60°密封管螺纹(GB/T 12716—2011，ASME B1.20.2M:2006，MOD)

QC/T 326 汽车标准件产品编号规则

QC/T 625 汽车用涂镀层和化学处理层

3 型式与尺寸

内六角锥形螺塞的型式与尺寸按图1和表1。

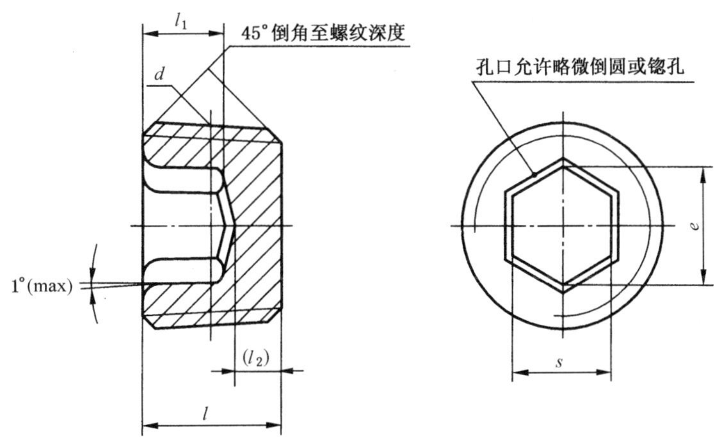

注：其余未规定的细节由制造商确定。

图1 内六角锥形螺塞的型式与尺寸

表 1 尺寸

mm

<table>
<tr><th rowspan="2">d</th><th colspan="2">s</th><th rowspan="2">e
min</th><th rowspan="2">l</th><th rowspan="2">l_1</th><th rowspan="2">l_2
参考</th></tr>
<tr><th>公称尺寸</th><th>极限偏差</th></tr>
<tr><td>NPT1/8</td><td>5</td><td rowspan="2">+0.095
+0.020</td><td>5.72</td><td>9</td><td>4</td><td>3</td></tr>
<tr><td>NPT1/4</td><td>6</td><td>6.84</td><td>11</td><td>6</td><td rowspan="4">4</td></tr>
<tr><td>NPT3/8</td><td>10</td><td>+0.115
+0.025</td><td>11.43</td><td>12</td><td>7</td></tr>
<tr><td>7NPT1/2</td><td>12</td><td rowspan="2">+0.142
+0.032</td><td>13.72</td><td>14</td><td>9</td></tr>
<tr><td>NPT3/4</td><td>14</td><td>16.00</td><td>16</td><td>11</td></tr>
<tr><td>NPT1</td><td rowspan="2">19</td><td rowspan="2">+0.275
+0.065</td><td rowspan="2">21.73</td><td>19</td><td>13</td><td rowspan="2">5</td></tr>
<tr><td>NPT1¼</td><td>20</td><td>16</td></tr>
</table>

4 技术条件

内六角锥形螺塞的技术条件按表 2。

表 2 技术条件

材料	碳钢,抗拉强度不小于 372 MPa
60°密封管螺纹	GB/T 12716
表面处理	镀锌钝化,按 QC/T 625
产品缺陷	不应有裂纹、毛刺、锐边、锈斑及其他影响使用的缺陷
验收检查	按 GB/T 90.1,其中螺纹 AQL=1.5,s 尺寸 AQL=1.5,其他尺寸 AQL=4.0
标志与包装	GB/T 90.2

5 产品编号

内六角锥形螺塞的产品编号按 QC/T 326 的规定。

ICS 43.040
T 32

中华人民共和国汽车行业标准

QC/T 379—2013
代替 QC/T 379—1999

方头锥形螺塞

Square head cone plugs

2013-04-25 发布 2013-09-01 实施

中华人民共和国工业和信息化部 发布

前 言

本标准按照 GB/T 1.1—2009 给出的规则起草。

本标准代替 QC/T 379—1999《方头锥形螺塞》。本标准与 QC/T 379—1999 相比，主要技术变化如下：

——修改了螺纹的引用标准和螺纹代号(见表 1)；

——修改了表面处理的引用标准(见表 2)；

——删除了螺纹基面直径尺寸和基面距离尺寸(1999 年第 3 章)。

本标准由全国汽车标准化技术委员会(SAC/TC 114)提出并归口。

本标准起草单位：东风汽车有限公司东风商用车技术中心、柳州五菱汽车工业有限公司。

本标准主要起草人：黄强辉、范丽霞、王红洲、李少云、张冰。

本标准所代替标准的历次版本发布情况为：

——QC/T 379—1999。

方 头 锥 形 螺 塞

1 范围

本标准规定了方头锥形螺塞的型式与尺寸、技术条件。

本标准适用于螺纹规格为 NPT1/8～NPT2 的汽车用方头锥形螺塞。

2 规范性引用文件

下列文件对于本文件的应用是必不可少的。凡是注日期的引用文件，仅注日期的版本适用于本文件。凡是不注日期的引用文件，其最新版本(包括所有的修改单)适用于本文件。

GB/T 90.1 紧固件 验收检查(GB/T 90.1—2002，idt ISO 3269：2000)

GB/T 90.2 紧固件 标志与包装

GB/T 12716 60°密封管螺纹(GB/T 12716—2011，ASME B1.20.2M：2006，MOD)

QC/T 326 汽车标准件产品编号规则

QC/T 625 汽车用涂镀层和化学处理层

3 型式与尺寸

方头锥形螺塞的型式与尺寸按图 1 和表 1。

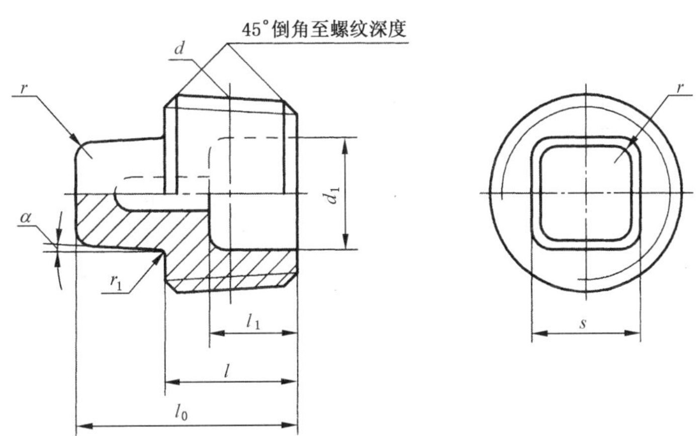

注 1：允许制造无内孔的螺塞。

注 2：其余未规定的细节由制造商确定(包括 r 和 r_1)。

图 1 方头锥形螺塞的型式与尺寸

表 1 尺寸

mm

<table>
<tr><th rowspan="2">d</th><th colspan="2">s</th><th rowspan="2">l</th><th rowspan="2">l_0</th><th rowspan="2">l_1</th><th rowspan="2">d_1
max</th><th colspan="2">α max</th></tr>
<tr><th>公称尺寸</th><th>极限偏差</th><th>铸造</th><th>冷挤压</th></tr>
<tr><td>NPT1/8</td><td>5.5</td><td>$^{0}_{-0.18}$</td><td>9</td><td>15</td><td>—</td><td>—</td><td rowspan="9">3°</td><td rowspan="9">1°</td></tr>
<tr><td>NPT1/4</td><td>8</td><td rowspan="2">$^{0}_{-0.22}$</td><td>11</td><td>18</td><td>—</td><td>—</td></tr>
<tr><td>NPT3/8</td><td>10</td><td>12</td><td>20</td><td>8</td><td>11</td></tr>
<tr><td>NPT1/2</td><td>16</td><td rowspan="2">$^{0}_{-0.27}$</td><td>14</td><td>23</td><td>10</td><td>14</td></tr>
<tr><td>NPT3/4</td><td>18</td><td>16</td><td>26</td><td>12</td><td>18</td></tr>
<tr><td>NPT1</td><td>21</td><td rowspan="3">$^{0}_{-0.33}$</td><td>19</td><td>31</td><td rowspan="2">14</td><td>22</td></tr>
<tr><td>NPT1¼</td><td>24</td><td>20</td><td>34</td><td>28</td></tr>
<tr><td>NPT1½</td><td>27</td><td rowspan="2">21</td><td>37</td><td>15</td><td>36</td></tr>
<tr><td>NPT2</td><td>34</td><td>$^{0}_{-0.62}$</td><td>39</td><td>16</td><td>45</td></tr>
</table>

4 技术条件

方头锥形螺塞的技术条件按表 2。

表 2 技术条件

材料	碳钢，抗拉强度不小于 372 MPa
60°密封管螺纹	GB/T 12716
表面处理	镀锌钝化，按 QC/T 625
产品缺陷	不应有裂纹、气孔、毛刺、锐边、锈斑及其他影响使用的缺陷
验收检查	按 GB/T 90.1，其中螺纹 AQL=1.5，s 尺寸 AQL=1.5，其他尺寸 AQL=4.0
标志与包装	GB/T 90.2
注：采用冷挤压加工方法时，允许螺纹小端不制出倒角，大端面有自然形成的凹面。	

5 产品编号

方头锥形螺塞的产品编号按 QC/T 326 的规定。

ICS 43.040
T 32

中华人民共和国汽车行业标准

QC/T 381—2013
代替 QC/T 381—1999

六角头锥形螺塞

Hexagon outside head cone plugs

2013-04-25 发布　　2013-09-01 实施

中华人民共和国工业和信息化部　发布

前　言

本标准按照 GB/T 1.1—2009 给出的规则起草。

本标准代替 QC/T 381—1999《六角头锥形螺塞》。本标准与 QC/T 381—1999 相比，主要技术变化如下：

——修改了螺纹的引用标准和螺纹代号(见第 3 章和表 2)；

——修改了表面处理的引用标准(见表 2)；

——删除了螺纹基面直径尺寸和基面距离尺寸(1999 版第 3 章)。

本标准由全国汽车标准化技术委员会(SAC/TC 114)提出并归口。

本标准起草单位：东风汽车有限公司东风商用车技术中心。

本标准主要起草人：黄强辉、范丽霞、王红洲、罗以娇、张鹏洲。

本标准所代替标准的历次版本发布情况为：

——QC/T 381—1999。

六角头锥形螺塞

1 范围

本标准规定了六角头锥形螺塞的型式与尺寸、技术条件。

本标准适用于螺纹规格为 NPT1/8～NPT1 的汽车用六角头锥形螺塞。

2 规范性引用文件

下列文件对于本文件的应用是必不可少的。凡是注日期的引用文件，仅注日期的版本适用于本文件。凡是不注日期的引用文件，其最新版本（包括所有的修改单）适用于本文件。

GB/T 90.1 紧固件 验收检查（GB/T 90.1—2002，idt ISO 3269：2000）

GB/T 90.2 紧固件 标志与包装

GB/T 12716 60°密封管螺纹（GB/T 12716—2011，ASME B1.20.2M：2006，MOD）

QC/T 326 汽车标准件产品编号规则

QC/T 625 汽车用涂镀层和化学处理层

3 型式与尺寸

六角头锥形螺塞的型式与尺寸按图 1 和表 1。

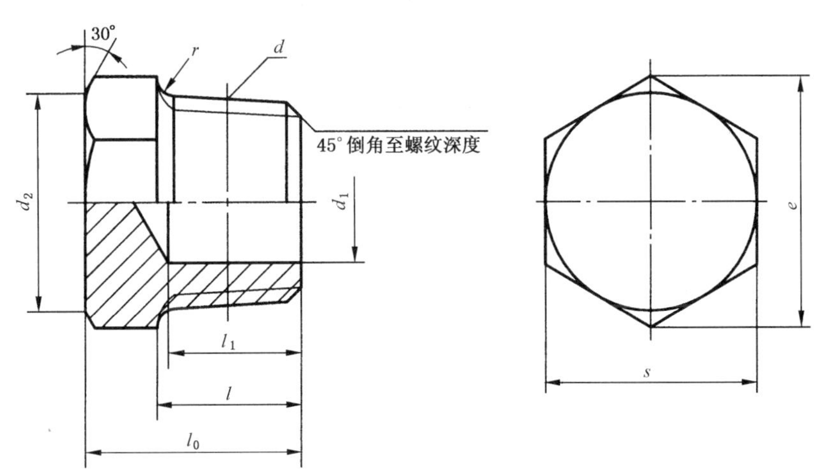

注： 其余未规定的细节由制造商确定。

图 1 六角头锥形螺塞的型式与尺寸

表1　尺寸

d	s		e min	l	l_0	l_1	d_1	d_2 min	r
	公称尺寸	极限偏差							
NPT1/8	11	$^{0}_{-0.27}$	12.12	9	14	—	—	9.6	1
NPT1/4	16		17.77	11	16	—	—	14.6	
NPT3/8	18		20.03	12	18	—	—	16.6	
NPT1/2	24	$^{0}_{-0.33}$	26.75	14	20	12	11	22.6	1.5
NPT3/4	27		30.14	16	24	14	16	25.6	
NPT1	34	$^{0}_{-0.62}$	37.72	19	27	16	20	32.3	2

4　技术条件

六角头锥形螺塞的技术条件按表2。

表2　技术条件

材料	碳钢，抗拉强度不小于372 MPa
60°密封管螺纹	GB/T 12716
表面处理	镀锌钝化，按QC/T 625
产品缺陷	不应有裂纹、毛刺、锐边、锈斑及其他影响使用的缺陷
验收检查	按GB/T 90.1，其中螺纹AQL=1.5，s 尺寸AQL=1.5，其他尺寸AQL=4.0
标志与包装	GB/T 90.2

5　产品编号

六角头锥形螺塞的产品编号按QC/T 326的规定。

ICS 43.040
T 32

中华人民共和国汽车行业标准

QC/T 383—2013
代替 QC/T 383—1999

六角头锥形磁性螺塞

Hexagon outside head cone plugs with magnetic core

2013-04-25 发布　　　　2013-09-01 实施

中华人民共和国工业和信息化部　发布

前　言

本标准按照 GB/T 1.1—2009 给出的规则起草。

本标准代替 QC/T 383—1999《六角头锥形磁性螺塞》。本标准与 QC/T 383—1999 相比，主要技术变化如下：

——修改了螺纹的引用标准和螺纹代号(见第 3 章和表 3)；

——修改了表面处理的引用标准(见表 3)；

——删除了螺纹基面直径尺寸和基面距离尺寸(1999 版 3.2)；

——删除了冲铆结合方式(1999 版第 3 章)。

本标准由全国汽车标准化技术委员会(SAC/TC 114)提出并归口。

本标准起草单位：东风汽车有限公司东风商用车技术中心、柳州五菱汽车工业有限公司。

本标准主要起草人：范丽霞、王红洲、黄强辉、陆静易、梁素美。

本标准所代替标准的历次版本发布情况为：

——QC/T 383—1999。

六角头锥形磁性螺塞

1 范围

本标准规定了六角头锥形磁性螺塞的型式与尺寸、技术条件。

本标准适用于螺纹规格为NPT3/8～NPT1½的汽车用六角头锥形磁性螺塞。

2 规范性引用文件

下列文件对于本文件的应用是必不可少的。凡是注日期的引用文件，仅注日期的版本适用于本文件。凡是不注日期的引用文件，其最新版本(包括所有的修改单)适用于本文件。

GB/T 90.1 紧固件 验收检查(GB/T 90.1—2002，idt ISO 3269:2000)

GB/T 90.2 紧固件 标志与包装

GB/T 12716 60°密封管螺纹(GB/T 12716—2011，ASME B1.20.2M:2006，MOD)

QC/T 326 汽车标准件产品编号规则

QC/T 386 磁芯

QC/T 625 汽车用涂镀层和化学处理层

3 型式与尺寸

3.1 六角头锥形磁性螺塞($d \leqslant$NPT1)的型式与尺寸按图1和表1。

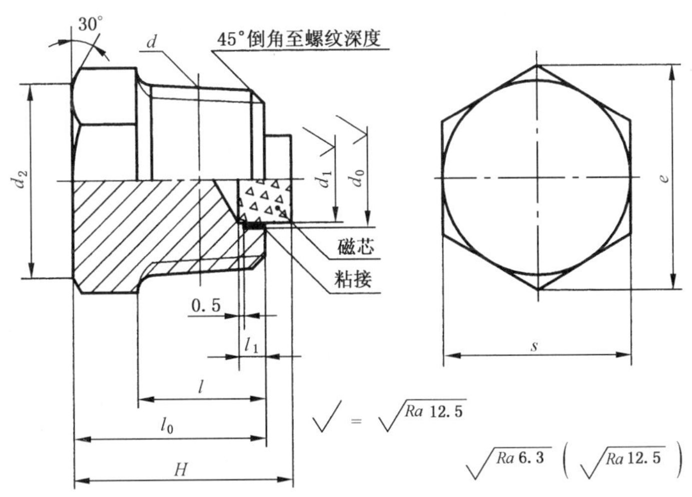

注：其余未规定的细节由制造商确定。

图1 六角头锥形磁性螺塞($d \leqslant$NPT1)的型式与尺寸

表 1 尺寸

mm

d	s		e	H	l	l_0	l_1	d_0	d_1		d_2	磁芯
	公称尺寸	极限偏差	min						公称尺寸	极限偏差	min	规格
NPT3/8	18	$^{0}_{-0.27}$	20.03	23.5	15	21	2.5	9	8	$^{+0.10}_{0}$	16.6	8×5
NPT1/2	24	$^{0}_{-0.33}$	26.75	27.5	19	25		13	12	$^{+0.12}_{0}$	22.6	12×5
NPT3/4	27		30.14	29		26	4	17.5	16		25.6	16×7
NPT1	34	$^{0}_{-0.62}$	37.72	35	24	32	5	24	22	$^{+0.14}_{0}$	32.3	22×8

3.2 六角头锥形磁性螺塞(d>NPT1)的型式与尺寸按图 2 和表 2。

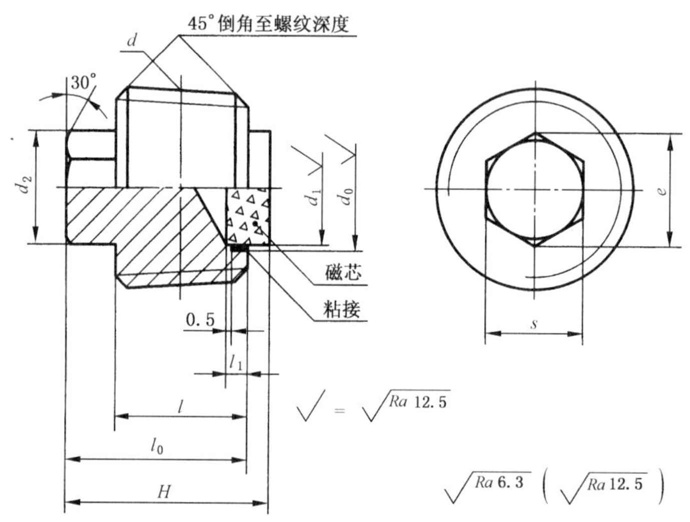

注：其余未规定的细节由制造商确定。

图 2 六角头锥形磁性螺塞(d>NPT1)的型式与尺寸

表 2 尺寸

mm

d	s		e	H	l	l_0	l_1	d_0	d_1		d_2	磁芯
	公称尺寸	极限偏差	min						公称尺寸	极限偏差	min	规格
NPT1¼	24	$^{0}_{-0.33}$	26.75	37	24	33	6	28	26	$^{+0.14}_{0}$	22.6	26×10
NPT1½	27		30.14				8	32	30		25.6	30×12

4 技术条件

六角头锥形磁性螺塞的技术条件按表 3。

表 3　技术条件

材料	碳钢，抗拉强度不小于 372 MPa
60°密封管螺纹	GB/T 12716
磁芯	QC/T 386
表面处理	镀锌钝化，按 QC/T 625
产品缺陷	不应有裂纹、毛刺、锐边、锈斑及其他影响使用的缺陷
验收检查	按 GB/T 90.1，其中螺纹 AQL=1.5，s 和 d_1 尺寸 AQL=1.5，其他尺寸 AQL=4.0
标志与包装	GB/T 90.2

5　产品编号

六角头锥形磁性螺塞的产品编号按 QC/T 326 的规定。

ICS 43.040
T 32

中华人民共和国汽车行业标准

QC/T 399—2013
代替 QC/T 399—1999

卡套式锥螺纹直通接头体

24°cone connectors—Male—Body

2013-04-25 发布　　　　2013-09-01 实施

中华人民共和国工业和信息化部　发布

前　言

本标准按照 GB/T 1.1—2009 给出的规则起草。

本标准代替 QC/T 399—1999《卡套式锥螺纹直通接头体》。本标准与 QC/T 399—1999 相比，主要技术变化如下：

——修改了锥螺纹的引用标准和螺纹代号（见表 1 和表 2）；

——修改了接头体的压力规格，调整接头体部分尺寸（见表 1）；

——修改了表面处理的引用标准（见表 2）；

——增加了介质温度要求（见表 2）。

本标准附录 A 为资料性附录。

本标准由全国汽车标准化技术委员会（SAC/TC 114）提出并归口。

本标准起草单位：中国汽车技术研究中心、瑞安市瑞强标准件有限公司、东风汽车有限公司东风商用车技术中心。

本标准主要起草人：徐枭、张德利、朱彤、李铮、范丽霞。

本标准所代替标准的历次版本发布情况为：

——QC/T 399—1999。

卡套式锥螺纹直通接头体

1 范围

本标准规定了卡套式锥螺纹直通接头体的型式与尺寸、技术条件。

本标准适用于管子外径为4 mm～35 mm，最大工作压力10 MPa～25 MPa的汽车用油、气及一般腐蚀介质的管路系统。

2 规范性引用文件

下列文件对于本文件的应用是必不可少的。凡是注日期的引用文件，仅注日期的版本适用于本文件。凡是不注日期的引用文件，其最新版本(包括所有的修改单)适用于本文件。

GB/T 3　普通螺纹收尾、肩距、退刀槽和倒角(GB/T 3—1997，eqv ISO 3508：1976；eqv ISO 4755：1983)

GB/T 90.1　紧固件　验收检查(GB/T 90.1—2002，idt ISO 3269：2000)

GB/T 90.2　紧固件　标志与包装

GB/T 196　普通螺纹　基本尺寸(GB/T 196—2003，ISO 724：1993，MOD)

GB/T 197　普通螺纹　公差(GB/T 197—2003，ISO 965-1：1998，MOD)

GB/T 3765　卡套式管接头技术条件

GB/T 12716　60°密封管螺纹(GB/T 12716—2011，ASME B1.20.2M：2006，MOD)

QC/T 326　汽车标准件产品编号规则

QC/T 625　汽车用涂镀层和化学处理层

3 型式与尺寸

卡套式锥螺纹直通接头体的型式与尺寸按图1和表1。

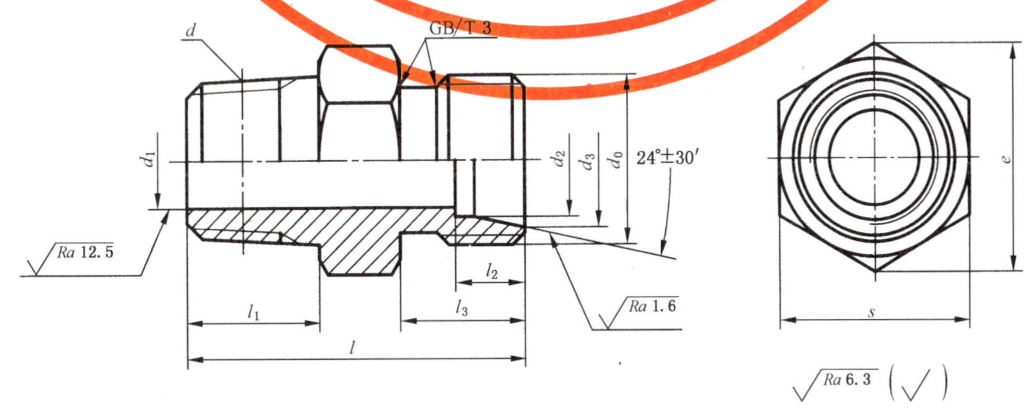

注：其余未规定的细节由制造商确定。

图1　套式锥螺纹直通接头体的型式与尺寸

表 1　尺寸

mm

<table>
<tr><th rowspan="2">最大工作压力
MPa</th><th rowspan="2">管子外径</th><th rowspan="2">d_0</th><th rowspan="2">d</th><th rowspan="2">d_1</th><th colspan="2">d_2</th><th rowspan="2">$d_3{}^{+0.1}_{0}$</th><th rowspan="2">l</th><th rowspan="2">l_1</th><th rowspan="2">$l_2{}^{+0.3}_{0}$</th><th rowspan="2">$l_3\pm0.2$</th><th rowspan="2">s</th></tr>
<tr><th>公称尺寸</th><th>极限偏差</th></tr>
<tr><td>10</td><td>4</td><td>M8×1</td><td rowspan="3">NPT1/8</td><td>3</td><td>4</td><td rowspan="3">+0.215
+0.140</td><td>5</td><td>22</td><td rowspan="3">10</td><td>4</td><td rowspan="2">8</td><td rowspan="3">14</td></tr>
<tr><td>10</td><td>5</td><td>M10×1</td><td>3.5</td><td>5</td><td>6.5</td><td>23.5</td><td>5.5</td></tr>
<tr><td>25</td><td>6</td><td>M12×1.5</td><td>4</td><td>6</td><td>8.1</td><td>26.7</td><td rowspan="5">7</td><td rowspan="2">10</td></tr>
<tr><td>25</td><td>8</td><td>M14×1.5</td><td rowspan="2">NPT1/4</td><td>6</td><td>8</td><td rowspan="2">+0.240
+0.150</td><td>10.1</td><td rowspan="2">35</td><td rowspan="3">15</td><td rowspan="2">19</td></tr>
<tr><td>25</td><td>10</td><td>M16×1.5</td><td>8</td><td>10</td><td>12.3</td><td rowspan="3">11</td></tr>
<tr><td>25</td><td>12</td><td>M18×1.5</td><td>NPT3/8</td><td>10</td><td>12</td><td rowspan="4">+0.260
+0.150</td><td>14.3</td><td rowspan="2">36</td><td>22</td></tr>
<tr><td>25</td><td>14</td><td>M20×1.5</td><td rowspan="3">NPT1/2</td><td>11</td><td>14</td><td>16.3</td><td rowspan="4">19</td><td rowspan="3">27</td></tr>
<tr><td>25</td><td>16</td><td>M24×1.5</td><td>14</td><td>16</td><td>18.3</td><td rowspan="2">41.5</td><td rowspan="4">7.5</td><td rowspan="2">12</td></tr>
<tr><td>16</td><td>18</td><td>M26×1.5</td><td>15</td><td>18</td><td>20.3</td></tr>
<tr><td>16</td><td>22</td><td>M30×2</td><td>NPT3/4</td><td>19</td><td>22</td><td rowspan="2">+0.290
+0.160</td><td>24.3</td><td>45</td><td rowspan="2">14</td><td>32</td></tr>
<tr><td>10</td><td>28</td><td>M36×2</td><td>NPT1</td><td>24</td><td>28</td><td>30.3</td><td>53</td><td rowspan="2">24</td><td>41</td></tr>
<tr><td>10</td><td>35</td><td>M45×2</td><td>NPT1¼</td><td>30</td><td>35.3</td><td>±0.1</td><td>38</td><td>57</td><td>10.5</td><td>16</td><td>50</td></tr>
<tr><td colspan="13">注：$e\geqslant1.12\,s$。</td></tr>
</table>

4　技术条件

卡套式锥螺纹直通接头体的技术条件按表 2。

表 2　技术条件

<table>
<tr><td colspan="2">材料</td><td>碳钢，抗拉强度不小于 372 MPa</td></tr>
<tr><td rowspan="2">性能</td><td>最大工作压力</td><td>10 MPa～25 MPa</td></tr>
<tr><td>介质温度</td><td>−40 ℃～+120 ℃</td></tr>
<tr><td rowspan="2">螺纹</td><td>60°密封管螺纹</td><td>GB/T 12716</td></tr>
<tr><td>普通螺纹</td><td>公差 6g，其他按 GB/T 196、GB/T 197</td></tr>
<tr><td rowspan="2">表面处理</td><td>种类</td><td>镀锌钝化</td></tr>
<tr><td>标准</td><td>QC/T 625</td></tr>
<tr><td colspan="2">产品缺陷</td><td>不应有裂纹、气孔、毛刺、锐边、锈斑及其他影响使用的缺陷</td></tr>
<tr><td colspan="2">验收检查</td><td>按 GB/T 90.1，其中管螺纹 AQL=1.5，卡套端尺寸 AQL=1.5，其他尺寸 AQL=4.0</td></tr>
<tr><td colspan="2">标志与包装</td><td>GB/T 90.2</td></tr>
<tr><td colspan="2">其他技术条件</td><td>GB/T 3765</td></tr>
</table>

5　产品编号

卡套式锥螺纹直通接头体的产品编号按 QC/T 326 的规定。

附 录 A
(资料性附录)
装 配 关 系

A.1 卡套式锥螺纹直通接头体的装配关系按图 A.1。

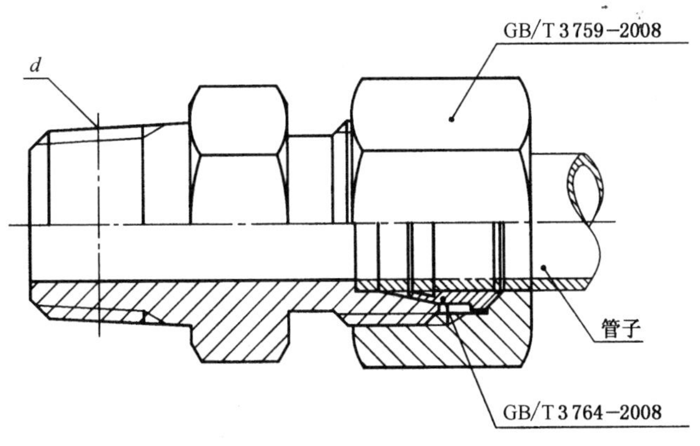

图 A.1 装配关系

ICS 43.040
T 32

中华人民共和国汽车行业标准

QC/T 400—2013
代替 QC/T 400—1999

卡套式锥螺纹直角三通接头体

24°cone connectors—Male run tee—Body

2013-04-25 发布　　　　2013-09-01 实施

中华人民共和国工业和信息化部　发布

前　言

本标准按照 GB/T 1.1—2009 给出的规则起草。

本标准代替 QC/T 400—1999《卡套式锥螺纹直角三通接头体》。本标准与 QC/T 400—1999 相比，主要技术变化如下：

——修改了锥螺纹的引用标准和螺纹代号(见表 1 和表 2)；

——修改了接头体的压力规格，调整接头体部分尺寸(见表 1)；

——修改了表面处理的引用标准(见表 2)；

——增加了介质温度要求(见表 2)。

本标准附录 A 为资料性附录。

本标准由全国汽车标准化技术委员会(SAC/TC 114)提出并归口。

本标准起草单位：东风汽车有限公司东风商用车技术中心、瑞安市瑞强标准件有限公司。

本标准主要起草人：范丽霞、黄强辉、王红洲、张德利、张鹏洲、李卫国、孙建军。

本标准所代替标准的历次版本发布情况为：

——QC/T 400—1999。

卡套式锥螺纹直角三通接头体

1 范围

本标准规定了卡套式锥螺纹直角三通接头体的型式与尺寸、技术条件。

本标准适用于管子外径为 4 mm～35 mm，最大工作压力 10 MPa～25 MPa 的汽车用油、气及一般腐蚀介质的管路系统。

2 规范性引用文件

下列文件对于本文件的应用是必不可少的。凡是注日期的引用文件，仅注日期的版本适用于本文件。凡是不注日期的引用文件，其最新版本（包括所有的修改单）适用于本文件。

GB/T 3　普通螺纹收尾、肩距、退刀槽和倒角（GB/T 3—1997，eqv ISO 3508:1976；eqv ISO 4755:1983）

GB/T 90.1　紧固件　验收检查（GB/T 90.1—2002，idt ISO 3269:2000）

GB/T 90.2　紧固件　标志与包装

GB/T 196　普通螺纹　基本尺寸（GB/T 196—2003，ISO 724:1993，MOD）

GB/T 197　普通螺纹　公差（GB/T 197—2003，ISO 965-1:1998，MOD）

GB/T 3765　卡套式管接头技术条件

GB/T 12716　60°密封管螺纹（GB/T 12716—2011，ASME B1.20.2M:2006，MOD）

QC/T 326　汽车标准件产品编号规则

QC/T 625　汽车用涂镀层和化学处理层

3 型式与尺寸

卡套式锥螺纹直角三通接头体的型式与尺寸按图 1 和表 1。

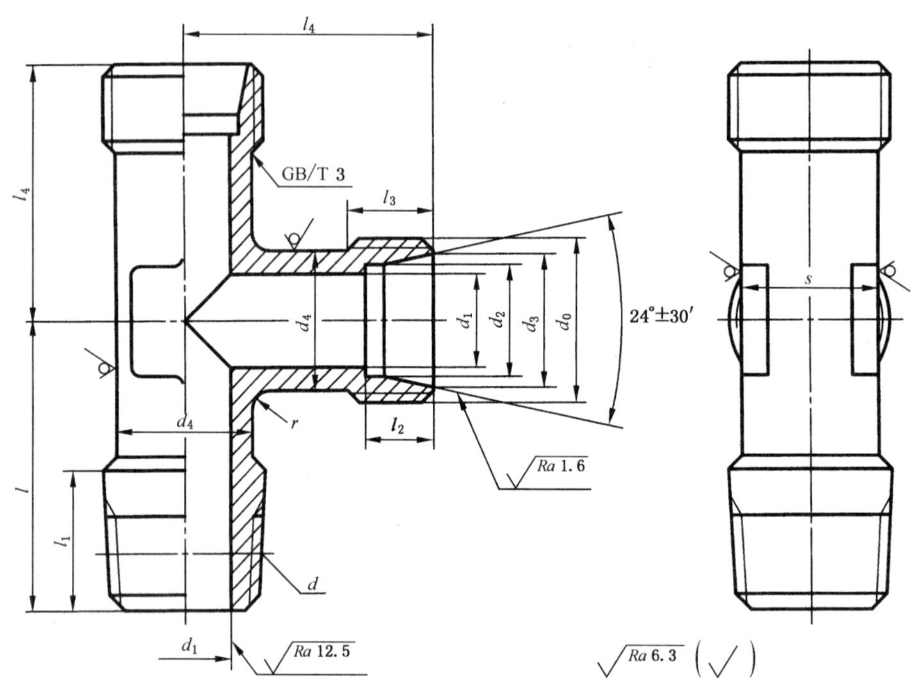

注：其余未规定的细节由制造商确定。

图 1　卡套式锥螺纹直角三通接头体的型式与尺寸

表 1　尺寸

mm

<table>
<tr><th rowspan="2">最大工作压力 MPa</th><th rowspan="2">管子外径</th><th rowspan="2">d_0</th><th rowspan="2">d</th><th rowspan="2">d_1</th><th colspan="2">d_2</th><th rowspan="2">$d_3{}^{+0.1}_{\ 0}$</th><th rowspan="2">$d_4{}^{\ 0}_{-0.2}$</th><th rowspan="2">l</th><th rowspan="2">l_1</th><th rowspan="2">$l_2{}^{+0.3}_{\ 0}$</th><th rowspan="2">l_3</th><th rowspan="2">l_4</th><th rowspan="2">r</th><th rowspan="2">s</th></tr>
<tr><th>公称尺寸</th><th>极限偏差</th></tr>
<tr><td>10</td><td>4</td><td>M8×1</td><td rowspan="3">NPT1/8</td><td>3</td><td>4</td><td rowspan="3">+0.215
+0.140</td><td>5</td><td>6.4</td><td rowspan="2">20</td><td rowspan="3">10</td><td>4</td><td rowspan="2">6</td><td>16</td><td rowspan="7">2</td><td rowspan="2">9</td></tr>
<tr><td>10</td><td>5</td><td>M10×1</td><td>3.5</td><td>5</td><td>6.5</td><td>8.4</td><td>5.5</td><td>17.5</td></tr>
<tr><td>25</td><td>6</td><td>M12×1.5</td><td>4</td><td>6</td><td>8.1</td><td>9.7</td><td>22</td><td rowspan="5">7</td><td rowspan="2">7</td><td>20</td><td rowspan="2">12</td></tr>
<tr><td>25</td><td>8</td><td>M14×1.5</td><td rowspan="2">NPT1/4</td><td>6</td><td>8</td><td rowspan="2">+0.240
+0.150</td><td>10.1</td><td>11.7</td><td>28</td><td rowspan="3">15</td><td>24.5</td></tr>
<tr><td>25</td><td>10</td><td>M16×1.5</td><td>8</td><td>10</td><td>12.3</td><td>13.7</td><td>29</td><td rowspan="3">8</td><td>25.5</td><td>14</td></tr>
<tr><td>25</td><td>12</td><td>M18×1.5</td><td>NPT3/8</td><td>10</td><td>12</td><td rowspan="4">+0.260
+0.150</td><td>14.3</td><td>15.7</td><td>31</td><td>27</td><td>17</td></tr>
<tr><td>25</td><td>14</td><td>M20×1.5</td><td rowspan="3">NPT1/2</td><td>11</td><td>14</td><td>16.3</td><td>17.7</td><td>32</td><td rowspan="4">19</td><td>28</td><td>19</td></tr>
<tr><td>25</td><td>16</td><td>M24×1.5</td><td>14</td><td>16</td><td>18.3</td><td>21.7</td><td>36</td><td rowspan="4">7.5</td><td rowspan="2">9</td><td rowspan="2">30.5</td><td rowspan="3">3</td><td>22</td></tr>
<tr><td>16</td><td>18</td><td>M26×1.5</td><td>15</td><td>18</td><td>20.3</td><td>23.7</td><td>38</td><td>24</td></tr>
<tr><td>16</td><td>22</td><td>M30×2</td><td>NPT3/4</td><td>19</td><td>22</td><td rowspan="2">+0.290
+0.160</td><td>24.3</td><td>27</td><td>43</td><td rowspan="2">10</td><td>36</td><td>27</td></tr>
<tr><td>10</td><td>28</td><td>M36×2</td><td>NPT1</td><td>24</td><td>28</td><td>30.3</td><td>33</td><td>48</td><td rowspan="2">24</td><td>38.5</td><td rowspan="2">4</td><td>36</td></tr>
<tr><td>10</td><td>35</td><td>M45×2</td><td>NPT1¼</td><td>30</td><td>35.3</td><td>±0.1</td><td>38</td><td>42</td><td>55</td><td>10.5</td><td>12</td><td>46.5</td><td>41</td></tr>
</table>

4 技术条件

卡套式锥螺纹直角三通接头体的技术条件按表 2。

表 2 技术条件

材料		碳钢,抗拉强度不小于 372 MPa
性能	最大工作压力	10 MPa～25 MPa
	介质温度	−40 ℃～+120 ℃
螺纹	60°密封管螺纹	GB/T 12716
	普通螺纹	公差 6g,其他按 GB/T 196、GB/T 197
表面处理	种类	镀锌钝化
	标准	QC/T 625
产品缺陷		不应有裂纹、气孔、毛刺、锐边、锈斑及其他影响使用的缺陷
验收检查		按 GB/T 90.1,其中管螺纹 AQL=1.5,卡套端尺寸 AQL=1.5,其他尺寸 AQL=4.0
标志与包装		GB/T 90.2
其他技术条件		GB/T 3765

5 产品编号

卡套式锥螺纹直角三通接头体的产品编号按 QC/T 326 的规定。

附　录　A
（资料性附录）
装配关系

卡套式锥螺纹直角三通接头体的装配关系按图 A.1。

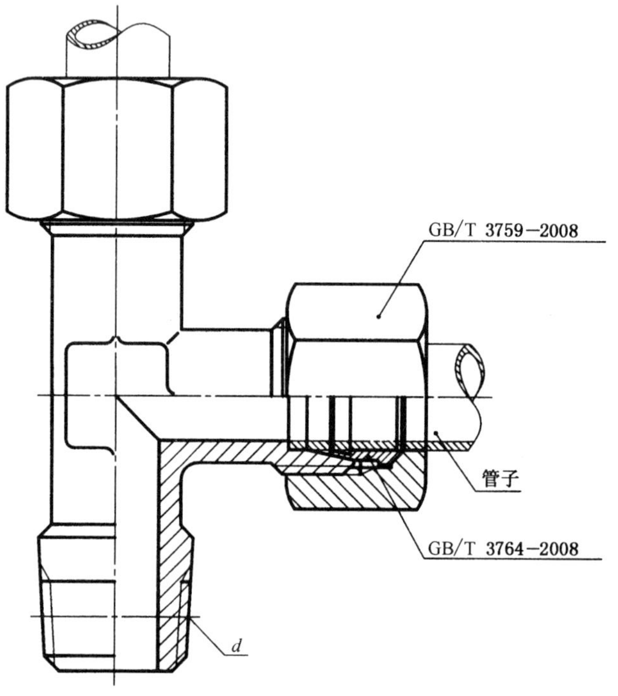

图 A.1　装配关系

ICS 43.040
T 32

中华人民共和国汽车行业标准

QC/T 401—2013
代替 QC/T 401—1999

卡套式锥螺纹直角接头体

24°cone connectors—Male elbow—Body

2013-04-25 发布　　2013-09-01 实施

中华人民共和国工业和信息化部　发布

前　　言

本标准按照 GB/T 1.1—2009 给出的规则起草。

本标准代替了 QC/T 401—1999《卡套式锥螺纹直角接头体》。本标准与 QC/T 401—1999 相比，主要技术变化如下：

——修改了锥螺纹的引用标准和螺纹代号（见表 1 和表 2）；

——修改了接头体的压力规格，调整接头体尺寸（见表 1）；

——修改了表面处理的引用标准（见表 2）；

——增加了介质温度要求（见表 2）。

本标准附录 A 为资料性附录。

本标准由全国汽车标准化技术委员会（SAC/TC 114）提出并归口。

本标准起草单位：柳州五菱汽车工业有限公司、中国汽车技术研究中心、瑞安市瑞强标准件有限公司、东风汽车有限公司东风商用车技术中心。

本标准主要起草人：徐枭、张德利、李铮、朱彤、范丽霞、秦启斌、余双金。

本标准所代替标准的历次版本发布情况为：

——QC/T 401—1999。

卡套式锥螺纹直角接头体

1 范围

本标准规定了卡套式锥螺纹直角接头体的型式与尺寸、技术条件。

本标准适用于管子外径为 4 mm～35 mm，最大工作压力 10 MPa～25 MPa 的汽车用油、气及一般腐蚀介质的管路系统。

2 规范性引用文件

下列文件对于本文件的应用是必不可少的。凡是注日期的引用文件，仅注日期的版本适用于本文件。凡是不注日期的引用文件，其最新版本(包括所有的修改单)适用于本文件。

GB/T 3 普通螺纹收尾、肩距、退刀槽和倒角(GB/T 3—1997，eqv ISO 3508:1976；eqv ISO 4755:1983)

GB/T 90.1 紧固件 验收检查(GB/T 90.1—2002，idt ISO 3269:2000)

GB/T 90.2 紧固件 标志与包装

GB/T 196 普通螺纹 基本尺寸(GB/T 196—2003，ISO 724:1993，MOD)

GB/T 197 普通螺纹 公差(GB/T 197—2003，ISO 965-1:1998，MOD)

GB/T 3765 卡套式管接头技术条件

GB/T 12716 60°密封管螺纹(GB/T 12716—2011，ASME B1.20.2M:2006，MOD)

QC/T 326 汽车标准件产品编号规则

QC/T 625 汽车用涂镀层和化学处理层

3 型式与尺寸

卡套式锥螺纹直角接头体的型式与尺寸按图 1 和表 1。

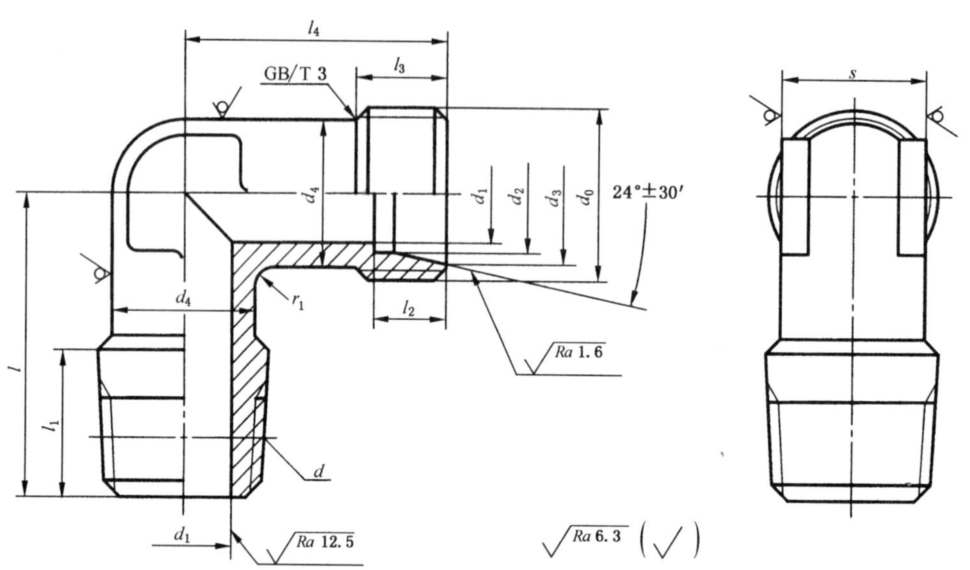

注：其余未规定的细节由制造商确定。

图 1　卡套式锥螺纹直角接头体的型式与尺寸

表 1　尺寸

mm

<table>
<tr><th rowspan="2">最大工作压力 MPa</th><th rowspan="2">管子外径</th><th rowspan="2">d_0</th><th rowspan="2">d</th><th rowspan="2">d_1</th><th colspan="2">d_2</th><th rowspan="2">$d_{3\ 0}^{+0.1}$</th><th rowspan="2">$d_{4\ -0.2}^{\ 0}$</th><th rowspan="2">l</th><th rowspan="2">l_1</th><th rowspan="2">$l_{2\ 0}^{+0.3}$</th><th rowspan="2">l_3</th><th rowspan="2">l_4</th><th rowspan="2">r_1</th><th rowspan="2">s</th></tr>
<tr><th>公称尺寸</th><th>极限偏差</th></tr>
<tr><td>10</td><td>4</td><td>M8×1</td><td rowspan="3">NPT1/8</td><td>3</td><td>4</td><td rowspan="3">+0.215
+0.140</td><td>5</td><td>6.4</td><td rowspan="2">20</td><td rowspan="3">10</td><td>4</td><td rowspan="2">6</td><td>16</td><td rowspan="7">2</td><td rowspan="2">9</td></tr>
<tr><td>10</td><td>5</td><td>M10×1</td><td>3.5</td><td>5</td><td>6.5</td><td>8.4</td><td>5.5</td><td>17.5</td></tr>
<tr><td>25</td><td>6</td><td>M12×1.5</td><td>4</td><td>6</td><td>8.1</td><td>9.7</td><td>22</td><td rowspan="5">7</td><td rowspan="2">7</td><td>20</td><td rowspan="2">12</td></tr>
<tr><td>25</td><td>8</td><td>M14×1.5</td><td rowspan="2">NPT1/4</td><td>6</td><td>8</td><td rowspan="2">+0.240
+0.150</td><td>10.1</td><td>11.7</td><td>28</td><td rowspan="3">15</td><td>24.5</td></tr>
<tr><td>25</td><td>10</td><td>M16×1.5</td><td>8</td><td>10</td><td>12.3</td><td>13.7</td><td>29</td><td rowspan="3">8</td><td>25.5</td><td>14</td></tr>
<tr><td>25</td><td>12</td><td>M18×1.5</td><td>NPT3/8</td><td>10</td><td>12</td><td rowspan="4">+0.260
+0.150</td><td>14.3</td><td>15.7</td><td>31</td><td>27</td><td>17</td></tr>
<tr><td>25</td><td>14</td><td>M20×1.5</td><td rowspan="3">NPT1/2</td><td>11</td><td>14</td><td>16.3</td><td>17.7</td><td>32</td><td rowspan="4">19</td><td>28</td><td>19</td></tr>
<tr><td>25</td><td>16</td><td>M24×1.5</td><td>14</td><td>16</td><td>18.3</td><td>21.7</td><td>36</td><td rowspan="4">7.5</td><td rowspan="2">9</td><td rowspan="2">30.5</td><td rowspan="3">3</td><td>22</td></tr>
<tr><td>16</td><td>18</td><td>M26×1.5</td><td>15</td><td>18</td><td>20.3</td><td>23.7</td><td>38</td><td>24</td></tr>
<tr><td>16</td><td>22</td><td>M30×2</td><td>NPT3/4</td><td>19</td><td>22</td><td rowspan="2">+0.290
+0.160</td><td>24.3</td><td>27</td><td>43</td><td rowspan="2">10</td><td>36</td><td>27</td></tr>
<tr><td>10</td><td>28</td><td>M36×2</td><td>NPT1</td><td>24</td><td>28</td><td>30.3</td><td>33</td><td>48</td><td rowspan="2">24</td><td>38.5</td><td rowspan="2">4</td><td>36</td></tr>
<tr><td>10</td><td>35</td><td>M45×2</td><td>NPT1¼</td><td>30</td><td>35.3</td><td>±0.1</td><td>38</td><td>42</td><td>55</td><td>10.5</td><td>12</td><td>46.5</td><td>41</td></tr>
</table>

4　技术条件

卡套式锥螺纹直角接头体的技术条件按表 2。

表 2　技术条件

项目		要求
材料		碳钢，抗拉强度不小于 372 MPa
性能	最大工作压力	10 MPa～25 MPa
	介质温度	−40 ℃～＋120 ℃
螺纹	60°密封管螺纹	GB/T 12716
	普通螺纹	公差 6g，其他按 GB/T 196、GB/T 197
表面处理	种类	镀锌钝化
	标准	QC/T 625
产品缺陷		不应有裂纹、气孔、毛刺、锐边、锈斑及其他影响使用的缺陷
验收检查		按 GB/T 90.1，其中管螺纹 AQL＝1.5，卡套端尺寸 AQL＝1.5，其他尺寸 AQL＝4.0
标志与包装		GB/T 90.2
其他技术条件		GB/T 3765

5　产品编号

卡套式锥螺纹直角接头体的产品编号按 QC/T 326 的规定。

附　录　A
（资料性附录）
装配关系

卡套式锥螺纹直角接头体的装配关系按图 A.1。

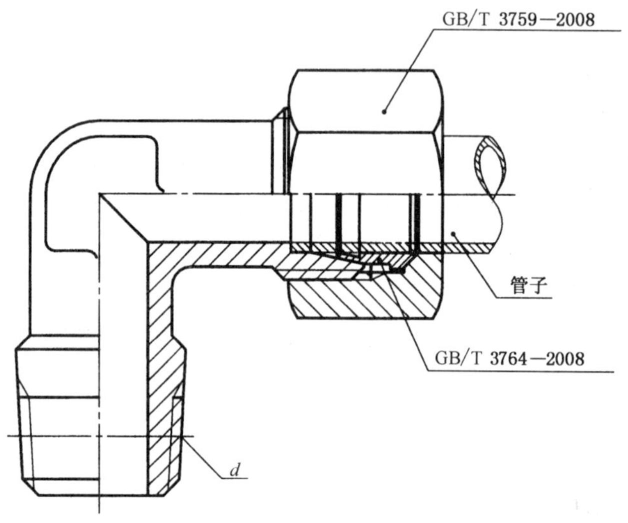

图 A.1　装配关系

ICS 43.040
T 32

中华人民共和国汽车行业标准

QC/T 402—2013
代替 QC/T 402—1999

卡套式锥螺纹三通接头体

24°cone connectors—Male branch tee—Body

2013-04-25 发布 2013-09-01 实施

中华人民共和国工业和信息化部 发布

前　言

本标准按照 GB/T 1.1—2009 给出的规则起草。

本标准代替了 QC/T 402—1999《卡套式锥螺纹三通接头体》。本标准与 QC/T 402—1999 相比，主要技术变化如下：

——修改了锥螺纹的引用标准和螺纹代号（见表 1 和表 2）；

——修改了接头体的压力规格，调整接头体部分尺寸（见表 1）；

——修改了表面处理的引用标准（见表 2）；

——增加了介质温度要求（见表 2）。

本标准的附录 A 为资料性附录。

本标准由全国汽车标准化技术委员会（SAC/TC 114）提出并归口。

本标准起草单位：柳州五菱汽车工业有限公司、中国汽车技术研究中心、瑞安市瑞强标准件有限公司、东风汽车有限公司东风商用车技术中心。

本标准主要起草人：李铮、张德利、朱彤、徐枭、范丽霞、文代志、周伟。

本标准所代替标准的历次版本发布情况为：

——QC/T 402—1999。

卡套式锥螺纹三通接头体

1 范围

本标准规定了卡套式锥螺纹三通接头体的型式与尺寸、技术条件。

本标准适用于管子外径为4 mm～35 mm，最大工作压力10 MPa～25 MPa的汽车用油、气及一般腐蚀介质的管路系统。

2 规范性引用文件

下列文件对于本文件的应用是必不可少的。凡是注日期的引用文件，仅注日期的版本适用于本文件。凡是不注日期的引用文件，其最新版本(包括所有的修改单)适用于本文件。

GB/T 3 普通螺纹收尾、肩距、退刀槽和倒角(GB/T 3—1997，eqv ISO 3508:1976；eqv ISO 4755:1983)

GB/T 90.1 紧固件 验收检查(GB/T 90.1—2002，idt ISO 3269:2000)

GB/T 90.2 紧固件 标志与包装

GB/T 196 普通螺纹 基本尺寸(GB/T 196—2003，ISO 724:1993，MOD)

GB/T 197 普通螺纹 公差(GB/T 197—2003，ISO 965-1:1998，MOD)

GB/T 3765 卡套式管接头技术条件

GB/T 12716 60°密封管螺纹(GB/T 12716—2011，ASMEB1.20.2M:2006，MOD)

QC/T 326 汽车标准件产品编号规则

QC/T 625 汽车用涂镀层和化学处理层

3 型式与尺寸

卡套式锥螺纹三通接头体的型式与尺寸按图1和表1。

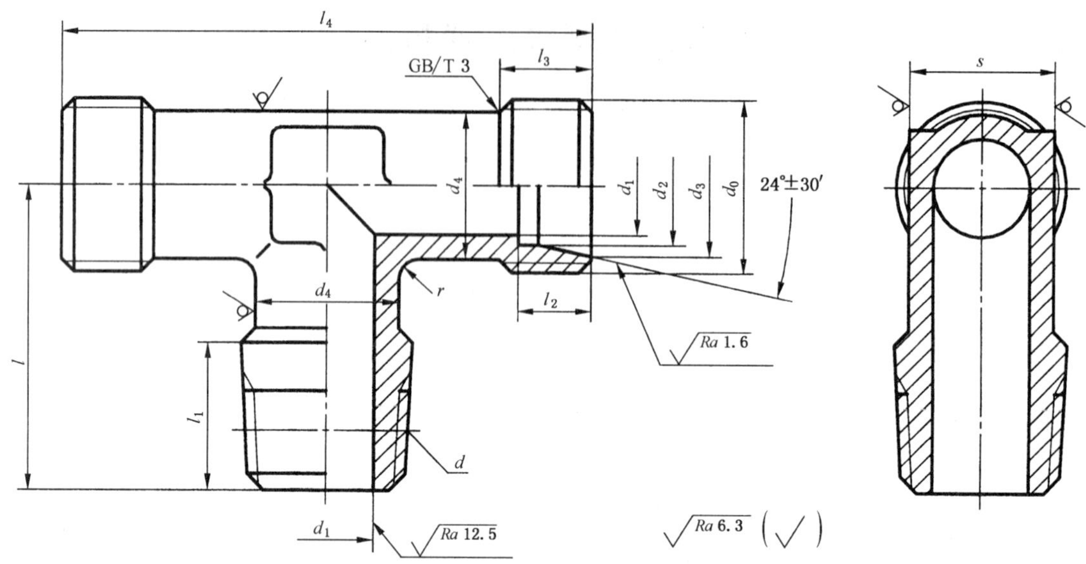

注：其余未规定的细节由制造商确定。

图 1 卡套式锥螺纹三通接头体的型式与尺寸

表 1 尺寸

mm

<table>
<tr><th rowspan="2">最大工作压力 MPa</th><th rowspan="2">管子外径</th><th rowspan="2">d_0</th><th rowspan="2">d</th><th rowspan="2">d_1</th><th colspan="2">d_2</th><th rowspan="2">$d_3{}^{+0.1}_{0}$</th><th rowspan="2">$d_4{}^{0}_{-0.2}$</th><th rowspan="2">l</th><th rowspan="2">l_1</th><th rowspan="2">$l_2{}^{+0.3}_{0}$</th><th rowspan="2">l_3</th><th rowspan="2">l_4</th><th rowspan="2">r</th><th rowspan="2">s</th></tr>
<tr><th>公称尺寸</th><th>极限偏差</th></tr>
<tr><td>10</td><td>4</td><td>M8×1</td><td rowspan="3">NPT1/8</td><td>3</td><td>4</td><td rowspan="3">+0.215
+0.140</td><td>5</td><td>6.4</td><td rowspan="2">20</td><td rowspan="3">10</td><td>4</td><td rowspan="2">6</td><td>32</td><td rowspan="7">2</td><td rowspan="2">9</td></tr>
<tr><td>10</td><td>5</td><td>M10×1</td><td>3.5</td><td>5</td><td>6.5</td><td>8.4</td><td>5.5</td><td>35</td></tr>
<tr><td>25</td><td>6</td><td>M12×1.5</td><td>4</td><td>6</td><td>8.1</td><td>9.7</td><td>22</td><td rowspan="5">7</td><td rowspan="2">7</td><td>40</td><td rowspan="2">12</td></tr>
<tr><td>25</td><td>8</td><td>M14×1.5</td><td rowspan="2">NPT1/4</td><td>6</td><td>8</td><td rowspan="2">+0.240
+0.150</td><td>10.1</td><td>11.7</td><td>28</td><td rowspan="3">15</td><td>49</td></tr>
<tr><td>25</td><td>10</td><td>M16×1.5</td><td>8</td><td>10</td><td>12.3</td><td>13.7</td><td>29</td><td rowspan="3">8</td><td>51</td><td>14</td></tr>
<tr><td>25</td><td>12</td><td>M18×1.5</td><td>NPT3/8</td><td>10</td><td>12</td><td rowspan="4">+0.260
+0.150</td><td>14.3</td><td>15.7</td><td>31</td><td>54</td><td>17</td></tr>
<tr><td>25</td><td>14</td><td>M20×1.5</td><td rowspan="3">NPT1/2</td><td>11</td><td>14</td><td>16.3</td><td>17.7</td><td>32</td><td rowspan="4">19</td><td>56</td><td>19</td></tr>
<tr><td>25</td><td>16</td><td>M24×1.5</td><td>14</td><td>16</td><td>18.3</td><td>21.7</td><td>36</td><td rowspan="4">7.5</td><td rowspan="2">9</td><td rowspan="2">61</td><td rowspan="3">3</td><td>22</td></tr>
<tr><td>16</td><td>18</td><td>M26×1.5</td><td>15</td><td>18</td><td>20.3</td><td>23.7</td><td>38</td><td>24</td></tr>
<tr><td>16</td><td>22</td><td>M30×2</td><td>NPT3/4</td><td>19</td><td>22</td><td rowspan="2">+0.290
+0.160</td><td>24.3</td><td>27</td><td>43</td><td rowspan="2">10</td><td>72</td><td>27</td></tr>
<tr><td>10</td><td>28</td><td>M36×2</td><td>NPT1</td><td>24</td><td>28</td><td>30.3</td><td>33</td><td>48</td><td rowspan="2">24</td><td>77</td><td rowspan="2">4</td><td>36</td></tr>
<tr><td>10</td><td>35</td><td>M45×2</td><td>NPT1¼</td><td>30</td><td>35.3</td><td>±0.1</td><td>38</td><td>42</td><td>55</td><td>10.5</td><td>12</td><td>93</td><td>41</td></tr>
</table>

4 技术条件

卡套式锥螺纹三通接头体的技术条件按表 2。

表 2 技术条件

材料		碳钢,抗拉强度不小于 372 MPa
性能	最大工作压力	10 MPa～25 MPa
	介质温度	−40 ℃～+120 ℃
螺纹	60°密封管螺纹	GB/T 12716
	普通螺纹	公差 6g,其他按 GB/T 196、GB/T 197
表面处理	种类	镀锌钝化
	标准	QC/T 625
产品缺陷		不应有裂纹、气孔、毛刺、锐边、锈斑及其他影响使用的缺陷
验收检查		按 GB/T 90.1,其中管螺纹 AQL=1.5,卡套端尺寸 AQL=1.5,其他尺寸 AQL=4.0
标志与包装		GB/T 90.2
其他技术条件		GB/T 3765

5 产品编号

卡套式锥螺纹三通接头体的产品编号按 QC/T 326 的规定。

附　录　A
（资料性附录）
装　配　关　系

卡套式锥螺纹三通接头体的装配关系按图 A.1。

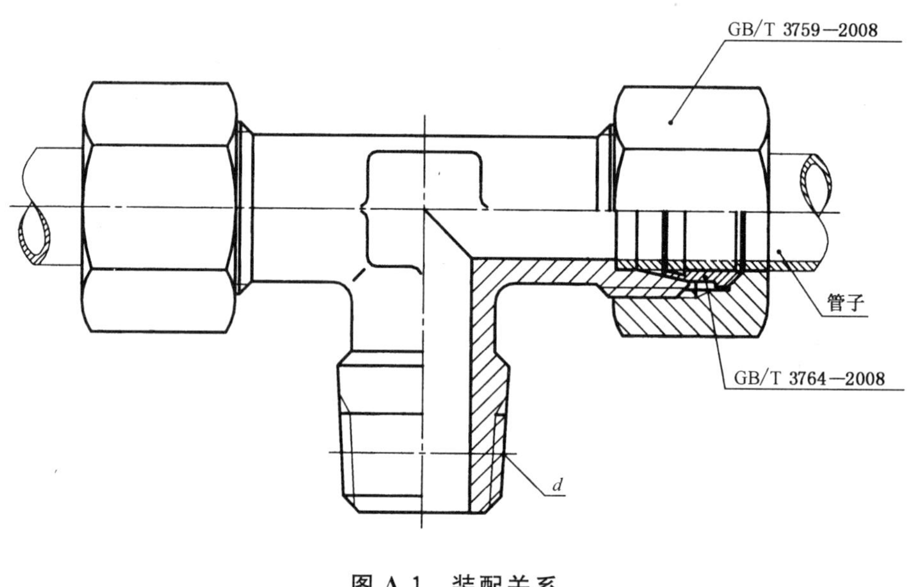

图 A.1　装配关系

ICS 43.040
T 32

中华人民共和国汽车行业标准

QC/T 403—2013
代替 QC/T 403—1999

扩口式锥螺纹直通管接头体

Flared couplings—Male—Body

2013-04-25 发布　　2013-09-01 实施

中华人民共和国工业和信息化部　发布

前　言

本标准按照 GB/T 1.1—2009 给出的规则起草。

本标准代替 QC/T 403—1999《扩口式锥螺纹直通管接头体》。本标准与 QC/T 403—1999 相比，主要技术变化如下：

——修改了锥螺纹的引用标准和螺纹代号（见表 1 和表 2）；

——修改了接头体的压力规格，调整接头体部分尺寸（见表 1）；

——修改了表面处理的引用标准（见表 2）；

——增加了介质温度要求（见表 2）。

本标准附录 A 是资料性附录。

本标准由全国汽车标准化技术委员会（SAC/TC 114）提出并归口。

本标准起草单位：中国汽车技术研究中心、瑞安市瑞强标准件有限公司、东风汽车有限公司东风商用车技术中心。

本标准主要起草人：徐枭、张德利、李铮、朱彤、范丽霞。

本标准所代替标准的历次版本发布情况为：

——QC/T 403—1999。

扩口式锥螺纹直通管接头体

1 范围

本标准规定了扩口式锥螺纹直通管接头体的型式与尺寸、技术条件。

本标准适用于管子外径为5 mm～12 mm，最大工作压力12 MPa～16 MPa的汽车用油、气及一般腐蚀介质的管路系统。

2 规范性引用文件

下列文件对于本文件的应用是必不可少的。凡是注日期的引用文件，仅注日期的版本适用于本文件。凡是不注日期的引用文件，其最新版本(包括所有的修改单)适用于本文件。

GB/T 3 普通螺纹收尾、肩距、退刀槽和倒角(GB/T 3—1997，eqv ISO 3508:1976；eqv ISO 4755:1983)

GB/T 90.1 紧固件 验收检查(GB/T 90.1—2002，idt ISO 3269:2000)

GB/T 90.2 紧固件 标志与包装

GB/T 196 普通螺纹 基本尺寸(GB/T 196—2003，ISO 724:1993，MOD)

GB/T 197 普通螺纹 公差(GB/T 197—2003，ISO 965-1:1998，MOD)

GB/T 5653 扩口式管接头技术条件

GB/T 12716 60°密封管螺纹(GB/T 12716—2011，ASME B1.20.2M:2006，MOD)

QC/T 326 汽车标准件产品编号规则

QC/T 625 汽车用涂镀层和化学处理层

3 型式与尺寸

扩口式锥螺纹直通管接头体的型式与尺寸按图1和表1。

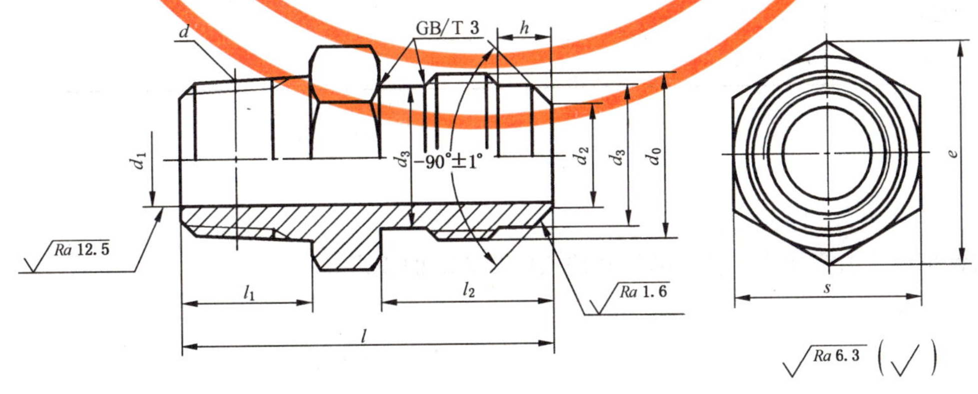

注：其余未规定的细节由制造商确定。

图1 扩口式锥螺纹直通管接头体的型式与尺寸

表 1　尺寸

mm

<table>
<tr><th>最大工作压力 MPa</th><th>管子外径</th><th>d_0</th><th>d</th><th>d_1</th><th>d_2</th><th>d_3</th><th>l</th><th>l_1</th><th>l_2</th><th>h</th><th>s</th></tr>
<tr><td>16</td><td>5</td><td>M10×1</td><td rowspan="2">NPT1/8</td><td>3.5</td><td>4.3</td><td>8.4</td><td>28.5</td><td rowspan="2">10</td><td>12.5</td><td>4.5</td><td>12</td></tr>
<tr><td>16</td><td>6</td><td>M12×1.5</td><td>4</td><td>4.8</td><td>10</td><td>31.7</td><td>15.7</td><td rowspan="2">5.5</td><td>14</td></tr>
<tr><td>16</td><td>8</td><td>M14×1.5</td><td rowspan="2">NPT1/4</td><td>6</td><td>7</td><td>11.7</td><td>39.5</td><td rowspan="3">15</td><td>18</td><td>17</td></tr>
<tr><td>16</td><td>10</td><td>M16×1.5</td><td>8</td><td>9</td><td>13.7</td><td>40.5</td><td rowspan="2">19</td><td rowspan="2">6</td><td>19</td></tr>
<tr><td>12</td><td>12</td><td>M18×1.5</td><td>NPT3/8</td><td>10</td><td>11</td><td>15.7</td><td>41.5</td><td>22</td></tr>
<tr><td colspan="12">注：$e \geqslant 1.12\ s$。</td></tr>
</table>

4　技术条件

扩口式锥螺纹直通管接头体的技术条件按表 2。

表 2　技术条件

<table>
<tr><td colspan="2">材料</td><td>碳钢，抗拉强度不小于 372 MPa</td></tr>
<tr><td rowspan="2">性能</td><td>最大工作压力</td><td>12 MPa～16 MPa</td></tr>
<tr><td>介质温度</td><td>－40 ℃～＋120 ℃</td></tr>
<tr><td rowspan="2">螺纹</td><td>60°密封管螺纹</td><td>GB/T 12716</td></tr>
<tr><td>普通螺纹</td><td>公差 6g，其他按 GB/T 196、GB/T 197</td></tr>
<tr><td rowspan="2">表面处理</td><td>种类</td><td>镀锌钝化</td></tr>
<tr><td>标准</td><td>QC/T 625</td></tr>
<tr><td colspan="2">产品缺陷</td><td>不应有裂纹、气孔、毛刺、锐边、锈斑及其他影响使用的缺陷</td></tr>
<tr><td colspan="2">验收检查</td><td>按 GB/T 90.1，其中管螺纹 AQL＝1,5，卡套端尺寸 AQL＝1.5，其他尺寸 AQL＝4.0</td></tr>
<tr><td colspan="2">标志与包装</td><td>GB/T 90.2</td></tr>
<tr><td colspan="2">其他技术条件</td><td>GB/T 5653</td></tr>
</table>

5　产品编号

扩口式锥螺纹直通管接头体的产品编号按 QC/T 326 的规定。

附　录　A
（资料性附录）
装 配 关 系

扩口式锥螺纹直通管接头体的装配关系按图 A.1。

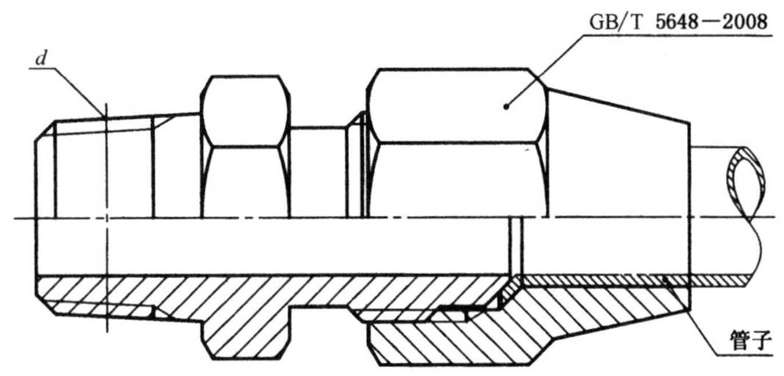

图 A.1　装配关系

ICS 43.040
T 32

中华人民共和国汽车行业标准

QC/T 404—2013
代替 QC/T 404—1999

扩口式锥螺纹直角管接头体

Flared couplings—Male elbow—Body

2013-04-25 发布　　2013-09-01 实施

中华人民共和国工业和信息化部　发布

前 言

本标准按照GB/T 1.1—2009给出的规则起草。

本标准代替了QC/T 404—1999《扩口式锥螺纹直角管接头体》,与QC/T 404—1999相比,主要技术变化如下:

——修改了锥螺纹的引用标准和螺纹代号(见表1和表2);

——修改了接头体的压力规格,调整接头体部分尺寸(见表1);

——修改了表面处理的引用标准(见表2);

——增加了介质温度要求(见表2)。

本标准附录A为资料性附录。

本标准由全国汽车标准化技术委员会(SAC/TC 114)提出并归口。

本标准起草单位:柳州五菱汽车工业有限公司、中国汽车技术研究中心、瑞安市瑞强标准件有限公司、东风汽车有限公司东风商用车技术中心。

本标准主要起草人:李铮、张德利、徐枭、朱彤、范丽霞、吴戈、赖焕萍。

本标准所代替标准的历次版本发布情况为:

——QC/T 404—1999。

扩口式锥螺纹直角管接头体

1 范围

本标准规定了扩口式锥螺纹直角管接头体的型式与尺寸、技术条件。

本标准适用于管子外径为5 mm～12 mm，最大工作压力12 MPa～16 MPa的汽车用油、气及一般腐蚀介质的管路系统。

2 规范性引用文件

下列文件对于本文件的应用是必不可少的。凡是注日期的引用文件，仅注日期的版本适用于本文件。凡是不注日期的引用文件，其最新版本(包括所有的修改单)适用于本文件。

GB/T 3 普通螺纹收尾、肩距、退刀槽和倒角(GB/T 3—1997，eqv ISO 3508:1976；eqv ISO 4755:1983)

GB/T 90.1 紧固件 验收检查(GB/T 90.1—2002，idt ISO 3269:2000)

GB/T 90.2 紧固件 标志与包装

GB/T 196 普通螺纹 基本尺寸(GB/T 196—2003，ISO 724:1993，MOD)

GB/T 197 普通螺纹 公差(GB/T 197—2003，ISO 965-1:1998，MOD)

GB/T 5653 扩口式管接头技术条件

GB/T 12716 60°密封管螺纹(GB/T 12716—2011，ASME B1.20.2M:2006，MOD)

QC/T 326 汽车标准件产品编号规则

QC/T 625 汽车用涂镀层和化学处理层

3 型式与尺寸

扩口式锥螺纹直角管接头体的型式与尺寸按图1和表1。

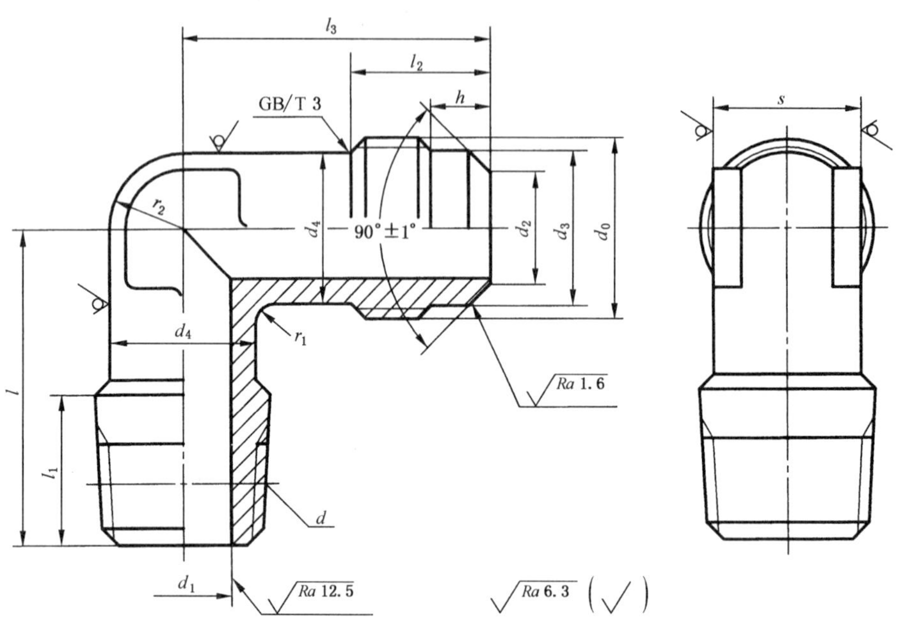

注：其余未规定的细节由制造商确定。

图 1　扩口式锥螺纹直角管接头体的型式与尺寸

表 1　尺寸

mm

<table>
<tr><th>最大工作压力 MPa</th><th>管子外径</th><th>d_0</th><th>d</th><th>d_1</th><th>d_2</th><th>d_3</th><th>d_4</th><th>l</th><th>l_1</th><th>l_2</th><th>h</th><th>r_1</th><th>r_2</th><th>s</th></tr>
<tr><td>16</td><td>5</td><td>M10×1</td><td rowspan="2">NPT1/8</td><td>3.5</td><td>4.3</td><td>8.4</td><td>8</td><td>20.4</td><td rowspan="2">10</td><td>9.5</td><td>4.5</td><td rowspan="5">2</td><td>4</td><td>8</td></tr>
<tr><td>16</td><td>6</td><td>M12×1.5</td><td>4</td><td>4.8</td><td>10</td><td>10</td><td>24</td><td>12</td><td rowspan="2">5.5</td><td>5</td><td>10</td></tr>
<tr><td>16</td><td>8</td><td>M14×1.5</td><td rowspan="2">NPT1/4</td><td>6</td><td>7</td><td>11.7</td><td>11</td><td>28.5</td><td rowspan="3">15</td><td>13.5</td><td>5.5</td><td>12</td></tr>
<tr><td>16</td><td>10</td><td>M16×1.5</td><td>8</td><td>9</td><td>13.7</td><td>13</td><td>30.5</td><td rowspan="2">14.5</td><td rowspan="2">6</td><td>6.5</td><td>14</td></tr>
<tr><td>12</td><td>12</td><td>M18×1.5</td><td>NPT3/8</td><td>10</td><td>11</td><td>15.7</td><td>15</td><td>31.5</td><td>7.5</td><td>17</td></tr>
</table>

4　技术条件

扩口式锥螺纹直角管接头体的技术条件按表 2。

表 2　技术条件

材料		碳钢，抗拉强度不小于 372 MPa
性能	最大工作压力	12 MPa～16 MPa
	介质温度	−40 ℃～+120 ℃
螺纹	60°密封管螺纹	GB/T 12716
	普通螺纹	公差 6g，其他按 GB/T 196、GB/T 197
表面处理	种类	镀锌钝化
	标准	QC/T 625
产品缺陷		不应有裂纹、气孔、毛刺、锐边、锈斑及其他影响使用的缺陷
验收检查		按 GB/T 90.1，其中管螺纹 AQL=1.5，卡套端尺寸 AQL=1.5，其他尺寸 AQL=4.0
标志与包装		GB/T 90.2
其他技术条件		GB/T 5653

5　产品编号

扩口式锥螺纹直角管接头体的产品编号按 QC/T 326 的规定。

附 录 A
（资料性附录）
装配关系

扩口式锥螺纹直角管接头体的装配关系按图 A.1。

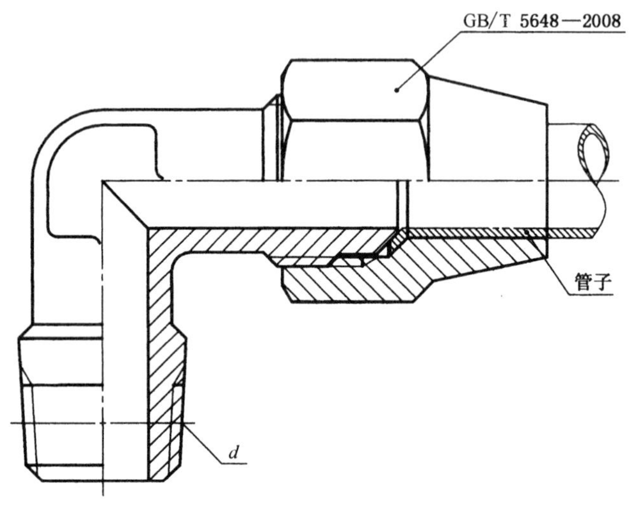

图 A.1 装配关系

ICS 43.040
T 32

中华人民共和国汽车行业标准

QC/T 405—2013
代替 QC/T 405—1999

扩口式锥螺纹三通管接头体

Flared couplings—Male branch tee—Body

2013-04-25 发布　　2013-09-01 实施

中华人民共和国工业和信息化部　发布

前　言

本标准按照 GB/T 1.1—2009 给出的规则起草。

本标准代替 QC/T 405—1999《扩口式锥螺纹三通管接头体》，与 QC/T 405—1999 相比，主要技术变化如下：

——修改了锥螺纹的引用标准和螺纹代号(见表 1 和表 2)；

——修改了接头体的压力规格，调整接头体部分尺寸(见表 1)；

——修改了表面处理的引用标准(见表 2)；

——增加了介质温度要求(见表 2)。

本标准附录 A 为资料性附录。

本标准由全国汽车标准化技术委员会(SAC/TC 114)提出并归口。

本标准起草单位：东风汽车有限公司东风商用车技术中心、瑞安市瑞强标准件有限公司。

本标准主要起草人：范丽霞、黄强辉、王红洲、张德利、张鹏洲、叶爱凤、罗以娇。

本标准所代替标准的历次版本发布情况为：

——QC/T 405—1999。

扩口式锥螺纹三通管接头体

1 范围

本标准规定了扩口式锥螺纹三通管接头体的型式与尺寸、技术条件。

本标准适用于管子外径为 5 mm～12 mm，最大工作压力 12 MPa～16 MPa 的汽车用油、气及一般腐蚀介质的管路系统。

2 规范性引用文件

下列文件对于本文件的应用是必不可少的。凡是注日期的引用文件，仅注日期的版本适用于本文件。凡是不注日期的引用文件，其最新版本（包括所有的修改单）适用于本文件。

GB/T 3 普通螺纹收尾、肩距、退刀槽和倒角（GB/T 3—1997，eqv ISO 3508：1976；eqv ISO 4755：1983）

GB/T 90.1 紧固件 验收检查（GB/T 90.1—2002，idt ISO 3269：2000）

GB/T 90.2 紧固件 标志与包装

GB/T 196 普通螺纹 基本尺寸（GB/T 196—2003，ISO 724：1993，MOD）

GB/T 197 普通螺纹 公差（GB/T 197—2003，ISO 965-1：1998，MOD）

GB/T 5653 扩口式管接头技术条件

GB/T 12716 60°密封管螺纹（GB/T 12716—2011，ASME B1.20.2M：2006，MOD）

QC/T 326 汽车标准件产品编号规则

QC/T 625 汽车用涂镀层和化学处理层

3 型式与尺寸

扩口式锥螺纹三通管接头体的型式与尺寸按图 1 和表 1。

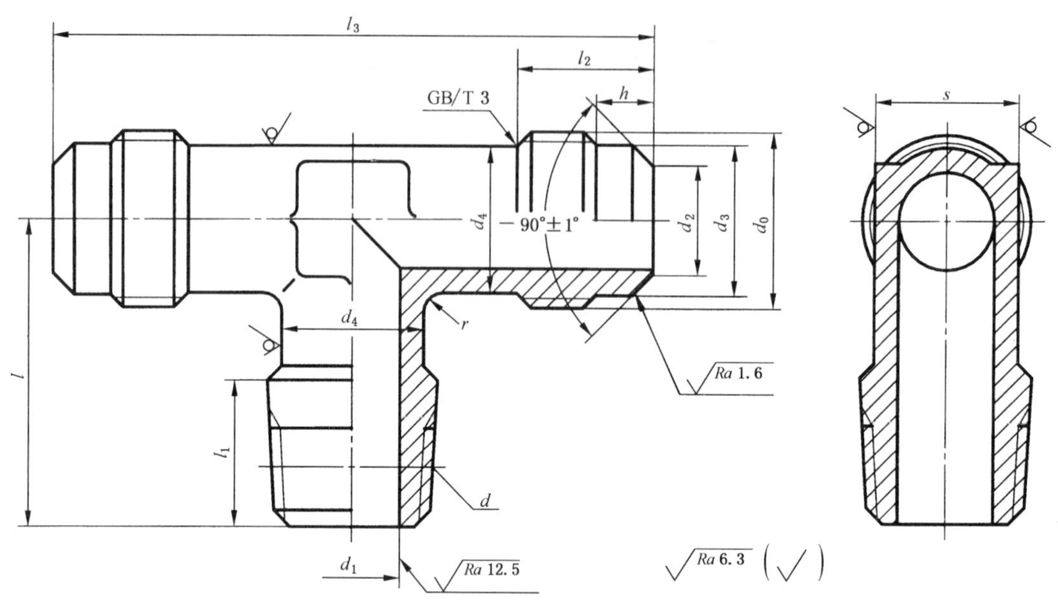

注：其余未规定的细节由制造商确定。

图 1 扩口式锥螺纹三通管接头体的型式与尺寸

表 1 尺寸

mm

<table>
<tr><th>最大工作压力 MPa</th><th>管子外径</th><th>d_0</th><th>d</th><th>d_1</th><th>d_2</th><th>d_3</th><th>d_4</th><th>l</th><th>l_1</th><th>l_2</th><th>l_3</th><th>h</th><th>r</th><th>s</th></tr>
<tr><td>16</td><td>5</td><td>M10×1</td><td rowspan="2">NPT1/8</td><td>3.5</td><td>4.3</td><td>8.4</td><td>8</td><td>20.4</td><td rowspan="2">10</td><td>9.5</td><td>41</td><td>4.5</td><td rowspan="5">2</td><td>8</td></tr>
<tr><td>16</td><td>6</td><td>M12×1.5</td><td>4</td><td>4.8</td><td>10</td><td>10</td><td>24</td><td>12</td><td>48</td><td rowspan="2">5.5</td><td>10</td></tr>
<tr><td>16</td><td>8</td><td>M14×1.5</td><td rowspan="2">NPT1/4</td><td>6</td><td>7</td><td>11.7</td><td>11</td><td>28.5</td><td rowspan="3">15</td><td>13.5</td><td>57</td><td>12</td></tr>
<tr><td>16</td><td>10</td><td>M16×1.5</td><td>8</td><td>9</td><td>13.7</td><td>13</td><td>30.5</td><td rowspan="2">14.5</td><td>61</td><td rowspan="2">6</td><td>14</td></tr>
<tr><td>12</td><td>12</td><td>M18×1.5</td><td>NPT3/8</td><td>10</td><td>11</td><td>15.7</td><td>15</td><td>31.5</td><td>63</td><td>17</td></tr>
</table>

4 技术条件

扩口式锥螺纹三通管接头体的技术条件按表 2。

表2 技术条件

项目		要求
材料		碳钢，抗拉强度不小于 372 MPa
性能	最大工作压力	12 MPa～16 MPa
	介质温度	−40 ℃～+120 ℃
螺纹	60°密封管螺纹	GB/T 12716
	普通螺纹	公差 6g，其他按 GB/T 196、GB/T 197
表面处理	种类	镀锌钝化
	标准	QC/T 625
产品缺陷		不应有裂纹、气孔、毛刺、锐边、锈斑及其他影响使用的缺陷
验收检查		按 GB/T 90.1，其中管螺纹 AQL=1.5，卡套端尺寸 AQL=1.5，其他尺寸 AQL=4.0
标志与包装		GB/T 90.2
其他技术条件		GB/T 5653

5 产品编号

扩口式锥螺纹三通管接头体的产品编号按 QC/T 326 的规定。

附 录 A
（资料性附录）
装配关系

扩口式锥螺纹三通管接头体的装配关系按图 A.1。

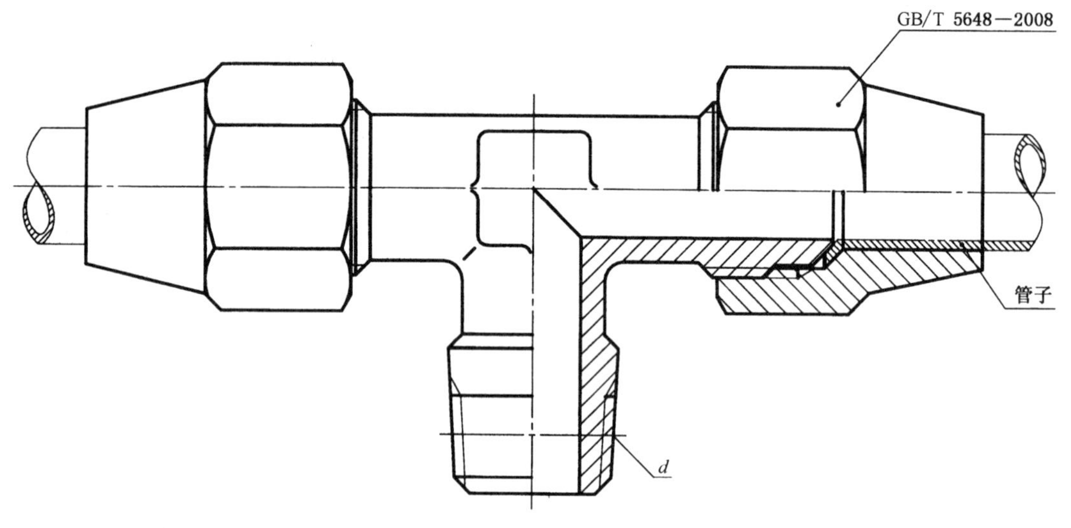

图 A.1 装配关系

ICS 43.040
T 31

中华人民共和国汽车行业标准

QC/T 518—2013
代替 QC/T 518—2007

汽车用螺纹紧固件紧固扭矩

Tightening torque for automotive threaded fasteners

2013-04-25 发布　　2013-09-01 实施

中华人民共和国工业和信息化部　发布

前　言

本标准按照 GB/T 1.1—2009 给出的规则起草。

本标准代替了 QC/T 518—2007《汽车用螺纹紧固件紧固扭矩》，与 QC/T 518—2007 相比，主要技术变化如下：

——增加了符号与定义（见第 3 章）；

——修改了扭矩系数 K 的规定（见 4.2）；

——增加了最小预紧力 $F_{f,min}$（见 4.3.2）；

——增加了最大紧固扭矩 $T_{f,max}$（见 4.4）；

——删除了术语和定义（见 2007 年版的第 3 章）；

——删除了常用螺纹摩擦系数与支承面摩擦系数（见 2007 年版的 4.5 和附录 A）；

——删除了常用未注螺栓、螺母紧固扭矩值（见 2007 年版的 4.6 和附录 B）。

本标准附录 A 为规范性附录。

本标准由全国汽车标准化技术委员会（SAC/TC114）提出并归口。

本标准起草单位：广州汽车集团股份有限公司汽车工程研究院。

本标准主要起草人：赵喆。

本标准所代替标准的历次版本发布情况为：

——QC/T 518—1999、QC/T 518—2007。

汽车用螺纹紧固件紧固扭矩

1　范围

本标准规定了汽车用螺纹紧固件紧固扭矩。

本标准适用于符合以下条件，以控制扭矩方式进行的紧固：

——外螺纹件的机械性能符合 GB/T 3098.1 规定的 8.8、10.9 和 12.9 级；

——内螺纹件的机械性能符合 GB/T 3098.2 或 GB/T 3098.4，且具有充分发挥螺纹连接副承载能力的强度；

——内、外螺纹件的六角对边尺寸符合 GB/T 3104 规定的标准系列；

——螺栓-螺母连接副以及螺栓-螺母以外的螺纹连接副；

——螺纹符合 GB/T 196，螺纹精度不低于 GB/T 197 规定的 6 级；

——外螺纹件在紧固中承受轴向拉伸载荷；

——螺栓或螺钉的设计拉力采用屈服点 σ_s 或屈服强度 $\sigma_{0.2}$ 的 90%。

本标准不适用于外螺纹件在紧固中承受压缩力的紧定螺钉、由外螺纹件攻出螺纹的自攻螺钉及木螺钉、采用弹簧垫圈或弹性垫圈的螺纹紧固件以及有效力矩型螺纹紧固件的紧固。

2　规范性引用文件

下列文件对于本文件的应用是必不可少的。凡是注日期的引用文件，仅注日期的版本适用于本文件。凡是不注日期的引用文件，其最新版本（包括所有的修改单）适用于本文件。

GB/T 196　普通螺纹　基本尺寸（GB/T 196—2003，ISO 724:1993，MOD）

GB/T 197　普通螺纹　公差（GB/T 197—2003，ISO 965-1:1998，MOD）

GB/T 3098.1　紧固件机械性能　螺栓、螺钉和螺柱（GB/T 3098.1—2010，ISO 898-1:2009，MOD）

GB/T 3098.2　紧固件机械性能　螺母　粗牙螺纹（GB/T 3098.2—2000，idt ISO 898-2:1992）

GB/T 3098.4　紧固件机械性能　螺母　细牙螺纹（GB/T 3098.4—2000，idt ISO 898-6:1994）

GB/T 3104　紧固件　六角产品的对边宽度（GB/T 3104—1982，eqv ISO 272:1982）

GB/T 5277　紧固件　螺栓和螺钉通孔（GB/T 5277—1985，eqv ISO 273:1979）

QC/T 715　汽车用螺纹连接副摩擦系数的测试方法

3　符号和定义

下列符号适用于本文件。

D_w　——支承面摩擦扭矩的等效直径；

d　——外螺纹大径的基本尺寸；

d_1　——螺纹小径的基本尺寸；

d_2　——螺纹中径的基本尺寸；

d_3　——螺纹小径的基本尺寸（d_1）减去螺纹原始三角形高度（H）的 1/6 值，即：$d_3 = d_1 - H/6$；

d_h ——螺栓或螺钉通孔直径；
d_r ——螺纹应力截面直径；
d_s ——螺栓光杆直径；
d_w ——支承面或垫圈面直径；
$F_{f,min}$——最小预紧力；
$F_{f,max}$——最大预紧力；
K ——扭矩系数；
K_{min} ——最小扭矩系数；
K_{max} ——最大扭矩系数；
K_1 ——扭矩比；
m ——扭矩离散度；
P ——螺距；
T_f ——紧固扭矩；
$T_{f,min}$——最小紧固扭矩；
$T_{f,max}$——最大紧固扭矩；
σ_s ——螺栓屈服点；
$\sigma_{0.2}$ ——螺栓屈服强度；
μ_s ——螺纹摩擦系数；
$\mu_{s,min}$——最小螺纹摩擦系数；
$\mu_{s,max}$——最大螺纹摩擦系数；
μ_w ——支承面摩擦系数；
$\mu_{w,min}$——最小支承面摩擦系数；
$\mu_{w,max}$——最大支承面摩擦系数。

4 紧固扭矩与预紧力

4.1 紧固扭矩与预紧力的关系式

弹性区内紧固扭矩与预紧力的关系见式(1)。

$$T_f = KF_f d \qquad \cdots\cdots(1)$$

4.2 扭矩系数 K 值

4.2.1 扭矩系数 K 值的基本公式见式(2)。

$$K = [0.16P + \mu_s \cdot 0.58d_2 + \mu_w \cdot 0.5 \cdot D_w]/d \qquad \cdots\cdots(2)$$

接触的支承面为圆环状时：

$$D_w = \frac{2}{3} \times \frac{d_w^3 - d_h^3}{d_w^2 - d_h^2} \qquad \cdots\cdots(3)$$

注：标准螺栓和螺钉通孔 d_h 按 GB/T 5277 的规定。

4.2.2 最大扭矩系数 K_{max} 和最小扭矩系数 K_{min} 见式(4)、式(5)：

$$K_{max} = [0.16P + \mu_{s,max} \cdot 0.58d_2 + \mu_{w,max} \cdot 0.5 \cdot D_w]/d \qquad \cdots\cdots(4)$$

$$K_{min} = [0.16P + \mu_{s,min} \cdot 0.58d_2 + \mu_{w,min} \cdot 0.5 \cdot D_w]/d \qquad \cdots\cdots(5)$$

4.3 预紧力

4.3.1 最大预紧力 $F_{f,max}$

4.3.1.1 当 $d_s \geqslant d_r$,时,$F_{f,max}$按表 1 的规定。其中:

$$d_r = (d_2 + d_3)/2 \quad \cdots\cdots (6)$$

$$d_3 = d_1 - 0.144375p \quad \cdots\cdots (7)$$

4.3.1.2 当 $d_s = 0.9d_3$ 时,$F_{f,max}$按表 2 的规定。

4.3.2 最小预紧力 $F_{f,min}$

$$F_{f,min} = T_{f,min}/(K_{max} \cdot d) \quad \cdots\cdots (8)$$

4.4 最大扭矩 $T_{f,max}$

$$T_{f,max} = K_{min} \cdot F_{f,max} \cdot d \quad \cdots\cdots (9)$$

4.5 拧紧精度和扭矩比

4.5.1 拧紧精度分为三个等级:Ⅰ级、Ⅱ级和Ⅲ级,见表 3。其中Ⅰ级精度等级最高,Ⅲ级精度等级最低。应根据产品的功能要求选用拧紧精度等级。

4.5.2 扭矩比按式(10)的规定。

$$K_1 = T_{f,min}/T_{f,max} \quad \cdots\cdots (10)$$

4.5.3 不同等级拧紧精度对应的扭矩比见表 3。

5 带弹簧垫圈或弹性垫圈的螺纹连接副及有效力矩型螺纹紧固件

带弹簧垫圈或弹性垫圈的螺纹连接副及有效力矩型螺纹紧固件的紧固参见附录 A。

6 摩擦系数的测试方法

摩擦系数的测试方法按 QC/T 715 的规定。

表 1 预紧力的最大值 $F_{f,max}$($d_s \geqslant d_r$)

N

螺纹规格	机械性能等级	螺纹摩擦系数 $\mu_{s,min}$										
		0.05	0.06	0.07	0.08	0.09	0.10	0.11	0.12	0.13	0.14	0.15
M4	8.8	4 620	4 550	4 470	4 390	4 310	4 230	4 150	4 060	3 980	3 900	3 820
	10.9	6 790	6 680	6 570	6 450	6 330	6 210	6 090	5 970	5 850	5 730	5 610
	12.9	7 940	7 840	7 680	7 550	7 410	7 270	7 130	6 980	6 840	6 700	6 560
M5	8.8	7 540	7 420	7 300	7 170	7 040	6 910	6 780	6 650	6 520	6 380	6 250
	10.9	11 060	10 900	10 700	10 550	10 350	10 150	9 960	9 770	9 570	9 380	9 190
	12.9	12 950	12 750	12 550	12 350	12 100	11 900	11 650	11 450	11 200	10 950	10 750
M6	8.8	10 650	10 500	10 300	10 150	9 940	9 760	9 570	9 380	9 190	9 010	8 820
	10.9	15 650	15 400	15 150	14 900	14 600	14 350	14 050	13 800	13 500	13 250	12 950
	12.9	18 300	18 000	17 700	17 400	17 100	16 750	16 450	16 150	15 600	15 500	15 150

表 1(续)

N

螺纹规格	机械性能等级	螺纹摩擦系数 $\mu_{s,min}$										
		0.05	0.06	0.07	0.08	0.09	0.10	0.11	0.12	0.13	0.14	0.15
M7	8.8	15 500	15 250	15 000	14 750	14 500	14 250	14 000	13 700	13 450	13 200	12 900
	10.9	22 750	22 400	22 050	21 700	21 300	20 900	20 550	20 150	19 750	19 350	18 950
	12.9	26 600	26 200	25 800	25 400	24 950	24 500	24 050	23 350	23 100	22 650	22 200
M8	8.8	19 500	19 200	18 900	18 550	18 250	17 900	17 550	17 200	16 850	16 550	16 200
	10.9	28 650	28 200	27 750	27 250	26 800	26 300	25 800	25 300	24 800	24 300	23 800
	12.9	33 500	33 000	32 450	31 900	31 350	30 750	30 150	29 600	29 000	28 400	27 850
M8×1	8.8	21 200	20 900	20 600	20 250	19 900	19 600	19 200	18 850	18 500	18 150	17 800
	10.9	31 150	30 700	30 250	29 750	29 250	28 750	28 250	27 700	27 200	26 650	26 100
	12.9	36 450	35 900	35 400	34 850	34 250	33 650	33 050	32 400	31 800	31 200	30 550
M10	8.8	31 000	30 500	30 050	29 500	29 000	28 500	27 950	27 400	26 850	26 350	25 800
	10.9	45 500	44 850	44 100	43 350	42 600	41 850	41 050	40 250	39 450	38 650	37 900
	12.9	53 250	52 450	51 600	50 750	49 850	48 950	48 050	47 100	46 200	45 250	44 350
M10×1.25	8.8	33 100	32 650	32 150	31 650	31 150	30 600	30 050	29 450	28 900	28 350	27 800
	10.9	48 650	47 950	47 250	46 500	45 750	44 950	44 100	43 300	42 450	41 650	40 800
	12.9	56 900	56 150	55 300	54 400	53 500	52 550	51 600	50 650	49 700	48 700	47 750
M10×1	8.8	35 300	34 850	34 350	33 650	33 300	32 750	32 200	31 600	31 050	30 450	29 850
	10.9	51 850	51 200	50 450	49 700	48 950	48 100	47 300	46 450	45 550	44 700	43 850
	12.9	60 650	59 900	59 050	58 200	57 250	56 300	55 350	54 350	53 350	52 300	51 300
M12	8.8	45 150	44 450	43 750	43 050	42 300	41 500	40 750	39 950	39 150	38 400	37 600
	10.9	66 300	65 300	64 250	63 200	62 100	60 950	59 850	58 700	57 550	56 400	55 250
	12.9	77 550	76 400	75 200	73 950	72 650	71 350	70 000	68 650	67 300	66 000	64 650
M12×1.5	8.8	47 700	47 050	46 350	45 600	44 850	44 050	43 250	42 450	41 650	40 800	40 000
	10.9	70 050	69 100	68 050	66 950	65 850	64 700	63 550	63 250	61 150	59 950	58 750
	12.9	82 000	80 850	79 650	78 650	77 050	75 700	74 350	72 950	71 550	70 150	68 750
M12×1.25	8.8	50 300	49 650	48 950	48 200	47 450	46 650	45 850	45 000	44 150	43 300	42 500
	10.9	73 900	72 900	71 900	70 800	69 700	68 500	67 300	66 100	64 850	63 850	62 400
	12.9	86 450	85 350	84 150	82 850	81 550	80 200	78 750	77 350	75 900	74 450	73 000
M12×1	8.8	52 950	52 300	51 600	50 900	50 100	49 300	48 450	47 600	46 750	45 900	45 000
	10.9	77 750	76 850	75 800	74 750	73 600	72 400	71 200	69 950	68 700	67 400	66 100
	12.9	91 000	89 900	88 700	87 450	86 150	84 750	83 300	81 850	80 350	78 850	77 350
M14	8.8	61 900	61 000	60 050	59 050	58 050	57 000	55 950	54 850	53 800	52 700	51 650
	10.9	90 950	89 600	88 200	86 750	85 250	83 700	82 150	80 550	79 000	77 450	75 850
	12.9	106 400	104 900	103 200	101 500	99 750	97 950	96 150	94 300	92 450	90 600	88 800

表 1（续）

N

螺纹规格	机械性能等级	螺纹摩擦系数 $\mu_{s,min}$										
		0.05	0.06	0.07	0.08	0.09	0.10	0.11	0.12	0.13	0.14	0.15
M14×1.5	8.8	67 950	67 050	66 100	65 100	64 050	63 000	61 900	60 750	59 600	58 500	57 350
	10.9	99 800	98 500	97 100	95 650	94 100	92 500	91 000	89 250	87 550	86 000	84 200
	12.9	117 800	115 300	113 600	111 900	110 100	108 300	106 400	104 400	102 500	100 500	98 550
M16	8.8	84 800	83 600	82 350	81 050	79 700	78 300	76 900	75 450	74 000	72 550	71 150
	10.9	124 500	122 800	121 000	119 100	117 100	115 000	113 000	110 800	108 700	106 600	104 500
	12.9	145 700	143 700	141 600	139 300	137 000	134 600	132 200	129 700	127 200	124 700	122 200
M16×1.5	8.8	91 750	90 650	89 400	88 100	86 700	85 300	83 800	82 350	80 800	79 300	77 750
	10.9	134 800	133 100	131 300	129 400	127 400	125 300	123 100	120 900	118 700	116 500	114 200
	12.9	157 700	155 750	153 600	151 400	149 000	146 600	144 100	141 500	138 900	136 300	133 700
M18	8.8	106 700	105 100	103 500	101 800	100 100	98 250	96 450	94 600	92 750	90 950	89 100
	10.9	151 900	149 700	147 400	145 000	142 500	14 000	137 400	134 800	132 100	129 500	126 900
	12.9	177 800	175 200	172 500	169 700	166 800	163 800	160 700	157 700	154 600	151 600	148 500
M18×1.5	8.8	122 900	121 400	119 800	118 100	116 300	114 400	112 500	110 500	108 500	106 500	104 500
	10.9	175 000	172 900	170 600	168 200	165 600	163 000	160 200	157 400	154 500	151 700	148 800
	12.9	204 800	202 300	199 600	196 800	193 800	190 700	187 500	184 200	180 900	177 500	174 100
M20	8.8	136 600	134 700	132 700	130 600	128 400	126 200	123 900	121 600	119 300	116 900	114 600
	10.9	194 600	191 900	189 000	186 000	182 900	179 700	176 500	173 200	169 900	166 500	163 200
	12.9	227 700	224 500	221 200	217 700	214 000	210 300	206 500	202 600	198 800	194 900	191 000
M20×1.5	8.8	154 700	152 900	151 000	148 900	146 700	144 300	142 000	139 500	137 000	134 500	131 900
	10.9	220 400	217 800	215 000	212 000	208 900	205 600	202 200	198 700	195 100	191 500	187 900
	12.9	257 900	254 900	251 600	248 100	244 400	240 600	236 600	232 500	228 300	224 100	219 900
M22	8.8	170 200	168 000	165 500	163 000	160 300	157 600	154 800	151 900	149 100	146 200	143 300
	10.9	242 400	239 200	235 700	232 100	228 300	224 400	220 400	216 400	212 300	208 200	204 100
	12.9	283 700	279 900	275 900	271 600	267 200	262 600	258 000	253 200	248 400	243 600	238 900
M22×1.5	8.8	190 300	188 100	185 800	183 200	180 600	177 700	174 800	171 800	168 800	165 700	162 600
	10.9	27 100	267 900	264 600	261 000	257 100	253 100	249 000	244 700	240 400	236 000	231 600
	12.9	317 100	313 500	309 600	305 400	300 900	296 200	291 400	286 400	281 300	276 200	271 000
M24	8.8	196 700	194 000	191 100	188 100	184 900	181 700	178 400	175 100	171 700	168 400	165 000
	10.9	280 200	276 300	272 200	267 900	263 400	258 800	254 100	249 400	244 600	239 800	235 000
	12.9	327 900	323 300	318 500	313 500	308 200	302 800	297 300	291 800	286 200	280 600	275 000
M24×2	8.8	218 400	215 800	212 900	209 900	206 700	203 400	200 000	196 500	192 900	189 300	185 700
	10.9	311 100	307 300	303 300	299 000	294 400	289 700	284 800	279 800	274 700	269 600	264 500
	12.9	364 000	359 600	354 900	349 900	344 500	339 000	333 300	327 400	321 500	315 500	309 500
M24×1.5	8.8	229 500	226 900	224 200	221 100	218 000	214 600	211 100	207 600	203 900	200 200	196 500
	10.9	326 800	323 200	319 300	315 000	310 400	305 600	300 700	295 600	290 400	285 100	279 800
	12.9	382 500	378 200	373 600	368 600	363 300	357 700	351 900	345 900	339 800	333 700	327 500

表 1（续）

N

螺纹规格	机械性能等级	螺纹摩擦系数 $\mu_{s,min}$										
		0.05	0.06	0.07	0.08	0.09	0.10	0.11	0.12	0.13	0.14	0.15
M27	8.8	258 000	254 600	251 000	247 100	243 100	239 000	234 700	230 500	226 100	221 800	217 400
	10.9	367 500	362 600	357 400	352 000	346 300	340 400	334 300	328 200	322 000	315 800	309 700
	12.9	430 100	424 400	418 300	411 900	405 200	398 300	391 200	384 100	376 900	369 600	362 400
M27×2	8.8	282 600	279 400	275 800	272 000	267 900	263 700	259 300	254 800	250 300	245 700	241 000
	10.9	402 500	397 900	392 800	387 300	381 600	375 600	369 300	363 000	358 500	349 900	343 300
	12.9	471 000	465 600	459 600	453 300	446 500	439 500	432 200	424 700	417 100	409 500	401 700
M30	8.8	314 100	309 900	305 300	300 600	295 700	290 600	285 400	280 100	274 800	269 500	264 200
	10.9	447 300	441 300	434 900	428 100	421 100	413 900	406 500	399 000	391 400	383 800	376 300
	12.9	523 500	516 400	508 900	501 000	492 800	484 300	475 600	466 900	458 000	449 200	440 300
M30×3	8.8	327 600	323 400	318 900	314 200	309 200	304 100	298 800	293 400	288 000	282 500	277 000
	10.9	466 600	460 600	452 000	447 500	440 400	433 100	425 500	417 900	410 100	402 300	394 500
	12.9	545 000	539 000	531 500	523 600	515 300	506 800	498 000	489 000	479 900	470 800	461 700
M30×2	8.8	355 100	351 100	346 700	342 000	337 000	331 800	326 400	320 800	315 100	309 400	303 600
	10.9	505 700	500 000	493 800	487 100	480 000	472 500	464 800	456 900	448 800	440 600	432 400
	12.9	591 800	585 100	577 800	570 000	561 700	553 000	543 900	534 700	525 200	515 600	506 000

螺纹规格	机械性能等级	螺纹摩擦系数 $\mu_{s,min}$									
		0.16	0.17	0.18	0.19	0.20	0.22	0.24	0.26	0.28	0.30
M4	8.8	3 740	3 660	3 580	3 510	3 440	3 290	3 160	3 030	2 910	2 900
	10.9	5 490	5 380	5 260	5 150	5 050	4 840	4 640	4 450	4 280	4 110
	12.9	6 430	6 290	6 160	6 030	5 900	5 660	5 430	5 210	5 010	4 810
M5	8.8	6 120	6 000	5 870	5 750	5 630	5 400	5 180	4 970	4 770	4 590
	10.9	9 000	8 810	8 630	8 450	8 270	7 930	7 610	7 300	7 010	6 740
	12.9	10 550	10 330	10 100	9 880	9 680	9 280	8 900	8 540	8 200	7 890
M6	8.8	8 640	8 450	8 280	8 110	7 940	7 610	7 300	7 010	6 730	6 470
	10.9	12 700	12 400	12 150	11 900	11 650	11 200	10 700	10 300	9 880	9 500
	12.9	14 850	14 550	14 250	13 950	13 650	13 100	12 550	12 050	11 550	11 100
M7	8.8	12 650	12 400	12 150	12 000	11 650	11 150	10 700	10 250	9 870	9 480
	10.9	18 600	18 200	17 800	17 450	17 100	16 400	15 700	15 100	14 500	13 950
	12.9	21 750	21 300	20 850	20 400	20 000	19 200	18 400	17 650	16 950	16 300
M8	8.8	15 850	15 550	15 200	14 900	14 600	14 000	13 400	12 850	12 350	11 900
	10.9	23 300	22 800	22 350	21 850	21 400	20 550	19 700	18 900	18 150	17 450
	12.9	27 250	26 700	26 150	25 600	25 050	24 050	23 050	22 150	21 250	20 450
M8×1	8.8	17 400	17 050	16 700	16 400	16 060	15 400	14 750	14 150	13 600	13 100
	10.9	25 600	25 050	24 550	24 050	23 550	22 600	21 700	20 800	20 000	19 200
	12.9	29 950	29 350	28 750	28 150	27 550	26 450	25 350	24 350	23 400	22 500

表 1（续） N

螺纹规格	机械性能等级	螺纹摩擦系数 $\mu_{s,min}$									
		0.16	0.17	0.18	0.19	0.20	0.22	0.24	0.26	0.28	0.30
M4	8.8	25 250	24 750	24 250	23 750	23 250	22 300	21 350	20 500	19 700	18 950
	10.9	37 100	36 350	35 600	34 850	34 150	32 700	31 400	30 150	28 950	27 800
	12.9	43 400	42 550	41 650	40 800	39 950	38 300	36 750	35 250	33 850	32 550
M10×1.25	8.8	27 200	26 650	26 150	25 600	25 050	24 050	23 050	22 150	21 250	20 450
	10.9	40 000	39 150	38 350	37 600	36 800	35 300	33 900	32 500	31 250	30 000
	12.9	46 800	45 850	44 900	44 000	43 050	41 300	39 650	38 050	36 550	36 100
M10×1	8.8	29 250	28 650	28 100	27 550	26 950	25 900	24 850	23 850	22 900	22 000
	10.9	42 950	42 100	41 250	40 450	39 600	38 000	36 450	35 000	33 650	32 300
	12.9	50 300	49 300	48 300	47 300	46 350	44 450	42 700	40 950	39 350	37 800
M12	8.8	36 850	36 100	35 350	34 600	33 900	32 500	31 150	29 900	28 750	27 600
	10.9	54 100	53 000	51 900	50 800	49 750	47 750	45 800	43 950	42 200	40 550
	12.9	63 300	62 000	60 750	59 450	58 250	55 850	53 600	51 450	49 400	47 450
M12×1.5	8.8	39 200	38 400	37 600	36 850	36 100	34 600	33 200	31 900	30 600	29 450
	10.9	57 600	56 400	55 250	54 150	53 000	50 850	48 800	46 850	45 000	43 200
	12.9	67 400	66 000	64 650	63 350	62 050	59 500	57 100	54 800	52 650	50 600
M12×1	8.8	44 150	43 250	42 400	41 550	40 700	39 100	37 500	36 000	34 600	33 250
	10.9	64 850	63 550	62 300	61 050	59 800	57 400	55 100	52 900	50 800	48 850
	12.9	75 850	74 400	72 900	71 450	70 000	67 200	64 500	61 900	59 450	57 150
M14	8.8	50 600	49 550	48 550	47 550	46 550	44 650	42 800	41 100	39 450	37 950
	10.9	74 300	72 800	71 300	69 800	68 350	65 550	62 900	60 350	58 000	55 700
	12.9	86 950	85 200	83 400	81 700	80 000	76 700	73 600	70 650	67 850	65 200
M14×1.5	8.8	56 200	55 050	53 950	52 850	51 800	49 700	47 650	45 750	43 950	42 250
	10.9	82 550	80 900	79 250	77 650	76 050	72 950	70 000	67 200	64 550	62 050
	12.9	96 600	94 650	92 750	90 850	89 000	85 400	81 950	78 650	75 550	72 600
M16	8.8	69 700	68 300	66 900	65 500	64 150	61 550	59 050	56 700	54 450	52 300
	10.9	102 400	100 300	98 250	96 200	94 250	90 400	86 750	83 250	79 950	76 850
	12.9	119 800	117 400	115 000	112 600	110 300	105 800	101 500	97 400	93 550	89 900
M16×1.5	8.8	76 250	74 750	73 250	71 750	70 300	67 450	64 750	62 150	59 700	57 350
	10.9	112 000	109 800	107 600	105 400	103 200	99 050	95 100	91 300	87 650	84 250
	12.9	131 000	128 400	125 900	123 300	120 800	115 900	111 300	106 800	102 600	98 600
M16	8.8	87 300	85 500	83 750	82 000	80 300	77 000	73 900	70 900	68 100	65 450
	10.9	124 300	121 800	119 300	116 800	114 400	109 700	105 200	101 000	97 000	93 250
	12.9	145 500	142 500	139 600	136 700	133 900	128 400	123 200	118 200	113 500	109 100
M18×1.5	8.8	102 400	100 400	98 400	96 450	94 500	90 700	87 050	83 600	80 250	77 150
	10.9	145 900	143 000	140 200	137 400	134 600	129 200	124 000	119 000	1 143 000	109 900
	12.9	170 700	167 400	164 000	160 700	157 500	151 200	145 100	139 300	133 800	128 600

表 1（续）

N

螺纹规格	机械性能等级	螺纹摩擦系数 $\mu_{s,min}$									
		0.16	0.17	0.18	0.19	0.20	0.22	0.24	0.26	0.28	0.30
M20	8.8	112 300	110 000	107 800	105 600	103 400	99 150	95 150	91 350	87 700	84 300
	10.9	159 900	156 700	153 500	150 300	147 200	141 200	135 500	130 100	124 900	120 100
	12.9	187 200	183 400	179 600	175 900	172 300	165 300	158 600	152 200	146 200	140 500
M20×1.5	8.8	129 400	126 900	124 400	121 900	119 400	114 600	110 000	105 600	101 500	97 500
	10.9	184 300	180 700	177 100	173 600	170 100	163 300	156 700	150 500	144 500	138 900
	12.9	215 700	211 400	207 200	203 100	199 000	191 100	183 400	176 100	169 100	162 500
M22	8.8	140 500	137 600	134 800	132 100	129 400	124 100	119 100	114 300	109 800	105 500
	10.9	200 000	196 000	192 000	188 100	184 300	176 800	169 600	162 800	156 400	150 300
	12.9	234 100	229 400	224 700	220 100	215 600	206 900	198 500	190 500	183 000	175 900
M22×1.5	8.8	159 500	156 400	153 300	150 300	147 200	141 400	135 700	130 300	125 200	120 300
	10.9	227 200	222 700	218 400	214 000	209 700	201 300	193 300	185 600	178 300	171 300
	12.9	265 800	260 700	255 500	250 400	245 400	235 600	226 200	217 200	208 600	200 500
M24	8.8	161 700	158 400	155 200	152 000	148 900	142 800	137 000	131 500	126 300	121 400
	10.9	230 300	225 600	221 000	216 500	212 000	203 400	195 100	187 300	179 900	172 900
	12.9	269 500	264 000	258 600	253 300	248 100	238 000	228 300	219 200	210 500	202 300
M24×2	8.8	182 100	178 500	175 000	171 400	168 000	161 200	154 800	148 600	142 700	137 100
	10.9	259 400	254 200	249 200	244 200	239 200	229 600	220 400	211 600	203 200	195 300
	12.9	303 500	297 500	291 600	285 700	280 000	268 700	257 900	247 600	237 800	228 600
M24×1.5	8.8	192 700	189 000	185 300	181 600	178 000	170 900	164 100	157 500	151 300	145 400
	10.9	274 500	269 200	263 900	258 700	253 500	243 400	233 700	224 400	215 500	207 100
	12.9	321 200	315 000	308 800	302 700	296 700	284 800	273 500	262 600	252 200	242 400
M27	8.8	213 100	208 800	204 600	200 400	196 300	188 300	180 700	173 500	166 600	160 100
	10.9	303 500	297 400	291 400	285 400	279 600	268 200	257 400	247 100	237 300	228 000
	12.9	355 200	348 000	341 000	334 000	327 200	313 900	301 200	289 100	277 700	266 900
M27×2	8.8	236 400	231 800	227 200	222 700	218 200	209 400	201 100	193 000	185 400	178 200
	10.9	336 700	330 100	323 600	317 100	310 700	298 300	286 300	274 900	264 100	253 800
	12.9	394 000	386 300	378 700	371 100	363 600	349 100	335 100	321 700	309 000	297 000
M30	8.8	258 900	253 700	248 500	243 400	238 400	228 700	219 500	210 700	202 300	194 500
	10.9	368 700	361 300	353 900	346 700	339 600	325 800	312 600	300 000	288 200	276 900
	12.9	431 500	422 800	414 200	405 700	397 400	381 200	365 800	351 100	337 200	324 100
M30×3	8.8	271 600	266 100	260 800	255 500	250 300	240 200	230 500	221 300	212 500	204 100
	10.9	386 800	379 100	371 400	363 900	356 500	342 100	328 300	315 100	302 500	290 900
	12.9	452 600	443 600	434 600	425 800	417 100	400 300	384 100	368 800	354 200	340 400
M30×2	8.8	297 800	292 000	286 300	280 600	274 900	264 000	253 400	243 300	233 700	224 600
	10.9	424 100	415 900	407 700	399 600	391 600	376 000	36 090	34 650	332 900	319 900
	12.9	496 300	486 700	477 100	467 600	458 200	440 000	422 400	405 500	389 500	374 400

表 2 预紧力的最大值 $F_{f,max}$（$d_s=0.9d_3$） N

螺纹规格	机械性能等级	螺纹摩擦系数 $\mu_{s,min}$										
		0.05	0.06	0.07	0.08	0.09	0.10	0.11	0.12	0.13	0.14	0.15
M4	8.8	3 200	3 140	3 070	3 000	2 930	2 860	2 790	2 720	2 650	2 590	2 520
	10.9	4 700	4 600	4 500	4 400	4 300	4 200	4 100	4 000	3 900	3 800	3 710
	12.9	5 500	5 390	5 270	5 150	5 030	4 910	4 790	4 680	4 560	4 450	4 340
M5	8.8	7 450	7 300	7 140	6 980	6 820	6 660	6 500	6 350	6 190	6 040	5 890
	10.9	7 800	7 640	7 480	7 320	7 160	6 990	6 820	6 660	6 500	6 340	6 190
	12.9	9 130	8 950	8 760	8 570	8 370	8 180	7 990	7 800	7 610	7 420	7 240
M6	8.8	7 450	7 300	7 140	6 980	6 820	6 660	6 500	6 350	6 190	6 040	5 890
	10.9	10 950	10 700	10 500	10 250	10 000	9 780	9 550	9 320	9 090	8 870	8 650
	12.9	12 800	12 550	12 250	12 000	11 750	11 450	11 200	10 900	10 650	10 400	10 150
M7	8.8	11 100	10 900	10 700	10 450	10 250	10 000	9 770	9 540	9 320	9 090	8 870
	10.9	16 300	16 000	15 700	15 350	15 000	14 700	14 350	14 000	13 700	13 350	13 050
	12.9	19 100	18 750	18 350	17 950	17 600	17 200	16 800	16 400	16 000	15 650	15 250
M8	8.8	13 800	13 500	13 250	12 950	12 650	12 350	12 100	11 800	11 500	11 250	10 950
	10.9	20 250	19 850	19 450	19 000	18 600	18 150	17 750	17 300	16 900	16 500	16 100
	12.9	23 700	23 250	22 750	22 250	21 750	21 250	20 750	20 250	19 800	19 300	18 850
M8×1	8.8	15 500	15 200	14 900	14 600	14 300	14 000	13 700	13 400	13 050	12 750	12 450
	10.9	22 750	22 350	21 900	21 500	21 050	20 550	20 100	19 650	19 200	18 750	18 300
	12.9	26 600	26 150	25 650	25 150	24 600	24 100	23 550	23 000	22 450	21 950	21 450
M10	8.8	22 050	21 650	21 200	20 750	20 300	19 850	19 350	18 900	18 450	18 000	17 600
	10.9	32 400	31 800	31 150	30 500	29 800	29 150	28 450	27 800	27 100	26 450	25 800
	12.9	37 950	37 200	36 450	35 650	34 850	34 100	33 300	32 500	31 750	30 950	30 200
M10×1.25	8.8	24 200	23 750	23 300	22 850	22 350	21 900	21 400	20 900	20 450	19 950	19 500
	10.9	35 550	34 900	34 250	33 550	32 850	32 150	31 450	30 700	30 000	29 300	28 600
	12.9	41 600	40 850	40 050	39 250	38 450	37 600	36 800	35 950	35 100	34 300	33 500
M10×1	8.8	26 400	25 950	25 500	25 050	24 550	24 050	23 550	23 000	22 500	22 000	21 500
	10.9	38 750	38 150	37 450	36 750	36 050	35 300	34 550	33 800	33 050	32 300	31 550
	12.9	45 350	44 650	43 850	43 050	42 200	41 300	40 450	39 550	38 650	37 800	36 950
M12	8.8	32 300	31 650	31 050	30 350	29 700	29 050	28 350	27 700	27 050	26 400	25 750
	10.9	47 400	46 500	45 550	44 600	43 650	42 650	41 650	40 700	39 700	38 750	37 850
	12.9	55 500	54 450	53 350	52 200	51 050	49 900	48 750	47 600	46 500	45 350	44 250
M12×1.5	8.8	34 850	34 250	33 600	32 900	32 200	31 500	30 800	30 100	29 400	28 750	28 050
	10.9	51 200	50 250	49 300	48 350	47 300	46 300	45 250	44 250	43 200	42 200	41 200
	12.9	59 900	58 850	57 700	56 550	55 400	54 200	52 950	51 750	50 550	49 400	48 200
M12×1.25	8.8	37 450	36 850	36 200	35 500	34 800	34 100	33 350	32 650	31 900	31 150	30 450
	10.9	55 050	54 150	53 150	52 150	51 150	50 050	49 000	47 900	46 850	45 750	44 700
	12.9	64 400	63 350	62 200	61 050	59 850	58 600	57 350	56 100	54 800	53 550	52 350

表 2（续）

N

螺纹规格	机械性能等级	螺纹摩擦系数 $\mu_{s,min}$										
		0.05	0.06	0.07	0.08	0.09	0.10	0.11	0.12	0.13	0.14	0.15
M12×1	8.8	40 150	39 550	38 900	38 200	37 500	36 750	36 000	35 250	34 450	33 700	32 950
	10.9	59 000	58 100	57 150	56 150	55 050	54 000	52 850	51 750	50 650	49 500	48 400
	12.9	69 050	68 000	66 850	65 700	64 450	63 150	61 850	60 550	59 250	57 950	56 600
M14	8.8	44 450	43 600	42 700	41 800	40 900	40 000	39 100	38 150	37 250	36 350	35 500
	10.9	65 250	64 050	62 750	61 450	60 100	58 750	57 400	56 050	54 700	53 400	52 150
	12.9	76 350	74 950	73 450	71 900	70 300	68 750	67 150	65 600	64 050	62 500	61 000
M14×1.5	8.8	50 500	49 650	48 750	47 850	46 900	45 900	44 900	43 900	42 950	41 950	40 950
	10.9	74 150	72 950	71 600	70 250	68 850	67 400	65 950	64 500	63 050	61 600	60 200
	12.9	86 800	85 350	83 800	82 200	80 550	78 900	77 200	75 500	73 800	72 100	70 400
M16	8.8	61 950	60 850	59 700	58 500	57 250	56 050	54 800	53 550	52 300	51 050	49 850
	10.9	91 000	89 350	87 650	85 900	84 100	82 300	80 450	78 650	76 800	75 000	73 250
	12.9	106 500	104 600	122 600	100 500	98 450	96 300	94 150	92 000	89 900	87 800	85 700
M16×1.5	8.8	69 000	67 900	66 750	65 600	64 250	62 950	61 650	60 300	58 950	57 650	56 350
	10.9	101 300	99 750	98 050	96 250	94 400	92 450	90 550	88 600	86 600	84 650	82 750
	12.9	118 600	116 700	114 700	112 600	110 400	108 200	105 900	103 700	101 400	99 100	96 800
M18	8.8	76 900	75 450	73 950	72 400	70 850	69 250	67 700	66 100	64 550	63 000	61 500
	10.9	109 500	107 400	105 300	103 100	100 900	98 650	96 400	94 150	91 950	89 750	87 600
	12.9	128 100	125 700	123 200	120 700	118 100	115 500	112 800	110 200	107 600	105 000	102 500
M18×1.5	8.8	93 200	91 800	90 250	88 650	87 000	85 300	83 550	81 750	80 000	78 200	76 450
	10.9	132 700	130 700	128 600	126 300	123 900	121 500	119 000	116 500	113 900	111 400	108 900
	12.9	155 300	153 000	150 500	147 800	145 000	142 100	139 200	136 300	133 300	130 400	127 400
M20	8.8	99 800	98 050	96 200	94 250	92 300	90 300	88 300	86 250	84 250	82 300	80 350
	10.9	142 200	139 600	137 000	134 200	131 400	128 600	125 700	122 900	120 000	117 200	114 400
	12.9	166 400	163 400	160 300	157 100	153 800	150 500	147 100	143 800	140 500	137 200	133 900
M20×1.5	8.8	118 200	116 500	114 600	112 600	110 500	108 400	106 200	104 000	101 800	99 550	97 300
	10.9	168 300	165 900	163 200	160 400	157 400	154 400	151 300	148 100	145 000	141 800	138 600
	12.9	197 000	194 100	191 000	187 700	184 200	180 700	177 000	173 300	169 600	165 900	162 200
M22	8.8	125 700	123 600	121 300	119 000	116 500	114 100	111 600	109 100	106 600	104 200	101 700
	10.9	179 100	176 000	172 800	169 400	166 000	162 500	158 900	155 400	151 800	148 300	144 900
	12.9	209 500	206 000	202 200	198 300	194 200	190 100	186 000	181 800	177 700	173 600	169 500
M22×1.5	8.8	146 100	144 100	141 800	139 400	136 900	134 300	131 600	128 900	126 200	123 400	120 700
	10.9	208 200	205 200	202 000	198 600	195 000	191 300	187 500	183 600	179 700	175 800	171 900
	12.9	243 600	240 100	236 400	232 400	228 200	223 800	219 400	214 900	210 300	205 700	201 200
M24	8.8	143 700	141 200	136 500	135 700	133 000	130 000	127 100	124 200	121 300	118 500	115 700
	10.9	204 700	201 100	197 300	193 300	189 300	185 200	181 000	176 900	172 800	168 800	164 800
	12.9	239 600	235 300	230 800	226 200	221 500	216 700	211 900	207 000	202 200	197 500	192 800

表 2（续）

N

螺纹规格	机械性能等级	螺纹摩擦系数 $\mu_{s,min}$										
		0.05	0.06	0.07	0.08	0.09	0.10	0.11	0.12	0.13	0.14	0.15
M24×2	8.8	165 700	163 200	160 500	157 600	154 700	151 600	148 500	145 300	142 200	139 000	135 900
	10.9	236 000	232 400	228 600	224 500	220 300	215 900	211 500	207 000	202 500	198 000	193 600
	12.9	276 100	272 000	267 500	262 700	257 800	252 700	247 500	242 200	237 000	231 700	226 500
M24×1.5	8.8	177 000	174 600	171 900	169 100	166 100	162 900	159 700	156 500	153 200	149 900	146 600
	10.9	252 200	248 700	244 900	240 800	236 500	232 100	227 500	222 900	218 200	213 500	208 800
	12.9	295 100	291 000	286 500	281 800	276 800	271 600	266 200	260 800	255 300	249 800	244 400
M27	8.8	191 000	187 800	184 400	180 800	177 200	173 500	169 700	165 900	162 100	158 400	154 700
	10.9	272 100	267 500	262 600	257 500	252 300	247 000	241 700	236 300	230 900	225 600	220 400
	12.9	318 400	313 000	307 300	301 400	295 300	289 100	282 800	276 500	270 200	264 000	257 900
M27×2	8.8	216 000	212 900	209 500	205 900	202 100	198 200	194 200	190 200	186 100	182 000	178 000
	10.9	307 700	303 200	298 400	293 200	287 800	282 800	276 600	270 800	265 000	259 200	253 500
	12.9	360 100	354 800	349 200	343 100	336 800	330 300	323 700	316 900	310 100	303 400	296 600
M30	8.8	231 300	227 300	223 100	218 800	214 300	209 700	205 100	200 500	195 900	191 400	186 900
	10.9	329 500	323 800	317 800	311 600	305 200	298 700	292 100	285 600	279 000	272 600	266 200
	12.9	385 500	378 900	371 900	364 600	357 100	349 500	341 900	334 200	326 500	319 000	311 500
M30×3	8.8	245 000	241 000	236 800	232 400	227 800	223 100	218 400	213 600	208 800	204 100	199 400
	10.9	348 900	343 200	337 200	331 000	324 400	317 800	311 000	304 200	297 400	290 700	284 000
	12.9	408 300	401 700	394 600	387 300	379 700	371 900	364 000	356 000	348 100	340 200	332 300
M30×2	8.8	273 000	269 200	265 000	260 500	255 900	251 000	246 000	241 000	235 900	230 800	225 700
	10.9	388 900	383 400	377 400	371 100	364 400	357 500	350 400	343 200	336 000	328 700	321 400
	12.9	455 100	448 500	441 700	434 200	426 400	418 400	410 100	401 600	393 100	384 600	376 100

螺纹规格	机械性能等级	螺纹摩擦系数 $\mu_{s,min}$									
		0.16	0.17	0.18	0.19	0.20	0.22	0.24	0.26	0.28	0.30
M4	8.8	2 460	2 400	2 340	2 280	2 230	2 120	2 030	1 940	1 850	1 770
	10.9	3 620	3 530	3 440	3 360	3 270	3 120	2 980	2 840	2 720	2 600
	12.9	4 230	4 130	4 020	3 930	3 830	3 650	3 480	3 330	3 180	3 050
M5	8.8	5 750	5 600	5 470	5 340	5 210	4 960	4 730	4 520	4 320	4 140
	10.9	6 040	5 890	5 740	5 600	5 470	5 210	4 970	4 750	4 540	4 350
	12.9	7 060	6 890	6 720	6 560	6 400	6 100	5 820	5 560	5 320	5 090
M6	8.8	5 750	5 600	5 470	5 340	5 210	4 960	4 730	4 520	4 320	4 140
	10.9	8 440	8 230	8 030	7 840	7 650	7 290	6 950	6 640	6 350	6 080
	12.9	9 880	9 630	9 400	9 170	8 950	8 530	8 140	7 770	7 430	7 110
M7	8.8	8 660	8 450	8 250	8 050	7 860	7 490	7 150	6 830	6 530	6 250
	10.9	12 700	12 400	12 100	11 800	11 550	11 000	10 500	10 000	9 590	9 180
	12.9	14 900	14 500	14 150	13 850	13 500	12 850	12 300	11 750	11 200	10 750

表 2（续）

N

螺纹规格	机械性能等级	螺纹摩擦系数 $\mu_{s,min}$									
		0.16	0.17	0.18	0.19	0.20	0.22	0.24	0.26	0.28	0.30
M8	8.8	10 700	10 450	10 150	9 930	9 690	9 240	8 810	8 420	8 050	7 710
	10.9	15 700	15 300	14 950	14 600	14 250	13 550	12 950	12 350	11 800	11 300
	12.9	18 350	17 900	17 500	17 050	16 650	15 850	15 150	14 450	13 850	13 250
M8×1	8.8	12 150	11 900	11 600	11 300	11 050	10 550	10 050	9 610	9 190	8 800
	10.9	17 850	17 450	17 050	16 650	16 250	15 500	14 800	14 100	13 500	12 900
	12.9	20 900	20 400	19 950	19 450	19 000	18 100	17 300	16 500	15 800	15 100
M10	8.8	17 150	16 750	16 350	15 950	15 550	14 850	14 150	13 500	12 900	12 350
	10.9	25 200	24 600	24 000	23 400	22 850	21 800	20 800	19 850	19 000	18 150
	12.9	29 500	28 750	28 050	27 400	26 750	25 500	24 300	23 200	22 200	21 250
M10×1.25	8.8	19 000	18 550	18 100	17 700	17 250	16 450	15 700	15 000	14 350	13 750
	10.9	27 950	27 250	26 600	26 000	25 350	24 200	23 100	22 050	21 100	20 200
	12.9	32 700	31 900	31 150	30 400	29 700	28 300	27 000	25 800	24 700	23 600
M10×1	8.8	21 000	20 500	20 000	19 550	19 100	18 200	17 400	16 600	15 900	15 200
	10.9	30 800	30 100	29 400	28 700	28 050	26 750	25 550	24 400	23 350	22 350
	12.9	36 050	35 250	34 400	33 600	32 800	31 300	29 900	28 550	27 300	26 150
M12	8.8	25 150	24 500	23 950	23 350	22 800	21 750	20 750	19 800	18 950	18 150
	10.9	36 900	36 000	35 150	34 300	33 500	31 900	30 450	29 100	27 800	26 650
	12.9	43 200	42 150	41 150	40 150	39 200	37 350	35 650	34 050	32 550	31 150
M12×1.5	8.8	27 400	26 750	26 100	25 450	24 850	23 700	22 650	21 600	20 700	19 800
	10.9	40 200	39 250	38 350	37 400	36 550	34 850	33 250	31 750	30 350	29 050
	12.9	47 050	45 950	44 850	43 800	42 750	40 750	38 900	37 150	35 550	34 000
M12×1.25	8.8	29 750	29 050	28 350	27 700	27 050	25 850	24 650	23 550	22 500	21 550
	10.9	43 650	42 650	41 650	40 650	39 700	37 900	36 150	34 550	33 050	31 650
	12.9	51 100	49 900	48 750	47 600	46 500	44 350	42 350	40 450	38 700	37 050
M12×1	8.8	32 200	31 450	30 750	30 000	29 300	28 000	26 750	25 550	24 450	23 400
	10.9	47 300	46 200	45 150	44 100	43 050	41 100	39 250	37 500	35 900	34 350
	12.9	55 350	54 050	52 800	51 600	50 400	48 100	45 950	43 900	42 000	40 200
M14	8.8	34 650	33 800	33 000	32 200	31 400	29 950	28 600	27 300	26 100	25 000
	10.9	50 850	49 650	48 450	47 300	46 150	44 000	42 000	40 100	38 350	36 700
	12.9	59 550	58 100	56 700	55 350	54 000	51 500	49 150	46 950	44 850	42 950
M14×1.5	8.8	40 000	39 050	38 150	37 250	36 400	34 700	33 150	31 650	30 250	29 000
	10.9	58 750	57 400	56 050	54 700	53 450	51 000	48 650	46 500	44 450	42 550
	12.9	68 750	67 150	65 600	64 050	62 550	59 650	56 950	54 400	52 050	49 800
M16	8.8	48 700	47 500	46 400	45 300	44 200	42 150	40 250	38 150	36 750	35 200
	10.9	71 500	69 800	68 150	66 500	64 950	61 950	59 100	56 450	54 000	51 700
	12.9	83 650	81 650	79 750	77 850	76 000	72 450	69 150	66 050	63 200	60 500

表 2（续）

N

螺纹规格	机械性能等级	螺纹摩擦系数 $\mu_{s,min}$									
		0.16	0.17	0.18	0.19	0.20	0.22	0.24	0.26	0.28	0.30
M16×1.5	8.8	55 050	53 750	52 500	51 300	50 100	47 800	45 650	43 600	42 700	39 900
	10.9	80 850	78 950	77 100	75 300	73 550	70 200	67 000	64 050	61 250	58 650
	12.9	94 600	92 400	90 250	88 150	86 100	82 150	78 450	74 950	71 650	68 600
M18	8.8	60 050	58 600	57 200	55 800	54 500	51 950	49 550	47 350	45 250	43 350
	10.9	85 500	83 450	81 450	79 500	77 600	73 950	70 600	67 400	64 450	61 700
	12.9	100 000	97 650	95 300	93 000	90 800	86 550	82 600	78 900	75 450	72 250
M18×1.5	8.8	74 700	73 000	71 300	69 650	68 050	64 950	62 000	59 250	56 700	54 250
	10.9	106 400	104 000	101 600	99 200	96 900	92 500	88 300	84 400	80 750	77 300
	12.9	124 500	121 600	118 800	116 100	113 400	108 200	103 400	98 750	94 450	90 450
M20	8.8	78 450	76 600	74 750	72 950	71 250	67 950	64 850	61 950	59 250	56 700
	10.9	111 700	109 100	106 500	103 900	101 500	96 750	92 350	88 200	84 350	80 750
	12.9	130 700	127 600	124 600	121 600	118 700	113 200	108 100	103 200	98 700	94 500
M20×1.5	8.8	95 100	92 950	90 800	88 750	86 700	82 750	79 050	75 550	72 250	69 200
	10.9	135 500	132 400	129 400	126 400	123 500	117 900	112 600	107 600	102 900	98 500
	12.9	158 500	154 900	151 400	147 900	144 500	137 900	131 700	125 900	120 400	115 300
M22	8.8	99 350	97 000	94 700	92 450	90 300	86 100	82 200	78 500	75 100	71 900
	10.9	141 500	138 100	134 900	131 700	128 600	122 600	117 100	111 800	106 900	102 400
	12.9	165 500	161 600	157 800	154 100	150 500	143 500	137 000	130 900	125 100	119 800
M22×1.5	8.8	118 000	115 300	112 700	110 100	107 600	102 700	98 150	93 800	98 700	85 900
	10.9	168 100	164 300	160 500	156 800	153 200	146 300	139 800	133 600	127 800	122 300
	12.9	196 700	192 200	187 800	183 500	179 300	171 200	163 600	156 300	149 500	143 200
M24	8.8	113 000	110 300	107 600	105 100	102 600	97 850	93 350	89 200	85 300	81 650
	10.9	160 900	157 000	153 300	149 700	146 100	139 300	133 000	127 000	121 500	116 300
	12.9	188 300	183 800	179 400	175 100	171 000	163 000	155 600	148 600	142 100	136 100
M24×2	8.8	132 800	129 700	126 800	123 800	12 100	115 400	110 200	105 300	100 800	96 450
	10.9	189 100	184 800	180 500	176 300	172 300	164 400	157 000	150 000	143 500	137 400
	12.9	221 300	216 200	211 300	206 400	201 600	192 400	183 700	175 600	167 900	160 800
M24×1.5	8.8	143 400	140 100	136 900	133 800	130 800	124 900	119 300	114 000	109 100	104 400
	10.9	204 200	199 600	195 000	190 600	186 200	177 900	169 900	162 400	155 400	148 700
	12.9	238 900	233 500	228 200	223 000	218 000	208 100	198 800	190 000	181 800	174 100
M27	8.8	151 100	147 500	144 100	140 700	137 300	131 000	125 100	119 500	114 300	109 400
	10.9	215 200	210 100	205 200	200 300	195 600	186 600	178 100	170 200	162 700	155 800
	12.9	251 800	245 900	240 100	234 400	228 900	218 400	208 400	199 100	190 400	182 300
M27×2	8.8	173 900	170 000	166 100	162 300	158 500	151 300	144 500	138 100	132 100	126 500
	10.9	247 700	242 100	236 500	231 100	225 800	215 600	205 900	196 800	188 200	180 200
	12.9	289 900	283 300	276 800	270 400	264 200	252 200	240 900	230 200	220 200	210 900

表 2（续）

N

螺纹规格	机械性能等级	螺纹摩擦系数 $\mu_{s,min}$									
		0.16	0.17	0.18	0.19	0.20	0.22	0.24	0.26	0.28	0.30
M30	8.8	182 500	178 200	173 900	169 800	165 800	158 200	151 000	144 200	137 900	142 000
	10.9	259 900	253 800	247 700	241 900	236 200	225 300	215 000	205 400	196 400	188 000
	12.9	304 100	296 900	289 900	283 100	276 400	263 600	251 600	240 400	229 900	220 000
M30×3	8.8	194 800	190 200	185 800	181 400	177 200	169 100	161 400	154 100	147 500	141 200
	10.9	277 400	270 900	264 600	258 400	252 400	240 800	229 900	219 600	210 000	201 100
	12.9	324 600	317 100	309 600	302 400	295 300	281 800	269 000	257 000	245 800	235 300
M30×2	8.8	220 600	215 600	210 700	205 900	201 200	192 100	183 500	175 400	167 800	160 600
	10.9	314 200	307 100	300 100	293 300	286 600	273 600	261 400	249 800	239 000	228 800
	12.9	367 700	359 400	351 200	343 200	335 300	320 200	305 800	292 300	279 600	267 700

表 3　不同等级拧紧精度对应的扭矩比

拧紧精度等级	扭矩离散度 m[a]/%	扭矩比 K_1
Ⅰ	±5	0.905
Ⅱ	±10	0.818
Ⅲ	±20	0.666
[a] 包括扭矩扳手等的读数误差。		

附　录　A
（规范性附录）
带弹簧垫圈或弹性垫圈的螺纹连接副及有效力矩型螺纹紧固件的紧固

A.1　在螺纹连接副中增加弹簧垫圈或弹性垫圈时可能：

——改变支撑表面的有效接触面积；

——改变支撑表面的摩擦系数；

——产生附加轴力以致对施加相同扭矩所获得的预紧力产生影响。

A.2　有效力矩型螺纹紧固件的有效力矩会叠加到紧固扭矩中，但不产生预紧力，从而改变紧固时的“扭矩-预紧力”的关系。

A.3　对于上述情况，应根据本标准所规定的方法对紧固扭矩进行调整。

ICS 43.040
T 31

中华人民共和国汽车行业标准

QC/T 599—2013
代替 QC/T 599—1999

端面凸焊螺栓

Overhead projection weld bolts

2013-04-25 发布

2013-09-01 实施

中华人民共和国工业和信息化部 发布

前　言

本标准按照GB/T 1.1—2009给出的规则起草。

本标准代替QC/T 599—1999《端面凸焊螺栓》。本标准与QC/T 599—1999相比，主要技术变化如下：

——增加了B型端面凸焊螺栓M4和M12规格(见表2)；

——删除了QC/T 599—1999中“配合孔直径(参考)”(1999版表2)；

——B型端面凸焊螺栓r尺寸由最大值、最小值改为最小值(见表2)；

——调整了B型端面凸焊螺栓的l值和M8规格的e值(见表2)；

——增加了A型端面凸焊螺栓8.8机械性能等级的规定(见表3)；

——调整了a值、K值和l的规格范围(见表1和表2)。

本标准由全国汽车标准化技术委员会(SAC/TC 114)提出并归口。

本标准起草单位：广州汽车集团股份有限公司汽车工程研究院。

本标准主要起草人：赵喆、卢丽娟、梁冰。

本标准所代替标准的历次版本发布情况为：

——QC/T 599—1999。

端面凸焊螺栓

1 范围

本标准规定了端面凸焊螺栓的型式与尺寸、技术条件。

本标准适用于螺纹规格为 M4～M12、机械性能等级为 5.8 和 8.8 的汽车用 A 型端面凸焊螺栓和 B 型端面凸焊螺栓。

2 规范性引用文件

下列文件对于本文件的应用是必不可少的。凡是注日期的引用文件，仅注日期的版本适用于本文件。凡是不注日期的引用文件，其最新版本(包括所有的修改单)适用于本文件。

GB/T2　紧固件　外螺纹零件的末端(GB/T 2—2001,idt ISO 4753:1999)

GB/T 90.1　紧固件　验收检查(GB/T90.1—2002,idt ISO 3269:2000)

GB/T 90.2　紧固件　标志与包装

GB/T 196　普通螺纹　基本尺寸(GB/T 196—2003,ISO 724:1993,MOD)

GB/T 197　普通螺纹　公差(GB/T 197—2003,ISO 965-1:1998,MOD)

GB/T 3098.1　紧固件机械性能　螺栓、螺钉和螺柱(GB/T 3098.1—2010,ISO 898-1:2009,MOD)

GB/T 3103.1　紧固件公差　螺栓、螺钉、螺柱和螺母(GB/T 3103.1—2002,idt ISO 4759-1:2000)

GB/T 5779.1　紧固件表面缺陷　螺栓、螺钉和螺柱　一般要求(GB/T 5779.1—2000,idt ISO 6157-1:1988)

QC/T 326　汽车标准件产品编号规则

QC/T625　汽车用涂镀层和化学处理层

3 型式与尺寸

端面凸焊螺栓的型式与尺寸按图 1 和表 1、表 2。

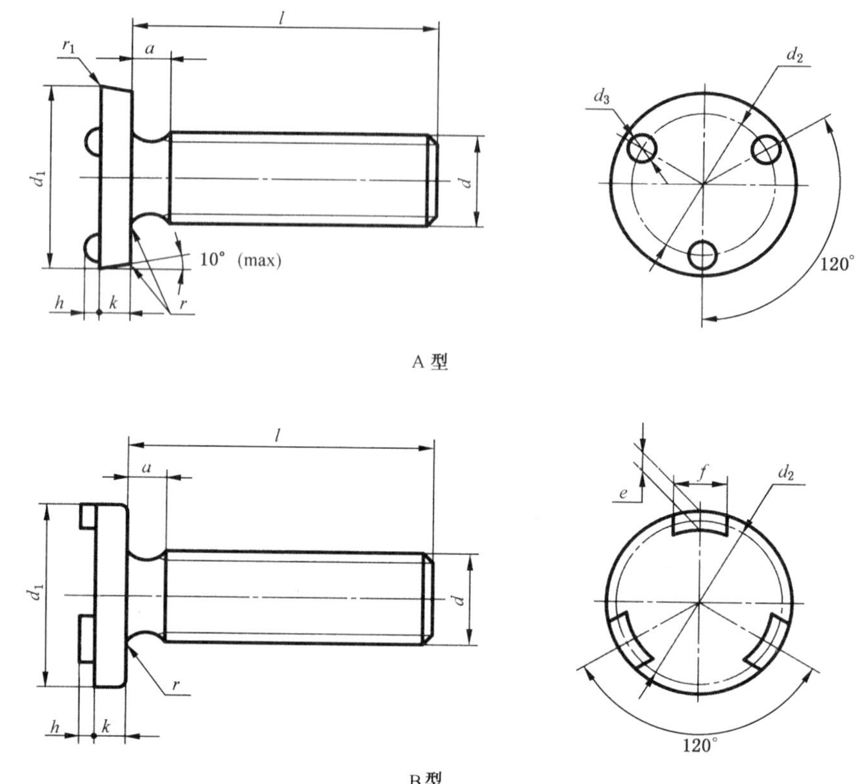

注：其余未规定的细节由制造商确定。

图 1　端面凸焊螺栓的型式与尺寸

表 1　A 型端面凸焊螺栓的尺寸

mm

螺纹规格 d		M4	M5	M6	M8	M10	M12
d_1	max	11.50	12.50	14.50	19.00	21.00	24.00
	min	11.23	12.23	14.23	18.67	20.67	23.67
d_2	max	8.75	9.75	10.75	14.25	16.25	18.75
	min	8.50	9.50	10.50	14.00	16.00	18.50
d_3	max	2.6	2.6	2.6	3.1	3.1	3.6
	min	2.4	2.4	2.4	2.9	2.9	3.4
k	max	2.00	2.50	2.50	3.50	4.00	5.00
	min	1.75	2.25	2.25	3.25	3.75	4.75
r	min	0.2	0.2	0.3	0.3	0.4	0.4
r_1	max	0.7	0.7	0.7	1.0	1.0	1.0
a	max	2.1	2.4	3.0	4.0	4.5	5.3
h	max	1.25	1.25	1.25	1.45	1.45	1.65
	min	0.90	0.90	0.90	1.10	1.10	1.30

表 1（续）

mm

螺纹规格 d			M4	M5	M6	M8	M10	M12
l								
公称	min	max						
8	7.5	8.5						
10	9.5	10.5						
12	11.5	12.5						
14	13.5	14.5						
16	15.5	16.5						
20	19.5	20.5						
25	24.5	25.5		规				
30	29.5	30.5			格			
35	34.5	35.5				范		
40	39.5	40.5					围	
45	44.5	45.5						
50	49.5	50.5						
55	54.4	55.6						

注：末端按 GB/T 2 的规定。

表 2　B 型端面凸焊螺栓的尺寸

mm

螺纹规格　d		M4	M5	M6	M8	M10	M12
d_1	max	11.4	12.4	14.4	16.4	20.4	24.4
	min	10.6	11.6	13.6	15.6	19.6	23.6
d_2	max	9.0	10.0	11.5	14.0	17.5	20.5
	min	8.0	9.0	10.5	13.0	16.5	19.5
e	max	2.25	2.25	2.75	2.75	2.75	2.75
	min	1.75	1.75	2.25	2.25	2.25	2.25
f	max	2.3	3.3	4.3	5.3	6.3	7.3
	min	1.7	2.7	3.7	4.7	5.7	6.7
k	max	2.00	2.50	2.50	3.50	4.00	5.00
	min	1.75	2.25	2.25	3.25	3.75	4.75
r	min	0.20	0.20	0.25	0.40	0.40	0.60
a	max	2.1	2.4	3.0	4.0	4.5	5.3
h	max	0.8	0.8	0.9	1.1	1.3	1.5
	min	0.6	0.6	0.7	0.9	1.1	1.3

表 2（续）

mm

螺纹规格 d			M4	M5	M6	M8	M10	M12
l								
公称	min	max						
8	7.5	8.5						
10	9.5	10.5						
12	11.5	12.5						
14	13.5	14.5						
16	15.5	16.5						
20	19.5	20.5						
25	24.5	25.5		规				
30	29.5	30.5			格			
35	34.5	35.5				范		
40	39.5	40.5					围	
45	44.5	45.5						
50	49.5	50.5						
55	54.4	55.6						
注：末端按 GB/T 2 的规定。								

4 技术条件

端面凸焊螺栓的技术条件按表 3。

表 3 技术条件

项目		机械性能等级	
		5.8	8.8
材料		钢[a]	
螺纹	公差	6g	
	标准	GB/T 196、GB/T 197	
机械性能[b]	最小抗拉强度 δ_{bmin}/(N/mm^2)	520	800
	保证应力 S_p/(N/mm^2)	380	580
	最高硬度($F \geqslant 98$ N)/HV	160～220	250～320
公差	产品等级	A	
	标准	GB/T 3103.1	
表面缺陷		GB/T 5779.1	
凸焊台尺寸与形状		同一螺栓的 3 个凸焊台的高度差≤0.15 mm	

表 3（续）

项目		机械性能等级	
		5.8	8.8
表面处理	种类	①不经处理；②镀锌钝化	
	标准	QC/T 625	
验收与包装		GB/T 90.1、GB/T 90.2	

[a] 含碳量不大于 0.25%，不得用易切钢。

[b] 当螺栓公称长度 $<2.5d$ 以及不能进行拉力试验时，性能试验代替方案按 GB/T 3098.1 的规定。

5 产品编号

端面凸焊螺栓的产品编号按 QC/T 326 的规定。

ICS 43.040
T 31

中华人民共和国汽车行业标准

QC/T 618—2013
代替 QC/T 618—1999

嵌装塑料螺母技术条件

Specification for plastic expansion nut

2013-04-25 发布　　2013-09-01 实施

中华人民共和国工业和信息化部　发布

前　　言

本标准按照 GB/T 1.1—2009 给出的规则起草。

本标准代替 QC/T 618—1999《嵌装塑料螺母　技术条件》，与 QC/T 618—1999 相比，主要技术变化如下：

——增加了推入力和拉脱力的规定（见 3.7、4.3 和 4.4）；

——自攻螺钉螺纹由按 GB/T 5280 的规定修改为按 QC/T 713 的规定（见 3.8）；

——修改了验收检查的规定（见 5）。

本标准由全国汽车标准化技术委员会（SAC/TC 114）提出并归口。

本标准起草单位：广州汽车集团股份有限公司汽车工程研究院。

本标准主要起草人：赵喆、卢丽娟、梁冰。

本标准所代替标准的历次版本发布情况为：

——ZBT 31032.3—87；

——QC/T 618—1999。

嵌装塑料螺母技术条件

1 范围

本标准规定了汽车用嵌装塑料螺母的要求、试验方法、验收检查及标志与包装。

本标准适用于与塑料(尼龙)用自攻螺钉相配的嵌装塑料螺母。

2 规范性引用文件

下列文件对于本文件的应用是必不可少的。凡是注日期的引用文件,仅注日期的版本适用于本文件。凡是不注日期的引用文件,其最新版本(包括所有的修改单)适用于本文件。

GB/T 90.1 紧固件 验收检查(GB/T 90.1—2002,idt ISO 3269:2000)

GB/T 90.2 紧固件 标志与包装

QC/T 713 塑料(尼龙)用自攻螺钉螺纹

QC/T 29017 汽车模制塑料零件未注公差尺寸的极限偏差

3 要求

3.1 材料为聚酰胺。推荐选用 PA66,也可以根据零件的功能要求选用其他聚酰胺材料。

3.2 嵌装塑料螺母不得有变色、变形、变质及裂纹等缺陷。

3.3 嵌装塑料螺母的表面应光滑、平整,不得有裂纹、毛刺、划伤、凹陷、气泡、波纹及杂质等缺陷。

3.4 当自攻螺钉拧入嵌装塑料螺母时,不允许有塑料切屑,但允许有多余的塑料被挤出底孔。

3.5 嵌装塑料螺母的颜色由供需双方协商确定。推荐黑色。

3.6 嵌装塑料螺母的未注尺寸公差按 QC/T 29017 的规定。

3.7 环境温度 23 ℃±5 ℃下,嵌装塑料螺母的推入力和拉脱力按表 1 规定。

表 1 推入力和拉脱力

板厚/mm	推入力(max)/N	拉脱力(min)/N
≤1.0	50	300
>1.0~1.2	60	350
>1.2	70	400

3.8 自攻螺钉螺纹按 QC/T 713 的规定。

4 试验方法

4.1 耐热

嵌装塑料螺母应能经受温度为 100 ℃±2 ℃条件下 8 h 的耐热试验。

在非装配约束条件下，将嵌装塑料螺母放入试验箱内，保持100 ℃±2 ℃，8 h后取出。在环境温度23 ℃±5 ℃下冷却2 h后观察嵌装塑料螺母，应符合3.2的规定。

4.2 耐寒

嵌装塑料螺母应能经受温度为－40 ℃±2 ℃条件下16 h的耐寒试验。

在非装配约束条件下，将嵌装塑料螺母放入试验箱内，保持－40 ℃±2 ℃，16 h后取出，应符合3.2的规定。

4.3 推入力

将未拧入自攻螺钉的嵌装塑料螺母推入金属薄壁底孔，推入力应符合表1的规定。

4.4 拉脱力

将自攻螺钉拧入嵌装在金属薄壁底孔的塑料螺母中。夹住自攻螺钉并沿螺钉攻入相反的方向(轴向)拉拔，其拉脱力按表1的规定。试验后，自攻螺钉不得脱出嵌装塑料螺母，且嵌装塑料螺母不得与金属薄板底孔分离。

5 验收检查

按GB/T 90.1的规定。其中与自攻螺钉相配的塑料螺母底孔直径AQL＝1.5，与车身金属薄壁底孔相配的塑料螺母尺寸AQL＝1.5。其余尺寸AQL＝2.5。

6 标志与包装

标志与包装应符合GB/T 90.2的规定。

ICS 43.040
T 33

中华人民共和国汽车行业标准

QC/T 621.1—2013
代替 QC/T 621—1999

钢带式弹性软管夹箍
第1部分:型式、尺寸和材料

Spring band hose clamps—Part 1:Types, dimensions, materials

2013-04-25 发布　　2013-09-01 实施

中华人民共和国工业和信息化部　发布

前　言

QC/T621《钢带式弹性软管夹箍》分为三个部分：

——第1部分：型式、尺寸和材料；

——第2部分：技术条件；

——第3部分：夹箍用软管和接管。

本部分为QC/T 621的第1部分。

本部分按照GB/T 1.1—2009给出的规则起草。

QC/T 621的本部分代替QC/T 621—1999《钢丝钢带弹性环箍》，与QC/T 621—1999相比，主要技术变化如下：

——修改了夹箍的型式和尺寸(见第3章)；

——增加了夹紧力要求(见第4章)；

——增加了夹箍选用(见第5章)。

本部分修改采用DIN 3021-1:1999《软管箍　弹簧带夹(FBS)　第1部分：尺寸、名称标记、材料和结构》(德文版)，主要修改如下：

——标准编写按GB/T 1.1—2009的规定；

——删除了产品标记规定；

——选取了适合汽车行业的产品型式；

——材料牌号按我国材料规定；

——零件的编号采用了QC/T 326《汽车标准件产品编号规则》；

——删除了资料性附录A和附录B。

本部分由全国汽车标准化技术委员会(SAC/TC 114)提出并归口。

本部分起草单位：中国第一汽车股份有限公司技术中心、中国汽车技术研究中心、一汽轿车股份有限公司、一汽-大众汽车有限公司、普洛杰罗汽车配件(太仓)有限公司、慕贝尔汽车部件(太仓)有限公司。

本部分主要起草人：郭抚顺、李凯、李景权、杨朝阳、徐枭、梁宏钦、王晓明、王征、姜振威。

本部分所代替标准的历次版本发布情况为：

——QC/T 621—1999。

钢带式弹性软管夹箍
第1部分：型式、尺寸和材料

1 范围

本部分规定了钢带式弹性软管夹箍的型式、尺寸和材料。

本部分适用于由调质弹簧钢制造的，用于在汽车上固定软管与接管联结的夹箍。

本部分规定的夹箍适用温度为－40 ℃～150 ℃，常用于：

——冷却循环系统和压强小于300 kPa的伺服系统；

——压强小于700 kPa的燃油系统；

——负压进气系统；

——压强小于200 kPa的进气系统。

2 规范性引用文件

下列文件对于本文件的应用是必不可少的。凡是注日期的引用文件，仅注日期的版本适用于本文件。凡是不注日期的引用文件，其最新版本（包括所有的修改单）适用于本文件。

GB/T 1804 一般公差 未注公差的线性和角度尺寸的公差（GB/T 1804—2000，eqv ISO 2768-1：1989）

QC/T 326 汽车标准件产品编号规则

QC/T 621.2 钢带式弹性软管夹箍 第2部分：技术条件

QC/T 621.3 钢带式弹性软管夹箍 第3部分：夹箍用软管和接管

QC/T 625 汽车用涂镀层和化学处理层

3 型式与尺寸

夹箍的型式与尺寸按图1、图2、表1和表2。未注公差的线性和角度尺寸的公差按GB/T 1804的要求。

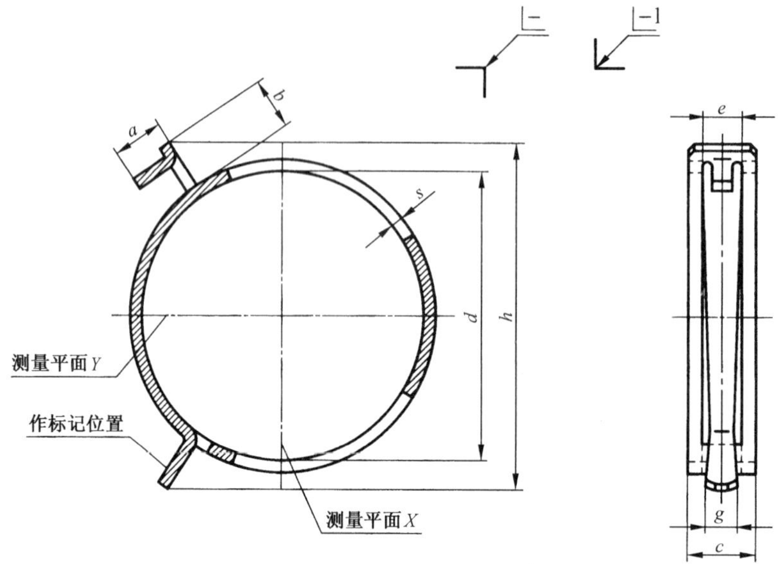

注：其余未规定的细节由制造商确定。

图1 A型夹箍

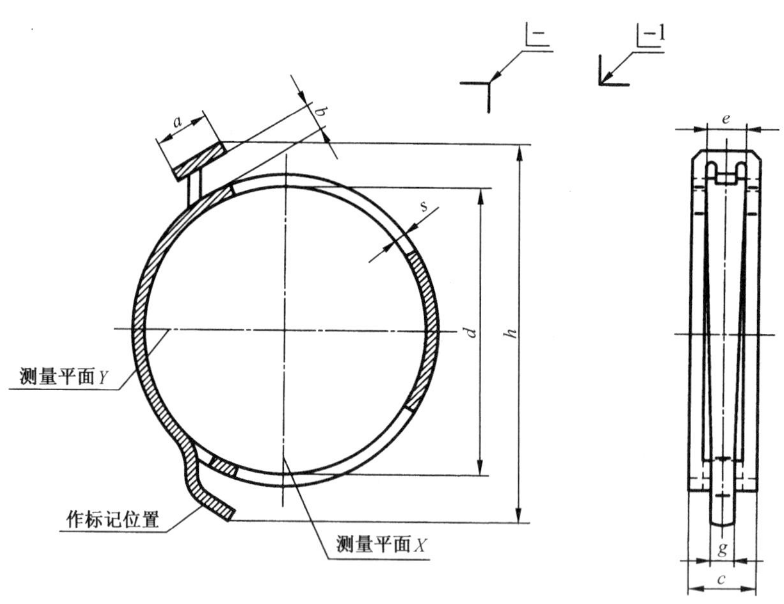

注：其余未规定的细节由制造商确定。

图2 B型夹箍

表 1 A 型夹箍尺寸

mm

<table>
<tr><th>公称
直径 d^{a}</th><th>交货直径
d_{a}^{b} max</th><th>全开直径
d_{o}^{c} min</th><th>材料厚度
s^{d} ±0.4</th><th>夹箍宽度
c^{d} ±0.3</th><th>a
max</th><th>b^{e}
max</th><th>e
±0.7</th><th>g
±0.7</th><th>h
max</th><th>t^{f}
max</th></tr>
<tr><td>13</td><td>12.0</td><td>14.2</td><td rowspan="6">0.8</td><td rowspan="34">12</td><td rowspan="34">9</td><td rowspan="34">10</td><td rowspan="34">7</td><td rowspan="34">5.8</td><td rowspan="13">40</td><td rowspan="24">0.09</td></tr>
<tr><td>14</td><td>13.3</td><td>15.8</td></tr>
<tr><td>15</td><td>14.0</td><td>16.5</td></tr>
<tr><td>16</td><td>14.9</td><td>17.5</td></tr>
<tr><td>17</td><td>15.6</td><td>18.5</td></tr>
<tr><td>18</td><td>16.0</td><td>19.0</td></tr>
<tr><td>19</td><td>17.8</td><td>20.2</td><td rowspan="7">1.3</td></tr>
<tr><td>20</td><td>18.4</td><td>21.6</td></tr>
<tr><td>21</td><td>19.4</td><td>22.5</td></tr>
<tr><td>22</td><td>20.5</td><td>24.2</td></tr>
<tr><td>23</td><td>21.0</td><td>24.7</td></tr>
<tr><td>24</td><td>22.0</td><td>26.0</td></tr>
<tr><td>25</td><td>23.5</td><td>26.8</td></tr>
<tr><td>26</td><td>24.3</td><td>28.0</td><td rowspan="11">1.7</td><td rowspan="16">60</td></tr>
<tr><td>27</td><td>25.2</td><td>29.0</td></tr>
<tr><td>28</td><td>26.1</td><td>30.2</td></tr>
<tr><td>29</td><td>27.0</td><td>31.5</td></tr>
<tr><td>30</td><td>28.0</td><td>32.5</td></tr>
<tr><td>32</td><td>29.5</td><td>34.5</td></tr>
<tr><td>34</td><td>30.6</td><td>36.4</td></tr>
<tr><td>35</td><td>31.5</td><td>38.0</td></tr>
<tr><td>36</td><td>32.5</td><td>39.0</td></tr>
<tr><td>38</td><td>34.5</td><td>41.5</td></tr>
<tr><td>40</td><td>35.5</td><td>42.5</td></tr>
<tr><td>42</td><td>37.5</td><td>44.5</td><td rowspan="10">2.1</td><td rowspan="10">0.12</td></tr>
<tr><td>43</td><td>37.9</td><td>45.5</td></tr>
<tr><td>44</td><td>38.5</td><td>46.5</td></tr>
<tr><td>46</td><td>40.5</td><td>48.5</td></tr>
<tr><td>47</td><td>41.5</td><td>50.0</td></tr>
<tr><td>49</td><td>42.5</td><td>52.0</td><td rowspan="5">72</td></tr>
<tr><td>50</td><td>43.5</td><td>53.0</td></tr>
<tr><td>51</td><td>44.0</td><td>54.0</td></tr>
<tr><td>53</td><td>46.0</td><td>55.8</td></tr>
<tr><td>55</td><td>47.0</td><td>58.0</td></tr>
</table>

表 1（续）

mm

<table>
<tr><th>公称
直径 d[a]</th><th>交货直径
d_a[b] max</th><th>全开直径
d_o[c] min</th><th>材料厚度
s[d] ±0.4</th><th>夹箍宽度
c[d] ±0.3</th><th>a
max</th><th>b[e]
max</th><th>e
±0.7</th><th>g
±0.7</th><th>h
max</th><th>t[f]
max</th></tr>
<tr><td>60</td><td>51.5</td><td>63.0</td><td rowspan="7">2.6</td><td rowspan="7">12</td><td rowspan="7">9</td><td rowspan="7">10</td><td rowspan="7">7</td><td rowspan="7">5.8</td><td rowspan="5">72</td><td rowspan="7">0.15</td></tr>
<tr><td>65</td><td>57.5</td><td>68.0</td></tr>
<tr><td>70</td><td>61.5</td><td>73.0</td></tr>
<tr><td>75</td><td>66.0</td><td>78.0</td></tr>
<tr><td>80</td><td>70.0</td><td>83.0</td></tr>
<tr><td>85</td><td>74.0</td><td>88.0</td><td rowspan="2">110</td></tr>
<tr><td>90</td><td>79.0</td><td>93.0</td></tr>
<tr><td colspan="11">[a] 公称直径 d 与交货状态并不一致，按第 5 章选择公称直径。关于最小功能直径，见 QC/T 621.3 的表 1。
[b] 在测量平面 X 上测量。
[c] 使用测量芯棒测定。
[d] 测量位置在与装配端相对的非冲孔范围内。
[e] 在公称直径上测量。
[f] 用于测定夹箍的圆度偏差，见 QC/T 621.2 的 4.2。</td></tr>
</table>

表 2　B 型夹箍尺寸

mm

<table>
<tr><th>公称
直径 d[a]</th><th>交货直径
d_a[b] max</th><th>全开直径
d_o[c] min</th><th>材料厚度
s[d] ±0.4</th><th>夹箍宽度
c[d] ±0.3</th><th>a
max</th><th>b[e]
max</th><th>e
±0.7</th><th>g
±0.7</th><th>h
max</th><th>t[f]
max</th></tr>
<tr><td>13</td><td>12.0</td><td>14.2</td><td rowspan="6">0.8</td><td rowspan="24">12</td><td rowspan="24">12</td><td rowspan="24">4</td><td rowspan="24">7</td><td rowspan="24">5</td><td rowspan="13">60</td><td rowspan="24">0.09</td></tr>
<tr><td>14</td><td>13.3</td><td>15.8</td></tr>
<tr><td>15</td><td>14.0</td><td>16.5</td></tr>
<tr><td>16</td><td>14.9</td><td>17.5</td></tr>
<tr><td>17</td><td>15.6</td><td>18.5</td></tr>
<tr><td>18</td><td>16.0</td><td>19.0</td></tr>
<tr><td>19</td><td>17.8</td><td>20.2</td><td rowspan="7">1.5</td></tr>
<tr><td>20</td><td>18.4</td><td>21.5</td></tr>
<tr><td>21</td><td>19.4</td><td>22.5</td></tr>
<tr><td>22</td><td>20.5</td><td>24.2</td></tr>
<tr><td>23</td><td>21.0</td><td>24.7</td></tr>
<tr><td>24</td><td>22.0</td><td>26.0</td></tr>
<tr><td>25</td><td>23.5</td><td>26.3</td></tr>
<tr><td>26</td><td>24.3</td><td>28.0</td><td rowspan="11">1.7</td><td rowspan="11">80</td></tr>
<tr><td>27</td><td>25.2</td><td>29.0</td></tr>
<tr><td>28</td><td>26.1</td><td>30.2</td></tr>
<tr><td>29</td><td>27.0</td><td>31.5</td></tr>
<tr><td>30</td><td>28.0</td><td>32.5</td></tr>
<tr><td>32</td><td>29.5</td><td>34.5</td></tr>
<tr><td>34</td><td>30.6</td><td>36.4</td></tr>
<tr><td>35</td><td>31.5</td><td>38.0</td></tr>
<tr><td>36</td><td>32.5</td><td>39.0</td></tr>
<tr><td>38</td><td>34.5</td><td>41.5</td></tr>
<tr><td>40</td><td>35.5</td><td>42.5</td></tr>
</table>

表 2（续）

mm

<table>
<tr><th>公称
直径 d^{a}</th><th>交货直径
d_{a}^{b} max</th><th>全开直径
d_{o}^{c} min</th><th>材料厚度
s^{d} ±0.4</th><th>夹箍宽度
c^{d} ±0.3</th><th>a
max</th><th>b^{e}
max</th><th>e
±0.7</th><th>g
±0.7</th><th>h
max</th><th>t^{f}
max</th></tr>
<tr><td>42</td><td>37.5</td><td>44.5</td><td rowspan="10">2.1</td><td rowspan="17">12</td><td rowspan="17">12</td><td rowspan="17">4</td><td rowspan="17">7</td><td rowspan="17">5</td><td rowspan="5">80</td><td rowspan="10">0.12</td></tr>
<tr><td>42</td><td>37.9</td><td>45.5</td></tr>
<tr><td>44</td><td>38.5</td><td>46.5</td></tr>
<tr><td>46</td><td>40.5</td><td>48.5</td></tr>
<tr><td>47</td><td>41.5</td><td>50.0</td></tr>
<tr><td>49</td><td>42.5</td><td>52.0</td><td rowspan="9">92</td></tr>
<tr><td>50</td><td>43.5</td><td>53.0</td></tr>
<tr><td>51</td><td>44.0</td><td>54.0</td></tr>
<tr><td>53</td><td>46.0</td><td>55.8</td></tr>
<tr><td>55</td><td>47.0</td><td>58.0</td></tr>
<tr><td>60</td><td>51.5</td><td>63.0</td><td rowspan="7">2.6</td><td rowspan="7">0.15</td></tr>
<tr><td>65</td><td>57.5</td><td>68.0</td></tr>
<tr><td>70</td><td>61.5</td><td>73.0</td></tr>
<tr><td>75</td><td>66.0</td><td>78.0</td></tr>
<tr><td>80</td><td>70.0</td><td>83.0</td><td rowspan="3">110</td></tr>
<tr><td>85</td><td>74.0</td><td>88.0</td></tr>
<tr><td>90</td><td>79.0</td><td>93.0</td></tr>
<tr><td colspan="11">注：脚注同表 1。</td></tr>
</table>

4 夹紧力

夹箍的夹紧力见图 3 和表 3。

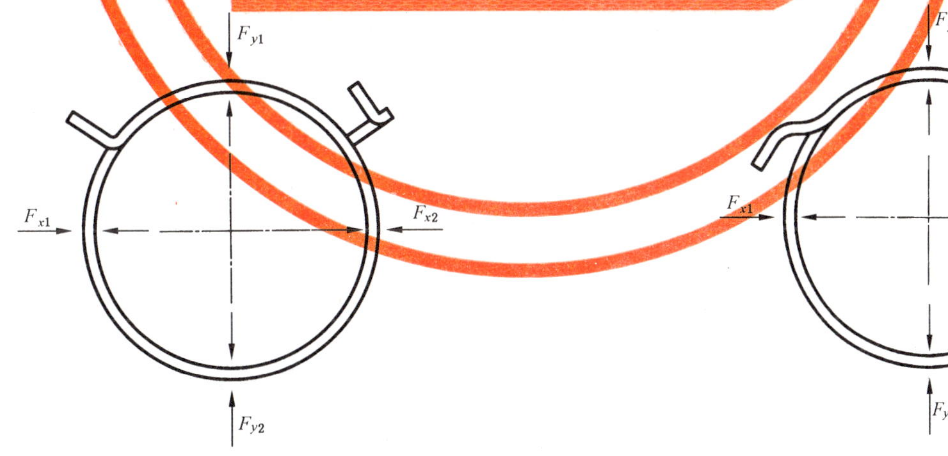

a） A 型夹箍的夹紧力　　　　b） B 型夹箍的夹紧力

图 3 夹紧力

表 3 夹紧力

<table>
<tr><th>公称直径 d/mm</th><th>F_x/N,min</th><th>F_y/N,min</th><th>$\Delta F = F_x - F_y$/N</th></tr>
<tr><td>13</td><td rowspan="5">220</td><td rowspan="5">170</td><td rowspan="5">−10～140</td></tr>
<tr><td>14</td></tr>
<tr><td>15</td></tr>
<tr><td>16</td></tr>
<tr><td>17</td></tr>
<tr><td>18</td><td rowspan="7">350</td><td rowspan="7">280</td><td rowspan="7">−10～180</td></tr>
<tr><td>19</td></tr>
<tr><td>20</td></tr>
<tr><td>21</td></tr>
<tr><td>22</td></tr>
<tr><td>23</td></tr>
<tr><td>24</td></tr>
<tr><td>25</td><td rowspan="12">440</td><td rowspan="12">390</td><td rowspan="12">0～220</td></tr>
<tr><td>26</td></tr>
<tr><td>27</td></tr>
<tr><td>28</td></tr>
<tr><td>29</td></tr>
<tr><td>30</td></tr>
<tr><td>32</td></tr>
<tr><td>34</td></tr>
<tr><td>35</td></tr>
<tr><td>36</td></tr>
<tr><td>38</td></tr>
<tr><td>40</td></tr>
<tr><td>42</td><td rowspan="12">600</td><td rowspan="12">500</td><td rowspan="17">0～240</td></tr>
<tr><td>43</td></tr>
<tr><td>44</td></tr>
<tr><td>46</td></tr>
<tr><td>47</td></tr>
<tr><td>49</td></tr>
<tr><td>50</td></tr>
<tr><td>51</td></tr>
<tr><td>53</td></tr>
<tr><td>55</td></tr>
<tr><td>60</td></tr>
<tr><td>65</td></tr>
<tr><td>70</td><td rowspan="5">410</td><td rowspan="5">350</td></tr>
<tr><td>75</td></tr>
<tr><td>80</td></tr>
<tr><td>85</td></tr>
<tr><td>90</td></tr>
<tr><td colspan="4">注：测量方法按 QC/T 621.2 的 4.7。</td></tr>
</table>

5　公称直径的选择

公称直径的选取见图 4 及公式。

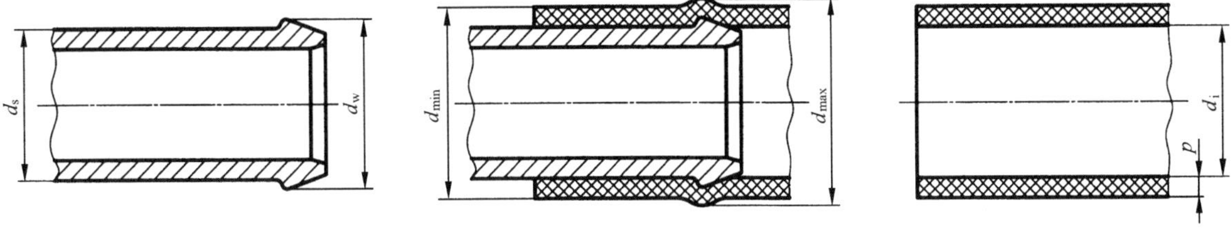

图 4　软管-接管的接合

夹箍的作用范围取决于 d_{max} 和 d_{min}，这两个数值取决于软管和接管的尺寸和尺寸偏差。

计算软管和接管接合的 d_{max} 和 d_{min} 公式为：

$$d_{max}=\sqrt{d_{w,max}^2+4p_{max}\times(d_{i,max}+p_{max})}-0.2$$

$$d_{min}=\sqrt{d_{s,min}^2+4p_{min}\times(d_{i,min}+p_{min})}+0.2$$

式中：

d_{max}——最大装配直径(mm)；

d_{min}——最小装配直径(mm)；

d_i ——软管内径(mm)；

d_s ——接管外径(mm)；

d_w ——凸缘直径(mm)；

p ——软管壁厚(mm)。

根据应用范围，选择合适的夹箍直径 d，建议：

$$d\approx d_{min}$$

$$d_{o,min}\geqslant d_{max}$$

6　材料

冷轧弹簧钢，钢的化学成分符合表 4 或选择类似的材料。必须对夹箍进行贝氏体等温淬火，使之硬度达到 510HV30～580HV30(材料厚度 $s\leqslant 1$ mm 时采用 HV10 测试)。不应对冷轧钢带进行磷化处理。

表 4　材料的化学成分

钢号	化学成分/%							
	C	Si	Mn	Cr	V	P	S	Al
51Cr4V	0.50～0.55	0.15～0.35	0.8～1.1	0.90～1.20	0.1～0.2	<0.025	<0.015	—
C75S	0.70～0.80	0.15～0.35	0.6～0.9	0.15～0.40	—	<0.025	<0.025	0.01～0.05

7 表面处理

锌铝涂层，按 QC/T 625 的要求。

8 润滑剂

对于公称直径 $d \geqslant 32$ mm 的夹箍，应使用水溶性润滑剂（蜡乳液）涂敷。

9 标记

应在张紧脚上（由于缺口效应而不应在四周）永久性地标识夹箍的以下内容：

——公称直径 d；

——生产厂商或供应商的名称或代号。

供应商也可以自行确定标记位置；但标识不应影响夹箍的性能或损坏表面处理层。

10 夹箍的安装

应使用夹箍的生产厂商推荐的工具装配。使用错误的装配工具会导致夹箍损坏和变形，从而引起系统过早失效。

11 产品编号

钢带式弹性软管夹箍的产品编号按 QC/T 326 的规定。

ICS 43.040
T 33

中华人民共和国汽车行业标准

QC/T 621.2—2013

钢带式弹性软管夹箍 第2部分：技术条件

Spring band hose clamps—Part 2：Technical conditions

2013-04-25 发布　　2013-09-01 实施

中华人民共和国工业和信息化部　发布

前　言

QC/T 621《钢带式弹性软管夹箍》分为三个部分：

——第1部分：型式、尺寸和材料；

——第2部分：技术条件；

——第3部分：夹箍用软管和接管。

本部分为QC/T 621的第2部分。

本部分按照GB/T1.1—2009给出的规则起草。

本部分修改采用DIN 3021-2:1999《软管箍　弹簧带夹(FBS)　第2部分：交货技术条件》(德文版)，主要修改如下：

——标准编写按GB/T 1.1—2009的规定；

——试验方法按我国标准。

本部分由全国汽车标准化技术委员会(SAC/TC 114)提出并归口。

本部分起草单位：中国第一汽车股份有限公司技术中心、中国汽车技术研究中心、一汽轿车股份有限公司、一汽-大众汽车有限公司、普洛杰罗汽车配件(太仓)有限公司、慕贝尔汽车部件(太仓)有限公司。

本部分主要起草人：郭抚顺、李凯、李景权、杨朝阳、徐枭、梁宏钦、王晓明、王征、姜振威。

钢带式弹性软管夹箍
第2部分：技术条件

1 范围

本部分规定了钢带式弹性软管夹箍的技术条件。

本部分适用于QC/T 621.1规定的钢带式弹性软管夹箍。

2 规范性引用文件

下列文件对于本文件的应用是必不可少的。凡是注日期的引用文件，仅注日期的版本适用于本文件。凡是不注日期的引用文件，其最新版本(包括所有的修改单)适用于本文件。

GB/T 90.2 紧固件 标志与包装

GB/T 4340.1 金属材料 维氏硬度试验 第1部分：试验方法(GB/T 4340.1—2009，ISO 6507-1：2005，MOD)

GB/T 10125 人造气氛腐蚀试验 盐雾试验(GB/T 10125—1997，eqv ISO 9227：1990)

QC/T 621.1 钢带式弹性软管夹箍 第1部分：型式、尺寸和材料

3 试验条件

每次试验应采用新的夹箍和软管。在试验前，应将夹箍完全张开，然后松开。如果需要特殊的试验，应由供需双方协商确定。进行压力试验时，使用的压力测量仪误差≤3%。测力装置的误差≤5%。

4 要求和试验

4.1 尺寸

4.1.1 主要尺寸

主要尺寸应符合QC/T 621.1的规定。

4.1.2 试验

应按尺寸精度要求选用适合精度的测量仪器测量尺寸。

4.2 圆度偏差

4.2.1 圆度偏差要求

夹箍和芯棒之间的距离，在任何位置都不得超过QC/T 621.1表1和表2中给出的t_{max}。

4.2.2 试验

将夹箍装在一个圆柱形的、具有磨削表面的特制钢质芯棒上，见图1和表1。

测量仪：磨削的塞尺带，宽 3 mm。

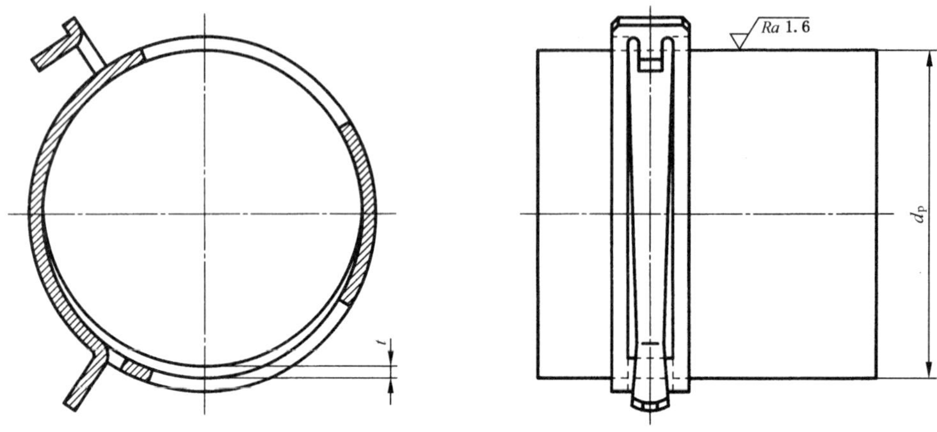

图 1 测试圆度偏差的试验芯棒

表 1 芯棒尺寸

mm

夹箍	试验芯棒直径 ±0.1
$d \leqslant 15$	$d_p = d - 0.2$
$d = 16 \sim 18$	$d_p = d - 0.3$
$d = 19 \sim 24$	$d_p = d - 0.4$
$d = 25 \sim 35$	$d_p = d - 0.5$
$d > 35$	$d_p = d - 0.6$

4.3 材料

4.3.1 要求

符合 QC/T 621.1 的要求。

4.3.2 试验

夹箍或半成品的生产厂商在首次交货时，应提供第三方证明和化学分析报告，确认使用了要求的材料。

4.4 硬度

4.4.1 要求

符合 QC/T 621.1 的要求。

4.4.2 试验

在夹箍的正面上(非冲孔位置)冷磨削大约 0.3 mm，按照 GB/T 4340.1 测试硬度。

4.5 快速寿命试验

4.5.1 要求

在浓度为0.9%(质量百分比)的盐酸溶液中浸泡8 min后,不允许夹箍出现断裂。

4.5.2 试验

将调质的、无涂层的夹箍装在一个塑料棒上,在18 ℃~28 ℃的室温下,浸入0.9%的盐酸溶液中。塑料芯棒直径相当于$d_{o,min}-0.3$ mm($d_{o,min}$见QC/T 621.1中的表1和表2)。

4.6 表面处理

4.6.1 要求

按GB/T 10125进行720 h盐雾试验,要求夹箍不发生腐蚀。在张开夹箍时,不允许表面保护层脱落或断裂。

4.6.2 试验

外观检查无腐蚀、孔隙和裂缝。安装工具接触位置产生的锈蚀不作评定。

4.7 夹紧力

4.7.1 要求

夹箍应满足对夹紧力的要求。夹紧力按QC/T 621.1—2013中的表3规定。

4.7.2 试验

应使用一个四通道的测力装置测量夹箍的夹紧力,该装置可以在四个方向上均匀地起作用,四点力支撑形成的外接圆直径符合按QC/T 621.1中的表1和表2规定的公称直径$d\pm0.1$ mm,见图2。

每个通道测量支撑与夹箍应是无摩擦的线性接触。对于通道$F_{x1}+F_{x2}$和$F_{y1}+F_{y2}$的测量值,应当按照$F_x=F_{x1}+F_{x2}$和$F_y=F_{y1}+F_{y2}$计算公式相加。

对四个单个的力,应相互独立地评定。

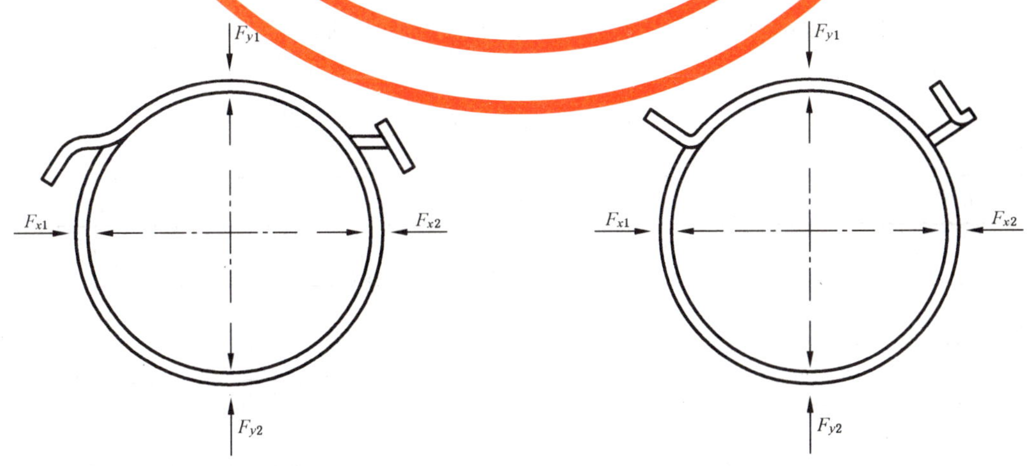

图2 测量轴力的方向

4.8 长时间寿命试验

4.8.1 要求

在 1 000 h 试验后，夹箍不应出现裂缝或断裂，夹箍的功能仍然得到保证。在夹箍表面、允许涂层变灰和大约 10％的基体金属腐蚀，在进行腐蚀评定时，安装工具接触位置产生的锈蚀不作评定。

4.8.2 试验

至少对 15 个夹箍进行试验。将调质处理和涂覆处理后的夹箍安装在塑料芯棒上，芯棒的直径比 QC/T 621.1 中的表 1 和表 2 中的全开直径 d_0 小 0.3 mm。试验开始时，将安装在塑料芯棒上的夹箍浸入浓度 5％的氯化钠(NaCl)溶液中 10 s。试验第一周内，应每天重复一次该过程，每次在将来箍浸入前，必须将夹箍打开一次至全开直径 d_0。从第二周开始，每周重复一次。在整个试验周期内，必须将夹箍置于一个冷凝水容器内。

试验介质：水；

试验温度：60 ℃±5 ℃；

相对空气湿度：98％～100％；

必须将夹箍完全置于冷凝中的水面之上。

4.9 密封性

4.9.1 要求

对于公称直径 d 为 13 mm～60 mm 的夹箍，当试验压力最小为 300 kPa 时，必须确保软管-接管接合处的密封性。对于公称直径 d>60 mm 或密封压力>300 kPa 的夹箍，应由生产厂商和用户协商确定对夹箍的要求。

4.9.2 试验

在 18 ℃～28 ℃的室温下，使用水进行密封试验。对于 d≤60 mm 的夹箍，试验连接装置见图 3，由一个磨削的没有凸缘的试验芯棒、一根 100 mm 长的试验软管和夹箍组成。按照表 2 中的软管-接管接合，进行密封性试验。接管外径应与各自实际的软管内径相匹配，以产生合适的接合力，直径尺寸重叠最大为 0.5 mm。

软管材料应使用具有聚酰氨(PA)织物的三元乙丙(EPDM)橡胶或肖氏硬度 A 为 65±5 的芳族聚酰胺。

表 2 软管-接管接合

mm

夹箍公称直径 d	软管外径	壁厚
<21	$d^{+0.5}_{-0.2}$	2.0～3.5
≥21～38	$d^{+0.7}_{-0.3}$	2.0～4.0
≥38～54	$d^{+1.2}_{-0.5}$	3.5～5.5
≥54～60	$d^{+1.2}_{-1.5}$	3.5～5.5

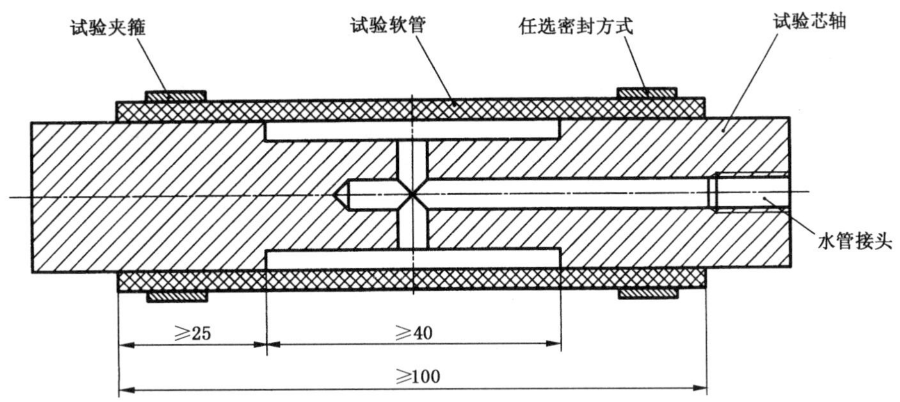

图 3　试验连接装置

5　标志与包装

按 GB/T 90.2 的要求。

ICS 43.040
T 33

中华人民共和国汽车行业标准

QC/T 621.3—2013

钢带式弹性软管夹箍 第3部分:夹箍用软管和接管

Spring band hose clamps—Part 3:Hose and spigot for clamps

2013-04-25 发布　　2013-09-01 实施

中华人民共和国工业和信息化部　发布

前　言

QC/T 621《钢带式弹性软管夹箍》分为三个部分：

——第 1 部分：型式、尺寸和材料；

——第 2 部分：技术条件；

——第 3 部分：夹箍用软管和接管。

本部分为 QC/T 621 的第 3 部分。

本部分按照 GB/T 1.1—2009 给出的规则起草。

本部分修改采用 DIN 3021-3：1999《软管箍　弹簧带夹(FBS)　第 3 部分：系统：弹簧带夹-软管-接管》(德文版)，主要修改如下：

——标准编写按 GB/T 1.1—2009 的规定；

——选取了适合汽车行业的产品型式。

本标准附录 A 为资料性附录。

本部分由全国汽车标准化技术委员会(SAC/TC 114)提出并归口。

本部分起草单位：中国第一汽车股份有限公司技术中心、中国汽车技术研究中心、一汽轿车股份有限公司、一汽-大众汽车有限公司、普洛杰罗汽车配件(太仓)有限公司、慕贝尔汽车部件(太仓)有限公司。

本部分主要起草人：郭抚顺、李凯、李景权、杨朝阳、徐枭、梁宏钦、王晓明、王征、姜振威。

钢带式弹性软管夹箍
第3部分:夹箍用软管和接管

1 范围

本部分规定了夹箍用软管和接管的尺寸及结构形式。

本部分适用于符合 QC/T 621.1 规定的钢带式弹性软管夹箍连接的软管和接管。

2 规范性引用文件

下列文件对于本文件的应用是必不可少的。凡是注日期的引用文件,仅注日期的版本适用于本文件。凡是不注日期的引用文件,其最新版本(包括所有的修改单)适用于本文件。

QC/T 621.1 钢带式弹性软管夹箍 第1部分:型式、尺寸和材料

DIN 71550 管道中软管连接用凸缘

DIN 73379-1 燃油软管 第1部分:尺寸、材料和标记

DIN 73379-2 燃油软管 第2部分:要求和试验

DIN 73411-1 汽车冷却液管 软管和接头 第1部分:尺寸、材料和型式

DIN 73411-2 汽车冷却液管 软管和接头 第2部分:要求和试验

3 系统

3.1 夹箍-软管-接管

保证夹箍-软管-接管系统功能的实现有以下三个因素:

——夹紧力:提供长时间的密封作用;

——拔出力:承受动态的轴向负荷(特殊情况需要检验);

——几何尺寸:实现安装的可靠性。

为了保证系统的密封性,对软管和接管的几何尺寸提出了最低要求。为了满足最低要求,对于接管和软管,其尺寸、公差、形状偏差、分型飞边和波纹度必须相互协调一致。

接管形状的选择取决于接管的材料加工方法。

3.2 接管尺寸

用于表1中软管的接管见图1、图2和图3。

用于燃油软管的接管见图4。

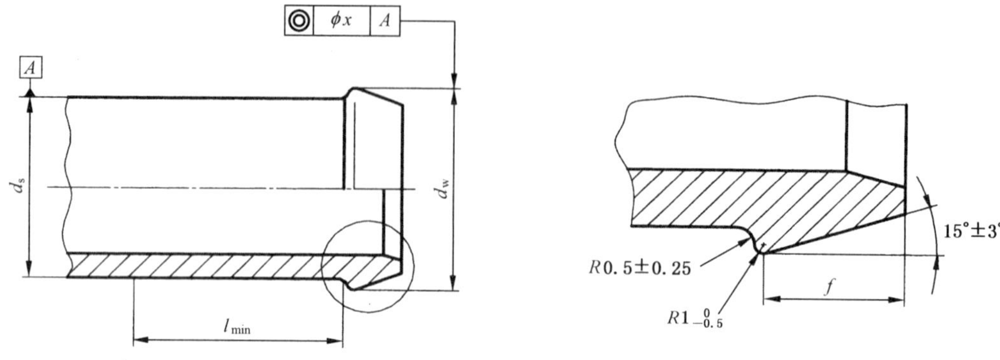

图1 切削加工的金属接管和塑料注塑接管(A型,理想型)

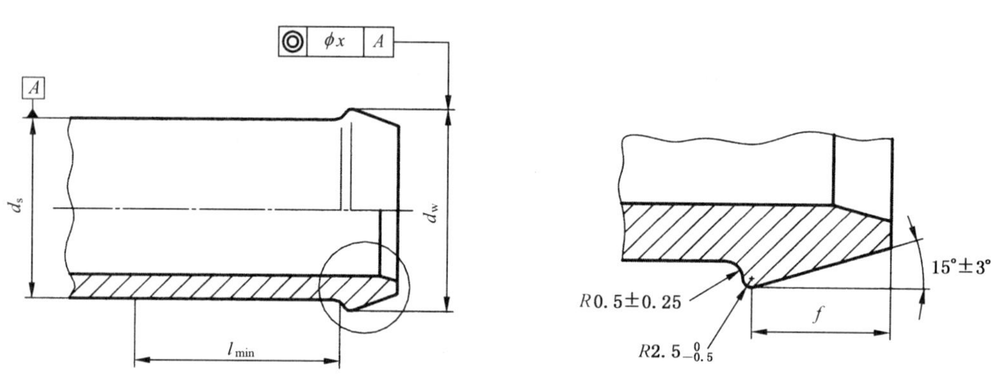

图2 塑料接管(B型)

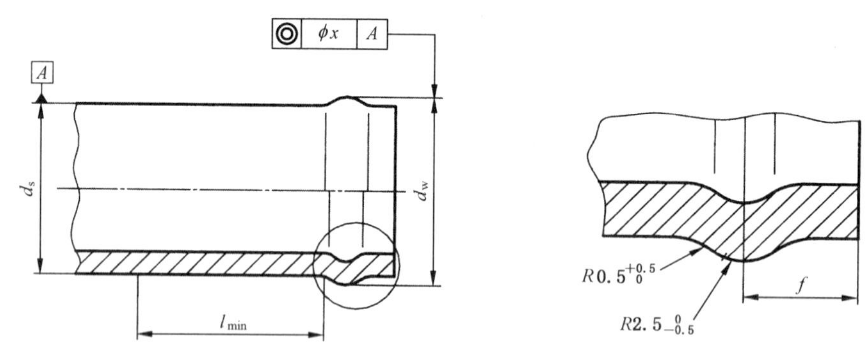

注:C型接管没有 d_s>20 mm 的规格。

图3 带凸缘的接管(类似于 DIN 71550)(C型)

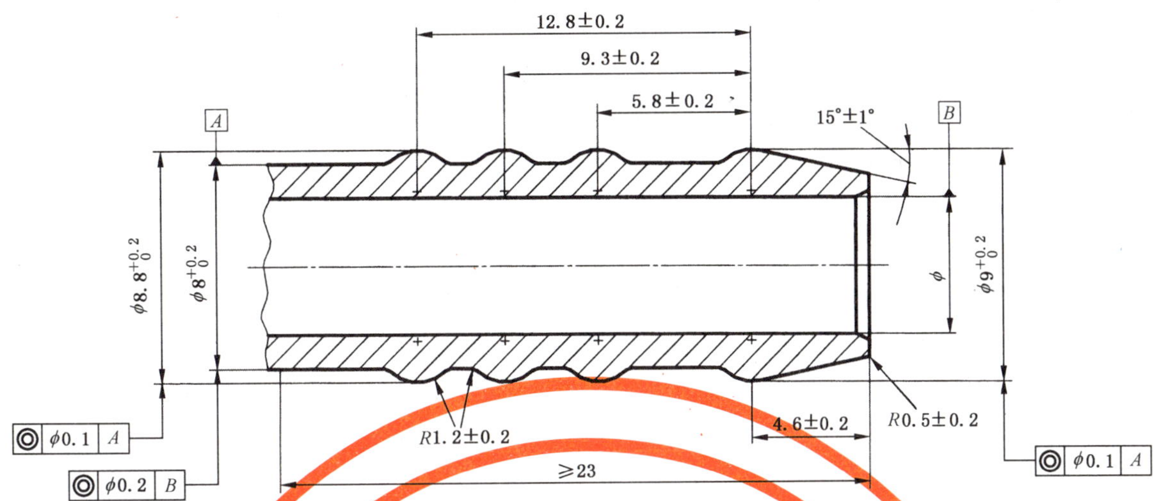

注：本接管只用于 d_i=7.3 mm±0.2 mm、p=3.5 mm±0.3 mm 的软管和公称直径 d=14 mm 的 B 型夹箍。

图 4　用于燃油软管的接管(D 型)

3.3　软管尺寸

软管的尺寸按图 5 和表 1。

表 1 中给出的软管尺寸与 DIN 73411-1 和 DIN 73379-1 一致。汽车冷却液软管要求和试验按 DIN 73411-2；汽车燃油软管的要求和试验按 DIN 73379-2。

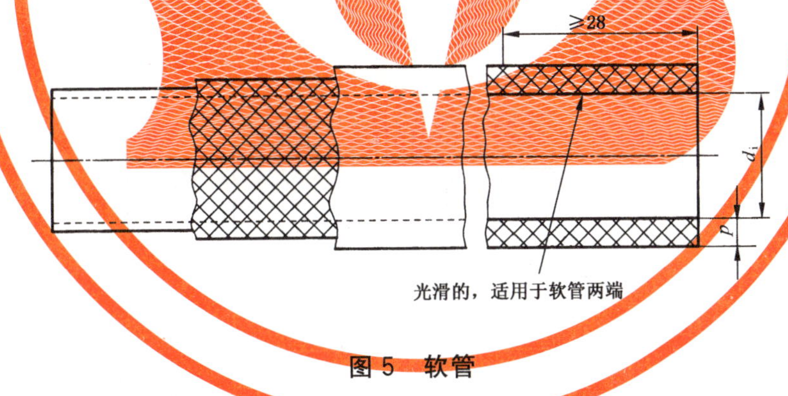

图 5　软管

表 1　夹箍-软管-接管尺寸

mm

<table>
<tr><th colspan="2">夹箍</th><th colspan="3">软管</th><th colspan="6">接管</th><th rowspan="3">l_{min}</th></tr>
<tr><th rowspan="2">公称直径 d</th><th rowspan="2">最小功能直径 d_f</th><th colspan="2">软管内径</th><th>软管壁厚</th><th colspan="2">接管外径</th><th colspan="2">凸缘直径</th><th rowspan="2">$f+1$</th><th rowspan="2">x</th></tr>
<tr><th>d_i</th><th>极限偏差</th><th>p</th><th>d_s</th><th>极限偏差</th><th>d_w</th><th>极限偏差</th></tr>
<tr><td>13</td><td>12.7</td><td>6.5</td><td rowspan="19">−0.5
−1.0</td><td rowspan="19">3.5±0.4</td><td>6.5</td><td rowspan="15">±0.2</td><td>7.3</td><td rowspan="15">0
−0.25</td><td rowspan="10">4.0</td><td rowspan="15">0.15</td><td rowspan="41">20</td></tr>
<tr><td>14</td><td>13.7</td><td>8.0</td><td>8.0</td><td>9.0</td></tr>
<tr><td>15</td><td>14.7</td><td>8.5</td><td>8.5</td><td>9.6</td></tr>
<tr><td>16</td><td>15.7</td><td>9.5</td><td>9.5</td><td>10.7</td></tr>
<tr><td>17</td><td>16.3</td><td>10.0</td><td>10.0</td><td>11.2</td></tr>
<tr><td>18</td><td>17.3</td><td>11.0</td><td>11.0</td><td>12.3</td></tr>
<tr><td>19</td><td>18.3</td><td>12.0</td><td>12.0</td><td>13.5</td></tr>
<tr><td>20</td><td>19.3</td><td>13.0</td><td>13.0</td><td>14.6</td></tr>
<tr><td>21</td><td>20.3</td><td>14.0</td><td>14.0</td><td>15.7</td></tr>
<tr><td>22</td><td>21.3</td><td>15.0</td><td>15.0</td><td>16.8</td></tr>
<tr><td>23</td><td>22.3</td><td>16.0</td><td>16.0</td><td>18.0</td><td rowspan="18">6.0</td></tr>
<tr><td>24</td><td>23.3</td><td>17.0</td><td>17.0</td><td>19.1</td></tr>
<tr><td>25</td><td>24.0</td><td>18.0</td><td>18.0</td><td>20.2</td></tr>
<tr><td>26</td><td>25.0</td><td>19.0</td><td>19.0</td><td>21.3</td></tr>
<tr><td>27</td><td>26.0</td><td>20.0</td><td>20.0</td><td>22.4</td></tr>
<tr><td>28</td><td>27.0</td><td>21.0</td><td>21.0</td><td rowspan="26">±0.3</td><td>23.5</td><td rowspan="19">0
−0.5</td><td rowspan="26">0.30</td></tr>
<tr><td>29</td><td>28.0</td><td>22.0</td><td>22.0</td><td>24.5</td></tr>
<tr><td>30</td><td>29.0</td><td>23.0</td><td>23.0</td><td>25.5</td></tr>
<tr><td>32</td><td>31.0</td><td>25.0</td><td>25.0</td><td>27.5</td></tr>
<tr><td>34</td><td>33.0</td><td>26.0</td><td rowspan="15">−0.5
−1.3</td><td rowspan="8">4±0.5</td><td>26.0</td><td>28.5</td></tr>
<tr><td>35</td><td>34.0</td><td>27.0</td><td>27.0</td><td>29.5</td></tr>
<tr><td>36</td><td>35.0</td><td>28.0</td><td>28.0</td><td>30.5</td></tr>
<tr><td>38</td><td>37.0</td><td>30.0</td><td>30.0</td><td>32.5</td></tr>
<tr><td>40</td><td>39.0</td><td>32.0</td><td>32.0</td><td>34.5</td></tr>
<tr><td>42</td><td>40.5</td><td>34.0</td><td>34.0</td><td>36.5</td></tr>
<tr><td>43</td><td>41.5</td><td>35.0</td><td>35.0</td><td>37.5</td></tr>
<tr><td>44</td><td>42.5</td><td>36.0</td><td>36.0</td><td>38.5</td></tr>
<tr><td>46</td><td>44.5</td><td>37.0</td><td rowspan="14">4.5±0.5</td><td>37.0</td><td>39.5</td></tr>
<tr><td>47</td><td>45.5</td><td>38.0</td><td>38.0</td><td>41.0</td><td rowspan="13">7.0</td></tr>
<tr><td>49</td><td>47.5</td><td>40.0</td><td>40.0</td><td>43.0</td></tr>
<tr><td>50</td><td>48.5</td><td>41.0</td><td>41.0</td><td>44.0</td></tr>
<tr><td>51</td><td>49.5</td><td>42.0</td><td>42.0</td><td>45.0</td></tr>
<tr><td>53</td><td>51.5</td><td>44.0</td><td>44.0</td><td>47.0</td></tr>
<tr><td>55</td><td>53.5</td><td>46.0</td><td>46.0</td><td>49.0</td></tr>
<tr><td>60</td><td>58.5</td><td>50.0</td><td rowspan="7">−0.5
−1.7</td><td>50.0</td><td>53.0</td><td rowspan="7">+0.50</td></tr>
<tr><td>65</td><td>63.5</td><td>55.0</td><td>55.0</td><td>58.0</td></tr>
<tr><td>70</td><td>68.5</td><td>60.0</td><td>60.0</td><td>63.0</td></tr>
<tr><td>75</td><td>73.5</td><td>65.0</td><td>65.0</td><td>68.0</td></tr>
<tr><td>80</td><td>78.5</td><td>70.0</td><td>70.0</td><td>73.0</td></tr>
<tr><td>85</td><td>83.5</td><td>75.0</td><td>75.0</td><td>78.0</td></tr>
<tr><td>90</td><td>88.5</td><td>80.0</td><td>80.0</td><td>83.0</td></tr>
</table>

3.4 软管和接管的表面质量

3.4.1 软管

对于最小为 28 mm 的插入长度范围内：

——不允许有纵向划伤；

——在 1/4 圆周之内允许的波纹度为 0.3 mm，检验时需要一根与插入软管的最大内径相配的芯棒。

3.4.2 接管

对于 A 型、B 型和 C 型接管，在 l_{min}尺寸范围内要求：

——$R_{max}=50\ \mu m$；

——W(波纹度)$+R_{max}=100\ \mu m$(max)，波纹长度最小 5 mm；

——不允许有纵向划伤；

——允许圆度：0.2 mm($d_s \leqslant 25$ mm)，

0.3 mm($d_s > 25$ mm)；

——允许的形状偏差和分型飞边：

0.05 mm($d_s \leqslant 20$ mm)，

0.10 mm($d_s > 20$ mm)。

对于 B 型塑料接管 $d_s > 20$ mm 的规格，如果对拔出力有更高的要求，最好选用 A 型。

对于 D 型接管最小 23 mm 插入范围内允许的形状偏差和分型飞边最大为 0.04 mm。

所有型式的接管都不允许有锐利的边缘。

4 系统安装

夹箍的安装按图 6 和表 2。

可使用视觉方法通过在接管上标记，或者采用机械方式借助软管定位器确定软管的插入深度极限值。

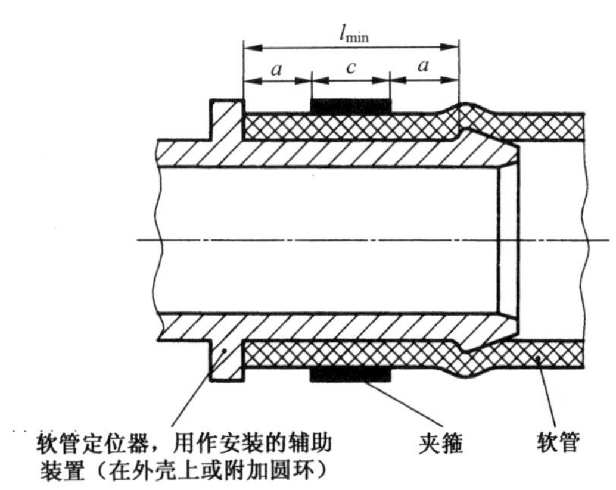

a） 使用软管定位器

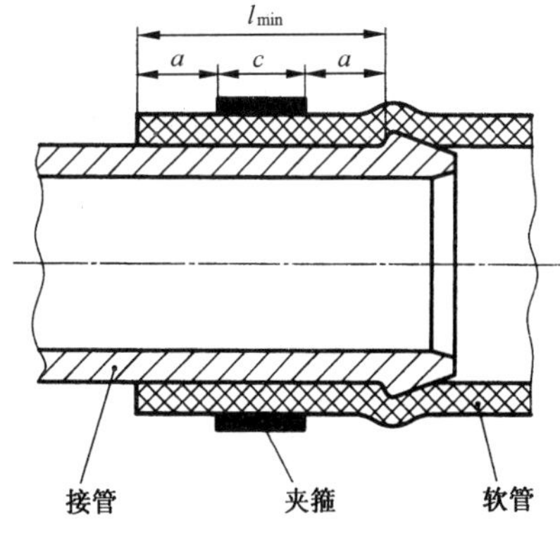

b） 不使用软管定位器

图 6 夹箍安装

表2 夹箍安装距离

mm

d	a
13～40	4.0
≥42	4.0

附　录　A
（资料性附录）
夹箍-软管-接管的应用

A.1　夹箍-软管-接管的应用

本部分规定的夹箍-软管-接管广泛用于管路系统的密封。夹箍的高弹性产生的夹紧力，可以补偿因温度变化和胶管老化所引起的软管-接管系统的直径变化。

在位置相邻的安装范围内使用时，尽量有足够大的尺寸范围来选择公称直径，以避免产生混淆。公称直径相近时，可以用表面处理的颜色不同来区分。

例如对于汽车发动机冷却系统，可使用下面规格（表 A.1）。

表 A.1　汽车发动机冷却系统用规格

mm

软管 d_i	接管 d_o	夹箍 d
8.0	8.0	14
10.0	10.0	17
12.0	12.0	19
16.0	16.0	23
20.0	20.0	27
25.0	25.0	32
32.0	32.0	40
38.0	38.0	47
46.0	46.0	55

ICS 43.040
T 33

中华人民共和国汽车行业标准

QC/T 624—2013
代替 QC/T 624—1999

橡 胶 堵 塞

Rubber plugs

2013-04-25 发布 2013-09-01 实施

中华人民共和国工业和信息化部 发布

前　言

本标准按照 GB/T 1.1—2009 给出的规则起草。

本标准代替了 QC/T 624—1999《橡胶堵塞》，与 QC/T 624—1999 相比，主要技术变化如下：

——将原标准规定的橡胶堵塞命名为 A 型橡胶堵塞；

——增加了 B 型橡胶堵塞（见 3.2）；

——增加了未注尺寸公差和表面缺陷要求（见表 3）；

——修改了验收检查的规定（见表 3）。

本标准附录 A 为规范性附录。

本标准由全国汽车标准化技术委员会（SAC/TC 114）提出并归口。

本标准起草单位：广州汽车集团股份有限公司汽车工程研究院、长安福特马自达汽车有限公司南京公司。

本标准主要起草人：赵喆、段连祥、卢丽娟、阮社楼。

本标准所代替标准的历次版本发布情况为：

——QC/T 624—1999。

橡 胶 堵 塞

1 范围

本标准规定了橡胶堵塞的型式与尺寸、技术条件。

本标准适用于车身薄壁圆孔规格 d 为 12 mm～55 mm 的汽车用 A 型橡胶堵塞。

本标准适用于车身薄壁矩形孔规格为 8 mm×4 mm～25 mm×31 mm 的汽车用 B 型橡胶堵塞。

2 规范性引用文件

下列文件对于本文件的应用是必不可少的。凡是注日期的引用文件，仅注日期的版本适用于本文件。凡是不注日期的引用文件，其最新版本(包括所有的修改单)适用于本文件。

GB/T 90.1 紧固件 验收检查(GB/T 90.1—2002,idt ISO 3269:2000)

GB/T 90.2 紧固件 标志与包装

GB/T 3672.1 橡胶制品的公差 第1部分:尺寸公差(GB/T 3672.1—2002,idt ISO 3302-1:1996)

HG/T 2196 汽车用橡胶材料分类系统

HG/T 3090 模压和压出橡胶制品外观质量的一般规定

QC/T 268 汽车冷冲压加工零件未注公差尺寸的极限偏差

QC/T 326 汽车标准件产品编号规则

3 型式与尺寸

3.1 A 型橡胶堵塞的型式与尺寸按图1和表1。

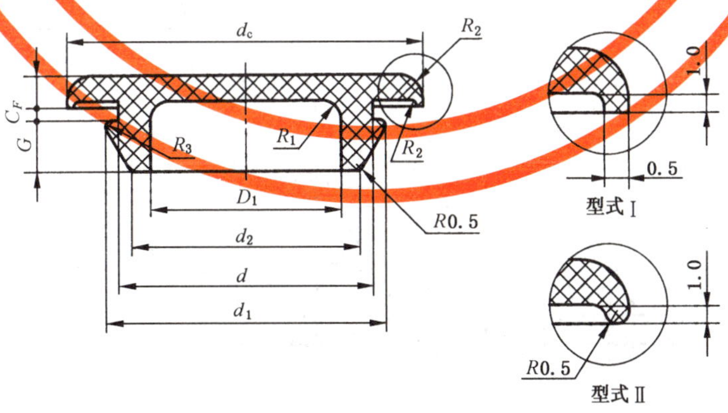

注：其余未规定的细节由制造商确定。

图1 A 型橡胶堵塞的型式与尺寸

表 1 A 型橡胶堵塞的尺寸

mm

<table>
<tr><th>规格代号</th><th>d</th><th>d_c</th><th>d_1</th><th>d_2</th><th>D_1</th><th>F</th><th>G</th><th>R_1</th><th>R_2</th><th>R_3</th><th>C</th></tr>
<tr><td>12</td><td>12.0～12.4</td><td>18.0</td><td>13.7～14.3</td><td>10.0</td><td>8.0</td><td rowspan="2">2.0</td><td rowspan="4">4.0</td><td rowspan="2">2.0</td><td rowspan="2">3.0</td><td rowspan="4">0.5</td><td rowspan="10">1.0</td></tr>
<tr><td>16</td><td>16.0～16.4</td><td>23.0</td><td>17.7～18.3</td><td>14.0</td><td>12.0</td></tr>
<tr><td>20</td><td>20.0～20.4</td><td>28.0</td><td>21.7～22.3</td><td>18.0</td><td>15.0</td><td rowspan="2">2.5</td><td rowspan="2">2.5</td><td rowspan="2">3.5</td></tr>
<tr><td>25</td><td>25.0～25.4</td><td>34.0</td><td>27.7～28.3</td><td>23.0</td><td>20.0</td></tr>
<tr><td>30</td><td>30.0～30.5</td><td>39.0</td><td>32.6～33.4</td><td>28.0</td><td>25.0</td><td rowspan="6">3.0</td><td rowspan="2">5.0</td><td rowspan="2">3.0</td><td rowspan="2">4.0</td><td rowspan="2">0.7</td></tr>
<tr><td>35</td><td>35.0～35.5</td><td>45.0</td><td>37.6～38.4</td><td>32.0</td><td>29.0</td></tr>
<tr><td>40</td><td>40.0～40.6</td><td>50.0</td><td>43.5～44.5</td><td>37.0</td><td>33.0</td><td rowspan="4">6.0</td><td rowspan="2">3.5</td><td rowspan="2">4.5</td><td rowspan="4">1.0</td></tr>
<tr><td>45</td><td>45.0～45.6</td><td>56.0</td><td>49.5～50.5</td><td>42.0</td><td>38.0</td></tr>
<tr><td>50</td><td>50.0～50.7</td><td>62.0</td><td>54.5～55.5</td><td>47.0</td><td>42.0</td><td rowspan="2">4.0</td><td rowspan="2">5.0</td></tr>
<tr><td>55</td><td>55.0～55.7</td><td>68.0</td><td>59.5～60.5</td><td>52.0</td><td>46.0</td></tr>
</table>

3.2 B 型橡胶堵塞的型式与尺寸按图 2 和表 2。

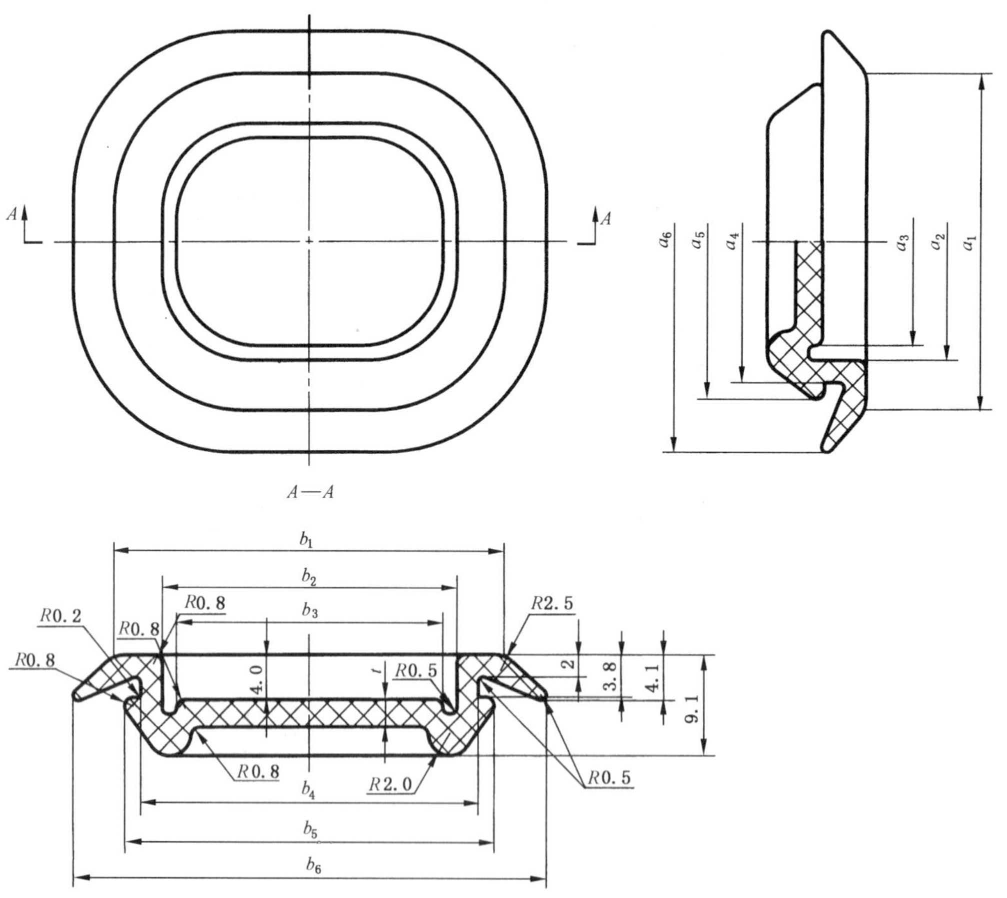

注：其余未规定的细节由制造商确定。

图 2 B 型橡胶堵塞的型式与尺寸

表 2　B 型橡胶堵塞的尺寸

mm

规格代号	a_1	a_2	a_3	a_4	a_5	a_6	b_1	b_2	b_3	b_4	b_5	b_6	t
01	13.4	4.4	1.8	8.4～8.8	11.3～11.9	21.0	19.4	10.4	7.8	14.4～14.8	17.3～17.9	27.0	2.0
02	15.4	6.4	3.8	10.4～10.8	13.3～13.9	23.0	21.4	12.4	9.8	16.4～16.8	19.3～19.9	29.0	
03	17.4	8.4	5.8	12.4～12.8	15.3～15.9	25.0	23.4	14.4	11.8	18.4～18.8	21.3～21.9	31.0	
04	21.4	12.4	9.8	16.4～16.8	19.3～19.9	29.0	25.4	16.4	13.8	20.4～20.8	23.3～23.9	33.0	
05	21.4	12.4	9.8	16.4～16.8	19.3～19.9	29.0	27.4	18.4	15.8	22.4～22.8	25.3～25.9	35.0	
06	24.4	15.4	12.8	19.4～19.8	22.3～22.9	32.0	30.4	21.4	18.8	25.4～25.8	28.3～28.9	38.0	
07	30.4	21.4	18.8	25.4～25.8	28.3～28.9	38.0	36.4	27.4	24.8	31.4～31.8	34.3～34.9	44.0	2.5

4　技术条件

橡胶堵塞的技术条件按表 3 的规定。与橡胶堵塞相配的车身薄壁孔厚度与孔径见附录 A。

表 3　技术条件

材料	硫化橡胶，根据产品功能要求按 HG/T 2196 的规定选择
未注尺寸公差	按 GB/T 3672.1 的 M4 级规定
颜色	黑色，也可以由供需双方协商
表面缺陷	HG/T 3090
验收检查	按 GB/T 90.1，其中尺寸 d、d_1、a_4、a_5、b_4 和 b_5 的 AQL=2.5，其余尺寸的 AQL=4.0
标志与包装	GB/T 90.2

5　产品牌号

橡胶堵塞的产品编号按 QC/T 326 的规定。

附　录　A
（规范性附录）
与橡胶堵塞相配的车身薄壁孔厚度与孔径

A.1　与 A 型橡胶堵塞相配的车身薄壁孔厚度与孔径

与 A 型橡胶堵塞相配的车身薄壁圆孔厚度为 1.0 mm，孔径按表 A.1 的规定。

表 A.1　圆孔尺寸

mm

橡胶堵塞规格代号	12	16	20	25	30	35	40	45	50	55
孔径	12	16	20	25	30	35	40	45	50	55
注：未注公差按 QC/T 268 的测定。										

A.2　与 B 型橡胶堵塞相配的车身薄壁孔厚度与孔径

与 B 型橡胶堵塞相配的车身薄壁矩形孔厚度为 0.6 mm～2.0 mm，边长尺寸（边长×边长）按表 A.2 的规定。

表 A.2　矩形孔尺寸

mm

橡胶堵塞规格代号	边长×边长
01	8×14
02	10×16
03	12×18
04	16×20
05	16×22
06	19×25
07	25×31
注：未注公差按 QC/T 268 的规定，按孔长边的长度确定。	

ICS 43.020
T 04

中华人民共和国汽车行业标准

QC/T 625—2013
代替 QC/T 625—1999

汽车用涂镀层和化学处理层

Metallic coatings and conversion coatings for automobile

2013-04-25 发布　　2013-09-01 实施

中华人民共和国工业和信息化部　发布

前　　言

本标准按照 GB/T 1.1—2009 给出的规则起草。

本标准代替了 QC/T 625—1999《汽车用涂镀层和化学处理层》，与 QC/T 625—1999 相比，主要技术变化如下：

——调整了汽车涂镀层和化学处理层的表示方法（见第 3 章）；

——修改了锌电镀层后处理转化膜的要求（见 5.2）；

——增加了锌-镍合金电镀层、锌-铁合金电镀层和锌铝涂层的规定（见第 16 章、第 17 章和 19.2）；

——删除了铅电镀层和钢铁上的镉电镀层（见 1999 年版的第 8 章和第 16 章）。

本标准由全国汽车标准化技术委员会（SAC/TC 114）提出并归口。

本标准起草单位：中国第一汽车股份有限公司技术中心。

本标准主要起草人：魏晓川。

本标准所代替标准的历次版本发布情况为：

——QC/T 625—1999；

——ZB T 04004—1988；

——JB 2864—1981。

汽车用涂镀层和化学处理层

1 范围

本标准规定了汽车零部件及其附件的金属涂镀层和化学处理层的要求、技术条件和试验方法。

本标准适用于汽车产品设计及工艺设计。

2 规范性引用文件

下列文件对于本文件的应用是必不可少的。凡是注日期的引用文件，仅注日期的版本适用于本文件。凡是不注日期的引用文件，其最新版本（包括所有的修改单）适用于本文件。

GB/T 4340.1 金属材料 维氏硬度试验 第1部分：试验方法（GB/T 4340.1—2009，ISO 6507-1：2005，MOD）

GB/T 4955 金属覆盖层 覆盖层厚度测量 阳极溶解库仑法（GB/T 4955—2005，ISO 2177：2003，IDT）

GB/T 4956 磁性基体上非磁性覆盖层 覆盖层厚度测量 磁性法（GB/T 4956—2003，ISO 2178：1982，IDT）

GB/T 4957 非磁性基体金属上非导电覆盖层 覆盖层厚度测量 涡流法（GB/T 4957—2003，ISO 2360：1982，IDT）

GB/T 5267.1 紧固件 电镀层（GB/T 5267.1—2002，ISO 4042：1999，IDT）

GB/T 5270 金属基体上的金属覆盖层 电沉积和化学沉积层 附着强度试验方法评述（GB/T 5270—2005，ISO 2819：1980，IDT）

GB/T 6461 金属基体上金属和其他无机覆盖层 经腐蚀试验后的试样和试件的评级（GB/T 6461—2002，ISO 10289：1999，IDT）

GB/T 8013.1 铝及铝合金阳极氧化膜与有机聚合膜 第1部分：阳极氧化膜

GB/T 8014.2 铝及铝合金阳极氧化 氧化膜厚度的测量方法 第2部分：质量损失法

GB/T 9797 金属覆盖层 镍+铬和铜+镍+铬电镀层（GB/T 9797—2005，ISO 1456：2003，IDT）

GB/T 9798 金属覆盖层 镍电沉积层（GB/T 9798—2005，ISO 1458：2002，IDT）

GB/T 9799 金属覆盖层 钢铁上的锌电镀层（GB/T 9799—1997，eqv ISO 2081：1986）

GB/T 9800 电镀锌和电镀镉层的铬酸盐转化膜（GB/T 9800—1988，eqv ISO 4520：1981）

GB/T 10125 人造气氛腐蚀试验 盐雾试验（GB/T 10125—1997，eqv ISO 9227：1990）

GB/T 11376 金属的磷酸盐转化膜（GB/T 11376—1997，eqv ISO 9717：1990）

GB/T 11379 金属覆盖层 工程用铬电镀层（GB/T 11379—2008，ISO 6158：2004，IDT）

GB/T 12333 金属覆盖层 工程用铜电镀层

GB/T 12599 金属覆盖层 锡电镀层 技术规范和试验方法（GB/T 12599—2002，ISO 2093：1986，MOD）

GB/T 12600 金属覆盖层 塑料上镍+铬电镀层（GB/T 12600—2005，ISO 4252：2003，IDT）

GB/T 12967.3 铝及铝合金阳极氧化膜检测方法 第3部分：铜加速乙酸盐雾试验（CASS 试验）

(GB/T 12967.3—2008,ISO 9227:2006,MOD)

GB/T 13912 金属覆盖层 钢铁制件热浸镀锌层技术要求及试验方法(GB/T 13912—2002,ISO 1461:1999,MOD)

GB/T 15519 化学转化膜 钢铁黑色氧化膜 规范和试验方法(GB/T 15519—2002,ISO 11408:1999,MOD)

QC/T 721 汽车用非电解锌片涂层

SJ/T 11111 金属覆盖层 银和银合金电镀层试验方法 第1部分:镀层厚度的测定

SJ/T 11112 金属覆盖层 银和银合金电镀层试验方法 第2部分:结合强度的试验

3 汽车用涂镀层和化学处理层的表示方法

汽车用金属涂镀层和化学处理层的表示方法主要由下列三部分组成:

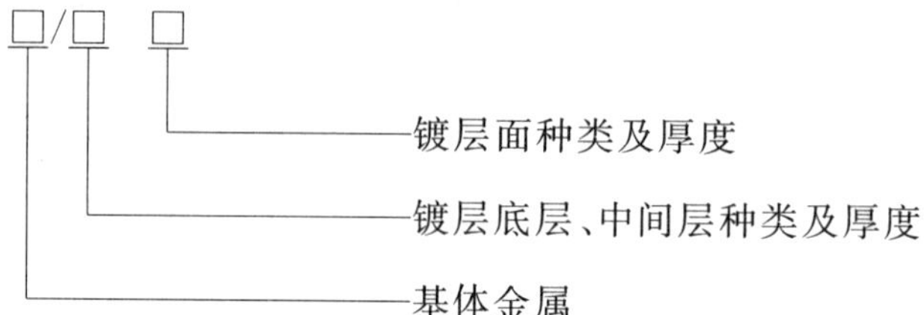

用化学符号表示基体金属或合金基体中的主要金属,符号后接一斜线。Fe-钢铁;Zn-锌合金;Cu-铜和铜合金;Al-铝和铝合金。

用化学符号、阿拉伯数字及小写拼音字母表示镀层的种类、镀层厚度和类型。如果铜或含铜超过50%的黄铜用作中间镀层时,用化学符号Cu表示铜镀层。

符号后的数字代表该镀层的最小厚度,单位为微米(μm)。

例如:在钢铁基体上镀有最小厚度为20 μm的铜、铜上镀最小厚度为30 μm的镍层、镍层上镀最小厚度为0.5 μm的普通铬。其代号为:Fe/Cu20Ni30dCr0.5。

4 铜+镍+铬和镍+铬电镀层

4.1 铜+镍+铬和镍+铬电镀层的使用条件号

见表1。

表1 铜+镍+铬和镍+铬电镀层的使用条件号

使用条件号	使用环境恶劣程度	示例
4	特别恶劣环境	汽车外部零件,如保险杠等
3	恶劣环境	汽车外部零件,如装饰条等
2	一般环境	汽车内部零件,如靠枕支杆等

4.2 铜+镍+铬和镍+铬电镀层的分级号

见表2。

表 2　铜＋镍＋铬和镍＋铬电镀层的分级号

基本材料	使用条件号	分级号
钢铁	4	Fe/Cu20Ni30dCr0.5
	4	Fe/Cu20Ni25dCr0.5mp(mc)
	3	Fe/Cu15Ni25dCr0.5
	3	Fe/Cu20Ni20dCr0.5mp(mc)
	2	Fe/Cu20Ni10bCr0.5
	4	Fe/Ni45dCr0.5
	4	Fe/Ni35dCr0.5mp(mc)
	3	Fe/Ni35dCr0.5
	2	Fe/Ni20dCr0.5
锌合金	4	Zn/Cu20Ni30dCr0.5
	4	Zn/Cu20Ni25dCr0.5mp(mc)
	3	Zn/Cu15Ni25dCr0.5
	3	Zn/Cu20Ni20dCr0.5
	2	Zn/Cu15Ni15dCr0.5
铜及铜合金	3	Cu/Ni30dCr0.5
	3	Cu/Ni20dCr0.5mp(mc)
	2	Cu/Ni20dCr0.5
铝及铝合金	4	Al/Ni45dCr0.5
	4	Al/Ni35dCr0.5mp(mc)
	3	Al/Ni35dCr0.5
塑料	4	PL/Cu20Ni25dCr0.5
	3	PL/Cu20Ni10bCr0.5

注：镍镀层的 b 表示全光亮镍；镍镀层的 d 表示双层或三层镍，双层镍指半光亮镍镀层和光亮镍镀层，三层镍指半光亮镍镀层、高硫镍镀层和光亮镍镀层；铬镀层的 mp 表示微孔铬；铬镀层的 mc 表示微裂纹铬；微孔铬可以用微裂纹铬代替。

4.3　铜＋镍＋铬和镍＋铬电镀层的使用条件号与耐盐雾腐蚀性能

见表 3。

表 3　铜＋镍＋铬和镍＋铬电镀层的使用条件号与耐盐雾腐蚀性能

基体材料	使用条件号	耐铜加速醋酸盐雾腐蚀性能	
		CASS 试验时间/h	保护等级/级
钢铁	4	48	≥9
	3	32	≥9
	2	16	≥9
锌合金	4	32	≥9
	3	16	≥9
	2	8	≥9
铜及铜合金	3	16	≥9
	2	—	—
铝及铝合金	4	32	≥9
	3	16	≥9
塑料	4	32	≥9
	3	16	≥9

4.4　铜＋镍＋铬和镍＋铬电镀层的性能检验

铜＋镍＋铬和镍＋铬电镀层的厚度、耐盐雾腐蚀性能应进行检验，塑料上的电镀层还要进行热循环试验。检验方法按 GB/T 5270、GB/T 9797、GB/T 12600 的规定。如有必要，供需双方可协议商定对其他性能进行检验。

5　锌电镀层

5.1　锌电镀层的分级号及适用条件

见表 4。

表 4　锌电镀层的分级号及适用条件

分级号	适用条件及示例
Fe/Zn25	腐蚀严重的工作条件，一般不推荐使用
Fe/Zn18	腐蚀严重的工作条件，如汽车底盘零件
Fe/Zn12	腐蚀中等的工作条件，如发动机舱内零件
Fe/Zn10	腐蚀中等的工作条件
Fe/Zn8	腐蚀轻微的工作条件，如乘客舱内零件
Fe/Zn5	腐蚀轻微的工作条件，如电镀后需进行涂装的零件
Fe/Zn3	腐蚀轻微的工作条件
Fe/Hd・Zn ××[a]	热镀锌适用于较厚的镀层需要，其厚度不小于 25 μm。其厚度系列应按 GB/T 13912 的规定
[a] ××表示镀层厚度。	

5.2 锌电镀层后处理转化膜的性能要求

见表 5。

表 5 锌电镀层表面铬酸盐转化膜的耐盐雾腐蚀性能

转化膜的种类	耐中性盐雾腐蚀性能		其他性能
	NSS 试验时间,h	评级标准	
B(白色)	24	不出现白锈	按 GB/T 9800
C(彩虹色)	72		
D(绿色)	96		
E(黑色)	120		
H(消除氢脆)	—		
BF(白色,三价铬钝化)	24	不出现白锈	按 GB/T 9800
CF(彩虹色,三价铬钝化)	72		
DF(绿色,三价铬钝化)	96		
EF(黑色,三价铬钝化)	144		
BSF(白色,三价铬钝化、封闭)	48	不出现白锈	
CFS(彩虹色,三价铬钝化、封闭)	120		
DFS(绿色,三价铬钝化、封闭)	200		
EFS(黑色,三价铬钝化、封闭)	200		
注:黑色转化膜的耐蚀性允许有较大的差异,但 NSS 试验不得低于 48 h。			

5.3 锌电镀层的热处理

电镀锌后,对于弹簧件、高强度零件应消除氢脆的危险性,消除氢脆的热处理条件见表 6。

表 6 电镀锌后消除氢脆的热处理条件(不包括表面淬火的工件)

基体材料的最小抗拉强度 $R_{m,min}$/MPa	相应的最大抗张强度 $R_{m,max}$/MPa	温度/℃	时间/h
$R_{m,min} \leqslant 1\ 000$	$R_{m,max} \leqslant 1\ 050$	无要求	—
$1\ 000 < R_{m,min} \leqslant 1\ 400$	$1\ 050 < R_{m,max} \leqslant 1\ 450$	190～220	8
$1\ 400 < R_{m,min} \leqslant 1\ 750$	$1\ 450 < R_{m,max} \leqslant 1\ 800$		18
$1\ 750 < R_{m,min}$	$1\ 800 < R_{m,max}$		24
注:对于 $R_{m,max} \leqslant 1\ 050$ 的材料,电镀后一般不需要进行消除氢脆的热处理,如有特殊要求,推荐采用如下的热处理条件:温度 190 ℃～220 ℃,时间 5 h。			

5.4 锌电镀层的性能检验

锌电镀层的厚度、转化膜的耐盐雾腐蚀性能应进行检验。检验方法按 GB/T 9799、GB/T 9800 的规定。如有必要,供需双方可协议商定对其他性能进行检验。

热镀锌层的性能检验按 GB/T 12912 的规定。

5.5 螺纹紧固件

按 GB/T 5267.1 的规定。

6 锡电镀层

6.1 锡电镀层的分级号及适用条件

见表 7。

表 7 锡电镀层的分级号及适用条件

基体材料	分级号	适用条件及示例
钢	Fe/Sn15	有机酸介质
	Fe/Sn9	工作温度低于 100 ℃的电连接件
钢、铜、合金铸铁	Fe/Sn5[a]	钎焊、稳定接触电阻、磨合
	Cu/Sn5	
钢	Fe/Sn2	密配(如轴瓦背)
钢	Fe/Hd・Sn××[b]	热镀锡适用于厚度要求较大的零件,且不产生氢脆

[a] 钢件稳定接触电阻镀锡时,应选择适当的镀层为底层。

[b] ××表示镀层厚度。

6.2 锡电镀层的性能检验

应对锡电镀层的厚度、结合强度进行检验。检验方法按 GB/T 12599 的规定。如有必要,供需双方可协议商定对其他性能进行检验。

7 银电镀层

7.1 银电镀层的分级号及适用条件

见表 8。

表 8 银电镀层的分级号及适用条件

基体材料	分级号	厚度/μm	适用条件及示例
铜	Cu/Ag6・At	≥6	工作温度高、电流较大的环境,如汽车电器元件

7.2 银电镀层的性能检验

应对银电镀层的厚度和结合强度进行检验。检验方法按 SJ/T 11111、SJ/T 11112 规定。如有必要,供需双方可协议商定对其他性能进行检验。

8 铜电镀层

8.1 铜电镀层的分级号及适用条件

见表9。

8.2 铜电镀层的性能检验

应对铜电镀层的厚度、孔隙率和结合强度进行检验。检验方法按GB/T 12333的规定。如有必要，供需双方可协议商定对其他性能进行检验。

表9 铜电镀层的分级号及适用条件

基体材料	分级号	适用条件及示例
钢	Fe/Cu15	防渗碳镀层
	Fe/Cu5	齿轮啮合
	Fe/Cu2	钎焊
注：防渗碳部位的表面粗糙度不得高于 $Ra0.8$，否则，应增加铜电镀层的厚度。		

9 镍电铜＋镍电镀层

9.1 镍和铜＋镍电镀层的分级号及适用条件

见表10。

表10 镍和铜＋镍电镀层的分级号及适用条件

基体材料	分级号	适用条件及示例
钢、铜及铜合金	Fe/Cu7Ni15	湿热工作环境，根据环境的腐蚀强度选用不同的镀层厚度。如水温传感器
	Fe/Cu20Ni10	
	Fe/Cu30Ni15	
	Cu/Ni6	

9.2 镍和铜＋镍电镀层的性能检验

应对镍和铜＋镍电镀层的厚度、附着强度进行检验。检验方法按GB/T 4955、GB/T 4956、GB/T 5270和GB/T 9798的规定。如有必要，供需双方可协议商定对其他性能进行检验。

10 铬电镀层

10.1 铬电镀层的分级号及适用条件

见表11。

表 11 铬电镀层的分级号及适用条件

基体材料	分级号	厚度/μm	硬度/HV	适用条件及示例
钢铁	Fe/Cr××	10～50	≥900	一般耐磨件，如减振器活塞杆
	Fe/Cr××p	120～170	≥900	松孔镀铬，如活塞环
	Fe/cr××	≥80	≥900	要求较高的耐磨件，如钢带环

注 1：松孔镀铬时应注明孔的类型和深度。电镀铬后，需进行消除氢脆的热处理，热处理工艺条件按 GB/T 11379 的规定。

注 2：××表示镀层厚度。

10.2 铬电镀层的性能检验

应对铬电镀层的厚度、附着强度和硬度进行检验。检验方法按 GB/T 11379 的规定。如有必要，供需双方可协议商定对其他性能进行检验。

11 铝及铝合金的电化学氧化膜

11.1 铝及铝合金的电化学氧化膜的性能及适用条件

见表 12。

表 12 铝及铝合金的电化学氧化膜性能及适用条件

分级号	厚度 μm	硬度 HV	耐铜加速醋酸盐雾腐蚀性能		适用条件及示例
			CASS 试验时间/h	保护等级	
Al/Et · A	≥10		24	按 GB/T 12967.3	表面装饰，如装饰条
Al/Et · Ahd	30～50	≥350	—	—	耐磨，如活塞

11.2 铝及铝合金的电化学氧化膜的性能检验

应对表 12 所规定的性能进行检验。检验方法按 GB/T 4340.1、GB/T 4957、GB/T 8013.1、GB/T 8014.2和 GB/T 12967.3 的规定。如有必要，供需双方可协议商定对其他性能进行检验。

12 化学镀镍层

12.1 化学镀镍层的性能要求及适用条件

见表 13。

表 13　化学镀镍层的性能要求及适用条件

<table>
<tr><th rowspan="2">基体材料</th><th rowspan="2">分级号</th><th rowspan="2">厚度/μm</th><th colspan="2">耐中性盐雾腐蚀性能</th><th rowspan="2">适用条件及示例</th></tr>
<tr><th>NSS 试验时间/h</th><th>评级</th></tr>
<tr><td>钢、铜及铜合金、锌合金等</td><td>Me/Ap・Ni××</td><td>≥6</td><td>≥72</td><td>主要表面无基体腐蚀物</td><td>耐磨耐蚀零件</td></tr>
<tr><td colspan="6">注：Me 表示基体金属，××表示厚度。</td></tr>
</table>

12.2　化学镀镍层的性能试验

应对化学镀镍层的厚度、附着强度和耐蚀性进行检验。检验方法按 GB/T 5270、GB/T 10125 和 GB/T 6461的规定。如有必要，供需双方可协议商定对其他性能进行检验。

13　钢铁件的化学处理层

13.1　钢铁件化学处理层的分级号及适用条件

见表 14。

表 14　钢铁件化学处理层的分级号及适用条件

<table>
<tr><th>基体材料</th><th colspan="2">化学处理层</th><th>分级号</th><th>适用条件及示例</th></tr>
<tr><td rowspan="4">钢铁</td><td colspan="2">氧化</td><td>Fe/Ct・0f</td><td>防蚀、表面装饰。如随车工具、紧固件等</td></tr>
<tr><td rowspan="3">磷化</td><td>磨合磷化</td><td>Fe/Ct・MePhg××f</td><td>变速箱齿轮等</td></tr>
<tr><td>防蚀磷化</td><td>Fe/Ct・MePhr××f</td><td>离合器摩擦片、紧固件等</td></tr>
<tr><td>电绝缘磷化</td><td>Fe/Ct・MePhi××</td><td>电绝缘</td></tr>
<tr><td colspan="5">注 1：磷化膜的厚度允许在不影响零件实际使用的范围内，钢铁零件经化学处理后，如需进行热处理，应按 GB/T 11376 和 GB/T 15519 的规定。
注 2：××表示磷化膜的质量；Me 表示基体金属，可以是 Zn、Mn、Fe 或它们之间的组合。</td></tr>
</table>

13.2　钢铁件化学处理层的耐盐雾腐蚀性能

见表 15。

表 15　钢铁件化学处理层的耐盐雾腐蚀性能

<table>
<tr><th colspan="2" rowspan="2">化学处理层种类</th><th rowspan="2">分级号</th><th colspan="2">耐中性盐雾蚀性能</th></tr>
<tr><th>NSS 试验时间/h</th><th>评级标准</th></tr>
<tr><td colspan="2">氧化</td><td>Fe/Ct・0f</td><td>2</td><td rowspan="3">不出现基体腐蚀</td></tr>
<tr><td rowspan="3">磷化</td><td>磨合磷化</td><td>Fe/Ct・MePhg××f</td><td>8</td></tr>
<tr><td>防蚀磷化</td><td>Fe/Ct・MePhr××f</td><td>8(16、24)</td></tr>
<tr><td>电绝缘磷化</td><td>Fe/Ct・MePhi××</td><td>—</td><td>—</td></tr>
<tr><td colspan="5">注：根据需求选择防蚀磷化的 NSS 试验时间。</td></tr>
</table>

13.3 钢铁件化学处理层的性能检验

供需双方可协议商定对钢铁件化学处理层的性能进行检验。检验方法按 GB/T 11376 和 GB/T 15519的规定。

14 锌合金的钝化处理层

14.1 锌合金的钝化处理层的性能及适用条件

见表 16。

表 16 锌合金的钝化处理层的性能及适用条件

基体材料	分级号	耐中性盐雾腐蚀性能		适用条件及示例
		NSS 试验时间,h	评级标准	
锌合金	Zn/Ct・P	72	主要表面无白色腐蚀产物	耐磨耐蚀零件

14.2 锌合金的钝化处理层的性能检验

应对锌合金的钝化处理层的耐中性盐雾腐蚀性能进行检验。检验方法按 GB/T 10125 和 GB/T 6461的规定。

15 铅-锡合金电镀层

15.1 铅-锡合金电镀层的性能及适用条件

见表 17。

表 17 铅-锡合金电镀层的性能及适用条件

基体材料	分级号	厚度/μm	锡含量	适用条件及示例
铜铅合金	Cu-Pb/Pb-Sn(6)20	20～40	6%～9%	高速润滑(轴瓦)

15.2 铅-锡合金电镀层的性能检验

供需双方可协议商定对铅-锡合金电镀层的性能进行检验。

16 锌-镍合金电镀层

16.1 锌-镍合金电镀层的分级号及适用条件

见表 18。

表 18　锌-镍合金电镀层的分级号及适用条件

分级号	适用条件及示例
Fe/Zn-Ni×·B	腐蚀严重的工作条件，汽车底盘零件等
Fe/Zn-Ni×·BF	
Fe/Zn-Ni×·E	
Fe/Zn-Ni×·EF	
注：F 表示无六价铬钝化；×表示厚度，镀层厚度 8 μm～25 μm；螺纹紧固件涂层厚度应满足旋合性要求。	

16.2　锌-镍合金电镀层表面铬酸盐转化膜的性能要求

见表 19。

表 19　锌-镍合金电镀层表面铬酸盐转化膜的耐盐雾腐蚀性能

转化膜的种类	耐中性盐雾腐蚀性能		其他性能
	NSS 试验时间/h	评级标准	
B(白色)	300	在规定的试验之后无锌腐蚀	按 GB/T 9800
	1 000	在规定的试验之后无基体腐蚀	
BF(白色)	120	在规定的试验之后无锌腐蚀	
	720	在规定的试验之后无基体腐蚀	
E(黑色)	300	在规定的试验之后无锌腐蚀	
	1 000	在规定的试验之后无基体腐蚀	
EF(黑色)	96	在规定的试验之后无锌腐蚀	
	720	在规定的试验之后无基体腐蚀	
注：耐腐蚀性在 100 ℃下热老化 24 h 后进行。			

17　锌-铁合金电镀层

17.1　锌-铁合金电镀层的分级号及适用条件

见表 20。

表 20　锌-铁合金电镀层的分级号及适用条件

分级号	适用条件及示例
Fe/Zn-Fe×·C	腐蚀严重的工作条件，汽车底盘零件等
Fe/Zn-Fe×·E	
注：×表示厚度，镀层厚度 8 μm～25 μm；螺纹紧固件涂层厚度应满足旋合性要求。	

17.2　锌-铁合金电镀层表面铬酸盐转化膜的性能要求

见表 21。

表 21　锌-铁合金电镀层表面铬酸盐转化膜的耐盐雾腐蚀性能

转化膜的种类	耐中性盐雾腐蚀性能		其他性能
	NSS 试验时间/h	评级标准	
C(彩虹色,无六价铬钝化)	168	不出现白锈	按 GB/T 9800
E(黑色,无六价铬钝化)	168		
注：耐腐蚀性在 100 ℃下热老化 24 h 后进行。			

18　真空镀铝层

18.1　真空镀铝层的性能及适用条件

见表 22。

表 22　真空镀铝层的性能及适用条件

基体材料	分级号	镀层厚度/μm	适用条件及示例
钢铁、非金属材料	Me/VD・Al	0.05～0.2	汽车灯具、装饰条等
注 1：亦可用其他物理镀覆方法代替真空镀铝,如磁控溅射等。 注 2：Me 表示基体材料。			

18.2　真空镀铝层的性能检验

供需双方可协议商定对真空镀铝层的性能进行检验。

19　非电解锌片涂层

19.1　锌铝铬涂层的分级号及适用条件

见表 23。

表 23　锌铝铬涂层的分级号及适用条件

防护等级	分级号	适用条件及示例
1	Me/Ct・DAC4	在一般腐蚀环境下使用:汽车内部零件,如汽车驾驶室内零件等
2	Me/Ct・DAC6	
3	Me/Ct・DAC8	在严酷腐蚀环境下使用:汽车外部和发动机罩以下零件,如排气管等
注：Me 表示基体金属材料,如 Fe 等。		

19.2　锌铝涂层的分级号及适用条件

见表 24。

表 24　锌铝涂层的分级号及适用条件

防护等级	分级号	适用条件及示例
1	Me/Zn-Al · A	应用于中等腐蚀环境，如汽车内部或装在白车身上的零件
2	Me/Zn-Al · B	应用于严酷腐蚀环境或承担温度负荷腐蚀环境，如汽车外部和底盘区域、发动机区域零件
注：Me 表示基体金属材料，如 Fe、Al 等。		

19.3　非电解锌片涂层的性能检验

按 QC/T 721 的规定。

ICS 43.020
T 06

中华人民共和国汽车行业标准

QC/T 721—2013
代替 QC/T 721—2004

汽车用非电解锌片涂层

Non-electrolytically applied zinc flake coatings for automobile

2013-04-25 发布　　2013-09-01 实施

中华人民共和国工业和信息化部　发布

前　　言

本标准按照 GB/T 1.1—2009 给出的规则起草。

本标准代替 QC/T 721—2004《汽车用锌铝铬涂层》，与 QC/T 721—2004 相比，主要技术变化如下：

——修改了中文和英文标准名称；

——调整了不同防护等级的锌铝铬涂层厚度（见 5.1）；

——增加了锌铝涂层（无六价铬）的规定（见 3.2、4.2、5.2 和 6.2）。

本标准由全国汽车标准化技术委员会（SAC/TC 114）提出并归口。

本标准起草单位：中国第一汽车集团公司技术中心。

本标准主要起草人：魏晓川。

汽车用非电解锌片涂层

1 范围

本标准规定了汽车用非电解锌片涂层的一般性能、防护等级要求及图样标记。

本标准适用于汽车用钢铁、铝及锌合金零件的表面防护。

2 规范性引用文件

下列文件对于本文件的应用是必不可少的。凡是注日期的引用文件，仅注日期的版本适用于本文件。凡是不注日期的引用文件，其最新版本(包括所有的修改单)适用于本文件。

GB/T 4956 磁性基体上非磁性覆盖层 覆盖层厚度测量 磁性法(GB/T 4956—2003，ISO 2178：1982，IDT)

GB/T 5267.2 紧固件 非电解锌片涂层(GB/T 5267.2—2002，ISO 10683：2000，IDT)

GB/T 6462 金属和氧化物覆盖层 厚度测量 显微镜法(GB/T 6462—2005，ISO 1463：2003，IDT)

GB/T 9789 金属和其他无机覆盖层 通常凝露条件下的二氧化硫腐蚀试验(GB/T 9789—2008，ISO 6988：1985，IDT)

GB/T 10125 人造气氛腐蚀试验 盐雾试验(GB/T 10125—1997，eqv ISO 9227：1990)

GB/T 13893 色漆和清漆 耐湿性的测定 连续冷凝法(GB/T 13893—2008，ISO 6270-1：1998，IDT)

3 术语和定义

下列术语及定义适用于本文件。

3.1

锌铝铬涂层 Zinc/Aluminium/Chromate flake coatings

由非电解的微细鳞片状锌、铝及铬酐在高温下烧结而成的无机防腐蚀涂层。具有高耐蚀、耐高温、无氢脆的特点，可以代替热镀锌、电镀锌及锌基合金，但导电性差，在与不锈钢、铜等零件接触时，可能产生接触腐蚀。

3.2

锌铝涂层 Zinc-aluminium flake coatings

由非电解的微细鳞片状锌、铝薄片及不含铬的金属盐和有机成分组成。在高温烧结作用下形成表面保护涂层。具有高耐蚀、耐高温、无氢脆、无污染的特点。

4 防护等级、适用范围及图样标记

4.1 锌铝铬涂层的防护等级、适用范围及图样标记见表1。

表 1 汽车用锌铝铬涂层防护等级及适用范围

防护等级	图样标记	适用范围
1	Me/Ct・DAC4	在一般腐蚀环境下使用：汽车内部零件，如汽车驾驶室内零件等
2	Me/Ct・DAC6	
3	Me/Ct・DAC8	在严酷腐蚀环境下使用：汽车外部和发动机罩以下零件，如排气管等
注：Me 表示基体金属材料，如 Fe 等。		

4.2 锌铝涂层的防护等级、适用范围及图样标记见表 2。

表 2 汽车用锌铝涂层防护等级及适用范围

防护等级	图样标记	适用范围
1	Me/Zn-Al・A	应用于中等腐蚀环境，如汽车内部或装在白车身上的零件
2	Me/Zn-Al・B	应用于严酷腐蚀环境或承担温度负荷腐蚀环境，如汽车外部和底盘区域、发动机区域零件
注：Me 表示基体金属材料，如 Fe、Al 等。		

5 性能要求

5.1 锌铝铬涂层性能要求见表 3。

表 3 汽车用锌铝铬涂层性能要求

序号	项目	技术指标			试验方法
		1	2	3	
1	外观	涂层呈银灰色，不允许漏涂、起泡、流挂、堆积、变色、划伤及其他不良缺陷； 不允许有明显粗沉积物、附有异物等缺陷存在； 小的黄色斑点和轻微的划伤可视为合格			6.1.1
2	附着量/(g/m²)	≥16	≥22	≥34	6.1.2
3	附着力	满足 6.1.3 的规定			6.1.3
4	耐中性盐雾腐蚀试验/h	240	500	1 000	6.1.4
5	耐湿热腐蚀试验/h	240			6.1.5
6	涂层厚度(参考值)/μm	4～8	6～10	8～12	6.1.6
注：螺纹件涂层厚度应满足旋合性要求。					

5.2 锌铝涂层性能要求见表 4。

表 4 汽车用锌铝涂层的性能要求

序号	项目	技术指标		试验方法
		1	2	
1	外观	涂层呈银灰色或黑色，不允许漏涂、起泡、流挂、堆积、变色、划伤及其他不良缺陷； 不允许有明显粗沉积物、附有异物等缺陷存在； 小的黄色斑点和轻微的划伤可视为合格		6.2.1
2	附着力	满足 6.2.2 的规定		6.2.2
3	耐中性盐雾腐蚀试验(h)	500	720	6.2.3
4	耐湿热腐蚀试验(h)	240 h 后无气泡或其他的剥离现象，无基体金属腐蚀。经 30 min(23 ℃±2 ℃)温度调节后仍能满足附着性要求		6.2.4
5	耐二氧化硫腐蚀性能	10 个循环不出现基体腐蚀产物(三涂三烘)		6.2.5
6	涂层厚度(参考值)(μm)	4～18	8～18	6.2.6
注：螺纹件涂层厚度应满足旋合性要求。				

5.3 螺纹紧固件的涂层性能要求按 GB/T 5267.2 的规定。

6 试验方法

6.1 锌铝铬涂层的试验方法

6.1.1 外观检验

在明亮光源下(试验面的光强大于 300 lx)检查是否有缺陷存在。

6.1.2 附着量试验

取试件 50 g～100 g，用天平称质量(W_1)，精确至 0.001 g；将试件放入温度为 70 ℃～80 ℃ 的氢氧化钠溶液($C_{NaOH}=200$ g/L)中，让涂层全部溶解，然后将试件清洗干净，快速干燥，称质量(W_2)，精确至 0.001 g；用卡尺测量试件尺寸，并计算试件的面积(S)，附着量按式(1)进行计算：

$$附着量=\frac{W_1-W_2}{S} \qquad (1)$$

式中：

W_1 ——试件涂覆后质量，g；

W_2 ——试件涂覆层去除后质量，g；

S ——试件面积，m^2；

附着量——单位为 g/m^2。

6.1.3 附着力试验

在试验件上，划一个十字形切口，在切口上贴一个粘接强度为 3 N/cm，宽度为 18 mm 的胶带，然后在胶带上施加一个垂直于试验件表面的稳定拉力将胶带拉起。试验后胶带上不能沾有涂层。允许胶带轻微变色或沾有个别的颗粒状物，不允许露出基体材料。

6.1.4 耐盐雾腐蚀性试验

按 GB/T 10125 的规定进行试验。

6.1.5 耐湿热腐蚀性试验

按 GB/T 13893 的规定进行试验。

6.1.6 涂层厚度试验

按 GB/T 6462、GB/T 4956 的要求，采用金相显微镜法、磁性测厚仪法检测涂层的厚度。

6.2 锌铝涂层的试验方法

6.2.1 外观检验

在明亮光源下（试验面的光强大于 300 lx）检查是否有缺陷存在。

6.2.2 附着力试验

在试验件上，划一个十字形切口，在切口上贴一个粘接强度为 3 N/cm，宽度为 18 mm 的胶带，然后在胶带上施加一个垂直于试验件表面的稳定拉力将胶带拉起。试验后胶带上不能沾有涂层。允许胶带轻微变色或沾有个别的颗粒状物，不允许露出基体材料。

6.2.3 耐盐雾腐蚀性试验

经 1 h，120 ℃热冲击后，按 GB/T 10125 的规定进行试验。

6.2.4 耐湿热腐蚀性试验

按 GB/T 13893 的规定进行试验。

6.2.5 耐二氧化硫腐蚀性试验

按 GB/T 9789 的规定进行试验。

6.2.6 涂层厚度试验

按 GB/T 6462、GB/T 4956 的要求，采用金相显微镜法、磁性测厚仪法检测涂层的厚度。

ICS 43.040
T 33

中华人民共和国汽车行业标准

QC/T 927—2013

法兰连接器

Flange coupling connectors

2013-04-25 发布　　2013-09-01 实施

中华人民共和国工业和信息化部 发布

前　言

本标准按照 GB/T 1.1—2009 给出的规则起草。

本标准附录 A 为规范性附录，附录 B 为资料性附录。

本标准由全国汽车标准化技术委员会(SAC/TC 114)提出并归口。

本标准起草单位：中国第一汽车股份有限公司技术中心、杭州普拉格新能源动力系统有限公司。

本标准主要起草人：郭抚顺、杨朝阳、吴鑫华。

法兰连接器

1 范围

本标准规定了法兰连接器的型式与尺寸、技术条件和试验方法。

本标准适用于规格范围 D 为 60 mm～201 mm 的汽车用法兰连接器。

2 规范性引用文件

下列文件对于本文件的应用是必不可少的。凡是注日期的引用文件，仅注日期的版本适用于本文件。凡是不注日期的引用文件，其最新版本(包括所有的修改单)适用于本文件。

GB/T 90.1 紧固件 验收检查(GB/T 90.1—2002,idt ISO 3269:2000)

GB/T 90.2 紧固件 标志与包装

GB/T 197 普通螺纹 公差(GB/T 197—2003,ISO 965-1:1998,MOD)

GB/T 3098.1 紧固件机械性能 螺栓、螺钉和螺柱(GB/T 3098.1—2010,ISO 898-1:2009,MOD)

GB/T 3098.9 紧固件机械性能 有效力矩型钢锁紧螺母(GB/T 3098.9—2010,ISO 2320:2008,IDT)

GB/T 3280 不锈钢冷轧钢板和钢带

GB/T 6184 1型全金属六角锁紧螺母(GB/T 6184—2000,eqv ISO 7719:1997)

GB/T 10125 人造气氛腐蚀试验 盐雾试验(GB/T 10125—1997,eqv ISO 9227:1990)

QC/T 326 汽车标准件产品编号规则

QC/T 625 汽车用涂镀层和化学处理层

3 型式与尺寸

法兰连接器的型式与尺寸见图1和表1。

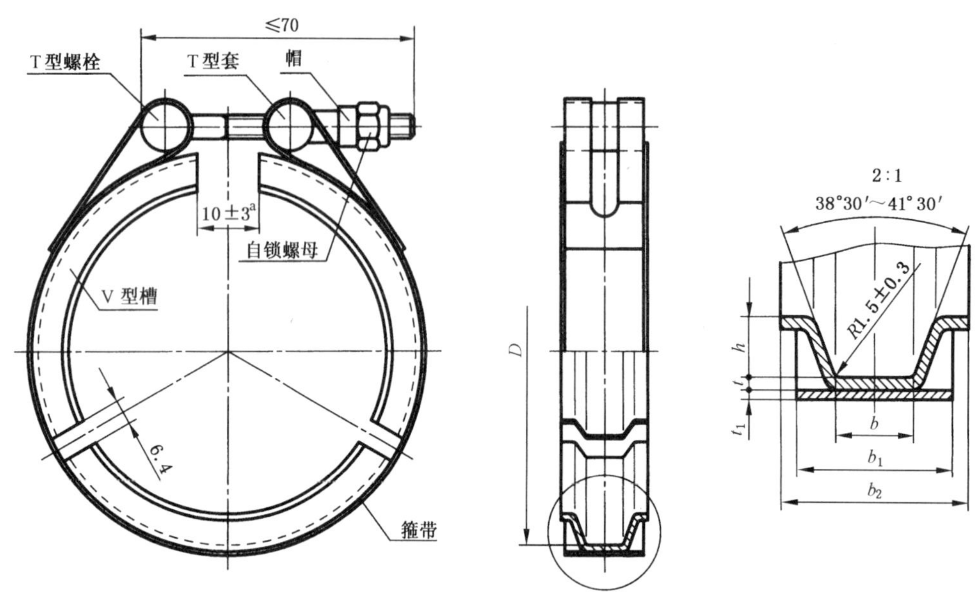

[a] 按附录A图A.1的装配方式和表2的装配扭矩夹紧法兰后检验该尺寸。

注：其余未规定的细节由制造商确定。

图1 法兰连接器的型式与尺寸

表1 尺寸

mm

<table>
<tr><td colspan="2">规格范围 D</td><td>60～100</td><td>102～150</td><td>153～201</td></tr>
<tr><td colspan="2">规格阶</td><td>1</td><td>2</td><td>3</td></tr>
<tr><td colspan="2">夹紧范围</td><td>±0.5</td><td>±1</td><td>±1.5</td></tr>
<tr><td colspan="2">b 理论尺寸</td><td colspan="2">11</td><td>14</td></tr>
<tr><td rowspan="2">b_1</td><td>min</td><td colspan="2">21.7</td><td>24.7</td></tr>
<tr><td>max</td><td colspan="2">22.3</td><td>25.3</td></tr>
<tr><td>b_2</td><td>max</td><td colspan="2">25</td><td>36</td></tr>
<tr><td rowspan="2">h</td><td>min</td><td colspan="2">6.9</td><td>9.9</td></tr>
<tr><td>max</td><td colspan="2">7.1</td><td>10.1</td></tr>
<tr><td rowspan="2">t</td><td>min</td><td colspan="2">1.1</td><td>1.8</td></tr>
<tr><td>max</td><td colspan="2">1.5</td><td>2.2</td></tr>
<tr><td rowspan="2">t_1</td><td>min</td><td colspan="2">0.8</td><td>1.5</td></tr>
<tr><td>max</td><td colspan="2">1.1</td><td>1.8</td></tr>
<tr><td colspan="2">密封压力/MPa</td><td>2.0</td><td>1.8</td><td>1.6</td></tr>
<tr><td colspan="2">螺纹规格</td><td colspan="3">M6</td></tr>
<tr><td colspan="5">注：规格的选取是在规格范围内，从 D 尺寸最小起，按规格阶的值依次增加。例：D=61 mm 的法兰连接器是在规格范围 60 mm～100 mm，以 60 mm+1 mm=61 mm 确定。</td></tr>
</table>

4 技术条件

4.1 T型螺栓

机械性能等级:8.8,按GB/T 3098.1的规定;

螺纹精度:6 g,按GB/T 197的规定;

表面处理:锌铝涂层,按QC/T 625的规定。

4.2 锁紧螺母

锁紧螺母按GB/T 6184的规定;

机械性能等级:8,按GB/T 3098.9的规定;

螺纹精度:6H,按GB/T 197的规定;

表面处理:锌铝涂层,按QC/T 625的规定。

4.3 箍带、V型槽、T型套和帽

材料:12Cr17Ni7、12Cr18Ni9、10Cr17Mo,按GB/T 3280的规定,或性能相当的其他材料;

表面处理:抛光;

表面质量:无尖角、毛刺、裂纹、皱褶和其他影响使用的缺陷。

4.4 耐蚀性

应将法兰连接器拆解成零件,共同进行盐雾试验480 h。试验后,表面无白色、灰黑色及其他腐蚀物产生。

4.5 扭矩

扭矩要求按表2。

表2 扭矩要求

规格范围 D/mm	60～100	102～150	153～201
保证扭矩/(N·m)	6	9	12
重复扭矩/(N·m)	4.8	7.2	9.6
破坏扭矩/(N·m)	7.5	11.25	15
装配扭矩(max)/(N·m)	5.4	8.1	10.8

4.6 供货状态

供货时箍带摩擦副允许涂少量润滑油,锁紧螺母处在T型螺栓末端,且应锁紧不脱落。

5 标志

应在箍带外表面明显处,标志法兰连接器产品的商标和规格,标志应清晰、永久。

6 试验方法

6.1 尺寸

V型槽尺寸用投影仪检验，其余尺寸用通用量具检验。

6.2 材料

材料应符合技术要求规定，产品试验前，供货方应出具第三方检验报告，必要时进行检验。

6.3 耐蚀性

将样件拆解成零件，按GB/T 10125规定的试验方法，进行盐雾试验480 h。

6.4 T型螺栓和锁紧螺母机械性能

6.4.1 T型螺栓

T型螺栓机械性能试验，按GB/T 3098.1的规定。

6.4.2 锁紧螺母

锁紧螺母机械性能试验，按GB/T 3098.9的规定。

6.5 法兰连接器

6.5.1 试验条件

每次试验应采用新的样件，不得修整和补充润滑。

扭矩扳手误差不大于±3%。

6.5.2 保证扭矩

将样件装在相应规格的法兰上（法兰的尺寸按附录A），按表2规定的保证扭矩平稳地拧紧锁紧螺母，保持15 s后，拧松螺母，检验样件，不应出现开焊、破坏或塑性变形，箍带可重复使用。

6.5.3 重复扭矩

按6.5.2的试验方法和表2规定的重复扭矩值，重复试验15次，拧松螺母，检验样件，不应出现开焊、破坏或塑性变形，箍带可重复使用。

6.5.4 破坏扭矩

按6.5.2的试验方法和表2规定的破坏扭矩值，平稳地拧紧螺母直至样件破坏，其扭矩值应大于表2规定的破坏扭矩。

6.6 密封性

6.6.1 试验条件

密封试验装置见图2，法兰的尺寸见附录A；压力测量仪误差不大于3%；试验介质为室温水。

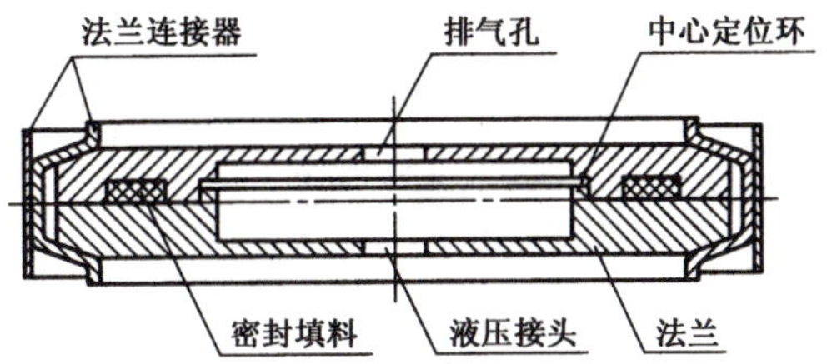

图 2 密封试验装置

6.6.2 试验方法

按表 2 规定的装配扭矩拧紧法兰连接器，压强增大的速度为 0.1 MPa/s，直至试验介质泄漏，泄漏压强大于表 1 规定的密封压强。

7 装配扭矩

根据密封介质、密封填料、工作状况确定装配扭矩，但不应超过表 2 规定的装配扭矩。

8 验收检查、标志与包装

验收检查按 GB/T 90.1 的规定，其中 V 型槽角度的 AQL=1.5，其余尺寸 AQL=2.5。

标志与包装按 GB/T 90.2 的规定。

9 产品编写

法兰连接器的产品编号按 QC/T 326 的规定。

附 录 A
（规范性附录）
法 兰 尺 寸

法兰尺寸见图 A.1 和表 A.1。

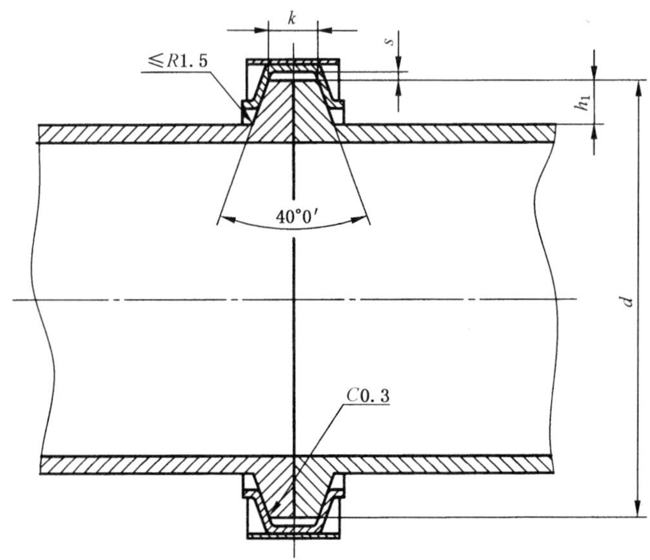

注：s=1.5 mm。

图 A.1 法兰尺寸

表 A.1 尺寸

mm

规格范围 D	60～100	102～150	153～201
d	$d=D-2\times s$		
k min	12.1		15.1
h_1 min	8		11.5

附　录　B
（资料性附录）
应 用 示 例

应用示例见图 B.1。

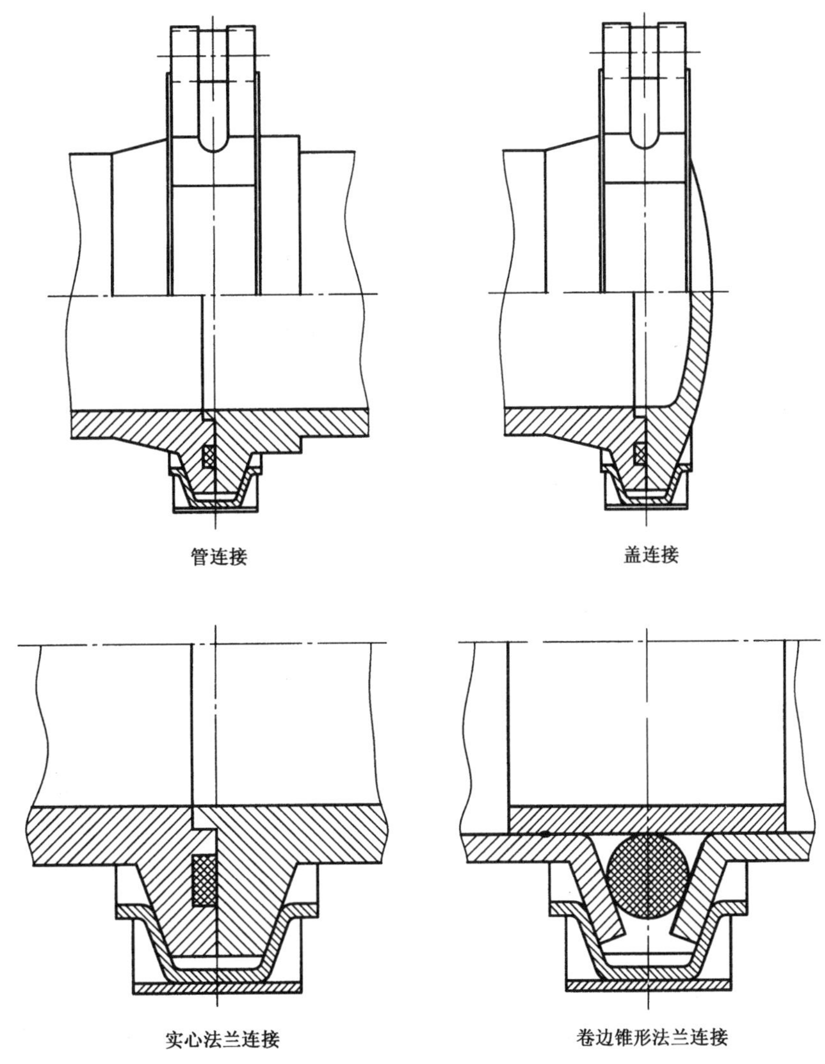

图 B.1　应用示例

ICS 43.040
T 33

中华人民共和国汽车行业标准

QC/T 928—2013

中间固定式塑料管线夹

Plastic cable and tubing clips with interfix hole

2013-04-25 发布　　2013-09-01 实施

中华人民共和国工业和信息化部　发布

前　　言

本标准按照 GB/T 1.1—2009 给出的规则起草。

本标准附录 A 为规范性附录。

本标准由全国汽车标准化技术委员会(SAC/TC 114)提出并归口。

本标准起草单位：广州汽车集团股份有限公司汽车工程研究院、长安福特马自达汽车有限公司南京公司。

本标准主要起草人：赵喆、段连祥、卢丽娟、黄波。

中间固定式塑料管线夹

1 范围

本标准规定了中间固定式塑料管线夹的型式与尺寸、技术条件。

本标准规定的中间固定式塑料管线夹包括单管、双管两种型式和两种安装孔直径（$d=6.5$ 或 $d=8.0$）。

2 规范性引用文件

下列文件对于本文件的应用是必不可少的。凡是注日期的引用文件，仅注日期的版本适用于本文件。凡是不注日期的引用文件，其最新版本（包括所有的修改单）适用于本文件。

GB/T 90.1 紧固件 验收检查（GB/T 90.1—2002，idt ISO 3269:2000）

GB/T 90.2 紧固件 标志与包装

QC/T 268 汽车冷冲压加工零件未注公差尺寸的极限偏差

QC/T 326 汽车标准件产品编号规则

QC/T 29017 汽车模制塑料零件未注公差尺寸的极限偏差

3 型式与尺寸

3.1 中间固定式塑料管线夹（单管）的型式与尺寸按图1和表1。

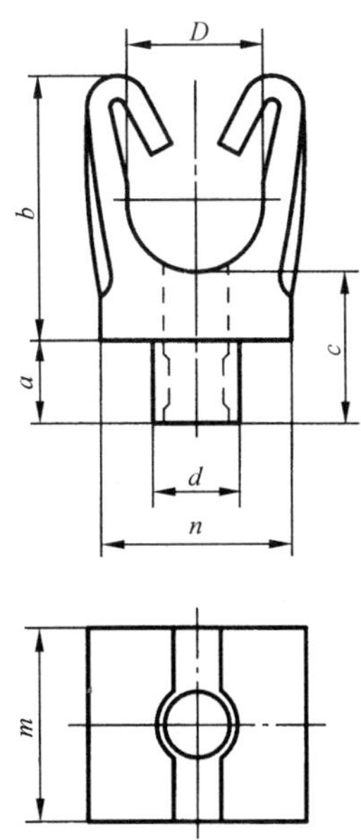

注：其余未规定的细节由制造商确定。

图1 中间固定式塑料管线夹（单管）的型式

表 1 尺寸

mm

规格代号	D	d	a	b	c	m	n
01	8.0～8.2	6.35～6.55	6.0	16.0	11.0	12.0	12.0
02	10.0～10.2			18.0	13.0		14.0
03	12.0～12.2	7.85～8.05		23.0	15.0	15.0	16.0
04	14.0～14.2			24.0	17.0		18.0
05	16.0～16.2			25.0	20.0		20.0

3.2 中间固定式塑料管线夹(双管)的型式与尺寸按图 2 和表 2。

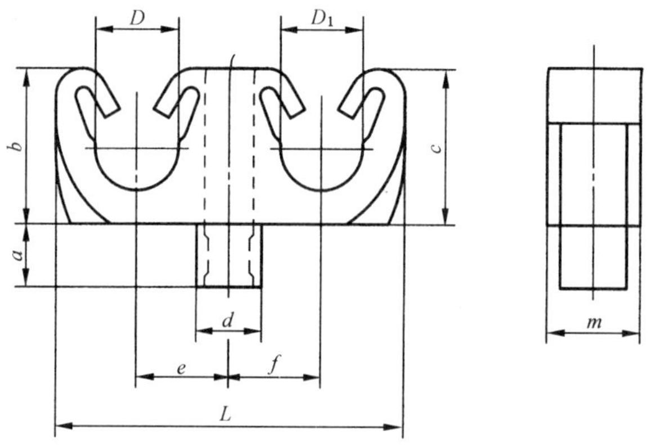

注：其余未规定的细节由制造商确定。

图 2 中间固定式塑料管线夹(双管)的型式

表 2 尺寸

mm

规格代号	D	D_1	d	a	b	c	e	f	m	L
06	5.0～5.2	5.0～5.2	6.35～6.55	6.0	11.0	11.0	7.0	7.0	9.0	25.0
07	5.0～5.2	8.0～8.2				13.5		9.0		27.0
08	6.3～6.5	6.3～6.5			12.5	12.5	8.0	8.0		28.0
09	6.3～6.5	8.0～8.2				13.5		9.0		29.0
10	8.0～8.2	8.0～8.2			13.5		9.0			30.0
11	5.0～5.2	5.0～5.2	7.85～8.05		11.0	11.0	8.0	8.0	12.0	27.0
12	5.0～5.2	8.0～8.2				13.5		10.0		29.0
13	6.3～6.5	6.3～6.5			12.5	12.5	9.0	9.0		30.0
14	6.3～6.5	8.0～8.2				13.5		10.0		31.0
15	8.0～8.2	8.0～8.2			13.5		10.0			32.0

4 技术条件

中间固定式塑料管线夹的技术条件按表3。中间固定式塑料管线夹的应用见附录A。

表3 技术条件

材料	管线夹本体、销:聚酰胺,推荐选用PA66
缺陷	不允许有变色、变形及变质; 不允许有裂纹、毛刺、飞边、划伤、凹陷、气泡、波纹、杂质以及表面粗糙不平
颜色	黑色
未注公差	QC/T 29017
验收检查	按GB/T 90.1,其中AQL=4.0
标志与包装	GB/T 90.2

5 产品编号

中间固定式塑料管线夹的产品编号按QC/T 326的规定。

附 录 A
（规范性附录）
中间固定式塑料管线夹的应用

A.1 中间固定式塑料管线夹(单管)的应用按图 A.1 和表 A.1。

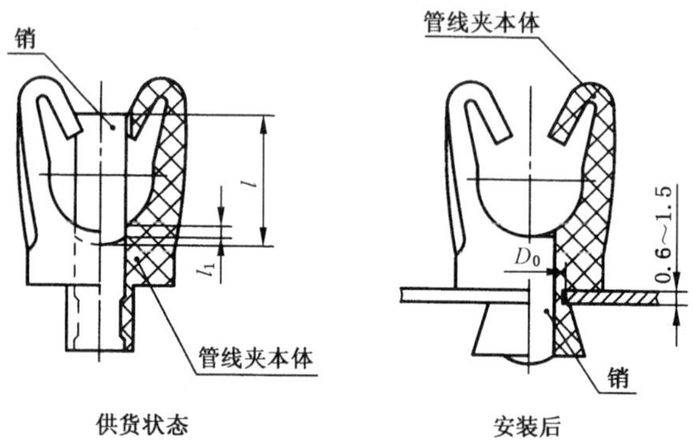

A.1 中间固定式塑料管线夹(单管)的应用

表 A.1 尺寸

mm

管线夹本体规格代号	塑料销长度 l	供货时塑料销预压入管线夹本体的深度 l_1(参考)	金属薄板底孔 D_0
01	12.0	2.0	6.5
02	14.0		
03	16.0		8.0
04	18.0		
05	21.0		

注 1：金属薄板底孔未注公差按 QC/T 268 的规定。

注 2：塑料销直径由制造商确定。

A.2 中间固定式塑料管线夹(双管)的应用按图 A.2 和表 A.2。

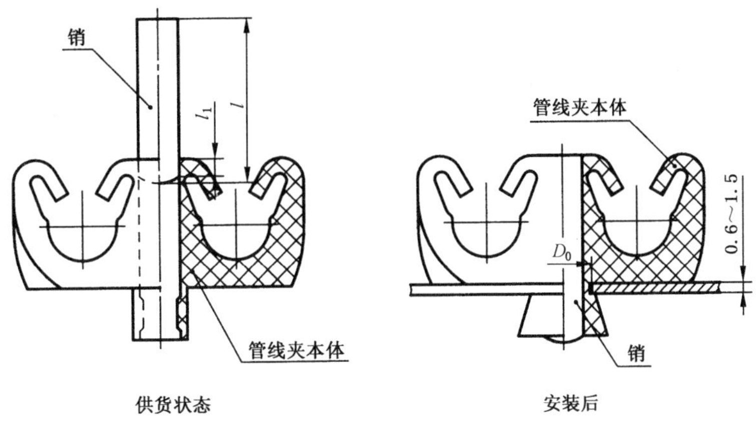

图 A.2 中间固定式塑料管线夹(双管)的应用

表 A.2 尺寸

mm

<table>
<tr><th>管线夹本体规格代号</th><th>塑料销长度 l</th><th>供货时塑料销预压入管线夹本体的深度 l_1(参考)</th><th>金属薄板底孔 D_0</th></tr>
<tr><td>06</td><td>18.0</td><td rowspan="10">2.0</td><td rowspan="5">6.5</td></tr>
<tr><td>07</td><td>20.5</td></tr>
<tr><td>08</td><td>19.5</td></tr>
<tr><td>09</td><td rowspan="2">20.5</td></tr>
<tr><td>10</td></tr>
<tr><td>11</td><td>18.0</td><td rowspan="5">8.0</td></tr>
<tr><td>12</td><td>20.5</td></tr>
<tr><td>13</td><td>19.5</td></tr>
<tr><td>14</td><td rowspan="2">20.5</td></tr>
<tr><td>15</td></tr>
<tr><td colspan="4">注 1：金属薄板底孔未注公差按 QC/T 268 的规定。
注 2：塑料销直径由制造商确定。</td></tr>
</table>

ICS 43.040
T 33

中华人民共和国汽车行业标准

QC/T 929—2013

一端固定式塑料管线夹

Plastic cable and tubing clips with side-fix hole

2013-04-25 发布　　2013-09-01 实施

中华人民共和国工业和信息化部　发布

前　言

本标准按照 GB/T 1.1—2009 给出的规则起草。

本标准附录 A 为规范性附录。

本标准由全国汽车标准化技术委员会(SAC/TC 114)提出并归口。

本标准起草单位:广州汽车集团股份有限公司汽车工程研究院、长安福特马自达汽车有限公司南京公司。

本标准主要起草人:赵喆、段连祥、卢丽娟、陶运来。

一端固定式塑料管线夹

1 范围

本标准规定了一端固定式塑料管线夹的型式与尺寸、技术条件。

本标准规定的一端固定式塑料管线夹包括单管、双管两种型式和两种安装孔直径（$d=6.5$ 或 $d=8.0$）。

2 规范性引用文件

下列文件对于本文件的应用是必不可少的。凡是注日期的引用文件，仅注日期的版本适用于本文件。凡是不注日期的引用文件，其最新版本（包括所有的修改单）适用于本文件。

GB/T 90.1　紧固件　验收检查（GB/T 90.1—2002，idt ISO 3269：2000）

GB/T 90.2　紧固件　标志与包装

QC/T 268　汽车冷冲压加工零件未注公差尺寸的极限偏差

QC/T 326　汽车标准件产品编号规则

QC/T 29017　汽车模制塑料零件未注公差尺寸的极限偏差

3 型式与尺寸

3.1　一端固定式塑料管线夹（单管）的型式与尺寸按图 1 和表 1。

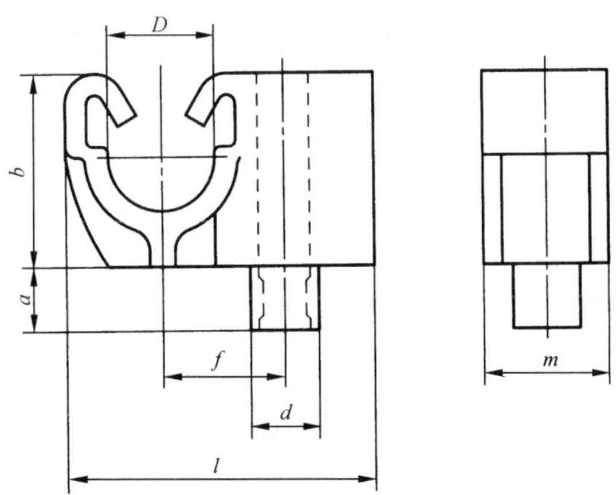

注：其余未规定的细节由制造商确定。

图 1　一端固定式塑料管线夹（单管）的型式

表 1　尺寸

mm

规格代号	D	d	a	b	f	m	l
01	8.0～8.2	6.35～6.55	6.0	16.0	10.5	12.0	28.0
02	10.0～10.2			18.0	11.5		29.0
03	12.0～12.2	7.85～8.05		24.0	13.0	15.0	30.0
04	14.0～14.2			24.0	14.0		31.0
05	16.0～16.2			26.0	15.0		32.0

3.2　一端固定式塑料管线夹(双管)的型式与尺寸按图 2 和表 2。

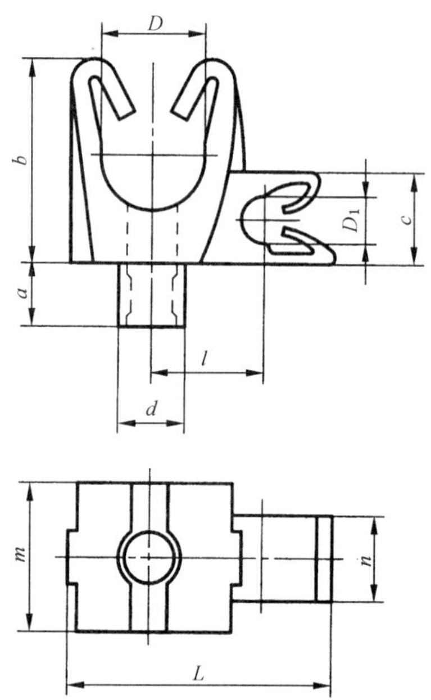

注：其余未规定的细节由制造商确定。

图 2　一端固定式塑料管线夹(双管)的型式

表 2　尺寸

mm

规格代号	D	D_1	d	a	b	c	L	l	m	n
06	12.0～12.2	4.8～5.0	7.85～8.05	6.0	24.0	10.0	30.0	13.0	15.0	9.0
07	14.0～14.2				24.0		32.0	14.0		
08	16.0～16.2				26.0		35.0	15.0		

4　技术条件

一端固定式塑料管线夹的技术条件按表 3。一端固定式塑料管线夹的应用见附录 A。

表3　技术条件

材料	管线夹本体、销：聚酰胺，推荐选用 PA66
缺陷	不允许有变色、变形及变质； 不允许有裂纹、毛刺、飞边、划伤、凹陷、气泡、波纹、杂质以及表面粗糙不平
颜色	黑色
未注公差	QC/T 29017
验收检查	按 GB/T 90.1，其中 AQL=4.0
标志与包装	GB/T 90.2

5　产品编号

一端固定式塑料管线夹的产品编号按 QC/T 326 的规定。

附 录 A
（规范性附录）
一端固定式塑料管线夹的应用

A.1 一端固定式塑料管线夹（单管）的应用按图 A.1 和表 A.1。

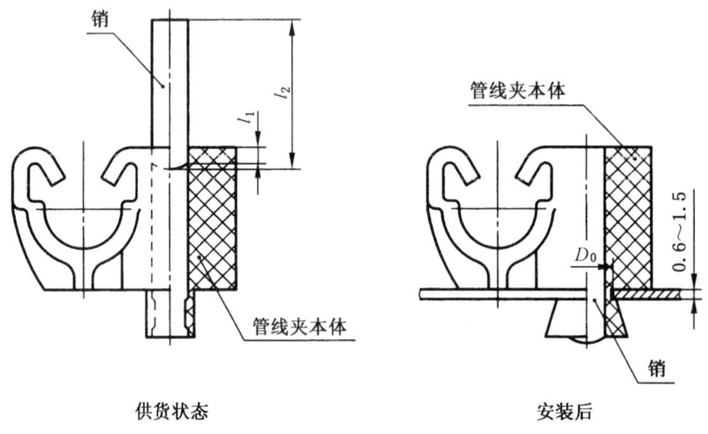

图 A.1 一端固定式塑料管线夹（单管）的应用

表 A.1 尺寸

mm

<table>
<tr><th>管线夹本体规格代号</th><th>塑料销长度 l_2</th><th>供货时塑料销预压入管线夹本体的深度 l_1（参考）</th><th>金属薄板底孔 D_0</th></tr>
<tr><td>01</td><td>24.0</td><td rowspan="5">2.0</td><td rowspan="2">6.5</td></tr>
<tr><td>02</td><td>26.0</td></tr>
<tr><td>03</td><td>32.0</td><td rowspan="3">8.0</td></tr>
<tr><td>04</td><td>32.0</td></tr>
<tr><td>05</td><td>34.0</td></tr>
<tr><td colspan="4">注 1：金属薄板底孔未注公差按 QC/T 268 的规定。
注 2：塑料销直径由制造商确定。</td></tr>
</table>

A.2 一端固定式塑料管线夹（双管）的应用按图 A.2 和表 A.2。

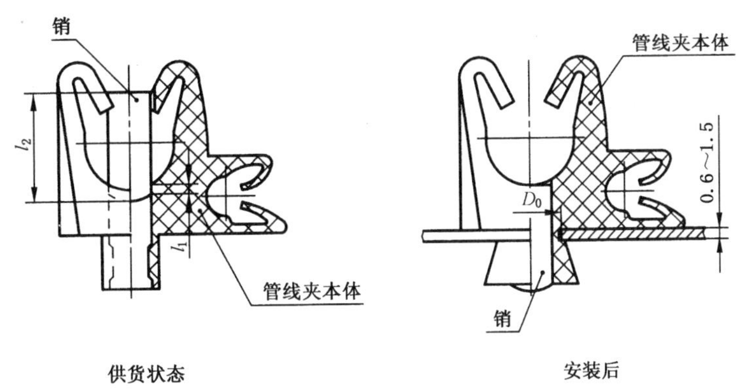

图 A.2　一端固定式塑料管线夹(双管)的应用

表 A.2　尺寸

mm

管线夹本体规格代号	塑料销长度 l_2	供货时塑料销预压入管线夹本体的深度 l_1(参考)	金属薄板底孔 D_0
06	16.0	2.0	8.0
07	18.0		
08	20.0		
注 1：金属薄板底孔未注公差按 QC/T 268 的规定。 注 2：塑料销直径由制造商确定。			

ICS 43.040
T 33

中华人民共和国汽车行业标准

QC/T 930—2013

2013-04-25 发布　　2013-09-01 实施

中华人民共和国工业和信息化部　发布

前 言

本标准按照 GB/T 1.1—2009 给出的规则起草。

本标准附录 A 为规范性附录。

本标准由全国汽车标准化技术委员会(SAC/TC 114)提出并归口。

本标准起草单位:广州汽车集团股份有限公司汽车工程研究院、长安福特马自达汽车有限公司南京公司。

本标准主要起草人:赵喆、段连祥、卢丽娟、阮社楼。

波纹管用夹箍

1 范围

本标准规定了波纹管用夹箍的型式与尺寸、技术条件。

本标准适用于波纹管直径 D 为 11 mm～19 mm 的波纹管用夹箍。

2 规范性引用文件

下列文件对于本文件的应用是必不可少的。凡是注日期的引用文件，仅注日期的版本适用于本文件。凡是不注日期的引用文件，其最新版本(包括所有的修改单)适用于本文件。

GB/T 90.1 紧固件 验收检查(GB/T 90.1—2002,idt ISO 3269:2000)

GB/T 90.2 紧固件 标志与包装

QC/T 268 汽车冷冲压加工零件未注公差尺寸的极限偏差

QC/T 326 汽车标准件产品编号规则

3 型式与尺寸

波纹管用夹箍的型式与尺寸按图 1 和表 1。

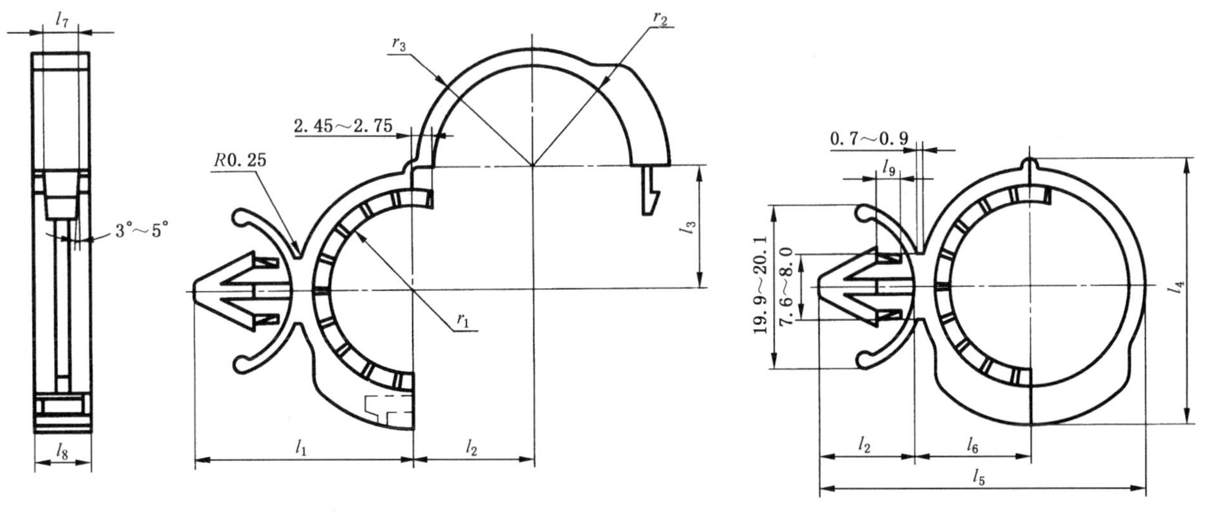

注：其余未规定的细节由制造商确定。

图 1 波纹管用夹箍的型式与尺寸

表 1　尺寸

mm

<table>
<tr><th>规格代号</th><th>r_1</th><th>r_2</th><th>r_3</th><th>l_1</th><th>l_2</th><th>l_3</th><th>l_4</th><th>l_5</th><th>l_6</th><th>l_7</th><th>l_8</th><th>l_9</th></tr>
<tr><td>01</td><td>6.70～7.00</td><td>8.35～8.65</td><td>10.30～10.60</td><td>22.65～23.15</td><td>10.65～10.95</td><td>10.65～10.95</td><td>23.75～24.35</td><td>33.05～33.75</td><td>10.50～10.80</td><td rowspan="2">4.25～4.55</td><td rowspan="4">7.85～8.15</td><td rowspan="4">2.8～3.0</td></tr>
<tr><td>02</td><td>7.50～7.80</td><td>9.35～9.65</td><td>11.40～11.70</td><td>23.85～24.35</td><td>12.35～12.65</td><td>12.35～12.65</td><td>25.95～26.55</td><td>35.35～36.05</td><td>11.70～12.00</td></tr>
<tr><td>03</td><td>8.75～9.05</td><td>10.75～11.05</td><td>12.75～13.05</td><td>25.15～25.65</td><td>13.55～13.85</td><td>13.55～13.85</td><td>28.50～29.10</td><td>37.95～38.65</td><td>13.10～13.40</td><td rowspan="2">4.30～4.60</td></tr>
<tr><td>04</td><td>10.15～10.45</td><td>12.15～12.45</td><td>14.20～14.50</td><td>26.80～27.30</td><td>15.00～15.30</td><td>15.00～15.30</td><td>31.40～32.00</td><td>40.75～41.75</td><td>14.65～14.95</td></tr>
</table>

4　技术条件

波纹管用夹箍的技术条件按表 2。波纹管及其夹箍的应用见附录 A。

表 2　技术条件

材料	推荐耐油、耐 125 ℃高温的酰胺类塑料。也可以根据零件的功能要求选用其他塑料
拉脱力	125 ℃高温环境下最小拉脱力为 70 N
缺陷	不允许有变色、变形及变质； 不允许有裂纹、毛刺、划伤、凹陷、气泡、波纹、杂质以及表面粗糙不平； 外观表面上允许有不影响使用的浇口加工痕迹
颜色	黑色
验收检查	按 GB/T 90.1，其中尺寸 r_1、r_2、l_2 和 l_3 的 AQL=2.5，其余尺寸的 AQL=4.0
标志与包装	GB/T 90.2

5　产品编号

波纹管用夹箍的产品编号按 QC/T 326 的规定。

附　录　A
（规范性附录）
波纹管及其夹箍的应用

A.1　波纹管型式与尺寸

波纹管型式与尺寸按图 A.1 和表 A.1。

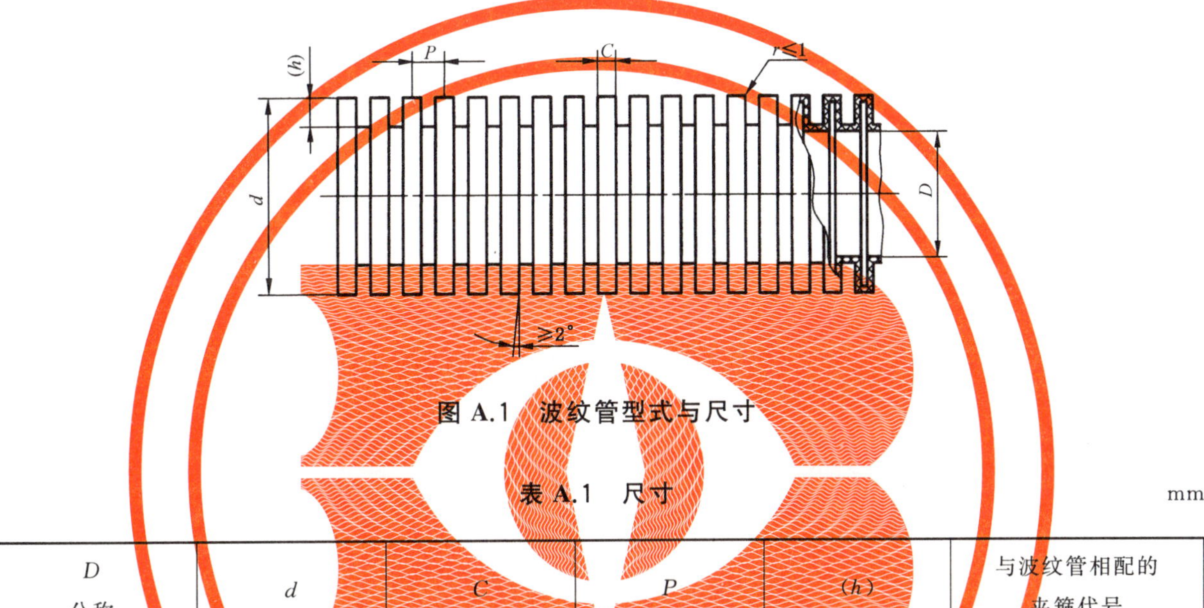

图 A.1　波纹管型式与尺寸

表 A.1　尺寸

mm

<table>
<tr><th>D
公称</th><th>d</th><th>C</th><th>P</th><th>(h)</th><th>与波纹管相配的
夹箍代号</th></tr>
<tr><td>11</td><td>16.0～16.8</td><td rowspan="2">1.8</td><td>3.2</td><td>1.65</td><td>01</td></tr>
<tr><td>13</td><td>18.1～18.9</td><td rowspan="2">3.2</td><td>1.80</td><td>02</td></tr>
<tr><td>16</td><td>20.8～21.6</td><td>2.0</td><td>1.70</td><td>03</td></tr>
<tr><td>19</td><td>23.7～24.5</td><td>2.3</td><td>4.0</td><td>2.20</td><td>04</td></tr>
</table>

A.2　与波纹管用夹箍相配的车身薄壁孔厚度与孔径

与波纹管用夹箍相配的车身薄壁件厚度为 0.6 mm～2.0 mm，孔径为 6.5 mm，未注公差按QC/T 268 的规定。

A.3　波纹管用夹箍的拉脱力

在 125 ℃高温下，将波纹管用夹箍嵌装在 A.2 规定的车身薄壁孔中。沿夹箍嵌入相反的方向（轴向）拉拔，其拉脱力应不小于 70 N。试验后，波纹管用夹箍不得与金属薄板底孔分离。

ICS 43.040
T 33

中华人民共和国汽车行业标准

QC/T 931—2013

强力软管夹箍

Heavy duty hose clamps

2013-04-25 发布　　2013-09-01 实施

中华人民共和国工业和信息化部　发布

前　　言

本标准按照 GB/T 1.1—2009 给出的规则起草。

本标准由全国汽车标准化技术委员会(SAC/TC 114)提出并归口。

本标准起草单位:中国第一汽车股份有限公司技术中心、杭州普拉格新能源汽车有限公司。

本标准主要起草人:郭抚顺、杨朝阳、吴鑫华。

强力软管夹箍

1 范围

本标准规定了强力软管夹箍的型式与尺寸、技术条件。

本标准适用于汽车发动机进排气系统用强力软管夹箍。

2 规范性引用文件

下列文件对于本文件的应用是必不可少的。凡是注日期的引用文件，仅注日期的版本适用于本文件。凡是不注日期的引用文件，其最新版本(包括所有的修改单)适用于本文件。

GB/T 90.1 紧固件 验收检查(GB/T 90.1—2002,idt ISO 3269:2000)

GB/T 90.2 紧固件 标志与包装

GB/T 197 普通螺纹 公差(GB/T 197—2003,ISO 965-1:1998,MOD)

GB/T 3098.1 紧固件机械性能 螺栓、螺钉和螺柱(GB/T 3098.1—2010,ISO 898-1:2009,MOD)

GB/T 3098.9 紧固件机械性能 有效力矩型钢锁紧螺母(GB/T 3098.9—2010,ISO 2320:2008,IDT)

GB/T 3280 不锈钢冷轧钢板和钢带

GB/T 6184 1型全金属六角锁紧螺母(GB/T 6184—2000,eqv ISO 7719:1997)

GB/T 10125 人造气氛腐蚀试验 盐雾试验(GB/T 10125—1997,eqv ISO 9227:1990)

QC/T 326 汽车标准件产品编号规则

QC/T 625 汽车用涂镀层和化学处理层

3 型式与尺寸

强力软管夹箍的型式与尺寸按图1和表1。

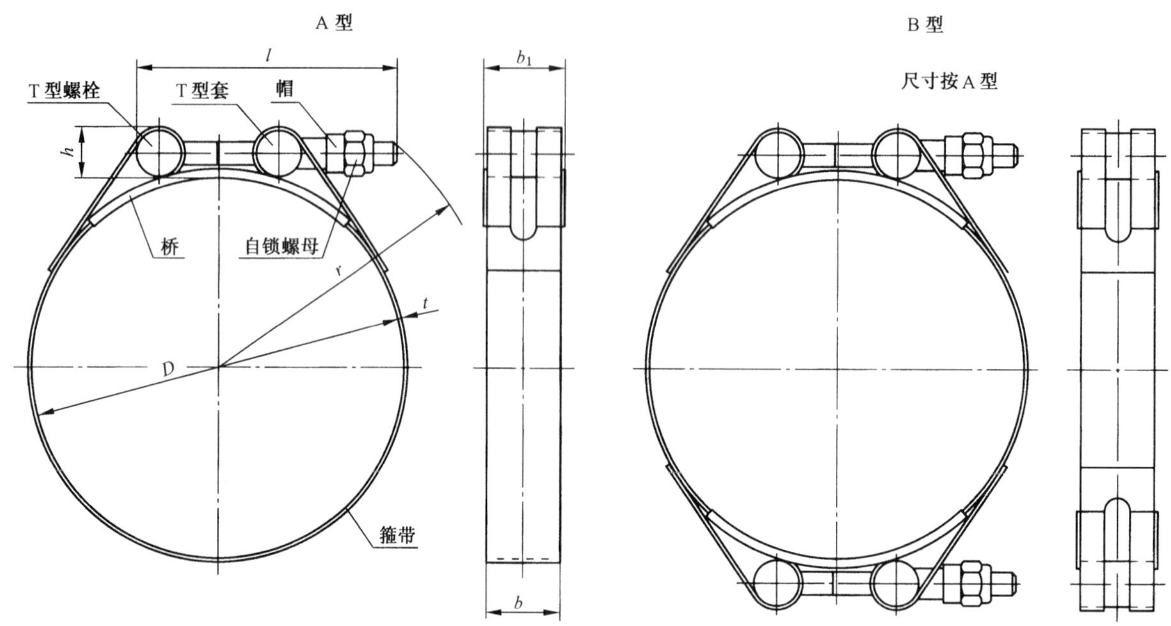

注：其余未规定的细节由制造商确定。

图1　强力软管夹箍的型式

表1　尺寸

mm

规格范围 D		规格阶		夹紧范围		b	b_1	h	l	r	t		螺纹规格
A 型	B 型	A 型	B 型	A 型	B 型	max	max	max	max	≈	max	min	
30～64	—	1	—	±2	—	15	18	13	54	44+(D−30)×0.36	0.8	0.5	M5
66～110	82～130	2	6		±4								
50～64	—	2	—	±2	—	20	23	15	70	60+(D−50)×0.36	1.0	0.7	M6
66～110	82～130	2	6		±4								
76～100	—	4	—	±3	—	25	28	18	86	82+(D−76)×0.36	1.4	1.1	M8
106～220	100～256	6	12		±6								
80～100	—	4	—	±4	—	30	33	21	107	97+(D−80)×0.36	1.7	1.4	M10
106～328	124～352	6	12		±8								

注1：夹箍规格的选取是在规格范围内，以D尺寸最小起，按规格阶的值次序增加。例：D=68 mm的A型夹箍是在规格范围66 mm～110 mm内，以66 mm+2 mm=68 mm确定。

注2：处于D尺寸时的圆度公差：D≤80 mm，圆度公差为2 mm；80 mm＜D＜220 mm，圆度公差为3 mm；D≥220 mm圆度公差为4 mm。

4　技术条件

4.1　T型螺栓

机械性能等级：8.8，按GB/T 3098.1的规定；

螺纹精度:6 g,按 GB/T 197 的规定;

表面处理:锌铝涂层,按 QC/T 625 的规定。

4.2 锁紧螺母

锁紧螺母按 GB/T 6184 的规定;

机械性能等级:8,按 GB/T 3098.9 的规定;

螺纹精度:6H,按 GB/T 197 的规定;

表面处理:锌铝涂层,按 QC/T 625 的规定。

4.3 箍带、桥、T 型套和帽

材料:12Cr17Ni7、12Cr18Ni9、10Cr17Mo,按 GB/T 3280 的规定,或性能相当的其他材料。

表面处理:抛光;

表面质量:无尖角、毛刺、裂纹、皱折和其他影响使用的缺陷。

4.4 耐蚀性

应将夹箍拆解成零件,共同进行盐雾试验 480 h。试验后,表面无白色、灰黑色及其他腐蚀物产生。

4.5 扭矩

保证扭矩和重复扭矩按表 2 规定的扭矩值进行试验。

表 2　扭矩试验值

箍带宽 b/mm	15	20	25	30
保证扭矩/(N·m)	3	4.8	14.5	36
重复扭矩/(N·m)	2.5	4	12	30

4.6 供货状态

供货时夹箍摩擦副允许涂少许润滑油,锁紧螺母处在 T 型螺栓的末端,且应锁紧不应脱落。

5 标志

应在箍带外表面明显处,标志夹箍产品的商标和规格,标志应清晰、永久。

6 试验方法

6.1 尺寸

夹紧范围用相应尺寸的钢制芯棒箍紧检验,芯棒公差为 h14,按 GB/T 1800.2 的规定;其余尺寸用通用量具检验。

6.2 材料

材料应符合技术要求规定,产品试验前,供货方应出具第三方检验报告,必要时进行检验。

6.3 耐蚀性

将夹箍拆解成零件，按 GB/T 10125 规定的试验方法，进行盐雾试验 480 h。

6.4 T 型螺栓和锁紧螺母机械性能

6.4.1 T 型螺栓

T 型螺栓机械性能试验，按 GB/T 3098.1 的规定。

6.4.2 锁紧螺母

锁紧螺母机械性能试验，按 GB/T 3098.9 的规定。

6.5 夹箍性能试验

6.5.1 试验条件

每项试验应采用新的夹箍，不得修整和补充润滑。

扭矩扳手误差不大于±3%。

6.5.2 保证扭矩

将夹箍套在相应规格的钢制芯棒上，按表 2 规定的保证扭矩平稳地拧紧锁紧螺母，保持 15 s 后，拧松螺母，检验夹箍，不应出现开焊、破坏和塑性变形，夹箍可重复使用。

6.5.3 重复扭矩

按 6.5.2 的试验方法和表 2 规定的重复扭矩值，重复试验 15 次，拧松螺母，检验夹箍，不应出现开焊、破坏和塑性变形，夹箍可重复使用。

7 夹箍装配扭矩

根据密封介质、软管材料、工作状况确定装配扭矩，但不应超过表 2 规定的保证扭矩。

8 验收检查标志与包装

验收检查按 GB/T 90.1 的规定，其中 D 尺寸 AQL=1.5，其余尺寸 AQL=2.5。

标志与包装按 GB/T 90.2 的规定。

9 产品编号

强力软管夹箍的产品编号按 QC/T 326 的规定。

非金属制品

ICS 43.020
T 05

中华人民共和国汽车行业标准

QC/T 941—2013

汽车材料中汞的检测方法

Test methods of mercury in automobiles materials

2013-10-17 发布　　2014-03-01 实施

中华人民共和国工业和信息化部　发布

前　　言

本标准按照GB/T 1.1—2009给出的规则起草。

本标准包括三个方法。

方法一“X射线荧光光谱法”参照GB/Z 21277—2007《电子电气产品中有毒有害物质铅、汞、铬、镉和溴的快速筛选　X射线荧光光谱法》编制。

方法二“冷原子吸收光谱法、原子荧光光谱法、电感耦合等离子体原子发射光谱法或电感耦合等离子体质谱法”参照IEC 62321:2008 Ed.1.0《电子电气产品—六种限用物质(铅、汞、镉、六价铬、多溴联苯和多溴联苯醚)含量的测定》编制。

方法三“直接测汞法”参照EPA 7473:2007《用热分解、汞齐化及原子吸收光谱仪测定固体和液体中的汞》编制。

本标准附录A为资料性附录。

本标准由全国汽车标准化技术委员会(SAC/TC 114)提出并归口。

本标准主要起草单位:奇瑞汽车股份有限公司、中国汽车技术研究中心、华测检测技术股份有限公司、通标标准技术服务有限公司、谱尼测试科技股份有限公司。

本标准主要起草人:宋先志、刘彦戎、高俊华、魏长庆、雷双双、张春荣、郭森、郭勇、李卫东、宋薇。

引　　言

汞会使人神经系统失调，对肾脏、造血系统、肝脏构成威胁，甚至会造成不孕不育。当含汞(Hg)产品在废弃之后，如处置不当，会造成二次污染，引发各类环境问题。2006年颁布的《汽车产品回收利用技术政策》，要求汽车产品限制使用汞，国家标准GB/T 30512—2014《汽车禁用物质要求》规定了汽车零件及其材料中汞含量的限量。

本标准用于检测汽车零件及材料中汞的含量，以确定其是否符合《汽车禁用物质要求》标准的要求。本标准自发布、实施之日起，作为汽车质量检验和汽车零件及材料中禁用物质控制的依据。

必须注意：因汞极易被污染，实验中的每一个步骤都应极其小心。处理样品时建议使用惰性塑料，所有的取样、储存与操作装置均应无汞(Hg)。

使用本标准的人员应有正规实验室工作的实践经验。本标准并未指出所有可能的安全问题，使用者有责任采取适当的安全和健康措施，并保证符合国家有关法规规定的条件。

汽车材料中汞的检测方法

1 范围

本标准规定了汽车材料中汞含量的检测方法。

X射线荧光光谱法适用于筛选和快速判定汽车材料中汞的含量。

冷原子吸收光谱法、原子荧光光谱法、电感耦合等离子体原子发射光谱法或电感耦合等离子体质谱法适用于定量测定汽车材料中汞的含量。

直接测汞法适用于定量测定汽车材料中汞的含量。

2 规范性引用文件

下列文件对于本标准的应用是必不可少的。凡是注日期的引用文件，仅注日期的版本适用于本标准。凡是不注日期的引用文件，其最新版本(包括所有的修改单)适用于本标准。

GB/T 8170　数值修约规则与极限数值的表示和判定

GB/T 30512—2014　汽车禁用物质要求

GB/Z 21277—2007　电子电气产品中限用物质铅、汞、铬、镉和溴的快速筛选　X射线荧光光谱法

IEC 62321:2008 Ed.1.0　电子电气产品　六种限制物质(铅、汞、镉、六价铬、多溴联苯和多溴联苯醚)的测定

EPA 7473:2007　热分解齐化原子吸收光度法测定固体及液体中的汞

3 X射线荧光光谱法

3.1 原理

将制备好的样品置于X射线荧光光谱仪样品室内，按所选定的分析模式对样品进行X射线分析。根据汞元素的筛选限值判断样品中汞(Hg)的含量是否合格，以及是否需要进一步测试。

3.2 试剂和材料

3.2.1　硼酸：分析纯，105 ℃烘1 h，储存于干燥器内。

3.2.2　液氮：工业级。

3.2.3　含汞元素的标准物质。

3.3 仪器与设备

3.3.1　X射线荧光光谱仪。

3.3.2　切割机。

3.3.3　液氮低温粉碎机。

3.3.4　研磨机：带碳化钨(WC)磨具。

3.3.5　压片机：工作压力不小于20 MPa。

3.4 样品制备

3.4.1 样品制备的原则。

3.4.1.1 用于测试的样品必须覆盖光谱仪的测量窗口。

3.4.1.2 样品的照射面应能代表样品整体。

3.4.1.3 样品制备过程中应注意防止污染。

3.4.2 样品制备方法。

3.4.2.1 固体样品。材料表面平整的均质样品，当样品的大小适合X射线荧光光谱仪的要求时，直接分析。当样品太小时，将同一类的样品(如小螺丝等)汇在一起进行分析。当样品太薄时可以将样品叠在一起达到足够厚度(聚合物和铝、镁或钛类的轻合金厚度至少5 mm，其他合金厚度1 mm)，需特别注意样品厚度的一致性及组成的均匀性，分析时为使样品平整铺开，可加内衬材料作为支撑物，尽量选用背景低的内衬材料。

样品太大，难以放入样品室，需切割成符合仪器要求的试样进行分析，试样表面要求平整光滑。样品太小，无法覆盖光谱仪的测试窗口，将同一类样品(如塑料粒等)通过液氮(3.2.2)冷脆或机械粉碎后，混合均匀，用硼酸(3.2.1)衬底压片制成分析样品。

玻璃、陶瓷等易碎样品测试前需破坏成小块，再经研磨成小于200目(0.074 mm)的粉末，混匀，用硼酸(3.2.1)衬底压片制样，厚度不小于1 mm。

无需或难以进一步机械拆分的非均质样品，将样品切割破碎，经液氮(3.2.2)冷冻，用研磨机将破碎后的样品研磨成粒径不超过1 mm的粉末状样品，混合均匀后用硼酸(3.2.1)衬底压片制样，厚度不小于1 mm。

3.4.2.2 液体样品。液体样品需移取一定体积加入到液体专用的样品杯里，样品杯底部用6 μm厚的聚酯膜支撑，塑料杯上要有带孔的塑料盖盖住，样品厚度至少15 mm。

3.5 分析步骤

3.5.1 仪器准备

按照仪器的操作规程开启仪器，并预热仪器直至仪器稳定。

3.5.2 分析谱线

X射线荧光光谱法分析汞元素推荐选择Lα分析线。

3.5.3 标准曲线的绘制

选择与被测样品基体相匹配且不少于5个点的不同含量的汞标准物质，按照X射线荧光光谱仪的测量条件，测定标准物质中汞元素的荧光强度，根据标准样品所给定的标准值和光谱仪所测得的强度绘制标准曲线。

3.5.4 校验

在每次测试样品前，应用标准物质(3.2.3)校正标准曲线。

3.5.5 样品测试

将制备好的样品放入样品室内，按选定的模式对试样进行X射线分析，每个样品至少分析两次。

3.6 结果分析

3.6.1 结果计算

将测得的汞元素谱线强度，按选定的分析模式计算出样品中汞元素的含量。

3.6.2 汞元素的筛选

按 GB/T 30512—2014 中汞的限值为质量分数不超过 0.1%(1 000 ms/ks)，根据表 1 中汞元素的筛选限值，对汽车材料中汞元素进行筛选，结果有三种情况：

合格(P)——汞元素的测试结果低于设定的最低限值，则结果为合格。

不合格(F)——汞元素的测试结果高于设定的最高限值，则结果为不合格。

不确定(X)——汞元素的测试结果在设定的最低限值和最高限值之间，则结果为不确定，需按本标准其他方法进一步定量测试。

表 1 汞元素的筛选限值

mg/kg

样品类别	聚合物材料	金属材料	其他材料
筛选限值	P≤(700－3S)<X<(1 300＋3S)≤F	P≤(700－3S)<X<(1 300＋3S)≤F	P≤(500－3S)<X<(1 500＋3S)≤F
注 1：S 为分析结果的标准偏差。 注 2：汞元素的测定值位于 P 区域，结果为合格；位于 X 区域，结果为不确定；位于 F 区域，结果为不合格。			

3.6.3 测试结果报告

取两次测试结果的算术平均值报告结果，单位为质量百分数或毫克/千克(mg/kg)。根据筛选限值判定样品中汞元素的含量是否合格，以及是否需要进一步测试。

4 冷原子吸收光谱法、原子荧光光谱法、电感耦合等离子体原子发射光谱法或电感耦合等离子体质谱法

4.1 原理

称取适量样品，以微波消解或湿法回流消解的方法处理后制成均匀样品溶液。利用冷原子吸收光谱法、原子荧光光谱法、电感耦合等离子体原子发射光谱法或电感耦合等离子体质谱法测试样品溶液中的汞浓度。采用冷原子吸收光谱法和原子荧光光谱法时，在分析之前汞(Hg)应被还原成原子状态。

4.2 试剂和材料

除非另有说明，在分析中仅使用确认为分析纯的试剂和蒸馏水或去离子水或纯度相当的水。

4.2.1 硝酸：ρ 为 1.40 g/mL。

4.2.2 盐酸：ρ 为 1.19 g/mL。

4.2.3 过氧化氢：ρ 为 1.10 g/mL。

4.2.4 氢氟酸：ρ 为 1.13 g/mL。

4.2.5 硝酸溶液(1＋4)。

4.2.6 硝酸溶液：0.5 mol/L。

4.2.7 硝酸溶液(5+95)。

4.2.8 王水:盐酸(4.2.2)与硝酸(4.2.1)按体积比 3∶1 配制,现配现用。

4.2.9 氯化钠-盐酸羟胺溶液:称取 12 g 氯化钠及 12 g 盐酸羟胺溶于 100 mL 水。

4.2.10 5%高锰酸钾溶液:称取 5 g 高锰酸钾,溶于 100 mL 水。

4.2.11 25 g/L 重铬酸钾溶液:获取 2.5 g 重铬酸钾,溶于 100 mL 水。

4.2.12 硝酸-重铬酸钾溶液:称取 0.5 g 重铬酸钾溶解于水中,加入 50 mL 硝酸溶液(4.2.1),移入 1 000 mL容量瓶中,以水稀释至刻度,摇匀。

4.2.13 1%氢氧化钠-3%硼氢化钠:在 100 mL 塑料容量瓶中用水溶解 1.0 g 氢氧化钠,再加入 3.0 g 硼氢化钠,搅拌、溶解,以水稀释至刻度,现配现用。

4.2.14 0.05%氢氧化钠-1%硼氢化钾:在 100 mL 塑料容量瓶中用水溶解 0.05 g 氢氧化钠,再加入 1.0 g 硼氢化钾,搅拌、溶解,以水稀释至刻度,现配现用。

4.2.15 200 g/L 氯化亚锡溶液:称取 20 g 氯化亚锡($SnCl_2$)置于烧杯中,加入(1+1)盐酸 100 mL,加热至氯化亚锡完全溶解,冷却后盛于试剂瓶中备用。

4.2.16 汞贮备溶液:称取 0.135 4 g 预先经硅胶干燥器中干燥 24 h 的二氯化汞加入 5 mL 硝酸(4.2.1)及少量水,微热溶解后,移入 100 mL 容量瓶中,用硝酸-重铬酸钾溶液(4.2.12)稀释至刻度,混匀,贮存于惰性塑料容器中(建议加入几滴 5%的高锰酸钾溶液(4.2.10)以稳定该标准溶液)。此溶液 1 mL 含 1 000 μg汞。或使用汞标准溶液。

4.3 仪器与设备

4.3.1 微波消解仪。

4.3.2 冷原子吸收光谱仪(CVAAS)。

4.3.3 原子荧光光谱仪(AFS)。

4.3.4 电感耦合等离子体原子发射光谱仪(ICP-AES/OES)。

4.3.5 电感耦合等离子体质谱仪(ICP-MS)。

4.3.6 液氮低温粉碎机。

4.3.7 加热回流装置:配有反应瓶、回流冷凝装置和吸收装置。

注:所有的器皿在室温下以(1+4)硝酸溶液(4.2.5)浸泡 24 h,再用去离子水彻底清洗。

4.4 样品制备

4.4.1 样品粉碎

将样品制成不大于 1 mm×1 mm×1 mm 的样块,对金属材料和其他材料中的无机非金属材料可直接进行下一步工作;而对聚合物材料和其他材料中的电子材料,需用液氮低温粉粹机(4.3.8)继续粉碎成粒径小于 0.5 mm 的颗粒,混合均匀后进行下一步工作。对于皮革、面料、泡棉等软质材料可将样品制成 5 mm×5 mm×5 mm 以下的样块进行下一步工作。

注:电子材料是在电子电气产品中所使用的一些特殊材料,由金属材料、有机材料、无机非金属材料中两种或三种材料组成的混合物。如线路板、导电胶、半导体功能材料等。

4.4.2 样品溶液制备

4.4.2.1 金属材料样品溶液制备。

a) 湿法回流消解法。

1) 一般金属材料样品溶液制备。称取约 1.0 g 样品,精确至 0.000 1 g,置于洁净反应瓶中(反应瓶装有回流冷凝装置及含有 10 mL 0.5 mol/L 硝酸溶液(4.2.6)的吸收装置),加 30 mL,硝酸(4.2.1),室温下消解 1 h,升温至 90 ℃,恒温消解 2 h。冷却至室温,将吸收管内的溶液合并于消解液中。转移至 250 mL 容量瓶[若以溶解二氯化汞作为汞贮备液,应加入 0.5 mL重铬酸钾溶液(4.2.11)],以(5+95)硝酸溶液(4.2.7)稀释至刻度,混匀制备成样品溶液。必要时根据校准曲线范围,稀释待测溶液。

2) 含有锆(Zr)、铪(Hf)、钛(Ti)、铜(Cu)、银(Ag)、钽(Ta)、铌(Nb)或钨(W)的金属材料样品溶液制备。称取约 1.0 g 样品,精确至 0.000 1 g,置于洁净反应瓶中[反应瓶装有回流冷凝装置及含有 10 mL 0.5 mol/L 硝酸溶液(4.2.6)的吸收装置],加入 20 mL 盐酸(4.2.2)和 10 mL硝酸(4.2.1),室温下消解 1 h,升温至 95 ℃,消解 15 min。冷却至室温。若试样未被完全消解,反复加入王水(4.2.8)并加热,直至试样消解完全。待试样完全消解后,向反应瓶中加入 20 mL 水与 15 mL 高锰酸钾溶液(4.2.10),充分混匀,在 95 ℃下加热回流 30 min。样品溶液冷却至室温,过滤,转移至 100 mL 容量瓶中。用水反复清洗反应瓶、冷凝器与吸收装置。将清洗液并入容量瓶中,可加入 6 mL 氯化钠-盐酸羟胺溶液(4.2.9)还原多余的高锰酸钾[若以溶解二氯化汞作为汞贮备液,应加入 0.5 mL 重铬酸钾溶液(4.2.11)]。用水稀释至刻度,混匀制备成样品溶液。必要时根据校准曲线范围,稀释待测溶液。

b) 微波消解法。称取约 0.1 g 样品,精确至 0.000 1 g,置于消解罐中,加入 5 mL 适宜比例的盐酸(4.2.2)与硝酸(4.2.1)的混合酸(盐酸与硝酸比例通常为 3+1,可根据基体成份进行适当调整)。当样品中含硅(Si)、锆(Zr)、铪(Hf)、钛(Ti)、钽(Ta)、铌(Nb)、钨(W)时,再加 1 mL 氢氟酸(4.2.4)。预反应 5 min 后,将整个消解罐置于微波消解仪中,按照仪器操作方法对试样进行微波消解,直至试样完全溶解。将消解罐取出,冷却至室温(若采用不耐氢氟酸的雾化器、样品管或气液分离器,需要加入适量的硼酸络合过量的氢氟酸)。转移至 50 mL 的容量瓶中[若以溶解二氯化汞作为汞贮备液,应加入 0.5 mL 重铬酸钾溶液(4.2.11)],用水稀释至刻度。必要时根据校准曲线范围,稀释待测溶液。

4.4.2.2 聚合物材料样品溶液制备。称取约 0.1 g 样品,精确至 0.000 1 g,置于消解罐中,加入 5 mL 硝酸(4.2.1)、1 mL 过氧化氢(4.2.3)。当样品中含硅(Si)、锆(Zr)、铪(Hf)、钛(Ti)、钽(Ta)、铌(Nb)、钨(W)时,再加入 1 mL 氢氟酸(4.2.4)。预反应 5 min 后,将整个消解罐置于微波消解仪中,按照仪器操作方法对试样进行微波消解,直至试样被完全溶解。将消解罐取出,冷却至室温(若采用不耐氢氟酸的雾化器、样品管或气液分离器,需要加入适量的硼酸络合过量的氢氟酸)。转移至 50 mL 的容量瓶中[若以溶解二氯化汞作为汞贮备液,应加入 0.5 mL 重铬酸钾溶液(4.2.11)],用水稀释至刻度。必要时根据校准曲线范围,稀释待测溶液。

4.4.2.3 其他材料样品溶液制备。称取约 0.1 g 样品,精确到 0.000 1 g,置于消解罐中,加入 5 mL 适宜比例的盐酸(4.2.2)与硝酸(4.2.1)的混合酸(盐酸与硝酸比例通常为 3+1,可根据基体成分进行适当调整)。当样品中含硅(Si)、锆(Zr)、铪(Hf)、钛(Ti)、钽(Ta)、铌(Nb)、钨(W)时,再加入 3 mL 氢氟酸(4.2.4)。预反应 5 min 后,将整个消解罐置于微波消解仪中,按照仪器操作方法对试样进行微波消解,直至试样被完全溶解。将消解罐取出,冷却至室温(若采用不耐氢氟酸的雾化器、样品管或气液分离器,需要加入适量的硼酸络合过量的氢氟酸)。转移至 50 mL 的容量瓶中[若以溶解二氯化汞作为汞贮备液,应加入0.5 mL重铬酸钾溶液(4.2.11)],用水稀释至刻度。必要时根据校准曲线范围,稀释待测溶液。

注 1:聚合物材料微波消解过程应注意:过氧化氢可与易氧化材料发生快速而猛烈的反应。当样品中可能含有大量易氧化有机成分时,不宜添加过氧化氢。

注 2:是否含有硅(Si)、锆(Zr)、铪(Hf)、钛(Ti)、铜(Cu)、银(Ag)、钽(Ta)、铌(Nb)或钨(W)的信息可从筛选试验中获得。

注 3：由于样品的复杂性，可根据实际情况适当调整酸的种类及用量，使消解后溶液澄清。

4.5 分析步骤

4.5.1 汞标准溶液的配制

用(5+95)硝酸溶液(4.2.7)稀释汞标准贮备溶液(4.2.16)[若以溶解二氯化汞作为汞贮备液，应加入0.5 mL重铬酸钾溶液(4.2.11)]，配制至少五个浓度的标准溶液。

4.5.2 空白溶液的制备

随同4.4中样品溶液制备一起制备空白溶液。

4.5.3 仪器准备

检查并确定仪器能正常运行，按照附录A设置仪器参数。

4.5.4 标准曲线的绘制

4.5.4.1 冷原子吸收光谱法。按浓度由低到高的顺序测量系列标准溶液中汞的吸收强度读数，以校准溶液的浓度为横坐标，以汞的吸收强度为纵坐标绘制校准曲线。其中还原剂为1%氢氧化钠-3%硼氢化钠(4.2.13)，或者200 g/L氯化亚锡(4.2.15)。

4.5.4.2 原子荧光光谱法。按浓度由低到高的顺序测量系列标准溶液中汞的荧光强度读数，以校准溶液的浓度为横坐标，以荧光强度为纵坐标绘制校准曲线。其中还原剂为0.05%氢氧化钠-1%硼氢化钾(4.2.14)。

4.5.4.3 电感耦合等离子体原子发射光谱法。按浓度由低到高的顺序测量系列标准溶液中汞的光谱发射强度读数。根据需要测试内标元素的发射强度读数。

采用外标法时，以校准溶液的浓度为横坐标，以信号强度为纵坐标绘制校准曲线。

采用内标法时，以校准溶液的浓度为横坐标，以汞的信号强度与内标元素的信号强度比为纵坐标绘制校准曲线。

4.5.4.4 电感耦合等离子体质谱法。按浓度由低到高的顺序测量系列标准溶液中汞同位素的计数。根据需要测试内标元素同位素的计数。

采用外标法时，以校准溶液的浓度为横坐标，以信号强度为纵坐标绘制校准曲线。

采用内标法时，以校准溶液的浓度为横坐标，以汞的信号强度与内标元素的信号强度比为纵坐标绘制校准曲线。

注：采用内标法时，配制时向溶液中加入250 μL内标溶液，或在测试过程中采用仪器在线加入内标。对于电感耦合等离子体原子发射光谱法，可选取钪(Sc)或钇(Y)元素作内标，内标元素浓度推荐使用1 000 mg/L；对于电感耦合等离子体质谱法，可选取铑元素(Rh)作内标，内标元素浓度推荐使用1 000 μg/L。

4.5.5 样品测定

校准曲线建立后，测试空白溶液、样品溶液。依据每个试样的信号读数，由校准曲线查得所对应的浓度。每个样品应独立进行至少两次测定。在每一批样品中至少取一个样品进行加标回收率的试验，回收率需在90%～110%之间。采用冷原子吸收光谱法和原子荧光光谱法时，在分析之前应采用适当的方法将汞(Hg)还原成原子状态。

4.6 结果计算

按式(1)计算样品中汞的含量：

$$w_{(Hg)}=\frac{(C_1-C_2)\times V\times d}{m} \quad \cdots\cdots(1)$$

式中：

$w_{(Hg)}$——样品中汞含量，以毫克/千克(mg/kg)表示，数值修约按 GB/T 8170；

C_1 ——在校准曲线上查得试液中汞元素浓度的数值，mg/L；

C_2 ——在校准曲线上查得试剂空白液中汞元素浓度的数值，mg/L；

V ——试液的体积，mL；

d ——样品溶液的稀释倍数；

m ——试样量，g。

4.7 精密度

当样品中汞含量不大于 100 mg/kg 时，两次平行测定结果差值的绝对值应不超过算术平均值的 20%；当样品中汞含量大于 100 mg/kg 时，两次平行测定结果差值的绝对值应不超过平均值的 10%，否则，应重新分析。

5 直接测汞法

5.1 原理

称取适量样品，放入仪器氧化分解炉中，利用热和化学作用分解样品，通过选择性吸附样品中的汞，再加热释放出来，用单波长原子吸收分光光度计检测样品中汞含量。

5.2 试剂和材料

除非另有说明，在分析中仅使用确认为分析纯的试剂和蒸馏水或去离子水或纯度相当的水。

5.2.1 硝酸：ρ 为 1.40 g/mL。

5.2.2 汞贮备溶液(1 mg/mL)：称取 0.135 4 g 预先经硅胶干燥器中干燥 24 h 的二氯化汞，溶于 75 mL 水中，加入 10 mL 硝酸(5.2.1)，转入 100 mL 容量瓶中，定容，混匀。或使用汞标准溶液。

5.3 仪器和设备

直接测汞仪。

注：所有的器皿在室温下以(1+4)硝酸溶液(4.2.5)浸泡 24 h，再用去离子水彻底清洗。

5.4 样品制备

一般聚合物、有机涂层等固体样品移取 100 mg(精确至 0.1 mg)进行测试，最多不超过 500 mg。对于液体样品，移取 100 μL(精确至 1 μL)样品进行测试，最多不超过 500 μL。

5.5 分析步骤

5.5.1 汞标准溶液的配制

稀释汞贮备溶液(5.2.2)配制成不少于 5 个点的不同浓度的汞标准溶液，标准空白溶液作为零点，标准溶液的酸度至少为 0.15%。此标准溶液应现配现用。

5.5.2 空白样品的制备

随同 5.4 中测试样品准备一起制备。

5.5.3 仪器准备

检查并确定仪器能正常运行，按照附录 A 设置仪器参数。

5.5.4 校准曲线的绘制

按浓度由低到高的顺序测量系列标准溶液中汞的吸收强度读数，以校准溶液的浓度为横坐标，以汞的吸收强度为纵坐标绘制校准曲线。

5.5.5 样品测定

校准曲线建立后，测试空白样、样品，依据每个试样的信号读数，由校准曲线查得所对应的浓度。

5.6 结果计算

按式(2)计算固体样品中汞的含量：

$$\omega_{(Hg)}=\frac{(C_1-C_2)\times d}{m} \qquad \cdots\cdots(2)$$

按式(3)计算液体样品中汞的含量：

$$\omega_{(Hg)}=\frac{(C_1-C_2)\times d}{V} \qquad \cdots\cdots(3)$$

式中：

$\omega_{(Hg)}$——样品中汞含量，以毫克/千克(mg/kg)或者毫克/升(mg/L)表示，数值修约按 GB/T 8170；

C_1 ——在校准曲线上查得试液中汞元素浓度的数值，μg；

C_2 ——在校准曲线上查得试剂空白液中汞元素浓度的数值，μg；

d ——样品溶液的稀释倍数；

m ——样品量，g；

V ——样品体积，mL。

5.7 精密度

在重复条件下获得的两次独立测定结果的绝对差值不得超过算术平均值的 20％。

6 试验报告

试验报告应包括以下内容：

a） 样品描述、实验室和试验日期等资料；

b） 遵守本标准规定的程度；

c） 试验结果及其表示；

d） 试验过程中观察到的异常现象。

对试验结果可能有影响而本标准未包括的操作或者任选的操作。

附 录 A
（资料性附录）
仪器参数的设定

A.1 冷原子吸收光谱仪

光源:无电极放电灯或空心阴极灯。

波长:253.7 nm。

还原剂:1%氢氧化钠-3%硼氢化钠(4.2.13)或者 200 g/L 氯化亚锡溶液(4.2.15)。

A.2 原子荧光光谱仪

光源:汞空心阴极灯。

波长:253.7 nm。

还原剂:0.05%氢氧化钠-1%硼氢化钾(4.2.14)。

清洗溶液:5%硝酸溶液。

A.3 电感耦合等离子体原子发射光谱仪

Hg 波长:194.227 nm。

A.4 电感耦合等离子体质谱仪

Hg 的质/荷比:m/z=199,200,201,202。

A.5 直接测汞仪

波长:253.7 nm。

直接测汞仪测试参数见表 A.1。

表 A.1 直接测汞仪测试参数

样品类型	干燥时间、温度	分解时间、温度	等待时间	齐化时间	记录时间
液体样品	60 s、300 ℃	180 s、850 ℃	60 s	12 s	30 s
固体样品	10 s、300 ℃	180 s、850 ℃	60 s	125	30 s

ICS 43.020
T 05

中华人民共和国汽车行业标准

QC/T 942—2013

汽车材料中六价铬的检测方法

Test methods of hexavalent chromium in automobiles materials

2013-10-17 发布 2014-03-01 实施

中华人民共和国工业和信息化部 发布

前　　言

本标准根据 GB/T 1.1—2009 给出的规则起草。

本标准包括五个方法。

方法一“X 射线荧光光谱法”参照 GB/Z 21277—2007《电子电气产品中有毒有害物质铅、汞、铬、镉和溴的快速筛选　X 射线荧光光谱法》编制。

方法二“金属防腐镀层中六价铬定性试验”参照 IEC 62321：2008 Ed.1.0《电子电气产品　六种限用物质(铅、汞、镉、六价铬、多溴联苯和多溴联苯醚)含量的测定》附录 B 编制。

方法三“金属防腐镀层中六价铬含量测定”参照 ISO 3613：2000《锌、镉、铝　锌合金和锌　铝合金的铬酸盐转化膜　试验方法》编制。

方法四“聚合物材料和电子材料中六价铬含量测定”参考 IEC 62321：2008 Ed.1.0《电子电气产品　六种限用物质(铅、汞、镉、六价铬、多溴联苯和多溴联苯醚)含量的测定》附录 C 编制，与 IEC 62321：2008 Ed.1.0 的一致性程度为非等效。与国际标准的附录 C 相比，本方法在技术内容上一致，标准框架有较大变化。

方法五“皮革材料中六价铬含量测定”参照 EN ISO 17075：2007《皮革　化学试验　六价铬含量的测定》编制，与 EN ISO 17075：2007 的一致性程度为非等效。与国际标准相比，本方法在技术内容上一致，标准框架有较大变化，按国际标准中引用标准的内容细化了样品制备条款，按国际标准中引用的标准将样品中挥发物含量的测定细化为本方法的附录 C(规范性附录)。

本标准附录 A 为资料性附录。附录 B、附录 C 和附录 D 为规范性附录。

本标准由全国汽车标准化技术委员会(SAC/TC 114)提出并归口。

本标准主要起草单位：南京汽车集团有限公司、中国汽车技术研究中心、华测检测技术股份有限公司、通标标准技术服务有限公司、谱尼测试科技股份有限公司。

本标准主要起草人：包雪鹏、刘彦戎、高俊华、韩丹丹、董艳、张春荣、郭森、郭勇、李卫东、宋薇。

引　言

金属铬无毒，化学性质稳定，但铬的化合物有毒，以六价铬毒性最强。六价铬可诱发癌症，是一种高度危险的毒性物质。2006 年颁布的《汽车产品回收利用技术政策》，要求汽车产品限制使用六价铬等重金属，国家标准 GB/T 30512—2014《汽车禁用物质要求》规定了汽车零件及其材料中六价铬的限量。

本标准用于检测汽车零件及材料中六价铬的含量，以确定其是否符合《汽车禁用物质要求》标准的要求。本标准自发布、实施之日起，作为汽车质量检验和汽车零件及材料中禁用物质控制的依据。

本标准采用萃取方法萃取汽车零件及其材料中的六价铬，即对不同类别的汽车零件及材料，采用不同的萃取程序（如不同萃取溶液、pH 值和萃取时间等）萃取样品中的可溶性六价铬。因此，由本标准规定方法获得的结果严格取决于萃取条件，采用其他萃取程序可能与之没有可比性。

必须注意，所有可能含有六价铬的样品及试验中用到的试剂均要小心处理及存放。含六价铬的溶液和废弃物应正确处理，例如抗坏血酸或其他还原剂可将六价铬还原为三价铬。因此，使用本标准的人员应有正规实验室工作的实践经验。本标准并未指出所有可能的安全问题，使用者有责任采取适当的安全和健康措施，并保证符合国家有关法规规定的条件。

汽车材料中六价铬的检测方法

1 范围

本标准规定了汽车零部件及材料中六价铬含量的检测方法。其中：

"X射线荧光光谱法"适用于采用X射线荧光光谱法筛选和快速判定汽车材料中六价铬的含量。

"金属防腐镀层中六价铬定性试验"适用于采用点滴试验法和沸水萃取法定性确定汽车防腐镀层中六价铬的存在。"金属防腐镀层中六价铬含量测定"适用于采用沸水萃取、比色法定量测定汽车防腐镀层中六价铬的含量。"金属防腐镀层中六价铬定性试验"和"金属防腐镀层中六价铬含量测定"适用于无附加覆盖层(例如:油膜、水基或溶剂型聚合物膜或蜡膜)的镀层。

"聚合物材料和电子材料中六价铬含量测定"适用于采用碱液萃取、比色法测定汽车聚合物材料和汽车电子材料中六价铬的含量,不适用于聚乙烯(PE)和乙烯-乙酸乙烯酯共聚物(EVAC)材料。其他汽车材料,如玻璃、陶瓷、织物和油漆涂层中的六价铬含量参照本方法测定。

"皮革材料中六价铬含量测定"适用于采用磷酸盐液萃取、比色法测定汽车皮革材料中六价铬的含量。

2 规范性引用文件

下列文件对于本文件的应用是必不可少的。凡是注日期的引用文件,仅注日期的版本适用于本文件。凡是不注日期的引用文件,其最新版本(包括所有的修改单)适用于本文件。

GB/T 1839 钢产品镀锌层质量试验方法(GB/T 1839—2008,ISO 1460:1992,MOD)

GB/T 8170 数值修约规则与极限数值的表示和判定

GB/T 20017 金属和其他无机覆盖层 单位面积质量的测定 重量法和化学分析法评述(GB/T 20017—2005,ISO 10111:2000,IDT)

GB/T 30512—2014 汽车禁用物质要求

GB/Z 21277—2007 电子电气产品中限用物质铅、汞、铬、镉和溴的快速筛选 X射线荧光光谱法

QB/T 2262—1996 皮革工业术语

QB/T 2706 皮革 化学、物理、机械和色牢度试验 取样部位(QB/T 2706—2005,ISO 2418:2002,MOD)

IEC 62321:2008 Ed.1.0 电子电气产品 六种限制物质(铅、汞、镉、六价铬、多溴联苯和多溴联苯醚)的测定

ISO 3613:2000 锌、镉、铝-锌合金及锌-铝合金表面铬酸盐的转化镀层 测试方法

EN ISO 17075:2007 皮料铬(六价铬)含量测试

3 X射线荧光光谱法

3.1 原理

将制备好的样品置于X射线荧光光谱仪样品室内,按所选定的分析模式对样品中的铬含量进行X射线荧光光谱分析,并根据筛选限值判断样品中铬含量是否合格,以及是否需要进行精确测定。

注:X射线荧光光谱分析所得结果是样品所含的总铬而非六价铬。

3.2 试剂和材料

3.2.1 硼酸:优级纯,105 ℃烘 1 h,储存于干燥器内。
3.2.2 无水四硼酸锂:优级纯,700 ℃灼烧 4 h,储存于干燥器内。
3.2.3 液氮:工业级。
3.2.4 含铬元素的标准物质。

3.3 仪器和设备

3.3.1 X 射线荧光光谱仪。
3.3.2 切割机。
3.3.3 液氮低温粉碎机。
3.3.4 研磨机:带碳化钨(WC)磨具。
3.3.5 压片机:工作压力不小于 20 MPa。
3.3.6 熔样机:工作温度不低于 1 150 ℃。

3.4 样品制备

3.4.1 样品制备原则。
3.4.1.1 用于分析的样品必须覆盖光谱仪的测量窗口。
3.4.1.2 样品的照射面应能代表样品整体。
3.4.1.3 样品制备过程中应注意防止污染。
3.4.2 样品制备方法。
3.4.2.1 固体样品。表面平整、大小适合 X 射线荧光光谱仪要求的均质样品,直接分析。小样品可汇在一起进行分析。薄样品,可将其叠在一起达到足够厚(厚度至少 5 mm),需特别注意样品厚度的一致性及组成的均匀性。分析时为使样品平整铺开,可加内衬材料作为支撑物,应尽量选用背景低的内衬材料。

各种块、板等不定形的样品以及尺寸过大的样品,可用切割机、研磨机等将其加工至合适尺寸。小样品(如塑料颗粒等)通过液氮冷冻、机械粉碎再经压片机压片制成分析样品。

玻璃、陶瓷等易碎样品先粉碎成小块,再研磨成小于 200 目(0.074 mm)的粉末,混匀,用硼酸(3.2.1)衬底压片制样,厚度不小于 1 mm,或用无水四硼酸锂(3.2.2)制成玻璃融片分析样品。

由不均匀材料组成的、无需或难以进一步机械拆分的非均质样品,将样品切割破碎,经液氮冷冻,用研磨机将破碎后的样品研磨成粒径不超过 1 mm 的粉末状样品,混匀,用硼酸(3.2.1)衬底压片制样,厚度不小于 1 mm,或用无水四硼酸锂(3.2.2)制成玻璃融片分析样品。

3.4.2.2 液体样品。移取一定体积的液体样品加入到液体专用样品杯里(样品厚度至少 15 mm),杯底部用 6 mm 厚的聚脂膜支撑,杯上用带孔的盖盖住。

3.5 分析步骤

3.5.1 仪器准备

按照仪器的操作规程开启仪器,并预热仪器直至仪器稳定。

3.5.2 分析谱线

X 射线荧光光谱法分析铬元素推荐选择 Kα 分析线。

3.5.3 工作曲线的绘制

选择与待测样品基体相匹配的标准物质,按照 X 射线荧光光谱仪的测量条件,测定标准物质中铬元素的荧光强度，根据标准物质所给定的标准值和光谱仪所测得的强度绘制工作曲线。

3.5.4 校验

在每次测试样品前，应用含铬元素的标准物质(3.2.4)校正工作曲线。

3.5.5 样品测试

将制备好的样品放入样品室内，按选定的模式对样品进行分析，每个样品至少分析两次。

3.6 结果分析

3.6.1 结果计算

将测定的铬元素谱线强度，按选定的分析模式计算出样品中铬元素的含量。

3.6.2 六价铬的筛选

按GB/T 30512—2014标准中六价铬(在此按总铬量计)限值为质量分数0.1%(1 000 mg/kg)，设定汽车材料中铬的筛选限值(表1)，根据筛选限值对汽车材料中的铬元素进行筛选，结果有两种情况：

合格(P)——分析结果都低于设定的最低限，则结果为合格；

不确定(X)——分析结果高于设定的最低限值，则结果为不确定，需要进行六价铬的测定。

表1 汽车材料中铬含量的筛选限值

mg/kg

样品类别	聚合物材料	其他材料
筛选限值	$P \leqslant 700-3S < X$	$P \leqslant 500-3S < X$
注1：S 为分析结果的标准偏差。 注2：铬元素的测定值位于P区域，结果为合格；位于X区域，结果为不确定。		

3.6.3 测试结果报告

取测试结果的算术平均值报告结果，单位为质量百分数(%)或毫克/千克(mg/kg)。

根据筛选限值判断样品中铬的含量是否合格，以及是否需要进一步的六价铬定量检测。

4 金属防腐镀层中六价铬定性试验

4.1 原理

金属防腐镀层中的六价铬与二苯碳酰二肼反应生成紫红色络合物，定性显示金属防腐镀层中有六价铬存在。

4.2 试剂和材料

除非另有说明，在分析中仅使用确认为分析纯的试剂和蒸馏水或去离子水或纯度相当的水。

4.2.1 二苯碳酰二肼。

4.2.2 重铬酸钾：基准试剂。

4.2.3 丙酮。

4.2.4 乙醇(95%)。

4.2.5 正磷酸溶液(13+7)。

4.2.6 六价铬储备溶液：称取 0.141 4 g 烘干至恒重的重铬酸钾(4.2.2)，溶于水，移入 100 mL 容量瓶中，稀释至刻度。此溶液含六价铬量为 500 μg/mL。盖紧容器，此溶液的储藏期为 1 年。或采用国家标准溶液。

4.2.7 六价铬标准溶液：移取 0.50 mL 六价铬储备溶液(4.2.6)于 250 mL 容量瓶中，稀释至刻度。此标准溶液含六价铬量为 1 μg/mL。盖紧容器，此溶液应在配制后的 24 h 内使用。或采用国家标准溶液配制含六价铬量为 1 μg/mL 的该六价铬标准溶液。

4.2.8 显色液 A：称取 0.4 g 二苯碳酰二肼(4.2.1)溶于 20 mL 丙酮(4.2.3)与 20 mL 乙醇(4.2.4)的混合物中，溶解后，加 20 mL 正磷酸溶液(4.2.5)和 20 mL 水。此溶液应在配制后的 8 h 内使用。

4.2.9 显色液 B：称取 0.5 g 二苯碳酰二肼(4.2.1)溶解于 50 mL 丙酮(4.2.3)中，在搅拌下慢慢用 50 mL 水稀释(快速混合会产生二苯碳酰二肼沉淀)。此溶液应冷藏于棕色玻璃瓶中，如果变色则不能使用。

4.3 仪器和设备

4.3.1 分析天平：精度 0.1 mg。

4.3.2 能够保持萃取液沸腾状态的加热装置。

4.3.3 分光光度计：检测波长 540 nm、配 1 cm 或 1 cm 以上的吸收皿。可采用精度满足要求的其他比色计。

4.4 样品制备

4.4.1 试验前样品应置于温度不高于 35 ℃、相对湿度不高于 75%的环境下。

4.4.2 试验时样品表面应无污染、指印和其他外来的污点。如果样品表面涂有油膜，应在室温(≤35 ℃)下用清洁剂、软布或适当的溶剂除去。注意样品不得在高于 35 ℃的情况下进行强制干燥，不得在碱性溶液中处理。

4.4.3 如样品表面有聚合物涂层，可选用有效的方法去除表面涂层，注意不能将样品表面的防腐镀层一起去除。

4.5 试验

4.5.1 先采用点滴试验法(4.5.2)，当点滴试验不能确定结果，或者结果为阴性但背景中存在颜色干扰时，采用沸水萃取法(4.5.3)进行确认。对于表面有颜色的镀层，采用点滴试验法(4.5.2)会存在干扰，可直接采用沸水萃取法(4.5.3 或第 5 章方法)进行试验。

4.5.2 点滴试验法。

4.5.2.1 对于片状或块状样品，滴 1 滴～5 滴显色液 A(4.2.8)于样品表面，如存在六价铬，样品表面在几分钟内会出现红色或紫红色。如许久后(例如干燥后)才显色，则忽略。

4.5.2.2 对于紧固件(例如小螺栓)，可将样品置于一小容器中(例如试管中)，滴加 1 滴～5 滴显色液 A(4.2.8)至容器内。如果存在六价铬，样品表面在几分钟内会出现红色或紫红色。移走容器内紧固件样品后把容器置于白色背景中，更易于观察显色液的颜色。

4.5.2.3 样品表面出现红色或紫红色，则认为镀层含有六价铬，试验结果记为阳性；反之，试验结果记为阴性。

4.5.2.4 如果试验结果为阴性，可继续下述试验以进一步确认。

a) 在样品表面选择一个没有试验过的区域，或选择同批次的其他样品，用细砂纸(例如粒度 800 的 SiC 砂纸)轻轻擦除表面，注意不要去除整个防腐镀层。

b) 在新处理的表面上，重复 4.5.2.1 或 4.5.2.2。如果试验结果为阳性，则认为样品镀层含有六价铬。如果结果仍为阴性，就用更大的力擦拭镀层，以达到镀层的较深处，重复 4.5.2.1 或 4.5.2.2。如果在擦试到样品基体前试验结果仍保持阴性，则将此样品六价铬的试验结果记为阴性。

4.5.2.5 如果难以判断试验过程中颜色的变化,应继续下述试验。

a) 在一刚打磨的裸露表面加一滴六价铬标准溶液(4.2.7),然后将其与一滴显色液A(4.2.8)混合。或者在一小容器(如试管)中混合等量的六价铬标准溶液(4.2.7)和显色液A(4.2.8)。

b) 比较在4.5.2.1或4.5.2.2样品上操作所获得的颜色和从六价铬标准溶液[4.5.2.5 a)]获得的颜色。如两者颜色一样,或者样品得到的颜色比六价铬标准溶液所获得的颜色还要红,则点滴试验的结果为阳性。如从样品中获得的颜色是清澈(无色)的,则点滴试验结果为阴性。如从样品得到的颜色不如六价铬标准液所获得的颜色红但不清澈,则采用沸水提取法(4.5.3)进行试验。

4.5.2.6 出于比较的目的,也可用同样的方法试验样品的基体部分。把样品表面的所有镀层去除掉,如用砂纸去除或退镀,即可露出样品的基体。

4.5.3 沸水萃取法。

4.5.3.1 从样品上截取镀层面积50 cm^2±5 cm^2。对于一些小零件或表面不规则的样品,例如紧固件,用适当数量的样品使得镀层总表面积达到50 cm^2±5 cm^2。紧固件面积的计算可参照附录A,或采用其他计算方法。

4.5.3.2 在烧杯中煮沸50 mL水,将样品全部浸没在水中,盖上表面皿。水沸腾状态下准确浸洗样品10 min±0.5 min。取出样品,冷却萃取液至室温。如果水有蒸发,加水至50 mL。

4.5.3.3 制备的萃取液中加入1 mL正磷酸溶液(4.2.5),混匀,将其一半移至另一干燥烧杯中(作为参比溶液)。加1.0 mL显色液A(4.2.8)或显色液B(4.2.9)到其中之一烧杯中,混匀,红色(阳性)表明有六价铬的存在。

4.5.3.4 如果难以判断试验中颜色的变化,在4.5.3.3的操作2 min后,分别移两个烧杯中的萃取液于1 cm吸收皿中,用分光光度计(4.3.3)在540 nm处测定其吸光度,测量三次取平均值。

4.5.3.5 移取1.0 mL六价铬标准溶液(4.2.7)稀释至50 mL。加入1 mL正磷酸溶液(4.2.5),混匀,加入2.0 mL显色液A(4.2.8)或显色液B(4.2.9),混匀;用分光光度计(4.3.3)在540 nm处测定其吸光度,测量三次取平均值。

4.5.3.6 若4.5.3.4所得的吸光度值等于或大于4.5.3.5所得的值,则认为该样品镀层含有六价铬(阳性)。反之,则认为该样品镀层不含有六价铬(阴性)。

4.5.4 如果上述点滴试验法、沸水萃取法试验结果为阴性,表明镀层中不存在六价铬。反之,用下述"金属防腐镀层中六价铬含量测定"方法测定镀层中六价铬的含量。

5 金属防腐镀层中六价铬含量测定

5.1 原理

采用沸水萃取法萃取金属防腐镀层样品中的六价铬,调节萃取液的pH值,在酸性条件下加入二苯碳酰二肼溶液,萃取液中的六价铬与二苯碳酰二肼反应生成紫红色络合物,在波长540 nm处进行比色法定量。

5.2 试剂和材料

除非另有说明,在分析中仅使用确认为分析纯的试剂和蒸馏水或去离子水或纯度相当的水。

5.2.1 硫酸(1+3)。

5.2.2 磷酸二氢钠。

5.2.3 磷酸盐缓冲溶液:称取47.8 g磷酸二氢钠(5.2.2)溶解于100 mL水中。

注:如采用含水合物的磷酸二氢钠,应调整磷酸二氢钠的称取量。

5.2.4 六价铬标准溶液:移取1.00 mL的六价铬储备溶液(4.2.6)于100 mL容量瓶中,稀释至刻度。此溶液含六价铬量为5 μg/mL。或采用国家标准溶液配制含六价铬量为5 μg/mL的该六价铬标准溶液。

5.3 仪器和设备

采用4.3中要求的仪器和设备。

5.4 样品制备

5.4.1 按4.4的要求预备样品。
5.4.2 从样品上截取镀层面积50 cm^2±5 cm^2。对于一些小零件或表面不规则的样品，例如紧固件，用适当数量的样品使镀层总表面积达到所需的50 cm^2±5 cm^2。紧固件面积的计算可参照附录A，或采用其他计算方法。注意样品截取时温度不能太高，不得接触强碱性溶液。
5.4.3 测量、计算并记录镀层面积，镀层面积以 cm^2 表示，精确至0.01 cm^2。

5.5 分析步骤

5.5.1 测定次数

独立地进行两次测定，取其平均值。

5.5.2 校准曲线的绘制

5.5.2.1 准确移取0 mL、1 mL、2 mL、4 mL、6 mL和8 mL六价铬标准溶液(5.2.4)于100 mL容量瓶中，各加入50 mL水和2 mL硫酸(5.2.1)，再各加2.0 mL显色液B(4.2.9)，充分混匀；加入显色液B(4.2.9)后2 min，各加入10 mL磷酸盐缓冲剂(5.2.3)，稀释到刻度并混匀。
5.5.2.2 每一溶液各移一份于吸收皿中，以0 mL六价铬标准溶液为空白，用分光光度计(4.3.3)在540 nm处测定吸光度，按吸光度值和标准溶液中六价铬浓度为坐标，绘制校准曲线。

注：因颜色不稳定，需在添加显色液B(4.2.9)后的25 min内读完每一读数。

5.5.3 沸水萃取

将样品放入盛有沸腾的50 mL水的适当容器中并全部浸没，盖上表面皿。待水继续沸腾后，准确保持浸洗时间10 min±0.5 min。在容器上方淋洗表面皿和取出的样品。将萃取液冷却到室温，转移萃取液于100 mL容量瓶；用10 mL～15 mL水将容器冲洗两次并将冲洗液移入容量瓶；萃取液定容至刻度。萃取液应尽快测定。

5.5.4 测定

5.5.4.1 按下述步骤但不添加显色液B(4.2.9)同时进行空白试验。
5.5.4.2 移取一定量的萃取液于100 mL容量瓶中，萃取液中加2 mL硫酸溶液(5.2.1)，再加2.0 mL显色液B(4.2.9)，混匀；添加显色液B(4.2.9)后2 min，加入10 mL磷酸盐缓冲溶液(5.2.3)，稀释到刻度并混匀。移一部分溶液于吸收皿，用分光光度计(4.3.3)在540 nm处测定吸光度，吸光度值减去空白试验值(5.5.4.1)，根据校准曲线得出测定结果。

注：标准溶液和沸水萃取的试验溶液的显色反应应同时进行。因颜色不稳定，需在添加显色液B(4.2.9)后的25 min内读完每一读数。

5.5.5 镀层单位面积质量的测定

5.5.5.1 将已知表面积的镀层溶解于具有缓蚀作用的退镀溶液中，称量试样在镀层溶解前后的质量，按称量的质量差值和镀层面积计算出单位面积上的镀层质量。
5.5.5.2 根据镀层性质选择合适的退镀溶液。镀层单位面积质量的测定可参照GB/T 1839、GB/T 20017等标准。
5.5.5.3 镀层单位面积质量以毫克/平方厘米(mg/cm^2)表示，精确至0.01毫克/平方厘米(mg/cm^2)。

5.6 结果计算

按式(1)计算金属镀层样品中六价铬的含量：

$$w(Cr^{6+})=\frac{X\times V\times N\times 10^3}{S\times m} \qquad \cdots\cdots(1)$$

式中：

$w(Cr^{6+})$——样品中六价铬含量，mg/kg；

X——测定的萃取液中六价铬浓度，μg/mL；

V——萃取液定容体积，mL；

N——萃取液稀释倍数(5.5.4.2)；

S——镀层面积(5.4.3)，cm^2；

m——镀层单位面积质量(5.5.5)，mg/cm^2。

六价铬含量以质量百分数(%)或毫克/千克(mg/kg)表示。以质量分数(%)表示时至少保留二位有效数字，以毫克/千克(mg/kg)表示时修约至个位数，数值修约按GB/T 8170。

5.7 精密度

两个平行试样的绝对差值不得超过其算术平均值的20%，否则应重新测定。

6 聚合物材料和电子材料中六价铬含量测定

6.1 原理

采用碱性萃取法萃取样品中的六价铬，调节萃取液的pH值，在酸性条件下加入二苯碳酰二肼溶液，萃取液中的六价铬与二苯碳酰二肼反应生成紫红色络合物，在波长540 nm处进行比色法定量。

6.2 试剂和材料

除非另有说明，在分析中仅使用确认为分析纯的试剂和蒸馏水或去离子水或纯度相当的水。

6.2.1 硫酸(1+9)：优级纯。

6.2.2 硝酸(ρ为1.42 g/mL)：优级纯。

6.2.3 无水碳酸钠。

6.2.4 氢氧化钠。

6.2.5 无水氯化镁。

6.2.6 磷酸氢二钾($K_2HPO_4\cdot 3H_2O$)。

6.2.7 磷酸二氢钾。

6.2.8 磷酸盐缓冲溶液：称取87.09 g磷酸氢二钾(6.2.6)和68.04 g磷酸二氢钾(6.2.7)，溶于700 mL水中，移至1 000 mL的容量瓶中，稀释至刻度。该磷酸盐缓冲溶液的pH=7，含有0.5 mol/L的磷酸氢二钾和0.5 mol/L的磷酸二氢钾。

6.2.9 碱性萃取液：称取20.0 g±0.05 g氢氧化钠(6.2.4)和30.0 g±0.05 g无水碳酸钠(6.2.3)，溶于水，移入1 000 mL容量瓶中，稀释至刻度。该提取液在20 ℃～25 ℃下密封保存于聚乙烯瓶中，每月需重新制备。使用前检测pH值，pH值应≥11.5。

6.2.10 显色液C：称取0.5 g二苯碳酰二肼(4.2.1)，溶解于100 mL丙酮(4.2.3)中。该溶液储存于棕色瓶中，如变色则不能使用。

6.2.11 液氮：工业级。

6.3 仪器和设备

6.3.1 粉碎机。

6.3.2 pH 计：精度±0.03 pH。

6.3.3 测温范围可达 100 ℃的温度计或其他测温装置。

6.3.4 加热搅拌装置：能使萃取液在 90 ℃～95 ℃恒温并连续自动搅拌。有聚四氟乙烯涂层的磁性搅拌棒适用于聚合物样品。

6.3.5 真空过滤器。

6.3.6 0.45 μm 滤膜，以纤维或聚碳酸脂膜为宜。

6.3.7 C18SPE 固相萃取柱。

6.4 样品制备

6.4.1 试验前样品应置于温度不高于 35 ℃、相对湿度不高于 75%的环境中。

6.4.2 将样品制成小于 10 mm×10 mm×10 mm 的样块。样块由液氮冷冻后用粉碎机(或采用其他同等效果的粉碎方法)粉碎成颗粒，颗粒能通过 250 μm 的筛网(60 号黄铜标准滤网)，混合均匀。

6.4.3 采集样品并将样品放入非不锈钢的容器内。

6.5 分析步骤

6.5.1 测定次数。独立地进行两次测定，取其平均值。

6.5.2 校准曲线的绘制。

6.5.2.1 准确移取 0 mL、2 mL、4 mL、6 mL、8 mL 和 10 mL 六价铬标准溶液(5.2.4)于 100 mL 容量瓶中，加 2.0 mL 显色液 C(6.2.10)于溶液中，加入一定量的水使溶液体积接近 95 mL，混匀；滴加硫酸溶液(6.2.1)调节溶液 pH 值至 2±0.5，稀释至刻度，混匀；静置 5 min～10 min 以充分显色。此系列标准溶液中六价铬浓度分别为 0、0.1 μg/mL、0.2 μg/mL、0.3 μg/mL、0.4 μg/mL 和 0.5 μg/mL。

6.5.2.2 将系列标准溶液各移一份于吸收皿中，以 0 mL 六价铬标准溶液(6.5.2.1)为空白，用分光光度计(4.3.3)测定在 540 nm 处的吸光度。按吸光度值和标准溶液中六价铬的浓度绘制、拟合校准曲线。校准曲线的相关系数应≥0.99，否则应重新绘制。

6.5.3 碱性萃取法萃取。

6.5.3.1 称取 2.5 g 样品，精确至 0.000 1 g。将样品放入萃取皿中。如样品中六价铬浓度过高或过低，可调整称取样品的质量。

6.5.3.2 量取 50 mL 碱性萃取液(6.2.9)加入到萃取皿中，再加入 0.4 g 的氯化镁(6.2.5)和 0.5 mL 的磷酸盐缓冲溶液(6.2.8)，充分摇匀，盖上表面皿。

注 1：加氯化镁可抑制铬的氧化反应的发生。

注 2：对于易“漂浮”在萃取液液面上的聚合物，可加入 1 滴或 2 滴润湿剂(如 Triton X)以增加样品的润湿性。

6.5.3.3 加热样品溶液至 90 ℃～95 ℃并恒温至少 3 h，然后冷却到室温。在加热、恒温和冷却过程中要持续搅拌(6.3.4)。

6.5.3.4 移去搅拌装置(6.3.4)，用 0.45 μm 的滤膜(6.3.6)过滤样品溶液。用水冲洗萃取皿三次，冲洗搅拌装置，过滤冲洗水。如果 0.45 μm(6.3.6)的滤网阻塞，可换用更大孔径的滤膜预过滤样品。

6.5.3.5 用水冲洗吸滤瓶和滤膜(6.3.6)，将滤液和冲洗水移至 250 mL 容器中。滤膜(6.3.6)上的滤饼保留，并在 4 ℃±2 ℃下保存，以备六价铬基体示踪回收较低时评估之用。

6.5.3.6 搅拌状态下，缓缓将硝酸(6.2.2)滴加到该 250 mL 容器中，调节溶液的 pH 值至 7.5±0.5。此时如果溶液混浊、有絮状析出，用 0.45 μm 的滤网(6.3.6)或慢速过滤纸过滤；有颜色溶液，用 C18SPE 固相萃取柱(6.3.7)过滤。留取滤液，转移至 100 mL 容量瓶中，稀释至刻度。

6.5.3.7 上述碱性萃取法萃取获得的试验溶液用于测定。为了降低六价铬的化学活性，萃取物在测定前应置于温度 15 ℃～35 ℃、相对湿度 45%～75%的环境中，并应尽快测定。

6.5.4 测定。

6.5.4.1 按下述步骤同时进行空白试验。

6.5.4.2 定量移取试验溶液(6.5.3.7)于 100 mL 容量瓶中，加入一定量的水使溶液体积接近 95 mL；滴加硫酸溶液(6.2.1)调节溶液 pH 值至 2±0.5；加 2.0 mL 显色液 C(6.2.10)，稀释至刻度，混匀；静置 5 min～10 min 以充分显色。

6.5.4.3 移一部分溶液于吸收皿，用分光光度计(4.3.3)测定在 540 nm 处的吸光度。对于过滤后有颜色或混浊的试验溶液，其吸光度扣除显色前试验溶液(参比溶液)的吸光度，得修正后的吸光度值。由吸光度值根据校正曲线得到试验溶液中的六价铬浓度。

注：标准溶液和碱性萃取的试验溶液的显色反应应同时进行。

6.6 结果计算

6.6.1 样品中六价铬含量的计算。

按式(2)计算样品中六价铬的含量：

$$w(Cr^{6+})=\frac{X\times N\times V}{m} \qquad \cdots\cdots(2)$$

式中：

$w(Cr^{6+})$——样品中六价铬含量，mg/kg；

X——测定的萃取液中六价铬浓度，μg/mL；

N——萃取液稀释倍数(6.5.4.2)；

V——萃取液定容体积，mL；

m——样品的称样质量，g。

六价铬含量以质量百分数(%)或毫克/千克(mg/kg)表示。以质量分数(%)表示时至少保留二位有效数字，以毫克/千克(mg/kg)表示时修约至个位数，数值修约按 GB/T 8170。

6.6.2 检测结果和检出限的修正。

6.6.2.1 回收率的测定按附录 B.1，检出限的确定按附录 B.2。

6.6.2.2 如果回收率在大于 75%且小于 125%的范围内，样品检测结果和检出限不必修正。

6.6.2.3 如果回收率在大于或等于 10%且小于或等于 75%的范围内，样品的检测结果和检出限应按回收率进行修正。按 100%回收率计算修正系数，由修正系数修正检测结果和检出限。

6.6.2.4 如果按 6.6.2.3 得出的样品检测结果值大于样品的检测限值，报告修正后的检测结果值；否则，报告样品检出限作为样品检测结果值。

6.7 精密度

两个平行试样的绝对差值不得超过其算术平均值的 20%，否则应重新测定。

7 皮革材料中六价铬含量测定

7.1 原理

用 pH 值为 7.5～8.0 的磷酸盐缓冲液作为萃取液萃取皮革样品中六价铬，需要时，可用固相提取除去对试验有干扰的物质。萃取液中的六价铬与二苯碳酰二肼反应生成紫红色络合物，用分光光度法在 540 nm 处进行比色法定量。

注：按 QB/T 2262—1996 的定义，皮革是指原有结构大致完整的生皮，经过鞣制成为不腐烂的材料；皮上的毛一般已

被除去，但也可能有意地不除去。皮革也可由剖成数层的生皮或其皮片制成，剖层可在鞣制前或鞣制后进行。如果鞣过的革被机器粉碎或用化学方法弄成纤维颗粒、小片或粉末状，然后不管用不用粘合剂接合而做成片状或其他形状时，这种片状物或其他形状物均不能称为皮革。

7.2 试剂和材料

除非另有说明，在分析中仅使用确认为分析纯的试剂和蒸馏水或去离子水或纯度相当的水。

7.2.1 磷酸（ρ 为 1.69 g/mL）。

7.2.2 磷酸氢二钾（$K_2HPO_4 \cdot 3H_2O$）。

7.2.3 甲醇：优级纯。

7.2.4 磷酸溶液：将 700 mL 磷酸（7.2.1）稀释至 1 000 mL。

7.2.5 磷酸盐缓冲液（萃取液）：将 22.8 g 磷酸氢二钾（7.2.2）溶于 1 000 mL 水中，用磷酸溶液（7.2.4）调节 pH 值至 8.0±0.1，再用氩气或氮气（7.2.7）排出空气。

7.2.6 显色液 D：取 1.0 g 二苯碳酰二肼（4.2.1），溶解于 100 mL 丙酮（4.2.3）中，加一滴乙酸酸化。此溶液冷藏于棕色玻璃瓶中，4 ℃时遮光存放，有效期 14 天。

7.2.7 氩气或氮气：纯度至少为 99.998%。因为氩气比重较空气大，优先采用氩气。

7.3 仪器和设备

7.3.1 机械震荡器：频率 50 次/min～150 次/min。

7.3.2 导气管和流量计。

7.3.3 pH 计。

7.3.4 装有合适反相材料的玻璃或聚丙烯试样筒。

7.3.5 固相提取系统（SPE），带真空装置或耐溶剂的医用洗涤器。

7.3.6 0.45 μm 孔径的膜过滤器（聚四氟乙烯或尼龙）。

7.3.7 分光光度计：检测波长 540 nm、配 4 cm 或其他合适的吸收皿。可采用精度满足要求的其他比色计。

7.4 样品制备

7.4.1 取样

标准部位的取样按 QB/T 2706；非标准部位的取样样品应有代表性，取样信息应在试验报告中给出。

7.4.2 样品的制备

7.4.2.1 尽可能于净地除去样品上面的附着物。

7.4.2.2 将样品剪切成适合于切割的小块，用切割装置将样品切割成适当的颗粒，再用研磨机研磨，得到碎皮或皮粉。

7.4.2.3 如果样品足够，可用少量样品预磨，以清洁相关用具，再研磨试验用样品。

7.4.2.4 切割装置、筛网和收集器应在每次使用后完全清洁，但不能用水进行清洗。

7.4.2.5 研磨好的样品应充分混合，存放在洁净、干燥、密封的容器中，容器应远离热源。研磨后尽快进行试验。

7.5 分析步骤

7.5.1 校准曲线的绘制

7.5.1.1 用六价铬标准溶液（4.2.7）配制校准曲线用溶液。在 0.50 mL～15 mL 的范围内，至少使用 6 个六价铬标准溶液绘制一条合适的校准曲线。校准曲线用溶液的六价铬浓度范围应包括预计的测量浓度范围。

7.5.1.2 移取给定体积(体积范围从 0.5 mL～15 mL)的六价铬标准溶液(4.2.7)至 25 mL 容量瓶。每瓶加入 0.5 mL 磷酸溶液(7.2.4)和 0.5 mL 显色液 D(7.2.6),再加入磷酸盐缓冲液(7.2.5)稀释至刻度,混匀,静置 15 min±5 min。

7.5.1.3 用空白溶液(7.5.2)作参比,用分光光度计和 4 cm 吸收皿(7.3.7)在 540 nm 处测定溶液的吸光度。由吸光度值对六价铬标准溶液浓度绘制校准曲线。

7.5.2 空白溶液制备

加入磷酸盐缓冲液(7.2.5)至 25 mL 容量瓶容积的四分之三处,加入 0.5 mL 磷酸溶液(7.2.4)和 0.5 mL 显色液 D(7.2.6),再用磷酸盐缓冲液(7.2.5)稀释至刻度,混匀。此溶液每天制备,避光储存。

7.5.3 磷酸盐萃取液萃取

7.5.3.1 称取 2 g±0.01 g 制备好的样品,精确至 0.001 g。

7.5.3.2 移取 100 mL 磷酸盐缓冲液(萃取液)(7.2.5)于 250 mL 的锥形瓶中。插入导气管(7.3.2)(导气管不接触液面),用氩气或氮气(7.2.7)通入锥形瓶去除氧气,通气 5 min,流量 50 mL/min±10 mL/min。

7.5.3.3 去除导气管(7.3.2),加称量好的样品,盖好瓶塞,读取提取液的体积 V_0。

7.5.3.4 在机械震荡器(7.3.1)上摇动皮革粉末悬浊液以萃取六价铬,时间 3 h±5 min。平稳摇动悬浊液,避免样品粉末粘附于容器壁上,避免摇动太快。

7.5.3.5 萃取 3 h 后,立即用膜过滤器(7.3.6)将溶液过滤至带螺纹盖的玻璃瓶中,检查溶液的 pH 值。如果溶液的 pH 值不在 7.5～8.0 的范围内,应调整称样质量重新进行萃取。

7.5.4 测定

7.5.4.1 按下述步骤预处理试样筒(7.3.4):先用 5 mL 的甲醇(7.2.3)冲洗,再用 5 mL 的水冲洗,最后用 10 mL 的磷酸盐缓冲液(7.2.5)冲洗。冲洗时或冲洗后不要干燥试样筒(7.3.4)。

7.5.4.2 移取 10 mL(V_1)试验溶液(7.5.3.5),通过试样筒定量转移至带真空装置(7.3.5)的固相提取系统,在 25 mL 的容量瓶中收集洗脱物。用 10 mL 磷酸盐缓冲液(7.2.5)冲洗试样筒,洗液加入 25 mL 的容量瓶中,用磷酸盐缓冲液(7.2.5)定容至体积 V_2。该溶液记为 S_1。

7.5.4.3 移取 10 mL(V_3)的溶液 S_1 于 25 mL 的容量瓶中,用磷酸盐缓冲液(7.2.5)稀释至容量瓶体积的四分之三,加 0.5 mL 的磷酸溶液(7.2.4),再加 0.5 mL 的显色液 D(7.2.6),用磷酸盐缓冲液(7.2.5)定容至体积 V_4,并混匀。

7.5.4.4 静置 15 min±5 min,以空白溶液(7.5.2)作参比,用 4 cm 的吸收皿(7.3.7)在 540 nm 处测定吸光度值,并记录为 A_1。

7.5.4.5 移取另一份 10 mL 的溶液 S_1 于 25 mL 容量瓶中,如前所述,但不加显色液 D(7.2.6),测定溶液的吸光度值,并记录为 A_2。

7.5.4.6 各次测定应在添加显色液 D 后的 25 min 内完成。

7.6 结果计算

7.6.1 六价铬含量的计算

按式(3)计算样品中六价铬的含量:

$$w(Cr^{6+})=\frac{(A_1-A_2)\times V_0\times V_2\times V_4}{V_1\times V_3\times m\times F} \quad \cdots\cdots(3)$$

式中:

$w(Cr^{6+})$——样品中六价铬含量,mg/kg;

A_1——含显色液D的样品溶液吸光度；

A_2——不含显色液D的样品溶液吸光度；

F——校准曲线斜率，mL/μg；

m——样品的称样质量，g；

V_0——初始样品的萃取体积，mL；

V_1——从初始样品的萃取体积中所移取的试验溶液量，mL；

V_2——通过固相萃取柱后的总洗脱液(S_1)体积，V_1经一系列过程被定容为V_2，mL；

V_3——取自S_1溶液的溶液体积，mL；

V_4——取自S_1溶液的最终定容体积，mL。

六价铬含量以质量百分数(%)或毫克/千克(mg/kg)表示，以质量百分数(%)表示时至少保留二位有效数字，以毫克/千克(mg/kg)表示时修约至个位数，数值修约按GB/T 8170。

7.6.2 以绝干质量计算的样品中六价铬含量的换算

按式(4)计算以绝干质量计算的样品中六价铬含量：

$$w(Cr^{6+}_{-dry}) = w(Cr^{6+}) \times D \quad \cdots\cdots(4)$$

式中：

$w(Cr^{6+}_{-dry})$——以绝干质量计算的样品中的六价铬含量，单位为质量百分数(%)或毫克/千克(mg/kg)；

$w(Cr^{6+})$——样品中的六价铬含量(以样品实际质量计算)，单位为质量百分数(%)或毫克/千克(mg/kg)；

D——转换成绝干质量的换算系数。

其中：

$$D = \frac{100}{100 - w} \quad \cdots\cdots(5)$$

w——按附录D测得的样品中挥发物含量，%。

7.7 回收率和检出限

7.7.1 回收率应大于80%，回收率的测定按附录D。

7.7.2 本方法的检出限为3 mg/kg。

7.7.3 如果检出六价铬浓度超过3 mg/kg，应将试验溶液与标准溶液(7.5.1)的紫外光谱作对比，确定检出结果是否是干扰造成的。

8 试验报告

试验报告至少应包括下列内容：

a) 样品信息、实验室和试验日期等资料；

b) 遵守本标准规定的程度；

c) 试验结果及其表示；

d) 试验过程中观察到的异常情况；

e) 对试验结果可能有影响而本标准未包括的操作或者任选的操作。

附 录 A
（资料性附录）
紧固件镀层表面积计算方法

按“金属防腐镀层中六价铬定性试验”和“金属防腐镀层中六价铬含量测定”检测金属防腐镀层中的六价铬，需要求出紧固件（螺栓、螺钉和螺母等）的表面积，本附录给出了表面积计算的两种指导性意见以及部分数据。

A.1 紧固件表面积计算公式

表 A.1 表面积计算公式

零件	表面积计算公式，mm^2	示意图
平垫片	$S=1.57(d_1+d_2)(d_1-d_2+2h)$	图 A.1
弹簧垫片	$S=1.57(D+d)(D-d+2h)+(D-d)h$	图 A.2
六角螺栓	$S=1.73(a^2+2ak)+3.14cd_s+b(5.56d-3.67p)$	图 A.3
六角螺母	$S=1.73(a^2+2am)-1.57d^2+m(5.56d-3.67p)$	图 A.4

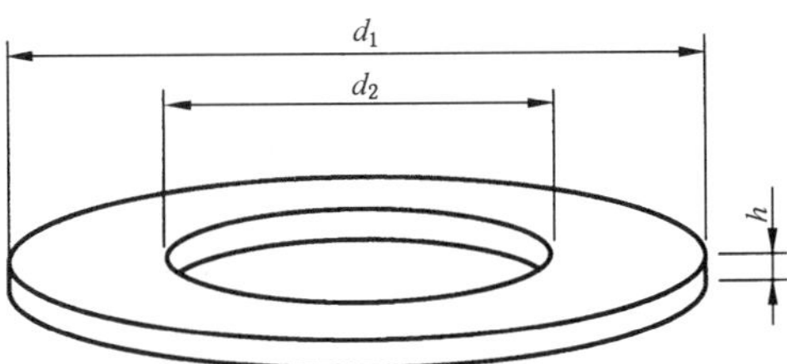

图 A.1 平垫片

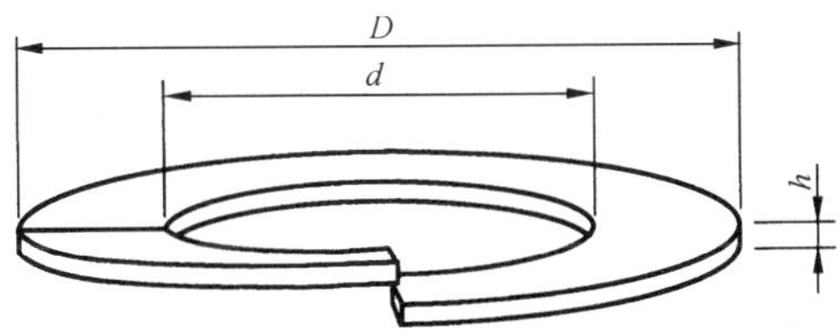

图 A.2 弹簧垫片

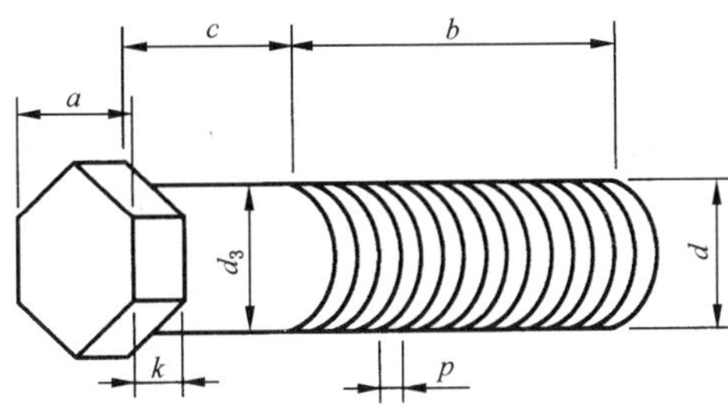

图 A.3 六角螺栓

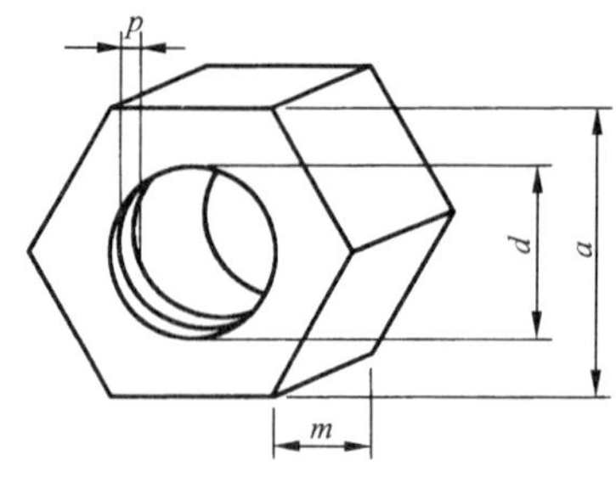

图 A.4 六角螺母

A.2 螺栓、螺母表面积计算数据

A.2.1 螺栓和螺钉。

螺栓和螺钉的总表面积 S 计算如下(见图 A.5)：

$$S=S_1\times 螺纹部分长度+S_2\times 杆部长度+S_3 \qquad (A.1)$$

式中：

S_1——螺栓或螺钉的螺纹部分每 1 mm 长度的表面积，mm^2；

S_2——螺栓或螺钉的无螺纹杆部每 1 mm 长度的表面积，mm^2；

S_3——头部(包括末端面积)表面积，mm^2。

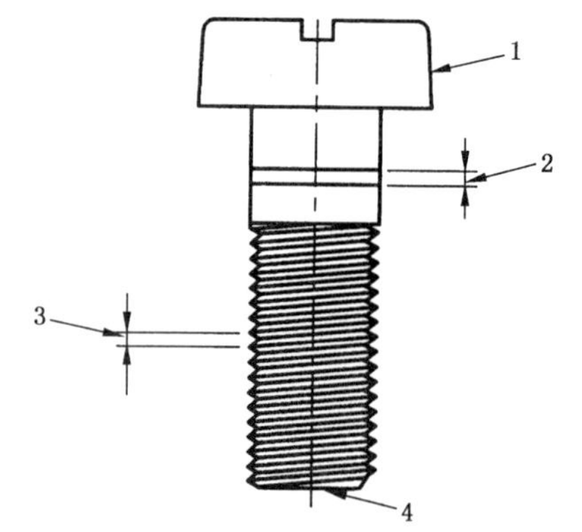

1——包括末端面积的头部总表面积，见 4；
2——每 1 mm 长度的杆部表面积；
3——每 1 mm 长度的螺纹部分表面积；
4——已包括在头部表面积中的末端表面积。

图 A.5 螺栓和螺钉表面积示意

如是切制螺纹，无螺纹杆径近似等于螺纹基本大径(公称直径)。如是碾制螺纹，无螺纹杆径近似等于中径(细杆)或基本大径(标准杆或等粗杆)。

表 A.2 给出了不同头型、杆部型式的表面积 S_1、S_2 和 S_3。

表 A.2 螺栓和螺钉表面积

mm²

螺纹规格(粗牙)	每 1 mm 长度表面积			头部表面积 S_3				
	螺纹部分表面积 S_1	无螺纹杆部表面积 S_2		沉头	半沉头	盘头	圆柱头	六角头
		标准杆	细杆					
M1.6	7.34	5.03	4.32	20.4	22.1	—	19.3	29.7
M2	9.31	6.27	5.44	32.6	35.5	—	32.0	47.1
M2.2	10.21	6.91	5.99	37.8	40.9	—	37.3	—

表 A.2（续）

mm²

螺纹规格（粗牙）	每 1mm 长度表面积			头部表面积 S_3				
	螺纹部分表面积 S_1	无螺纹杆部表面积 S_2		沉头	半沉头	盘头	圆柱头	六角头
		标准杆	细杆					
M2.5	11.81	7.85	6.91	49.9	54.1	56.4	47.0	72.2
M3	14.32	9.42	8.36	66.7	72.2	78.3	72.8	91.0
M3.5	16.65	11.00	9.75	85.8	93.0	110.4	91.4	—
M4	18.97	12.57	11.10	118.8	128.6	144.9	120.3	152.9
M4.5	21.49	14.15	12.55	128.1	138.6	182.2	162.1	—
M5	23.98	15.70	14.02	167.7	181.6	225.2	184.1	297.7
M6	28.62	18.85	16.71	241.8	261.2	319.6	258.3	312.2
M8	33.48	25.15	22.43	429.8	464.6	577.9	439.4	541.3
M10	48.31	31.42	28.17	671.5	725.8	901.8	666.0	905.8
M12	58.14	37.42	33.98	990.5	1 064	—	864.0	1 151
M14	67.97	43.99	39.45	1 257	1 357	—	1 158	1 523
M16	78.69	50.27	45.67	1 720	1 859	—	1 509	1 830
M18	87.63	56.54	50.88	2 075	2 240	—	1 913	2 380
注：对规格＞M18 的和细牙螺纹的螺栓和螺钉，未提供数值，应采取适当的方法计算。								

A.2.2　螺母。

表 A.3 给出了 1 型六角螺母的表面积。

用于电镀螺母的有效表面积，通常小于实际几何面积。因为在螺母每端第一扣螺纹上的镀层最厚，所以在内螺纹上获得均匀分布的镀层是困难的。

因此，表 A.3 对螺母表面积的计算是基于既不钻孔、也不攻丝的螺母实体形状。

表 A.3

mm²

螺纹规格	表面积	螺纹规格	表面积
M1.6	32.2	M5	221.3
M2	49.7	M6	345.8
M2.2	—	M8	585.8
M2.5	77.4	M10	971.0
M3	95.5	M12	1 282
M3.5	—	M14	1 676
M4	163.2	M16	2 078
M4.5	—	M18	2 678
注：对规格＞M18 的和 2 型螺母，未提供数值，应采取适当的方法计算。			

附 录 B
（规范性附录）
聚合物材料和电子材料中六价铬含量测定方法回收率的测定和检出限的确定

B.1 回收率的测定

B.1.1 由于本方法受较强的基体的影响，对于每一有唯一来源的样品应测定其基体示踪回收率。

注：唯一来源包括以下情况：不同的客户、不同的生产批次、不同的聚合物、不同添加物或其他各种样品来源变化的情况。

B.1.2 分析步骤。

B.1.2.1 基体示踪剂。

对于每一唯一来源的样品，可选择以下的一个基体示踪剂添加到样品中：

a) 1.0 mL 或两倍样品浓度的六价铬标准溶液(4.2.7)，两者选择较大的；

b) 精确称量至少 1.0 mg 或两倍样品浓度的铬酸铅($PbCrO_4$，优级纯)，两者选择较大的。

B.1.2.2 添加基体示踪剂的样品按 6.5.3 和 6.5.4 的分析步骤进行萃取和测定，按 6.6.1 的式(2)计算六价铬的量。

B.1.3 计算。

按式(B.1)计算基体示踪回收率：

$$R=\frac{X_R-X_U}{m}\times 100 \qquad \cdots\cdots\cdots\cdots(B.1)$$

式中：

R——基体示踪剂回收率，%；

X_R——添加示踪剂的样品的测定结果，mg/kg；

X_U——未添加示踪剂的样品的测定结果，mg/kg；

m——示踪剂中六价铬的含量，mg/kg。

B.2 检出限的确定

B.2.1 分析步骤。

B.2.1.1 称量 2.5 g 已知不含六价铬的、按 6.4 要求制备好的聚合物材料样品(如 IRMM VDA 参考物质)或其他适合的样品，移至 250 mL 的容量瓶中。重复六次。

B.2.1.2 添加 100 μL 含六价铬 100 μg/mL 的标准溶液(4.2.7)。

B.2.1.3 按 6.5.3 和 6.5.4 的分析步骤操作。

B.2.1.4 按 6.6.1 中的式(2)计算六价铬含量(mg/kg)。

B.2.2 计算。

按式(B.2)计算回收率：

$$R=\frac{X\times m}{m_0}\times 100 \qquad \cdots\cdots\cdots\cdots(B.2)$$

式中：

R——六价铬的回收率，%；

X——按 B.2.1.4 测定的六价铬含量，mg/kg；

m——称样质量，g；

m_0——添加的六价铬量，$m=10$，μg。

对于每一样品，B.2.2 的回收率应在大于或等于 70%且小于或等于 125%的范围内，如上述重复试验的回收率不在该范围内，应重新萃取和分析。

B.2.3 方法检出限(MDL)的确定

B.2.3.1 计算上述重复试验(至少六次)的标准差 S_{n-1}。

B.2.3.2 按表 B.1 查 t 值。

B.2.3.3 方法检出限(MDL)$=t\times S_{n-1}$。

表 B.1 t 值

样品数量	6	7	8	9	10
t 值(99%置信度)	3.36	3.14	3.00	2.90	2.82

B.2.4 定量检出限(LOD)的确定

定量检出限(LOD)$=5\times$MDL。

B.2.5 方法检出限和定量检出限随不同的试验室而变。一般而言，本方法检出限 2 mg/kg，定量检出限 10 mg/kg。

附　录　C
（规范性附录）
皮革材料中挥发物含量的测定

C.1　样品制备

C.1.1　按 7.4.1 的要求取样。

C.1.2　尽可能干净地除去样品上面的附着物，将样品剪切成适合的小条块。

C.1.3　称重前样品在温度 20 ℃±2 ℃、相对湿度 65%±5%或温度 23 ℃±2 ℃、相对湿度 50%±5%的标准空气中调节至少 24 h。

C.2　分析步骤

C.2.1　独立地进行两次测定，取其平均值。

C.2.2　将称量瓶洗净，在 102 ℃±2 ℃的干燥箱里烘到恒重。

C.2.3　称量瓶称重，准确至 0.001 g。用称量瓶称取样品约 3 g，准确至 0.001 g，放入干燥箱，在 102 ℃±2 ℃条件下烘干 5 h。取出称量瓶，将盖盖好，放入干燥器中冷却 30 min，称重。重复烘 1 h，再冷却 30 min 并称重，直至恒重（质量的减少小于 3%）或总的干燥时间达 8 h。

C.3　结果计算

按式（C.1）计算挥发物的含量：

$$w=\frac{m_0-m_1}{m_0}\times 100 \qquad \text{(C.1)}$$

式中：

w——挥发物含量，%；

m_0——干燥前试样的质量，g；

m_1——干燥后试样的质量，g。

挥发物的含量以质量分数计，数值以%表示，保留 1 位小数，数值修约按 GB/T 8170。

C.4　精密度

两次平行试验的结果相差不超过样品原始质量的 2%。

附 录 D
（规范性附录）
皮革材料中六价铬含量测定方法回收率的测定

D.1 基质对回收率的影响

D.1.1 测定回收率是重要的，它能提供关于潜在的基质效应是否影响到试验结果的信息。

注 1：如果添加的六价铬未被检测出，表明皮革中可能含有还原剂。在这种情况，如果根据 D.2 所得的回收率大于 90%，可以得出皮革不含六价铬（低于检测限）的结论。

注 2：回收率是方法是否有效或者基质效应是否影响结果的指标。通常回收率大于 80%。

D.1.2 回收率的测定

D.1.2.1 将适当体积的六价铬标准溶液（4.2.7）添加到按 7.5.3.5 萃取的 10 mL 试验溶液中，使萃取物中六价铬的浓度约为原来浓度的 2 倍（±25%）。选择添加的溶液浓度时，应使添加后的最终体积不超过 11 mL。用与样品同样的方法处理此溶液（吸光度记为 A_{1s} 和 A_{2s}）（见 7.5.4）。

D.1.2.2 溶液的吸光度应在校正曲线的范围内，否则应减少移取体积重新试验。

D.1.2.3 回收率计算

按式（D.1）计算回收率：

$$R=\frac{[(A_{1s}-A_{2s})-(A_1-A_2)]}{m\times F}\times 100 \quad\cdots\cdots\cdots\cdots(\text{D.1})$$

式中：

R——回收率，%；

m——添加的六价铬标准溶液（D.1.2.1），μg/mL；

F——校正曲线的斜率，mL/μg；

A_{1s}——加入六价铬标准溶液和显色液 D 后溶液的吸光度；

A_{2s}——加入六价铬标准溶液但不加入显色液 D 溶液的吸光度；

A_1——含有显色液 D 的样品溶液吸光度；

A_2——不含显色液 D 的样品溶液吸光度。

D.2 反相材料（RP）对回收率的影响

D.2.1 移取一定体积的六价铬标准溶液（4.2.7）于 100 mL 容量瓶中，使得该溶液中六价铬的量与样品溶液中六价铬的量相当，用磷酸盐缓冲液（7.2.5）稀释至刻度。

D.2.2 用与皮革萃取物同样的方法处理该溶液，用皮革萃取物同样的方法测定溶液含量，并与计算含量比较。若皮革样品中没有检出六价铬，则此溶液浓度应为 6 μg/100 mL，回收率应大于 90%。若回收率等于或低于 90%，说明反相材料不适合这一方法。

ICS 43.020
T 05

中华人民共和国汽车行业标准

QC/T 943—2013

汽车材料中铅、镉的检测方法

Test methods of lead and cadmium in automobiles materials

2013-10-17 发布

2014-03-01 实施

中华人民共和国工业和信息化部 发布

前　言

本标准按照 GB/T 1.1—2009 给出的规则起草。

本标准包括方法一、方法二和方法三。

本标准方法一："X 射线荧光光谱法快速筛选汽车材料中铅、镉"参照 GB/Z 21277—2007《电子电气产品中有毒有害物质铅、汞、铬、镉和溴的快速筛选　X 射线荧光光谱法》编制。

本标准方法二："光电直读光谱法测定钢铁、铜及铜合金、铝及铝合金材料中的铅、镉"参照 GB/T 4336—2002《碳素钢和中低合金钢　火花源原子发射光谱分析方法》(常规法)、GB/T 7999—2007《铝及铝合金光电直读发射光谱分析方法》和 YS/T 482—2005《铜及铜合金分析方法光电发射光谱法》编制。

本标准方法三："原子吸收光谱法、电感耦合等离子体原子发射光谱法或电感耦合等离子体质谱法测定汽车材料中铅、镉"参照 IEC 62321:2008Ed.1.0《电子电气产品　六种限用物质(铅、汞、镉、六价铬、多溴联苯和多溴联苯醚)含量的测定》编制。

本标准附录 A 为资料性附录。

本标准由全国汽车标准化技术委员会(SAC/TC 114)提出并归口。

本标准主要起草单位：东风汽车有限公司、中国汽车技术研究中心、华测检测技术股份有限公司、通标标准技术服务有限公司、谱尼测试科技股份有限公司。

本标准主要起草人：董彦、刘彦戎、高俊华、张春荣、李虬玉、向洋、马红、郭森、郭勇、李卫东、宋薇。

引　言

铅对人体会造成毛细血管损害及血管痉挛，导致神经系统、消化系统、血液系统及肾脏的功能紊乱和病理改变；镉损害人的肾功能，并抑制维生素 D 生成，造成骨质疏松及软化。2006 年颁布的《汽车产品回收利用技术政策》，要求汽车产品限制使用铅、镉等重金属，国家标准 GB/T 30512—2014《汽车禁用物质要求》规定了汽车材料及零件中铅、镉的限量。

本标准用于检测汽车材料及零件中铅、镉的含量，以确定其是否符合《汽车禁用物质要求》标准的要求。本标准自发布、实施之日起，作为汽车质量检验和汽车材料及零件中禁用物质控制的依据。

使用本标准的人员应有正规实验室工作的实践经验。木标准并未指出所有可能的安全问题，使用者有责任采取适当的安全和健康措施，并保证符合国家有关法规规定的条件。

汽车材料中铅、镉的检测方法

1 范围

本标准规定了汽车材料中铅、镉含量的检测方法。

“X射线荧光光谱法”适用于筛选和快速判定汽车材料中铅、镉的含量。

“光电直读光谱法测定钢铁、铜及铜合金、铝及铝合金材料中的铅、镉”适用于定量检测汽车材料中钢铁、铜及铜合金、铝及铝合金棒状或块状材料中铅、镉元素的含量。

“原子吸收光谱法、电感耦合等离子体原子发射光谱法或电感耦合等离子体质谱法测定汽车材料中铅、镉含量”适用于定量检测汽车材料中铅、镉的含量。

2 规范性引用文件

下列文件对于本文件的应用是必不可少的。凡是注日期的引用文件，仅注日期的版本适用于本文件。凡是不注日期的引用文件，其最新版本(包括所有的修改单)适用于本文件。

GB/T 602 化学试剂杂质测定用标准溶液的制备

GB/T 4336—2002 碳素钢和中低合金钢 火花源原子发射光谱分析方法(常规法)

GB/T 7999—2007 铝及铝合金光电直读发射光谱分析方法

GB/T 8170 数值修约规则与极限数值的表示和判定

GB/T 20066 钢和铁化学成分测定用试样的取样和制样方法

GB/T 30512—2014 汽车禁用物质要求

GB/Z 21277—2007 电子电气产品中限用物质铅、汞、铬、镉和溴的快速筛选 X射线荧光光谱法

YS/T482—2005 铜及铜合金分析方法 光电发射光谱法

IEC 62321:2008 Ed.1.0 电子电气产品 六种限制物质(铅、汞、镉、六价铬、多溴联苯和多溴联苯醚)的测定

3 X射线荧光光谱法

3.1 原理

将制备好的样品置于X射线荧光光谱仪样品室内，按所选定的分析模式对样品中的铅、镉含量进行X射线荧光光谱分析，并根据筛选限值判断样品中铅、镉含量是否合格，以及是否需要进行精确测定。

3.2 试剂和材料

3.2.1 硼酸：分析纯，105 ℃烘1 h，置于干燥器内储存。

3.2.2 含铅、镉元素的标准物质。

3.3 仪器和设备

3.3.1 X射线荧光光谱仪。

3.3.2 切割机。

3.3.3 粉碎设备：粉碎机，研磨机。

3.3.4 压片机：工作压力不小于 20 MPa。

3.4 样品制备

3.4.1 样品制备的原则

3.4.1.1 用于测试的样品必须覆盖光谱仪的测量窗口。
3.4.1.2 样品的照射面应能代表样品整体。
3.4.1.3 样品制备过程中应注意防止污染。

3.4.2 样品制备方法

3.4.2.1 固体样品。均质样品可直接于 X 射线荧光光谱仪测定，样品的大小必须满足 X 射线荧光光谱仪的要求。如果样品太大，需将其加工成 ϕ10 mm～ϕ40 mm，且表面平整光滑。

非均质样品不能直接测试，应取具有代表性样品用粉碎机或研磨机将其制成粒径不超过 1 mm 的粉末状样品，混匀，以硼酸衬底压片制样，厚度不小于 5 mm。

3.4.2.2 液体样品。移取一定体积的液体样品至液体专用塑料杯内，样品杯底部用 6 mm 厚的聚酯膜支撑，杯上要有带孔的塑料盖盖住，样品厚度不小于 15 mm。

3.5 分析步骤

3.5.1 仪器准备

按照仪器的操作规程开启仪器，并预热至仪器稳定。

3.5.2 分析谱线

X 射线荧光光谱法分析谱线推荐选择铅 $L_2-M_4(L\beta_1)$，$L_3-M_{4,5}(L\alpha_{1,2})$；镉 $K-L_{2,3}(K\alpha)$。

3.5.3 工作曲线绘制

选择与被测样品基体相匹配且不少于 5 个点的不同含量的铅、镉标准物质，按照 X 射线荧光光谱仪的测量条件，测定标准物质中铅、镉元素的荧光强度，根据标准物质所给定的标准值和光谱仪所测得的荧光强度值绘制工作曲线。

3.5.4 校验

在每次测试样品前，应用含铅、镉元素的标准物质(3.2.2)校正工作曲线。

3.5.5 样品测试

将制备好的样品放入样品室内，按选定的模式对样品进行分析，每个样品至少分析两次。

3.6 结果分析

3.6.1 结果计算

将测得的铅、镉元素的谱线强度，按选定的分析模式计算出样品中铅、镉元素的含量。

3.6.2 铅、镉元素的筛选

GB/T 30512—2014 中规定，铅、镉限值质量分数分别为 0.1%和 0.01%(1 000 mg/kg 和 100 mg/kg)。根据表 1 中铅、镉元素的筛选限值，对汽车材料中的铅、镉元素进行筛选，结果有三种情况：

合格(P)——铅、镉元素的测试结果低于设定的最低限值，则结果为合格。

不合格(F)——铅、镉元素的测试结果高于设定的最高限值，则结果为不合格。

不确定(X)——铅、镉元素的测试结果在设定的最低限值和最高限值之间，则结果为不确定，需按本标准其他方法进一步定量测试。

表1　不同基体材料铅、镉筛选值　mg/kg

元素	聚合物材料	金属材料	其他材料
Cd	P≤(70−3S)<X<(130+3S)≤F	P≤(70−3S)<X<(130+3S)≤F	LOD<X<(150+3S)≤F
Pb	P≤(700−3S)<X<(1300+3S)≤F	P≤(700−3S)<X<(1300+3S)≤F	P≤(500−3S)<X<(1500+3S)≤F
注1：S 为分析结果的标准偏差； 注2：铅、镉元素的测定值位于 P 区域，结果为合格；位于 X 区域，结果为不确定；位于 F 区域，结果为不合格。			

3.6.3　测试结果报告

取测试结果的算术平均值报告结果，单位为质量分数(%)或毫克/千克(mg/kg)。

根据筛选限值判定样品中铅、镉元素的含量是否合格，以及是否需要进一步测试。

4　光电直读光谱法测定钢铁、铜及铜合金、铝及铝合金材料中的铅、镉

4.1　光电直读光谱法测定钢铁、铜及铜合金、铝及铝合金材料中的铅、镉方法的测定范围

见表2。

表2　测定范围

材质	元素	测定范围(质量分数)/%
钢铁	Pb	0.005～0.50
铜及铜合金	Pb	0.001～5.00
	Cd	0.001～0.10
铝及铝合金	Pb	0.001～1.00
	Cd	0.001～0.20

4.2　原理

将加工好的试样经光源激发后，所辐射的光经入射狭缝到分光系统色散成光谱，对选定的光谱线经光电转换系统及测量系统进行光电转换并测量谱线的强度，依据相应的标准物质(标准样品)制作的工作曲线测出试样中铅、镉元素的质量分数。

4.3　辅助材料

4.3.1　标准物质(标准样品)：应是国家级或公认的权威标准物质(标准样品)。原则上标准物质(标准样品)应与分析试样的化学组成及冶金铸造过程基本一致。

4.3.2　控制样品：具有准确定值的并与待测试样具有相近基体、相近组织结构的标准样品。

4.4　仪器和设备

4.4.1　光电直读光谱仪。

4.4.2　试样加工设备:砂轮机(砂纸磨盘、砂带研磨机)、车床或铣床。

4.5　样品制备

按照GB/T 20066的要求进行取制样。所取样品表面应保证能够不重叠地激发两点,并且要完全覆盖激发孔,以保证激发室不漏气,试样厚度应保证激发后不被击穿。

试样分析面用砂轮机(砂纸磨盘、砂带研磨机)、车床或铣床加工成光洁的平面,试样车削时可用无水乙醇冷却、润滑,不允许用其他润滑剂。

4.6　分析步骤

4.6.1　开机按仪器说明书要求进行,并预热至仪器稳定。
4.6.2　分析前,先用一块样品连续激发且重现性良好,确认仪器处于最佳工作状态。
4.6.3　根据试样的材质种类选择相应合适的标准物质(标准样品)。
4.6.4　根据试样的种类和合金牌号选择分析程序。
4.6.5　分析曲线的漂移校正:根据待测试样种类,选择控制样品,将控制样品连续激发且重现性良好,取其平均值存储,以确认所使用的分析曲线是否漂移。
4.6.6　样品分析。

试样至少激发测定两次,数据稳定时取其平均值作为分析结果,含量以质量分数(%)表示。数值修约按GB/T 8170。

4.7　精密度

4.7.1　重复性

在重复性条件下获得的11次独立测试结果的测定值,在以下给出的测定范围内这11个测试结果的相对标准偏差不超过表3的规定。

表3　重复性

测定元素含量(质量分数)/%	相对标准偏差/%	测定元素含量(质量分数)/%	相对标准偏差/%
≤0.001	20	>0.10~0.50	5
>0.001~0.01	12	>0.50~1.0	3
>0.01~0.10	8	>1.0~5.0	2

4.7.2　允许差

实验室之间分析结果的相对误差不大于表4所列允许差。

表4　允许差

测定元素含量(质量分数)/%	相对标准偏差/%	测定元素含量(质量分数)/%	相对标准偏差/%
≤0.001	40	>0.10~0.50	14
>0.001~0.01	25	>0.50~1.0	7
>0.01~0.10	17	>1.0~5.0	6

5　原子吸收光谱法、电感耦合等离子体原子发射光谱法或电感耦合等离子体质谱法测定铅、镉

5.1　原理

称取适量试料,用溶解酸将样品消解完全制成均匀溶液。以原子吸收光谱法、电感耦合等离子体原

子发射光谱法或电感耦合等离子体质谱法测试溶液中的铅、镉浓度。

5.2 试剂和材料

除非另有说明,在分析中仅使用认可的分析纯试剂和蒸馏水或去离子水或纯度相当的水。

5.2.1 盐酸:ρ 为 1.19 g/mL。

5.2.2 硝酸:ρ 为 1.42 g/mL。

5.2.3 过氧化氢:ρ 为 1.10 g/mL。

5.2.4 氢氟酸:ρ 为 1.15 g/mL。

5.2.5 四氟硼酸溶液:在 200 mL 40%(m/m)氢氟酸(5.2.4)中加入 75 g 硼酸。

5.2.6 碳酸镁。

5.2.7 硫酸:ρ 为 1.84 g/mL。

5.2.8 铅、镉标准溶液(1 mg/mL):分别称取 0.100 0 g 纯铅、镉(质量分数大于 99.99%)于一组 100 mL 烧杯中,分别加入 10 mL 硝酸(1+1),加热至完全溶解,煮沸除去氮氧化物,冷却至室温,分别移入 100 mL容量瓶中,以水稀释至刻度,混匀。此溶液 1 mL 含 1.00 mg 铅或镉。也可按 GB/T 602 配制或直接购买标准物质。根据被测材质中铅、镉含量,将标准溶液逐级稀释。

5.3 仪器和设备

5.3.1 原子吸收光谱仪(AAS)。

5.3.2 电感耦合等离子体原子发射光谱仪(ICP-AES/OES)。

5.3.3 电感耦合等离子体质谱仪(ICP-MS)。

5.3.4 微波消解仪。

5.3.5 粉碎设备:粉碎机、研磨机、剪刀等。

5.3.6 马弗炉。

5.3.7 电热板或砂浴。

5.3.8 聚四氟乙烯板:用硝酸(1+1)溶液浸泡 24 h 后,清洗并干燥。

5.4 样品制备

5.4.1 金属材料

将试样加工成厚度不大于 1 mm 的碎屑。

5.4.2 聚合物材料

将样品预先剪至大小为 2.0 cm×2.0 cm 样块,再用低温粉碎机或研磨机将样品制成粒径不超过 0.5 mm 的粉末样;对厚度小于 0.5 mm 的样品,用剪刀将样品剪至小于 5.0 mm×5.0 mm 的碎片。

5.4.3 涂料

将待测样品搅拌均匀,在聚四氟乙烯板上制备厚度适宜的涂膜。按照产品说明书规定的干燥条件进行干燥,待涂膜完全干燥后,取下涂膜,在室温下用粉碎设备将其粉碎,使粉碎后的试样粒径不超过 1 mm。对不能被粉碎的涂膜(如弹性或塑性涂膜),可用干净的剪刀将涂膜尽可能剪碎。对于板材上的油漆涂层可采取适当的方法(如刮削等)剥离表面,尽量与基体分离,将其制成不超过 1 mm 的粒料。对于粉末状样品,直接进行样品处理。

5.4.4 橡胶材料

用剪刀将试样剪成小于 2.0 mm×2.0 mm 的碎片。

5.5 分析步骤

5.5.1 试料

称取 0.10 g～1.00 g 试样，精确至 0.000 1 g。

5.5.2 测定次数

独立地进行两次测定，取其平均值。

5.5.3 空白试验

随同试料做空白试验。

5.5.4 测定

5.5.4.1 金属材料溶液制备。将试样(5.5.1)置于 250 mL 烧杯中，加入适量溶解酸加热溶解，待试样溶解完全后，移入 100 mL 容量瓶中，以水稀释至刻度，混匀。

5.5.4.2 聚合物材料溶液制备。将试料(5.5.1)置于微波消解罐中，分别加入 5 mL 浓硝酸、1.5 mL 四氟硼酸溶液、1.5 mL 过氧化氢。对于含硅质较多的样品，需补加 1 mL 四氟硼酸溶液，若样品中含有大量易氧化有机成分时，可不加过氧化氢。将消解罐封闭，按程序将试料消解完全。当消解罐冷却至室温后，打开消解罐，将溶液移入 50 mL 容量瓶中，用少量稀硝酸洗涤内罐和内盖，所得到的溶液全部收集于同一容量瓶中，以水稀释至刻度，混匀。此溶液贮于聚乙烯瓶中。

5.5.4.3 涂料溶液制备。

a) 干法消解。将试料(5.5.1)放入坩埚内，将 0.5 g 碳酸镁覆盖在坩埚内的试样上。将坩埚置于通风橱内的电热板上，逐渐升高电热板的温度至样品被消解成一个焦块，继续加热使挥发物充分排出，只留下干的碳质残渣。然后将坩埚放入(475±25)℃的马弗炉内，保温直至完全灰化。在灰化期间应供给足够的空气，使坩埚内的物质不发生燃烧。将盛有灰化物的坩埚冷却至室温后，加入 5 mL 硝酸加热溶盐，待溶液冷却至室温后，将溶液移入 50 mL 容量瓶中，以水稀释至刻度，混匀。

   注：a)法不适用于氟碳涂料。

b) 湿法消解。将试料(5.5.1)置于 150 mL 烧杯中，加入 10 mL 硝酸，盖上表面皿，在电热板上加热使溶液保持微沸 15 min 左右，继续加热直到产生白烟，取下，稍冷。缓慢滴加 1 mL～2 mL 过氧化氢三次。每次加入后均需等反应平静后再加入。将烧杯放置在电热板上加热，至样品消解完全。如样品消解不完全，取下稍冷，再加入适量浓硝酸和过氧化氢(1～2)次，继续加热使样品消解完全，待溶液冷却至室温后，将溶液移入 50 mL 容量瓶中，以水稀释至刻度，混匀。

c) 微波消解。将试料(5.5.1)置于微波消解罐中，分别加入 5 mL 硝酸、2 mL 过氧化氢。然后将消解罐封闭，按程序将试料消解完全。当消解罐冷却至室温后，打开消解罐，将溶液移入 50 mL 容量瓶中，用少量的蒸馏水洗涤内罐和内盖，所得到的溶液全部收集于同一容量瓶中，以水稀释至刻度，混匀。

5.5.4.4 橡胶材料溶液制备。

a) 湿法消解。将试料(5.5.1)置于 150 mL 烧杯中，加 5 mL 硫酸在电热板或砂浴上缓慢加热，使有机物碳化，并冒白烟，取下稍冷，加入 1 mL 硝酸，继续加热，如样品溶解不完全，取下稍冷，再加入 0.5 mL～1.0 mL 硫酸，滴加硝酸，继续加热，直至试样完全溶解，蒸发至 1 mL 左右，取下冷却至室温，加入少量蒸馏水溶盐，将此溶液移入 50 mL 容量瓶中，以水稀释至刻度，混匀。

b) 微波消解。将试料(5.5.1)置于微波消解罐中，加入 5 mL 硝酸，2 mL 过氧化氢，将消解罐封闭，按程序将试料消解完全。当消解罐冷却至室温后，打开消解罐，将溶液移入 50 mL 容量瓶中。

用少量的蒸馏水洗涤内罐和内盖，所得到的溶液全部收集于同一容量瓶中，以水稀释至刻度，混匀。

注1：样品消解时，可根据试料的实际状况，选择适宜的溶解酸和消解条件，确保试料中的有机化合物全部被除去，而被测元素不损失，并且根据试料的含量，稀释成适合仪器测定的试料溶液。

注2：溶解的溶液中若有残渣，需将残渣采用 XRF 或其他测量手段来确定是否含有被测元素。

5.5.4.5 试料溶液测量。将随同试料所做的空白试验溶液和试料溶液，在原子吸收光谱仪、电感耦合等离子体原子发射光谱仪、电感耦合等离子体质谱仪上测定铅、镉的吸光度或强度值，从工作曲线上查出铅、镉的量。

5.5.5 工作曲线的绘制

5.5.5.1 标准溶液工作曲线配制。根据铅、镉的含量，配制成不少于 5 个点的不同浓度的铅、镉标准溶液，若样品的基体对被测元素有干扰，可采用基体匹配方法消除干扰，以水稀释至刻度，混匀。

5.5.5.2 标准物质工作曲线配制。根据待测样品的材质，选择不少于 5 个点的不同含量的含铅、镉的标准物质，按分析试料的制备方法制备标准物质溶液，以水稀释至刻度，混匀。

5.5.5.3 测量。将标准溶液工作曲线的溶液或标准物质工作曲线的溶液，按低浓度到高浓度的顺序，在原子吸收光谱仪、电感耦合等离子体原子发射光谱仪、电感耦合等离子体质谱仪上测定铅、镉吸光度或强度值。以铅、镉的量为横坐标，吸光度或强度值为纵坐标，绘制工作曲线。

5.6 结果计算

按式(1)计算铅、镉的质量分数(%)，计算的结果按 GB/T 8170 进行修约。

$$W(\mathrm{Pb/Cd})=\frac{(m_1-m_2)\times R}{m_0\times 10^{-3}}\times 100 \qquad \cdots\cdots(1)$$

式中：

m_1——自工作曲线上查得的试料溶液中铅或镉量，mg；

m_2——自工作曲线上查得的随同试料所做的空白试验溶液中铅或镉量，mg；

m_0——试料的质量，g；

R——稀释系数。

5.7 精密度

在重复条件下获得的两次独立测定结果的绝对差值不得超过算术平均值的 10%。

6 试验报告

试验报告应包括以下内容：

a) 样品描述、实验室和试验日期等资料；

b) 遵守本标准规定的程度；

c) 试验结果及其表示；

d) 试验过程中观察到的异常现象。

对试验结果可能有影响而本标准未包括的操作或者任选的操作。

附　录　A
（资料性附录）
仪器工作条件

A.1　原子吸收光谱仪工作参数

A.1.1　火焰原子吸收光谱仪工作条件见表 A.1。

表 A.1　原子吸收光谱仪工作条件

元素	光源	推荐波长/nm	狭缝/nm	火焰
Cd	空心阴极灯/无极放电灯	228.8、326.2	0.7	空气-乙炔
Pb	空心阴极灯/无极放电灯	283.3、217.0、261.4	0.7	空气-乙炔

A.1.2　石墨炉参数及基体改进剂见表 A.2。

表 A.2　推荐横向加热石墨炉温度条件及基体改进剂

元素	最高灰化温度/℃	最高原子化温度/℃	推荐的改进剂
Cd	700	1 400	0.050 mg $NH_4H_2PO_4$+0.003 mg $Mg(NO_3)_2$
Pb	850	1 500	0.050 mg $NH_4H_2PO_4$+0.003 mg $Mg(NO_3)_2$ 或 0.005 mg Pd+0.003 mg $Mg(NO_3)_2$

A.1.3　基体改进剂的配制方法。

改进剂百分浓度=改进剂量(mg)×100/注入体积(μL)

A.2　电感耦合等离子体原子发射光谱仪工作参数(表 A.3)

表 A.3　电感耦合等离子体原子发射光谱仪推荐的分析谱线

元素	推荐波长/nm
Cd	226.50、214.44、228.80、361.05
Pb	220.35、217.00、261.42、283.31

A.3　电感耦合等离子体质谱仪工作参数

Cd 的质/荷比:m/z=111,112,113,114

Pb 的质/荷比:m/z=204,206,207,208

ICS 43.020
T 05

中华人民共和国汽车行业标准

QC/T 944—2013

汽车材料中多溴联苯(PBBs)和多溴二苯醚(PBDEs)的检测方法

The methods of polybrominated biphenyls and polybrominated diphenyl ethers in automotive materials

2013-10-17 发布　　2014-03-01 实施

中华人民共和国工业和信息化部　发布

前　言

本标准按照 GB/T 1.1—2009 给出的规则起草。

本标准包括两个分析方法。

方法一“X 射线荧光光谱法”参照 GB/Z 21277—2007《电子电气产品中有毒有害物质铅、汞、铬、镉和溴的快速筛选　X 射线荧光光谱法》编制。

方法二“气相色谱-质谱(GC-MS)联用法”参照 IEC 62321：2008 Ed.1.0《电子电气产品　六种限用物质(铅、汞、镉、六价铬、多溴联苯和多溴联苯醚)含量的测定》附录 A 和 GB/Z 21276—2007《电子电气产品中限用物质多溴联苯(PBBs)、多溴联苯醚(PBDEs)检测方法》编制。

本标准附录 A、附录 B 为资料性附录。

本标准由全国汽车标准化技术委员会(SAC/TC 114)提出并归口。

本标准主要起草单位：中国第一汽车股份有限公司技术中心、中国汽车技术研究中心、华测检测技术股份有限公司、通标标准技术服务有限公司、谱尼测试科技股份有限公司。

本标准主要起草人：王慧娟、刘彦戎、高俊华、王静、郝艳红、张春荣、陈丽萍、郭森、郭勇、李卫东、宋薇。

引　言

多溴联苯和多溴二苯醚的毒性主要是影响人体的内分泌系统以及胎儿的生长，其废弃物燃烧时会产生致癌物质，并可造成土壤、水及空气范围广泛的严重污染。2006年颁布的《汽车产品回收利用技术政策》，要求汽车产品限制使用多溴联苯和多溴联苯醚，国家标准GB/T 30512—2014《汽车禁用物质要求》规定了汽车零件及其材料中多溴联苯和多溴联苯醚的限量。

本标准用于检测汽车零件及材料中多溴联苯和多溴二苯醚的含量，以确定其是否符合《汽车禁用物质要求》标准的要求。本标准自发布、实施之日起，作为汽车质量检验和汽车零件及材料中禁用物质控制的依据。

使用本标准的人员应有正规实验室工作的实践经验。本标准并未指出所有可能的安全问题，使用者有责任采取适当的安全和健康措施，并保证符合国家有关法规规定的条件。

汽车材料中多溴联苯(PBBs)和多溴二苯醚(PBDEs)的检测方法

1 范围

本标准规定了汽车材料中多溴联苯和多溴二苯醚含量的检测方法。

X射线荧光光谱法适用于用X射线荧光光谱法筛选和快速判定汽车材料中溴的含量。

气相色谱-质谱(GC-MS)联用法适用于用气相色谱-质谱联用法测定汽车材料中多溴联苯和多溴二苯醚的含量。

2 规范性引用文件

下列文件对于本文件的应用是必不可少的。凡是注日期的引用文件,仅注日期的版本适用于本文件。凡是不注日期的引用文件,其最新版本(包括所有的修改单)适用于本文件。

GB/T 8170 数值修约规则与极限数值的表示和判定

GB/T 30512—2014 汽车禁用物质要求

GB/Z 21276—2007 电子电气产品中限用物质多溴联苯(PBBs)、多溴二苯醚(PBDEs)检测方法

GB/Z 21277—2007 电子电气产品中限用物质铅、汞、铬、镉和溴的快速筛选 X射线荧光光谱法

IEC 62321:2008 Ed.1.0 电子电气产品 六种限制物质(铅、汞、镉、六价铬、多溴联苯和多溴联苯醚)的测定

3 X射线荧光光谱法

3.1 原理

将制备好的样品置于X射线荧光光谱仪的样品室内,按所选定的测试模式对样品进行分析。根据不同样品的筛选限值判断样品中溴元素的含量是否合格,以及是否需要进行精确测定。

3.2 试剂和材料

3.2.1 硼酸(HBO_3):分析纯,105 ℃烘 1 h,置于干燥器内储存。

3.2.2 含溴元素的标准物质。

3.2.3 液氮:工业级。

3.3 仪器和设备

3.3.1 X射线荧光光谱仪。

3.3.2 切割机。

3.3.3 粉碎机。

3.3.4 研磨机:带碳化钨(WC)磨具。

3.3.5 压片机:工作压力不小于 20 MPa。

3.3.6 熔样机:工作温度不低于 1 150 ℃。

3.4 样品制备

3.4.1 样品制备原则

3.4.1.1 用于测试的样品必须覆盖光谱仪的测量窗口。

3.4.1.2 样品的照射面应能代表样品整体。

3.4.1.3 样品制备过程中应注意防止污染。

3.4.2 样品制备方法

3.4.2.1 聚合物材料。样品表面平整、尺寸大小适合X射线荧光光谱仪对测试样品的要求，可直接进行测定。

样品尺寸太大时可通过机械加工(用剪刀或切割机切割、研磨机压片等)制成适合X射线荧光光谱仪的测试样品。

样品尺寸太小时将同一类的小试样汇在一起放在样品杯里测试，或将同一类小试样(如塑料颗粒等)通过液氮冷碎，或机械粉碎再压片制成测试样品。

样品太薄时可将其叠在一起达到足够厚再测试，厚度至少5 mm。

3.4.2.2 电子材料。样品经液氮冷冻，粉碎机粉碎成粒径小于1.0 mm的颗粒，混匀，再取代表性样品硼酸衬底压片制样，厚度不低于1 mm。

3.4.2.3 液体样品。液体样品需移取一定体积加入到液体专用的塑料杯里，塑料杯底部用6 μm厚的聚脂膜支撑，塑料杯上要有带孔的塑料盖盖住，样品加入量至少15 mm。也可取液体样品滴加到适当的载体(如滤纸)上干燥后测试。

3.5 分析步骤

3.5.1 仪器准备

按照仪器的操作规程开启仪器，并预热仪器直至仪器稳定。

3.5.2 分析谱线

X射线荧光光谱法分析溴元素推荐选择Kα分析线。

3.5.3 工作曲线的绘制

选择与被测样品基体相匹配的标准样品，按照X射线荧光光谱仪的测量条件，测定标准物质中溴元素的荧光强度，根据标准物质所给定的标准值和光谱仪所测得的强度绘制工作曲线。

3.5.4 校验

在每次测试样品前，应用含有溴元素的标准物质(3.2.2)校正工作曲线。

3.5.5 样品测试

将制备好的样品放入样品室内，按选定的模式对样品进行分析，每个样品至少分析两次。

3.6 结果分析

3.6.1 结果计算

将测得的溴元素谱线强度，按选定的分析模式计算出样品中溴元素的含量。

3.6.2 溴元素的筛选

按《汽车禁用物质要求》标准中多溴联苯和多溴联苯醚限值质量分数为0.1%(1 000 mg/kg),设定汽车材料中溴的筛选限值见表1,根据筛选限值对汽车材料中的溴元素进行筛选,结果有两种情况:

合格(P)——如果测试结果都低于设定的最低限,则结果为合格;

不确定(X)——如果测试结果大于设定的最低限,则结果为不确定,需要按照方法二进一步测试。

表1 汽车材料中溴元素的筛选限值 mg/kg

样品类别	聚合物材料	电子材料
筛选限值	P≤300－3S<X	P≤250－3S<X
注1:S表示测定结果的标准偏差; 注2:溴元素的测定值位于P区域,结果为合格;溴元素的测定值位于X区域,结果为不确定。		

3.6.3 测试结果报告

取测试结果的算术平均值报告结果,单位为毫克/千克(ms/kg)。

根据筛选限值判定样品中溴元素的含量是否合格以及是否需要按照方法二进行测试。

4 气相色谱-质谱(GC-MS)联用法

4.1 原理

试样以甲苯为溶剂经索氏提取,提取液定容到适当体积后,使用气相色谱-质谱法(GC-MS)全扫描模式(SCAN)与选择离子监测模式(SIM)定性和定量测试提取液中的多溴联苯和多溴二苯醚,然后计算出它们在汽车材料中的含量。

4.2 试剂和材料

4.2.1 溶剂:甲苯,色谱纯;或丙酮、环己烷、正己烷、甲醇、二氯甲烷、异辛烷、壬烷等。

4.2.2 多溴联苯和多溴二苯醚标准样品(见表2)。

表2 多溴联苯和多溴二苯醚标准样品

编号	化合物名称	编号	化合物名称
BB-002	3-溴联苯	BDE-001	2-溴二苯醚
BB-009	2,5-二溴联苯	BDE-007	2,4-二溴二苯醚
BB-030	2,4,6-三溴联苯	BDE-017	2,2',4-三溴二苯醚
BB-052	2,2',5,5'-四溴联苯	BDE-047	2,2',4,4'-四溴二苯醚
BB-103	2,2',4,5',6-五溴联苯	BDE-100	2,2',4,4',6-五溴二苯醚
BB-155	2,2',4,4',6,6'-六溴联苯	BDE-153	2,2',4,4',5,5'-六溴二苯醚
BB-189	2,3,3',4,4',5,5'-七溴联苯	BDE-190	2,3,3',4,4',5,6-七溴二苯醚
BB-200	2,2',3,3',4,5,6,6'-八溴联苯	BDE-196	2,2',3,3',4,4',5,6'-八溴二苯醚
BB-206	2,2',3,3',4,4',5,5',6-九溴联苯	BDE-206	2,2',3,3',4,4',5,5',6-九溴二苯醚
BB-209	十溴联苯	BDE-209	十溴二苯醚

4.2.3 标准储备溶液：分别取适量的多溴联苯和多溴二苯醚标准样品(4.2.2)，用甲苯(4.2.1)配制成1 μg/mL的混合标准储备溶液。

4.2.4 内标溶液：可用$^{13}C_{12}$标定的多溴联苯或多溴二苯醚或DBOFB(4,4'-二溴八氟联苯)或十氯联苯作为内标物质，用甲苯(4.2.1)配制成10 μg/mL的内标溶液。

4.2.5 校准标准溶液：用标准储备溶液(4.2.3)和内标溶液(4.2.4)配制至少五种不同浓度的校准标准溶液，见表3。

表3 校准标准溶液

序号	多溴联苯/多溴二苯醚校准溶液浓度 ng/mL	加入多溴联苯/多溴二苯醚混合标准储备液体积 μL	内标溶液浓度 ng/mL	加入内标溶液体积 μL	加入甲苯体积 μL
1	50	50	200	20	930
2	150	150	200	20	830
3	250	250	200	20	730
4	350	350	200	20	630
5	450	450	200	20	530

4.2.6 沸石。

4.2.7 铝箔。

4.2.8 纤维素套筒。

4.2.9 玻璃棉。

4.2.10 微升注射器或自动吸液管。

4.2.11 液氮：工业级。

4.3 仪器和设备

4.3.1 气相色谱-质谱仪：配有质量选择检测器(MSD)，质量范围(100～1 000)amu。

4.3.2 带冷凝器的索氏提取装置。

4.3.3 旋转蒸发器。

4.3.4 粉碎装置：包括切割机或剪刀、粉碎机、研磨机等装置，主要用于样品的粉碎。

4.3.5 天平：感量为0.000 1 g。

4.3.6 18目标准筛(筛孔直径1 mm)。

4.3.7 0.45 μm滤膜。

4.4 样品制备

用剪刀或切割机(或其他方式)将样品制成小于10 mm×10 mm×10 mm小块，液氮冷冻后用粉碎机(或采用其他等同效果的粉碎方法)将样品粉碎成粒径小于1.0 mm的颗粒(过18#标准筛)，混合均匀。

4.5 分析步骤

4.5.1 索氏提取。

4.5.1.1 加入70 mL甲苯(4.2.1)于索氏提取器中，提取2 h以清洁索氏提取器，弃去提取液。

4.5.1.2 准确称取0.1 g～0.2 g粉碎后的样品，精确到0.000 1 g，放入纤维素套筒中，用玻璃棉封口后，置于索氏提取装置中，加入 50 mL～200 mL 甲苯(4.2.1)，同时加入内标溶液(4.2.4)，再加入 1 粒～2 粒沸石，安装好索氏提取装置，并用铝箔包裹以阻隔光线，加热提取 4 h 以上，每小时至少 6 个循环(若试样以每个循环约 2 min～3 min 加热提取也需提取 2 h 以上)。待溶液冷却后，用甲苯(4.2.1)定容到适当体积的容量瓶中。该溶液过 0.45 μm 滤膜后直接用于测试步骤。若试样中待测物的浓度超过校准曲线的范围，可适当稀释后再测试；若试样中待测物的浓度低于校准曲线的范围，可用旋转蒸发器或其他方式将提取液浓缩到适当体积后再测试。

注：如果溶液因基体原因出现混浊，可加入 1 mL 甲醇以改善，在计算过程中，可忽略甲醇和甲苯(4.2.1)之间的密度差异。

4.5.2 测定。

4.5.2.1 参考气相色谱-质谱条件。

气相色谱-质谱设定的参数应保证色谱测定时被测组分与其他组分能够得到有效的分离。

a) 色谱柱：DB-5 HT 石英毛细管柱，15 m×0.25 mm(i.d.)×0.1 μm，或相当者。

b) 色谱柱温度：110 ℃(2 min) $\xrightarrow{40\ ℃/\min}$ 200 ℃ $\xrightarrow{10\ ℃/\min}$ 260 ℃ $\xrightarrow{10\ ℃/\min}$ 340 ℃(2 min)。

c) 进样口温度：280 ℃。

d) 色谱-质谱接口温度：300 ℃。

e) 载气：氦气，纯度≥99.999%，流速 1.2 mL/min。

f) 进样量：1.0 μL。

g) 进样方式：(脉冲)不分流进样。

h) 电离方式：EI。

i) 电离能量：70 eV。

j) 测定方式：全扫描模式(SCAN)与选择离子监测模式(SIM)。

k) 选择监测离子(m/z)：参见附录 A；监测的离子分别见表 A.1 和表 A.2。多溴联苯和多溴二苯醚标准样品的总离子流色谱图见附录 B。

l) 溶剂延迟：3.0 min。

m) 停留时间：80 ms。

注：为达到 PBB 或 PBDE GC 峰必需的数据质量，建议每秒扫描所选定量离子三次至四次。

4.5.2.2 校准曲线的绘制。依次将不同浓度的校准标准溶液(4.2.5)注入气相色谱-质谱仪中，以校准标准溶液浓度为横坐标，以校准标准溶液的色谱峰面积为纵坐标建立校准曲线。

4.5.2.3 校验。在每次测定样品前，应分析已加入内标物的十溴二苯醚标准溶液(如惠灵顿实验室目录 #TBDE-83R 或含 96.9%BDE-209 和 1.5%BDE-206 的相似化合物)，以确定 GC-MS 系统和参数是否适合正确测定 BDE-209 中九溴二苯醚的存在，同时证明同类物没有发生降级。

4.5.2.4 样品测定。将样品提取液按 4.5.2.1 规定的条件进行测定，根据表 A.1 和表 A.2 给定的离子峰来确定试样中含有的多溴联苯和多溴二苯醚。然后根据峰面积，从校准曲线上计算出相对应的多溴联苯和多溴二苯醚的含量。

4.5.3 空白试验。

随同试样做空白试验。

4.6 结果计算

按式(1)计算试样中多溴联苯和多溴二苯醚含量：

$$X_i=\frac{(c_i-c_0)\times V_i\times d}{m_i} \qquad \cdots\cdots(1)$$

式中：

X_i——试样中多溴联苯和多溴二苯醚的含量，mg/kg，数值修约按 GB/T 8170；

c_i——样品提取液中多溴联苯和多溴二苯醚的含量，mg/L；
c_0——空白液中多溴联苯和多溴二苯醚的含量，mg/L；
V_i——样品提取液定容体积，mL；
d——提取液的稀释倍数；
m_i——试样量，g。

4.7 测定低限、回收率和精密度

4.7.1 测定低限

本方法对汽车材料中多溴联苯和多溴二苯醚含量的测定低限见附录A中表A.1、表A.2。

4.7.2 回收率

本方法对汽车材料中多溴联苯和多溴二苯醚的回收率为70%～130%。

4.7.3 精密度

在重复性条件下，获得的两次独立测试结果的绝对差值不大于这两个测定值的算术平均值的20%。以大于这两个测定值的算术平均值的20%的情况不超过5%为前提。

5 试验报告

试验报告应包括以下内容：

a) 样品描述、实验室和试验日期等资料；
b) 遵守本标准规定的程度；
c) 试验结果及其表示；
d) 试验过程中观察到的异常现象；
e) 对试验结果可能有影响而本标准未包括的操作或者任选的操作。

附 录 A
（资料性附录）
多溴联苯和多溴二苯醚的分子量、定量和定性选择离子及测定低限

表 A.1 多溴联苯的分子量、定量和定性选择离子及测定低限

序号	化合物名称	分子式	分子量	特征离子/amu				测定低限 mg/kg
				定量	定性			
1	一溴联苯	$C_{12}H_9Br$	233.1	231.9	152.2	232.0	233.9	5
2	二溴联苯	$C_{12}H_8Br_2$	312.0	311.8	152.2	309.8	313.8	5
3	三溴联苯	$C_{12}H_7Br_3$	390.9	389.8	230.0	387.8	391.8	5
4	四溴联苯	$C_{12}H_6Br_4$	469.8	309.8	307.8	309.8	467.7	5
5	五溴联苯	$C_{12}H_5Br_5$	548.7	387.7	385.7	545.6	549.6	5
6	六溴联苯	$C_{12}H_4Br_6$	627.6	467.6	465.6	625.5	627.5	5
7	七溴联苯	$C_{12}H_3Br_7$	706.5	545.6	543.6	703.4	705.4	5
8	八溴联苯	$C_{12}H_2Br_8$	785.4	625.5	623.5	627.5	783.4	5
9	九溴联苯	$C_{12}HBr_9$	864.3	703.4	701.4	705.4	863.4	5
10	十溴联苯	$C_{12}Br_{10}$	943.2	783.3	382.6	785.3	943.1	5

表 A.2 多溴二苯醚的分子量、定量和定性选择离子及测定低限

序号	化合物名称	分子式	分子量	特征离离/amu				测定低限 mg/kg
				定量	定性			
1	一溴二苯醚	$C_{12}H_9BrO$	249.1	247.9	141.0	249.9	251.9	5
2	二溴二苯醚	$C_{12}H_8Br_2O$	328.0	327.8	168.0	325.8	329.8	5
3	三溴二苯醚	$C_{12}H_7Br_3O$	406.9	405.8	246.0	403.8	407.8	5
4	四溴二苯醚	$C_{12}H_6Br_4O$	485.8	325.8	323.8	483.7	485.7	5
5	五溴二苯醚	$C_{12}H_5Br_5O$	564.7	403.7	401.7	561.6	564.6	5
6	六溴二苯醚	$C_{12}H_4Br_6O$	643.6	483.6	481.6	483.6	643.5	5
7	七溴二苯醚	$C_{12}H_3Br_7O$	722.5	561.6	559.6	563.6	721.4	5
8	八溴二苯醚	$C_{12}H_2Br_8O$	801.4	641.5	639.5	643.5	801.3	5
9	九溴二苯醚	$C_{12}HBr_9O$	880.3	719.4	717.4	721.4	879.2	5
10	十溴二苯醚	$C_{12}Br_{10}O$	959.2	799.3	797.3	799.3	959.1	5

附　录　B
（资料性附录）
多溴联苯和多溴二苯醚标准样品的总离子流色谱图

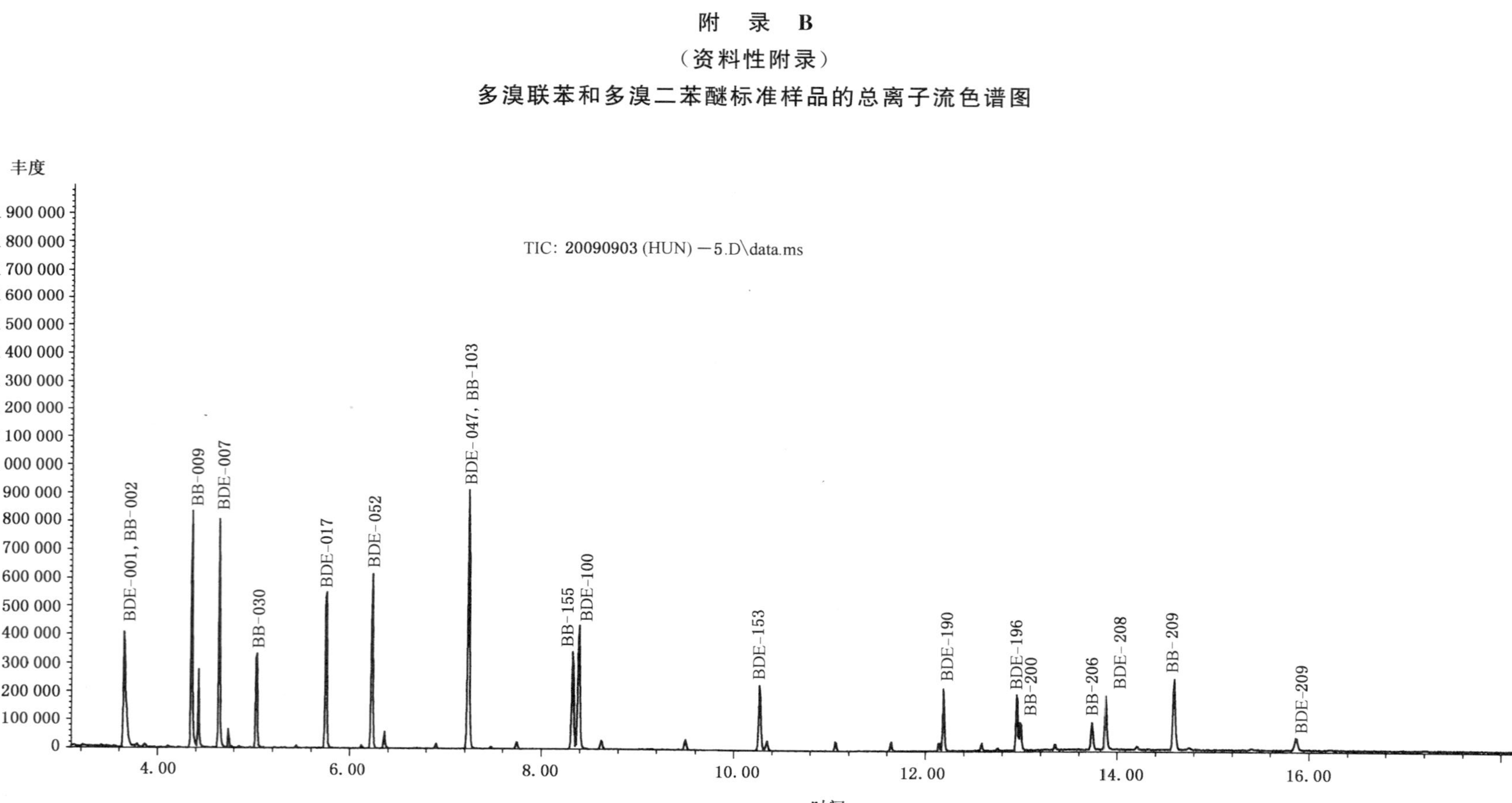

图 B.1　多溴联苯和多溴二苯醚标准样品的总离子流色谱图（1.2 μg/mL）

仪　　表

ICS 43.040.10
T 35

中华人民共和国汽车行业标准

QC/T 29032—2013
代替 QC/T 29032—1991

汽车用空气滤清器堵塞报警传感器

Alarms sensor for automobile air filters

2013-04-25 发布 2013-09-01 实施

中华人民共和国工业和信息化部 发布

前　　言

本标准按照GB/T 1.1—2009给出的规则起草。

本标准明确和规定了汽车用空气滤清器堵塞报警传感器的技术要求和试验方法。

本标准由全国汽车标准化技术委员会(SAC/TC 114)提出并归口。

本标准负责起草单位:安徽金海达汽车电子有限公司、江苏新通达电器有限公司、杭州科岛微电子有限公司、国家汽车零部件产品质量监督检测中心(芜湖)。

本标准主要起草人:陈建海、徐锁璋、杨九如、柳剑玲、石建和、石鹏、刘义生。

汽车用空气滤清器堵塞报警传感器

1 范围

本标准规定了汽车用空气滤清器堵塞报警传感器(以下简称传感器)的要求、试验方法、检验规则和标志、包装、储存、保管。

本标准适用于汽车用空气滤清器堵塞报警器、传感器和带有报警功能的传感器。其他机动车用空气滤清器堵塞报警传感器也可参照执行。

传感器与压力表、指示或报警装置配套工作,用于指示汽车空气滤清器堵塞状况。

2 规范性引用文件

下列文件对于本文件的应用是必不可少。凡是注日期的引用文件,仅注日期的版本适用于本文件。凡是不注日期的引用文件,其最新的版本(包括所有的修改单)适用于本文件。

GB/T 191 包装储运图示标志

GB/T 2828.1 计数抽样检验程序 第1部分:按接收质量限(AQL)检索的逐批检验抽样计划(GB/T 2828.1—2003,ISO 2859-1:1999,IDT)

GB/T 4208 外壳防护等级(IP 代码)

GB/T 8170 数值修约规则与极限数值的表示和判定

QC/T 238 汽车零部件的储存和保管

QC/T 625 汽车用涂镀层和化学处理层

QC/T 727—2007 汽车、摩托车用仪表

QC/T 29106 汽车低压电线束技术条件

3 分类

产品按结构型式分类见表1。

表1 产品分类

型式	传感器信号类型	报警方式
电子式	电压式	电子开关式
机械式	电阻式	触点开关式

4 要求

4.1 一般要求

4.1.1 产品文件

4.1.1.1 传感器应符合本标准的要求,并应按经规定程序批准的图样及设计文件制造。

4.1.1.2　传感器的外形、安装尺寸和标志应符合产品图样的规定。

4.1.1.3　传感器采用的线束应符合 QC/T 29106 的规定。

4.1.2　常态工作环境条件

常态工作环境条件见表 2。

表 2　常态工作环境条件

温度/℃	相对湿度/%	气压/kPa
18～28	45～75	86～106

4.1.3　基本参数要求

传感器的参数应符合表 3 的规定。

表 3　基本参数要求

传感器	标称电压/V	测量范围/kPa	标称报警值/kPa	传感器输出量	负载功率/W
电子式	5,12,24	0～100	4～8	0.5 V～4.5 V 线性输出	—
机械式				0 Ω～200 Ω 电阻输出	5
注：报警真空度值，也可由供需双方商定。					

4.1.4　温度范围

传感器工作温度及储存温度范围见表 4。

表 4　温度范围

工作温度范围/℃		储存温度范围/℃	
下限	上限	下限	上限
−40	125	−40	140

4.2　电镀层和化学处理层

传感器电镀层和化学处理层应符合 QC/T 625 的规定。

4.3　外观

4.3.1　外表面应无毛刺和飞边。

4.3.2　应无气泡、气孔、裂纹、撞击痕迹、变形、收缩、龟裂等缺陷。

4.4　基本误差

在 4.1.2 规定的环境条件下，传感器输出值的误差为被检点的±8%，报警起始值为标称报警值的±0.6 kPa。

4.5　响应时间

当试验空气压力在 5 s 内从常压值上升到上限压力标称值时，传感器的输出值应在 30 s 内达到上限标称输出值的90%。

4.6 过载

传感器应能承受1.5倍上限压力的过载试验而无渗漏，试验后应符合4.4的规定。

4.7 温度影响

传感器在按表4所示的工作温度范围进行温度影响试验时，由此引起输出值的变化量应不超过被检点标称值的5%。试验后应符合4.4的规定。

4.8 防水性

传感器经10 min的防水试验后，应符合4.4的规定。

4.9 温度冲击性

传感器经高温为140 ℃，低温为−40 ℃，20个循环的温度冲击试验后，应无变形、裂纹和破损，并应符合4.4的规定。

4.10 耐振动

传感器应能经受上下、左右、前后三个方向的扫频振动试验，试验参数见表5。试验后，传感器应无损坏现象，并应符合4.4的规定。

表5 扫频振动试验严酷度等级

频率/Hz	振幅/mm	加速度/(m/s^2)	扫频速率/(oct/min)	每一方向试验时间/h
10～50	2.5	—	1	8
50～200	0.16	—		
200～500	—	250		

注1：表中的振幅和加速度适用于Z方向，对于X和Y方向其振幅和加速度值应除以2。

注2：振动试验时Z方向的规定是：安装在发动机上的产品为与发动机缸孔轴线方向平行的方向。

4.11 耐碰撞

传感器与一个最少质量为25 kg的钢板进行5次碰撞后，应无任何机械变形，并应符合4.4的规定。

4.12 耐久性

传感器经10 000个循环的耐久性试验后，应无任何机械损坏，并应符合4.4的规定。

4.13 耐盐雾

传感器经受48 h的盐雾试验后，腐蚀面积应不超过其表面积的50%，并应符合4.4的规定。

5 试验方法

5.1 试验条件

5.1.1 传感器的输出值检验应在4.1.2规定的环境条件下进行。

5.1.2 传感器基本误差试验用介质为空气。

5.1.3 试验用的电源为直流电源，其电压波纹系数应不大于0.1%。试验时的电源电压应符合表6的规定，且标准电压表的精度应不低于0.1级。

表6 试验电源电压

标称电压/V	试验电压/V
5	5±0.1
12	13.5±0.5
24	28.0±0.5

5.1.4 毫安表的精度应不低于0.5级。

5.1.5 标准压力表的精度应不低于0.4级。

5.1.6 标准温度计的精度应不低于±1 ℃。

5.2 电镀层和化学处理层检查

传感器电镀层和化学处理层检查按QC/T 625规定的方法进行。

5.3 外观检查

外观检查时，应给予约300 lx的均匀照度，目距500 mm，用视觉检查法检查。

5.4 基本误差试验

将传感器安装在试验台上，测量各点的输出值。试验按压力先上升后下降的顺序进行。试验时，应在被检点压力处保持不少于1 min后，方能读取输出值。报警误差测试应在本试验中进行。

5.5 响应时间试验

将试验空气压力在5 s内从零上升到上限压力标称值，传感器的输出值达到上限标称输出值的90%时，计取传感器的响应时间。

5.6 过载试验

给传感器施加上限压力标称值1.5倍的压力，试验时间为15 min。试验时，随着压力上升，测力计若出现压力急剧下降或压力保持不变的现象，应查看传感器是否出现渗漏。然后在4.1.2规定的环境条件下放置至少2 h后，按5.4规定的方法检验其输出值及报警值。

5.7 温度影响试验

5.7.1 试验点

试验仅在压力上升时传感器输出值的中间值上进行。

5.7.2 高温影响试验

先在4.1.2规定的环境条件下检验传感器的输出值，接着将传感器放入高温箱中，随箱升温至表4所示的上限工作温度，保温2 h后，按5.4规定的方法检验其输出值，由此得出高温与4.1.2规定的环境条件之间输山值的差值。高温状态下的输出值测试可在箱外进行，但须在2 min内完成。然后将传感器在4.1.2规定的环境条件下放置不少于4 h，再按5.4规定的方法检验其输出值及报警值。

5.7.3　低温影响试验

先在 4.1.2 规定的环境条件下检验传感器的输出值，接着将传感器放入低温箱中，随箱降温至表 4 所示的下限温度，保温 2 h 后，按 5.4 规定的方法检验其输出值，由此得出低温与 4.1.2 规定的环境条件之间输出值的差值。低温状态下的输出值测试可在箱外进行，但须在 2 min 内完成。然后将传感器在 4.1.2 规定的环境条件下放置不少于 4 h，再按 5.4 规定的方法检验其输出值及报警值。

5.8　防水性试验

将传感器按工作位置安装在试验台上，按照 GB/T 4208 中 IPX4 规定的方法进行试验，试验持续 10 min；试验后按本标准 5.4 规定的方法检验传感器的输出值及报警值。

5.9　温度冲击性试验

将传感器分别置于温度为 140 ℃±3 ℃和－40 ℃±3 ℃的高、低温箱中，在每个极限温度稳定 10 min，温度转换时间不大于 20 s。试验共进行 20 个循环。试验后检查传感器有无变形、裂纹和破损。然后将传感器在 4.1.2 规定的环境条件下放置不少于 4 h，再按 5.4 规定的方法检验其输出值及报警值。

5.10　耐振动试验

按 QC/T 727—2007 中 5.17 规定的方法进行。试验后检查各部分零件有无松动和损坏，然后将传感器在 4.1.2 规定的环境条件下放置不少于 4 h，再按 5.4 规定的方法检验其输出值及报警值。

5.11　耐碰撞试验

将传感器的插片连接一根 500 mm 长的引线，引线的另一端固定，将传感器悬吊在空中。引线张紧使其与垂直方向成 60°角，以初速度为零放开传感器，使传感器与一个最少质量为 25 kg、厚度大于 5 mm 的钢板碰撞。共进行 5 次碰撞。试验后检查传感器有无机械变形，再按 5.4 规定的方法检验其输出值及报警值。

5.12　耐久性试验

在 4.1.2 规定的环境条件下，将传感器安装在压力试验台上，给传感器以交变压力循环，每次循环使压力由零上升至上限压力标称值，稳定 3 s，再下降至零，稳定 3 s，此过程为一循环。试验共进行 10 000 个循环。试验后检查传感器有无机械损坏，再按 5.4 规定的方法检验其输出值及报警值。

5.13　耐盐雾试验

按 QC/T 727—2007 中 5.21 规定的方法进行。试验后检查其腐蚀面积，并按 5.4 规定的方法检验其输出值及报警值。

6　检验规则

6.1　合格文件和标记

传感器经检验合格后方能出厂，并应附有产品质量合格证或标记。

6.2　检验的类别

传感器的检验分为出厂检验、验收检验和型式检验。

6.3 出厂检验

出厂检验项目包括传感器外形及安装连接尺寸、外观和基本误差。

6.4 验收检验

当用户使用 GB/T 2828.1 的规定进行验收时，本标准推荐采用：

——检验水平：Ⅱ；

——接收质量限：AQL1.0～AQL 4.0；

——抽样方案：正常检查一次抽样方案。

具体的抽样方案、验收项目、缺陷分类、接收质量限可按双方协商的内容进行，并在产品标准中规定。

6.5 型式检验

6.5.1 应进行型式检验的几种情况。

有下列情况之一者，制造厂应进行型式检验：

——新产品或老产品易地生产的试制定型鉴定；

——正式生产后，如结构、材料、工艺有较大改变而可能影响产品性能时；

——成批或大量生产的产品每 2 年不少于 1 次；

——产品停产 1 年以上、恢复生产时；

——出厂检验结果与上次型式检验结果有较大差异时；

——国家质量监督机构提出进行型式检验的要求时。

6.5.2 抽样和分组。

6.5.2.1 样品数量。

型式检验的产品应从出厂检验合格的同一批产品中抽取，数量应不少于 12 只。

6.5.2.2 样品分组。

先按出厂检验项目进行复验，复验合格后将样品平均分成 4 组。宜按下列分组及项目顺序进行检验。

——第 1 组：电镀层和化学处理层检查、防水性试验、耐振动试验；

——第 2 组：过载试验、温度影响试验、温度冲击性试验、耐碰撞试验；

——第 3 组：耐久性试验；

——第 4 组：响应时间试验、耐盐雾试验。

注 1：对委托性检验，样品的抽取及分组可与生产厂方协商确定，但每个检验项目的受检样品数量应不少于 3 只。

注 2：耐盐雾试验仅在产品定型时进行。

6.5.3 合格判定。

6.5.3.1 传感器各项指标检验结果的判定，按技术要求进行。

6.5.3.2 试验数据的处理应符合 GB/T 8170 的规定。

6.5.3.3 传感器的型式检验应全部符合要求。如有一项不合格时可重新抽取加倍数量(即增抽 6 只)的产品就该不合格项目进行复验，如仍有不合格时，则该批产品判为不合格品。

耐久性试验不合格时，不允许重新加倍抽样复验，应直接判为不合格。

7 标志、包装、储存和保管

7.1 标志

7.1.1 产品标志

每只产品宜在其明显的部位标明：

a) 产品名称及商标；

b) 产品型号或代号；

c) 生产日期(或编号)或生产批号；

d) 生产企业名称。

按具体情况可增列项目，如执行的产品标准编号、使用警示标志或中文警示说明、商品条码等。也可按用户的要求增减项目。小体积产品允许只标出本条的 a)、b)、c)；特小部件允许只标出商标，但在其包装或使用说明书上应注明生产企业名称和地址。

7.1.2 包装标志

包装标志的基本内容应包括：

a) 与发货有关的产品标志内容：产品名称及商标、产品型号或代号、规格、适用车型；

b) 生产企业名称、详细地址、邮政编码及电话号码；

c) 生产日期(或编号)或生产批号；

d) 执行的产品标准(国家标准、行业标准、地方标准或者经备案的企业标准)编号；

e) 包装储运图示标志(符合 GB/T 191 的有关规定)；

f) 运输作业的文字：包装箱的体积(长×宽×高)尺寸；每箱内装产品数量；每箱产品总质量。

注：也可按用户的要求或根据产品的具体情况进行标注。

7.2 包装

7.2.1 产品包装应考虑事项：

——防潮、防震、防尘要求；

——适应运输及装卸的有关要求；

——包装前产品的黑色金属零件无防护层的配合部位，应有临时性的防锈保护措施。

7.2.2 包装箱。

7.2.2.1 包装箱应牢固，产品在箱内不应窜动，以免运输途中损伤。

7.2.2.2 包装箱中随同产品供应的技术文件应包括：

——装箱单；

——产品出厂合格证；

——产品使用说明书。

7.3 储存和保管

产品的储存和保管应符合 QC/T 238 的有关规定。产品的储存期通常为 2 年(从制造厂入库日期算起)。在储存期满 2 年时，产品仍应符合本标准的规定。

燃气汽车

ICS 43.020
T 40

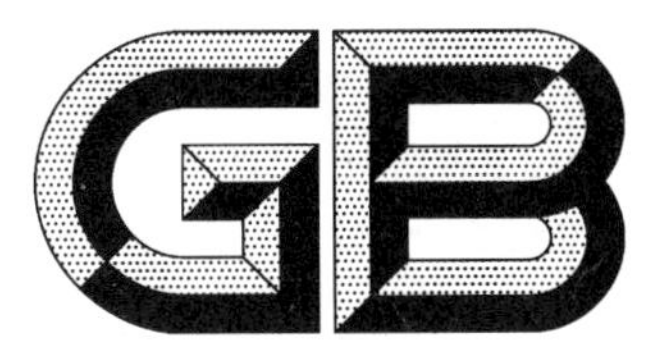

中华人民共和国国家标准

GB 19239—2013
代替 GB/T 19239—2003,GB/T 19240—2003

燃气汽车专用装置的安装要求

Mounting requirements of special equipment for gas vehicle

2013-09-18 发布 2014-07-01 实施

中华人民共和国国家质量监督检验检疫总局
中国国家标准化管理委员会 发布

前　言

本标准第 4 章、第 5 章、第 6 章为强制性的，其余为推荐性的。

本标准按照 GB/T 1.1—2009 给出的规则起草。

本标准代替 GB/T 19239—2003《液化石油气汽车专用装置的安装要求》和 GB/T 19240—2003《压缩天然气汽车专用装置的安装要求》，与 GB/T 19239—2003 和 GB/T 19240—2003 相比，主要技术变化如下：

——将 GB/T 19239—2003 和 GB/T 19240—2003 两个标准合并为一个标准，规定了燃气汽车专用装置的安装要求、安装方法及检验方法，包括压缩天然气汽车、液化石油气汽车；
——范围中取消了柴油-CNG 双燃料及柴油-LPG 双燃料汽车；
——修改了一般要求中的规定（见 4.1.5，2003 年版的 4.1.4）；
——修改了加气口的安装要求（见 4.3.1，2003 年版的 4.3）；
——修改了燃气汽车系统（包括 CNG 系统和 LPG 系统）泄漏试验方法（见 5.1，2003 年版的 6.3）；
——修改了气瓶安装强度试验方法（见 5.3，2003 年版的 6.3）；
——增加了加气口的安装强度试验（见 5.4）。

本标准参考了 ECE R110《关于动力系统使用压缩天然气的机动车辆的专用装置及其安装批准的统一规定》法规第三修订版和 ECE R67《关于动力系统使用液化石油气的机动车辆的专用装置及其安装批准的统一规定》法规第二修订版。

本标准由中华人民共和国工业和信息化部提出。

本标准由全国汽车标准化技术委员会（SAC/TC 114）归口。

本标准起草单位：中国汽车技术研究中心，神龙汽车有限公司。

本标准主要起草人：顾严平、刘桂彬、马宗华、冯屹、樊彬、黄炘、孙振东、周阳、王淼。

本标准所代替标准的历次版本发布情况为：

——GB/T 19239—2003；
——GB/T 19240—2003。

燃气汽车专用装置的安装要求

1 范围

本标准规定了燃气汽车专用装置的安装要求、安装方法及检验方法。

本标准适用于压缩天然气(以下简称 CNG)额定工作压力不大于 20 MPa 的 CNG 单燃料、汽油/CNG 两用燃料汽车及液化石油气(以下简称 LPG)额定工作压力不大于 2.2 MPa 的 LPG 单燃料、汽油/LPG 两用燃料汽车。其他相关类型燃气汽车参照执行。

2 规范性引用文件

下列文件对于本文件的应用是必不可少的。凡是注日期的引用文件,仅注日期的版本适用于本文件。凡是不注日期的引用文件,其最新版本(包括所有的修改单)适用于本文件。

GB/T 17676 天然气汽车和液化石油气汽车 标志

GB/T 17895 天然气汽车和液化石油气汽车 词汇

QC/T 245 压缩天然气汽车专用装置技术条件

QC/T 247 液化石油气汽车专用装置技术条件

QC/T 29009 汽车用电线接头技术条件

ISO 6487:2000 道路车辆 碰撞试验中的测量技术 设备(Road vehicles—Measurement techniques in impact tests—Instrumentation)

3 术语和定义

GB/T 17895 界定的术语和定义适用于本文件。

4 要求

4.1 一般要求

4.1.1 燃气汽车专用装置应符合 QC/T 245 或 QC/T 247 的有关规定。

4.1.2 燃气汽车专用装置的安装应满足整车设计要求,并按经规定程序批准的产品图样和技术文件装配。

4.1.3 燃气汽车专用装置的安装应考虑车辆承载件的强度和刚度及其他相关汽车安全部件的要求。

4.1.4 燃气汽车应在显著位置加施符合 GB/T 17676 规定的标识。

4.1.5 燃气汽车专用装置安装后应保证:

——气瓶无变形、磨损;

——各专用部件应安装牢固,不应因振动、颠簸而出现松动、脱落等现象;

——系统按 5.1 规定的方法进行试验后应无泄漏;

——各专用部件不应设置在距离排气管或类似热源 100 mm 的范围内,除非该部件有足够的隔热防护装置;

——系统中的压力表、气量显示仪应准确可靠,阀门、管路等便于维修。

4.2 车用气瓶(简称气瓶)

4.2.1 气瓶安装位置应远离热源，应与驾驶室或载人车厢有效分离，并用密封盒(气瓶附件周围的密封部件)、波纹管及通气接口等将可能泄漏的气体排出车外，通气接口排气方向应在与地面成45°圆锥的范围内，通气接口至发动机排气管和其他热源距离不得小于250 mm，通气总面积应不小于450 mm^2。密封盒、波纹管及通气接口安装后按5.2方法进行试验后，应无泄漏，且不得有永久变形。

4.2.2 气瓶阀和接头应有防止碰撞、倾覆等事故的保护装置；气瓶阀与汽车外轮廓边缘的距离不应小于200 mm。气瓶安装在汽车车架下时，气瓶下方应采取有效防护措施且气瓶附件不允许布置在汽车前轴之前。当气瓶安装在车辆的外露空间时，应采取有效的防护措施。

4.2.3 气瓶与固定座之间应装有非金属垫板，其紧固螺栓应有防松装置。

4.2.4 气瓶安装紧固后，应满足下列技术要求：

——按5.3.1规定方法进行试验后气瓶应仍固定在汽车上，紧固部件不应出现断裂、脱落等现象；

——按5.3.2规定的方法进行试验后，气瓶与其固定座的固定点相对位移不大于13 mm。

4.3 加气口

4.3.1 加气口应安装在有适当防护和易于充气操作的位置，当加气口安装在车身上时，其凸出车辆外轮廓边缘部分的尺寸应不大于10 mm。

4.3.2 加气口安装后，按5.4所述试验方法进行检验后，应无泄漏。

4.4 管路

4.4.1 高压管路一般采用刚性管，特殊部位可用柔性管，而在能产生相对位移的部件之间则必须采用柔性管连接。柔性高压管路应在每一弯曲前、后使用具有弹性的固定卡固定，固定卡间距不大于300 mm。

4.4.2 高压管路接头不得通过和安装在驾驶室和载人车厢内，不得安装在高热源、易磨损或易受冲击的位置。高压管接头应安装在能看得见或操作者易于操作的位置，高压管路和高压管接头不得重复使用。

4.4.3 刚性高压管路应排列整齐，布置合理，不应因摩擦和振动(如因发动机振动引起的共振)造成损害；刚性高压管路应用固定卡有效地固定在车架或车身上，固定卡的间距不应大于600 mm；如果管路与相邻部件接触或穿越孔板，应采用橡胶套管进行保护，两个部件之间的管路应采用能消除热胀冷缩影响和抗震的措施，如采用盘管或“U”型弯管等。管路中心线曲率半径不应小于管路外径的5倍。

4.5 气压(量)显示装置

压力表应安装在易于观察、防震和避免损坏的位置，确保安装牢固；不应安装在驾驶室内；当安装在裸露位置时，应加装压力表防护罩。气量显示器应安装在驾驶室内驾驶员易于观察的位置。

4.6 手动截止阀

手动截止阀应安装在易于操作的位置，阀体不得直接安装在驾驶室内。

4.7 减压调节器及蒸发调压器

4.7.1 减压调节器及蒸发调压器应安装在振动较小的位置。

4.7.2 减压调节器及蒸发调压器采用发动机循环水加热时，其安装高度应低于发动机散热器顶部或膨胀水箱的最低水位高度，水管接头处不得漏水。

4.8 燃料转换开关

执行燃料切换功能的燃料转换开关应安装在驾驶员操作方便的位置，燃料转换开关的档位标记应明显，安装后应能分别正确控制各种状态。

4.9 电器系统

4.9.1 所有线路连接应符合 QC/T 29009 的有关规定，线束应合理布置和走向，并卡固良好，不得与相邻部件摩擦。线路中应设置过电流保护装置。

4.9.2 气瓶到减压调节器之间应设置电磁阀，电磁阀的安装位置应尽量远离电器设备，安装板不得与导磁元件直接接触。

4.9.3 电子元件的安装，应按照电子元件安装技术规范进行。

5 试验方法

5.1 燃气汽车系统泄漏试验

5.1.1 CNG 系统泄漏试验

CNG 系统泄漏试验应按 5.1.3 或 5.1.4 规定方法，分别在压力为低压 0.9 MPa～1 MPa 及高压 18 MPa～20 MPa 的条件下进行。

5.1.2 LPG 系统泄漏试验

LPG 系统泄漏试验，应按 5.1.3 或 5.1.4 规定方法，在系统工作压力为 1.6 MPa～2.2 MPa 条件下进行。

5.1.3 检漏液检验

试验时应使用中性发泡液，将发泡液涂覆在整个被检测部位的表面上，观察至少 1 min，所检测的区域应无气泡产生。试验后，应将被检测部位的发泡液洗拭干净，以免对系统部件产生腐蚀。

5.1.4 检漏仪检验

检测前，将被检测部位的残余油污或密封剂清除干净，避免因为探测器可对几种可燃性气体产生反应(如油污或密封剂的蒸气)，而导致其检测到的可能不是渗漏的天然气或示踪气体。检测时风速应小于 3 m/s。

应采用精度不低于±5%FS，报警点为 0.025‰的防爆数字显示检测仪表，检测各接口的连接处，应无泄漏报警，检测时间不应小于防爆仪反应时间。

5.2 气密盒密封性试验

将压缩空气通入被试件任一孔口，密封其他孔口，气体压力为 0.01 MPa，按 5.1.3 规定方法检查。

5.3 气瓶安装强度试验

5.3.1 动态试验

5.3.1.1 根据安装了气瓶的整个车身或部分车身的试件(以下简称被试件)尺寸结构及原车的实际安

装方式，按照试验要求，将被试件固定在试验台上，安装方法不应使气瓶固定加强。

5.3.1.2 试验应按如下方法完成：

a) 向气瓶或气瓶组中充入容量相当于温度为 15 ℃时，90%工作压力的氮气。

b) 试验车的减速度应按 ISO 6487:2000 中 CFC 60 频率等级特性进行测量。

c) 减速度应按如下 1)和 2)的规定保持至少 30 ms。

1) 对于 M_1 和 N_1 类汽车应承受：

——纵向向前 20 g 的加速度；

——纵向向后 20 g 的加速度；

——两个方向上 8 g 的侧向加速度。

2) 对于 M_2 和 M_3 类、N_2 和 N_3 类汽车应承受：

——纵向向前 10 g 的加速度；

——纵向向后 10 g 的加速度；

——两个方向上 5 g 的侧向加速度。

其中加速度以 g 为单位（1 g=9.81 m/s^2）

5.3.2 静态试验

5.3.2.1 对试验装置的要求

5.3.2.1.1 试验装置应具备有效控制施力的设施，同时水平施力机构在垂直方向的高度无级可调。

5.3.2.1.2 试验装置应适应不同车型及各种气瓶的不同安装形式。

5.3.2.1.3 试验装置应能记录并自动显示力及位移数据，且能自动绘制“力-位移”的关系曲线。

5.3.2.2 试验方法

5.3.2.2.1 根据被试件尺寸结构及原车的实际安装方式，按照试验要求，将被试件固定在试验台上，安装方法不应使气瓶固定加强。

5.3.2.2.2 调整施力机构，使施力点通过气瓶中心，加力方向分别为：汽车前进方向、垂直向上方向、汽车左右任选一方向。

5.3.2.2.3 对被试件施加 8 倍于充满额定工作压力的储气瓶重力的静力，当达到设定值时，自动停止施力，并实时记录力和位移数据，绘制“力-位移”的关系曲线。

5.4 加气口安装强度试验

检验加气口安装强度，应按以下步骤进行：

a) 将样件安装在汽车或相当于安装在汽车上的 CNG 或 LPG 燃料系统的试验台上，并充满额定工作压力；

b) 沿加气口纵轴方向对加气口施加 670 N 拉力；

c) 选取加气口安装薄弱方向对加气口施加 200 N·m 力矩；

d) 完成上述施力后，用检漏液检验样件的密封性。

6 检验规则

6.1 检验项目

检验项目如表 1 所示。

表 1　检验项目表

序号	试验(检验)项目名称	试验(检验)方法	判定依据	出厂检验	型式检验
1	燃气汽车系统泄漏试验	5.1	4.1.5	√	√
2	气密盒密封性试验	5.2	4.2.1	—	√
3	气瓶安装强度试验	5.3	4.2.4	—	√
4	加气口安装强度试验	5.4	4.3.2	—	√

6.2　型式检验

燃气汽车专用装置的安装应满足本标准技术要求中所有条款的规定。

6.3　出厂检验

燃气汽车专用装置的安装应满足本标准技术要求中除去 5.2、5.3 及 5.4 以外所有条款的规定。

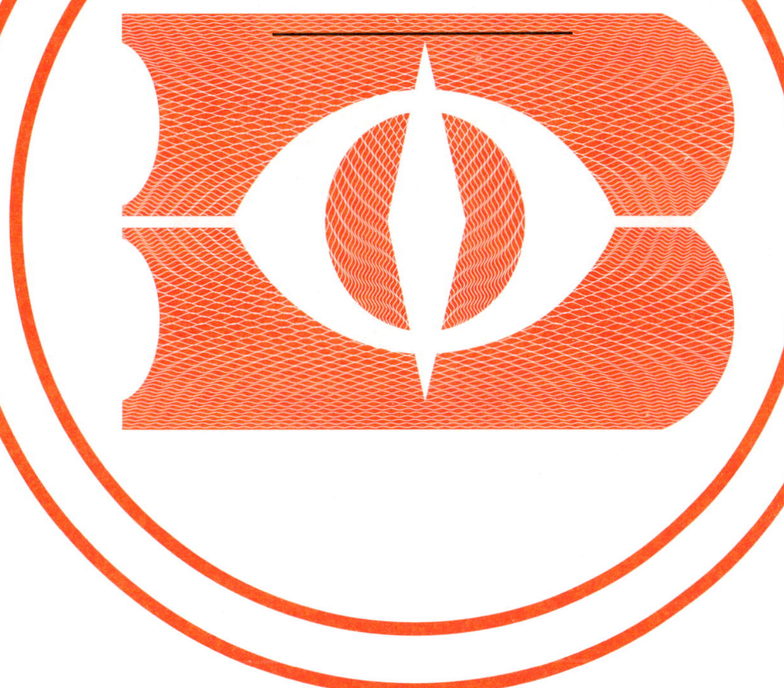

ICS 43.040.60
T 47

中华人民共和国汽车行业标准

QC/T 914—2013

二甲醚汽车定型试验规程

Engineering approval evaluation program of dimethyl ether vehicle

2013-04-25 发布 2013-09-01 实施

中华人民共和国工业和信息化部 发布

前　言

本标准按照 GB/T 1.1—2009 给出的规则起草。

本标准由全国汽车标准化技术委员会(SAC/TC 114)提出并归口。

本标准负责起草单位:上海申沃客车有限公司、上海交通大学、上海机动车检测中心、上海柴油机股份有限公司。

本标准主要起草人:阚卫峰、曹卺震、纪丽伟、张武高、缪文泉、李括、应菊娣、徐哲、崔东周。

二甲醚汽车定型试验规程

1 范围

本标准规定了燃用车用二甲醚燃料的汽车定型试验的试验条件及中止试验条件、试验项目和方法。

本标准适用于M类和N类单燃料的二甲醚汽车。对于新开发的基本型二甲醚汽车，应按照相应的汽车定型试验规程和本标准适用的要求进行定型试验；对于在已经定型的汽车产品上安装二甲醚发动机和安装二甲醚专用装置的二甲醚汽车，应按本标准的相关要求进行定型试验；对于在已经定型的汽车产品上安装柴油-二甲醚双燃料发动机和安装相关专用装置的柴油-二甲醚双燃料汽车，应参照本标准的相关要求进行定型试验。

2 规范性引用文件

下列文件对于本文件的应用是必不可少的。凡是注日期的引用文件，仅注日期的版本适用本文件。凡是不注日期的引用文件，其最新版本（包括所有的修改单）适用于本文件。

GB/T 4970 汽车平顺性试验方法
GB/T 6323.4 汽车操纵稳定性试验方法 转向回正性能试验
GB/T 6323.5 汽车操纵稳定性试验方法 转向轻便性试验
GB/T 6323.6 汽车操纵稳定性试验方法 稳态回转试验
GB 7258 机动车运行安全技术条件
GB/T 12534 汽车道路试验方法通则
GB/T 12535 汽车起动性能试验方法
GB/T 12536 汽车滑行试验方法
GB/T 12539 汽车爬陡坡试验方法
GB/T 12543 汽车加速性能试验方法
GB/T 12544 汽车最高车速试验方法
GB/T 12545.1 汽车燃料消耗量试验方法 第1部分：乘用车辆燃料消耗量试验方法
GB/T 12545.2 商用车辆燃料消耗量试验方法
GB/T 12547 汽车最低稳定车速试验方法
GB/T 12673 汽车主要尺寸测量方法
GB/T 12674 汽车质量（重量）参数测定方法
GB/T 12677 汽车技术状况行驶检查方法
GB/T 12678 汽车可靠性行驶试验方法
GB/T 18697 声学 汽车车内噪声测量方法
QC/T 813 二甲醚汽车专用装置技术要求
QC/T 814 二甲醚汽车专用装置的安装要求
QC/T 900—1997 汽车整车产品质量检验评定方法

3 术语和定义

QC/T 813界定的以及下列术语和定义适用于本文件。

3.1

车用二甲醚燃料 DME for vehicles

指用甲醇气相法或液相法脱水生成或由合成气直接合成的，能够满足车用要求的二甲醚。其中二甲醚的质量分数大于或等于99.5%、甲醇的质量分数小于0.30%、水分的质量分数小于0.03%。

4 试验条件及中止试验条件

4.1 试验条件

4.1.1 用于试验的样车符合设计任务书、设计图样及技术条件的要求，即可申请进行定型试验。

4.1.2 定型试验前，制造单位应提供如下文件：

a) 按规定程序批准的设计任务书、产品技术条件及使用保养说明书；

b) 定型试验样车的制造与装配调整记录；

c) 定型试验样车的工厂试验报告和配套发动机的台架试验报告；

d) 车用二甲醚专用装置许可证书、合格证书。

4.1.3 供定型试验的样车不少于两辆。

4.1.4 试验车辆应符合有关强制性标准的规定。

4.1.5 车用二甲醚专用装置部件应具有合格标记。车用液化二甲醚钢瓶应具有生产许可证并应具有规定检验周期内的检验标记及合格证。

4.1.6 试验用车用二甲醚燃料应符合第3章中关于车用二甲醚燃料定义的规定。

4.1.7 样车的磨合行驶里程按照制造单位的规定进行，无规定时按QC/T 900—1997表3的规定执行，并做好详细的磨合行驶记录。

4.1.8 试验过程中，应按使用说明书的规定进行维护保养。

4.1.9 在上述规定以外，试验样车、试验场地、气象条件等应符合GB/T 12534的规定。

4.2 中止试验条件

在试验过程中发现下列情况之一时，定型试验单位应中止试验或由制造单位改进后再进行试验：

a) 转向、制动等系统的效能不能确保行车安全；

b) 样车动力性、经济性等指标不符合设计任务书要求，污染物排放不符合国家标准要求；

c) 车架出现断裂损坏，主要总成及关键零部件损坏，试验无法继续进行；

d) 二甲醚系统管路断裂或发生严重泄漏；

e) 车用液化二甲醚钢瓶和二甲醚输送泵的安装部位发生变形损坏，且不能采取措施排除；

f) 车用液化二甲醚钢瓶及附件、电磁阀、二甲醚输送泵、滤清器、加注口、溢流阀严重损坏不能正常工作。

5 试验项目及方法

按下列试验项目及方法考核试验样车的各项技术性能、适应性、可靠性。

5.1 参数测量

5.1.1 整车外部尺寸测量按GB/T 12673的规定进行。

5.1.2 整车质量参数测量按GB/T 12674的规定进行。

5.2 专用装置检验

5.2.1 二甲醚汽车专用装置的技术要求检验按 QC/T 813 的规定进行。

5.2.2 二甲醚汽车专用装置的安装要求检验按 QC/T 814 的规定进行。

5.3 汽车技术状况行驶检查

按 GB/T 12677 的规定进行。

5.4 滑行试验

按 GB/T 12536 的规定进行。

5.5 动力性试验

5.5.1 直接档最低稳定车速试验，按 GB/T 12547 的规定进行。

5.5.2 加速性能试验按 GB/T 12543 的规定进行。测定项目包括：

a) 直接档(或常用档)加速性能试验；

b) 原地起步连续换档加速性能试验。

5.5.3 最高车速试验。

按 GB/T 12544 的规定进行。

5.5.4 最大爬坡度试验。

按 GB/T 12539 的规定进行。

5.6 燃料经济性试验

a) M_1 类、最大总质量小于 3.5t 的 M_2 和 N_1 类汽车，按 GB/T 12545.1 的规定进行；

b) 最大总质量超过 3.5t 的 M_2、M_3 类和 N_2、N_3 类汽车，按 GB/T 12545.2 的规定进行。

5.7 噪声试验

匀速行驶车内噪声按 GB/T 18697 的规定进行。

5.8 汽车操纵稳定性试验

与原型燃油车相比，满载条件下轴荷变化超过 5% 的车辆按 GB/T 6323.4、GB/T 6323.5、GB/T 6323.6 的规定进行汽车操纵稳定性试验。

5.9 平顺性试验

按 GB/T 4970 的规定进行。

5.10 起动试验

按 GB/T 12535 的规定进行。

5.11 可靠性行驶试验

5.11.1 可靠性行驶试验里程：

5.11.1.1 对于新开发的基本型二甲醚汽车，应按照相应车辆类型的汽车定型试验规程的可靠性行驶试验要求进行。

5.11.1.2 对于在已定型汽车产品上换装二甲醚发动机和安装二甲醚专用装置的二甲醚汽车，可靠性行驶试验可在汽车试验场进行，里程分配见表1，也可在常规可靠性试验道路上进行，里程分配见表2。

表1　汽车试验场可靠性行驶里程分配表

km

车　　型	行驶里程			
	坏路	平路	高速路	总计
M类汽车	2 000	1 000	4 000	7 000
N类汽车	2 500	1 000	3 500	7 000

表2　常规可靠性试验道路行驶里程分配表

km

车型	行驶里程			
	坏路	平路	高速路	总计
M类汽车	3 500	2 500	4 000	10 000
N类汽车	4 000	2 500	3 500	10 000

5.11.2　可靠性行驶试验过程中，每天试验后应检查二甲醚系统有无泄漏，检查车用液化二甲醚钢瓶和二甲醚输送泵的安装部位有无损坏，以保证行车安全。

5.11.3　可靠性行驶试验方法按GB/T 12678的规定进行。

5.11.4　可靠性行驶试验故障类别判定按QC/T 900—1997的规定进行。

5.12　性能复试

可靠性行驶试验完成后，应进行性能复试，试验项目为5.3、5.4、5.5、5.6、5.8规定的内容及GB 7258规定的制动性能试验。

ICS 43.040.60
T 47

中华人民共和国汽车行业标准

QC/T 915—2013

车用二甲醚钢瓶集成阀

DME steel cylinder multivalve for vehicle

2013-04-25 发布　　　　2013-09-01 实施

中华人民共和国工业和信息化部　发布

前　言

本标准按照 GB/T 1.1—2009 给出的规则起草。

本标准附录 A 为资料性附录，附录 B 为规范性附录。

本标准由全国汽车标准化技术委员会(SAC/TC 114)提出并归口。

本标准负责起草单位：上海星地环保设备有限公司。

本标准参加起草单位：上海申沃客车有限公司、西北橡胶塑料研究设计院、上海新奥九环车用燃气设备有限公司、上海柴油机股份有限公司。

本标准主要起草人：张建、曹铠震、毛冲霓、雷海军、阮伟民、崔东周、应菊娣、徐哲。

车用二甲醚钢瓶集成阀

1 范围

本标准规定了车用二甲醚钢瓶集成阀的术语和定义、产品分类和型号标记方法、结构要求及主要参数、技术要求、试验方法、检验规则、标志、包装、运输及储存和出厂文件。

本标准适用于公称工作压力为 2.0 MPa(本标准所述压力值均为表压),工作温度为－40 ℃～＋60 ℃,以二甲醚为燃料的汽车用二甲醚钢瓶集成阀。

2 规范性引用文件

下列文件对于本标准的应用是必不可少的。凡是注日期的引用文件,仅注日期的版本适用本标准。凡是不注日期的引用文件,其最新版本(包括所有的修改单)适用于本标准。

GB/T 193 普通螺纹 直径与螺距系列

GB/T 3098.1 紧固件机械性能 螺栓、螺钉和螺柱

GB/T 4423 铜及铜合金拉制棒

GB/T 9969.1 工业产品使用说明书 总则

GB 17259—2009 机动车用液化石油气钢瓶

3 术语和定义

下列术语和定义适用于本文件。

3.1

车用二甲醚钢瓶集成阀 DME steel cylinder multivalve for vehicle

一种集充装装置、限充装置、压力安全阀(也可以分立)、液位显示装置和各种截止阀等于一体,安装在车用二甲醚钢瓶上的阀,以下简称集成阀。

3.2

车用二甲醚燃料 DME for vehicles

车用二甲醚燃料是指用甲醇气相法或液相法脱水生成或由合成气直接合成的,能够满足车用要求的二甲醚。其中二甲醚的质量分数大于或等于 99.5%、甲醇的质量分数小于 0.30%、水分的质量分数小于 0.03%。

3.3

车用二甲醚钢瓶 DME steel cylinder for vehicle

储存车用二甲醚燃料的容器,以下简称钢瓶。

3.4

充装装置 filler

安装在集成阀阀体的进液通道上,带有单向阀和截止阀的装置。

3.5

限充装置 automatic fill limiter

安装在集成阀阀体的进液通道上,当钢瓶内的二甲醚体积达到该钢瓶容积的 70%～80%时,能自动限制充装,以防止充装过量的保护装置。

3.6

液位显示装置 level indicator

带有极限充装警示刻度，显示钢瓶内液位高度的装置。

4 产品分类和型号标记方法

4.1 产品分类

根据配套钢瓶的内直径、容积和集成阀在钢瓶上的安装角度分类。

4.2 型号标记方法

集成阀型号标记方法如下：

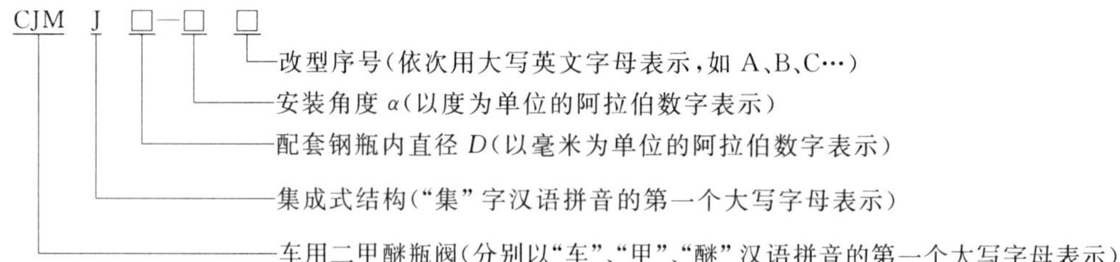

4.3 标记示例

例如：配套钢瓶内径为 350 mm，安装角度为 30°，改型序号为 A 的车用二甲醚钢瓶集成阀，其型号为“CJMJ350-30A”。

5 结构要求及主要参数

5.1 结构要求

集成阀由充装装置、限充装置、压力安全阀、液位显示装置、进液口截止阀和出液口截止阀等功能装置构成。功能装置可部分或全部与集成阀阀体相连接，也可相互之间进行适当的组合后再与集成阀阀体相连接。附录 A（资料性附录）是推荐的结构型式。

5.2 连接方法

5.2.1 应采用凹凸面法兰连接，紧固点应不少于 6 个，均匀分布。当钢瓶的法兰管口直径大于或等于 ϕ70 mm 时，紧固螺钉规格应不小于 M10；螺钉的力学性能和材料应符合 GB/T 3098.1 中 8.8 级的有关规定。

5.2.2 进、出液口螺纹采用符合 GB/T 193 普通螺纹中的细牙螺纹。

5.3 安装角度

5.3.1 安装角度为集成阀的轴线与水平面的夹角，通常为 30°。

5.3.2 集成阀的安装位置标志应与钢瓶轴心线平行。

5.4 主要参数

a) 工作温度：−40 ℃～+60 ℃；

b) 公称工作压力：2.0 MPa；

c) 压力安全阀的开启压力：2.3 MPa±0.2 MPa；

d) 最大充装容积:钢瓶容积的 80%。

6 技术要求

6.1 材料

6.1.1 金属材料

集成阀阀体材料和其他金属零件的材料宜选用 HPb 59-1 铅黄铜,材料的机械性能和化学成分应符合 GB/T 4423 的规定。如采用其他金属材料时,应选用与二甲醚相容的材料,且机械性能应满足使用强度要求。

6.1.2 非金属材料

6.1.2.1 橡胶密封件

a) 橡胶密封件用材料应具备满足集成阀使用所要求的技术指标,见表 1。

表 1 二甲醚橡胶密封件材料的技术指标

序号	项目			指标	单位
1	常态试验		抗拉强度	≥5.9	MPa
			伸长率	≥150	%
			硬度	70±5	邵 A 度
2	老化试验(150 ℃、70 h)		抗拉强度变化率	−20～+20	%
			伸长率变化率	−30～+10	%
			硬度变化	−5～+10	邵 A 度
3	耐压缩变形试验(150 ℃、70 h)		25%压缩	0～20	%
4	浸泡试验(液态二甲醚)	40 ℃、24 h	抗拉强度变化率	≥−50	%
			伸长率变化率	≥−50	%
			硬度变化	≥−20	邵 A 度
		1.2 MPa、192 h	体积变化率(取出 3 min 内)	0～20	%
			质量损失率(取出 3 min 内)	≤10	%

b) 用于滑动部位的橡胶密封件宜采用全氟醚橡胶等符合 6.1.2.1 要求的材料。

c) 相容性。橡胶密封件应与二甲醚相容。按 7.2 规定进行浸泡试验,其体积变化率 0%～20%,质量损失率不大于 10%。

d) 耐氧老化。橡胶密封件按 7.3 规定进行耐氧老化试验后,不得出现目测可见的裂纹和质地变脆、变硬等现象。

6.1.2.2 塑料密封件

a) 用于固定部位的塑料密封件宜采用聚四氟乙烯或聚酰胺等符合 6.1.2.2 要求的材料。

b) 相容性。塑料密封件应与二甲醚相容。按 7.2 规定进行浸泡试验,其体积变化率 0%～10%,质量损失率不大于 5%。

c) 耐氧老化。塑料密封件按 7.3 规定进行耐氧老化试验,不得出现目测可见的裂纹和质地变脆、变硬等现象。

6.1.2.3 **浮子**

a) 浮子宜采用聚酰胺等符合6.1.2.3要求的材料。
b) 相容性。浮子应与二甲醚相容。按7.2规定进行浸泡试验,其体积变化率0%~10%,质量损失率不大于5%。
c) 耐氧老化。浮子按7.3规定进行耐氧老化试验,不得出现目测可见的裂纹和变质现象。
d) 液压渗漏。按7.4规定进行液压渗漏试验,应能承受至少5.0 MPa水压而不发生渗漏和永久性变形。对于空心浮子,试验后其质量增加应不大于3%;对于实心浮子,其质量增加应不大于2%。

6.2 外观

按7.5规定的方法进行检验。集成阀阀体及各功能装置上所有零件的表面不应有影响集成阀性能的裂纹、皱折、夹杂物、凹坑或明显机械损伤等缺陷,标志应符合9.1的要求。

6.3 耐振性

集成阀按7.6规定的方法进行耐振试验,应符合6.4要求。

6.4 气密性

按7.7规定的方法进行气密性试验。集成阀的功能装置(除液位显示装置外)和所有接触二甲醚的连接部位应无泄漏。

6.5 压力安全阀

6.5.1 应安装在钢瓶的气相区间。
6.5.2 应不能在外部进行调整。
6.5.3 按7.8.1规定的方法进行试验。开启压力为2.3 MPa±0.2 MPa,启闭压差不大于0.5 MPa。
6.5.4 当压力安全阀是分立的,还应按7.7和7.11规定的方法进行试验,应无泄漏。
6.5.5 按7.8.2规定的方法进行试验,应能正常工作。

6.6 集成阀阀体及各功能装置的性能

6.6.1 阀体

6.6.1.1 应采用锻压成型。按7.5规定的方法进行外观检验,应符合6.2要求。
6.6.1.2 按7.11规定的方法进行强度试验。应无泄漏、无永久性变形或其他形式的损坏。

6.6.2 充装装置

6.6.2.1 应有一个气密单向阀和一个截止阀,单向阀是内置式的。
6.6.2.2 充装装置如不另接加注管路,而在加注二甲醚时直接与加注设备相连,则应给充装装置配备防尘罩,以防异物进入。
6.6.2.3 按7.7规定的方法进行气密性试验,气密单向阀应无泄漏。
6.6.2.4 按7.9规定的方法进行耐用性试验,充装装置应正常工作,符合6.4要求。
6.6.2.5 按7.11规定的方法进行强度试验,应无泄漏、无永久性变形或其他形式的损坏。

6.6.3 限充装置

6.6.3.1 按7.10.1规定的方法进行试验。在充入钢瓶内的二甲醚体积达到钢瓶容积的70%~80%时,限充装置正常动作，应能自动实施闭合，且液位显示装置的指针应指“F”。

6.6.3.2　按 7.10.2 规定的方法进行试验。进液单向阀进口端压与钢瓶内压间的压差在 0.07 MPa～1.0 MPa 范围内，当在充入钢瓶内的二甲醚体积达到钢瓶容积的 70%～80%时，装置应有限充动作，且液位显示装置的指针应指“F”。

6.6.3.3　按 7.10.2 规定的方法进行试验。当处于限充位置，在两端的压差为 0.70 MPa 时，充装速度应小于 500 mL/min。

6.6.3.4　按 7.9 规定的方法进行耐用性试验。限充装置应正常工作，符合 6.6.3 要求。

6.6.3.5　按 7.11 规定的方法进行强度试验。在限充位置应能承受 5.0 MPa 压力，而不发生永久性变形或其他形式的损坏。

6.6.4　液位显示装置

6.6.4.1　应采用间接、非接触式液位显示（如电磁感应式）的结构。

6.6.4.2　浮子是液位显示装置产生信号源的部件，应满足 6.1.2.3 的要求。

6.6.4.3　装置应有指示钢瓶内二甲醚液位状况的表盘。在表盘上，应带有极限充装刻度，该刻度标注为“F”，超过极限充装刻度的区域用红色表示。表盘上的指针应摆动灵活，按 7.10.1 规定的方法进行试验。当指针指向“F”时，钢瓶内二甲醚体积应在钢瓶容积的 70%～80%范围内。

6.6.4.4　集成阀应可加装液位传感器。

6.6.4.5　按 7.9 规定的方法进行耐用性试验。液位显示装置应能正常工作，符合 6.6.4 要求。

6.6.5　截止阀

6.6.5.1　按 7.7 规定的方法进行气密性试验，应无泄漏。

6.6.5.2　按 7.9 规定的方法进行耐用性试验，截止阀应能正常工作，符合 6.6.5 要求。

6.6.5.3　按 7.11 规定的方法进行强度试验，应无泄漏、无永久性变形或其他形式的损坏。

6.6.5.4　如截止阀由电力驱动，当电流被切断时，截止阀处于关闭状态，且符合 6.6.5 要求。

7　试验方法

7.1　一般规定

7.1.1　试验条件

a）试验的环境温度为 15 ℃～30 ℃；

b）进行气密性等试验介质应为清洁的干燥空气或氮气，静压强度试验介质应为清洁的水。

7.1.2　试验用仪表仪器要求

a）压力仪表：精度不低于 1.5 级，量程为测量值的 1.5～2 倍；

b）流量仪表：精度不低于 1.5 级，量程为测量值的 1.5～2 倍；

c）温度仪表：精度为±0.5 ℃，最小分辨率小于精度的 2 倍（即 1 ℃）；

d）称重仪器：精度应不大于 0.001 g。

7.2　浸泡试验

将试件在室温下置于承压密封储罐中，排除储罐内空气，注入液态二甲醚至 1.2 MPa，浸泡 192 h。取出 3 min 内测量其体积变化率和质量变化率。

7.3 耐氧老化试验

试件置于承压密封储罐中，排除储罐内的空气，充入氧气达到适当的压力后，把该装置放在 75 ℃±5 ℃的恒温箱中，保温一定时间，使该装置内外的温度达到 70 ℃±5 ℃。此时将恒温箱内的温度调至 70 ℃±2 ℃，检测该装置内压力，要求其值不低于 2.1 MPa。在保证老化试验装置内的温度为 70 ℃±5 ℃和其内压力不低于 2.1 MPa 这两个条件下，保温 96 h 后取出目测检查。

7.4 液压渗漏试验

将浮子质量做好记录，放入承压密封储罐中，排除储罐内的空气，使储罐内充满水，加压至 5 MPa，保压时间 60 min，取出检查外形，并称质量。

7.5 外观检验

采用目测方法。

7.6 耐振试验

7.6.1 测量和记录振动加速度或振幅及频率的仪器，其精度应达到测量值的 10%。

7.6.2 试验应沿被试件的三个正交轴分别进行，试验按下述方法进行。

7.6.2.1 试验在正弦振动台架上进行，其恒定加速度为 1.5g，频率范围为 5 Hz～200 Hz。试验应在三个正交的轴向各持续 5 h。5 Hz～200 Hz 的频带，应包含在 2 个 15 min 的扫频时间内。

7.6.2.2 如试验不是在恒定加速度台架上进行，则必须将 5 Hz～200 Hz 的频带划分成 11 个半倍频段。其中，每组包括 1 个恒定的振幅。因此，理论的加速度就包括在 1g～2g（g＝9.8 m/s^2）之间。各频带的振幅值见表 2。每个频带从两个方向进行，2 min 完成，每个频带总时间为 30 min。

表 2 各频带的振幅值

振幅（峰值）/mm	频率（加速度 1g～2g）/Hz	振幅（峰值）/mm	频率（加速度 1g～2g）/Hz
10	5～7	0.15	41～57
5	7～10	0.08	57～79
2.5	10～14	0.04	79～111
1.25	14～20	0.02	111～157
0.6	20～29	0.01	157～222
0.3	29～41		

7.7 气密性试验

用浸水法试验。将试件装在气密性试验装置上，使水淹过集成阀，向试验装置内通入压缩空气或氮气，在 0.05 MPa 及 2.0 MPa 时，分别观察 3 min 应无气泡出现。

7.8 压力安全阀试验

7.8.1 开启压力和启闭压差试验。

将试件装在试验装置上，先从进端通入 0～3.0 MPa 的氮气或压缩空气，使压力安全阀连续开启-关闭 3 次，不记录压力值，然后进入正式试验。缓缓通入气源，用浸水法或检漏液检查。当压力安全阀的排气口开始出现气泡时，记录装置内的压力值，此值为开启压力。然后逐步增大装置的内压，使排放量增大到不能产生气泡时，再缓缓关闭通入的压缩空气又可产生气泡，当气泡再不能形成时，记录装置内的压力值，此值为关闭压力。试验重复3次，取3次的算术平均值为最终试验结果。启闭压差应为开启压力与关闭压力之差。

7.8.2 排放能力试验。

按附录B进行。

7.9 耐用性试验

将试件装在相应的耐用性试验装置上，分别进行耐用性试验。各项耐用性试验每个循环的行程应不小于实际工作行程的80%，循环频率不高于15次/min，耐用性试验要求和循环次数见表3。试验完毕，检查各装置的情况。

表3 耐用性试验要求和循环次数

名称	要　求	循环次数
充装装置	用气作介质，进、出端压差0.7 MPa。按7.9要求开启、关闭	6 000
截止阀	用液态二甲醚作介质，进、出端压差1.2 MPa。按7.9要求开启、关闭	6 000
限充装置	用水作介质，进、出端压差0.7 MPa。液位在相应0%～70%—80%间往复，按7.9要求，装置限充、复位往复	6 000
液位显示装置	限充装置工作，指示0～"F"往复	100 000

7.10 限充装置及液位显示装置试验

7.10.1 限充动作及液位显示试验。

7.10.1.1 用0.5 MPa压缩空气作介质，采用7.10.2.1中定出的水液位高度区间。

7.10.1.2 向限充装置内充入压缩空气，将浮子提至7.10.2.1所定水液位高度区间内，应有限充动作发生，此时液位显示装置的指针应指"F"。

7.10.2 限充性能及液位显示试验。

7.10.2.1 用水作介质，对装置所用不同规格的钢瓶定出二甲醚70%～80%液位对应的水液位高度区间。

7.10.2.2 在进液单向阀和限充装置的两端接上压力表，从进液单向阀向限充装置充入压力水，适当调整进水口的压力，使两个压力表的压力差分别达到0.07 MPa和0.70 MPa。在这两个压力状态下，当水位达到相应区间时观察，应有限充动作发生，此时液位显示装置的指针应指"F"。

7.10.2.3 当压力差为0.7 MPa时，测量充入该装置水的速度小于500 mL/min。

7.11 静压强度试验

有效封闭集成阀的出气口和压力安全阀的出气口，试件安装在静压强度试验装置上，从试件的进端处充入压力水，使其内压达到5.0 MPa；将截止阀分别开启和关闭，各保压1 min，检查集成阀阀体和各功能装置。

8 检验规则

8.1 一般要求

材料与零件进厂应具有质量合格证或质量保证书，对阀体材料应进行复验，对零件进厂应进行抽查。

8.2 出厂检验

出厂检验应逐个进行，检验项目按表4规定。

8.3 型式试验与取样

8.3.1 有下列情况之一，集成阀应进行型式试验，试验项目按表4的规定，且试验结果应符合本标准的有关规定。

a) 新产品或设计参数、结构、工艺、材料等有重大改变时；

b) 停产一年以上，重新恢复生产时；

c) 连续生产满三年时；

d) 申领或换发生产许可证时。

8.3.2 取样。

8.3.2.1 型式试验试样应从近期生产且经出厂检验合格的产品中抽取，抽样数量见表4。

表4 检验项目

序号	检验项目	检验方法章条号	判定依据章条号	出厂检验	型式检验	检验数量
1	浸泡试验	7.2	6.1.2.1c)、6.1.2.2b)、6.1.2.3b)		√	2
2	耐氧老化试验	7.3	6.1.2.1d)、6.1.2.2c)、6.1.2.3c)		√	2
3	液压渗漏试验	7.4	6.1.2.3d)		√	3
4	外观检验	7.5	6.2、6.6.1.1	√	√	3
5	耐振试验	7.6	6.3		√	3
6	气密性试验	7.7	6.4、6.6.2.3、6.6.5.1、6.5.4	√	√	3
7	压力安全阀开启压力和启闭压差试验	7.8.1	6.5.3	√	√	3
8	压力安全阀排放能力试验	7.8.2	6.5.5			1
9	耐用性试验	7.9	6.6.2.4、6.6.3.4、6.6.4.5、6.6.5.2		√	3
10	限充动作及液位显示试验	7.10.1	6.6.3.1、6.6.4.3	√	√	3
11	限充性能及液位显示试验	7.10.2	6.6.3.2、6.6.3.3		√	3
12	静压强度试验	7.11	6.6.1.2、6.6.2.5、6.6.3.5、6.6.5.3		√	3
注：“√”表示检验项目。						

8.3.2.2 外观检验，应在各项试验之前取样。

8.3.2.3 耐振性试验取经过外观检验的试样。

8.3.2.4 气密性试验取经过耐振性试验的试样。

8.3.2.5 静压强度试验取经过气密性试验的试样。

8.3.2.6 耐用性试验取经过静压试验的试样。

8.3.2.7 限充动作及液位显示试验取经过耐用性试验的试样。

8.3.2.8 限充性能及液位显示试验取经过耐用性试验的试样。

8.3.2.9 压力安全阀的开启压力和启闭压差试验的取样不受其他试验影响。

8.3.2.10 压力安全阀排放能力试验按8.3.2.1单独取样。

8.3.2.11 依次做液压渗漏试验、浸泡试验、耐氧老化试验。可从完成其他试验项目的试样中拆取完整无损的试件(压力安全阀排放能力试验除外)。

8.4 判定规则

8.4.1 出厂检验

出厂检验性能项目全部合格及外观合格判该产品合格,否则为该产品不合格。不合格项目可修理及可调整的,允许进行一次修理或调整,修理或调整好后再次提交检验。

8.4.2 型式试验

型式试验性能项目全部合格及外观合格判该产品代表的产品型式试验合格,否则为不合格。不合格项目可调整的,允许调整一次,调整好后,再次提交试验。

9 标志、包装、运输及储存

9.1 标志

集成阀上应有下列清晰可辩认的永久性标志:

a) 集成阀型号;
b) 集成阀适用介质代号;
c) 进出气口标志;
d) 安全阀的开启压力(分立时,在安全阀上标志);
e) 安装位置标志;
f) 制造厂名或其标志;
g) 生产批号或生产年月。

9.2 包装

9.2.1 要求:

a) 包装前应清除残留在产品内的水分或杂物;
b) 包装时应保持产品的清洁,螺纹部分不受损伤;
c) 包装箱内应能防止腐蚀性介质侵入,防止运输过程中损伤产品;
d) 包装箱内应有产品合格证、装箱单和产品使用说明书。

9.2.2 外包装上应有下列标志:

a) 制造厂名、厂址、邮编和电话、传真、电子邮箱等;
b) 产品的名称、型号和编号;
c) 产品执行标准号;
d) 数量和重量;
e) 出厂日期;
f) 外形尺寸(长×宽×高);
g) 作业要求符号。

9.3 运输及储存

9.3.1 产品装运过程应小心轻放,防止重压、碰撞及剧烈震动,严防雨淋及化学品的侵蚀。

9.3.2 产品应存放在通风、干燥、清洁的室内。

10 出厂文件

出厂文件包括产品合格证、装箱单及产品使用说明书。

10.1 产品合格证

产品应注明以下内容：

a) 产品名称、型号和编号；

b) 产品执行标准号；

c) 生产许可证编号；

d) 制造厂名或注册商标；

e) 检验部门的签章及检验日期。

10.2 装箱单

装箱单应注明下列内容：

a) 箱内产品名称、型号、规格和数量；

b) 产品以外的附件和数量；

c) 出厂文件；

d) 责任部门签章及装箱日期；

e) 制造厂名。

10.3 产品使用说明书

产品使用说明书的编写按 GB/T 9969.1 进行，重点说明以下内容：

a) 产品的结构、功能介绍；

b) 产品的正确使用方法和注意事项；

c) 产品的常见故障及排除方法。

附 录 A
（资料性附录）
推荐的集成阀结构型式

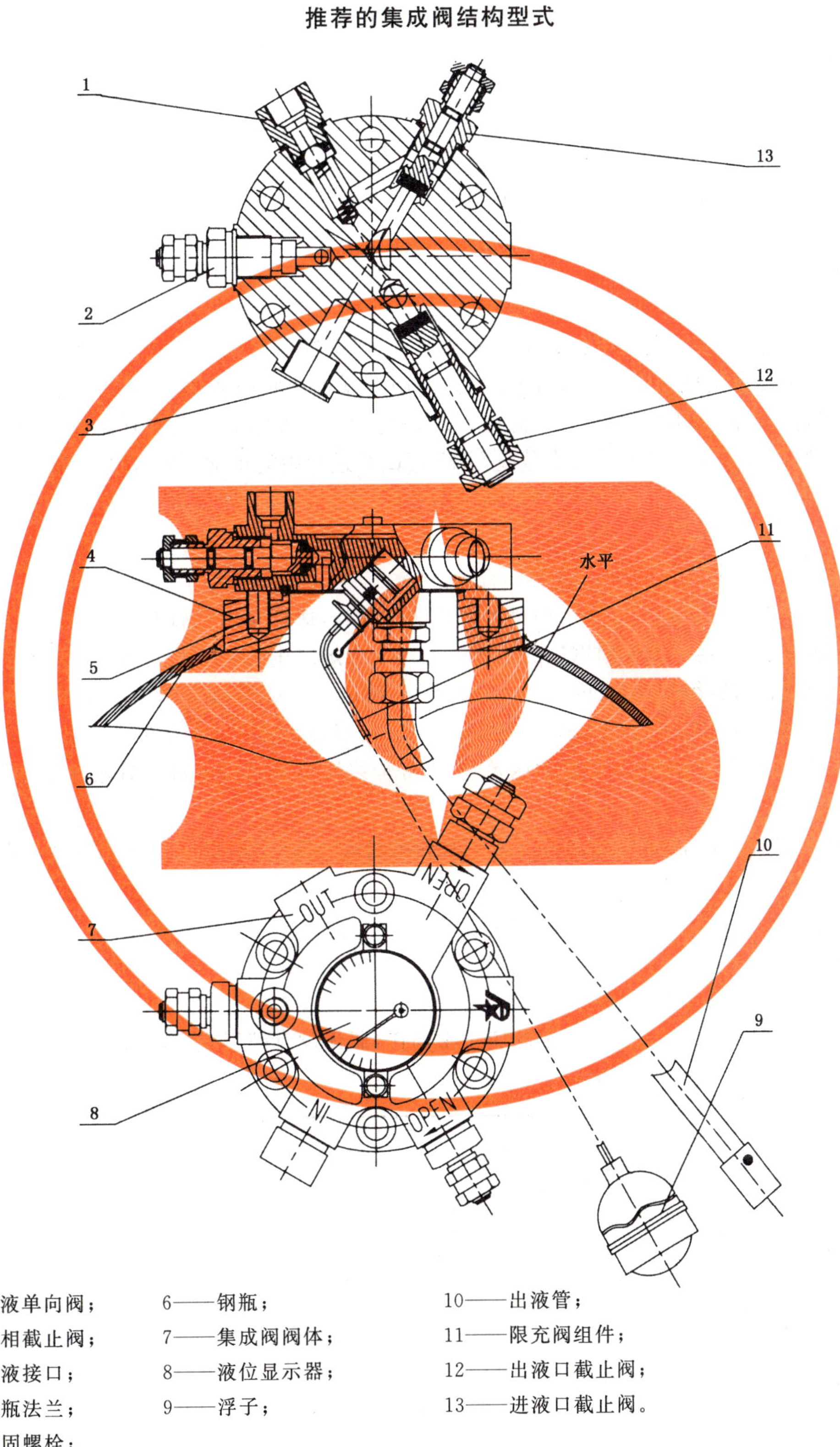

1——进液单向阀；
2——气相截止阀；
3——出液接口；
4——钢瓶法兰；
5——紧固螺栓；
6——钢瓶；
7——集成阀阀体；
8——液位显示器；
9——浮子；
10——出液管；
11——限充阀组件；
12——出液口截止阀；
13——进液口截止阀。

图 A.1 推荐的集成阀结构型式

附　录　B
（规范性附录）
排放能力试验

B.1　试验目的

验证车用钢瓶及其集成阀在高温环境下的安全可靠性。

B.2　试验条件

试验用车用钢瓶应充装液化二甲醚到额定充装量，车用钢瓶应水平架起或吊装固定好，安全阀等阀门应朝上，不允许火焰直接烧到安全装置等阀门，允许用金属板作阀门的保护罩。车用钢瓶简体外侧中心位置对称各固定一支测温用热电偶，其测温仪表及表线和压力表等应安全引到隐蔽体或防护屏障内，保证万一车用钢瓶爆炸不给试验人员带来危险，并保证试验过程中能正常测定温度和压力的变化。

B.3　试验规程

试验采用20号柴油为燃料。在车用钢瓶下部放油盆（槽），保证车用钢瓶的最低点距油面120 mm～130 mm；油盆（槽）大小应足以使车用钢瓶的边缘完全置于火焰之中，因此油盆（槽）长度与宽度应至少超过车用钢瓶在水平面上投影长度与宽度的200 mm，但不超过400 mm；油盆高度从油面开始四周高出油面不超过50 mm；燃料应能保证足够燃烧10 min，或足以使容器内液化二甲醚完全排放。

试验场所应远离高大建筑物、人口集中区及森林，并应采取必要的安全防火措施，试验场所的风速应不超过2.2 m/s。

试验从点火使油面全部着火开始，每隔1min观察并记录温度和压力，记录安全阀泄放时的温度、压力、时间。

B.4　试验评定

当车用钢瓶内压达到开启压力后，安全阀应正常动作，瓶体没有破裂或爆炸为合格。

ICS 43.040.60
T 47

中华人民共和国汽车行业标准

QC/T 916—2013

重型车用二甲醚单燃料发动机技术条件

Specifications for mono-fuel DME engines of heavy-duty vehicles

2013-04-25 发布　　2013-09-01 实施

中华人民共和国工业和信息化部　发布

前　言

本标准按照 GB/T 1.1—2009 给出的规则起草。

本标准附录 A 和附录 B 均为规范性附录。

本标准由全国汽车标准化技术委员会(SAC/TC 114)提出并归口。

本标准起草单位:上海柴油机股份有限公司、上海申沃客车有限公司、上海交通大学。

本标准主要起草人:纪丽伟、徐哲、步裕方、庄国钢、洪霞、张爱民、曹鼍震、阚卫峰、张武高、崔东周。

重型车用二甲醚单燃料发动机技术条件

1 范围

本标准规定了重型车用二甲醚单燃料发动机的技术要求、试验方法、检验规则、标志、包装、运输和储存的条件。

本标准适用于设计车速大于 25 km/h 的 M_2、M_3、N_2 和 N_3 类及最大设计总质量大于 3 500 kg 的 M_1 类机动车装用的二甲醚单燃料发动机(以下简称发动机)。

2 规范性引用文件

下列文件对于本文件的应用是必不可少的。凡是注日期的引用文件,仅注日期的版本适用于本文件。凡是不注日期的引用文件,其最新版本(包括所有的修改单)适用于本文件。

GB/T 191 包装储运图示标志

GB/T 1859 往复式内燃机 辐射的空气噪声测量工程法及简易法

GB/T 1883.1 往复式内燃机词汇 第1部分:发动机设计和运行 术语

GB/T 3821 中小功率内燃机清洁度测定方法

GB/T 6809 往复式内燃机零部件和系统术语

GB 7258 机动车运行安全技术条件

GB 14097 中小功率柴油机噪声限值

GB/T 15089 机动车辆及挂车分类

GB 17691 车用压燃式、气体燃料点燃式发动机与汽车排气污染物排放限值及测量方法(中国Ⅲ、Ⅳ、Ⅴ阶段)

GB/T 17692—1999 汽车用发动机净功率测试方法

GB/T 18297—2001 汽车发动机性能试验方法

GB/T 19055—2003 汽车发动机可靠性试验方法

GB/T 21404—2008 内燃机 发动机功率的确定和测量方法 一般要求

JB/T 9774—2005 中小功率内燃机 清洁度限值

QC/T 813 二甲醚汽车专用装置技术要求

QC/T 814 二甲醚汽车专用装置的安装要求

QC/T 914 二甲醚汽车定型试验规程

3 术语和定义

GB/T 1883.1、GB/T 6809、GB/T 15089、GB/T 21404、QC/T 813 界定的以及下列术语和定义适用于本文件。

3.1

车用二甲醚燃料 DME for vehicles

指用甲醇气相法或液相法脱水生成的,或由合成气直接合成的,满足车用燃料要求的二甲醚。其中二甲醚质量分数大于或等于 99.5%、甲醇质量分数小于或等于 0.30%、水分质量分数小于或等于 0.03%。

3.2

车用二甲醚单燃料发动机 mono-fuel DME engines of vehicles

指以车用二甲醚燃料作为单一燃料的汽车用压燃式发动机。

4 技术要求

4.1 发动机基本要求

4.1.1 发动机及其零部件应按经规定程序批准的产品图样和其他技术文件制造。

4.1.2 发动机的标准基准状况符合 GB/T 21404—2008 中第 5 章的规定。

4.1.3 制造厂应在技术文件中提供发动机的主要规格和参数,见附录 A。

4.1.4 发动机的起动性能应符合 GB/T 18297—2001 中 8.1.4.2 起动性评分的及格要求。

4.1.5 发动机的低怠速转速波动率不大于 5%,怠速质量应符合 GB/T 18297—2001 表 7 中怠速质量评定的及格要求。

4.1.6 发动机的燃料消耗率允差应符合 GB/T 18297—2001 附录 D 的要求。

4.1.7 发动机的净功率允差在发动机型式认证时应符合 GB/T 17692—1999 中 5.3 的要求,在生产一致性检查时应符合 GB/T 17692—1999 中附录 D 的要求。

4.1.8 发动机的稳定调速率应符合制造厂的规定。

4.1.9 发动机的标定工况机油燃料消耗比不大于 0.2%。

4.1.10 发动机在全负荷工况下,活塞最大漏气量应符合 GB/T 19055—2003 中附录 A.4 的规定。

4.1.11 发动机噪声应符合 GB 14097 的要求。

4.1.12 发动机排气污染物应符合 GB 17691 的要求。

4.1.13 发动机可靠性应符合 GB/T 19055—2003 中附录 A 的要求。

4.1.14 发动机清洁度应符合 JB/T 9774—2005 中 4.1 的要求。

4.1.15 发动机最大净质量不大于制造厂规定的名义值的 105%。

4.1.16 制造厂应在技术文件中标明发动机适用的海拔高度和环境温度范围,以及在无任何辅助措施的情况下可以起动的最低环境温度和海拔高度。

4.1.17 发动机应使用专用机油,制造厂应在技术文件中规定为保障发动机正常运转所必需的机油等级、更换机油的周期和更换机油滤清器的周期。

4.1.18 发动机燃料供给系统所使用的橡胶密封件应与车用二甲醚燃料相容。橡胶密封件在工作条件下不会出现裂纹、发粘以及其他老化失效的现象。

4.1.19 发动机燃料管路的安全保护应符合 GB 7258 的要求。

4.1.20 发动机应有超速报警或保护装置和冷却液超温报警或保护装置,发动机停机装置必须灵活有效。

4.1.21 发动机各密封面及管接处不允许存在漏气、漏油和漏水现象。

4.1.22 发动机外观应整洁,无磕碰变形,油漆、包装应符合制造厂规定。

4.2 二甲醚汽车专用装置的要求

4.2.1 二甲醚汽车专用装置应符合 QC/T 813 和 QC/T 814 的规定,同一型号专用装置具有互换性。二甲醚滤清器的流量、滤清效率和阻力应符合发动机制造厂的要求。

4.2.2 二甲醚汽车专用装置应在发动机台架上进行匹配试验和评价。

4.3 整车匹配要求

4.3.1 发动机台架试验的性能应在汽车整车性能试验中进行验证,并符合 QC/T 914 的规定。

4.3.2 发动机装车后应进行安装评审。评审内容包括:进气真空度、进气压力、进气温度、最高使用环境温度、中冷器前后压力降、燃料喷射泵进口处二甲醚压力与温度以及排气背压等参数均应满足发动机制造厂的要求。

5 试验方法

5.1 对发动机试验一般条件的控制按 GB/T 18297 的规定进行。其中二甲醚燃料温度(在燃料喷射泵进口处测量)应控制在 311 K±3 K。发动机台架试验时所装的进气系统和排气系统应与汽车所装的系统相同或等效(即指发动机标定功率时该进气系统的进气真空度与制造厂要求整车进气系统的进气真空度限值相差不超过 100 Pa;该排气系统出口处的排气背压与制造厂要求整车排气系统的排气背压限值相差不超过 1 000 Pa)。

5.2 发动机起动性能的测试方法按 GB/T 18297 的规定进行。

5.3 发动机怠速性能的测试方法按 GB/T 18297 的规定进行。

5.4 发动机燃料消耗率的测试方法按 GB/T 18297 的规定进行。

5.5 发动机最大净功率、最大净扭矩的测试方法按 GB/T 17692 的规定进行。

5.6 发动机稳定调速率的测试方法按 GB/T 18297 的规定进行。

5.7 发动机标定工况机油燃料消耗比的测试方法按 GB/T 18297 的规定进行。

5.8 发动机活塞最大漏气量的测试方法按 GB/T 18297 的规定进行。

5.9 发动机噪声的测试方法按 GB/T 1859 的规定进行。

5.10 发动机排气污染物的测试方法按 GB 17691 中有关柴油机的规定进行,并应按本标准附录 B 的规定进行修正。

5.11 发动机可靠性的测试方法按 GB/T 19055 的规定进行。

5.12 发动机清洁度的测试方法按 GB/T 3821 的规定进行。

5.13 发动机燃料管路气密性的检验方法按 GB 7258 的规定,可任选检漏液检验、气体检漏仪检验和压力计检验三种方法之一进行。

6 检验规则

6.1 出厂检验

制造厂应制定出厂检验规范,每台发动机应经过检验部门按照出厂检验规范检验合格并签发合格证后方能出厂。

6.2 型式检验

6.2.1 凡属于下列情况之一的应进行型式检验:

a) 新产品或产品有重大改进(即指经过改进,发动机的标定转速较原机型提高 10%或标定功率较原机型提高 15%或结构有重大变化)时;

b) 产品转厂生产时;

c) 国家质量监督检验机关提出要求时。

6.2.2 型式检验项目按 4.1 和 4.2 的要求进行。

7 标志、包装、运输和储存

7.1 标志

7.1.1 发动机应具有牢固的铭牌,铭牌上至少应标明:

a） 制造厂名称、商标；

b） 发动机型号、出厂编号；

c） 标定净功率(kW)、标定转速(r/min)；

d） 型式核准号；

e） 生产许可证号；

f） 出厂日期。

7.1.2 发动机应有第一缸上止点检查标志。

7.1.3 机体上应有永久性编号，并符合 GB 7258 的规定。

7.1.4 安全警示标志应置于明显部位。

7.2 包装、运输

7.2.1 包装储运图示标志符合 GB/T 191 的规定。

7.2.2 发动机包装前应放尽机油和冷却液，发动机和随机附件、工具等应可靠地固定在包装箱内。制造厂在征得用户同意后可采取简易包装。

7.2.3 发动机所有外露管口必须加防护措施。

7.2.4 外包装箱上至少应标明：

a） 产品名称、型号；

b） 制造厂名称、地址；

c） 体积(长×宽×高)；

d） 总质量；

e） 出厂日期；

f） 有“向上”、“小心轻放”、“防潮防雨”、“叠放层数”等图示标志。

7.2.5 发动机在运输过程中不允许摔碰、倒置，并应采取有效的防潮、防雨、防震等措施。

7.3 储存

7.3.1 发动机应存放在清洁、干燥、通风、无腐蚀性物质的场所。

7.3.2 发动机储存应采取防锈措施。在正常的保管条件下，保证自出厂之日起 6 个月内，发动机、附件和随机工具不锈蚀。特殊情况按供需双方协议执行。

附 录 A
（规范性附录）
重型车用二甲醚单燃料发动机主要参数

A.1 发动机结构参数

制造厂：________________

型号：________________

型式（系指冲程数、冷却方式、气缸排列方式、燃烧型式、燃料供给方式、有无增压、有无中冷、有无污染控制装置等）________________

气缸数：________________

缸径/行程：________________ mm/mm

总排量：________________ L

压缩比：________________

发火次序：________________

旋转方向：________________

A.2 发动机性能参数

标定净功率：________________ kW[1)]

标定转速：________________ r/min

最大扭矩：________________ N·m[1)]

最大扭矩转速：________________ r/min[1)]

怠速转速：________________ r/min[1)]

标定工况燃料消耗量：________________ kg/h

标定工况燃料消耗率：________________ g/(kW·h)

外特性最低燃料消耗率：________________ g/(kW·h)

排放水平：________________

A.3 制造厂应给定的参数

A.3.1 燃料

低热值：________________ kJ/kg[1)]

A.3.2 机油

厂牌：________________

规格：________________（夏季），________________（冬季）

1） 同时给出公差。

A.3.3 规定的温度

二甲醚钢瓶燃料储存温度：________ min～________ max K
燃料喷射泵进口温度：________ min～________ max K
冷却液出口最高温度：________ K
最高排气温度：________ K
最高机油温度：________ K
二甲醚发动机系统部件工作环境温度：
发动机舱：________ min～________ max K
二甲醚钢瓶舱：________ min～________ max K
其他部位：________ min～________ max K
最高使用环境温度：________ K
二甲醚输送泵外壳温度：________ K

A.3.4 规定的压力

二甲醚钢瓶燃料储存压力：________ min～________ max MPa
二甲醚钢瓶燃料供给压力：________ min～________ max MPa
燃料喷射泵进口压力：________ min～________ max MPa
机油压力：________ min～________ max MPa
中冷器压力降：________ min～________ max kPa
排气背压：________ min～________ max kPa

A.3.5 其他

标定工况时的空气消耗量：________ kg/h
全负荷下活塞最大漏气量：________ L/min
标定工况机油燃料消耗比：________ %
外形尺寸(长×宽×高)：________ mm
净质量：________ kg

A.4 增压中冷系统[2)]

A.4.1 增压器[2)]

厂牌：________
型号：________
特征：________

A.4.2 中冷器[2)]

厂牌：________
型号：________
特征：________

2) 有/无。

A.5 配气系统

进气门:上止点前________________℃A 开,下止点后________________℃A 关
最大升程:________________ mm,间隙:________________ mm
排气门:下止点前________________℃A 开,上止点后________________℃A 关
最大升程:________________ mm,间隙:________________ mm

A.6 冷却系统

A.6.1 冷却液

种类及特征:________________________________

A.6.2 循环泵[2)]

型号:________________________________
特征:________________________________
传动比:________________________________

A.6.3 节温器

型号:________________________________
初开冷却液温度________________℃,全开冷却液温度________________℃

A.7 润滑系统

A.7.1 机油泵[2)]

型号:________________________________

A.7.2 机油冷却器[2)]

型号:________________________________

A.8 燃料供给和喷射系统

A.8.1 二甲醚输送泵

厂牌:________________________________
型号:________________________________
工作电压:________________________________ V[1)]
最大工作压力:________________________________ MPa

A.8.2 喷射泵

厂牌:________________________________
型号:________________________________
喷射定时:________________________________

A.8.3 喷射器

厂牌：______________________________

型号：______________________________

开启压力：______________________________ MPa

A.8.4 燃料滤清器（粗）[2)]

型号：______________________________

A.8.5 燃料滤清器（精）[2)]

型号：______________________________

A.8.6 压力调节阀[2)]

型号：______________________________

工作压力：______________________________ MPa[1)]

A.8.7 燃料压力表[2)]

型号：______________________________

A.8.8 燃料冷却器[2)]

型号：______________________________

A.9 电控系统

A.9.1 电子控制单元

厂牌：______________________________

型号：______________________________

系统电压：______________________________

A.9.2 转速传感器

型号：______________________________

A.9.3 相位传感器[2)]

型号：______________________________

A.9.4 燃料温度传感器[2)]

型号：______________________________

A.9.5 冷却液温度传感器

型号：______________________________

A.9.6 进气温度传感器[2)]

型号：______________________________

A.9.7 进气压力传感器[2)]

型号：______________________________

A.9.8 机油温度传感器

型号：______________________________

A.9.9 机油压力传感器

型号：______________________________

A.10 污染控制装置[2)]

厂牌：______________________________
型号：______________________________
特征：______________________________

A.11 电气系统

A.11.1 发电机

型号：______________________________
特征：______________________________

A.11.2 起动机

型号：______________________________
特征：______________________________

A.12 其他

（详细目录，必要时简要说明）

____

____

附 录 B
（规范性附录）
重型车用二甲醚单燃料发动机排放测试的要求

B.1 重型车用二甲醚单燃料发动机排气污染物的测试方法

重型车用二甲醚单燃料发动机排气污染物的测试方法参照 GB 17691 中有关柴油机的规定进行，但应根据二甲醚特性按本附录的规定进行替换修正。

B.2 GB 17691—2005 附件 BA 中 BA4.2 干/湿基转换

$$F_{FH}=\frac{1.877}{\left(\frac{1+2.577\times G_{FUEL}}{G_{AIRW}}\right)}$$

B.3 GB 17691—2005 附件 BA 中 BA4.3NO_x 的湿度和温度校正

$$K_{H,D}=\frac{1}{1+A\times(H_a-10.71)+B\times(T_a-298)}$$

式中

$A=0.181G_{FUEL}/G_{AIRD}-0.026\ 6$

$B=-0.123G_{FUEL}/G_{AIRD}+0.009\ 54$

B.4 GB 17691—2005 附件 BA 中 BA4.4 排气污染物质量流量的计算

每工况排气污染物的质量流量(g/h)按下列公式计算(假设排气在 273 K(0 ℃)和 101.3 kPa 下的密度为 1.272 kg/m^3)：

B.4.1 如果直接从原始排气中采样，应使用下列公式：

(1)$NO_{x\ mass}=0.001\ 613\times NO_{x\ conc}\times K_{H,D}\times G_{EXH\ W}$

(2)$CO_{x\ mass}=0.000\ 982\times CO_{conc}\times G_{EXH\ W}$

(3)$HC_{mass}=0.000\ 809\ \times HC_{x\ conc}\times K_{H,D}\times G_{EXH\ W}$

式中：$NO_{x\ conc}$、CO_{conc}、HC_{conc}(以 C1 当量表示)是 GB 17691—2005 附件 BA 中 BA.4.1 条确定的直接采样(原始排气)中的平均浓度(ppm)。

B.4.2 如果使用全流稀释系统测量气态污染物，从稀释排气中采样，应使用下列公式：

(1)$NO_{x\ mass}=0.001\ 587\times NO_{x\ conc}\times K_{H,D}\times G_{TOT\ W}$

(2)$CO_{x\ mass}=0.000\ 966\times CO_{conc}\times G_{TOT\ W}$

(3)$HC_{mass}=0.000\ 795\ \times HC_{conc}\times G_{TOT\ W}$

式中：$NO_{x\ conc}$、CO_{conc}、HC_{conc}(以 C1 当量表示)是 GB 17691—2005 附件 BB 中 BB.4.3.1.1 条确定的每工况稀释排气经过背景校正的平均浓度(ppm)。

B.5 GB 17691—2005 附件 BB 中 BB4.3 排放质量流量的计算

B.5.1 带恒定质量流量的系统。

B.5.1.1 对于带热交换器的系统，污染物质量(g/试验)使用下列公式计算：

(1)$NO_{x\ mass}=0.001\ 587\times NO_{x\ conc}\times K_{H,D}\times M_{TOT\ w}$(二甲醚发动机)

(2)$CO_{x\ mass}=0.000\ 966\times CO_{conc}\times M_{TOT\ w}$(二甲醚发动机)

(3)$HC_{mass}=0.000\ 794\times HC_{conc}\times M_{TOT\ w}$(二甲醚发动机)

式中：$NO_{x\ conc}$、CO_{conc}、HC_{conc}(以 C1 当量表示)是用积分方法(对于 NO_x 和 HC 的测量是强制性的)或气袋浓度测量得到的整个试验循环的平均背景校正浓度(ppm)。

B.5.1.2 平均背景校正浓度的确定。

若燃料组分未知，可采用以下理论配比系数代替：

F_S(二甲醚)——12.3。

B.5.2 带流量补偿计的系统。

对于没有热交换器的系统，应通过计算排气污染物的瞬时质量流量，并对整个循环瞬时浓度进行积分来确定污染物的质量(g/试验)。瞬时浓度值应进行背景浓度校正。使用下列计算公式：

$$(1)\ NO_{x\ mass}=\sum_{i=1}^{n}(M_{TOT\ w,i}\times NO_{x\ cone,i}\times 0.001\ 587)-\left[M_{TOT\ w}\times NO_{x\ concd}\times\left(1-\frac{1}{DF}\times 0.001\ 587\right)\right]$$

$$(2)\ CO_{mass}=\sum_{i=1}^{n}(M_{TOT\ w,i}\times CO_{conce,i}\times 0.000\ 966)-\left[M_{TOT\ w}\times CO_{concd}\times\left(1-\frac{1}{DF}\times 0.000\ 966\right)\right]$$

$$(3)\ HC_{x\ mass}=\sum_{i=1}^{n}(M_{TOT\ w,i}\times HC_{conce,i}\times 0.000\ 749)-\left[M_{TOT\ w}\times HC_{concd}\times\left(1-\frac{1}{DF}\times 0.000\ 749\right)\right]$$

ICS 43.040.60
T 47

中华人民共和国汽车行业标准

QC/T 917—2013

燃气汽车专用手动截止阀

Manual valve for gas vehicle

2013-04-25 发布　　2013-09-01 实施

中华人民共和国工业和信息化部　发布

前　　言

本标准按照GB/T 1.1—2009给出的规则起草。

本标准由全国汽车标准化技术委员会(SAC/TC 114)提出并归口。

本标准起草单位：中国汽车工程研究院股份有限公司、重庆鼎辉汽车燃气系统有限公司。

本标准主要起草人：陈万应、石明磊、王舒、陈春雨、张海辉、谢继明。

燃气汽车专用手动截止阀

1 范围

本标准规定了燃气汽车专用手动截止阀(以下简称截止阀)的定义、结构要求、技术要求、试验方法、检验规则、标志、包装、运输及储存。

本标准适用于额定工作压力不大于 20 MPa(本标准所述压力均指表压)、环境温度为－40 ℃～＋85 ℃、工作介质符合 GB 18047 要求的汽车用压缩天然气截止阀(以下简称 CNG 截止阀)及额定工作压力不大于 2.2 MPa、环境温度为－40 ℃～＋85 ℃、工作介质符合 GB 19159 要求的汽车用液化石油气截止阀(以下简称 LPG 截止阀)。

2 规范性引用文件

下列文件对于本文件的应用是必不可少的。凡是注日期的引用文件,仅注日期的版本适用于本文件。凡是不注日期的引用文件,其最新版本(包括所有的修改单)适用于本文件。

GB/T 191 包装储运图示标志

GB/T 7762 硫化橡胶耐臭氧老化试验 静态拉伸试验法

GB/T 9969 工业产品使用说明书 总则

GB/T 10125 人造气氛腐蚀试验 盐雾试验

GB/T 17895 天然气汽车和液化石油气汽车 词汇

GB 18047 汽车用压缩天然气

GB 19159 车用液化石油气

GB/T 19239 液化石油气汽车专用装置的安装要求

GB/T 19240 压缩天然气汽车专用装置的安装要求

QC/T 245 压缩天然气汽车专用装置技术条件

QC/T 247 液化石油气汽车专用装置技术条件

QC/T 746 压缩天然气汽车高压管路总成

3 术语和定义

GB/T 17895 界定的以及下列术语和定义适用于本文件。

3.1

公称通径 component inside size

介质通过截止阀的最小通径。

4 要求

4.1 一般要求

4.1.1 CNG 截止阀的质量和结构应符合 QC/T 245、QC/T 746 及本标准的有关规定,并按经规定程序批准的图样及技术文件制造。CNG 截止阀在汽车上的安装方式应符合 GB/T 19240 的规定。LPG 截止阀的质量和结构应符合 QC/T 247 及本标准的有关规定,并按经规定程序批准的图样及技术文件制造。LPG 截止阀在汽车上的安装方式应符合 GB/T 19239 的规定。

4.1.2 截止阀手轮上应有明显的开闭方向指示,有清晰的“开、关”标记,手轮的旋转范围为 1.5～2 圈。

4.1.3 截止阀的公称通径应从表 1 系列中选取。

表 1 截止阀的公称通径

试件名称	CNG 截止阀				LPG 截止阀		
阀的公称通径/mm	4.0	6.0	8.0	10.0	2.5	3.0	4.0

4.1.4 加工要求。

a) 截止阀体应锻压成型,截止阀体表面应平整、圆滑,不应有裂纹、折皱、夹杂物等有损阀性能的缺陷。

b) 手轮不应有锐边、毛刺。

4.2 性能要求

4.2.1 启闭力矩

按 5.3 规定的方法进行试验,截止阀的启闭力矩应不大于 7 N·m。

4.2.2 额定流量

按 5.4 规定的方法进行试验,流量 Q 应符合生产商产品标准的规定,且各种公称通径的 CNG 截止阀的流量应不小于表 2 的规定数值,LPG 截止阀的流量应不小于表 3 的规定数值。

表 2 CNG 截止阀流量规定值

公称通径/mm	4.0	6.0	8.0	10.0
流量/(N·m^3/h)	10	15	30	50

表 3 LPG 截止阀阀流量规定值

公称通径/mm	2.5	3.0	4.0
流量/(L/min)	1.2	2.0	2.8

4.2.3 泄漏量

按 5.5 规定的方法进行试验,压力计显示值不应下降或泄漏量不应超过 15×10^{-6} N·m^3/h。

4.2.4 耐温性

按 5.6 规定的方法进行试验,应满足 4.2.3 的要求。

4.2.5 耐干热性

CNG 截止阀中与天然气接触的非金属零件,LPG 截止阀中与液化石油气接触的非金属零件,按 5.7 规定的方法进行耐干热试验后,抗拉强度变化不应超过 +25%,延伸率变化范围不应超过 −30%～+10%。

4.2.6 耐振性

按5.8规定的方法进行试验后，紧固件应无松动，截止阀应仍能正常开闭；并应符合4.2.3中常温泄漏试验要求。

4.2.7 耐压性

按5.9规定的方法进行试验，截止阀不应出现破裂、永久变形等现象。

4.2.8 耐用性

按5.10规定的方法进行试验后，样件应无破损和变形；并应符合4.2.1～4.2.3的要求。

4.2.9 耐腐蚀性

a) 按5.11.1规定的方法进行试验后，并符合4.2.3常温泄漏试验的要求；
b) 对于铜或黄铜承压部件，按5.11.2规定的方法进行试验后，用25倍的放大镜检查，截止阀上不应有裂纹产生。

4.2.10 耐臭氧性

按5.12规定的试验方法进行耐臭氧性试验后不应出现裂纹。

4.2.11 相容性

按5.13规定的试验方法进行相容性试验后，体积变化率不得超过20%，质量下降率不得超过5%。

4.2.12 扭矩强度

按5.14规定的方法试验后，样件应无破损和变形，并符合4.2.3常温泄漏试验的要求。

4.2.13 弯矩强度

按5.15规定的方法试验后，样件应无裂纹、损坏，并符合4.2.3常温泄漏试验的要求。

5 试验方法

5.1 试验条件

5.1.1 一般规定

除非另有规定，本标准规定的试验条件为：
a) 应在常温20 ℃±5 ℃范围内进行。
b) 所有试验气体，均应使用干燥空气或氮气。

5.1.2 试验用仪器设备精度要求

a) 压力计：精确度不低于2.5级，测量误差小于读数的±10%。
b) 流量计：精确度不低于2.5级，测量误差小于读数的±10%。
c) 温度计：精确度为±0.5 ℃，最小分度不大于精度的二倍。

5.2 外观检查

用目测法检查截止阀外观，检查结果应符合本标准4.1的有关规定。

5.3 启闭性试验

将截止阀装在专用装置上，从截止阀进气口充入氮气或空气到公称工作压力，以不大于7 N·m的力矩关闭后，浸入水中100 mm～300 mm深处，观察至少1 min，应无气泡出现；从水中取出，再以不大于7 N·m的力矩开启，应能打开。

5.4 额定流量试验

在截止阀入口处安装流量计和压力计，将长度为600 mm的管子，一端连接到截止阀出口，另一端敞开，管子的通径不得小于截止阀的通径。打开截止阀，按以下方法试验，从流量计上读出最大流量值。

a) CNG截止阀入口通以压力为0.5 MPa的清洁空气或氮气，测量时间为30 s，试验过程中介质温度变化应保证在±3 ℃以内。

b) LPG截止阀入口通以压力为0.05 MPa的试验用水，每次通水时间不得少于30 s。

上述试验共进行6次，以求得6个流量值，取其算术平均值作为截止阀的额定流量。在各次测得的流量值中，若最大值比最小值大10%，则该最小值在算术平均值计算中应删除。

5.5 泄漏试验

试样入口经正向截止阀连接到气压源上，在试样和正向截止阀之间安装压力计或泄漏量测试仪，向试样内充入表4或表5规定压力的试验气体，待温度达到试验温度时，关闭正向截止阀，检查1 min内压力计示值或测量1 min泄漏量。

泄漏试验应分别进行外泄漏试验和内泄漏试验。

a) 外泄漏试验。将试样出口密封，试样处于开启状态。

b) 内泄漏试验。将试样出口打开，试样处于关闭状态。

表4 CNG截止阀泄漏试验条件

序号	试验项目	试验温度	试验压力/MPa	
			第一步	第二步
1	低温泄漏试验	−40 ℃±2 ℃	15	0.5
2	常温泄漏试验	15 ℃～35 ℃	0.5	30
3	高温泄漏试验	85 ℃±2 ℃	1	30

表5 LPG截止阀泄漏试验条件

序号	试验项目	试验温度	试验压力/MPa	
			第一步	第二步
1	低温泄漏试验	−40 ℃±2 ℃	2.2	0.5
2	常温泄漏试验	15 ℃～35 ℃	0.5	3.3
3	高温泄漏试验	85 ℃±2 ℃	0.5	3.3

5.6 耐温性试验

将截止阀装在专用装置上，使截止阀处于关闭状态，从截止阀的进气口充入氮气或空气至公称工作压力后，置于以下条件保持2 h(启闭各1 h)后，按5.5规定的方法进行低温泄漏试验和高温泄漏试验。

a) 置于低温箱内,使温度达到−40 ℃±2 ℃;

b) 置于高温箱内,使温度达到 85 ℃±2 ℃。

5.7 耐干热性试验

CNG 截止阀中与天然气接触的非金属零件,LPG 截止阀中与液化石油气接触的非金属零件,在温度为 85 ℃±2 ℃的高温中暴露 168 h 后,检查其抗拉强度和延伸率的变化。

5.8 耐振性试验

将截止阀可靠地安装在正弦振动试验台夹具上,使截止阀处于关闭状态,从截止阀的进气口充入氮气或空气至公称工作压力;频率设定为 17 Hz,振幅设定为 1.5 mm;沿三个互相垂直的方向各振动 2 h。

5.9 耐压性试验

将截止阀牢固安装在封闭的专用试验台上,堵住截止阀门的出口,试验液压从截止阀门入口缓慢加到截止阀门上,加压持续时间不少于 3 min,达到表 6 规定静液压力值后,稳压 3 min 卸压。

做完该项试验的样品不得进行其他试验。

表 6 静液压力规定值

试件名称	CNG 截止阀	LPG 截止阀
静液压力规定值	50 MPa	6.75 MPa

5.10 耐用性试验

5.10.1 本项试验应采用全新截止阀,将截止阀装在专用装置上(见图 1),从截止阀进气口充入氮气或空气到公称工作压力,打开截止阀门,让截止阀门压力降到公称工作压力的 10%,完成一个循环。一个压力工作循环包括一个完整的打开过程和关闭过程,时间不少于 10 s。耐用性循环试验次数为 1 万次。

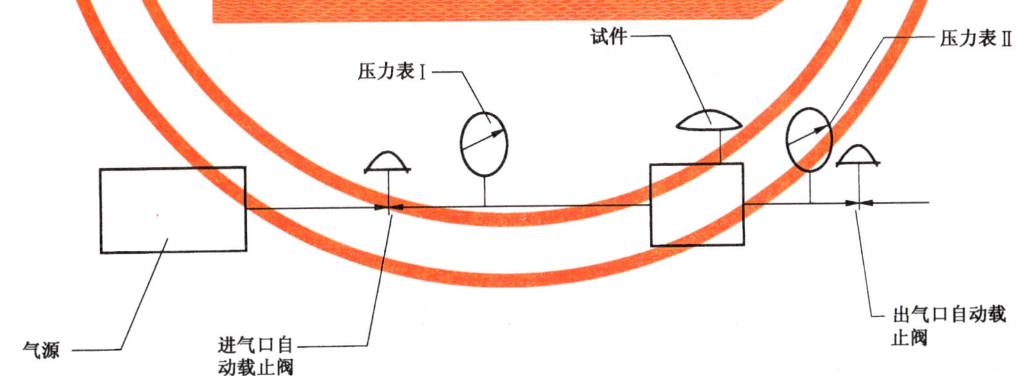

图 1 截止阀试验连接图

5.10.2 耐用性循环试验完成后,分别依次进行常温泄漏试验,额定流量试验和启闭性试验。

5.11 耐腐蚀性试验

5.11.1 将截止阀连接孔封住,按 GB/T 10125 规定的中性盐雾试验方法进行 144 h 的盐雾试验。

5.11.2 将清除表面油污并使其保持最大工作应力状况(由机械装配和额定工作压力的气压产生)的黄铜部件,放入温度为 35 ℃±2 ℃、容积为 30 L 且内装有 0.6 L 比重为 0.94 的含水氨水的封闭容器中,部件置于氨水表面上方 40 mm 处，放置 240 h。

5.12 耐臭氧性试验

CNG 截止阀中与天然气接触的非金属零件，LPG 截止阀中与液化石油气接触的非金属零件，按 GB 7762 的规定拉伸 20%后，置于臭氧浓度为$(50\pm5)\times10^{-6}$、温度为 40 ℃±2 ℃的臭氧室中，历时 120 h，用 2 倍放大镜检查截止阀表面。

5.13 相容性试验

CNG 截止阀中与天然气接触的非金属零件，LPG 截止阀中与液化石油气接触的非金属零件，在 23 ℃±2 ℃的正戊烷或正己烷中浸泡 72 h 后，检查其体积变化率；然后放置在温度为 40 ℃±2 ℃的空气中保持 48 h，检查其质量变化率。

5.14 扭矩试验

安装全新试件在专用试验台夹具上，选一个配对螺纹接头施加 1.5 倍的额定安装扭矩值（由制造商提供）持续 15 min，然后释放扭矩并检查试件是否有破损和变形。

5.15 弯矩试验

5.15.1 将试件按其设计要求连接安装，防止泄漏，装配后进口端管的长度应大于 300 mm（见图 2）。

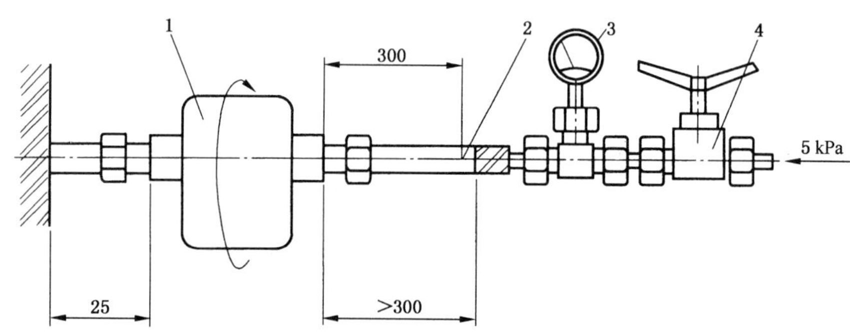

1——试验样件；
2——施力点；
3——压力计；
4——正向截止阀。

图 2 弯矩试验装置图

5.15.2 在试件出口连接处应有刚性支撑，其位于距出口端 25 mm 处。下列情况除外：

a) 如果试件是具有独立进、出口连接的整体安装形式，则该试件应以生产厂所规定的整体安装方式安装。

b) 如果试件是以整体安装形式或出口形式安装，应选用其中形成最严历测试状况的安装方法。

5.15.3 在试件和试验气源之间安装压力计和正向截止阀。

5.15.4 在试件处于关闭情况下，对系统施加 5 kPa 气压后关闭截止阀，并在距进口 300 mm 处，根据表 7 施力并持续 15 min，检查样件是否有裂纹、损坏，压力计示值是否下降；打开截止阀卸荷并移除施力后，开、关试件 3 次。

表 7　弯矩试验施力值

连接管的外径/mm	施力值/N
6	3.4
8(或 10)	9.0
≥12	17.0

5.15.5　按步骤 5.15.4 重复执行 4 次，每次试验时将试件沿水平轴旋转 90°。

5.15.6　上述试验完成后，取下试件检查其是否有变形，然后按 5.5 规定的方法进行常温泄漏试验。

6　检验规则

6.1　检验项目

检验项目见表 8。

表 8　检验项目

序号	检验项目	检验方法	判定依据	出厂检验	型式检验	备注
1	外观检查	5.2	4.1	√	√	ABCDEF
2	启闭性试验	5.3	4.2.1	√	√	AB
3	额定流量试验	5.4	4.2.2	√	√	AB
4	常温泄漏试验	5.5	4.2.3	√	√	AB
5	高温泄漏试验	5.5	4.2.3		√	AB
6	低温泄漏试验	5.5	4.2.3		√	AB
7	耐温性试验	5.6	4.2.4		√	AB
8	耐干热性试验	5.7	4.2.5		√	AB
9	耐振性试验	5.8	4.2.6		√	AB
10	耐压性试验	5.9	4.2.7		√	CD
11	耐用性试验	5.10	4.2.8		√	EF
12	耐腐蚀性试验	5.11	4.2.9		√	AB
13	耐臭氧性试验	5.12	4.2.10		√	AB
14	相容性试验	5.13	4.2.11		√	AB
15	扭矩试验	5.14	4.2.12		√	AB
16	弯矩试验	5.15	4.2.13		√	AB
注："√"表示检验项目，ABCDEF 为抽样试件 A、试件 B、试件 C、试件 D、试件 E、试件 F。						

6.2　出厂检验

制造厂应按表 8 的规定项目进行出厂逐只检验，经检验部门检验合格后签发合格证方能出厂。

6.3 型式检验

型式检验试样应从近期生产且经出厂检验合格的产品中抽取，抽样数量见表 8。型式检验中所有项目应合格，在检验中出现一项不合格，可以加倍抽样，再次提交检验，并在检验结果中注明。

凡属于下列情况之一时截止阀应按表 8 规定的项目进行型式检验。对新设计的产品还应按 4.1 的要求进行产品设计审查。

a） 新设计或设计参数、工艺、材料有重大变更时；

b） 停产 1 年以上，重新恢复生产时；

c） 连续生产满 3 年时。

7 标志、包装、运输和储存

7.1 标志

7.1.1 铭牌标志

在截止阀的适当位置应固定铭牌，铭牌上的线、字应清晰，并标志出：

a） 产品名称；

b） 产品型号；

c） 公称工作压力；

d） 工作介质；

e） 制造厂名；

f） 产品编号；

g） 制造年月。

7.1.2 阀体标志

截止阀体上应做出永久性的表示介质流向的箭头。

7.2 包装

7.2.1 包装储运图示标志符合 GB/T 191 的规定，并应保证搬运过程中不被损坏。

7.2.2 产品的包装箱内应附有产品合格证、使用说明书及必要的装箱清单。

产品合格证应注明以下内容：

a） 制造厂名和商标；

b） 产品型号和编号；

c） 检验部门的签章及检验日期。

说明书的编写按 GB/T 9969 进行编写，并特别要说明以下内容：

a） 阀的结构型式、功能介绍；

b） 使用过程中的故障判别及排除方法。

7.2.3 外包装箱上至少应标明下列内容：

a） 制造厂名；

b） 产品型号和编号；

c） 外形尺寸(长×宽×高)；

d） 数量和毛重；

e） 出厂日期；

f) 搬运注意事项,如“小心轻放”、“防潮防雨”、“叠放层数”等图示标志。

7.2.4 发动机在运输过程中不允许摔碰、倒置,并应采取有效的防潮、防雨、防震等措施。

7.3 运输及储存

7.3.1 产品装运时,应轻装轻放,防止重压及碰撞,严防雨淋及化学品的浸蚀。

7.3.2 产品应存放在清洁、干燥、通风、无腐蚀性物质的场所。

电 动 车 辆

ICS 43.020
T 47

中华人民共和国汽车行业标准

QC/T 925—2013

超级电容电动城市客车定型试验规程

Ultracapacitor electric city bus—Engineering approval evaluation program

2013-04-25 发布 2013-09-01 实施

中华人民共和国工业和信息化部 发布

前　言

本标准按照 GB/T 1.1—2009 给出的规则起草。

本标准附录 A 是规范性附录。

本标准由全国汽车标准化技术委员会(SAC/TC 114)提出并归口。

本标准起草单位:上海机动车检测中心、上海奥威科技开发有限公司。

本标准主要起草人:张建文、王雍、华黎、苍学俊、缪文泉、苗小丽、郭则新、陈伟星、衡建坡、许立宇、胡文浩。

超级电容电动城市客车
定型试验规程

1 范围

本标准规定了超级电容电动城市客车新产品定型试验的实施条件、试验项目、试验方法、评定依据、试验程序以及试验报告等内容。

本标准适用于采用超级电容器作为动力电源或主要以超级电容器作为动力电源的电动城市客车。

2 规范性引用文件

下列文件对于本文件的应用是必不可少的。凡是注日期的引用文件，仅注日期的版本适用于本文件。凡是不注日期的引用文件，其最新版本（包括所有的修改单）适用于本文件。

GB 1495 汽车加速行驶车外噪声限值及测量方法

GB 14023 车辆、船和由内燃机驱动的装置 无线电骚扰特性 限值和测量方法

GB/T 4094.2 电动汽车操纵件、指示器及信号装置的标志

GB/T 12534 汽车道路试验方法通则

GB/T 12538 两轴道路车辆重心位置的测定

GB/T 12540 汽车最小转弯直径测定方法

GB/T 12673 汽车主要尺寸测量方法

GB/T 12674 汽车质量（重量）参数测量方法

GB/T 18384.1 电动汽车 安全要求 第1部分：车载储能装置

GB/T 18384.2 电动汽车 安全要求 第2部分：功能安全和故障防护

GB/T 18384.3 电动汽车 安全要求 第3部分：人员触电防护

GB/T 18385—2005 电动汽车 动力性能 试验方法

GB/T 18387 电动车辆的电磁场发射强度的限值和测量方法，宽带，9 kHz～30 MHz

GB/T 18388—2005 电动汽车 定型试验规程

GB/T 19596 电动汽车术语

GB/T 19836 电动汽车仪表

QC/T 741 车用超级电容器

QC/T 838—2010 超级电容电动城市客车

QC/T 900—2005 汽车整车产品质量检验评定方法

本标准引用的强制性标准见附录A。

3 术语和定义

QC/T 741、QC/T 838、GB/T 19596 界定的术语和定义适用于本文件。

4 实施条件

4.1 试验前制造厂需提供下列文件：

a) 产品技术条件和技术规范，或经备案的产品企业标准；
b) 使用维护说明书；
c) 能够证明试验样车符合国家已发布的强制性标准要求的检验报告或技术文件；
d) 车辆主要总成(超级电容储能系统、驱动电机及其控制器系统、车载充电系统等)相关试验报告；
e) 试验需要的其他资料和技术文件。

4.2 试验车辆应符合设计图样和技术文件的要求。

4.3 供定型试验的样车数量：1 辆。

4.4 制造厂在具备上述条件后，可向有关部门提出定型试验的请求，并由国家授权的定型试验单位进行定型试验。承担定型试验的单位应按本标准编写试验大纲。在试验过程中发生下列情况之一时，试验单位应中止试验：

a) 需要做较大变更方能符合强制性标准(见附录 A)检测项目的规定和要求；
b) 转向、制动系统的效能不能确保行车安全；
c) 样车性能指标与产品技术条件差距较大；
d) 车架、车身及其承载系统出现断裂或开裂，导致无法进行试验；
e) 超级电容器储能系统、驱动电机及其控制系统、车载充电系统出现严重问题，导致无法进行试验；
f) 试验单位认为必须中止试验的其他情况。

4.5 整车性能试验路面的选择应参照 GB/T 12534 的规定。

4.6 试验过程中，应按制造厂提供的有关技术文件进行操作，并维护和保养。

4.7 试验完成后，由试验单位按第 7 章的规定内容提供试验报告。

5 试验项目、试验方法和评定依据

5.1 总则

试验项目包括强制性检验、整车性能试验和整车可靠性行驶试验三部分。改装车的试验项目应根据具体变化确定具体的试验项目，试验允许在既有线路上进行，凡因改装而引起变化的项目都应该进行试(检)验。

5.2 强制性检验

强制性标准的检测项目见附录 A。其中：

5.2.1 车外加速噪声。

超级电容电动城市客车在做车外加速噪声试验时，在参照 GB 1495 的同时做如下变动：入线车速为制造厂规定最高车速的 75%。

5.2.2 无线电骚扰特性。

超级电容电动城市客车按 GB 14023 的规定进行无线电骚扰特性测量。补充规定如下：

a) 试验开始前，样车需按制造厂规定的充电程序使超级电容器的电量处于全充满状态；
b) 试验过程中，当车辆的储能系统电量不足以维持试验正常进行时，允许对超级电容器重新进行充电后继续试验。但充电作业不得使试验样车的位置、试验控制条件发生改变。

5.3 整车性能试验

5.3.1 基本参数测量。

5.3.1.1 整车基本参数的测量按 GB/T 12673 规定进行，项目包括车长、车宽、车高、轴距、轮距、前悬、后悬。

5.3.1.2 整车重心位置的测量按 GB/T 12538 规定测量，项目包括重心高度、重心离前轴水平距离、重心离车辆纵向对称轴水平距离。

5.3.1.3 整车质量参数的测量按 GB/T 12674 规定进行，项目包括整车整备质量及轴载质量、整车最大设计总质量状态时的车辆总质量及轴载质量、底盘最大设计总质量状态时的车辆总质量及轴载质量。

5.3.1.4 整车机动性和通过性参数的测量按 GB/T 12673 和 GB/T 12540 规定进行，项目包括接近角与离去角、最小离地间隙、最小转弯直径。

5.3.2 基本性能试验。

5.3.2.1 超级电容电动城市客车最高车速按 QC/T 838—2010 中 6.3 的规定进行测量。

5.3.2.2 超级电容电动城市客车加速性能按 GB/T 18385—2005 中 7.5.2.1 的规定进行测量。

5.3.2.3 超级电容电动城市客车的坡道起步能力按 GB/T 18385—2005 中 7.7 的规定进行测量，如既有线路上的坡道与厂定最大爬坡度差距过大，无法通过增加装载质量来完成测量时，可将 ΔM_{max}时通过的 α 角度作为定型试验的技术依据。

5.3.2.4 超级电容电动城市客车满载有效运行距离和单车平均能耗率按 QC/T 838—2010 中 6.4 的规定进行测量。

5.3.3 专项性能试验。

5.3.3.1 超级电容电动城市客车安全要求应按 GB/T 18384.1、GB/T 18384.2、GB/T 18384.3 相关规定进行检测试验，其中：当周围空气相对湿度在 75%～90%时，绝缘电阻值应不小于 3MΩ，相对湿度在 90%以上时，应不小于 1 MΩ。一级踏步及其相应的扶手、扶手栏杆处的绝缘电阻值应均不低于 0.6 MΩ。

5.3.3.2 超级电容电动城市客车耐电压试验按表 1 规定的电压进行各部位的耐电压试验。试验过程中，应没有绝缘击穿、表面闪路和电压突然下降等现象出现。

表 1

序号	耐电压试验部位	试验电压/V
1	额定工作电压 U_e 为 600 V～720 V 的电气设备的基本绝缘（设备的导电部位与其金属机壳或框架之间）	$2U_e+1\ 000$
2	额定工作电压 U_e 为 600 V～720 V 的电气设备的附加绝缘（设备金属机壳或框架与车身金属之间）	$2.5U_e+2\ 000$
3	兼用 600 V～720 V 和 24 V（或 12 V）额定电压的电气设备，600 V～720 V 导电部位与车身金属之间	$2.5U_e+2\ 000$
4	工作电压不大于 72 V 并为双线制的印刷电路与其金属框架之间	500
5	额定工作电压 U_e 为 600 V～720 V 的电缆，当其所连接的电气设备安装完毕后，电缆导电部位对车身金属之间	$0.85(2U_e+1\ 000)$

5.3.3.3 超级电容电动城市客车电磁场发射强度按 GB/T 18387 的规定进行测量时，样车需按制造厂规定的充电程序使超级电容器的电量处于全充满状态，如果试验车辆的最高车速低于 64 km/h 时，相应的检测项目允许使用最高车速进行检测试验。

5.3.3.4 超级电容电动城市客车的仪表应符合 GB/T 19836 的规定。

5.3.3.5 超级电容电动城市客车的操纵件、指示器及信号装置的标志应符合 GB/T 4094.2 的规定。

5.3.4 整车可靠性行驶试验。

5.3.4.1 超级电容电动城市客车可靠性行驶试验在已有指定线路上完成。

5.3.4.2 超级电容电动城市客车可靠性行驶试验的总里程 5 000 km。

5.3.4.3 超级电容电动城市客车可靠性行驶试验的故障分类按 QC/T 900—2005 规定执行。

5.3.4.4 电机及其控制器、超级电容器、集电装置的故障分类按 QC/T 900—2005 中的“故障分类原则”进行判定。

5.3.4.5 绝缘电阻、耐电压性能为否决项，复试时其性能指标不得低于 5.3.3.1 和 5.3.3.2 的规定。

6 试验程序

6.1 接收检查试验样车，并进行登记。

6.2 按照制造厂规定进行磨合行驶。

6.3 进行强制性标准检验、整车性能和可靠性行驶试验。

7 试验报告

定型试验结束后，由定型试验单位编写定型试验报告，主要内容包括：

a） 试验任务来源；

b） 试验目的；

c） 试验方案的确定依据；

d） 试验依据的主要标准；

e） 试验条件；

f） 试验对象；

g） 试验结果；

h） 结论。

附 录 A
（规范性附录）
强制性标准目录

GB 1495 汽车加速行驶车外噪声限值及测量方法
GB 1589 道路车辆外轮廓尺寸、轴荷及质量限值
GB 4599 汽车用灯丝灯泡前照灯
GB 4660 汽车用灯丝灯泡前雾灯
GB 4785 汽车及挂车外部照明和信号装置的安装规定
GB 5920 汽车及挂车前位灯、后位灯、示廓灯和制动灯配光性能
GB 7258 机动车运行安全技术条件
GB 8410 汽车内饰材料的燃烧特性
GB 9656 汽车安全玻璃
GB 11554 机动车及挂车用后雾灯配光性能
GB 11564 机动车回复反射器
GB 11568 汽车罩(盖)锁系统
GB 13057 客车座椅及其车辆固定件的强度
GB 13094 客车结构安全要求
GB/T 13594 机动车和挂车防抱制动性能和试验方法
GB 14023 车辆、机动船和由火花点火发动机驱动的装置的无线电骚扰特性的限值和测量方法
GB 14166 机动车成年乘员用安全带和约束系统
GB 14167 汽车安全带安装固定点
GB 15082 汽车用车速表
GB 15083 汽车座椅系统强度要求及试验方法
GB 15084 汽车后视镜的性能和安装要求
GB 15235 汽车倒车灯配光性能
GB 15740 汽车防盗装置性能要求
GB 15741 汽车和挂车号牌板(架)及其位置
GB 15742 机动车用喇叭的性能要求及试验方法
GB 15766.1 道路机动车辆灯丝灯泡尺寸、光电性能要求
GB 16735 道路车辆 车辆识别代号(VIN)(如果没有生产资质，则不适用)
GB 16897 制动软管
GB 17509 机动车和挂车用转向信号灯配光性能
GB 17675 汽车转向系 基本要求
GB 18099 汽车及挂车侧标志灯配光性能
GB 18408 汽车及挂车后牌照板照明装置配光性能
GB 18409 汽车驻车灯配光性能
GB 18655 用于保护车载接收机的无线电骚扰特性的限值和测量方法

GB 19151 机动车用三角警告牌

GB 21259 汽车用气体放电光源前照灯

GB 21260 汽车用前照灯清洗器

GB 23255 汽车昼间行驶灯配光性能

ICS 43.040
T 47

中华人民共和国汽车行业标准

QC/T 926—2013

轻型混合动力电动汽车(ISG型)用动力单元可靠性试验方法

The reliability test methods for powertrain unit of light-duty hybrid electric vehicles(ISG type)

2013-04-25 发布　　2013-09-01 实施

中华人民共和国工业和信息化部　发布

前言

本标准按照 GB/T 1.1—2009 给出的规则起草。

本标准附录 A 和附录 B 为规范性附录。

本标准由全国汽车标准化技术委员会(SAC/TC 114)提出并归口。

本标准起草单位:重庆长安新能源汽车有限公司、中国汽车技术研究中心、重庆长安汽车股份有限公司、北京理工大学、东风汽车公司技术中心、奇瑞新能源汽车技术有限公司、深圳市比亚迪汽车有限公司、第一汽车集团公司技术中心。

本标准主要起草人:任勇、周安健、金国庆、苏岭、蒲江、杨雪梅、王月龙、宋强、方运舟、何云堂、王超、邓远发。

轻型混合动力电动汽车(ISG 型)用动力单元可靠性试验方法

1 范围

本标准规定了轻型混合动力电动汽车(ISG 型)用动力单元可靠性的试验方法。

本标准适用于 M_1 类、N_1 类和最大设计总质量不超过 3.5 t 的 M_2 类混合动力电动汽车(ISG 型)用动力单元。

本标准不适用于怠速起停功能的考核。

2 规范性引用文件

下列文件对于本文件的应用是必不可少的。凡是注日期的引用文件,仅注日期的版本适用于本文件。凡是不注日期的引用文件,其最新版本(包括所有的修改单)适用于本文件。

GB/T 18297—2001 汽车发动机性能试验方法

GB/T 18488.2 电动汽车用驱动电机系统 第 2 部分:试验方法

GB/T 19055—2003 汽车发动机可靠性试验方法

GB/T 19596 电动汽车术语

QC/T 893—2011 电动汽车用驱动电机系统故障分类和判断

3 术语和定义

GB/T 19596 界定的、以及下列术语和定义适用于本文件。

3.1

混合动力控制单元 hybrid control unit;HCU

混合动力系统控制器。

3.2

起动发电电机 integrated starter and generator;ISG

集成起动和发电功能的电机。

3.3

动力单元 powertrain unit

动力单元指发动机及其控制器、电机及其控制器、机电耦合机构、传动装置等组成的动力系统。

3.4

试验专用控制器 controller for test

控制动力单元按预设工况运行,可对电机系统进行单独控制的控制器。

4 试验对象与试验条件

4.1 试验对象

4.1.1 试验对象为轻型混合动力电动汽车(ISG 型)用动力单元。

4.1.2 如果传动装置(如变速器)可以和动力单元分离,传动装置可以不纳入动力单元进行考核。

4.2 试验条件

4.2.1 试验用仪表精度、测量部位及试验数据的计算应符合 GB/T 18297—2001 中第 4 章、第 5 章以及 GB/T 18488.2 的相关规定。

4.2.2 直流电源能为电机系统提供电能,同时也能吸收电机系统的反馈电能,直流电源的工作电压和功率能满足试验需求。

4.2.3 制造厂应提供合格的试验用发动机和电机的性能检验报告及数据。

4.2.4 发动机的燃油、机油、冷却液应符合 GB/T 19055—2003 中第 6 章的规定。

4.2.5 电机及控制器的冷却条件应满足制造厂的规定,使温度控制在制造厂规定的范围内。

4.2.6 按制造厂的规定对动力单元以及附件构成的系统进行功能检查,系统应能正常工作。

5 试验程序

5.1 试验流程

试验流程见附录 A。

5.2 试验准备

5.2.1 为确保系统能正常工作,可对未安装的零部件的信号进行模拟或者通过试验专用控制器进行信号屏蔽,同时应在试验专用控制器中增加系统保护程序(如过压、过流、过温保护程序),确保系统安全。

5.2.2 动力单元可靠性试验台架安装如图 1 所示。

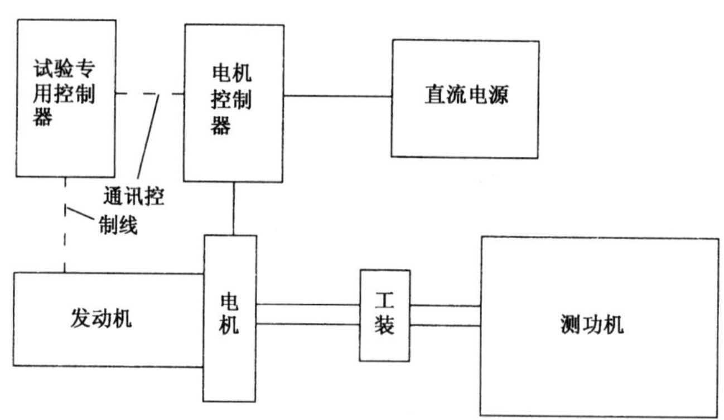

图 1 动力单元可靠性试验台架安装示例

5.3 性能初试

5.3.1 发动机油门全开、设置电机负荷为最大电动功率输出,在发动机转速范围内,依次地改变发动机转速进行测量,适当的分布 8 个以上的测量点,测试发动机不同转速点的输出扭矩。

5.3.2 电机负荷设置为最大发电功率,重复 5.3.1。

5.3.3 发动机和电机性能初试数据采用制造厂提供的性能试验数据。

5.4 可靠性试验

可靠性试验按附录 B 进行。

5.5 检查及维护

5.5.1 通则。

检查及维护按照下列要求进行,但是其内容及周期可以做适当的增减,检查的结果及维护情况应详细记录。

5.5.2 随时的检查。

采用故障诊断器、仪表和计算机等随时检查运行数据,若超过限值范围,根据故障严重程度,发出警报或紧急停机,进行处理和维护。若属于动力单元零部件故障,则计为故障停机。记录停机的运行时间、原因及处理情况。

5.5.3 每 1 h 的检查记录。

5.5.3.1 每隔 1 h 记录可靠性累计运行时间、动力单元输出扭矩、发动机转速、发动机冷却液出口温度、发动机机油温度、电机控制器输入的直流母线电压和电流,电机控制器输出各相的电压和电流,电机冷却液的出口温度(如果系统含有电机冷却液冷却装置),如果电机绕组安装有热敏温度传感器,则一并检查电机绕组的工作温度。

5.5.3.2 冷机启动后,动力单元预热时间不计入可靠性累计时间。

5.5.4 每 24 h 的检查及维护。

5.5.4.1 发动机部分按 GB/T 19055—2003 中 10.3 进行。

5.5.4.2 检查动力单元漏油、漏水和漏气情况。保持动力单元及其周围的清洁,以便及时发现泄漏。

5.5.4.3 检查电机轴承以及电机本体是否转动平顺,有无异响。

5.5.4.4 巡视电机、控制器以及试验设备,并检查紧固件、机械连接件及管路,尤其是软管,检查连接电缆及接口。

5.5.4.5 检查冷却液液面高度,必要时补充冷却液。

5.5.5 每 96 h 的检查及维护。

每 96 h 按 GB/T 19055—2003 中 10.4 对发动机进行检查和维护。

5.5.6 每 192 h 的检查及维护。

每 192 h 按 GB/T 19055—2003 中 10.5 对发动机进行检查和维护。

5.6 性能复试

动力单元性能复试按 5.3 进行。

对发动机和电机分别按 GB/T 18297—2001 和 GB/T 18488.2,并对照制造厂性能报告试验项目进行性能试验。

6 故障处理

6.1 试验中出现故障需要中断试验时,经检查动力单元无硬件损坏,再次启动动力单元,系统能正常运转,可继续进行试验。停机时间不计入动力单元运行时间,停机时间超过 1 h,则重新开始的第 1 个循环不计入动力单元运行时间,从第 2 个循环开始计时。

6.2 出现以下任意情况,试验终止:

a) 电机系统硬件故障且属于 QC/T 839—2011 附录 B 规定的严重故障;

b) 发动机缸体、缸盖、曲轴轴瓦、凸轮轴轴瓦等损坏。

7 评价标准

混合动力总成完成 400 h 可靠性试验后能正常运转,其性能应能满足制造厂提供的技术条件要求。

附　录　A
（规范性附录）
试验流程

试验流程如图 A.1 所示。

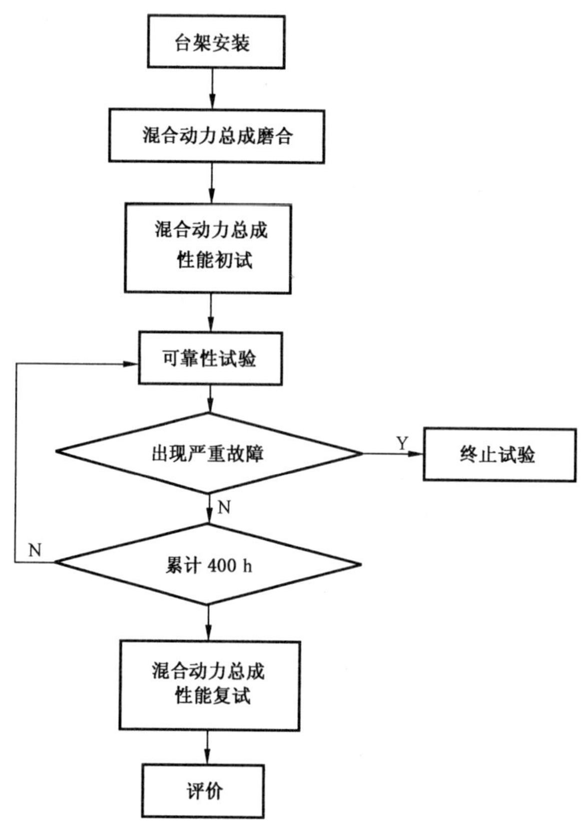

图 A.1　试验流程图

附 录 B
（规范性附录）
动力单元可靠性试验方案

B.1 发动机油门全开，从转速 n_M 均匀地升至转速 n_p，历时 90 s；在此期间，电机以峰值电动功率运行 30 s，然后再以额定电动功率运行 60 s。

B.2 发动机在转速 n_p 稳定运行，历时 210 s；在此期间，电机以额定发电功率运行 10 s，然后以额定电动功率运行 10 s，再以额定发电功率运行 10 s，反复循环。

B.3 发动机转速均匀地降至转速 n_M，历时 90 s；在此期间，电机以额定发电功率运行。

B.4 发动机在转速 n_M 稳定运行，历时 210 s；在此期间，电机以额定发电功率运行 10 s，然后以额定电动功率运行 10 s，再以额定发电功率运行 10 s，反复循环。

B.5 重复 B.1～B.4 步骤 1 次，再执行 B.1、B.2 步骤 1 次，发动机油门关闭，发动机转速下降至怠速（n_i）运行到 1 770 s，发动机油门置为 40%，使发动机转速均匀上升到 105%额定转速（n_t）或上升到发动机制造厂规定的最高转速，历时 15 s±6 s；随即均匀地关小油门，使转速降至 n_M，历时 15 s±6 s；在此期间，电机无功率输出。

B.6 至此完成一个可靠性试验工况循环，历时 1 800 s，见图 B.1。工况运行时间表详见表 B.1。整个动力单元可靠性试验持续运行 800 个循环，运行累计时间 400 h。

B.7 电机工况变化的过渡时间皆小于或等于 1 s。试验中如果电机系统因保护导致输出功率不足，则以电机此时的最大输出能力运行。

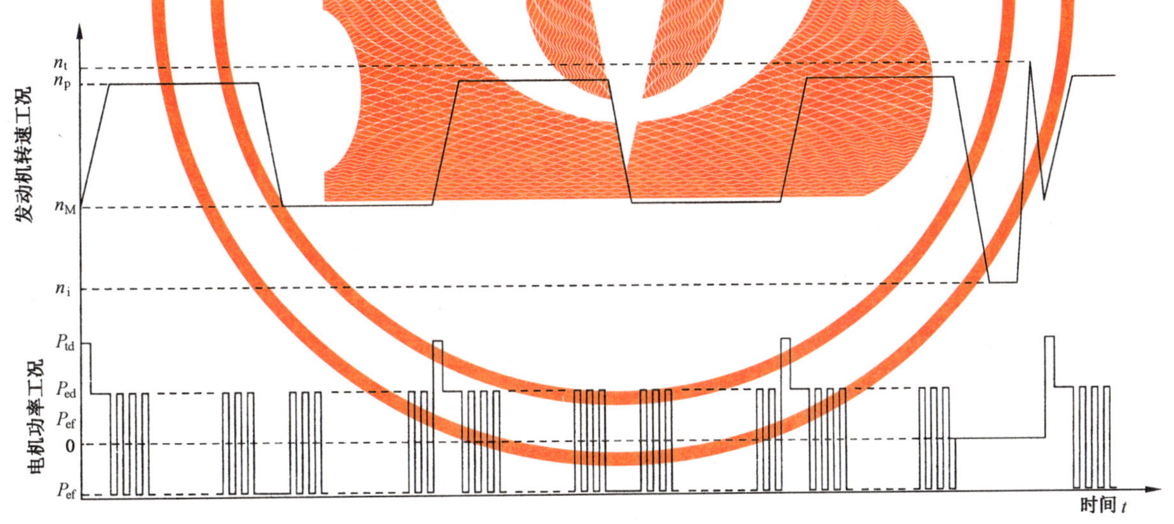

n_p——发动机最大净功率转速；

n_t——105%n_p；

n_M——发动机最大净扭矩转速；

n_i——发动机怠速转速；

P_{td}——电机峰值电动功率；

P_{ed}——电机额定电动功率；

P_{ef}——电机额定发电功率。

图 B.1 可靠性试验运行工况（单个循环）

表 B.1　动力单元可靠性试验工况运行时间表(单个循环)

<table>
<tr><th>序号</th><th>工况名称</th><th>发动机转速</th><th>发动机负荷/%</th><th>电机负荷</th><th colspan="2">当前工况持续时间/s</th><th>工况累计时间/s</th></tr>
<tr><td rowspan="2">1</td><td rowspan="2">加速</td><td rowspan="2">$n_M \to n_p$</td><td rowspan="2">100</td><td>峰值电动功率</td><td colspan="2">30</td><td rowspan="2">90</td></tr>
<tr><td>额定电动功率</td><td colspan="2">60</td></tr>
<tr><td rowspan="3">2</td><td rowspan="3">等速</td><td rowspan="3">n_p</td><td rowspan="3">100</td><td>额定发电功率</td><td>10</td><td rowspan="3">210</td><td rowspan="3">300</td></tr>
<tr><td>额定电动功率</td><td>10</td></tr>
<tr><td>发电与电动交替循环</td><td>……</td></tr>
<tr><td>3</td><td>减速</td><td>$n_p \to n_M$</td><td>100</td><td>额定发电功率</td><td colspan="2">90</td><td>390</td></tr>
<tr><td rowspan="3">4</td><td rowspan="3">等速</td><td rowspan="3">n_M</td><td rowspan="3">100</td><td>额定发电功率</td><td>10</td><td rowspan="3">210</td><td rowspan="3">600</td></tr>
<tr><td>额定电动功率</td><td>10</td></tr>
<tr><td>发电与电动交替循环</td><td>……</td></tr>
<tr><td rowspan="2">5</td><td rowspan="2">加速</td><td rowspan="2">$n_M \to n_p$</td><td rowspan="2">100</td><td>峰值电动功率</td><td colspan="2">30</td><td rowspan="2">690</td></tr>
<tr><td>额定电动功率</td><td colspan="2">60</td></tr>
<tr><td rowspan="3">6</td><td rowspan="3">等速</td><td rowspan="3">n_p</td><td rowspan="3">100</td><td>额定发电功率</td><td>10</td><td rowspan="3">210</td><td rowspan="3">900</td></tr>
<tr><td>额定电动功率</td><td>10</td></tr>
<tr><td>发电与电动交替循环</td><td>……</td></tr>
<tr><td>7</td><td>减速</td><td>$n_p \to n_M$</td><td>100</td><td>额定发电功率</td><td colspan="2">90</td><td>990</td></tr>
<tr><td rowspan="3">8</td><td rowspan="3">等速</td><td rowspan="3">n_M</td><td rowspan="3">100</td><td>额定发电功率</td><td>10</td><td rowspan="3">210</td><td rowspan="3">1 200</td></tr>
<tr><td>额定电动功率</td><td>10</td></tr>
<tr><td>发电与电动交替循环</td><td>……</td></tr>
<tr><td rowspan="2">9</td><td rowspan="2">加速</td><td rowspan="2">$n_M \to n_p$</td><td rowspan="2">100</td><td>峰值电动功率</td><td colspan="2">30</td><td rowspan="2">1 290</td></tr>
<tr><td>额定电动功率</td><td colspan="2">60</td></tr>
<tr><td rowspan="3">10</td><td rowspan="3">等速</td><td rowspan="3">n_p</td><td rowspan="3">100</td><td>额定发电功率</td><td>10</td><td rowspan="3">210</td><td rowspan="3">1 500</td></tr>
<tr><td>额定电动功率</td><td>10</td></tr>
<tr><td>发电与电动交替循环</td><td>……</td></tr>
<tr><td>11</td><td>减速</td><td>$n_p \to$怠速</td><td>0</td><td>0</td><td colspan="2" rowspan="2">270</td><td rowspan="2">1 770</td></tr>
<tr><td>12</td><td>怠速</td><td>怠速</td><td>0</td><td>0</td></tr>
<tr><td>13</td><td>加速</td><td>怠速$\to n_\tau$</td><td>0→40</td><td>0</td><td colspan="2">15</td><td>1 785</td></tr>
<tr><td>14</td><td>减速</td><td>$n_\tau \to n_M$</td><td>40→0</td><td>0</td><td colspan="2">15</td><td>1 800</td></tr>
</table>